本书于2010年入选由新闻出版总署组织评定的
全国"庆祝建党90周年 纪念辛亥革命100周年百种
重点出版物选题"

国家出版基金项目
NATIONAL PUBLICATION FOUNDATION

辛亥革命百年纪念文库

学术研究系列

辛亥革命与
中国政治发展

章开沅　严昌洪　主编

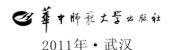

华中师范大学出版社

2011年·武汉

新出图证(鄂)字 10 号

图书在版编目(CIP)数据

辛亥革命与中国政治发展/章开沅,严昌洪主编.
—武汉:华中师范大学出版社,2011.7
(辛亥革命百年纪念文库·学术研究系列)
ISBN 978-7-5622-5040-1

Ⅰ.辛… Ⅱ.①章…②严… Ⅲ.①辛亥革命—影响—政治—发展—中国—民国 Ⅳ.①D693 ②K257.07

中国版本图书馆 CIP 数据核字(2011)第 091512 号

辛亥革命与中国政治发展

主编:章开沅 严昌洪 ©

责任编辑:沈继成 　　**责任校对:**易 雯 　　**封面设计:**罗明波
编辑室:文字编辑室 　　**电话:**027—67867369
出版发行:华中师范大学出版社
社址:湖北省武汉市珞喻路 152 号
电话:027—67863426(发行部) 　027—67861321(邮购)
传真:027—67863291
网址:http://www.ccnupress.com 　**电子信箱:**hscbs@public.wh.hb.cn
印刷:湖北恒泰印务有限公司 　　**督印:**章光琼
开本:640mm×960mm 　1/16 　**印张:**44
字数:675 千字
版次:2011 年 7 月第 1 版 　　**印次:**2011 年 7 月第 1 次印刷
印数:1—1 500 　　　　**定价:**123.00 元

欢迎上网查询、购书

总　序

章开沅

"人事有代谢，往来成古今。"时间过得真快，转眼就是辛亥百年。作为辛亥革命的研究者，我自然感慨万千。

首先想到的，就是孙中山在《民报发刊词》中说的那段话："十八世纪之末，十九世纪之初，专制仆而立宪政体殖焉。世界开化，人智益蒸，物质发舒，百年锐于千载，经济问题继政治问题之后，则民生主义跃跃然动，二十世纪不得不为民生主义之擅场时代也。"

过去有些论者，常常讥刺孙中山为空想主义者，其实大谬不然。他脚踏实地，实事求是，时时事事都从实际出发。他不仅密切关注现实，还关注历史，更关注未来。他没有把西方现代化看作完美无缺的样板，更没有机械地照搬西方政治模式，而是在总结既往百年世界历史的基础上，对西方的先进文明有所选择"因袭"，更有所斟酌"规抚"，从而才完成新的"创获"——"三民主义"与"五权宪法"。他历经千辛万苦，终于领导中国人民推翻君主专制，建立民主共和，开辟了中国历史的新纪元。

"百年锐于千载"是孙中山对于同盟会成立以前那一百年世界历史的精辟概括，其实这句话也可以形容同盟会成立以后这一百年的世界历史，因为20世纪的"世界开化，人智益蒸，物质发舒"等，其变化的幅度之大，速度之快，更远远超越了19世纪那一百年。我很重视"百年锐于千载"这句话，认为只有透过这前后两个一百年世界历史的发展变化，才能更为深切地理解辛亥革命。

我们钦佩孙中山，因为他在伦敦总结 19 世纪百年历史并思考人类文明走向时，并无任何具有实力的社团作为依托，主要是时代使命感与社会责任感督策使然。他在大英博物馆漫游书海，几乎是孑然一身，固守孤独。然而他并不寂寞，他的心与祖国、与受苦民众联结在一起，同时也与世界各地善良的同情者联结在一起。他把祖国命运放在世界命运中间认真思考，并且像耶稣背负十字架一样，心甘情愿地承担起"天下兴亡，匹夫有责"的沉重课题。

我们钦佩孙中山，还因为他在百年以前思考的问题、探索的思路以及追求中国现代化的各方面实践，都已经成为宝贵遗产，在此后百年的中国历史进程中或多或少产生影响。辛亥革命不仅仅是一个伟大的历史事件，它更是一个伟大的社会运动，并非起始于辛亥这一年，更非结束于辛亥这一年。像任何历史上发生过的社会运动一样，它有自己的前因，也有自己的后果，而前因与后果都有连续性与复杂性。我们不是辛亥革命的当事人，没有任何亲身的经历与见闻；但是作为后来者百年以后看辛亥，可能对当年的若干重大问题观察得更为客观、全面、深切，其原因就在于我们探索其前因后果的连续性与复杂性，具有更多的方便条件。

因此，我们反思辛亥百年，应该在连续性与复杂性方面多下工夫，换言之，就是在时间与空间两方面作更大的扩展，以期形成长时段与多维度的整体考察。

仅以三民主义为例，就能引发许多新的思考。

首先是民族主义，过去的研究多半侧重于"排满"问题的实质探讨，而有意无意冷落了对"五族共和"的阐析。其实，在中华民族作为国族认同方面，辛亥那一代人不仅开创于初始，而且还在政治、制度、政策乃至文化诸层面有持续的探索性实践。应该承认，孙中山及其后继者在"中华民族多元一体格局"的形成方面也有不同程度的贡献，至少我们在中华民族作为国族的总体观念上与前人是一脉相承的。1949 年新中国成立以后，我们在增进民族平等、团结，发展民族地区经济、文化，乃至促进少数民族内部社会革新等方面都取得了举世瞩目的辉煌成绩。但是，在民族认同与民族团结方面仍然存在着若干问题，仍然需要从历史到现状进行系统的梳理与总结。

作为历史遗产，辛亥革命也有负面的因素。为鼓动民众推翻清王朝而狂热地鼓吹"排满"，显然对早已存在的大汉族主义或汉族中心主义有所助长，长期以来，无论是在对历史还是对现实的看法中这些经常会有意无意地显现。即以20世纪初期革命报刊极力制作宣扬的"黄帝文化"而言，至今我们一味"弘扬"而未能有所"扬弃"其汉族中心主义内涵。所以我自去年以来不断提倡"新黄帝观"，即给始祖文化符号以更具包容性的诠释，这样才能更为增进对中华民族作为统一国族的认同，可能也更符合孙中山"五族共和"的积极意蕴。

其次是民权主义，回顾过去百年，也会有许多新的认知与感受。辛亥革命使共和国从此深入人心，此话不错亦非虚，但这次革命也仅仅是开启了共和之门，迈出了走向共和的第一步。就以孙中山自己为例，他对"五权宪法"的创建寄予很高期望，曾经明确揭示："以三民主义为立国之本原，五权宪法为制度之纲领。"但是，对于这个理念懂之者不多，应之者甚少，连孙中山自己也还缺乏相关的架构设计。直到1920年在广州召开非常国会并就任非常大总统之后，孙中山才逐步把"五权宪法"从抽象理念形成完整的国家体制框架。概括起来，无非是：（1）以"权能分离"作为理论基础；（2）"五权分立"具体化，成为行政、立法、司法、监察、考试五院政府的架构；（3）进一步确定县一级实行选举、复决、罢官、创制等直接民权，每县选代表一人，组成国民大会代表全国人民行使政权，并授权中央政府行使治权。他认为，如此既可防止议会专制，又可杜绝政府腐败；既可实现直接民权，又可实现"万能政府"，堪称民权主义的完美境界。

但是，"五权宪法"倡议以来，孙中山却未能在生前实施自己的方案；而国民党定都南京以后，所谓"五权分立"的推行也是举步维艰，其后逐步演变得荒腔走调，更非孙中山所能预料。应该说，"五权分立"的立意还是积极的，即为了防止西方议会、政党政治的弊端，将考试权从行政权中分出，监察权从立法权中分出，借以寻求更为完善的权力相互制衡。国民党内外三民主义、"五权宪法"的服膺者也并非都是虚应故事，其中确实有些忠贞之士满心期望通过"五权宪法"的实施，把中国引向民主与法制的进步道路。但是，任何良好的民主政治设计，都改变不了国民党政府"党治"、"军治"、"独治"的严酷现实，"五权分立"的政治架构只能流于虚有其表的形式。这种披着"五权宪法"外衣的威权统治，在1949 年以后随着国民党的失败而转移到台湾。直到蒋介石死后，迫于内外形势的急速变化，蒋经国在临终前解除了党禁、报禁与戒严，这才结束了蒋家王朝的威权统治。正是在此以后，"五权宪法"、"五权分立"才真正在台湾的政治实践中受到全面检验与不断修正。

无论西方与东方，特别是在东方，民主政治在任何国家的成长、完善，都必然要经过一条漫长、复杂、曲折而艰苦的道路。中国长期处在中央集权的君主专制统治之下，从来没有什么议会政治的传统。过去认为这是一个优点，其实这只是有利于"枪杆子里出政权"，政权的更替只能通过武装斗争，别无其他良策。现今，国家已经富强，并且逐步走上民主与法治的轨道，我们应该更加尊重前贤追求民主法治的真诚努力，从他们留下的经验教训中吸取智慧，走出政治制度改革的瓶颈，建设更为完善的中国先进政治文明。

第三是民生主义，这是孙中山最具前瞻性的思想遗产，也是当时最为曲高和寡的政治主张，但在百年之后却成为中国与世界面临的最为紧要的严重问题。孙中山师法亨利·乔治与约翰·穆勒，同时又从中国传统的大同思想以及均田、公仓等方案中受到启发，提出"平均地权"以谋防止资本主义贫富两极分化的弊害。孙中山自信"可举政治革命、社会革命毕其功于一役"，过去曾被讥评为徒托空言，其实他和他的后继者在这方面还是做过多方面的探索与讨论，积累了颇为丰富的经验教训。"民生"一词，从经济而言，涵盖发展与分配两个方面，这就是孙中山所说的"欧美强矣，其民实困"。20 世纪初始，中国资本主义还处于极为幼弱时期，1905 年提倡"节制资本"诚然是"睹其祸害于未萌"，但现今对于中国而言则早已是严酷的现实。我们虽然标榜中国式的社会主义市场经济，但是并未能置身于资本主义"祸害"之外，而双轨制经济并存衍生的权钱交易，更使这种"祸害"愈演愈烈。因此，最近几年，政学各界及媒体、网络苦心焦虑，"民生"一词遂成出现频率最高的话语之一。

孙中山及其后继者设计的多种具体方案，已成明日黄花，很难解决当前社会深层转型的复杂问题，但"一手抓土地流转（平均地权），一手抓投资调控（节制资本）"的思路仍然可以对我们有所启发。孙中山是农民的儿子，他对贫苦民众有本能的同情；他自己又在海外生活时间甚久，对资本主义社会弊病理解最深。这样的领导者，郑重提出的政治设计必定有其现实根据，更有丰富的思维蕴涵，我们理应加以珍惜，作为当前排难解纷的借鉴。

最后还有孙中山晚年对世界主义，特别是世界主义与民族主义之间关系的思考，经过百年世界风云变幻的映照，在全球化浪潮已经席卷世界各地的今天，仍然可以发人深省。

孙中山是伟大的爱国主义者，他临终仍不忘呼唤："和平，奋斗，救中国。"他又是伟大的国际主义者，从革命一开始就谋求国际合作，而且晚年还更为热忱地呼吁建立一个和平、公道、合理的世界新秩序。他为人题字，书写极多的就是"天下为公"、"世界大同"。他应该是近代中国最高层政治领袖中堪称"世界公民"的第一人。

晚年的孙中山，不再简单地以东方、西方或者肤色差别划分世界，而是把世界区分为压迫民族与被压迫民族两大阵营。他呼吁全世界"受屈人民"联合起来反对帝国主义。而所谓"受屈人民"，不限于被压迫民族，也包括压迫民族中的"受屈人民"，以及虽已强大然而真诚支持世界各国"受屈人民"的苏联人民。他甚至天真地把"苏维埃主义"与中国传统的大同理想等同起来，劝说日本"联苏以为与国"，共同支援亚洲乃至全世界"受屈人民"的反帝斗争。这可以认为是孙中山民族主义的又一次升华。

孙中山以"恢复中华"作为自己革命生涯的发端，但是从来没有把民族主义的范围局限于中华，更没有以此作为终极目标。他认为民族主义乃是世界主义的基础，因为被压迫民族只有首先恢复民族的自由平等，然后"才配得上讲世界主义"。他期望以苏联人民作为欧洲世界主义的基础，以中国人民作为亚洲世界主义的基础，然后扩而大之，从而实现整个人类的世界主义。

百年以来的世界，风云变幻，日新月异。特别是第二次世界大战以及冷战与后冷战的国际格局演变，与孙中山的理想相去甚远。但是他的总体思路，特别是有关民族主义与世界主义之间关系的深沉思考，并非纯然是美好的空想，仍然有许多值得重视的现实依据。在全球化潮流席卷整个世界，人类已经进入网络化信息时代的今天，正确处理民族主义与世界主义之间的关系，仍然是极为复杂而又必须回答的重要问题。当前某些政论家正在构思的所谓"全球地方关系（global-local relationships）"或"全球地方化（glocalization）"，与孙中山的思路正相呼应，似乎一脉相承。

举一可以反三。中国现代的历史叙事，党派成见影响甚深，意识形态束缚尤多，所以很难求得客观、公正、深切的理解。必须以更为超越的心态、广博的胸怀，把中华民族作为一个整体，并真正置于世界之中，作百年以上长时段的宏观考察与分析，才可以谈得上史学的创新。思想的解放，对中国、对世界，于学术、于现实都大有裨益。我认为这是对辛亥百年最好的纪念。

在辛亥革命百年纪念之际，华中师范大学中国近代史研究所在学校出版社的鼎力支持下，隆重推出了"辛亥革命百年纪念文库"，其中包括学术研究系列和人物文集系列，总计多达 30 余种著作。这套文库的出版，称得上是一项规模较大的学术文化工程。尽管由严昌洪教授担任主编的十卷本《辛亥革命史事长编》等新书未收入文库，而是由其他出版社出版，但这套文库仍然较为集中地体现了多年以来华中师范大学在辛亥革命史研究方面所取得的成果。

从 1978 年华中师范大学历史系成立辛亥革命史研究室，到 20 世纪 80 年代初由原国家教委批准建立华中师范大学历史研究所，再到 2000 年成为教育部人文社会科学重点研究基地而改名为中国近代史研究所，数十年来虽历经人事更替与诸多困难，但辛亥革命史始终是我们的重点研究领域之一，其间不断有新成果问世，研究所一代又一代学人为之付出的心血，从现今出版的这套文库更不难窥见一斑。

当然，这套文库所收录的著作，无论是学术研究系列还是人物文集系列，都还存在着这样或那样不尽完善之处，希望能够得到海内外学者的批评与指正。

目　录

序　言

章开沅

辛亥革命研究在 20 世纪 80 年代曾经呈现空前的繁荣，但早在 1983 年即曾出现一种比较消极的论调，仿佛辛亥革命史已经研究得差不多了，很难再有什么更具深度的突破。为了化解这种不必要的困惑，我在 1983 年 12 月中旬郑州举行的辛亥革命史研究会的年会上，做过题为《辛亥革命史研究如何深入》的发言，提出要加强理论探讨，提高通识素养，并且特别强调上下延伸与横向会通，以及综合研究与专题研究相结合。此文曾在《近代史研究》1984 年第 5 期上发表，并且引起许多同行学者的共鸣。而我所在的华中师范大学历史所（中国近代史研究所的前身），也在研究取向中侧重社会环境、社会群体、社会心态等方面，逐渐形成自己的特色。

进入 21 世纪以后，由于西方学者研究重点逐步下移，辛亥热早已盛况不再，国内又有一些学者误认为辛亥革命研究已经山穷水尽，很难再有什么重大突破。时隔 20 年，前后两种论调如出一辙，而我至今仍然难以苟同。因为，辛亥革命不是一个短暂的偶发事件，它是一个错综复杂的历史过程，又是一个波澜壮阔的社会运动。有其酝酿已久的"来龙"，又有其影响深远的"去脉"，真正要弄清历史真相并作鞭辟入里的解析，仍然需要作长期艰苦的努力探索。我想，其所以有些人认为辛亥革命已经研究得差不多了，恐怕还是由于把辛亥革命看成是狭义的政治事件，而且是孙中山与少数革命领袖的个人功业。过去很长一段时间，我们确实把辛亥革命看作短暂的政治事件，而且在研究中又更加缩小为简单的革命事件。

经过"文革"10年后的反思,我们又曾经因此而厌倦政治史的研究,转而侧重于经济史、文化史乃至社会史与现代化的研究。这种研究领域的扩大与多学科的交叉运用,对于辛亥革命史研究水平的提升当然是必要的,然而忽略从政治史的角度加强辛亥革命研究毕竟是不应有的疏忽,因为作为历史主体的辛亥革命毕竟还是一次政治大运动。

查阅手边1986年中文版《简明不列颠百科全书》,其"政治革命"(Political revolution)一词的释文是:"对政府及其有关各种机构进行突然的、重大的、暴力的变革。革命就其最根本的含义来说,就是反对已建立的政治秩序,并最终建立起一种与先前完全不同的新秩序。"释文还把革命区分为"有限"与"无限"两种,前者纯粹是政权的更迭(包括政变),后者则是"同西方文化的发展与民族的形成相联系的"。这当然是就欧洲历史上一些"大革命"而言,但无论是哪一种革命,也不管其直接原因为何,"革命看来总是某些政治社会弊病发展的结果,而并不只是表面上那样的一种突然爆发"[1]。孙中山是懂得西方近代政治革命含义的,所以他在1906年秋冬之间起草的《军政府宣言》中强调指出:"我等今日与前代殊,于驱除鞑虏,恢复中华之外,国体民生尚当与民变革,虽经纬万端,要其一贯之精神则为自由、平等、博爱。故前代为英雄革命,今日为国民革命。"[2] 因此,辛亥革命自当归属于"无限革命"或"大革命历史"范畴。

与此相关的则为"政治学"(Political science)一词的释文:"指用科学分析方法对政治进程进行系统的研究。"[3] 当代的政治学早已突破了只限于研究国家、政府以及它们为行使其职能而建立的各种机构的陈旧狭小框架,认为政治系统乃是整个社会系统一个重要组成部分,包括与制定和执行社会政策相关的一切活动。美国政治学家戴维·伊斯顿认为:"系统"理论为政治学词典增加许多新

---

[1] 《简明不列颠百科全书》第9卷,中国大百科全书出版社,1986年,第417页。

[2] 《孙中山全集》第1卷,中华书局,1981年,第295页。

[3] 《简明不列颠百科全书》第9卷,中国大百科全书出版社,1986年,第418页。

的术语，如输入和输出、反馈、循环、网络、信息贮存和恢复政治社会化、集团群、宏观政治和微观政治等。政治学现今发展甚快，如果从政治史的角度研究辛亥革命，就必须经常注意政治学进展的新信息，并注意把其中有益的成分运用于辛亥革命研究。

与欧洲某些国家的大革命相比较，辛亥革命虽然难以视为成功的范例，但是它毕竟是发生在幅员辽阔、人口众多且历史悠久的中国，而辛亥革命又发生在社会结构正在变化的转型时期，加以中国各地经济、文化发展不平衡，众多民族之间的差异甚大，这样便更为增添了辛亥革命史极其复杂而又丰富的特点。如果说，法国大革命的研究历经 200 余年而至今未衰，甚至对著名的年鉴学派的形成还颇有裨益；那么，历时尚未百年而且内容更为丰富、更为复杂的辛亥革命研究，怎能视为已经走到尽头了呢？即以日本硕果仅存的东京辛亥革命研究会而言，其所以能够历经 30 余年而长盛不衰，用他们自己的话来说，就是注意广义的多学科交汇的"辛亥革命研究"，而没有拘执于狭义的仅仅作为政治事件的"辛亥革命史研究"。这与我经常提倡的辛亥革命时期社会环境、社会群体、社会心态研究，寓意大体相通。

我很高兴地看到，自从 20 世纪 80 年代中期以来，由于多学科的相互渗透，以及注意上下延伸与横向会通，已经为辛亥革命研究的进一步发展拓展了更为广阔的天地。特别是最近这些年，对于市民社会、公共领域的研究蔚然成风，从而又推动了对于民间社团乃至地方精英等社会团体的深入探讨。尤其令人欣慰的是，对清末新政的研究已不再停留于笼统的褒贬，而是扎扎实实地作政府机构与职能转换等重大问题的具体研究。仅从 2001 年武昌纪念辛亥革命90 周年国际学术研讨会上发表的论文来看，对于清末民初从外务部到外交部的研究，对于学部的研究都已取得可喜的成绩。而作为宏观研究的姜义华《论辛亥以来现代国家与近代社会非同步发展的政治整合》、朱浤源《辛亥革命在中国历史上的定位：一个政治结构的观点》、深町英夫《国家、社会之间的"分夺"与"崩落"》，都能从不同侧面与不同角度拓宽作为政治革命的辛亥革命的研究思路。

但是，所有这些个案的与宏观的研究，还只能说是正在起步，因为需要深入研究的问题实在太多。仅以清末中央政府所设外务、吏、民政、度支、礼、学、陆军（以后海军分出）、法、农工商、邮传、理藩等 11 个部，据我所知其中已经和正在研究的不过四五个部，而几乎每个部的档案文献都浩如烟海，其研究工作量和难度之大可想而知。但如果不对这些部逐个进行全面、系统的深入研究，我们又怎么能够把清末中央政府的结构、职能及其实际运行状况弄得一清二楚？由此延伸说来，对于省、府、州、县等地方政府，岂不同样应该如此逐级逐个认真加以研究（当然可以个案与宏观结合），否则又怎么能够把当时地方政府的结构、职能及其实际运行情况弄得一清二楚？这就使我又想起顾亭林"采铜于山"的比喻。他给友人书曾说："尝谓今人纂辑之书，正如今人之铸钱。古人采铜于山，今日则买旧钱，名之曰废铜，以充铸而已。所铸之钱既已粗恶，而又将古人传世之宝春锉碎散，不存于后，岂不两失之者乎？承问《日知录》又成几卷，盖期之以废铜。而某别来一载，早夜诵读，反复寻究，仅得十余条。"[①] 我常说，历史是画上句号的过去，史学是永无止境的远航。只有耐得住寂寞，经得起煎熬的苦学之士，才能在史学领域寻得若干真知。

所以我们决不能说辛亥革命已经无可研究，因为需要发掘和整理的资料还有许多许多，需要寻究与阐明的问题更是满坑满谷，归根到底还在于我们自己有无勇气与毅力投身于这项异常艰苦而又乐趣无穷的科学事业。

我们就是本着这种意愿，集体合作对辛亥革命作通盘性的政治史研究，而本书则是其中期成果的结集。我们并不认为它是一个成熟的学术精品，而宁可看作是一项政治史研究学步的起点。目的就是谋求各界先进的批评匡正，帮助我们在今后的研究中取得新的比较成熟的成果。

本书作为教育部人文社会科学重点研究基地资助的重大项目的最终成果，它是集体研究的结晶。参加本书撰稿工作的有武汉地区多名学者，他们的分工如下：

第一章　罗福惠　华中师范大学中国近代史研究所
第二章　许小青　华中师范大学中国近代史研究所
第三章　刘　伟　华中师范大学历史文化学院

---

① 顾炎武：《亭林文集》第 4 卷，光绪年间刻本。

第四章　严昌洪　华中师范大学中国近代史研究所
第五章　袁继成　李明强　中南财经政法大学人文学院
第六章　刘秋阳　武汉工程大学文法系
第七章　范小方　中南财经政法大学人文学院
第八章　黄华文　华中师范大学历史文化学院
第九章　高　路　湖北大学历史文化学院

第一章　辛亥革命与中国政治思想的演变

　　政治思想是一个领域开放的综合概念，其内容包括政治哲学、政治信仰的规范及目标设定、政治制度及运作机制的认知，以及对政治是非得失的评判等。其外延更加宽泛，荦荦大者诸如立法意图与程序，在法律面前是保留等差还是人人平等；政治机构如何设置，权力如何分配；经济生产如何划定政府经营与民间经营的界限，赋税征收和财政开支依据何种思路而定；还有治理人民还是使人民自治，如何推行教育，如何选拔、监督官吏等。至于军事、外交亦无不与政治思想相关。尽管政治思想不是人类社会思想的唯一，也不能替代其他种种思想，但它显然能够广泛而有力地影响乃至制约其他各种思想。

　　政治思想由一个民族的历史积淀和现实社会的经济、文化、政治活动进程所形成。从这一点来看，一个民族的政治思想无疑具有继承性和变化性（或称为发展性、适应性）。同样可以肯定的是，继承性与变化性在不同的历史阶段会在政治思想中占据不同的地位和比重。中外人士普遍认为中国封建专制的历史特别漫长，此即意味着在 20 世纪以前的二千余年中，中国政治思想的继承性远远大于变化性。而在进入 20 世纪，尤其是在辛亥革命前后，这种情形发生了重大改观，继承性的主导地位终于丧失，政治思想的变化之大，超越了以往任何一个历史时期，从而具有非常丰富的内容和巨大价值。

一　19 世纪末以前政治思想的回顾

　　作为观念形态之一的政治思想，当然首先仍是时代的产物。但思想较之器物、制度和政治运动等，具有更浓厚的继承性，在中国这样一个具有悠久历史和高度发达的古代文明的国家尤其如此。所以论及辛亥革命时期的政治思想，必然要追溯到 19 世纪末以前的政治思想遗产。而所谓"19 世纪末以前"的漫长时间，主要可分为两个阶段，一是鸦片战争之前的古代，二是从鸦片战争到 19 世纪末这段属于近代的 60 年。采用两分法的理由在于：鸦片战争以后中国开始被纳入世界体系，既因不断深化的民族危机使得"御侮图强"成了政治思想的一个重要成分，又因国人对西方国家开始有所认识了解因而在形成和表达政治思想时有了一个强烈的参照。

1. 如何看待传统的政治思想

自从 19 世纪末思想锐进之士首先对传统政治思想加以清理以来，在将近百年的时间里，传统的政治思想遭到了深刻、系统的批判。归纳既有批判的要点，可知传统政治思想为害甚烈之处主要是以君主独裁为合理的治国理念，压制舆论和钳束思想的愚民政策，恪守"祖制"、拒绝变革的保守倾向，崇本抑末的立国之道，以及自视为天朝上国、坚持"用夏变夷"的国家观和世界秩序观。此外对于官僚制度（包括任用胥吏）、教育取士制度、政治家族化、重德治轻法治以及崇名黜实等失误和弊病，也有不少分析指陈。

上述反思与批判可谓有的放矢，用不着远溯上古和中古，即在与近代紧接的明、清两朝的掌故中，各种证据俯拾皆是。

先看君主独裁的情况。明王朝建立后的 13 年（即 1380 年），朱元璋废中书省，罢丞相，原属中书省下分管全国政务的六部，都直接听命于皇帝。虽有所谓"侍读"、"侍讲"、"编修"、"修撰"或"检讨"等数名"学士"或"大学士"入直"内阁"，但他们"不置官属，不得专制诸司。诸司奏事，亦不得相关白"，职责只是"掌献替可否，奉陈规诲，点检题奏，票拟批答"[1]。而所有"章疏直达御前，多出宸断。儒臣入直，备顾问而已"[2]，即对皇帝的决策并无制衡作用。"票拟"是内阁最大的权力，但"票拟"能否照准，还要等待御笔"批朱"。尤其因阁臣的进退去留，全由皇帝决定，所以尽管他们位居百官之上，同样要小心翼翼，揣摸"圣意"并惟

---

[1] 《明史》第 72 卷，职官一，中华书局，1974 年，总第 1732～1734 页。

[2] 《明史》第 109 卷，"宰辅年表序"，中华书局，1974 年，总第 3305 页。

命是从。更为恶劣的是，朱元璋视君臣如主奴，首创"廷杖之刑"，明代诸帝对"殿陛行杖"习为故事，从成化到万历一百余年间，臣僚被廷杖者多达300余人，上有都御史、大理寺卿、通政使和总督，下有御史、给事中等，其中甚至有29人"毙于杖下"。故在清初修成的《明史》也说"公卿之辱，前此未有"。

清承明制。虽然廷杖是取消了，但皇帝视臣僚如奴才丝毫未变。而且能在皇帝面前自称"奴才"的，只能是满族"自家人"，任何汉人官员都不能以"奴才"自称，可见这"奴才"的称号，居然包含有因亲近而高人一等的意味，汉族官员想自称"奴才"都不可得。至于"收天下之权以归一人"①，清代皇帝比明代皇帝更有过之而无不及。如雍正曾亲书对联概括自己的政治思想，"原以一人治天下，不以天下奉一人"②，又在《御制朋党论》中写道："朕惟天尊地卑，而君臣之分定。为人臣者，义当惟知有君。"③ 梁章钜的《枢垣纪略》卷一所记从乾隆到嘉庆的谕旨，无不多次强调"列圣相承，乾纲独揽"。于是皇帝的权力大到无边：官员由他任命，不合意者可以随时撤换甚至处死；法律由他制定，如有疏漏或稍稍束缚其手脚，可用"令"、"式"、"格"来补充或修改。"有治人，无治法"，说到底一切成为君主一人之治，在这种状况之下，"不以天下奉一人"，只能彻底变成"全以天下奉一人"。

再看压制舆论和钳束思想的愚民政策。中国自秦始皇焚书坑儒开始，历代都有官员、士人因文字、言论贾祸的事件。到了明清，因前者的开国皇帝出身困苦农家，后者则是以不谙汉族文化的少数民族而入主中原，因而猜忌之心尤烈，对所谓圣贤、史籍也按需要区别对待。最典型的事例莫过于朱元璋对待孟子。《明史》记曰："帝（朱元璋）尝览《孟子》，至草芥、寇雠语，谓非臣子所宜言，议罢其配享，诏有谏者以大不敬论。"④ 清人万斯选考证此事，作

① 王世贞：《中官考序》，转引自《明清史国际学术讨论会论文集》，天津人民出版社，1982年，第90页。

② 《朱批谕旨·朱纲奏折》，转引自《明清史国际学术讨论会论文集》，天津人民出版社，1982年，第982页。

③ 《御制朋党论》，见《清实录·世宗宪皇帝实录》第1册，中华书局，1985年影印本，第357页。

④ 《明史》第139卷，"钱唐传"，中华书局，1974年，总第3982页。

补充云:"上读《孟子》,怪其对君不逊。怒曰使此老在今日,宁得免耶?时将丁祭,遂命罢配享。"① 为孟子抗辩的尚书钱唐几乎被杀。对作古已千年的圣贤尚且如此,对在自己手下活着的臣民就更不客气了,洪武一朝因言论不合"圣意",或语触忌讳等区区小过而"诛其身"、"没其家"者,多至数十起,以至"京官每旦入朝,必与妻子诀。及暮无事则相庆,以为又多活一日"②。可知君主的绝对权威必然借助恐怖手段的支持。

清朝的文字狱始于顺治五年,祸因只是毛重倬等人选刻八股文范文时,于序文署年时仅用干支而未用清朝顺治年号,结果毛等人被定罪为"目无本朝,阳顺阴违,逆罪犯不赦之条"而"皆置于法"。此后在康熙、雍正、乾隆三朝 130 余年的时间里,有文献记载的文字狱就有 108 起,即是平均每一年零两月就有一起。大者如庄廷鑨"明史稿"案,"名士伏法者二百二十二人",著名学者顾炎武、孙夏峰都曾被捕受审,黄宗羲先后 4 次被悬赏缉捕。随后如戴名世《南山集》案、查嗣廷试题案、吕留良"文选"案等,无不竭尽妄意引申、构陷入罪之能事,且又广为株连,备极惨酷,遂至冤狱遍于国中,士人因恐动辄得咎而噤口钳舌。清代文字狱烈于明朝,不仅体现在为时长,案件多,牵连广,杀戮众,还体现在朝廷对于具有族类思想、民本色彩的著作,多次下令禁售、毁版甚至焚烧。仅乾隆三十九一四十年间,就烧书 24 次,共 13800 余部;紧接着又利用为编纂《四库全书》而采访遗书的名义,大规模查办禁书。在此过程中全毁书籍 2453 种,抽毁(部分毁掉)书籍 403 种③。并且牵连出几十起文字狱,如称屈大均诗文集中有"悖逆"之词,销毁其书并刨毁其墓;范起鹗仅因家藏《顾亭林集》而被捕等。至于从明代开始以八股文取士,清代对此不仅完全沿袭而且进而规定作文内容以朱熹《四书集注》为范围,同样是对士人的言论思想画地为牢。

---

① 全祖望:《辨钱尚书争孟子事》,见《鲒埼亭集》第 35 卷,上海涵芬楼,1922 年影印本,第 3 页。

② 叶子奇:《草木子》,转引自冯天瑜:《明清文化史散论》,华中工学院出版社,1984 年,第 331 页。

③ 冯天瑜:《明清文化史散论》,华中工学院出版社,1984 年,第 336、366 页。

恪守"祖制"、拒绝变革亦是明、清统治者的思想特点。历代所说"祖制"或"祖宗之法",所指实有很大变化。宋代以前,帝王所称祖宗,并非一定排斥前代君主在外,如唐太宗撰《帝范》12篇以赐太子,所称典范并不在唐朝,并说"汝当更求古之哲王以为师"。大概从宋代起,君主所谓"祖宗",就只是本朝君主了,文彦博反对王安石行新政,对宋神宗说"祖宗法制具在,不需更张,以失人心",接下来所举例证均限于宋朝。到了明、清两朝,这一意思更明确了。明朝皇帝未必承认被他们推翻的元朝君主为"祖宗",清朝更是如此。而且一朝之内,开国或奠定帝业基础的前一二代或三四代君主,在"龙子龙孙"们的眼内,自有开基创业、立法垂统之功,所以"祖制祖法"具有绝对的权威和示范意义。这一点臣民也是认同的,如明代大改革家张居正上明神宗疏说"窃以为远稽古训,不若近事之可征;上嘉先王,不如家法之易守",他在概括了明太祖、明成祖的种种"洪业"、"丕图"、"奎章睿谟"之后,肯定"其意义精深,规模宏远,枢机周慎,品式详明",认为"此正近事之可征,家法之易守者也"[①]。从表面上看似是"厚今薄古",但不仅缩小了思想的借鉴范围,而且鲜明地反映出"政治家族化"的特点,"家法"二字足以把国事化为一家一姓之私。清代从雍正开始,举凡要维护满洲贵族特权,要实行"抑末"和"海禁",要坚持贡藩体制,要坚持君主独裁,不准士人和民间干政议政,皇帝都无不首先拿出"祖宗成法"、"本朝家法"作为最主要的理由,这在有关"上谕"中实在多得不胜枚举。

崇本抑末是中国自秦、汉直至明、清都一脉相承的治民之道。秦王朝奖励耕战,着眼点在于只有耕者能生产粮食,战者能捍卫政权。汉朝刻意压抑商人,不准商人穿丝织品和乘车,更不准做官,是怕商人"富可敌国",动摇国本。至明、清两朝,虽说士、农、工、商"四民"的身份没有固定,但重农抑商的国策一仍其旧,雍正曾经重申:"农为天下之本务,而工贾皆其末也。"[②] 与此同时即

① 张居正:《请敷陈谟烈以裨圣学疏》,见《张太岳集》第 44 卷,江陵邓氏万历庚戌刻本,第 24~25 页。

② 《五年五月己未谕内阁》,见《清实录·世宗宪皇帝实录》第 1 册,中华书局,1986 年影印本,第 867 页。

重申海禁和矿禁，压抑工商业发展。平情而论，中国当时仍处于农业社会，人口众多，如果农业生产不足，全国人口吃饭都会成为大问题。问题在于朝廷之重农，出发点并不仅在百姓有饭吃，他们公开说出的是农业乃"朝廷正供之所出"，即养活朝廷、百官和军队的"钱粮"（农业税）要靠农业。还没有公开说出的是：不抑商会使商人势力坐大；商业发达会改变社会风气；不实行海禁就难免有人会勾串夷人；不实行矿禁就难免造成人们集群倡乱。总之是不利于朝廷维持现行体制和社会秩序的。

最后是一以贯之的"天朝上国"情结。古代的中国人自以为所在地是天下中心，自然条件优越，特产丰饶，尤其是因为中国历史悠久，文明早启，至少在整个东亚处于领先地位。从而萌生了中国为"天朝上国"，其余民族、国家皆为夷人，理应对中国表示尊敬和服从的优越感。明末清初的大思想家王夫之也充满了"华夏"与"中国"的优越感，他说"夷狄之与华夏，所生异地。其地异，其气异矣。气异而习异，习异而所知所行蔑不异焉"。而中国文明早启，"有城郭之可守，墟市之可利，田土之可耕，婚姻仕进之可荣"[1]，物质充裕，文化灿烂，社会井然有序，各地夷狄远不能及。入关之后成为中国统治者的满洲贵族迅速继承了这一观念，1655年荷兰国派使者到北京，带来了贵重礼物，要求两国贸易，清朝君臣都认为这是"远夷"来"朝贡"和"归化"，顺治帝的"敕谕"就是这种观念的体现："惟尔荷兰国……僻在西陲，海洋险远，历代以来声教不及。乃能缅怀德化，效慕尊亲……赴阙来朝，朕甚嘉之。至所请朝贡出入、贸易有无……着八年一次来朝。"[2] 顺治朝国家不基初定，未臻富强，所以皇帝的语气还算平和，经过康熙、雍正、乾隆三朝的治理，中国日益富足强大，所以乾隆帝在1793年回复英王乔治二世的"敕谕"中就显得格外骄矜："天朝抚有四海，惟励精图治，办理政务，奇珍异宝并不贵重"，"天朝德威远被，万国来朝。种种贵重之物，梯航毕集，无所不有"[3]。认为中

---

[1] 王夫之：《读通鉴论》，见《船山遗书》第14卷，金陵同治丙寅刻本，第2~3页。

[2] 梁廷楠：《粤海关志》第33卷，台北文海出版社，1981年影印本，第9页。

[3] 《敕谕英吉利国王》，见《清实录·高宗纯皇帝实录》第19册，中华书局，1986年影印本，第185页。

国政教昌明、物产丰裕，无需借鉴仰求于人，这种态度一直延续到嘉庆、道光两帝身上还有表现。

对于上述有关政治思想的共同特征，学术界多人总归之为"家国同构的泛道德观念"，或称之为"政治家族化伦理化"，这些应该说能够概括出传统政治思想的大部分特征。余英时先生另辟蹊径，认为中国传统政治思想的一大特征是"反智"。他说，尽管"从表面上看，中国的传统政治，在和其他文化相形之下，还可以说是比较尊重智性的"，但"最重要的还得看智性对于政治权力是否发生影响？以及如果发生影响的话，又是什么样的影响"。而且反智传统"是由整个文化系统中各方面的反智因素凝聚而成的"①。他认为先秦的道家、法家都是反智的，只有儒家主智，但自汉代以后儒学实际上"法家化"了，也主张反智，所以长期以来中国的政治思想和实际政治的发展都受到了严重的影响。余英时先生从"反智"的角度归纳传统学术一个方面的倾向，自然是极有见地的一家之言；而且，如果从更广泛的意义上理解"反智"为包含反科学、蒙蔽和愚民，可说"反智"倾向不仅存在，而且是很严重的，否则"五四"新文化运动就不会突出强调"民主"和"科学"。不过余先生认为儒家主智，而道家、法家反智，法家化的儒学也反智，这种以"家"或"学"区分反智与否的说法，多少有些绝对化。说法家反智，大抵正确；但道家似乎还有用智谋的一面，尽管只是限于对统治者而言。而儒家虽不反智，但其把知识和智慧多限定于人事方面，并不主张穷究自然，至多也是把自然人伦化，所以也不能对儒家的主智过于肯定。

就政治思想的发展而言，有文字可征的最早的文献中就有"重民"观念的表达，《尚书·康诰》记载西周的开国君主武王曾说"天视自我民视，天听自我民听"。这种观念与其说是上古原始民主观念的遗留，不如说是出自对殷、周之际社会大变动中人民群众巨大作用的总结。到春秋战国时期，老、孔、墨、孟以及《左传》和《周易》都有儆戒君主、强调"民为邦本"的言论。如《老子》称"圣人无心，以百姓心为心"，又说"民之饥，以其上食税之多，是

---

① 余英时：《中国思想传统的现代诠释》，江苏人民出版社，1995年，第64～65页。

以饥"。《论语》希望统治者"节用而爱人，使民以时"，"修己以安百姓"，并且解释君与民的互动关系时说"百姓足，君孰与不足；百姓不足，君孰与足？"《墨子》要求治人者"与百姓均事业"、"共劳苦"，并建议掌权者"不党父兄，不偏富贵"，而是同"农与工肆之人"齐心治国。如果说老、孔、墨还只是以温和言词向统治者提出建议，并认为君民无贵贱之分的话，孟子则不仅言词激烈，并且明确地要君主去尊、重民、隆民了。他不仅一般的强调君主必须"爱民"、"利民"而不可"虐民"、"残民"，而且强烈批评无道之君"暴其民甚，则身弑国亡；不甚，则身危国削"，"贼仁者谓之贼，贼义者谓之残。残贼之人，谓之一夫，闻诛一夫纣矣，未闻弑君矣"，即认为反抗甚至诛杀商纣王这样的"独夫"，并不是犯上作乱。同理对待犯有大过失、经过谏诤的君主，"反复之而不听，则易位"，总之君位并不是神圣而固定的。他希望君主"施仁政于民"，"省刑罚，薄税敛"，还要"听政于国人"，即以民众的意见为施政的依据。正因为孟子的民本思想强烈而系统，所以千余年后还招致朱元璋的恼怒和削去"配享"的惩罚。

《左传》以肯定的态度记载了季梁、宫之奇、司马子鱼、邾文公、郑子产、晏婴等人"民为神主"、"民不和，神不享"、"民之所欲，天必从之"、"天道远，人道迩"、"民之将亡，祝史之为，无能补也"等著名言论，不仅表达了"民为邦本"的思想，而且对君权神授、受命于天等愚民之说作了批驳。至于《周易》虽然多讲君尊臣卑、上刚下柔，但仍然强调"过犹不及"，即处事不能过分，否则事势会走向反面。尤其其中的"革卦"称"汤武革命，顺乎天而应乎人"，与孟子的"诛一夫"异曲同工，于是"有德代失德"遂与"民为邦本"一样，成了政治思想的传统之一。

从秦汉到宋元，批判君主独尊与专制的言论仍不鲜见。东汉末年的仲长统著《昌言》说："豪杰之当天命者，未始有天下之分者也。无天下之分，故战争者竞起焉。于斯之时，并伪假天威，矫据方国；拥甲兵，与我角才智；程勇力，与我竞雌雄。不知去就，贻误天下，盖不可数也。"这段话不仅指出君主始有天下不过是"伪假天威"，实际靠的是"甲兵"、"才智"与"勇力"，尤意在批评各种野心家、阴谋家"不知去就"，为争夺君位而造成天下大乱的变故层出不穷。两晋时的阮籍、鲍敬言同样是君主专制制度的批评者。前者在《大人先生传》中尖锐地指出："君立而虐兴，臣设而贼生。坐制礼法，束缚下民，欺愚诳拙，藏智自神"，寥寥数语，就把君主专制、官僚助虐、以礼法束缚、靠愚民自神的本质概括无遗。葛洪的《抱朴子·诘鲍》记载了鲍敬言批判君主专制的大胆言论，鲍敬言指出后世的"君臣之道"乃是强力的产物，"夫强者凌弱，则弱者服之矣；智者诈愚，则愚者事之矣。服之，故君臣之道起焉；事之，故力寡之民制焉"。"君臣既立"则压迫生，"夫獭多则鱼扰，鹰众则鸟乱，有司设则百姓困，奉上厚则下民贫"，特别是君主"肆酷恣欲，屠割天下。由于为君，故得纵意也"。到宋元之际，邓牧在《伯牙琴·君道》中不仅认为"彼所谓君者……则夫人固可为也"，而且谴责专制帝王"夺人之所好，聚人之所争"，"头会箕敛，竭天下之财以自奉"，他们唯恐失去权力，"日夜以盗贼为忧，以甲兵弧矢自卫"，"焚诗书，任法律，筑万里长城，凡所以固位而养尊者无所不至。而君益孤，惴惴然，若匹夫怀一金，惧人夺其后"。鲍敬言和邓牧的话形象而精辟，高度概括出"由于为君，故得纵意"和"固位而养尊者无所不至"的因果关系。

明、清两代君主专制发展到顶峰，反对专制的思想也最成熟完备。明末清初的黄宗羲，继承从先秦到宋元的各种"限君"、"非君"思想，在《明夷待访录》中把反封建专制主义推进到了一个全新的阶段。在这本书中，黄氏批评专制君主"以为天下利害之权皆出于我，我以天下之利尽归于己，以天下之害尽归于人，亦无不可。使天下之人不敢自私，不敢自利，以我之大私为天下之大公"，视天下为一家一姓之产业，并力图"传之子孙，受享无穷"。所以他说"天下之大害者，君而已矣"。他曾批判封建法制，认为中国历代之法，不是保护国人"各得其私，各得其利"的"公法"，乃是"为一己而立"的"一家之法"，其谋求的是"家祚永传"，故施行的后果是"顺我者昌，逆我者亡"，"法愈密而天下之乱即生于法之中"。他还批判了专制制度下的君臣关系，讥讽臣僚唯君命是听，把自己等同于"宦官宫妾"。他强调出仕是"为天下，非为君也；为万民，非为一姓也。吾以天下万民起见，非其道，即君以形声强我，未之敢从也"。此外，黄氏还提出"公其非是于学校"，即把学校作为议政的舆论机关，以便反映民情，评论时政，反对以君主或官府的是非为是非。针对历代王朝的"崇本抑末"，黄氏还提出"工商皆本"，即要像"重农"一样重视工商，这一思想在整个清代一再被人强调。

黄宗羲的思想并不孤立，与他同时并且齐名的顾炎武、王夫之都发表过反对君主专制的言论。前者在《日知录》中说"易姓改号，谓之亡国；仁义充塞，至于率兽食人，人亦相食，谓之亡天下"，老百姓应当关心的是"天下之兴亡"，而不为帝王一家一姓操心。他提出限制君权的"众治"主张，认为"人君之于天下，不能以独治也。独治之而刑繁矣。众治之而刑措矣"。后者在《读通鉴论》中说："一姓之兴亡，私也；而生民之生死，公也。"又在《黄书》中提出理想的社会是"不以一人疑天下，不以天下私一人"，顾、王二人的观点言论如出一辙。还有因著作而引起文字大狱的吕留良，不光是因为阐发过"夷夏之防"，更批评过君主专制。他在《四书讲义》中说："秦为无道，上下猜忌，为尊君卑臣之礼，而君臣师友之义遂不复见，渐出宦官宫妾之下矣。宋时君臣，尚存古意，自兹以后复蹈秦辙，礼数悬绝，情意疏隔。此一伦不正，上体骄而下污，欲求三代之治，未易得也。"这是认为"三纲"中的"一伦"即君为臣纲已经"不正"了，成为清末有识之士批判三纲的先驱。还有唐甄在《潜书》中指出，由于中国行君主独治，故治乱皆决于一人，"治天下者惟君，乱天下者惟君"，然而"一代之中十人数世，有二三贤君不为不多矣，其余非暴即暗，非暗即辟，非辟即懦。此亦生人之常，不足为异。惟是懦君蓄乱，辟君生乱，暗君召乱，暴君激乱。君冈救矣，其如斯民何哉？"这就是说贤君可遇而不可求，贤君少而不贤君多，人民的生死祸福完全不能由自己掌握。言下之意即认为把治天下之权给君主一人，而且君主又由一家世袭极不合理。

可知从先秦到明、清，君主专制愈来愈烈，但主张限制君主之权、反对君主专制的思想也在发展，对专制君主之害的认识也越来越深刻。当然这些反对君主专制的思想仍然存在着不成熟的地方，如《老子》既讲"以百姓心为心"，但同时又讲过"绝圣弃知"，"民多智慧，而邪事滋起"，"为道者非以明民也，将以愚之也"，以及"为人主，南面而立。臣肃敬，不敢蔽其主。下比顺，不敢蔽其上"之类的话，有愚民、尊君的一面。孔子一面劝诫君主行仁政，但又大讲"君臣父子"的伦理道德。甚至孟子也一再宣告"君臣大义"不可违背，还说"位卑而言高，罪也"，否定了普通人论政的资格。魏、晋至唐、宋的非君思想接近于"无君"论，带有乌托邦的幻想。前述明、清之际的黄、顾、王、吕、唐等人虽然把批判君主专制、君主世袭制度的思想推到前所未有的高峰，但都没有指出如果废除君主专制和世袭制之后用什么制度来取代，也就是未能找到出路。但无论如何，批评和反对君主专制仍然是中国政治思想的一个传统。

从对立面的思想史来看，极端尊君、以君主独裁为合理的观念，其一是用"君权神授"、"膺受天命"等神权观作护符，这种情形在殷、周时代很普遍，延续到汉代，董仲舒在《春秋繁露》中仍在说"天子受命于天，天下受命于天子"，"《春秋》之法以人随君，以君随天"。其二是把人的社会地位纲常伦理化，孔子和儒家对此作过很多论述，到唐代的韩愈则说得最为明白，他在《原道》中说："君者出令者也。臣者行君之令而致其民者也。民者出粟米麻丝、作器皿、通货财以事其上者也。君不出令则失其所以为君。臣不行君之令而致之民。民不出粟米麻丝、作器皿、通货财以事其上则诛"，认为这样才合于"道"。其三则是赤裸裸地用"势""威"来强制压服，这一条也许是最根本的。从先秦的《管子》、《商君书》到《韩非子》，种种触目惊心的"暴力文字"比比皆是。如《管子·明法》说："夫尊君卑臣，非亲也，以势胜也。百官论职，非惠也，刑罚必也。故君臣共道则乱，专授则失。"该篇之后有"解"，说得更露骨："明主在上位，有必治之势，则群臣不敢为非。是故群臣之不敢欺主，非爱主也，以畏主之威势也。百姓之争用，非以爱主也，以畏主之法令也。故明主操必胜之数，以治必用之民；以必尊之势，以制必服之臣。"这是主张君主充分运用自己的绝对权力控驭臣民，使他们不敢稍有异动。不过出现时间较早，而且产生在素有学风和鱼盐之利的齐国的《管子》一书，还未提出愚民和抑商。到了战国晚期，产生在文化落后又只有农业生产的秦国的《商君书》和《韩非子》，讲起君主独尊、愚民、抑末来，就无人能出其右了。比如韩非说："明君无为于上，群臣竦惧乎下。明君之道，使智者尽其虑……贤者敕其材……有功则君有其贤，有过则臣任其罪，故君不穷于名。是故不贤而为贤者师，不智而为智者正。"等于明说"不贤""不智"者只要有了君位，就该驱使贤者智者。但贤者智者毕竟使君主不放心，故进一步就是不用他们，"民智之不可用"，"故举士而求贤圣，为政而期适民，皆乱之端，未可与为治也"。最终不用贤者智者还不足，干脆执行愚民政策，根本不让他们产生，于是有了"明主之国，无书简之文，以法为教；无先王之语，以吏为师"的政策法令。《商君书》则不仅主张愚民，还强调贱商，"商贾之士佚其利，则民缘而议其上"，"民资重于身，而偏托势于外。挟重资，归偏家，尧、舜之所难也"。认为商贾之士拥有重资，就会对君主构成威胁。

秦国执行了从商鞅到韩非的重"耕战"路线，逞强一时而不能久。统一中国之后，秦王朝即很快因独尊一人、愚民、贱商、过度"用民"而形成虐民暴政，在人民大反抗的风暴中烟消瓦解。故自汉朝开始，历代统治者都注意"王霸杂用"，即所谓"儒表法里"，在施"仁政"的旗号下恩威并用。但不论在任何时代，感到"蒙恩"者总是极少数人，为权力所威迫者则是绝大多数人。总之，君权独尊、上下悬隔，更是中国政治生活的主流和实质。自从宋代儒者刘彝称"圣人之道，有体、有用、有文。君臣父子仁义礼乐历世不变者，其体也；诗书史传子集垂法后世者，其文也；举而措之天下，能润泽斯民，归于皇极者，其用也"，中国所有伦纪纲常、传世文献，都被规定为只能教人遵循"忠君敬上"的"圣人之道"，也就是人神合一的"天理"。所以雍正在斥责他认为不忠不敬的臣僚时常常理直气壮地质问"天理何在？良心何在？"而被质问者就知道大祸临头了。

这里就产生了一个问题：中国传统的政治思想，历来就既有批评甚至反对君主专制的一面，又有维护甚至不断强化君主专制的一面，为什么前者对后者的制约越来越弱，而专制始终是传统统治的主流呢？显然这不仅仅只是一个思想史的问题。其一，各种思想毕竟要依赖某种系统的支持。中国历代反君主专制的思想，只产生和流行于边缘化的士人和下层民间，而维护专制的思想背后则有权位和武力，君主既有发号施令、使财用人的权势，更有兵刑在手"至不得已而用杀"，那么韩非担忧的"以理夺势"就几乎成为不可能。其二，思想需要借鉴和反复实践检验，近代以前的中国人难以想象没有君主的政治制度，只能是推翻旧的君主又产生新的君主。废君主而行民主的思想，只有在具备足够的力量并且认识到民主的优越性时，才能逐渐形成并准备实施。

2. 革新与守旧思想六十年间的消长

从鸦片战争前后到19世纪末的60余年间，是改革、守旧两种思想并存、交锋、此消彼长的阶段。以时代特征和思想内容作为观照，这60年又可分为三个阶段，即1840年前后到50年代末的20年，从60年代初到90年代初的近30年，甲午战争之后的6年。而贯穿整个进程的攻守双方，一方是传统改革思想与西方的结盟，一方是植根于传统的守旧思想。

改革思想的萌发，开始并不是对外来挑战回应，而首先是起因于对中国社会危机和政治腐败的清醒体认，这从龚自珍和鸦片战争前魏源的言论中可以清楚发现。龚自珍看到了由封建土地所有制造成的土地兼并，以及贵族、地主、大小官吏的诛求无厌和残酷盘剥，国计民生均陷入绝境："自乾隆末年以来……自京师始，概乎四方，大抵富户变贫户，贫户变饿户。四民之首，奔走下贱。各省大局，岌岌乎皆不可支月日，奚暇问年岁？"[①] 这是经济状况。政治上则是君权独揽，"一人为刚，万夫为柔"[②]，"天下无巨细，一束之于不可破之例。则虽以总督之尊，而实不能行一谋，专一事"，而且"约束之，羁縻之，朝廷一二品大臣，朝见而免冠，夕见而免冠，议处、察议之谕不绝于邸钞"[③]，以致人人自危，动辄得咎。而文化上的专制主义及用奴才、讲资历的选官任官之法，又使得官员队伍腐败不堪，"今政要之官，知车马、服饰、言词捷给而已，外此非所知"，即只知"浮沉取容，求循资序"，而且"官益久，则气愈偷；望愈崇，则谄愈固；地益近，则媚益工"，大义节操"扫地以尽"[④]。官吏、士人学用脱节，"上不与君处，下不与民处"，以致"王治不下究，民隐不上达"[⑤]，举国万马齐暗，而且如"将

---

① 《西域置行省议》，见《龚自珍全集》上册，中华书局，1959年，第106页。

② 《古史钩沉论一》，见《龚自珍全集》上册，中华书局，1959年，第20页。

③ 《明良论四》，见《龚自珍全集》上册，中华书局，1959年，第35页。

④ 《明良论二》，见《龚自珍全集》上册，中华书局，1959年，第31~32页。

⑤ 《乙丙之际著议第六》，见《龚自珍全集》上册，中华书局，1959年，第6页。

蒌之华",如"日之将夕","乱亦竟不远矣"①。

龚自珍的改革主张,一是从思想上认识到"一祖之法无不敝",因而反对拘泥于祖制,主张实行"自改革"。二是从政治上修订有关制度,如破除以资格迁官,加重内外大臣的威权,这样把君主独擅之权分移于臣属,对君权作某些限制,提高行政效率。三是从经济上制止豪强地主的土地兼并,依宗族组织占有和使用土地,同时采取若干富国利民之策,顺应工商业的发展要求。可以说,龚自珍对封建末世的种种弊病有深刻认识,批判十分尖锐,提出对祖法加以"自改革"的旗帜也很鲜明。但他受到时代和阶级的局限,并未找到根本全新的改革措施,移君权而重臣属,依宗族而配置土地,不过是如其所自言的"药方只贩古时丹"②罢了。

鸦片战争之前的林则徐和魏源同龚自珍一样,已经批判朝廷治国的"虚应故事",官府对民间的横征暴敛,面对"人心之寐患"和"人材之虚患"仍不思变法。林则徐提出重视实际,"事事由实践","国计与民生,实相联系。朝廷之度支积贮,无一不出于民,故下恤民生,正所以上筹国计,所谓民惟邦本也"③。认为国家行政最根本的道理是"用民心,恃民力"。魏源认识到专制君主以"势、利、名私一身",是一切弊病之总源,并且指出"天下无数百年不弊之法","小变则小革,大变则大革,小革则小治,大革则大治"④,而且变革的取向就是"变古"、"便民",称"变古愈尽,便民愈甚"⑤。但是当他把改革理想付诸计划乃至实施时,除了希望"刷新吏治"、"广开言路"、"兴武备"以及"废八股"、"重定取士之制"等之外,再没有更根本的军国大计,具体经国利民的措施则集中于漕运、河工、盐法、禁烟等问题。

鸦片战争的失败及不平等条约的签订,极大地刺激了魏源、徐继畲、梁廷楠等一批忧时爱国之士,同时使得他们在思考国内政治

---

① 《乙丙之际著议第九》,见《龚自珍全集》上册,中华书局,1959年,第7页。

② 《龚自珍己亥杂诗注》,中华书局,1980年,第58页。

③ 《江苏阴雨连绵田稻歉收情形片》,见《林则徐集》,"奏稿"上,中华书局,1985年,第150页。

④ 《筹蹉篇》,见《魏源集》下册,中华书局,1976年,第432页。

⑤ 《默觚下·治篇五》,见《魏源集》上册,中华书局,1976年,第48页。

的种种问题时，有了开阔的眼光和全新的参照。林则徐在鸦片战争中为了知己知彼，"日日使人刺探西事，翻译西书，又购其新闻纸"①，编成《四洲志》，使读者能初步了解中国以外的世界。魏源等人继承并发展了林则徐"睁眼看世界"的创举，不仅以《海国图志》、《瀛环志略》、《海国四说》等介绍分析当时世界大势和主要国家情形的著作，让人们更深入系统地了解世界，把林则徐"师敌长技"的主张提升为"师夷长技以制夷"，并且朦胧地感到西方长技并非限于"船坚炮利"以及西人"器良、技熟、胆壮、心齐"，还有与中国完全不同的讲究工商、议会制度、公选官员等。

魏源在《海国图志》中首先指出了中国在军事、制造工业等方面的差距，建议中国学习西方的船只、火器与工艺制造，不仅用于固边防，且能促进交通、商贸而裕民生。他说开办船厂"非徒造战舰也"，还可造商艘、商舟，"出鬻之船无尽"而使"军国交便"；开设机器局不光可造火器，其他如"量天尺、千里镜、龙尾车、风锯、水锯、火轮机、火轮舟、自来火、自转碓、千斤秤之属，凡有益于民用者，皆可于此造之"，"出鬻器械无数"②。这是对传统的压抑工商提出了挑战。尤其值得重视的是他对英、美等国政治制度的介绍，如说英国国王即位必须先通过议会，国家大事更须议会讨论通过，"设有用兵和战之事，虽国王裁夺，亦必由巴厘满（Parliament，议会）议允。国王行事有失，将承行之人交巴厘满议罚。凡新政条例，新设职官，增减税饷及行楮币，皆王颁巴厘满，转行甘文好司而分布之。惟除授大臣及刑官，则权在国王。各官承行之事，得失勤怠，每岁终会核于巴厘满，而行其黜陟"。而议会商讨，又须根据民间意见，"大众可则可之，大众否则否之"。还有舆论可以监督政府与官员，"刊印逐日新闻纸，以论国政，如各官宪政事有失，许百姓议"③。魏源尤其赞赏美国的选举制度，认为美国"公举一大酋总摄之，匪惟不世及，且不四载即受代，一变古

① 魏源：《道光洋艘征抚记》，见《中国近代史料选辑》，北京三联书店，1954年，第8页。

② 魏源：《筹海篇三》，见《海国图志》上册，岳麓书社，1998年，第30页。

③ 魏源：《英吉利国总纪》，见《海国图志》中册，岳麓书社，1998年，第1382～1383、1408页。

今官家之局，而人心翕然，可不谓公乎？议事听讼，选官举贤，皆自下始，众可可之，众否否之，众恶恶之，三占从二，舍独徇同，即在下预议之人，亦先由公举，可不谓周乎？"① 他不仅欣羡美国的民主选举，而且多少认识到国家富强应与政治民主有关，"育奈士迭遮成富强之国，足见国家之勃起，全由部民之勤奋，故虽不立国王，仅设统领，而国政操之舆论，所言必施行，有害必上闻，事简政速，令行禁止，与贤辟所治无异，此又变封建郡县官家之局，而自成世界者"②。他称赞美国"其章程可垂奕世而无弊"③，对比其批评中国的君主专制"以其势、利、名私一身，穷天下之乐而不知忧天下之忧"④，一褒一贬，明显大有深意。

与魏源同时的徐继畬，在《瀛环志略》中不仅介绍了世界史地知识，也介绍了英、美的若干政治制度。如他记述英国的议会组织、职能和议事程序说："英国之制……都城有公会所，内分两所，一曰爵房，一曰乡绅房。……国有大事，王谕相，相告爵房，聚众公议，参以条例，决其可否。复转告乡绅房，必乡绅大众允诺而后行，否则寝其事勿论。其民间有利病欲兴除者，先陈说于乡绅房，乡绅酌核，上之爵房，爵房酌议，可行则上之相而闻于王，否则报罢。"⑤ 这是对英国上下议院的介绍。在记述美国时，他不仅详细地描写了美国各"部"（州）、"乡邑"领导人的选举情形，还说明他们均有任期，退位后"依然与齐民齿，无所异也"，尤其称赞华盛顿"开疆万里，乃不僭位号，不传子孙，而创为推举之法，几于天下为公，骎骎乎三代之遗意"，新兴的美国"不设五侯之号，不循世及之规，公器付之讨论，创古今未有之局，一何奇也"⑥。徐

---

① 魏源：《外大西洋墨利加洲总叙》，见《海国图志》下册，岳麓书社，1998年，第1611页。

② 魏源：《弥利坚总纪》，见《海国图志》下册，岳麓书社，1998年，第1562页。

③ 魏源：《海国图志后叙》，见《海国图志》上册，岳麓书社，1998年，第7页。

④ 《默觚下·治篇三》，见《魏源集》上册，中华书局，1976年，第44页。

⑤ 徐继畬：《英吉利国》，见《瀛环志略》第7卷，光绪戊戌扫叶山房印，第10页。

⑥ 徐继畬：《北亚墨利加米利坚合众国》，见《瀛环志略》第9卷，光绪戊戌扫叶山房印，第11、17页。

继畲当时很崇敬美国，对美国的侵略行径尚不了解，但对欧洲强国对亚洲的侵吞已高度警觉，他指出"五印度中东南诸国，大半为英所夷灭，分隶四部"①，与中国联系密切的南洋群岛，"欧罗巴诸国东来，据各岛口岸"，已成为其地"东道主"②，西方的殖民活动正盛，"盖四海之内，其帆樯无所不到，凡有土有人之处，无不睥睨相度，思朘削其精华"③，强调中国必须对此加以防备。

还有梁廷楠，著有《兰伦偶说》介绍英国，《合省国说》介绍美国。他评论美国的有关制度说："自立国以来，凡一国之赏罚禁令，咸于民定其议，而后择人以守之。未有统领，先有国法。法也者，民心之公也。统领限年而易……既不能据而不退，又不能举以自代，其举其退，一公之民。持乡举里选之意，择无可争夺、无可拥戴之人，置之不能作威、不能久据之地，而群听命焉。盖取所谓视听自民之茫无可据者，至是乃彰明较著而行之，实事求是而托之"，所举之人能"力守其法"，故没有因掌有权力而产生"贪侈凶暴"④。其称中国传统的"视听自民"为"茫无可据"，而称美国的民主制度因"先有国法"、"民定其议"、"统领限年而易"、"力守其法"等规定而"彰明较著"、"实事求是"，表明梁氏已经感到中国虽自古即有民惟邦本的传统思想，但没有具体的制度来保证其落实，美国的做法值得借鉴。梁廷楠还初步探讨了当时最先进的民主制度何以在美国产生的原因，认为是由于美国"地处荒弯，非英吉利所固有……其地之人自理自治，时日已久"，其人"往往耗智巧于制器成物"。"地既有所凭恃以自立，时又迫之不遑他计，而人人复安愚贱、泯争端，三者相乘，夫是以创一开辟未有之局"⑤，即是认为没有专制传统的历史包袱和保护"自理自治"、发展生产的需要，有助于民主制度的产生。这种认识尽管还

---

① 徐继畲：《五印度》，见《瀛环志略》第3卷，光绪戊戌扫叶山房印，第7页。

② 徐继畲：《南洋各岛》，见《瀛环志略》第2卷，光绪戊戌扫叶山房印，第3页。

③ 徐继畲：《英吉利国》，见《瀛环志略》第7卷，光绪戊戌扫叶山房印，第19页。

④ 梁廷楠：《合省国说序》，见《海国四说》，道光年间刻本，第1～2页。

⑤ 梁廷楠：《合省国说》，见《海国四说》，道光年间刻本，第3页。

很不全面深刻，但是体现出梁氏不仅想知其然，还要知其所以然的理性精神。

在19世纪50年代后期，至少还有洪仁玕的政治思想是值得注意的。洪仁玕在香港待过将近5年，对西方的物质生产、经营管理及政法制度有所了解，因而1859年到天京（南京）后，马上提出了"今不可行而可豫定"的改造中国的蓝图《资政新编》。他的建议除了生产、经营方面的各种新设想之外，属于政治思想方面的有主张仿效英、美，实行"法治"，做到"立法善"、"施法广"、"持法严"；为了了解舆情，应"设新闻馆，以收民心公议"；为了选举和监督官员，"置一大柜于中廷"以供"写票"；天王办事"可断则断"，"不宜断者"付之讨论，"更立一无情面之谏议在侧，以辅圣聪不逮"，其他如教育、雇佣劳动、奖励发明、实行专利、行保险、兴银行、开邮局等，均"宜立法以为准"[①]。可见洪仁玕对中国传统的有"人治"无"法治"、君主独断专行、官员极易腐败而缺少监督等痼疾是深有认识的，希望借鉴西法以改造之。

从上述魏源、徐继畬、梁廷枬、洪仁玕的思想认识来看，显然他们都不同程度地看到了中国传统政治的重大缺陷，并且试图通过借鉴西方国家的制度来为中国设计。如果说魏、徐、梁三人还只表现为对西方制度的一唱三叹、临渊羡鱼的话，洪仁玕则是近于退而结网、建议作某些实施了。那么这些思想主张为什么只能停留于书本文字，不仅未见讨论、施行，连影响、传播也很有限呢？客观地说，这一阶段朝野只有外来挑战"主战"与"主抚"的争论，因而掩盖了对内政改革的希望，无论是清政府还是太平天国农民政权，此时的"师夷"都只停留于购买和仿制船、炮，以及小规模地按西法训练军队、使用火器而已。更主要的原因是，借鉴西方政治制度的思想，不仅认为有此必要的人很少，而且必然比学习西方"船坚炮利"之类器物层面的主张更难传播，更难让人接受，寥寥数人的超前诉求，有如空谷足音，不足以形成舆论力量。魏源等人的著作只在同类型的士大夫中流行，无法影响更多的人和上层统治者。1858年兵部侍郎王茂荫曾向咸

---

① 洪仁玕：《资政新编》，见《中国近代史资料丛刊·太平天国》第2册，上海神州国光社，1954年，第527～530页。

丰帝推荐《海国图志》，并建议"饬重为刊印，使亲王大臣家置一编，并令宗室八旗以是教，以是学"，但未被采纳。专制制度只需表现出一种对新事物、新思想的冷漠和排斥，就足以让一切仍然循着旧例和惯性继续沉沦下去。洪仁玕的《资政新编》倒是直接送到了洪秀全手上，但仍然仅以洪秀全作了数处批语而作罢，因为农民出身的洪秀全，短短几年就习惯了"独断"的统治方式和养尊处优的生活，对改革无多大兴趣。洪仁玕的著作既未引起太平天国中下层的注意，也不可能得到有力支持，他的设想也就成为"纸上谈政"了。

在 19 世纪 60 年代初到 90 年代初的第二阶段，冯桂芬可以说是先导。他作为经世派的殿军，对龚自珍、林则徐、魏源、徐继畲、梁廷楠等人的批判精神和改革思想作了全面的继承和总结；他同时又是 60 年代—90 年代改良维新思想的先驱，承上启下的作用十分明显。其在思想上最占领先地位的认识有两点，一是发展了魏、徐、梁等人未曾明言的中西比较，公开指出中国不仅船坚炮利、养兵练兵之法不如西人，在开发富源、发展生产，政治清明、上下融洽，不务虚名、讲求实效等方面也要向西方学习，这就是他初步总结但高度概括出来的"人无弃才不如夷，地无遗利不如夷，君民不隔不如夷，名实必符不如夷"①，真正认识到应该放下天朝上国的虚骄心态。二是最先提出了在改革和"鉴诸国"时如何处置固有传统与外来先进科技、文化、思想观念的关系，这就是所谓"忌嫉之无益，文饰之不能，勉强之无庸"，而应该"以中国之伦常名教为原本，辅以诸国富强之本"。这两点认识对后人产生极大影响是显而易见的。尤其是"法苟不善，虽古先吾斥之；法苟善，虽蛮貊吾师之"②的态度，是对"夷夏之防"的巨大冲击。为了使中国做到如西方的"君民不隔"，冯桂芬具体地提出了"公黜陟"、"复乡职"、"复陈诗"等建议，即主张对官员的任用升降要听"乡人"即老百姓的意见，不能仅凭被用者的文字功夫和用人者的"私

---

① 冯桂芬：《校邠庐抗议》，见《采西学议——冯桂芬马建忠集》，辽宁人民出版社，1994 年，第 75 页。

② 冯桂芬：《校邠庐抗议》，见《采西学议——冯桂芬马建忠集》，辽宁人民出版社，1994 年，第 75、83 页。

见"，对官员的考绩"宜首以所举得人与否为功罪"①；还要充分发挥当地"乡职"的作用，提倡鼓励老百姓反映自己的疾苦，表达对治理的意见等。

从1861年清政府设立总理各国事务衙门以后，西方势力逐步深入中国，商品倾销、利权掠夺进一步引起有识之士的忧虑。同时外国教会在华开办的学校，尤其是他们译印的数百种西方书籍（其中有关于西方历史、政治学说的书籍30余种）②，使中国读书人得以更多地了解西方。同时从60年代开始，有少数中国读书人（如王韬）因故走出国门，更有一批使节分赴欧美，直接深入地感受到了西方政治制度与中国的不同之处，并且在其日记、奏疏、文章中不同程度地向中国作了介绍，思想激进者自会有意识地作中西对比，对中国的传统政治思想、政治制度加以批评，建议中国实施政治改革。但是从60年代初到90年代初，顽固守旧之士如王闿运、张自牧、方濬颐、倭仁、杨廷熙、王文韶、奎润、文治、于凌辰、周德润等，对西方事物、学说、思想一概加以抵制。除了他们反对使用及仿制船炮、机器，兴建铁路，创办新武学校、遣使出洋及派遣留学生等连篇累牍的言论之外，此处只概述他们有关政治思想的几个方面。

其一是认为中国的政治传统完美无缺。如杨廷熙为支持大学士倭仁所谓"立国之道，尚礼义不尚权谋；根本之图，在人心不在技艺"③的保守性纲领时说："中国自羲轩尧舜禹汤文武周公孔孟以及先儒曩哲，或仰观俯察，开天明道；或继承缵述，继天立极，使一元之理，二五之精，三极之道，旁通四达，体之为天人性命参赞化育之经，用之为帝典王谟圣功贤学之准，广大悉备，幽明可通。"④既然中国固有文明如此高明完备，自然就用不着向他人学习了。而且他们知道，要维护目前的王朝体制，必须依靠传统的思

---

① 冯桂芬：《校邠庐抗议》，见《采西学议——冯桂芬马建忠集》，辽宁人民出版社，1994年，第2页。

② 参见熊月之：《中国近代民主思想史》，上海人民出版社，1987年，第106～109页。

③ 《同治六年二月十五日大学士倭仁折》，见《中国近代史资料丛刊·洋务运动》第2册，上海人民出版社，1961年，第30页。

④ 《同治朝筹办夷务始末》第49卷，台北文海出版社1966年影印本，第16页。

想规范，故称时下"所可恃者，中国数千年礼义廉耻之维，列祖列宗之教泽在人，耻为夷人之心就十居八九耳"，如果以通西方的制造和技巧"为学问，为人才"，"窃恐天下皆将谓国家以礼义廉耻为无用，以洋学为能，而人心因之解体"①。因此极力固守防线，不容因打开思想缺口而使人心解体。

其二是强调中西方存在种种差异。不仅文化传统不同，而且土地面积、人口数量、风俗习惯等"中外情形迥不相同"，"三千年来，帝王代嬗，治乱循环，惟以德服人者始能混一区宇，奠安黎庶"②，故"中国自强之道与外洋异"，"所恃以为治者，人心之正，风俗之厚，贤才蔚起，政事修明也。是以虽有大难，如发捻各逆之肆扰，不难以次削平者，恃有此数端耳"③。这是以传统和国情与他人不同为借口，强调保持旧惯，并以消灭太平天国和捻军为例，盲目地以为依靠传统也完全可以抵御西方所带来的危机。

最后是坚持"夷夏之辨"的古训，反对"用夷变夏"而幻想"用夏变夷"。如翰林院侍读周德润说："臣闻用夏变夷，未闻夏变于夷者也。……彼匈奴犹恐夏之变异，奈何以中国礼义之邦而下同外夷之罔利乎"④，他们讥笑"学于敌人以为制敌之策，从古未闻"，称"师事洋人，可耻孰甚？导之以甚可耻之事，而曰尔之礼义廉耻其守之勿失，此必不能之势也"⑤。并且认为洋人不仅是"敌人"，更是"仇人"，"夷人吾仇也"，如果"奉夷人为师"，将会"正气不伸，邪气因而弥炽，数年之后，不尽驱中国之众咸归于夷不止"⑥。自大自尊加上利用"仇洋"之情，不仅具有煽惑力量，

① 《光绪元年二月二十七日通政使于凌辰奏折》，见《中国近代史资料丛刊·洋务运动》第 1 册，上海人民出版社，1961 年，第 121 页。

② 方浚颐：《机器论》，见《中国近代史资料丛刊·洋务运动》第 1 册，上海人民出版社，1961 年，第 455 页。

③ 《光绪十四年十二月二十一日内阁学士文治奏》，见《中国近代史资料丛刊·洋务运动》第 6 册，上海人民出版社，1961 年，第 216 页。

④ 《光绪七年正月初十日翰林院侍读周德润奏》，见《中国近代史资料丛刊·洋务运动》第 6 册，上海人民出版社，1961 年，第 153～154 页。

⑤ 《光绪元年二月二十七日通政使于凌辰奏折》，见《中国近代史资料丛刊·洋务运动》第 1 册，上海人民出版社，1961 年，第 121～122 页。

⑥ 《同治六年二月十五日大学士倭仁折》，见《中国近代史资料丛刊·洋务运动》第 2 册，上海人民出版社，1961 年，第 30～31 页。

而且很容易给主张改革者造成政治压力。

从整体上看，守旧派直到 19 世纪 90 年代初所表达的政治见解，完全是旧调重弹，体现出他们对时代、对世界大局知之甚少，因而言论毫无新意。而且他们的坚守防卫总比改革者的批判慢一步，因为在 70 年代中到 90 年代初，已有数位有识之士在鼓吹民权、倡设议院了，而守旧者尚在纠缠于造机器、修铁路、办新式学堂等问题，没有注意到对中国政治进行整体改革的思想已经萌生和传播。

从 60 年代中到 90 年代初，提出改革政治的先进人士甚多，诸如王韬、郭嵩焘、郑观应、崔国因、张树声、薛福成、马建忠、陈炽、陈虬等人的言论可作为代表。他们的政治改革思想可以概括为如下几点。

首先是以"变局"论为核心的世界观和时代观，这是主张改革人士的思想基础和认识上的出发点，也是与守旧人士的"天朝上国"观念、"夷夏之辨"的信条对立之所在。

虽然早在鸦片战争之后不久，黄钧宰和徐继畬就在各自的著作中称当时形势为"古今之变局"或"古今一大变局"，但当时能够意识到中外大局已出现根本变化的人还很少，在经历了第二次鸦片战争之后，"变局"论才普遍流行并成为先进之士的共识。1861 年冯桂芬曾经强调，"乃自五口通商，而天下之局大变"①。王韬在1864 年亦说："当今光气大开，远方毕至……合地球东西南朔九万里之遥，胥聚于我一中国之中。此古今之创事，天地之变局，所谓不世出之机也。"② 薛福成把这种"变局"概括为"华夷隔绝之天下，一变而为中外联属之天下"③。总之，由于中国国门被打开，与各国立约通商，中外双方往来不绝，与世隔绝、闭关自守的状态一去不复返了。这种"变局"自然给中国带来了威胁和危害，但是事物往往利害相倚，只要中国发奋图强，抓住时机和条件，李鸿章

---

① 冯桂芬：《筹国用议》，见《采西学议——冯桂芬马建忠集》，辽宁人民出版社，1994 年，第 47 页。
② 王韬：《代上苏抚李宫保书》，见《中国近代史资料丛刊·洋务运动》第 1 册，上海人民出版社，1961 年，第 505 页。
③ 《筹洋刍议·变法》，见《薛福成选集》，上海人民出版社，1987 年，第 556 页。

也认为未必不能转害为利，"则敌国外患未必非中国振兴之资，是在一转移间而已"①。王韬则更加乐观，他批评"虞西人之为害，而遽作深闭固拒之计，是见噎而废食也"，"不患彼西人之日来，而但患我中国之自域。无他，在一变而已矣"。他进而解释说："所谓变者，在我而已。非我不变而彼强我以必变也。彼使我变，利为彼得；我欲自变，权为我操"，故"去害就利，一切皆在我之自为"②。他在《弢园文录外编》中提出了"变法自强"的口号，逻辑就是：认识"变局"，抓住时机"自变"，达到"自强"。

其次是主张真正了解西方国家的富强之本。

19世纪60年代以前，魏源、徐继畬等人在著作中虽然介绍了英国的议会制度和美国的民主选举，并且表示歆羡和赞扬，但并没有明确主张在中国试行。60年代洋务派官员开始主持进行向西方学习的实际行动，但有20余年的时间只限于仿制船炮和若干工业制造，而且即使如此，在这一领域里也收效甚微。随着先进人士对西方认识了解的逐步深入，他们在对洋务事业"徒袭皮毛"进行批评的同时，表达了自己对西方的"立国之本"或"富强之本"的看法。如郭嵩焘在1875年即指出："西洋立国，有本有末。其本在朝廷政教，其末在商贾。造船制器，相辅以益其强，又末中之一节也"，"如练兵、制器、造船、理财，数者皆末也。至言其本，则用人而已矣"③。而"用人"、"得人"的关键在于"君民相通"，为此他明确地对秦汉以来的君主独尊加以批评，称"至秦乃集天下之功以奉一人而不足，又为之刑赏劝惩以整齐天下之人心，历千余年而人心所同拱戴者，一君而已"④。王韬亦认为自强的根本在于"上下相洽"，"君民一心"。他批评中国的君主独裁和官吏助纣为虐，说"至于尊君卑臣，则自秦制始。于是堂帘高深，舆情隔阂，民之视君如仰天然，九阍之远，谁得而叩之！虽疾痛惨怛，不得而知

① 李鸿章：《复议中外洋务条陈折》，见《李文忠公全书》，"奏稿"第35卷，台北文海出版社，1981年影印本，第48页。
② 王韬：《答强弱论》，见《弢园文录外编》，辽宁人民出版社，1994年，第291～292页。
③ 《条陈海防事宜》，见《郭嵩焘奏稿》，岳麓书社，1983年，第344～345页。
④ 《郭嵩焘日记》第4卷，湖南人民出版社，1983年，第69页。

也；虽哀号呼吁，不得而闻也"；皇帝之下，大小官吏"自以为朝廷之命官"，而老百姓只"当奉令承教"，官吏"唯知耗民财，殚民力，敲骨吸髓，无所不至"①。把欧洲与中国对比，前者"能横于天下者，在乎上下一心，君民共治"，中国"独欺藐于强邻悍敌，则由上下之交不通，君民之分不亲，一人秉权于上，而百姓不得参议于下也"②。当时有类似于郭嵩焘、王韬的看法的，还有郑观应、薛福成、宋育仁、陈炽等人。他们通过检讨自强运动仅学习西方的机器制造和语言文字的重大缺陷，强调要认识西方的立国之本。

再次是把固有传统中的"重民"思想发展为民权思想。

郑观应在1875年著《易言》时，曾称上古三代重民，那时"列国如有政事，则君卿大夫相议于殿廷，士民缙绅相议于学校"。但秦汉以来君主专权，上下隔绝，"后世不察，辄谓天下有道，庶人不议，又惩于处士横议终罹清流之祸，故于政事之举废，法令之更张，惟在上之人权衡自秉，议毕即行，虽绅耆或有嘉言，末由上达"③。尽管这种"重民"包含有不仅要让民得以生存发展，还要有与闻政事之权的意义，但"民"的范围是很狭窄的。到1893年作《盛世危言》时，他就看到了中国王朝的重视民意与西方民权的区别，他说"或曰汉之议郎、唐宋以来之台谏御史，非即今西国之议员乎？不知爵禄锡诸君上，则不能不顾私恩；品第出于高门，则不能悉通民隐。而籍贯不可分，素行不可考，智愚贤否不能一律，则营私植党、沽名罔利之弊生焉。何若议院官绅均匀普选，举自民间，则草茅之疾苦周之，彼此之偏私悉泯，其情通而不郁，其意公而无私，诸利皆兴而诸弊皆去乎？"④ 指出由征辟、举荐、考试而成议郎或御史者，与民间普选产生的议员的根本区别，就在于后者体现了民间的权力。宋育仁更进而明确地强调"政非议不成，议非众不公。……故议院为欧洲近二百年振兴根本。自有议院，而君不

---

① 王韬：《重民（下）》，见《弢园文录外编》，辽宁人民出版社，1994年，第23页。

② 王韬：《与方铭山观察》，见《弢园尺牍》，中华书局，1959年，第170页。

③ 郑观应：《论议政》，见《易言》上卷，光绪十三年管可寿斋刻本，第44页。

④ 郑观应：《议院》，见《盛世危言》第1卷，光绪丙申上海书局印本，第21页。

能黩武、暴敛、逞刑、抑人才、进佞幸，官不能怙权固位、枉法营私、病民蠹国，故风行景从，不崇朝而遍欧美。议院为其国政之所在，即其国本之所在，实其国人才之所在"[1]。王韬亦认为，"中国欲谋富强，固不必别求他术也"，"善治国者，必先使上下之情不形扞格，呼吁必闻，忧戚与共，然后弊无不革，利无不兴"[2]。总之，当时的有识之士已经指出，只有承认"民权"，发挥"君民共治"之长，才能除弊兴利。

最后是明确提出中国必须设议院、行立宪，才能使学习西方优长落到实处。

19世纪80年代初，由于中俄伊犁交涉和紧跟其后的中法交涉接连发生，加剧了上述有识之士对改革的迫切感。设议院、行立宪更被他们视为自强之本。如王韬说，如果"朝廷诚能与众民共政事，同忧乐，并治天下，开诚布公，相见以天，责躬罪己，与之更始，撤堂帘之高远，忘殿陛之尊严，除无谓之忌讳，行非常之拔擢"，"天下之民其孰不起而环卫我中国！"[3] 即认为只有从根本上改革才能解救危机。到1893年，郑观应把设议院的重要性表述得更明确："故欲行公法，莫要于张国势；欲张国势，莫要于得民心；欲得民心，莫要于通下情；欲通下情，莫要于设议院。……苟欲安内攘外，君国子民，持公法以保太平之局，其必自设立议院始矣。"[4] 从魏源、徐继畬等人的客观介绍西方的议院制度，到公然建议将其作为"立国之本"在中国实行，其间经历了二三十年，时间并不算短。

值得注意的是，当时敢于说出这种想法的人，除了像王韬、郑观应这类基本属于自由之身的知识分子之外，还有郭嵩焘、崔国因这样曾经出国的使节，甚至还有张树声这样极个别的封疆大吏。如崔国因在1883年的奏折中提出十项"自强之道"，其中第九项就是"设议院"，不过他是利用边警频传、饷兵两急的局势乘机建言的，

---

① 宋育仁：《采风记》，光绪乙未袖珍山房印本，第11页。
② 王韬：《达民情》，见《弢园文录外编》，辽宁人民出版社，1994年，第67～69页。
③ 王韬：《与方铭山观察》，见《弢园尺牍》，中华书局，1959年，第170页。
④ 郑观应：《议院》，见《盛世危言》第1卷，光绪丙申上海书局印本，第21页。

为动最高当局之听，他突出强调"议院设而后人才辈出，增饷增兵之制可以次第举行"。当然他的认识并不限于此，故还说过"设议院者，所以因势利导，而为自强之关键也"①。还有淮系大将、两广总督张树声在1884年深秋病逝之前，有感于福建水师在马江之役的全军覆没，在口授遗折中也对洋务运动仅习西人器械提出批评，建议朝廷尽早立宪。他说："夫西人立国，自有本末。虽礼乐教化远逊中华，然驯致富强，具有体用。育才于学校，论政于议院，君民一体，上下一心，务实而戒虚，谋定而后动，此其体也。轮船、大炮、洋枪、水雷、铁路、电线，此其用也。中国遗其体而求其用，无论竭蹶步趋，常不相及，就令铁舰成行、铁路四达，果足恃欤？"既然马江之役已有明确否定答案，所以他大胆建议朝廷"采西人之体，以行其用"②。虽说张树声属于"人之将死，其言也善"，故敢冲破忌讳，大胆放言，但也是看准了中法战争失败的时机，并且以挽救社稷之危而建言的。他们的动机，与讲民权、求民生的郑观应、王韬等人毕竟存在着微妙的差异。

甲午战争的失败强烈地刺激了中国人的思想，改革救亡的紧迫感使得"立宪法开国会"的主张由少数人的议论变成公开的呼吁；要求改革者亦由分散的个体通过学会、团体而结成群体，因而启蒙宣传形成声势，革新政治的思想内容也更具体详尽。从1895年夏康有为领导"公车上书"开始，到1898年秋冬戊戌政变为止，短短三年多的时间内，中国的政治思想界显得异彩纷呈。其特色大致有如下四点。

第一是主张改革者仍首先致力于对君主专制制度的批判。如康有为认为，中国之所以贫弱危殆，根本原因就在"上下隔塞，民情不通"，"夫以一省千里之地，而唯督抚一二人仅通章奏；以百僚士庶之众，而唯枢轴三五人日见天颜。然且堂帘迥隔，大臣畏谨而不敢尽言；州县专城，小民冤抑而末由呼吁。故君与臣隔绝，官与民隔绝，大臣小臣又相隔绝，如浮屠百级，级级难通，大厦千间，重

---

① 转引自熊月之：《中国近代民主思想史》，上海人民出版社，1987年，第129页。

② 张树声：《遗折》，见《张靖达公奏议》第8卷，光绪己亥刻本，第35页。

重并隔"。强调这种"隔绝"或"壅塞"是"中国大病"之根，不尽快改变则将使中国"咽塞致死"①。康有为在上书中通过形象的比喻，委婉地指明了专制体制的根本性缺陷。而在当时尚秘不示人的《大同书》中不仅指名道姓斥责"刘邦、朱元璋之流，以民贼屠伯幸而为帝，其残杀生民不可胜数"，"政权不许参预，赋税日以繁苛，摧抑生民，凌锄士气"，还以个性自由为武器，批判君臣夫妇之道，曰："君臣也，夫妇也，乱世人道所号为大经也。此非天之所立，人之所为也。而君之专制其国，鱼肉其臣民，视若虫沙，恣其残暴；夫之专制其家，鱼肉其妻孥，视若奴隶，恣其凌暴。在为君为夫则乐矣，其如为臣民为妻者何！"② 其对专制制度和纲常伦纪的批判可说极为深刻。谭嗣同也在《仁学》中说："二千年来，君臣一伦，尤为黑暗否塞，无复人理，沿及会兹，方愈剧矣"，又称"二千年来之政，秦政也，皆大盗也"③，并且试图总结中国二千年进步迟缓的根本原因："中国所以不可为者，由于上权太重，民权尽失。官权虽有所压，却能伸其胁民之权。昏暗残酷，胥本于是。"④ 谭氏与前人相比，不仅批判君权更激烈，并且把声讨的对象扩大到了官僚制度。

第二是对症下药，指出自强的根本在于"立宪法开国会"。由于这一要求是由康有为在"上清帝书"直接提出的，所以还有一个逐步试探的过程。在最早的"公车上书"中，康有为只提出开武英殿，请求皇上诏令各府县每 10 万户举一名"议郎"，参议国政。到1895 年《上清帝第四书》才明确提出"设议院以通上下情"。到1898 年他在代内阁学士阔普通武所拟的奏折中，才根据三权分立原则，明确系统地表达了政治改革的见解。他说："东西各国之强，皆以立宪法开国会之故。国会者，君与国民共议一国之政法也。盖自三权鼎立之说出，以国会立法，以法官司法，以政府行政，而人主总之，立定宪法，同受治焉。人主尊为神圣，不受责任，而政府

---

① 康有为：《上清帝第二书》，见《中国近代史资料丛刊·戊戌变法》第 2 册，上海人民出版社，1957 年，第 152 页。

② 康有为：《大同书》，上海中华书局，1935 年，第 65～66 页。

③ 《仁学》，见《谭嗣同全集》，中华书局，1998 年，第 337 页。

④ 《报唐才常书》，见《谭嗣同全集》，中华书局，1998 年，第 248 页。

代之。东西各国皆行此政体，故人君与千百万之国民合为一体，国安得不强？吾国行专制政体，一君与大臣数人共治其国，国安得不弱？盖千百万之人胜于数人者，自然之数矣。"① 康有为在这里把东西立宪国家的政体与中国比较，作为强调中国必须立宪的理由，希望说服皇帝，自上而下实行"君民共治"。谭嗣同则现实一些，他多少认识到不仅皇室不会甘心"无权"，腐败的官僚群体尤其是其中的顽固守旧之士必然从中阻止乃至反对，故以为变法"无望于今之执政者"②，于是动员和组织地方绅士和青年士人组成"学会"。其目的不仅在"开风气"、"育人才"，更进而要参与管理地方政事，从一州一县逐步扩大到一省一国，从而实现"无变法之名而有变法之实"、"无议院之名而有议院之实"③ 的目标。虽然康有为和谭嗣同的着手处有所不同，但主张"变法"、行"议院"制度的目标则完全一致。

第三是维新运动时期主张改革之士的政治思想比前人具有更多的理论学术色彩。可以说，直到 90 年代以前，中国所有主张改革政治的言论，只是立足于与西方国家对比而产生的差距感，其中虽然包含有对专制制度危害的认识，但仍然只是停留在对于弊病和危机的描摹总结，最多也就是引述一下《周易》的变易说和"日新"精神作为根据，谈不上有什么学理。到了维新运动时期，政治问题的讨论才逐渐达到了政、学相兼的程度。其表现又可分为三点。

一是讨论"学弊"如何助成"政弊"。如谭嗣同称："二千年来之政，秦政也，皆大盗也；二千年来之学，荀学也，皆乡愿也。惟大盗利用乡愿，惟乡愿工媚大盗，二者交相资，而罔不托之于孔。"④ 但托名孔学却又"专以剥削孔子为务……于是孔子之道日削日小，几无措足之地"⑤。章太炎虽不怪罪荀学，但也批评"六

---

① 康有为（代阔普通武奏）：《请定立宪开国会折》，见《中国近代史资料丛刊·戊戌变法》第 2 册，上海人民出版社，1957 年，第 236 页。

② 《报贝元征》，见《谭嗣同全集》，中华书局，1998 年，第 217 页。

③ 《壮飞楼治事篇》，见《谭嗣同全集》，中华书局，1998 年，第 437～438 页。

④ 《仁学》，见《谭嗣同全集》，中华书局，1998 年，第 337 页。

⑤ 《上欧阳中鹄（十）》，见《谭嗣同全集》，中华书局，1998 年，第 465 页。

艺之学，四学之教，无益于生民"①，并认为根源则在秦火和从汉代开始的"刀笔吏之说多傅《春秋》，其义尊君抑臣，流迤而及于民"，"故人君尊严若九天之上，萌庶缩朒若九地之下"②。他们又不约而同把批评的矛头指向老学，认为老子主张的清静无为、愚民柔民、守陋及"老死不相往来"等，"荧惑二千余岁"，实为"中国受病之所在"。因为老氏不仅"自言法令者将以愚民，非以明民"③，而且"言静而戒动，言柔而毁刚"，使得后世"处事不计是非，而首禁更张；躁妄喜事之名立，百端由是废弛"④。他们指出老子所言，皆是"上古之俗"或"上古治民之法"，但"天地之运，愈久而愈文明"；老学被视为"为后世阴谋者法"，其实也是"防窃钩而逸大盗"⑤，助成君主的南面统治之术。维新时期讨论政治改革的人，无论是从清理思想源流出发，还是从借助固有学术出发，都已经注意到了政治与学术的相互关系。

二是在检讨"学弊"的基础上，进而改塑和利用传统。康有为自称其变法思想乃"合经子之奥言，探儒佛之微旨，参中西之新理，穷天人之赜变"⑥，其变法的理论张本见于《新学伪经考》和《孔子改制考》两书。前书"考证"出自东汉、近两千年来一直奉为神圣的古文经学，竟是刘歆为帮助王莽篡汉所伪窜，故称之为"新学伪经"；认为只有西汉立于官学的今文经才是孔子的"真经"。其意义在于把圣贤经传及其包含的正统意识形态加以根本动摇，隐含着不仅经国之器要变、治国之本也要变的主张和逻辑。后书一反视孔子为"述而不作"的圣人学者的传统观点，而称孔子为"托古改制"的"制法之王"，把六经所记载的尧舜等先王的"盛德大

① 《论学会有大益于黄人亟宜保护》，见《章太炎政论选集》上册，中华书局，1977年，第9页。

② 《商鞅》，见《章太炎政论选集》上册，中华书局，1977年，第71页。

③ 梁启超：《史记货殖列传令义》，见《饮冰室合集》，文集之二，中华书局，1981年重印本，第36～37页。

④ 《仁学》，见《谭嗣同全集》，中华书局，1998年，第320页。

⑤ 《儒道》，见《章太炎全集》第3册，上海人民出版社，1984年，第9～10页。

⑥ 《康南海自编年谱》，见《中国近代史资料丛刊·戊戌变法》第4册，上海人民出版社，1957年，第135页。

业"，说成是孔子假托古圣先王之言来表达自己的政治理想，因此孔子是"有其德无其位"、"为百世立法"的"素王"，只有这样才能领会六经中的"微言大义"。此外，康有为写《孟子微》，梁启超写《古议院考》，也是同一作法，即借助权威话语或古已有之的"吾家旧物"来为"布衣改制"鸣锣开道。当然在这一过程中，"求是"与"致用"会产生矛盾，而康、梁往往采取牵强附会乃至"以事实徇主义"的非科学态度，反而增加了困扰和纷争。

三是大力引进西学。就政治思想领域而言，不仅有西方的国家学说、宪政理论，还有进化论、契约论、社会学等，使得国人的政治思想大大丰富起来。1897 年梁启超编"西政丛书"，称赞西方"政治学院，列为专门；议政之权，逮于氓庶，故其所以立国之本末，每合于公理"，但中国人的眼睛只盯着西方的武备、船械、制造，对西方政治学说"则瞠乎未始有见，故西文译华之书数百种，而言政者可屈指算也"①。维新志士身体力行，不仅努力介绍西方政治书籍，还在自己的有关著作中讨论西方议院组织和三权分立原则的法理依据，尤其是严复和梁启超极力引进和运用"进化论"，一方面用"物竞天择"、"适者生存"的竞争原则警醒国民，唤起人们"合群"争胜，避免亡国灭种的"淘汰"下场②；一方面根据新陈代谢的"公理"、"公例"，断定"今日之世界，实专制、立宪两政体新陈嬗代之时也"，"故地球各国，必一切同归于立宪而后已，此理势所必至也"③。可见他们把进化论视为政治变革的思想基础。所以当时的政治思想，所在的范围已大大拓宽，既有对现实政治问题的讨论和改革方案的设计，也有对中外历史上的政治问题，即政治史的探讨，还有对西方政治学说的介绍引进以及政治哲学的初步建立。这些在中国政治思想的发展史上可说是前所未有的。

四是政治改革主张受到顽固守旧之士的攻讦空前激烈。如前所

① 梁启超：《西政丛书序》，见《饮冰室合集》，文集之二，中华书局，1981年重印本，第 63 页。

② 《〈天演论〉按语》，见《严复集》第 5 册，中华书局，1986 年，第 1336～1395 页。

③ 梁启超：《立宪法议》，见《饮冰室合集》，文集之五，中华书局，1981 年重印本，第 4 页。

述，尽管 80 年代在容闳、张树声、郑观应等人的著述甚至奏折中就有立宪法、设议院的意思或文字表达，但是由于这类主张流播不广，影响不大，没有引起守旧之士的注意，故争论尚未达到这种高度。甲午战争之后，维新运动日益高涨，要求设议院、废专制、兴民权的呼声日见强烈，于是反对变法的论调也显得声色俱厉，咄咄逼人。在朝者如杨崇伊、李盛铎、潘应澜、黄桂鋆、文悌、屠仁守，在湖南地方者如王先谦、叶德辉、曾廉、宾凤阳，封疆大吏如张之洞，可说是反对从根本上改革政治的言论代表。尽管守旧之士气势汹汹，但所论并无多少足以服人的理由，归纳起来，无外乎如下几点。

一是纲常名教为中国根本，万万不可改变。如张之洞说："君为臣纲，父为子纲，夫为妻纲。……天不变道亦不变之义本之……此其不可得与民变革者也。……圣人所以为圣人，中国所以为中国，实在于此。故知君臣之纲，则民权之说不可行也。"[1] 他们把维护纲常放在压倒一切的地位，并以为纲常的权威性是不可怀疑、不需论证的，"舍去纲常名教，别无立足之地；开除忠孝节义，岂有教人之方？"[2] 如果要论证，他们就搬出"天"来，称"君臣之道，与天无极。……自有伦纪以来，无所谓不得已之说也"。天存在，君臣之义即不可灭，"今若云天子系人民为保护其生命财产，吾故不得已而事之……则吾之为人于天也亦不得已而事之乎？"[3] 仍旧是把人君"天子"与自然之"天"相比附，把"人伦"当成"自然之理"，重复两千年前董仲舒的论调。

二是危言耸听地预计民权、平等之说将导致中国大乱。守旧派根据"天下古今，权操于上则治，权分于下则乱"[4] 的理由，就认为民权、平等之类"无一益而有百害"，"民权之说一倡，愚民必

---

① 张之洞：《明纲第三》，见《劝学篇》，"内篇"，两湖书院光绪戊戌刻本，第 13 页。

② 《宾凤阳等上王益吾院长书》，见《翼教丛编》第 5 卷，台北文海出版社，1986 年影印本，第 5 页。

③ 《屠侍御辨辟韩书》，见《翼教丛编》第 3 卷，台北文海出版社，1986 年影印本，第 26～27 页。

④ 黄桂鋆：《禁止莠言折》，见《中国近代史资料丛刊·戊戌变法》第 2 册，上海人民出版社，1957 年，第 465 页。

喜，乱民必作，纪纲不行，大乱四起"①。为什么呢？照黄仁济"性恶"说的理解，人天生来是要受"钳束"的，而一经自由解放，就会走上邪路。他说："文章所以钳束天下豪杰之心，功名所以笼络天下豪杰之具，俸禄所以羁縻天下豪杰之身，体制所以屈伸天下豪杰之志。否则，人人称帝，人人称王。……以外国体制转而施我中华君臣之上，则天下之大，六合之众，谁受钳束？谁受羁縻？谁受屈伸？"② 因而推断废君主、重民权、开议院之后，"不十年，二十三省将为盗贼之渊薮"③，"小则群起斗争，召乱无已；大则各便私利，卖国何难？"④ 总之，认定民权、平等之说才是亡国灭种的洪水猛兽。

三是与改革之士把中西比较作为立宪可致富强的逻辑相对立，守旧之士运用中西比较时也承认中国的贫弱，但结论却是不必作制度改革和不能作制度改革。前者以叶德辉的言论为代表，他说："西人笑中国自大，何不以理晓之？若以国之强弱大小定中外夷夏之局，则春秋时周德衰矣，何以存天王之名？鲁之弱小远于吴楚，何以孔子曰我鲁？此理易明，无须剖辨。"⑤ 意即中国即使衰弱也仍然是堂堂的中央王国，首要者仍是以保持自己的传统以示"华夷之辨"，民族生存、国家发展都可不顾。后者如张之洞，他承认西方因开议院而富强，但中国人程度不够，"安于固陋者尚多，环球之大势不知，国家之经制不晓，外国兴学立政，练兵制器之要不闻"⑥，所以议院万不可设。依据张之洞的理由，须待以若干时日之后，才能开议院、废专制。

① 张之洞：《正权第六》，见《劝学篇》，"内篇"，两湖书院光绪戊戌刻本，第21～22页。

② 黄仁济：《拟治平万言奏》，转引自《中国近代现代史论集》第18编（上），台北商务印书馆，1980年，第96页。

③ 《王吏部仁俊实学平议》，见《翼教丛编》第3卷，台北文海出版社，1986年影印本，第14页。

④ 文悌：《严参康有为折稿》，见《中国近代史资料丛刊·戊戌变法》第2册，上海人民出版社，1957年，第485页。

⑤ 《叶吏部与南学会皮鹿门孝廉书》，见《翼教丛编》第6卷，台北文海出版社，1986年影印本，第20～21页。

⑥ 张之洞：《正权第六》，见《劝学篇》，"内篇"，两湖书院光绪戊戌刻本，第21～22页。

从以上的扼要回顾可以知道,在 19 世纪的后 60 年时间中,主张政治改革的思想内容越来越丰富,要求也越来越具体,声势也越来越大;而守旧思想则不仅总比改革思想迟缓一拍,而且其理据显得陈腐而单调。然而政治大局并未因改革者的主张有充足理由而发生根本变化,原因就在政治统治都是依靠两个条件维持的:其一是道义观或意识形态的合法性与正当性,到 19 世纪末,守旧者的老调子依旧能够得到不少人的信从。其二是基于政权力量的强制性,使少数改革者慑于制裁而被迫服从。从逻辑上说,这也是 20 世纪头 10 年主张变革者要在更大范围内进行思想启蒙和采取武装革命的原因。从思想史的层面来看,有两个趋势是很明显的:其一是新产生的改革者不仅继承了 19 世纪的各种政治改革理念,而且愈趋激进,不仅把"革命"作为政治改革理论的主要标识,而且还有一些人进而越出了民主政治的范围。其二是坚持 19 世纪改革理念的人,则在某种程度上向守旧者靠近,或者接过了守旧者的某些理据,其中最明显的就是在反对"革命"和"民主"时,强调会引起天下大乱和中国灭亡,还有人民"程度不逮"之类,更屡屡见诸笔墨。

二　20 世纪初年的一轮思想启蒙

前面已经说到任何政治统治都要依靠意识形态信仰和暴力两个条件来支持。维新运动的冲击虽不足以改变专制王朝赖以生存的意识形态,但最高统治者慈禧和顽固守旧集团已迫不及待地祭起屠刀了。从政治角力场上落荒而逃的维新人士和新生的一代革命者,鉴于政治改革的挫折和 20 世纪初年中国面临"亡国"的危局,自觉地掀起了新一轮的思想启蒙。这一轮的思想启蒙,一是针对群体的,即提倡民族主义,或曰宣传民族建国主义和爱国主义;一是针对个体的,即要造就个人的独立人格,脱去种种奴隶思想的羁绊。

1. 弘扬民族主义和国民意识

1901 年,梁启超在《清议报》上发表《过渡时代论》一文,其中有"过渡时代之人物与其必要之德性"一节,强调冒险、忍耐、别择三种德性。1902 年,他又在《新民丛报》上发表《新民说》一文,再次提出新民德、开民智、鼓民力的造就国民之法,并从独立与合群、自由与制裁、自信与虚心、利己与爱他、破坏与成立等方面讨论了道德养成中的有关对立统一关系,还从公德、权利思想、自由、进步等方面具体论证了新的国民精神。梁启超认为："凡一国之能立于世界，必有其国民独具之特质，上自道德法律，下至风俗习惯、文学美术，皆有一种独立之精神。祖父传之，子孙继之，然后群乃结，国乃成，斯实民族主义之根柢源泉也。"他并且强调一方面要保持、发扬这种民族的固有"特质"，另一方面要"博考各国民族所以自立之道，汇择其长者而取之，以补我之所未及"①，从而为政治、学术、技艺的更新发展打下基础。

但是，梁启超的新民说重在教人通过内省式的修身养性来除去"心中之奴隶"，不是明确地把中国的危亡归咎于帝国主义和腐败的清王朝，而是归咎于中国的守旧官绅，甚至责怪人民群众。他对清王朝尤其是对光绪帝还充满温情和幻想。与此相一致，他在宣传破坏、自由、独立等新思想新道德时，总不忘记强调"破坏而不危险"、"自由而不乱暴"、"独立而不轧轹"，即反对用激进的手段推翻清王朝。所以，具有革命倾向的人士起而驳斥，认为探本溯源，是腐败的清朝政府和不肖官吏不许"民间有所改革，有所兴起"，指出"自理论上言，则有新民固何患无新政府；而自事实上言，则必有新政府而后可得新民也"②，强调不能空谈"新民"而刻意维护清王朝的统治。

革命派宣传民族主义的目的，不仅在救亡图存，更在"建民族之国家，立共和之宪章"，故曰"欲达此莫大之目的，必先合莫大之群；而欲合大群，必有可以统一大群之主义，使临事无涣散之忧，事成有可久之势。吾向欲觅一主义而不得，今则得一最宜吾国人性质之主义焉。无他，即所谓民族主义是也"③。革命派的民族主义由于视满族人为"异族"，带上了大汉族主义的色彩，较之梁启超认为满族人亦是中国人的认识，前者显然存在偏颇失误；但梁启超之所以称满族人亦为中国人，却又是为了用来反对对清王朝进行革命。革命派的民族主义具有更鲜明的民主主义内容，他们说："民族主义与专制政体不相容者也。民族主义之大目的，在统一全

---

① 梁启超：《新民说》，见《饮冰室合集》，专集之四，中华书局，1981 年重印本，第 6 页。

② 飞生：《近时二大学说之评论》，载《浙江潮》，1903 年，第 8 期。

③ 竞庵：《政体进化论》，载《江苏》，1903 年，第 3 期。

族以立国。然兹所谓统一云者，志意的统一，非腕力的统一也；共同的统一，非服从的统一也。……若专制政体，则何有矣！"① 所以说，革命派的"国魂"云云，实际上是包括反对外来侵略、反对国内专制政体的民族民主革命精神。

先进之士纵览古今中外，得出结论说："世界万国，以有民权而兴，无民权而亡者，踵相接，背相望"，因而他们明确地指出，要挽救中国，不能抱幻想于朝廷，不能寄希望于官吏，"当知一国之兴亡，其责任专在于国民"②。

国民观念之自觉，首在厘清国家与朝廷的关系。革命人士认为，中国历代君主，或是"霸王"，或是"盗贼"，或是"权奸"，或是"胡虏"，总之不是用武力就是用奸计建立起他们的王朝，"然所谓秦、汉、唐、宋、元、明者，一家之谓也；其争夺相杀，循环无已，皆一家之私事也"，因而"是所谓朝代也，非国也"。认为实行"家天下"的专制朝廷不能视之为国，它只有传统的合法性而没有近现代的合法性。

国家由领土、国民、政府为主要元素，而突出特征在"主权"，有主权者则国存，"失其主权者则国亡"。而"中国之主权，外人之主权也"，这是对外而言，中国要成为真正独立的国家，一定要收回主权。对内而言，国家不应是君主一人或王朝一姓的国家，也不是大吏疆臣的国家，而应该是全体国民的国家。"人人有之，即舆夫走卒亦得而有之；人人不能有之，即帝王君主亦不得而有之。人人有之者，谓人人对国家有应尽之义务，既为一国之人，即无所逃于一国之中也；人人不能有之者，谓人人于国有应得之权利，苟以一人而用其专制之权，是一国之所不容也。"③ 当时先进之士围绕国家和国民所发的这些议论，如果就唯物史观和现代法律定义来衡量，的确存在肤浅乃至错误之处。但清末的这些议论，不是学术研究，而是对群众的通俗宣传，文中强调的从帝国主义手中夺回主权、朝廷不等于国家、爱国不是爱反动王朝、国家主权为全体国民所共有等观点，无疑具有空前的革命意义。

---

① 佚名：《民族主义论》，载《浙江潮》，1903 年，第 2 期。
② 佚名：《二十世纪之中国》，载《国民报》，1901 年，第 1 期。
③ 佚名：《原国》，载《国民报》，1901 年，第 1 期。

为了让人民大众形成健全向上的国民意识，有识之士曾把他们从西方学来的有关理论系统地向大众进行宣传教育。他们说："民也者，纳其财以为国养，输其力以为国防，一国无民则一国为丘墟"，"以一国之民而治一国之事，则事无不治；以一国之民而享一国之权，则权无越限"，因而"天下之至尊至贵不可侵犯者，固未有如民者也"。与传统社会的尊君贱民相反，20世纪初的社会舆论是隆民颂民，但这又并不意味着民可以自然成为合格国民，国民需要明确"权利"、"责任"、"自由"、"平等"、"独立"等要义，并尽全力去争取和捍卫它。

　　"权利"包括"身体自由之权利"、"参预国政之权利"、"过问行政之权利"、"干涉立法之权利"、"管理司法之权利"等。而且，"权利者，暴君不能压，酷吏不能侵，父母不能夺，朋友不能僭，夫然后乃谓之国民之真权利"。如果甘愿或在不自知中丧失了上述权利，不敢抗争，不能夺回权利，就不是国民。

　　"责任"即是"国民所顾者为同国同种之事"，"一国之事即一人之事，一人之事即一国之事，是率一国之人而皆任事也"。对于国家的"理乱不知"，对于官吏的"黜陟不闻"，"视国家之利害休戚如秦越之相肥瘠，孳孳焉汲汲焉求保其身家妻子，以偷生苟活于斯世者"，放弃责任，亦不是国民。

　　"自由"即"不受压制"，主要指"脱君权之压制"和"脱外权之压制"。而且，"欲脱君权、外权之压制，则必先脱数千年来牢不可破之风俗、思想、教化、学术之压制"。脱离了君权、外权之压制者，"犹所谓自由之形体"；脱离了数千年风俗、思想、教化、学术之压制者，"乃所谓自由之精神"。没有自由之形体和自由之精神者，不是国民。

　　"平等"指没有"尊卑上下"、"贵贱"、"主奴"之分。要"冲决治人者与被治者之网罗，则人人皆治人者，即人人皆被治者"，"一国之内无一人不得其平，举国之人无一人不得其所，有平等之民斯为平等之国"。不是生活在平等国家的人，也不是国民。

　　"独立"则不惧他人之憎爱，不依赖他人"庇我拳我"，不对君相"奴颜婢膝唯唯听命"，不对外人"摇尾乞怜"，不求外人"保我护我"。无论君相、官吏、学士、贤者、外人是"誉我敬我富我贵我"，还是"毁我贱我杀我戮我"，均不为之所动，"倡权利、责任、自由、平等者如故"。没有这种独立精神和气概者，也不是国民。

作者还强调，美化上古者以为"三代以前有国民"，其实不对。"所谓国民者，有参政权之谓也"，"国民之权利，须经宪法法律所定者，然后谓之权，不然则否"。中国古代虽偶有"贤君"能"谋及庶人、询及刍荛者，不过贤君之令德，而要非国民之公权"。所以作者认为"中国自开国以来，未尝有国民也"。到了清末，君权统治更登峰造极，"报馆有禁，出版有禁，立会演说又有禁。倡公理则目为邪说，开民智则诬为惑人"，高压之下，"父以戒子，师以率徒，兄以诏弟，夫妇朋友之相期望，莫不曰安分、曰韬晦、曰柔顺、曰服从、曰做官、曰发财。是数者皆奴隶之根本，国民之仇敌"。"坐是种种，而中国国民之种子绝，即中国人求为国民之心死。"因而作者明确表示要以欧洲"十八世纪诸学士为国民之农夫，以自由平等之说为国民之种子"①。

2. 脱除种种奴隶羁绊

先进之士认为，国民的对立物是奴隶，中国人"不为国民，即为奴隶，断不容于两者之间，产出若国民非国民，若奴隶非奴隶，一种东倾西倒不可思议之怪物"。他们认为，中国人之所以成为奴隶，有以下诸种原因。

一是"感受三千年奴隶之历史"。数千年来统治中国的"独夫民贼，视天下人皆草芥牛马也，乃专务抹煞一切奴隶之权利，而唯以保其私产之是图，用悬一一丝不溢之奴隶格式，号召天下"，又按君权专制的需要作史，"设局以编之，置官以掌之"，"入此格式者为忠为良，出此格式者为傻为辱"。如此"胎孕既久，而奴隶二字，遂制成吾国人一般之公脑，驯伏数千年来专制政体之下，相率而不敢动"。作者如此大而化之地看待中国历史，所持观点未必全然正确。君主制度是各国历史发展过程中共同具有的阶段，不是中国所特有，也不是任何君主都等于独夫民贼，中国人更不是从来只知道逆来顺受而没有反抗。但是，作者站在被统治者的立场，谴责专制制度"牢笼奴隶"，无疑是探本溯源之论。

二是"熏染数千载奴隶之风俗"。作者指出，"世界之所以有奴隶，不外强弱之相逼也。强者凌制弱者以为天则，弱者服从强者亦

---

① 以上均见佚名：《说国民》，载《国民报》，1901年，第2期。

以为天则"，于是从"经书"到"会典"，从"官场"到"儒者"，通行一"神圣不可侵犯之纲常主义"。在三纲五常的名义下，"以君权之无限，虽日日杀人不为过；父之权固逊于君，而杀子之罪必减等"。同样，在三纲五常的名义下，"叩头也，请安也，长跪也，匍伏也，唱喏也，悬恩也，极人世可怜之状，不可告人之事，而吾各级社会中，居然行之大廷，视同典礼"。由于"风俗同化性质之力大"，故中国"奴隶出产益旺，而制造奴隶之术益神"。

三是"只领无数辈奴隶之教育"。家庭教育，"于儿童学语之初，即告以奴隶之口号；扶立之顷，即授以奴隶之跪拜……不曰金玉满堂，则曰三元及第"，从小灌输奴隶思想和名利观念。学堂教育，"先受其冬烘之教科，次受其豚笠之桎梏；时而扑责，时而唾骂，务使无一毫之廉耻，无一毫之感情，无一毫之竞争心，而后合此麻木不仁天然奴隶之格"。到了社会，"而一乡，而一国，而名场，而利薮，无在不悬有奴隶之圈式"，这样"果安往而不得奴隶也?"

四是"揣摩若干种奴隶之学派"。作者认为，中国人除妇孺及特别无知者外，一般不受宗教影响，"转移社会，而学派殆其重心点矣"；但中国人"薄今爱古之性质最甚"，难以接受新的和外来的学说，于是周秦诸家、宋明儒者的学说深入士人之心。作者指出，"申韩商鞅惨核寡恩等学派"是为治人者的学派，其作用是"拣选"、"锻炼"奴隶；"老子知雄守雌知荣守辱之学派"，是"铸造"、"贩卖"奴隶的学派。儒学的孔子，"且不免微顷于奴隶"，宋儒发挥孔学，"无不逃于老（子）派"，如"静也，虚也，柔也，无为也，无动也，老派之玄妙也，即奴隶之教授法也；鄙夫也，乡愿也，学究也，伪君子也，老派之健将也，即奴隶之志望地也"。这种"伪孔"学"遂为养育各项奴隶之乳妪，生息而不尽"；而独夫民贼"正思利用之，以保守其产业，乃阳崇孔子……而阴以老氏之暗毒，吸人血而涸人脑。故孔派推尊一度，而奴隶沉没一度"，"伪孔之害，如此其甚"。这是指出中国传统的主流文化就是一种造成驯服奴隶的文化。

由于上述多种原因，中国人中"奴隶性之恶毒"深而且烈，有时对异族的奴役也无动于衷，甚至想方设法抢先寻求和投靠主子。作者引用日本某人的话说，中国人"向以服从强者为主义，北胡南越，无半毫亡国之感，惟先得主家为乐"，争相献上"劝进表"、"符令颂"；到了近代，西方列强"稍张威力以压制之"，朝廷"即赆金帛，献绘裘，割版舆，称君父，将圣神相传之一统大帝国拱手奉进"，完全"无羞耻，无血气，无骨节，无脑筋"，"欣欣然开门揖盗，卖祖宗栉风沐雨所开化之天府国，甘为人之羁扼，没齿无怨"，这更是奴隶性的集中体现。

中国有没有不肯做奴隶的人呢？当然有。古代不论，作者认为："以今日之现势而论，则有不为奴隶之倾向者，惟强盗与社会党二者而已。""强盗"指敢于"不服王法"的造反者，"社会党"指主张"破坏"的带有社会主义倾向的激进革命派。"异日革除奴隶之中心点，非斯人殆无与归"，可知作者当时是受激进社会主义影响的人。作者也认为，"学生社会者，亦革除奴隶之大志望地也"，表示希望青年学生自己先不要甘当奴隶，进而唤醒全体奴隶，革除人人身上的奴隶性格，改造造成奴隶的社会环境，"冲决奴隶之网罗"①。

上引《说国民》和《箴奴隶》是 20 世纪初年最有代表性的文章，它们显示出此后从文化上讨论国民性问题的开端，并且都从正反两面，有立有破地阐述了革除奴隶性、造就新国民的根本问题。这也应该是反帝反封建、挽救民族危机、拯救和再造祖国的起点。

围绕造就新国民、革除奴隶性的问题，当时许多报刊都发表了文章，归纳起来主要有如下几点。

一是不做天的奴隶。他们认为，中国传统的所谓"天命"、"天理"、"天网"以及"顺天者昌，逆天者亡"等说法，都是无稽之谈，天只是自然，并无意志。而"中国数千年来之学子，莫不以天为最大之指归，以便为其遁词之地"。于是，"一误以事之成为天命所归，而妄欲得天者，假符窃谶，以扰乱天下之安宁；一误以事之败为此天亡我，而失势者，遂任意丧志，一齐放倒，以沮败人群之进步"。即"天意"既能骗人吓人，更能让人放弃努力。什么是顺天，什么是逆天，可以人各有解释，因为"天道不可知"。至于所谓"天网恢恢，疏而不漏"，更是教人对于恶者放弃斗争，"酿成疲软无气之人类"。

---

① 佚名：《箴奴隶》，载《国民日日报汇编》，1903 年，第 1 集。

至于晚近把达尔文的进化论、赫胥黎的优胜劣败学说译为"天演",亦很不恰当。生物界的物竞天择,可以归之为自然的现象,自然的产物;而人类社会的竞争生存,"与其言天演,吾毋宁言人演也","果天择耶?抑人择也"。把劣败之势归命于自然(即天),"则浸淫混入旧说之界"。

至于风俗影响,使人以为"谋事在人,成事在天",或者因为"皇天不负苦心人",乃至以雷鸣、飓风等各种自然现象或灾害使人"畏天",于是竞相"供天香,进天灯,敬天神"等,更是无知的结果。故作者说:"崇尚不可知之天道,而沮败当前即是之人道,天何言哉,则言天者不得辞其咎也",即主张"革天"①,不做天的奴隶。

二是不做古人的奴隶。他们说:"我们中国人,大半都拿古时候看得文明,拿后世倒反说什么'世风不古,人心日下',没有古时候文明了。所以不论做什么事体都要照着古人的模范,不敢一点儿独断独行。唉,这真是岂有此理。"他们根据历史经验和进化理论,相信"世界是一天天的进步的,现今文明胜过古时",所以说"古人的言行,不过是历史罢了。……并不是研究了历史,就要拿历史上的事体,桩桩照样去做"。如果我们一味效法古人,"我自己必定一点儿没有言行了"。又说"外国人都说中国虽是现在的国度,但是仍守着几千年前的古法,一点儿也没有更换",因此"现在的中国所以弄到如病夫,如死人这样"。他们号召不要"法古",不要做古人的奴隶,"国家必定要常常有进步,然后才能兴旺"②。

他们同时指出,新胜旧,今胜古,并"非古人愚"、"非今人智也",而是因为"时势更变,新理新学日现,人之见地亦日明","时运进化,不期然而然,随其所见而发挥之、显明之耳"。所以"新理新说有一二合于古说"也是常见的事情,但是决不能"每受一新理新学,必附会古人,妄用典故,乱引陈语",以为一切"新理新学,皆吾中国古人所已道者也",更不能把"悠久高明之新理新学,而视之若异端异说",以"数千年老大帝国之国粹……徒增阻力于青年之吸收新理新学也"。固有的传统文化,当然可以诵习,

① 佚名:《革天》,载《国民日日报汇编》,1903 年,第 1 集。
② 君衍:《法古》,载《童子世界》,1903 年,第 31 期。

但"今人诵古人之学说，不过察往以知来，以考人类进化之迹耳。非崇拜其学说，羡慕其行事，为万世之标准也"。如果"食古不化，以致非古人言不敢言，非古人行不敢行"，"思想束缚，知识蒙蔽，而为古人之奴隶"，"则新理新学，终不能输入也"[①]。

三是不做圣贤的奴隶。《法古》一文的作者说，主张法古的人或者会辩称：法古"并不是法上古时候野蛮的人，我是法古时候的圣贤。圣贤的言行，哪里会有错呢？"作者指出："世界是一天天的进步的，现今文明胜过古时"，"就是现在有个圣贤，他的言行，也有好有不好。好的，我就依了他；不好的，我也不能依他。……况且从前的圣贤的言行，都是后人记出，是真是假，也不晓得呢，怎么可以说他一点儿没有错，桩桩要依了他的呀？"作者强调，即使古时圣贤的言行"也合现在的时候"，但仍然"古人是古人，我是我。我岂可以因为有了古人，拿我的能力丢去，不去发达他，我为什么又要读书呢？"[②] 作者只是从进化论的角度提出不盲从古时圣贤，态度及语调还比较温和。

而《无圣篇》就显得相当激烈了。这篇署名凡人的作者，认为"圣人"是"不可思议之一怪物"，正因为有了"圣人"，"强权之患，由是始恣"；也正是有了"圣人"，中国"征之往史，既如彼其黑暗；按之近势，且奄奄垂亡，不可终日"。原因就在于有了"圣人"之后，"富贵者淫之，威武者屈之"，君主"利用之以钳制其下"，尚古者"利用之以慑服其徒"。于是，"中国所谓定于一尊者；政法，圣之政法也；理论，圣之理论也；伦理，圣之伦理也"，一切都"无不根源于圣，而惟圣是准"，从而使得中国"千万年如朝夕，未尝稍越其范围"，没有变化，没有发展，在世界上终于从先进沦为落后。

因此，作者鲜明地主张"辟圣"和"无圣"。他列举了三条理由：一是"破专制之恶魔，必自无圣始"。这是因为"圣王之义较圣人之害为尤甚"，而"圣王与圣人有亲密之关系，圣王非有圣人不克施其术，圣人非赖圣王不能行其术"，二者结合，更能"奴隶臣民，事其君上之私衷"，"无圣"才"始有天日"。二是"谋人类

---

① 民：《好古》，载《新世纪》，1907 年，第 24 期。
② 君衍：《法古》，载《童子世界》，1903 年，第 31 期。

之独立，必自无圣始"。人类必须不奴于圣王且不奴于圣人，才能"回复原有之地位"。作者看到欧美有些国家已经推翻了君主制度，没有圣王，但人的解放并未完成，圣人偶像未倒是原因之一。对照辛亥革命之后，帝王被推翻而圣人影响仍在的事实，我们不能不承认作者思想的预见性。三是"立学界前途之大本，必自无圣始"。这一点将在下面引述。

孔子是中国著名的圣人，人们"辟圣"必然会涉及孔子。《无圣篇》的作者就是这样。他认为后世褒扬孔子之说，如"德无不包"、"学无不至"等，均是"眩世盗世"之词，称"孔学见重于世，亦以其学圆滑，多有利用之处，以达常人目前之所求"。他还引用日本人远藤隆吉的话说："孔子之出于支那，实支那之祸本也。"[①] 孔子之祸中国，要害就在前面所说"圣王非有圣人不克施其术"，即孔子被历代王朝所利用，成了为专制统治服务的工具。对这一点，前引《法古》一文的作者说得更清楚。他认为孔子的"'至圣'两个字，不过是历代的独夫民贼加给他的徽号。……因为孔子专门叫人忠君服从，这些话都很有益于君的。所以那些独夫民贼，喜欢他的了不得，叫老百姓都尊敬他，称他做'至圣'。……又立了诽谤圣人的刑法，使百姓不敢说他不好"[②]。这两篇文章批孔，虽然侧重于指出孔子被帝王利用的事实，而对孔子本身的缺陷尚未深究，但这种对权威的颠覆有助于追求自由的思想寻找出路。

四是不做一家一派学术的奴隶。这一条显然与上条不做圣人（尤其是孔子）的奴隶有关，因为中国最具显赫地位者就是孔子开创的儒家学派。《无圣》的作者认为，中国把儒学称为"圣学"、"圣道"是说不通的，"学"也好，"道"也好，均非圣人所能"独占"和穷尽；只以圣人所言所行为"圣学"、"圣道"，"何其偏倚若此，而不伦如彼也"。作者一针见血地指出："非以效法之说为圣学注脚，则圣无立足之地，而学之自由发达，将有千百出于诸圣之上者，儒者无术再以圣学诱人入奴隶籍矣。"就是说标榜"圣学"、"圣道"正是为了钳制后人，使其甘当"圣学"、"圣道"的奴隶。

作者强调："有圣之后无圣"，因为"圣之一字乃上升九天，横

---

① 凡人：《无圣篇》，载《河南》，1908年，第3期。
② 君衍：《法古》，载《童子世界》，1903年，第31期。

亘四极，永为万世矜式，永为万世无能矜式者"，于是，后之学者永远只能对圣人顶礼膜拜，不越其范围而又永远承认不及圣人。因此，只有"不学圣而有圣可言"，学术须"自由发生，乃克有成"，"人克独立……以为学问，则人格日高，世风日美"①。就是说学术的发展，需要学者有独立的自由的精神和态度，而亦步亦趋的"圣学"、"圣道"之徒是鲜有能独辟蹊径，使学术具有新气象的。

当然，不做学术上一家一派的奴隶，并不仅仅指不当儒家学派的奴隶，也包括其他学派。如前引《箴奴隶》一文，称"孔子于君民一关太看不破"，"不免微倾于奴隶"，"其他学派，除孟子为孔派之后劲，无不可谓奴隶之学派也。……法家主干涉，道家主放任。惟干涉也，律之于奴隶，则为收买者也；惟放任也，律之于奴隶，则为贩卖者也。收买奴隶者，申韩商鞅惨核寡恩等学派代表之；贩卖奴隶者，老子知雄守雌知荣守辱之学派代表之"。作者憎恶专主妥协退让的老子学派，超过批评其他学派，故称"宋儒以来之谈孔派者，无不逃于老派"②，于是，一代又一代的学者在君主面前，都成了软骨头的奴隶。

主张不做一家一派学术的奴隶问题也引起过争论。《好古》的作者批评国粹派甘为"数千年老大帝国之国粹"的奴隶。国粹派在反对当中国数千年"君学"的奴隶的同时，也反对中国人当西方文化的奴隶。他们批评少数中国人"醉心欧化，举一事革一弊，至于风俗习惯之各不相侔者，靡不惟东（指日本）西之学说是依"，因而可说"吾国固奴隶之国，而学固奴隶之学也。呜呼！不自主其国，而奴隶于人之国，谓之国奴；不自主其学，而奴隶于人之学，谓之学奴。奴于外族之专制固奴，奴于东西之学说，亦何得而非奴也"③。

很明显，学习西方文化是当时中国社会所必需，但这种学习不能以奴隶的态度，惟西学之马首是瞻；而在清理、发扬、改造民族固有文化的时候，又不能仅守国粹而故步自封。20世纪初年，多数人的认识还是比较正确的。他们主张"会通"或"开通"，不仅

---

① 凡人：《无圣篇》，载《河南》，1908年，第3期。
② 佚名：《箴奴隶》，载《国民日日报汇编》，1903年，第1集。
③ 黄节：《国粹学报叙》，载《国粹学报》，1905年，第1期。

"诸子百家相会通","程朱陆王相会通","汉宋"相会通,"合数千年吾国国学之精粹,各取其长,进而参考东西各科之新理,以求其是",不"株守一家之言","合今古、贯东西而熔铸于一炉"①,通过各种不同意见的讨论,新文化的发展方向已初露端倪。

五是不做纲常的奴隶。中国的学说、伦理、习惯乃至社会组织和政治制度,最后的指归均为维护三纲五常。辛亥革命酝酿时期,激进之士提出了"三纲革命"的口号。他们指出"所谓三纲,出于狡者之创造,以伪道德之迷信保君父等之强权也";批评中国社会习以为常的"君为臣纲"、"官为民之父母"、"父尊而子卑"、"夫尊而妻卑"等观念,"不合于人道",不合"科学公理",属于"迷信"、"野蛮"和"虚伪"。强调破除纲常谬说,实现"人人平等","一切平等"②。

在不做纲常的奴隶中,最重要的当然是不做君主的奴隶。20世纪初年,中国社会批判君权神圣、君权专制的文章多得不可胜数。综观当时先进之士批判君权的种种议论,要义不外如下几点。

其一,君主制度是历史的产物,也必然为民主制度所取代。他们考订历史,指出中国上古曾经历过"酋长时代"、"地方分权之时代",至秦代始"变为君权专制之世";君主之位,无非"由战争、由盗篡、由世袭"而来③,共同之处是"恃强权",强迫他人接受和服从。这样形成的权力,必然具有"野蛮"、"私有"、"黑暗"、"腐败"等特征。"君主专制,政敝而不能久存也"。欧美许多国家已废除君主专制,因而比中国"优胜百倍"。"中国舍改民主之外,其亦更有良策以自立乎?"④ 从历史进程证实君主可废,从现实需要更证明君主必废。

其二,君主制度可说罪恶累累,罄竹难书。综而言之,君主"以天下为一家一姓之私产,浸假而君主私有土地矣,浸假而君主独操赏罚矣,又浸假而君主干涉教育矣,举立法、行政、司法三大权,悉归之一人一姓","君主之权无限矣,而专制之祸萌芽","人

---

① 凡人:《开通学术议》,载《河南》,1908 年,第 5 期。
② 真:《三纲革命》,载《新世纪》,1907 年,第 11 期。
③ 遯园:《专制之结果》,载《扬子江》,1904 年,第 4 期。
④ 思黄:《论中国宜改创民主政体》,载《民报》,1905 年,第 1 期。

民无权利而重负义务矣，贵贱之分严，上下之等立。民之于君，遂尊之如天，戴之如神，而不敢稍生其抗力"[1]，只能如奴隶，如牛马，长期处于禁锢、束缚之下，这最不合"人道"、"公理"。

具体言之，君主专制等于"野蛮"，君主可以"为所欲为，荼毒天下之肝脑，敲击万夫之膏髓，以殉独夫民贼而不稍悔吝者也"。君主专制等于"蒙蔽"，君主"恶人之干预"国事，"有中央集权之压抑"，上下隔绝。君主专制招致频繁改朝换代，无数"富有帝王思想"的人，"竞攘窃焉以为独一无二之家产"，此伏彼起，永无了期。君主专制易生内乱，如"亲藩倡乱"、"外戚擅权"、"权奸弑篡"等，使国无宁日，人民涂炭。到了近代，中国与西方列强相遇，以专制之国不敌民主之国，"其结果竟鱼肉糜烂，一似任人之铲我固有，以墟我地、奴我民、夷我国"。因此，"欲革专制之痼习，殆非伸民权抑君权不为功"[2]。

其三，分析中国君主专制长期延续的原因。论者对此主要归结为三点：一是君主利用圣人的"教忠"学说。圣人提倡尊君，君主谓"非圣者无法"，两者互相为用，于是王统与道统合一，使人不敢怀疑和反抗君权。二是君主利用征辟、科举等各种"软手段，使天下有志之士，连袂并瘁"，"家奴走狗之流充塞，而君主益如虎之添翼也"[3]。三是中国缺乏对君主的制衡力量。秦汉大一统建立，"地方分权之制"亡；从宋代开始，"臣权尽亡"，明末以后，"汉人之权尽亡"，于是"君权专制达于完全极点"[4]。他们的这类归纳，可商榷之处很多，尤其是未涉及经济和生产方式的问题，也未意识到制度的选择还有一个与外部比较和借鉴的因素（如明末清初的黄宗羲只知"非君"，却不能提出君主立宪或民主共和等西式方案）。至于还有人把中国"侠客"、"刺客"的灭绝也视为君主长期存在的原因，更是无稽之谈。

其四，如何革除君主专制，使人民不再当君权的奴隶。主张革

---

[1] 佚名：《中国古代限抑君权之法》，载《国民日日报汇编》，1903年，第2集。

[2] 遯园：《专制之结果》，载《扬子江》，1904年，第4期。

[3] 吴魂：《中国尊君之谬想》，载《复报》，1906年，第1期。

[4] 佚名：《中国古代限抑君权之法》，载《国民日日报汇编》，1903年，第2集。

命的人士说，只有"去数千年故有之旧阶级制度，以组织全国国民一新社会，俾国民自有新社会思想，以缔造全国国民一新国家"[1]。也就是当时多数进步之士向往的"改创民主政体"。所以当朝廷的《钦定宪法大纲》出台，并载有"君主神圣不可侵犯"的条文时，革命人士表示坚决不能接受。他们说："君主与国民，同为平等人类，特因职务关系，而生治者与被治者之区别，非君主当然而贵，国民当然而贱。""君主自组织方面观之，为一国之统治者；自职务方面观之，即一国之公仆。君主处公仆之地位，握统治之权柄，增进国民之幸福，排除国民之危害，即其责任。""若因民所予职务上之势力，即以欺压国民，妄为神圣，妄求不可侵犯，自私甚矣，违背人道甚矣"，这时"举国方且痛恨之，诅詈之，甚则逐之，何见其神圣！何见其不可侵犯！"作者举例说，中国古代的夏桀、商纣，法国的路易十四和俄国的亚历山大，岂能以"不可侵犯"待之？所以称"君主神圣不可侵犯之断定，尤为误谬之误谬"[2]。当时立宪派责备革命派"激烈"、"激进"，殊不知中国人民正是因为受君权的极端压制太甚太久，所以一经接受民主思想，就不愿意再保留任何形式的君权。

20世纪初年，中国社会思想解放的程度远远超过19世纪末，各种自由创办的报章杂志多如雨后春笋，故就各种现实社会问题发表的议论可谓千头万绪。如围绕着庚子赔款、拒俄运动、《苏报》案、日俄战争、抵制美货、废科举办新学、五大臣出洋、预备立宪、地方自治、收回利权、各地民众的抗捐抗税抢米风潮、革命党发动的武装起义等重大事件，人们都发表了许多不同的意见；宣传改良立宪、民族民主革命、社会主义和无政府主义等各种政治主张，更成为时论的几大潮流。但笔者认为，通过分析围绕各种事件所发的议论和各种具体的政治主张，即可发现辛亥革命酝酿时期的思想底色，这就是反对形形色色的奴隶主义，造就新国民而铸成国魂。这是当时思想文化发展的大趋势。高扬"国民"大旗的非主流文化，行将取代19世纪及以前的"君臣"文化（即奴隶文化）的主流文化。就像"五四"前后出现"劳工神圣"的大旗一样，这时

---

[1] 遁园：《专制之结果》，载《扬子江》，1904年，第4期。

[2] 莹：《论宪法上君主神圣不可侵犯之谬说》，载《民心》，1911年，第6期。

的大旗是"国民神圣"。

三　体制内改革思想的延续

此处所说的体制内改革思想，是指 20 世纪初年的君主立宪主张。本文拟重点表达的，是君主立宪思想的演进过程及其在现实的社会运动中与革命思想的关系状态。

1. 君主立宪思想的演进

正如许多研究者所指出的，君主立宪思想萌芽于 19 世纪末的维新运动。康有为有感于中国在甲午战争中的惨败，以布衣之身上书言事。在给光绪帝的第二、四、五各书中，他先后提出"选议郎"、"设议院"和"国事付国会议行"，"定宪法公私之分"等建议，稍后又进一步要求实行三权分立。他在专门论及议院的一份奏折中说："拟请设上下议院，无事讲求时务，有事集体会议，议妥由总理衙门代奏。事虽议于下，而可否之权仍操之自上，庶免泰西君民争权之弊。"[①] 显然，康有为此时所说的"上下议院"并不具有西方资产阶级权力机构的职能，仅是君主的咨询机构，"下"是不能与"上"争权的。及至戊戌年，维新从"言"的阶段进至"行"的阶段，"议院"和"国会"却不再被提起。康有为所反复请求的，是开制度局于宫中，妙选天下通才数十人入值其中，参与新政。梁启超、严复在文章中都曾称赞过西方国家的议院，但也都认为中国设立议院尚非其时，若遽开议院将自取大乱，所以康有为在变法运动的高潮中曾斩钉截铁地表示："中国唯以君权治天下而已。"[②] 这表明君主立宪的思想在维新时期还处于似有似无的萌芽状态。

戊戌政变之后，梁启超流亡日本，于 1899 年开始研究宪法问题。1901 年 6 月 7 日，他在《清议报》上发表《立宪法议》一文，把当时各国的政体分为君主专制、君主立宪和民主立宪三种。在比较三种政体的同异得失之后，他得出结论说君主专制和民主立宪两

---

① 康有为（代阔普通武奏）：《为变法自强宜仿泰西设议院折》，见《戊戌变法档案史料》，中华书局，1958 年，第 172 页。

② 康有为：《答人论议院书》，载《国闻报》，光绪二十四年农历五月二十六日（1898 年 7 月 14 日）。

者均有弊病，前者君民对立尖锐，民极苦而君臣亦极危；后者施政方略变易太多，总统选举竟争过于激烈，也于国不利，只有君主立宪是"政体之最良者"，中国采之可以"永绝乱萌"。他还指出，君主立宪与君主专制的根本区别在于有没有宪法，宪法乃"立万世不易之宪典，而一国之人，无论为君主为官吏为人民皆共守之者也，为国家一切法度之根源"。他强调专制必败，立宪必胜，"地球各国，必一切同归于立宪而后已"，因而中国"采定政体，决行立宪，实维新开宗明义第一事，而不容稍缓者也"。他根据日本的先例，认为中国应"自下诏定政体之日始，以二十年为实行宪法之期"①。梁启超的这篇文章，应该说是 20 世纪初年中国宣传君主立宪的纲领和开端。

状元实业家张謇也在 1901 年开始宣传立宪，于当年著《变法平议》一文，主张中国应效法日本，置"议政院"，"设府县议会"。1902 年，康有为撰《公民自治篇》，宣称"今中国民智未开，虽未能遽立国会，而各省、府、州、县、乡、村之议会，则不可不立矣"②。他又上折批评朝廷的"新政"是"无其根本而从事枝叶，无其精神而从事于其形式"，吁请"归政皇上，立定宪法，大予民权"③。但是，康有为的君主立宪理论具有对朝廷和革命派两面作战的性质，故稍后发表了给美洲华侨的公开信，提出"中国只可行君主立宪不可行革命"的政纲，遭到了主张革命的孙中山、章太炎的全面批驳。

《新民丛报》是宣传君主立宪的重要阵地。该报自 1902 年创刊后，梁启超连续在报上发表《各国立宪史论》，详细介绍各国的立宪历史，其中重点评介了日本人细川广世的《日本国会纪原》，称该书对明治初年政治变迁大势和国民要求之情形，至详至备。由于立宪派的鼓吹，人们开始研究立宪和宪法等问题。当时上海积山乔记书局出版的《新大学丛书》，收集了许多关于宪法的书籍，包括

---

① 梁启超：《立宪法议》，见《饮冰室合集》，文集之五，上海人民出版社，1981 年重印本，第 1～7 页。

② 明夷（康有为）：《公民自治篇》，见《辛亥革命前十年间时论选集》第 1 卷上册，北京三联书店，1978 年，第 174、176 页。

③ 康有为：《请归政皇上立定宪法以救危亡折》，见《康有为与保皇会》，上海人民出版社，1982 年，第 8、19～20 页。

宪法通义、宪法溯源、宪法论、各国宪法论略、日本宪法创始述、英国宪法沿革考、德意志宪法沿革考、法兰西宪法沿革考等①。

1904 年—1905 年的日俄战争，以日胜俄败而告终。本来，这场战争的胜负是多种原因综合作用的结果。但中国舆论一致认为是立宪战胜专制的铁证，更使"立宪之声，洋洋遍全国矣"。1905年，因端方、袁世凯、张之洞再次奏请立宪和派大臣出国考察宪政，朝廷于 9 月间派载泽等五大臣出洋"考政"。五大臣分两批前往欧美、日本，历时半年，至 1906 年 7 月分道回国。五大臣回国后，都极言立宪之利，要求朝廷"为立宪之预备"。

9 月 1 日，朝廷发布上谕，宣布预备"仿行宪政"，"大权统于朝廷，庶政公诸舆论"，"从官制入手……次第更张"，立宪的时间"则视进步之迟速，定期限之远近"，"再行宣布天下"②。立宪派本来对此抱有极大希望，他们要求建立责任内阁，但朝廷仍以"军机处为行政总汇"，官制改革有名无实，立宪之期更在未定之中。朝廷的拖延敷衍迫使立宪派人士反求诸己，他们开始把注意力放在组织社团、动员国民方面。1906 年—1908 年，以预备立宪为目标而结成的社会团体多达 51 个，其中以郑孝胥、张謇、汤寿潜等人在上海成立的预备立宪公会，以梁启超、蒋观云、徐佛苏、熊希龄等人在日本东京成立的政闻社，影响最大，稍后又出现了宪政讲习会、宪政公会等组织。

1907 年 10 月，百余名留日学生由湖南即用知县熊范舆、法部主事沈钧儒等领衔，向朝廷上《民选议院请愿书》。11、12 月间，郎中衔附贡生雷光宇、候选通判夏寿华等又递呈《湖南全体人民民选议院请愿书》。两份请愿书都要求在一二年内开设民选议院，实行预备立宪，成为国会请愿的开端。

1908 年 6 月，广东绅商派代表到京呈递国会请愿书，各省人民请开国会相继而起。预备立宪公会一方面连续致电朝廷，要求"决开国会，以二年为限"，一方面联合政闻社、宪政讲习会等团

---

① 参见吴雁南等：《中国近代社会思潮》第 1 卷，湖南教育出版社，1998 年，第 367～368 页。

② 《宣示预备立宪先行厘定官制谕》，见《清末筹备立宪档案史料》上册，中华书局，1979 年，第 44 页。

体，组成国会期成会，并移书各省，约定于是年1月派代表到京请愿。十余省代表很快抵京，与京师及八旗代表会合。一些地方督抚、驻外使臣也先后电奏"速定年限"。朝廷一面于8月中旬发旨严拿政闻社社员，一面于8月下旬发布上谕，宣布以9年为限，逐年筹备立宪，同时警告立宪派安分守己，"如有不靖之徒附会名义，借端构煽，或躁妄生事，紊乱秩序，朝廷惟有执法惩儆，断不能任其妨害治安"①。立宪派对9年的筹备期限表示反对。但由于朝廷公布了《咨议局章程》和《议员选举章程》，规定明年各省一律设立咨议局，后年开设资政院，立宪派认为这也是谋求参政的良机，遂把注意力放到筹建咨议局和竞选议员的活动中去了。

到1909年10月中旬，除新疆之外，各行省咨议局业已成立。立宪派在各省咨议局中举足轻重，同时在全国又建立了一些立宪团体，遂开始筹备更大声势的国会请愿活动。1909年12月中旬，16省咨议局代表30余人齐集上海，举行请愿国会代表团谈话会，通过磋商，组成33人的赴京请愿代表团。1910年1月中旬，代表团由直隶议员孙洪伊领衔署名，向都察院递交请愿书，要求朝廷"颁布议院法和选举法，期以一年之内召集国会"。都察院呈递上请愿书之后，朝廷于是月底降谕，拒绝代表团之请，仍坚持原定的9年期限。

为了筹备更大规模的请愿，驻京请愿代表团进行了改组，突破咨议局议员的界限，吸收各省各界代表参加。7、8月间，以汤化龙为会长、蒲殿俊为副会长的"各省咨议局联合会"宣告成立，以推动速开国会为工作中心。请愿国会代表团决议，趁本年10月资政院开会期间进行第三次国会请愿。1910年10月3日，筹备数年的资政院正式开议，议员中民选和钦定者各100人。民选议员大多为各省咨议局中的活跃分子，他们左右了资政院的局势。故当10月9日请愿国会代表团的孙洪伊等把请愿书呈交资政院，同时各省咨议局联合会亦将《请速开国会提议案》呈到时，10月22日在资政院就获得通过。10月26日，资政院通过请速开国会奏稿，并于两日后连同各省咨议局联合会的提案、孙洪伊等所上请愿书、海外

---

① 《九年预备立宪逐年推行筹备事宜谕》，见《清末筹备立宪档案史料》上册，中华书局，1979年，第68页。

华侨所上请愿书，一并上奏朝廷。在资政院开会期间，各省督抚亦纷纷通电，倡议速开国会，速组内阁，当时23位督抚中有17人表示了上述态度。

上述事态对清政府形成了较大压力。经过紧急筹划，朝廷于11月初发布上谕，宣布缩短预备立宪期限，定于宣统五年（1913年）开设议院，并谕令"所有各省代表人等，着民政部及各省督抚剀切晓谕，令其即日散归，各安职业，静候朝廷详定一切，次第施行"①。但各省咨议局不肯接受，致电在京请愿代表，要求继续请愿速开国会。东三省各界还迅速推举了第四次国会请愿代表。代表于12月中旬抵京，向资政院呈递第四次请愿书。清政府对东三省代表和天津学生进行镇压，谕令民政部和步军统领衙门派员将东三省代表押解回籍，拿办天津学界请愿会会长，将其"发往新疆"，还发布上谕重申不准学生干预国家政治。到1911年5月，清政府更组成了"皇族内阁"，庆亲王奕劻任总理大臣，阁员13人中满族9人（其中皇族7人）。这表明朝廷根本没有采纳立宪派的要求与建议，完全逆历史潮流而动，在专制的道路上愈滑愈远。

当然，立宪派在国会请愿失败后也没有停止抗争。他们一方面在报刊上进行舆论宣传，如梁启超大声疾呼推翻恶政府，称："我国民不并力以图推翻此恶政府，而改造一良政府，则无论建何政策立何法制，徒以益其弊而自取荼毒。诚能并力以推翻此恶政府而改造一良政府，则一切迎刃而解，有不劳吾民之枝枝节节以用其力者矣。"②其他改良派人士也认识到中国前途之根本在改良政治，而改良政治之方法"则必当推翻穷凶极恶之政府"，"此着办不到，则言生计、言教育、言理财、言练兵、言外交，乃至言其他种种政策，开口便错，断无有转危为安之一日也"③。

另一方面，他们依旧不放弃合法斗争的方式。"皇族内阁"出

① 《令民政部及各省督抚解散请开国会之代表谕》，见《清末筹备立宪档案史料》下册，中华书局，1979年，第646页。

② 梁启超：《中国前途之希望与国民责任》，见《饮冰室合集》，文集之二十六，上海人民出版社，1981年重印本，第29页。

③ 明水：《最近欧美各国立宪政治之趋势》，载《国风报》，1911年，第10期。

笼之后，各省立宪派人士相约到京召开第二次咨议局联合会，两次向都察院呈递奏折，请求代奏。奏折抨击"皇族内阁"与君主立宪政体"有不能相容之性质"，揭露"朝廷于立宪之旨有根本取消之意"，要求实行"君主不担负责任，皇族不组织内阁"的"君主立宪国惟一之原则"，提出在皇族外另派大臣，组织责任内阁①。他们为了推动立宪，还组织了立宪派政党。1911 年 1 月，孙洪伊等在北京组织帝国统一党。5 月，该党定名为宪友会，6 月正式成立，总部设在北京，各省设立支部。同月，辛亥俱乐部成立。9 月下旬，宪政维持进行会改名为帝国宪政实进会。上述三个立宪派政党都继续为促成立宪积极活动，其中以国会请愿同志会为基础的宪友会影响较大，也带有较浓厚的民间色彩。

1911 年武昌起义爆发后，各省先后响应。立宪派利用革命形势给清政府造成的威胁，力促朝廷实行宪政。资政院第二届会议于 10 月 27 日通过决议，向朝廷提出"取消亲贵内阁，永禁皇族执政"，"宪法须交资政院协赞"，"解除党禁"等要求。江苏省咨议局径电内阁，"请宣布立宪开国会"。一些督抚也再次倡议"实行宪政"。朝廷无奈被迫起用已废黜两年余的袁世凯，袁世凯亦提出"明年即开国会"和"组织责任内阁"为出山条件。

清政府在各方面的压力下，于 10 月 30 日下罪己诏，宣布自即日起"实行宪政"，并准开党禁，又令资政院迅速拟订宪法条文。11 月 2 日，皇族内阁倒台，袁世凯出面组织完全内阁，翌日又照准资政院拟订的"宪法重大信条十九条"，并"宣示天下"。十九信条基本采用英国式的"虚君立宪"模式，削减了"君上大权"，立法权属于国会，总理大臣由国会公举，国务大臣由总理推任，皇族不得担任总理大臣和各省行政长官，君主的权力须受宪法制约。这些正是立宪派数年来所追求的政治目标。

但这个政治目标虽是立宪派提出，却又不是由立宪派来实现的，而是由革命派所领导的武装起义逼出来的。而且，这个结果来得太迟，迅猛发展的革命形势已使"虚君立宪"再无实现的可能。在全国舆论、人心"大数趋于共和"的革命高潮中，"主张立宪政

---

① 《各省咨议局议长议员袁金铠等为皇族内阁不合立宪公例请另组责任内阁呈》，见《清末筹备立宪档案史料》上册，中华书局，1979 年，第 577～578 页。

治之辈日见其少，附和政治革命之辈日见其多"①，连国内立宪派主将张謇在致袁世凯电中也称"潮流所趋，莫可如何"②。于是大多数立宪派人士收起了立宪的旗帜，投入了新的组党和参与筹建民国新政权的工作。政争并未结束，但"君主"终于被抛弃了。

2．体制内改革与革命运动的关系

20世纪初年君主立宪运动和革命运动的关系，并非如后人从理论上分析的那样始终冰炭不可同炉。从大体上看，两者实际上经历了"合——分——合"三个阶段。

1900年—1905年是第一阶段。这一阶段，曾有事实上的孙中山、康有为分别与闻自立军起事，孙中山与梁启超在日本的彼此接近。1900年问世的留日学生刊物《译书汇编》和《国民报》都曾刊登过倡导君主立宪的文章，1903年以鼓吹革命著称的《湖北学生界》也发表过《宪政平议》的文章。1904年—1905年日本对俄国作战的胜利，使一部分急于爱国救亡的留日学生转向谋求立宪，徐佛苏、杨度、蒋观云、雷奋、狄葆贤等均属此列。著名革命宣传家陈天华在1905年1月也计划从东京到北京，"向清廷请愿实行立宪政治"，因黄兴、宋教仁极力劝阻才未成行。1903年—1904年，虽有章太炎、孙中山等少数人撰文批驳康有为的保皇言行，《新民丛报》也屡有攻击革命的文章出现，但立宪与革命的阵线并不明显，更未产生紧张的对立。

1905年—1908年是第二阶段。1905年夏中国同盟会在东京成立后，革命派与君主立宪派以各自的报刊为阵地，展开了持续两三年的论战，双方关系势同水火。这场论争在思想理论上的是非得失留待稍后再作分析，这里仅先指出，论争多在海外（如东京、南洋、美国）进行，而在国内两派分头从事秘密斗争和合法行动，并无太大相扰；革命派重点攻击的是康有为、梁启超一派，对杨度也偶然涉及，而对国内立宪派，尤其是对张謇、汤寿潜为首的江浙立宪派，并无太大恶感。反过来，国内立宪派"标

---

① 孤愤：《论政治思想与革命势力消长之影响》，载《时报》，1911年10月11日。

② 《张謇辛亥九月十六日致袁世凯电》，转引自章开沅、林增平：《辛亥革命史》下册，人民出版社，1980年，第245页。

榜立宪与革命的对立，渲染革命暴动的可怕，其着眼点并不是打击革命派，而是利用革命迫使清廷真正实行立宪"①。所以，国内立宪派的重要阵地如《时报》、《东方杂志》并未与革命派发生论战。

1909年—1911年是第三阶段。这期间国内出现立宪运动（尤其是国会请愿）高潮。清政府的倒行逆施不断给立宪派造成打击，使其失望，加大了立宪派的离心倾向，思想感情上逐步向革命派接近。如立宪派的《半星期刊》载文称赞陈天华、吴樾、秋瑾、徐锡麟等革命烈士；四川革命党人朱蕴章、杨庶堪等创办的《广益丛报》不仅称赞梁启超、杨度的立宪理论，甚至刊登张謇、郑孝胥、梁启超、蒋观云、蒲殿俊等人的文章；被誉为"革命运动枢纽"的中国公学，由张謇担任董事；革命党人于右任创办的《神州日报》，由张謇书写报眉，立宪派名流马良热情题词，该报馆遭火灾后，立宪派掌握的商务印书馆为之排印。两派人物互相提携支持的事例也不鲜见，如广东省咨议局副议长丘逢甲曾引进革命党人古应芬、朱执信、邹鲁等参与咨议局秘书处的工作；广西革命党人蒙经等被选入咨议局，并赴京参加国会请愿；革命党人刘成禺在武昌演说请开国会；革命党人田桐、宁调元、程明超是立宪派政党辛亥俱乐部的重要成员；而黄炎培既是同盟会会员，又参加了预备立宪公会，并且是江苏省咨议局的常驻议员。

1911年广州黄花岗起义失败后，梁启超撰文称赞死难者为"爱国热诚，磊落英多之士"，说立宪派本是非革命论者，素不赞成革命暴动，但政府之罪已上通于天，实在毫无指望。革命诚然可能引起内乱和外国干涉，但中国除了革命无路可走，铤而走险"尚可以于万死中求一生"，"犹可以冀免干涉于万一"。他总结说："要之在今日之中国而持革命论，诚不能自完其说；在今日之中国而持非革命论，其不能自完其说抑更甚。"② 正是在黄花岗起义失败后的革命低潮中，梁启超呼吁全国反政府各派"互相提携，捐小异而取大同"，"并力一致，攻击恶政府，以谋建设

---

① 吴雁南等：《中国近代社会思潮》第1卷，湖南教育出版社，1998年，第420页。

② 梁启超：《粤乱感言》，载《国风报》，1911年，第11期。

良政府"①。所以武昌起义发生后，梁启超称之为顺乎"时势"、合乎"民心"的义举。《时报》开辟"中国革命消息"专栏，报道革命动态并发表社论，称"言革命于三年以前，诚非万全之策，微论诸君，即记者亦尝持极端之反对矣。若夫今日而倡言革命，则固仁之至义之尽，而丝毫无可迟疑者。试问今日之中国，尚能舍革命两字，而别商和平改革之方略乎"？② 文章明确地表现了大多数立宪派人士立场的转变，因而他们附和革命，参与全国和地方政权的组织建设，是顺理成章的趋势。至于后之论者或称其为"投机革命"，或称其体现了"上层绅士惊人的应变能力"，均是在评论同一事实上体现了略有不同的感情色彩，而没有立足于立宪运动反对封建专制的根本目标及其转变的合理性。

20世纪初年君主立宪派所表达的政治思想，仍然属于非主流思想的范围，它对主流思想构成了挑战。不过，它和革命派所属的带有草根性的非主流思想不同，前者的政治思想代表人物是康有为、梁启超之类的学绅，张謇、汤寿潜一类的商绅或官绅，还加上孙宝琦等一类在职的"开明"大吏。这些人在政治上、经济上、思想文化上和情感上都与君权有千丝万缕的联系，因而很不容易走上与君权决裂的道路。

但是，这种政治思想要达成的目标，首先仍然是争取救亡图存。1904年，孙宝琦上书政务处首请立宪，就是因为"自俄日开战后，各国倡言瓜分之议，事机日紧。……诚恐日俄战罢，各国对待吾华有进无退"，故只有"趁此俄日构兵、各国待时之际，颁行新政，振奋自强"③。1907年冬熊范舆等首请早开国会，理由亦是中国"本千钧一发之际，存亡危急之秋。以言乎外，则机会均等之政策并起于列强；以言乎内，则革命排满之风潮流行于薄海"④。这篇呈文虽表明了立宪派以召开国会来消弭革命的意图，但仍然首

① 梁启超：《与上海某某等报馆主笔书》，见《饮冰室合集》，文集之二十七，上海人民出版社，1981年重印本，第57页。

② 《论国民今日不可存疑虑之见》，载《时报》，1911年11月7日。

③ 甲辰三月初七日孙宝琦致端方函，转引自吴雁南等：《中国近代社会思潮》第1卷，湖南教育出版社，1998年，第414页。

④ 《湖南即用知县熊范舆等请速设民选议院呈》，见《清末筹备立宪档案史料》下册，中华书局，1979年，第610页。

先强调救亡。连续三次国会请愿失败之后，东三省各界不顾朝廷禁令，单独举行第四次请愿，正是因为此前日本已经并吞朝鲜，俄国增兵屯驻蒙古边外，"东省大势……已岌岌不可终日。诚俟至宣统五年，而此土尚为我有与否已不可知"①。所以梁启超指出，国内立宪派不屈不挠地发动国会请愿，"图治尚其第二义，而救亡乃其第一义"②。这显然不是标榜和美化。

第二个目标是否定君主专制制度，改革中国政治。立宪派在其所办报刊上的文章中，已反复多次公开指斥君主专制的种种弊害，倡言君主立宪、君民共治的"好处"，以示立宪对朝廷不仅无损，反而有利，但在私下的内部通信中却不讳言其策略。如梁启超在给徐勤的信中说："但使立宪实行，政权全归国会，则皇帝不过坐支乾（干）修之废物耳。国势既定，存之废之，无关大计，岂虑其长能为虐哉？吾党所坚持立宪主义者，凡以此也。"③ 极端的君权维护者似乎对此看得很清楚，故攻击立宪派"处心积虑无非夺君主之权，解王纲之纽。阳美以万世一系，阴实使鼎祚潜移"④。这种攻击也不能完全视作危言耸听。

第三个目标是保护和发展民族资本主义。江浙资本家在其要求立宪的有关言论中，称20世纪是"实业时代"，要求政府制定政策法规，"奖励资本家"，保护"国中有资力之人"。作为其政治上代言人的梁启超，把这个意思表达得更明确："试有人问我以中国振兴实业之第一义从何下手？吾必答曰改良政治组织。……然则所谓改良政治组织者奈何？曰：国会而已矣，责任内阁而已矣。"⑤ 又说："惟希望有良善之政府，实行保护产业之政策。"⑥ 由此可见，

---

① 《东三省总督锡良奏奉省绅民呈请明年即开国会折》，见《清末筹备立宪档案史料》下册，中华书局，1979年，第648页。

② 梁启超：《论政府阻挠国会之非》，见《饮冰室合集》，文集之二十五（上），上海人民出版社，1981年重印本，第112页。

③ 梁启超：《致雪公书》，见《梁启超年谱长编》，上海人民出版社，1983年，第553页。

④ 刘廷琛：《为宪政败象渐彰新党心迹显著亟图设计以救危亡折》，转引自吴雁南等：《中国近代社会思潮》第1卷，湖南教育出版社，1998年，第418页。

⑤ 梁启超：《敬告国中之谈实业者》，见《饮冰室合集》，文集之二十一，上海人民出版社，1981年重印本，第121～122页。

⑥ 梁启超：《杂答某报》，载《新民丛报》，1906年，第86号。

立宪派政治活动背后的经济动因是十分明确的。

当然，这样说并不是排除了立宪派有反对革命这样一个关键的目标。立宪派与革命派作为两个不同的政治派别，"政争"是不可避免的。两派虽然都以救亡图存、反对君主专制、改造中国为目的，但革命派以武装斗争"排满"为入手处，而立宪派则主张以和平的立宪请愿为斗争手段。一切分歧均由此而来，而且在一段时间内两者都把从理论上战胜对方置于首位，这是客观的历史事实。

后之论者总结革命派与立宪派的大论战，或是根据《民报》上革命派提出的论纲，或是围绕民族、民权、民生三大主义，或是围绕对待帝国主义、封建主义以及人民群众的态度来判定曲直胜负。所论大致符合实情，但总难免有扬革命派而抑立宪派之意，这不仅是因为百年来中国社会始终有一股激进比温和好、革命比改良好的习惯性思维，也还因为中国的守旧恶势力从不接受真正的改革，改良主张一再失败，只有革命才多少解决了一些阶段性的问题。主要由于上述两个原因，人们在对比评论革命和改良的是非得失时，对前者的某些理想主义、激进主张（尽管是不能实现的或有害的）仍然曲意回护，而对后者思想理论中的合理性则避而不谈。

有关革命派在思想理论上的胜利下节再谈，这里略论立宪派的是非曲直。首先值得强调的，是立宪派在民族主义理论上的贡献。梁启超在19世纪末引进"民族"概念，在20世纪初率先提出民族主义理论，主张用民族主义教育国民，团结民众，挽救民族危亡。1903年以后，立宪派与革命派围绕民族主义发生论战，首先是在对内的所指范围上有歧义。具体地说，革命派为了"排满"和强调血缘的民族主义，称满族人为"异族"，即不属于中国的国内民族；而立宪派基于保留君主的需要和今文学派的文化民族主义，认为"满人与我不能谓为纯粹的异民族"。尽管革命派解释"排满"不是要杀尽满人，而是"排其皇室，排其官吏"，而且在辛亥革命发生之后亦称满族为中华民族的一员，但这仍然不能掩饰他们在宣传革命时在认识国内民族关系上的局限。当然，立宪派由否认满族为"异族"进而强调"满汉不分"，否认清王朝在国内实行的民族歧视和民族压迫政策，这又不符合实际情况。

至于民族主义的对外意义，革命派和立宪派都要救亡图存，但也都缺乏鲜明的反帝纲领。不同的是立宪派认为革命必然产生内乱，而内乱必然招致瓜分，革命派则反复强调只要推翻"满人秉政"，就可以"弥瓜分之祸"，革命只要"循乎国际法"，有"秩序"地进行，就不会引起列强干涉。这实际上是一厢情愿的幻想。梁启超对此嘲讽说："秩序的革命绝不贻外国以干涉之口实，苟非欺人，其必自欺而已。"[①] 帝国主义必然破坏干涉殖民地半殖民地的民族解放斗争，立宪派尚能认识并公开讲明这一点。

关于民权和民主的问题，立宪派的认识和言论都比革命派保守，但也并非全是谬误。立宪派轻视人民大众，在戊戌维新运动中主张"欲兴民权先兴绅权"。在1903年—1907年与革命派论战时，立宪派反复以"民智未开"、国民"速度不逮"为由，主张中国只可行立宪，不可行革命。但在1901年—1903年，梁启超等做了大量的启蒙工作。他的《新民说》曾围绕独立、平等、民主、自由、权利、责任等问题发表一系列有益的见解，起到了传播民主、鼓吹民权的作用。1906年后，立宪派大力宣传立宪制宪、召开国会、组织责任内阁、实现政党政治和地方自治等学说和政治主张，固然有对抗革命思想的一面，但仍然具有启发人们的民主精神、提高人们的政治能力的客观作用。这些民主精神和政治能力在革命后的政权、法制建设中应该是必不可少的。

关于民生问题，立宪派与革命派的分歧也是别有深意的。1905年后，革命派鉴于西方资本主义社会的多种弊病和持续不断地发生工人运动，加紧了民生主义和社会革命的宣传，这就是关于"平均地权"和"土地国有"的议论。革命派的这一设想具有反对封建土地制度的意义，而且没有超出资产阶级民主革命的范围。但是他们却将这一设想当作一个社会主义纲领来认识，鼓吹把政治革命（推翻清王朝，完成民主革命）和社会革命（相当于后之社会主义革命）"毕其功于一役"。革命派的这一设想，显然与其一贯的激进"躐等"（即超越某些必经阶段）有关，其失误在于混淆了两种不同性质的革命的任务，能否实现更是一大问题。立宪派抓住这一差错，攻击革命派是要"强夺富民财产而分

---

① 梁启超：《暴动与外国干涉》，载《新民丛报》，1906年，第82号。

之人人"，实行所谓"贫民专政"，"煽惑劳动者"，"以博一般下等社会之同情"①。这固然反映了立宪派代表大土地所有者和大资本家等"富人"的政治立场，但是，梁启超批评革命派照搬欧美的社会革命学说，不顾中国的实际情况，面临帝国主义疯狂的经济侵略，中国本应该发展民族资本主义生产，革命派却"以排斥资本家为务"②，这种"躐等"只会造成中国贫弱乃至"亡国"。如果说立宪派不能"躐等"的思想应用于中国"只可行立宪，不可行革命"属于错误，但其应用于中国社会性质的估计，认为当时中国应该大力发展资本主义生产，而不是进行"社会革命"，则有其合理性。

上述体制内的变革活动，仍然是时代的产物，是时代的反映，所以是前所未有的。它们可以说都是为了救亡，为了改变中国的专制、黑暗、贫弱、落后的现实而进行的尝试和探索。当然，这些认识具有片面性，即对封建势力和外国侵略势力的顽强阻碍估计不足，天真地以为不需要进行一场以武装斗争为根本道路的政治革命，就可以使中国进入文明富强之境。此后的历史事实证明了这只是一种幻想。但我们不能因此完全否定其合理性和进步意义，尤其是体制内变革所营造的政治文化和社会文化，当时具有很丰富的内容，其思想上的影响此后也不容忽视。

四 革命民主思想星火燎原

这里不用"民主主义革命"而用"革命民主思想"，乃是因为从思想史的层面而言，20世纪初持有这种思想的人多是先接受革命，后接受民主主义；有的人虽是同时萌生，但革命是第一位的，即排满的民族主义思想重于民主主义思想。

1. 革命思想和民主主义的形成

孙中山先生的少年——青年时代，是在广东——檀香山——广东生活，早年曾以"洪秀全第二"自居，常发表不满清廷的言论，提出"勿敬朝廷"。在檀香山和广东常与孙中山交往、思想上互相

---

① 梁启超：《社会革命果为今日中国所必要乎?》，载《新民丛报》，1906年，第86号。

② 梁启超：《杂答某报》，载《新民丛报》，1906年，第86号。

影响的人，或者是长期侨居国外，较多接触西方民主思想，或者是洪门中人，素有反清复汉的思想传统。1894年冬，孙中山在檀香山组成中国第一个民主革命团体兴中会，《兴中会章程》概括了中国的危急形势，谴责了朝廷的"庸奴误国，荼毒苍生"，响亮地提出了"振兴中华"的号召。誓词则提出"驱逐鞑虏，恢复中华，创立合众政府"。章程和誓词体现了爱国救亡、反清革命、追求民主共和这三个层次的思想。朱维铮先生曾指出，《明实录·太祖洪武实录》卷二十一载有朱元璋1367年发布的《檄谕齐鲁河洛燕蓟秦晋之人》，内有"驱逐胡虏，恢复中华，立纲陈起，救济斯民"之语①，这一发现清楚地表明了洪门反清传统对孙中山先生革命思想的影响。

《兴中会章程》和誓词体现了孙中山等人把拯救中国与推翻清王朝相结合，把振兴中华与发展资本主义理想相结合，而且形成了民族主义和民权主义的雏形。但是，其思想理论还远远谈不上系统丰富，而民主思想仅体现为"创立合众政府"一语，传播和影响的范围更是极其有限。

1895年广州起义失败后，孙中山经香港、日本、美国到英国，通过实地考察和钻研西方学者的政治、经济理论，丰富了自己的思想。一方面，他认识到西方民权的许多内容，如人民的参政权、投诉权、言论自由等，在中国一概未曾放开，"中国之人民，无一非被困于黑暗之中"②，加深了他对民权主义的理解；另一方面，他也看到了西方贫富分化、工人运动不断的问题，感到资本主义远非极乐之境，因而接受了美国亨利·乔治的"单税论"，即征收地价税，土地涨价归代表全体人民的国家所有，以防止贫富扩大，这一点成为他民生主义的要项。

1897年，孙中山再到日本，此后直到1900年领导惠州起义和参与谋划同年的自立军起事，均遭失败。但此时孙中山在新式知识分子群中的影响开始扩大。不久孙中山的寓所"群士辐辏，

---

① 朱维铮：《关于清末的民族主义》，载香港中文大学《二十一世纪》，1993年4月号。

② 孙中山：《伦敦避难记》，见《孙中山全集》第1卷，中华书局，1985年，第51页。

岁愈百人"①。留学生和国内新式知识分子中的先进之士在孙中山的影响下，很快走上了革命民主主义道路。这个先进的新式知识分子群体，既是率先接受革命民主主义的对象，又是宣传革命民主主义思想的主力。各种有关报刊宣传的内容和趋势前面已有论述和归纳，此处不复赘述，仅以章太炎、邹容和陈天华的主要作品为例，讨论革命民主主义宣传的内容。

章太炎在 1901 年春至 1903 年春修改重订 1900 年春初版的《訄书》，收入了《〈客帝〉匡谬》和《〈分镇〉匡谬》二文，就自己以前对清王朝及汉族督抚存有的幻想作了严厉的自我批评，彻底抛弃了在体制之内作温和改革的设想。重订本《訄书》问世之后，即在社会上产生了重大影响。不仅如此，章太炎还和孙中山一样，是最先与康有为论争的。康有为在 1902 年发表《与南北美洲诸华商书》，大力美化清王朝的统治，攻击革命者和民主思想，宣称中国只能行立宪不能行革命。次年 5 月，章太炎公开发表《驳康有为论革命书》，系统地批判了康有为的保皇立宪主张。文章批驳了所谓"君民不分，满汉同治"的观点，论证革命是最大的权威，中国的出路只有通过流血的革命，才能实现真正的立宪民主。他说："人心之智慧，自竞争而后发生，今日之民智，不必恃他事以开之，而但恃革命以开之。且勿举华、拿二圣，而举明末之李自成。李自成者，迫于饥寒，揭竿而起，固无革命观念，尚非今日广西会党之侪也。然自声势稍增而革命之念起，革命之念起而剿兵救民赈饥济困之事兴。岂李自成生而有是志哉？竞争既久，知此事之不可已也。……然则公理之未明，即以革命明之；旧俗之俱在，即以革命去之。革命非天雄大黄之猛剂，而实补泻兼备之良药矣。"②

这段话主要回答康有为因中国"民智未开"故不可革命的观点，强调革命斗争正是提高民智的最有效途径。他以二百多年前李自成的所作所为为例，肯定了他因斗争而提高了革命志向，并采取了一系列顺民心应时势的做法，何况今天的革命不仅有会党，更有具备中外知识学问的成群英杰。我们从中不仅能看到此时章太炎崇

---

① 邹鲁：《中国国民党史稿》第 4 篇，中华书局，1960 年，第 1360 页。

② 章太炎：《驳康有为论革命书》，见《章太炎政论选集》上册，中华书局，1977 年，第 203～204 页。

拜革命的精神，也能看到他相信群众的态度，这和康有为、梁启超畏惧革命、轻视群众的心态形成了鲜明对比。章太炎的这篇文章虽然存在着狭隘的大汉族主义观点，但在当时批驳康、梁的论战中，仍以其内容扎实、观点鲜明、逻辑力强、富于文采而风行一时。章太炎亦由此而奠定了"有学问的革命家"的地位。

邹容曾十分崇拜谭嗣同，早有为民族而"杀身成仁"的大志。1902 年，17 岁的邹容从四川赴日本，如饥似渴地阅读各种书籍，翌年即因参加惩戒清政府留日陆军学生监督，被迫离日回上海。他在上海加入了爱国学社，与章太炎等一起参加拒俄运动，并在《苏报》上撰文，鼓吹反清革命。同年，邹容把澎湃于心中的革命思想，融合西方资产阶级启蒙时期的重要著作，如卢梭的《民约论》、孟德斯鸠的《万法精理》、弥勒约翰的《自由原理》，以及《法国革命史》、《美国独立檄文》等文献，并广泛汲取了谭嗣同的《仁学》、章太炎的《訄书》及《国民报》文章中的思想和语句，融会贯通，写成了二万余言的《革命军》。

《革命军》开卷第 1 章就大声疾呼进行反清革命，对革命事业的神圣伟大极力赞美歌颂，称"革命者，天演之公例也。革命者，世界之公理也。革命者，争存争亡过渡时代之要义也。革命者，顺乎天而应乎人者也。革命者，去腐败而存良善者也。革命者，由野蛮而进文明者也。革命者，除奴隶而为主人者也"。革命的意义如此之大而且多，故中国要独立富强，要与列强争雄争胜，要长存于 20 世纪，均"不可不革命"。对中国而言，"革命革命，得之则生，不得则死"。其向往革命之心，溢于言表。

其次是把反清革命与反对列强侵略联系起来。《革命军》指出，清政府已经完全沦为西方列强的走狗，它与列强勾结，共同压迫剥削中国人民。"我同胞处今之世，立今之日，内受满洲之压制，外受列强之驱迫，内患外侮，两相刺激，十年灭国，百年灭种，其信然夫。"为此，"欲御外侮，先清内患"，即先进行反清革命，再驱逐"外来之恶魔"，明确地提出了处于半封建半殖民地的中国人民的反帝反封建任务。

再次是对读者和广大群众进行民主思想的教育。《革命军》痛心地承认中华民族的性格有弱点，这就是中国人身上的"奴隶根性"，并指出二千年来的专制制度和上层建筑都是"中国人造奴隶之教科书"。文章强调，要使中国人除去奴隶性而成为"国民"，就要以爱国主义和自由、平等、法制观念等教育中国人，使人人知道"平等自由之大义"，"制造无量无名之华盛顿、拿破仑"，才能"共逐君临我之异种，杀尽专制我之君主，以复我天赋之人权"。

最后也最重要的是，《革命军》第一次鲜明地、系统地提出了未来"中华共和国"的蓝图。文章用了整整一章的篇幅向人们宣告，革命后要仿照"美国革命独立主义"，建立资产阶级民主共和国。作者以二十五条纲领勾画了这样一幅蓝图：无论男女都是国民，国民一律平等，人人享有生命、言论、思想、出版等天赋的自由权利。政府的权力由人民所授，政府干预了人民的权利，人民可以推翻之。为保证人民享有权利，要实行议会制，各府、州、县都选举议员，总统由各省议员公举。参照美国宪法和法律来制订中国的宪法和法律。中国与世界各大国平等，等等①。邹容对"中华共和国"前景的阐述，具体展开了孙中山提出的"建立合众政府"的各个方面的方针和内容，为不久之后出现的同盟会纲领作了理论上的准备。

陈天华的两本著作《猛回头》和《警世钟》，约写作和出版于1903年下半年。在这两本书中，作者以慷慨激昂的爱国热情，通俗流畅的文笔，淋漓尽致地揭露了帝国主义瓜分中国的野心和清政府的卖国罪行，号召人们奋起斗争。

两书的最大特色是体现了强烈的反帝爱国思想。《警世钟》一开头就以"洋人来了"，"我们大家的死日到了"的惊呼，提出了中国人民生死攸关的严重问题，指出帝国主义是奴役中国人民的最凶恶的敌人。两书都详细地追述了鸦片战争以来，因为列强侵略"弄得中国民穷财尽"的悲惨历史，接着重点揭露了帝国主义蓄势待发、以求一逞的并吞企图："俄罗斯，自北方，包我三面；英吉利，假通商，毒计中藏；法兰西，占广州，窥伺黔桂；德意志，领胶州，虎视东方；新日本，取台湾，再图福建；美利坚，也想要，割土分疆；这中国，哪一点，还有我分？这朝廷，原是个，名存实亡"，以血泪斑斑的文字概括出列强瓜分中国的危急形势。

---

① 邹容：《革命军》，见《辛亥革命前十年间时论选集》第1卷下册，北京三联书店，1978年，第651～677页。

陈天华认为，列强公开的瓜分固然令人痛恨，而它们利用清王朝"代他管领"以求"暗行瓜分"，则更阴狠毒辣。他指出："各国不是不瓜分中国，因为国数多了，一时难得均分，并且中国地方宽得很，各国势力也有不及的地方，不如留住这满洲政府，代他管领，他再管领满洲政府，岂不比瓜分便宜很多吗？"这种宣传虽然浅显，却抓住了要害，把道理讲得明白易懂，同时揭露了中外反动派之间的主奴关系，给予帝国主义分子喧嚣一时的"保全主义"以有力的痛斥。

作者进而指出，要抵抗列强的侵略，就必须推翻清政府，因为此时的清政府已完全成了"洋人的朝廷"，满朝文武成了外国侵略者统治中国的"守土官长"，全是帝国主义的奴才。他说："你道今日中国还是满洲政府的吗？早已是各国的了！那些财政权，铁道权，用人权，一概拱手送予洋人。洋人全不要费力，要怎么样，只要下一个号令，满洲政府就立刻奉行。"他又用具体的事实证明清政府的罪恶，说："从前赔款数次，差不多上十万万了。此次（指庚子赔款）赔各国的款，连本带息，又是十万万。我们就是卖儿卖女，也是出不起的。又自己把沿海的炮台削了，本国的军营请各国来练，本国的矿产让各国来开，本国的铁路听各国来修，还有那生杀用人的权柄都听各国指挥。列位，你看满洲的政府，只图苟全一己……件件依了洋人的，你道可恨不可恨！我们若不依他的，他就加以违旨的罪，兴兵剿洗，比草芥也比不上。十八省中，愁云黯黯，怨气腾霄，赛过那十八层地狱。"他设问道："难道这洋人的朝廷也不该违拒吗？"答案很简洁："我们要想拒洋人，只有讲革命独立，不能讲勤王。"要救国必须反帝，要反帝必须反清，必须革命，"勤王"只能是缘木求鱼。

两书还告诉人们要敢于藐视敌人。他说："其实洋人也是一个人，我也是一个人，我怎么要怕他？""一十八省，四万万人，都舍得死，各国纵有精兵百万，也不足畏了。"他劝告人们不要有惧洋心理，不要推诿责任而空喊救国，而应该时刻准备行动，"洋兵不来便罢，洋兵若来，奉劝各人把胆子放大，全不要怕他。读书的放了笔，耕田的放了犁耙，做生意的放了职事，做手艺的放了器具，齐把刀子磨快，子药上足，同饮一杯血酒，呼的呼，喊的喊，万众直前，杀那洋鬼子，杀那投降洋鬼子的二毛子"。

需要指出的是，陈天华此时的思想并不同于义和团仅凭血气之勇、以血肉之躯和落后的武器去对付洋枪洋炮，他强调的是"全国皆兵"，四万万人"合成一个"，让敌人"四面受敌"，由"深入腹地变为死地"。他的设想具有人民战争的初步意义。而且他认为，要战胜列强，仅凭勇气还不够，还要学习他人之所长，克服自己之所短，这就是他所说的"越恨他，越要学他；越学他，越能报他（报仇），不学断不能报"。他对学习西方也充满了成功的信心："俗话说，天下无难事，只怕有心人。若有心肯学，也是很容易的。"①他在《猛回头》中提出了救国"十要"，广泛涉及政党、军队、实业、教育、思想、妇女、社会风俗等各方面的改革，是一份向西方学习的详细纲领。

2. 三民主义把革命思想民主思想系统化

到1905年夏天，由于革命民主思想的广泛传播和革命运动的高涨，一个全国性的资产阶级革命政党——中国同盟会应运而生。而此时的革命思想理论，无论是在孙中山个人方面，还是在革命者群体方面，均已升华、成熟并基本形成共识。因此，在《同盟会总章》中，孙中山和他的战友们确认："本会以驱除鞑虏，恢复中华，创立民国，平均地权为宗旨。"同年11月，当同盟会机关刊物《民报》正式创刊时，孙中山在发刊词中对十六字纲领又作了进一步阐述，第一次概括出"民族"、"民权"、"民生"三大主义。1906年，他主持制定的同盟会《革命方略》，其首篇《军政府宣言》及同年他在《民报》创刊周年纪念会上的演说，都对三大主义的基本内容作了系统解释。同时，《民报》和众多革命报刊也先后刊登多篇理论文章。至此，可以说革命民主主义的核心——三民主义的思想体系已经形成。

民族主义从字面上理解，就是要推翻清政府，重建汉人当权的政府，但其内容和意义远不止于此。首先，孙中山和其他革命者是把民族革命与推翻清政府的政治革命结合在一起的。孙中山认为，民族主义最根本的问题还是政权问题，"民族主义，并非是遇着不同种族的人便要排斥他，是不许那不同种族的人来夺我民族的政

①　以上《警世钟》、《猛回头》中的引文，均见《陈天华集》，湖南人民出版社，1982年，第25～95页。

权"。之所以要推翻清王朝，是因为它不仅是满洲贵族统治的政府，而且是一个对内专制、对外向帝国主义投降的反动的卖国政府。"这种政体，不是平等自由的国民所堪受的。要去这政体，不是专靠民族革命可以成功。""我们推倒满洲政府，从驱除满人那一面说是民族革命，从颠覆君主政体那一面说是政治革命，并不是把来分作两次去做。"① 就是说民族革命和政治革命将结合起来，同时进行。

民族主义不是简单的"排满复汉"，更不是反满复仇主义。同盟会建立时，有人提出以"对满同盟会"作为会名，孙中山表示反对，称"不必也。满洲政府腐败，我辈所以革命，即令满人同情于我，亦可许入党"②。此后，他还着重批驳了"杀尽满人"的谬论，曾说："兄弟曾听见人说，民族革命是要灭尽满洲民族，这话大错。民族革命的原故，是不甘心满洲人灭我们的国，主我们的政，定要扑灭他的政府，光复我们民族的国家。""我们并不是恨满洲人，是恨害汉人的满洲人。假如我们实行革命的时候，那满洲人不来阻害我们，决无寻仇之理。"③ 就是国粹派旗手、大汉族主义色彩较浓的章太炎也说："排满洲者，排其皇室也，排其官吏也，排其士卒也"，而不是排斥一切满族人，也不限于只排满族人，"若汉族为彼政府用，身为汉奸，则排之亦与满人等"。而且革命成功之后，"若政府已返于汉族，而有癸辛、桓灵之君，林甫、俊臣之吏……是亦革命而已"④。所以当时民族革命的目标是很明确的，革命派已将满族统治者及其走狗与满族人民作了区分。

其次，民族主义无疑也有对外抗拒列强、建立独立国家的意义。孙中山曾明确提出："鼓吹民族主义，建一头等民主大共和国，以执全球的牛耳。"⑤ 就是要通过推翻清王朝，实现建立新的民族

---

① 孙中山：《在东京〈民报〉创刊周年庆祝大会的演说》，见《孙中山全集》第1卷，中华书局，1985年，第325页。

② 田桐：《同盟会成立记》，载《太平杂志》，1930年，第1卷第1期。

③ 孙中山：《在东京〈民报〉创刊周年庆祝大会的演说》，见《孙中山全集》第1卷，中华书局，1985年，第325页。

④ 章太炎：《排满平议》，载《民报》，1908年，第21期。

⑤ 孙中山：《在东京中国留学生欢迎大会的演说》，见《孙中山全集》第1卷，中华书局，1985年，第279页。

国家的目的。而章太炎早在 1901 年就曾说过，因为清王朝已沦为列强控制中国的工具，所以要抵御列强必先"排满"，不然，"满洲弗逐……（中国）浸微浸衰，亦终为欧美之陪隶而已"①。同盟会没有明确提出反对帝国主义的纲领，这是事实。当时就有人表示疑惑，章太炎对此作过解释。他认为"西人之祸吾族，其烈千万倍于满洲"，照理更应强调反对列强，"然以利害相校，则革命军不得不姑示宽容，无使清人、白人协以谋我。军中约法，半为利害，不尽为是非也"②。当然这只能说是章太炎个人或一部分人的理解，不能说革命派全部认清了帝国主义的本质，都有坚决反帝的意志。

民权主义是民主革命的根本，是民族革命与政治革命同时进行的标志，也是"创立民国"的精髓，孙中山和他的战友对此论述甚多。

孙中山指出，实现民权主义的途径只能是"由平民革命以建国民政府"，为此须"一国之人皆有自由、平等、博爱之精神，即皆负革命之责任"。所以，这种革命不是从前少数"英雄"的革命，而是要依靠全体国民；革命中产生的国家政权不是为少数人所掌握，而是掌握在全体国民手中。"今者由平民革命以建国民政府，凡为国民皆平等以有参政权。大总统由国民公举。议会以国民公举之议员构成之。制定中华民国宪法，人人共守。"③ 在这样的国家体制之下，"国家为人民之公产，凡人民之事，人民公理之。由人民选举议员，以开国会，代表人民议定租税，编为法律。政府每年预算国用，须得国会许可，依之而行。……如是则国家之财政实为国民所自理，国会代表人民之公意，而政府执行之"。通过上述政治、经济等方面的民主与法治建设，实现"四万万人一切平等，国民之权利义务无有贵贱之差、贫富之别，轻重厚薄，无稍不均——是为国民平等之制"④。

为了保障民权的实现，孙中山多次强调反对君主制度，反对帝

---

① 章太炎：《正仇满论》，载《国民报》，1901 年，第 4 期。

② 章太炎：《革命军约法问答》，载《民报》，1908 年，第 22 期。

③ 孙中山：《中国同盟会革命方略·军政府宣言》，见《孙中山全集》第 1 卷，中华书局，1985 年，第 296～297 页。

④ 孙中山：《中国同盟会革命方略·扫除满洲租税厘捐布告》，见《孙中山全集》第 1 卷，中华书局，1985 年，第 317～318 页。

王思想。他认为"君主立宪之不合用于中国，不待智者而后决"①，原因就在于中国曾是一个长期实行君主专制的国家，只要君主存在，民主就难以实行。所以不仅帝王君主不能要，就是类似的思想也会为害甚烈。"凡是革命的人，如果存有一些皇帝思想，就会弄到亡国"②，所以要坚决实现和捍卫民主共和制度。"敢有帝制自为者，天下共击之!"③ 民主共和的思想自此深入中国人心。

孙中山还具体考虑了民主共和制度在中国实施的形式和程序。他考虑在西方民主国家宪法的三权分立的基础上，再加上选举权和纠察权，成为"五权宪法"。选举权用以保护人民直接从政的权利，并保证各级官员合格；纠察权是从议会中分离出来的，避免"议院专制"，专司大小官员的"监督弹劾"。他希望通过"五权分立"来实现国家"完全无缺的治理"④。

孙中山认为三民主义的实现需要一个过程，因而一定要循序渐进。他把这个过程分为三期。第一期为"军法之治"，这是"军政府督率国民扫除旧污之时代"。此时军队与人民同受治于军法之下，由军政府总揽一切，"内辑族人，外御寇仇"，扫除积弊，推行改革，为期三年。第二期为"约法之治"，这是"军政府授地方自治权于人民，而自总揽国事之时代"。以约法为依据，产生地方议会及地方行政官，实行地方自治，以六年为限，然后废约法，布宪法。第三期为"宪法之治"，通过前面两个时期，国民已"养成自由平等之资格"，即可依据宪法由国民公举大总统和议员，组成国会的政府，一切按宪法办事，"军政府解除权柄，宪法上国家机关分掌国事"⑤。孙中山知道，无论是为了制止反动派的抗拒，还是

---

① 孙中山：《在东京中国留学生欢迎大会的演说》，见《孙中山全集》第1卷，中华书局，1985年，第280页。

② 孙中山：《在东京〈民报〉创刊周年庆祝大会的演说》，见《孙中山全集》第1卷，中华书局，1985年，第326页。

③ 孙中山：《中国同盟会革命方略·军政府宣言》，见《孙中山全集》第1卷，中华书局，1985年，第297页。

④ 孙中山：《在东京〈民报〉创刊周年庆祝大会的演说》，见《孙中山全集》第1卷，中华书局，1985年，第330～331页。

⑤ 孙中山：《中国同盟会革命方略·军政府宣言》，见《孙中山全集》第1卷，中华书局，1985年，第297～298页。

为了提高国民素质，使其适应新的民主制度，都需要时间，所以设计了这样一个三阶段的程序。

中国的先进之士从戊戌维新时期就主张使民有权，20 世纪初年的革命报刊更不断地疾呼反对君主专制，实行民主，为此对传统的文化学术、伦理道德等上层建筑的各个领域作了深入的批判，其中心就是前述"脱奴隶"而成国民。但是从操作程序和建立制度上如何保证民主，有关议论并不具体，或者只是照搬西方国家的现成做法。孙中山的讲话和《军政府宣言》主要借鉴了西方国家的民主制度，也吸取了中国政治制度中的某些形式（如考选和监察），并考虑了国家和人民的现状，因而民权主义的内容和实施步骤都比较细密、完备，体现了中国资产阶级政治学说的发展。

民生主义的基本内容就是孙中山的"平均地权"。"当改良社会经济组织，核定天下地价。其现有之地价，仍属原主所有；其革命后社会改良进步之增价，则归于国家，为国民所共享。"[1] 这也就是亨利·乔治的单一税理论，其目的是不让大土地所有者垄断国计民生，而且地价增值部分为全体人民享有，有助于实现一个没有贫困、没有剥削、人人富足的美好社会。当然，这是一种主观的社会主义思想，孙中山的"举政治革命、社会革命毕其功于一役"[2]，立足点就在于此。

孙中山的民生主义体现了他对劳动人民的同情。他多次说到"欧美强矣，其民实困"[3]，"贫富不均竟到这地步，'平等'二字已成口头空话"[4]。他要打破富有者的垄断，通过"土地国有"、"涨价归公"来消灭贫富不均的根源。但其结果将如列宁所说，"铲除农业中的中世纪垄断和中世纪关系，使土地买卖有最大的自由，使

①　孙中山：《中国同盟会革命方略·军政府宣言》，见《孙中山全集》第 1 卷，中华书局，1985 年，第 297 页。

②　孙中山：《〈民报〉发刊词》，见《孙中山全集》第 1 卷，中华书局，1985 年，第 288 页。

③　孙中山：《〈民报〉发刊词》，见《孙中山全集》第 1 卷，中华书局，1985 年，第 288 页。

④　孙中山：《在东京〈民报〉创刊周年庆祝大会的演说》，见《孙中山全集》第 1 卷，中华书局，1985 年，第 328 页。

农业有最大的可能适应市场"①，也就是加速资本主义的发展。孙中山主观上想避免资本主义带来的种种危害，但他的土地纲领却又可能促进资本主义的发展，这体现了他主观社会主义的不可克服的矛盾，所以其"毕其功于一役"的想法也是不可能实现的。"平均地权"虽有可能打破大土地所有者对土地资源的垄断，但并不是把土地分给农民，农民渴望土地的要求并没有得到满足。在实现"土地国有"、"涨价归公"的过程中，他反对采取任何激烈的行动，曾特地批判那种"夺富人之田为己有"的激进主张。而且，孙中山的单一税主张只是着眼于城市、市郊、市镇的土地增值，广大农村、山区和西部土地的增值显然不能同城市同步，因而单一税在中国也行不通。

在三大主义中，民生主义引起的疑虑最多。孙中山同情穷苦人民、谴责大土地所有者和资本家的言论，既使代表部分开明地主和上层资产阶级的立宪派感到恐惧，也使革命派中和社会上一些主张发展实业的人产生疑问，因为跨越资本主义发展阶段就进入主观设想的社会主义，能否成功并无先例。但另一方面，孙中山所主张的温和的经济改革手段，又使得在经济问题上持激进观点的人士感到不满足，他们提出了自己的主张。

章太炎就曾提出，在革命后建立的新制度下，"田不自耕植者"、"牧不自驱策者"、"山林场圃不自树艺者"、"盐田池井不自煮暴者"、"旷土不建筑穿治者"，均"不得有"，以防"枭雄拥地以自殖"；"官设工厂"的工人薪给要高于"役佣于商者"；官吏及其父子均"不得兼营工商"，工商者及其父子亦"不得入官"。章氏的基本观点是不亲自参加劳作者不得占有生产资料。这最后一条的意思并非如古时的困辱工商，而是为了杜绝"其借政治以自利"的门路，因为中国历史上利用政治特权攫取经济利益、与平民争利的事情太多，所以他的这一意见极具针对性。章太炎还主张"限制遗产相续之数"、"不使富者子孙躐前功以坐大"②，这就是限制遗产继承、增收高额遗产税的思想。

① 列宁：《中国的民主主义和民粹主义》，见《列宁选集》第 2 卷，人民出版社，1972 年，第 427 页。
② 太炎：《代议然否论》，载《民报》，1908 年，第 24 期。

《民报》上还发表过鼓吹"农人革命"的文章。刘师培指出："土地者，一国之所共有也，一国之地当散之一国之民。今同为一国之民，乃所得之田有多寡之殊，兼有无田有田之别，是为地权之失平。劳动之人，义务既重，权利转轻；徒手坐食之人，义务既薄，权利转优。而劳动之人转制于徒手坐食者之下，是为人权之失平。"所以，"必尽破贵贱之级，没豪富之田"，而"欲籍豪富之田，又必自农人革命始"。他号召农民效法陈涉、刘秀、邓茂七等人，"起于佣耕"，"兴于陇亩"，举行"农人革命"①。

黄侃也撰文历陈中国贫民之苦。他以其家乡鄂东的情形为例，生动地描绘了无地农民的悲惨境遇："佣于人，仅足糊其口"，"佃民见于田主，战栗惟恐，若见南面之君"；"民贫而不能娶，其有妇，大抵童而取之，至困极而生鬻诸人"，"乡人生女，甫娩未啼，即扼而毙之"，贫困迫使农民卖妻溺婴。食用匮乏，"羹不盐，爨无薪，宵无灯火，冬夜无衾"，"非岁时腠腊，未尝啖纯米之饭"。无以为生而铤而走险时，"牵联入于刑者，又踵相逮也"。推及全中国，"山泽之农"、"裨贩"、"百工"，"困苦颠蹇一也"，"困苦者不可亿计"。穷人数多而"富者寡"，而富者即是"搢绅"、"守令"、"税吏"及"握筹算而计赢朒"的富商和"田主"。他们都是戕害贫民的"蟊贼"。作者称"朝廷盗薮也，富人盗魁也"，朝廷和富人正是造成贫民的根源，也是贫民的仇敌。文章最后鲜明地代表贫民疾呼革命，"我躬之贫微我之旧，富人夺之而我乃贫，非平之道。盍请命于天，殄此富人，复我仇雠，复平等之真，宁以求平等而死，毋汶汶以生也"②。这种激进的"均贫富"的主张，超出了孙中山民生主义的范围，但它刊登在同盟会的机关报《民报》上，显然能够激起下层贫苦人民的革命热情。

3. 革命民主思想对"君主立宪"主张的胜利

同盟会的成立形成了革命派人士的集结，三民主义的形成带来了革命民主主义思潮的高涨和广泛传播。革命派利用这一局面，同一直坚持君主立宪的改良派进行论战。前面已经说到，自从自立军起事失败之后，一些怀抱革命志向的人士即已认识体制内改革之难

---

① 韦裔（刘师培）：《悲佃篇》，载《民报》，1907年，第15期。
② 运甓（黄侃）：《哀贫民》，载《民报》，1907年，第17期。

行，孙中山、章太炎在 1903 年即已对康有为的保皇立宪主张进行批判。康有为、梁启超也一直在撰文攻击革命，鼓吹改良。不过，那时的论战规模不大，双方的观点也未充分展开。1906 年—1907 年，清政府被迫一步步推出"预备仿行宪政"的闹剧，国内和海外的立宪派欢喜雀跃，组成了预备立宪公会和政闻社等立宪团体，蛊惑人心，加紧攻击革命。革命派为了还击立宪派，戳穿清廷虚假立宪的真面目，教育群众坚持和投入革命，不得不奋起反驳。

论战主要在海外进行。东京是中心战场。革命派在那里以《民报》、《醒狮》、《复报》、《汉帜》、《四川》等刊物为基地，立宪派则以梁启超为主笔的《新民丛报》、杨度为主笔的《中国新报》为中心，双方共发表了数百篇针锋相对的文章。此外，在檀香山有革命派的《民生日报》和立宪派的《新中国报》，在新加坡有革命派的《中兴日报》和立宪派的《南洋总汇报》，在缅甸有革命派的《光华报》和立宪派的《商务报》，在香港有革命派的《中国日报》和立宪派的《商报》，在旧金山有革命派的《大公报》和立宪派的《文兴报》各自对垒。国内的一些报刊虽未卷入论战，但是倾向革命还是同情宪政，也有基本的分野。

有关这场论争的性质和意义，各种研究已分析甚详，本书在上一节也已论及双方理论上的是非曲直，并侧重于指出立宪派理论上的若干合理之处。此处将着重分析立宪派在反对革命民主主义时，其理论中的谬误之处，从而说明革命派为什么能在论战中取得优势。

首先是在民族革命的理论和现实状况方面，革命派占据了优势。前面说过，20 世纪初年，梁启超和一些革命派人士均已接受并形成"民族国家"观念，而广大群众的国家观念则正处在从"朝廷国家"到"民族国家"的转变之中。在这种情况下，康有为、梁启超认为满族人"并非纯粹的异族"，而是中国人的一部分的见解，虽略嫌超前但具有进步性。可是在现实政治中，政权的性质和实际状况并不依人的认识变化而同步改变，即清政府统治下的中国仍是一个"朝廷国家"而非"民族国家"，康、梁未能认清这一点，歪曲客观事实，鼓吹满、汉已"融为一体"，吹捧清王朝"德泽仁厚"，攻击民族革命是无的放矢，首先就使自己处于被动地位。

如康有为说："吾国久废封建，自由平等已两千年，与法（国）

之十万贵族压制平民，事既不类，倡革命言压制者，已类于无病而学呻矣。"又称"革命之举，必假借于暴民乱人之力。天下岂有与暴民乱人共事，而能完成者乎？终亦必亡，不过举身家国而同毙耳！"① 梁启超攻击革命是"复仇"，诬蔑"排满"是要杀尽满人，并同"爱国"不相容，他质问革命派既讲"爱国"，为什么又要推翻"国家"？一旦演成革命，外国干涉必至，"亡国亡种有日矣"，故主张对革命派"以故杀祖国之罪科之"②。

康、梁的这些话漏洞极多，要害是模糊了历史的阶段性。如把春秋战国时代的废世卿世禄制度，比作法国革命的推翻王朝和贵族，胡说中国行自由平等已两千年；否认"革命"在中国亦是一种传统，把中国历代的"革命"看成全无积极意义；把朝廷等同于国家，称反对现实的清政府等于"故杀祖国"，准此以推，中国人早享有自由平等了，何必革命？不反对清朝，中国倒没有"亡国亡种"的危险了。

革命派的看法是，革命从来是历史和社会进步之所需，"革命者，救人世之圣药也。终古无革命，则终古成长夜也"。革命者并非不爱"秩序"、"和平"，而是"因爱平和而愈爱革命，何也？革命、平和两相对待，无革命则亦无平和，腐败而已，苦痛而已"③。革命也正是为了爱国和救亡。"外人之所以敢觊觎中国者，以中国政府之敝败也。颠覆政府，当以兵力。去其敝败，而瓜分之途塞。"④ 只有用武力推翻现实中腐败无能的政府，建立新生的富强民主国家，才能阻止列强的瓜分。

民族革命并非要杀尽满人，章太炎、孙中山对此均作过申述。胡汉民亦说过："民族革命非尽戮满族五百万人之谓，倾覆其政府，不使少数人握我主权、为制于上之谓也。其与我抵抗者，不能不敌视之。此外即无反侧，则必侪之于平民。其贫苦无告者，更将为之谋社会之生活。率平等、博爱，以为20世纪之革命，岂有如论者

---

① 康有为：《法国革命史论》，载《新民丛报》，1906年，第85～87号。

② 梁启超：《申论种族革命与政治革命之得失》，载《新民丛报》，1906年，第76号。

③ 陈天华：《中国革命史论》，见《陈天华集》，湖南人民出版社，1982年，第215～216页。

④ 汪东：《革命今势论》，载《民报》，1907年，第17期。

所云云耶？"① 前面说过，当时多数革命者处在由朝廷国家向民族国家的观念转变之中，有些人因其民族国家观念选择了"单一民族国家"的主张，所以虽不一概排斥满族，但对满族是否为中国人却有不同意见，认为满族为非中国人的文字亦常见诸报端。而胡汉民在东京满族留学生大会上的这段讲话，已明确表示了将对满人"侪之于平民"的主张。

五年之后，当辛亥革命发生时，章太炎称"君等满族，亦是中国人民，农商之业，任所欲为；选举之权，一切平等"②。孙中山提出"五族共和"，视汉、满、蒙、回、藏等各族均为"国内平等民族"。对这一现象和过程，有人称之为革命派的"策略"，有人将革命派前段的主张简单地判为"错误"，其实这是用后来的观点和理论来衡量前人。要知道在 20 世纪头十年这短短的时间中，中国人要完成从朝廷国家观念到民族国家观念的转变，在民族国家观念中又要作出"单一民族国家"和"多民族国家"的正确选择，已经很不容易了。革命派的民族革命主张之所以为大多数人所认同，原因就在其民族建国理论与客观形势和人们的认识相一致。而梁启超的民族国家理论不仅在观念上超前，而且在实际上又是把清政府的朝廷国家硬说成是民族国家要人们接受，所以会遭到人们抵制。

在民权和民生问题上，立宪派据以反对的最大理由，不外乎"国民太劣"、"民智不逮"，实现民主共和"尚未至其时，实难躐等"③；封建土地所有制是"自然法则"，神圣不可侵犯，如果鼓吹"社会革命"，就是煽动"乞丐流民"起来暴动。他们攻击革命派"欲夺富人之所有以均诸平民"，"利用此以博一般下等社会之同情，冀赌徒光棍大盗小偷乞丐流氓狱囚之悉为我用"，进而以国人代表自居，声称"敢有言以社会革命与他种革命同时进行者，其人即黄帝之逆子、中国之罪人也，虽与四万万人共诛之可也"④。其所说彻底暴露了他们轻视下层社会、维护富人利益的态度。

① 胡汉民：《纪十一月四日东京满学生大会》，载《民报》，1906 年，第 9 期。
② 章太炎：《致留日满洲学生书》，见《章太炎政论选集》上册，中华书局，1977 年，第 519 页。
③ 康有为：《法国革命史论》，载《新民丛报》，1906 年，第 85～87 号。
④ 梁启超：《开明专制论》，载《新民丛报》，1906 年，第 75～77 号。

革命派则相对表现出信任国民的态度。他们认为"国民能革命，能由是以为民主立宪"，而"所谓皇帝以世袭得之，不辨菽麦，不失九五之尊也。所谓大臣，以蝇营狗苟得之，非廉耻丧尽安能有今日"？依靠这样的"国民之贼"，能够指望其能行"开明专制"和"立宪"？能养成"共和国民之资格"？他们批评康、梁"谓全国之人非顽固之老辈，即一知半解之新进"，是"何重视政府轻视国民至于如此也"？① 他们断定清政府决不肯放弃各种封建特权，"其所志无过金玉侈靡，则不惮以贪婪为业，天下之荼毒一切由之。夫立宪则此为必革之制，明也"②。当权者岂能自行就范？而中国人民的聪明才智早经历史证明，近代中国落后的原因不在"国民恶劣"，而在朝廷"恶劣"，人民接受了"进化之公理"，就能"将振兴中国之责任，置之于自身之肩上"，"建一大共和国以表白于世界"③。

对于立宪派攻击"社会革命"的主要论点，革命派的批驳也较有力。他们认为"全国困穷，而资本富厚悉归于地主"。这是不争的事实，也正是当时中国经济组织最大的毛病。"地主之流弊，不特使农民陷于地棘天荆之苦况，抑亦为商工界之一大障碍物，可断言也。……唯有实行土地国有之政策，不许人民私有土地而已。"④ 朱执信的文章比较客观地分析了中国的财富分配状况，称"中国今日固不无贫富之分，而决不可以谓悬隔，以其不平不如欧美之甚，遂谓无为社会革命之必要，斯则天下巨谬无过焉者"。他还指出中国历代革命"亦不必出于豪右而出于细民"，"今后革命，固不纯恃会党，顾其力亦不必出于豪右，而出于细民，可预言也"，认为"平民"和"劳动阶级"是"中国革命运动之力"。他解释"社会革命"并非"强夺富民财产而分之人人"，只是"以至秩序至合理之方法，使富之集积休止；集积既休止矣，则其既已集积者不能一聚不散，散则近平均矣"。他还有力地批驳了"贫民当政"会"荼毒一

---

① 汪精卫：《再驳〈新民丛报〉之政治革命论》，载《民报》，1906年，第7期。

② 朱执信：《论满洲虽欲立宪而不能》，载《民报》，1905年，第1期。

③ 陈天华：《记东京留学生欢迎孙君逸仙事》，见《陈天华集》，湖南人民出版社，1982年，第176页。

④ 自由：《民生主义与中国政治革命之前途》，载《民报》，1906年，第4期。

方"的"不通之言"，并反诘说："试问，贫无儋石储者，何以无为议员之资格乎？议员一用贫民羼入则秩序立乱乎？犹是横目两足，犹是耳聪目明，独以缺此区区阿堵（钱）不得有此权利，吾不知其何理也。使此说而正也，则……捐纳之制其可永存，而平等之说直当立覆也。"① 朱执信虽没有像激进的黄侃那样疾呼贫民"革命"并"殄此富人"，但坚信贫民是革命动力之所在，坚持革命后贫民参政是"平等之说"的要义，显示出革命派接近于劳动人民的立场。

正因为革命派的主张能"顺乎世界之潮流，合乎人群之需要"，所以在论战中很快占了上风。1907 年初，立宪派公开撰文哀叹说："数年以来，革命论盛行于国中，今则得法理论、政治论以为羽翼，其旗帜益鲜明，其壁垒益森严，其势力益磅礴而郁积。下至贩夫走卒，莫不口谈革命，而身行破坏。……革命党指政府为集权，詈立宪为卖国，而人士之怀疑不决者，不敢党与立宪，遂至革命党者，公然为事实上之进行；立宪党者，不过为名义上之鼓吹，气为所慑而口为所钳。"② 梁启超被人们斥为"文妖"，《新民丛报》被视为"纯然监督国民"的"御用新闻"，舆论的转向迫使梁启超在 1907年初托人向《民报》社试探求和，希望双方"以后和平发言，不互相攻击"，被革命派拒绝。到同年 8 月，《新民丛报》终于停刊，革命派取得了论战的胜利。

1907 年 8 月以后，海外的立宪派活动以梁启超、马良的政闻社为代表，舆论则以杨度的《中国新报》为中心，但气势已大不如前。与此同时，国内的立宪活动则由朝廷和立宪派两方闹得火热。于是，这一时期的革命报刊遂把重点放在揭露清政府假立宪方面，指出要实现真正的民主立宪，只有推翻清政府。

1908 年夏天，清政府颁布《钦定宪法大纲》，声称以 9 年为期实行立宪。革命人士立即指出，宪法"本缘人权竞争之趋势而生"，本与专制君权对立，而朝廷的宪法却冠以"钦定"，这岂不还是"天王圣明，惟钦定是听，非吾侪小人所敢过问耶"？③ 从内容上

① 朱执信：《论社会革命当与政治革命并行》，载《民报》，1906 年，第 5 期。
② 与之：《论中国现在之党派及将来之政党》，载《新民丛报》，1907 年，第92 号。
③ 苏楼：《宪法大纲刍议》，载《民声》，1910 年，第 1 期。

说，宪法规定只有君主之权而无人民之权，这是"悖正义"；只有行政、司法两权，无立法权，且一切听命于君主，与三权分立之法渺不相涉，这是"昧法理"；设置种种障碍使"轶群绝类之英杰"无法参政，专让"疲癃残疾"者当选，这是"反事实"。总之，这是一个"荒谬卑鄙"、"罪大恶极"、"悖乱秽杂"的大纲①。

革命报刊对于清政府毫无真心实意立宪的态度，予以直言不讳的揭露："一方曰国家预备立宪，一方曰国民程度不及；一方为庶政公诸舆论，士民应准陈言；一方为禁止集会言论，毋许干预政治"，事事出尔反尔，口是心非，使得"君主壅蔽于上，民庶压伏于下，媚外以制内，因私以害公"。文章公开质问道："彼衮衮赫赫，将谁欺，欺天乎？"②还有文章结合清政府疯狂的专制暴行（如徐锡麟案），称清政府的预备立宪为"预备杀人流血"。作者说："既预备立宪，自当导文明国法律，准施政典型。乃绍兴之狱，徐（锡麟）则（被）剜心刺目。刑戮之惨，绝非人类。因之而荼戮株连，杀军人、杀学生，惨罹非刑，引颈受祸者，波泊不知几许青年志士也……嗟夫！预备立宪者，尚不如直其名曰预备杀人流血之直截了当也。"③是"国民程度不及"，还是政府怙恶不悛，事实作了最有力的回答。

革命报刊还对立宪派的"要求"、"请愿"等行动方式加以批评，认为他们"朝上一纸请愿书，暮达一封问安表"，"政府诸公亦与此辈……狼狈为奸"，他们除了"以升官发财为目的"外，"心肠真有不堪闻问者"，即意在共同抵制和消弭革命。其后果将使"恶劣政府愈不知畏惧"，"专横贪鄙、极端压制更将厉行而无忌"，"我平民将永远沉溺于苦海中，再无重见天日之一日"④。他们列举西方各国的立宪史实，证明"宪法者也，大都由激烈时代、人民逼迫而成，非可由平和时代、政府酝酿而成者也"⑤，因而坚定地说："故为今计，惟有坚心一志，从事革命，而不为立宪所动摇，庶几

---

① 《论国民宜急起参与宪法》，载《民立报》，1910年12月11日。
② 震：《论中国立宪当求唯一之方法》，载《江汉日报》，1908年4月3日。
③ 不白：《警告同胞勿受要求立宪者之毒论》，载《河南》，1908年，第5期。
④ 鸿飞：《对于要求开设国会者之感喟》，载《河南》，1908年，第4期。
⑤ 铁厓：《中国立宪之观察与欧洲国会之根据》，载《民声》，1910年，第1~2期。

可自立"①，相信"今日兮惟革命足以杜列强之瓜分，而得自由之宪法"②。

当然，革命民主主义思想的真正胜利，体现为亚洲第一个民主共和国的诞生。这既是革命派坚持武装斗争的结果，而清王朝的倒行逆施也恰恰帮了大忙。清政府开始提出以9年为期实行立宪，后来不得不表示提前至宣统五年，但1909年成立的各省咨议局和次年成立的北京资政院被其视为无足轻重。而清王朝对人民横征暴敛、残酷镇压，以及执行出卖路矿的媚外行为，无不变本加厉。1911年5月组成的"皇族内阁"，更彻底地暴露了清王朝假立宪之名、行专制之实的真面目。

梁启超在1907年政闻社成立时发表的宣言书中曾说："谓其（指君主）必坐视人民之涂炭以为快……固不能以此相诬也。夫正以欲保持皇位之故，而得良政府即为保持皇位之不二法门。吾是以益信其急欲得良政府之心，不让于吾辈也。"③ 他在这里不知是故作天真还是出于善良的愿望，如此强调君主和人民利益上的一致性。从理论上说，这种常理确实是不能违背的。然而，历史上统治者不顾人民的愿望、不按常理行事的例子不胜枚举，末代王朝的顽固贪婪尤非常理可喻，其倒行逆施只能使革命民主主义思想更加高涨。

五 激进躐等与偏颇谬误的滥觞

清末的顽固守旧人士和君主立宪派称革命民主思想为激进、躁进和"躐等"，应该不足为怪，因为他们都以为只有自己的"稳健"主张才是惟一正确的。奇怪的是从20世纪90年代以来，居然有人重复80年前守旧之士和立宪派的观点，视革命民主思想为激进，这显然是矫枉过正。公允客观地说，20世纪初年超出时代要求和条件允许的政治思想只是形形色色的空想社会主义，理论根本错误

---

① 《对于政府之民心》，载《民心》，1911年，第5期。

② 刘六符：《独酌西湖之热啸》，见《辛亥革命时期期刊介绍》第3集，人民出版社，1987年，第672页。

③ 梁启超：《政闻社宣言书》，见《饮冰室合集》，文集之二十，中华书局，1981年重印本，第21页。

者则是无政府主义。

1. 社会主义的早期传播

在 19 世纪的欧洲，社会主义已经成为一股举足轻重的思潮，工人运动更是令人瞩目，有关信息自然会传播到中国，从 19 世纪七八十年代开始，通过来华西人和中国出国人员的零星介绍，"社会主义"一词对国人而言已经不很陌生。

从 1899 年到 1903 年上半年，梁启超在文章中多次论及社会主义和马克思的学说。他认识到了"今日资本家之对于劳力者"，"其阶级尚未去"，故必发生"资生革命"①，即看到了资本家与劳动者的阶级对立，因而社会主义革命不可避免。他也相信人类社会的发展，必将由当时的民族主义及"民族帝国主义"时代，发展到"万国大同主义时代"②。而"大同"则是当时中国思想界对社会主义的又一称呼。同时他还认为，资本主义自由竞争的结果，是使"富者益富"，"贫者益贫"，"于是近世所谓社会主义者出而代之。社会主义者，其外形若纯主放任，其内质则实主干涉者也。将合人群使如一机器然，有总机以纽结而旋掣之，而于不平等中求平等"，并预言"社会主义其必将磅礴于二十世纪也明矣"③。在另一篇评介颉德著作的文章中也说到，"今之德国，有最占势力之二大思想：一曰麦喀士（马克思）之社会主义，二曰尼志埃（尼采）之个人主义"，"麦喀士谓今日社会之弊，在多数之弱者为少数之强者所压伏"④。在这些文章中，梁启超就自己所知对社会主义和马克思学说作了介绍，并表示了基本肯定的倾向。

1903 年夏秋之间，梁启超游历了北美，亲自观察和体验了资本主义社会的两极分化现象，认为资本主义必然被社会主义取代。他说："美国之富人则诚富矣，而所谓富族阶级，不过居总人口四

---

① 梁启超：《自由书·论强权》，见《饮冰室合集》，专集之二，中华书局，1981 年重印本，第 33 页。

② 梁启超：《国家思想变迁异同论》，见《饮冰室合集》，文集之六，中华书局，1981 年重印本，第 18 页。

③ 梁启超：《自由书·干涉与放任》，见《饮冰室合集》，专集之二，中华书局，1981 年重印本，第 87 页。

④ 梁启超：《进化论革命者颉德之学说》，见《饮冰室合集》，文集之十二，中华书局，1981 年重印本，第 86 页。

百分之一。""此等现象，凡各文明国罔不如是，而大都会为尤甚。纽约、伦敦其最著者也。财产分配之不均，至于此极。吾观于纽约之贫民窟，而深叹社会主义之万不可以已也。"① 同时，梁启超对马克思社会主义学说的认识有所深化。他把社会主义的基本内容概括为"土地归公，资本归公，专以劳力为百物价值之源泉"，即把社会主义从通常的"均贫富之别"的理解上升到财富为劳动所创造的认识高度，因而赞同马克思所说的"现今之经济社会，实少数人掠夺多数人之土地而组成之也"②。

随着梁启超对欧洲各种不同流派的社会主义的深入了解，他开始对各种社会主义进行区分和选择。他反对"极端之社会主义"，认为它在"今日之中国不可行，即欧美亦不可行，行之其流弊将不可胜言"。他没有具体说明"极端之社会主义"所指为何，但从其一贯的思想态度分析，他不赞同的是激烈的社会主义革命手段和"藉分富人之产"的方法。他赞同"国家社会主义"，即"以极专制之组织，行极平等之精神"③，由国家掌握垄断组织托拉斯，作为"变私财以作公财之近阶梯"④，除"土地尽归于国家"之说"不可行"之外，其余铁路、矿山、大型制造业"大部分归于国有"⑤。他所赞同的实际上是第二国际拉萨尔派的改良社会主义。

当时的留日学生是介绍社会主义的主力。从 1902 年至 1908 年，他们翻译出版的有关社会主义的著作达 30 种左右⑥。最早者为戢元丞等在东京创办的《译书汇编》，该刊创刊号及第 2、3、6、8 期连续译载了日本法学家有贺长雄的著作《近世政治史》。该书第 3 章第 1 节 "社会党之由来" 介绍了马克思及第一国际（译称

---

① 梁启超：《新大陆游记节录》，见《饮冰室合集》，专集之二十二，中华书局，1981 年重印本，第 39～40 页。

② 梁启超：《自由书·中国之社会主义》，见《饮冰室合集》，专集之二，中华书局，1981 年重印本，第 101～102 页。

③ 梁启超：《新大陆游记节录》，见《饮冰室合集》，专集之二十二，中华书局，1981 年重印本，第 41～42 页。

④ 梁启超：《二十世纪之巨灵托拉斯》，见《饮冰室合集》，文集之十四，中华书局，1981 年重印本，第 54 页。

⑤ 梁启超：《新大陆游记节录》，见《饮冰室合集》，专集之二十二，中华书局，1981 年重印本，第 42 页。

⑥ 邱军：《马克思主义在中国的传播》，载《党史研究》，1983 年，第 2 期。

"万国工人总会")的活动。由于《近世政治史》不是介绍社会主义的专著，译文对社会主义的介绍还不够准确、系统。

从 1902 年到 1903 年，相继有几部译介社会主义的专著问世。矢野龙溪的《新社会》，《大陆》杂志从 1902 年 12 月起连续译载，1903 年又由作新社出版单行本。岛田三郎的《社会主义概评》，亦由作新社 1903 年出版。村井知至著、侯士绾译的《社会主义》，上海文明书局 1903 年 6 月出版。幸德秋水著、"中国国民丛书社"译的《广长舌》，上海商务印书馆 1902 年 11 月出版。幸德秋水著、"中国达识译社"译的《社会主义神髓》，浙江潮编辑所 1903 年 9 月出版。西川光次郎著、周子高译的《社会党》，广智书局 1903 年 2 月出版。福井准造著、赵必振译的《近世社会主义》，广智书局 1903 年 2 月出版。久松义典原作、杜士珍译撰的《近世社会主义评论》，1903 年 2～4 月连载于《新世界学报》第 2～6 期，标名"译撰"是表示该文有译者的评论和发挥。1905 年后，留法学生在主要是宣传无政府主义的《新世纪》周刊上，也刊有介绍社会主义的文章。

上述翻译作品介绍了欧美各国的工人运动，介绍了各种流派的社会主义学说，其中有马克思主义的，也有改良主义的，有附会于宗教的，也有主要是属于无政府主义的，众说纷纭，莫衷一是。但共同之处是主张"脱资本家之羁绊"和"废除私有制"。

在 1905 年同盟会成立之前，留日学生创办的《浙江潮》、《江苏》等刊物也介绍和宣传社会主义。刊载于《浙江潮》上的《最近三世纪大势变迁史》一文，肯定了"物质进步"的重要作用和资产阶级革命的伟大意义，指出在资本主义制度下物质进步所造成的贫富不均必然导致社会革命，预言"19 世纪末、20 世纪之初，纯乎社会主义之世界矣"[①]。《新社会之理论》一文把社会主义分为共产主义和极端民主主义"二大现象"。作者认为现今社会由"地主资本家垄断其生产机关"，"彼坐而攫其利，是盗贼也"，主张"使土地、资本归于国有"，"废私有相续制"。相信随着"生产力益益盛"，"劳动者之报酬益益加，人益益幸福"，最终将"废一切阶级"，实现完全平等的共产主义。文章评论了马克思的社会主义内

---

① 大陆之民：《最近三世纪大势变迁史》，载《浙江潮》，1903 年，第 6 期。

容，并称其为"共产主义"①。

具体说到曾经介绍社会主义的革命派人士，首先应是马君武。马君武在 1903 年初撰有《社会主义与进化论比较》一文，认为"社会主义诚今世一大问题。最新之公理皆在其内，不可不讲究也"。他曾介绍欧洲有关社会主义著作 26 种，其中包括马克思的《资本论》、《共产党宣言》、《英国工人阶级状况》、《哲学的贫困》和《政治经济学批判》6 种。他的介绍不同于前述多数人通过日文转译，而是直接介绍欧洲文字的有关著作。他在同篇文章中说："马克思者，以唯物论解历史学之人也。马氏尝谓阶级竞争为历史之钥。"② 可见他对马克思的社会主义学说有一定了解。邹容则是急于了解社会主义学说的范例。人们都知道他写了鼓吹民主革命的《革命军》，却不知道他被捕后曾在法庭上宣称：现在他要鼓吹的是社会主义，而不是消灭满人，并说在中国"不应该有贫富悬殊，而应该人人平等"③。可见 20 世纪初青年知识分子的思想发展变化之快。

孙中山先生的社会主义思想即其民生主义，他自己说"民生主义即社会主义"，可称之为民生社会主义。这一思想约在 1903 年已完全形成，他在是年 12 月的一封信中曾说："所询社会主义者，乃弟所极思不能须臾忘者。弟所主张在于平均地权。"又称："吾誓词中已列此为四大事之一。"④ 此处所说"誓词"即同年 8 月在日本东京创办革命军事学校时所用的誓词，即"驱除鞑虏，恢复中华，创立民国，平均地权"十六字（1905 年同盟会成立所用誓词沿此未变）。1905 年—1906 年，孙中山在前引《〈民报〉发刊词》和《在东京〈民报〉创刊周年庆祝大会的演说》两文中反复申述的民生社会主义，内容即是"平均地权"、"土地国有"。孙中山以为实行这一政策就可以使中国像欧美一样发展工业，发展经济，但又不至于造成资本家垄断国计民生和贫富悬殊，以致再发生社会主义革

---

① 大我：《新社会之理论》，载《浙江潮》，1903 年，第 8、9 期。

② 马君武：《社会主义与进化论比较》，载《译书汇编》，1903 年，第 11 期。

③ 史扶邻：《孙中山与中国革命的起源》，中国社会科学出版社，1981 年，第 238 页。

④ 孙中山：《复某友人函》，见《孙中山全集》第 1 卷，中华书局，1985 年，第 228 页。

命。所以，孙中山虽然表示接受社会主义思想，但他将社会主义纳入自己的革命纲领中时，表述为民生主义，并要"举政治革命、社会革命毕其功于一役"，恰恰成了要避免社会主义革命的社会主义。此后，孙中山把主要精力放在领导革命斗争的大局方面，直到1912年中华民国成立，没有就民生主义和社会主义的理论问题多作阐发。但为了宣传三民主义以及和立宪派论战，他曾要求身边的同志加强研究，所以胡汉民、冯自由、朱执信、廖仲恺、宋教仁等人均对社会主义理论有些研究和议论。

胡汉民认为，社会主义"学说虽繁，而皆以平经济的阶级为主。言其大别，则分共产主义与国产主义，而土地国有，又国产主义之一部也"。他强调封建专制的国家不可行国产主义，"惟民权立宪国可行国产主义"。他预计中国即使在推翻清王朝之后，还不可能立即成为民权立宪国家，故"一切国产主义，按以今兹吾国程度，犹有未能行者"，而只有"土地国有"，"行之于改革政治之时代，必所不难"。他明确地说，"大土地国有之论，以反对私有者而起"，因为土地私有"可使地主有绝对之强权……可使全国困穷，而资本富厚悉归于地主"。只有实行土地国有，才能使"地主强权将绝迹于支那大陆"[①]。他还针对立宪派非难民生主义的观点，强调民生社会主义既不同于西方的社会主义，也不是梁启超的"国家社会主义"，而是符合中国实际的社会主义，"曰土地国有，曰大资本国有。土地国有，则国家为惟一之地主，可以地价之收入，即同时得为大资本家，因而举一切自然独占之事业而经营之。其余之生产事业，则不为私人靳也。盖社会主义者，非恶其人民之富也，恶其富量在少数人，而生社会不平之阶级也"[②]。胡汉民发挥了孙中山的民生主义，并表露出消灭地主土地所有制的激进思想。其实，这并未突破孙中山的意图。孙中山在十六字纲领中只提了"平均地权"，但他在1902年—1903年同章太炎、梁启超分别谈话时，即已表示过"土地国有"的目的，还包括消除农民所受到的"地主从中朘削"，使"耕者有其田"，不过他没有在公开的文章和讲话中讲明这一层意思。

---

① 胡汉民：《〈民报〉之六大主义》，载《民报》，1906年，第3期。
② 胡汉民：《告非难民生主义者》，载《民报》，1907年，第12期。

冯自由在 1905 年—1907 年《民报》与《新民丛报》的大论战中，写过多篇关于民生社会主义的文章，其中先后刊载于香港《中国日报》和《民报》的《民生主义与中国政治革命之前途》一文，具有较大影响。他说，"民生主义，日人译名社会主义"，其产生原因，"则以物质进步，地租腾涌，而工值日贱使然"。"民生主义之发达何以故？曰：以救正贫富不均，而图最多数之幸福故。贫富不均何以故？曰：以物质发舒，生产宏大，而资本家大垄断居奇故。"所以，他不仅反对地主占有大量土地，更反对大资本家垄断工业和金融，称"托拉斯于民生主义为绝对的反对"。文章介绍了亨利·乔治的国有论和土地单一税论，揭示了西方资本主义社会因为土地私有而出现的弊端，并称平均土地权及均贫富思想"实为中国数千年前固有之产物"，反映了孙中山民生社会主义思想的来源。他认为"举政治革命、社会革命毕其功于一役"是可行的，"以革命军初实行时举之为最宜，过此则无可实行，使强行之，而其难点亦不异于今日之欧美"①。文章把孙中山的民生社会主义思想表达得比较系统、准确。

　　朱执信是孙中山民生社会主义的忠实追随者和坚定捍卫者，1906 年—1908 年发表过多篇有关文章。其所著《德意志社会革命家列传》介绍了马克思（译作马尔克）、拉萨尔和倍倍尔（译作必卑尔）的学说和活动，着重归纳了《共产党宣言》和《资本论》的要旨，比较准确地转述了马克思关于阶级斗争的论述，还按照自己的理解将《共产党宣言》的主要内容归纳为十条：（1）禁私有土地，而以一切地租充公共事业之用；（2）课极端之累进税；（3）不认相续权；（4）没收移居外国及反叛者之财产；（5）由国民银行及独占事业集信用于国家；（6）交通机关为国有；（7）为公众而增加国民工场中生产机械，且于土地加之开垦，更时为改良；（8）强制为平等之劳动，设立实业军；（9）结合农工业，使之联属，因渐泯邑野之别；（10）设立无学费之公立小学校，禁青年之执役于工场，使教育与生产之事为一致。朱执信还简要介绍了马克思的《资本史》（即《剩余价值学说史》）和《资

―――――――――――

　　① 冯自由：《民生主义与中国政治革命之前途》，载《民报》，1906 年，第 4 期。

本论》，认为这是"学理上之论议尤为世所宗者"。他着重分析了马克思的劳动价值论、剩余价值学说，并肯定"马尔克之谓资本基于掠夺，以论今之资本，真无毫发之不当也"。文中多次称赞马克思的著述"奇肆酣畅，风动一时"，"家户诵之"，"万国共产同盟会奉以为金科玉律"，"为社会学者所共尊，至今不衰"。但朱执信不理解马克思与拉萨尔的原则分歧，称拉萨尔的"社会主义为国家的，不足怪也"；对德国社会民主党的"议会主义"倾向予以谅解，称那是"策略有不得不已者"[1]，反映出他对马克思主义并未全然了解。

廖仲恺宣传社会主义的工作，主要是从欧美、日本学者的论著中选择有关社会主义的内容进行介绍，其中影响最大的，是他根据英国学者柏律氏的《社会主义手册》节译的《社会主义史大纲》。文章介绍了社会主义运动发生的原因和经历的几个历史阶段，指出欧美在产业革命之后，生产发达，但"生产机关不得不全伏于资本之腋下，为是劳动阶级全被颠倒于富有阶级之中"，贫富悬殊，劳动者"日域于绝境，而怨气冲天，社会内部惨杀无日。于是乃有胞与为怀者出焉"，"故社会主义者，为人道而运动，决非对于富贵者而为贫乏阶级抱不平也"。对于社会主义运动的性质，过分强调了拯救贫困者的人道主义的一面。但文章对第一国际成立后马克思（译作麦喀氏）的领导作用、马克思与巴枯宁无政府主义的斗争，以及社会主义运动在世界范围内的发展壮大，作了准确的介绍。如说到 1864 年第一国际（译作"万国同盟"）成立，"主此同盟者为麦喀氏。……入梦之夜已去，实行之日方来，革命的社会主义，遂如洪水时至，泛滥大陆"。又说到 1872 年海牙会议之后，马克思派与巴枯宁派公开分裂，社会主义运动"全然脱无政府党之习气，渐进而取建设的进化的政治的之有机体"，"近年所开诸万国大会，则有步步引人入胜之观……而其纲领从于各国产业上政治上之发达，早晚间当无不被容认者"[2]。他不仅称马克思主义为"革命的社会主义"，而且认为这一纲领会被人们接受。

宋教仁也很关心社会主义问题并作过若干介绍。其《1905 年

---

① 朱执信：《德意志社会革命家列传》，载《民报》，1906 年，第 2～3 期。

② 廖仲恺：《社会主义史大纲》，载《民报》，1906 年，第 7 期。

露国之革命》一文，分析了俄国 1905 年革命发生的原因，称"独裁君主制之不见容于现世界也，固如是哉"，明显含有借宣传俄国人民反对沙皇的革命鼓舞中国人民的反清斗争之意。文章还称赞了俄国社会主义者在这场革命中的先锋作用，说"其始不过为社会主义之唱导，继则民主共和之说"①。他看到了社会主义运动和资产阶级民主革命在反对封建专制斗争中的共生现象。

宋教仁还把日本社会主义者大杉荣的《社会主义国际简史》摘译为《万国社会党大会略史》。文章概述了共产主义同盟以来的社会主义运动状况，称"万国劳动者同盟，实由于马尔克之指导而成，而亦为经济的情势必然之结果也"。他看到了社会上的阶级和阶级斗争现象，称社会存在着"掠夺阶级与被掠夺阶级"，"换言之，即富绅与平民之二种也"，两者对立，"阶级斗争之幕既开矣。旗鼓堂堂，为执戈立矛，而进入两阵之间。名富绅者，有政府、警察、军队、学人、僧侣等为之援助者也"，"平民幸而蚁集，幸而得多数，是即至优强之势力也。其结阵而进战也，可决其必得战利品耳"，预料平民阶级必将战胜富绅。但宋教仁只承认阶级和阶级斗争的存在，却未达到承认无产阶级专政的高度。他也只把社会主义运动看作一场弘扬人道、彰显公理的运动，"社会党之主义，为民胞物与之主义，为太平大同之主义，无国界，无阶级，只以纯粹之人道与天理为要素"②。把社会主义思想等同于抽象的人性论，抹煞了它的革命性和科学性。

宋教仁显然一直在思考社会主义与中国革命的关系问题。辛亥革命爆发前夕，他又发表了《社会主义商榷》一文。文章认为社会主义思想的产生"盖原于社会组织之弊"，因而不可避免。围绕如何解决"社会组织之弊"的问题，有四种派别的社会主义形成，一是"无治主义"，即"无政府主义"；一是"共产主义"，他称"各国之共产党及科学的社会主义家皆属此派"；一是"社会民主主义"，他称"各国之社会民主党、劳动党、社会民主主义修正派皆属此派"；一是"国家社会主义"，他称"各国之政府及政治家之主张社会政策者皆属此派"。在区分了上述四种社会主义之后，宋教

---

① 宋教仁：《1905 年露国之革命》，载《民报》，1906 年，第 3 期。
② 宋教仁：《万国社会党大会略史》，载《民报》，1906 年，第 3 期。

仁表示，由于社会民主主义和国家社会主义均不主张以革命手段推翻现实中的反动统治，所以"皆非所宜尊崇者"，"果主张真正之社会主义而欲实行之者，则非力持无治主义或共产主义不为功"。但当时中国外逼于列强，内逞于专制，缺乏实行"真正之社会主义"（即无政府主义和共产主义）的条件，如果民族民主革命刚成功就在中国实行社会主义，只能得到"画虎不成，反至类狗"的"恶结果"①。所以他认为，中国当时的急务还是以民族民主革命推翻清朝政府，建立共和国之后，"土地政策宜亟师社会主义之意，禁豪强兼并，设增价税，以保护多数国民之利益，使一国经济平均发达"②。可见，宋教仁在这方面同孙中山的民生社会主义是一致的。

辛亥革命前中国的资产阶级革命派在致力于民族民主革命的同时，也花了不少精力介绍和研究社会主义，并试图将某些社会主义思想融进未来的共和国方案之中，从而把对社会主义的宣传同对资产阶级民主主义的追求结合在一起。这不仅体现出他们革命目标的高远宏大，反映了他们对资本主义弊端的清醒认识和对平等公正的社会理想的追求，证明了他们对下层劳动人民的深切同情，也说明了殖民地半殖民地的民族民主运动的确是无产阶级社会主义运动的天然同盟军。但是，清末的中国革命只能属于资产阶级民主革命范畴，社会主义革命的任务、目标尚不明确，依靠的力量也不具备，因而上述有关社会主义的思想，多少有些不着边际，带上了空想的色彩。当时中国人接受的社会主义思想，大多还是形形色色的改良社会主义，少数人对马克思主义的剩余价值学说、阶级斗争学说有所了解，但还没有一个人能真正接受无产阶级革命和无产阶级专政学说。这是和中国共产党产生后奉行的马克思主义的根本不同之处。至于资产阶级革命派的民生社会主义思想，在后人看来虽然仍属于温和的改良主义，但在当时却又是超越革命必经阶段的激进主张，使得革命党和它所代表的社会基础的一部分——资产阶级的关系若即若离，这成了此后资产阶级民主革命遭受挫折的因素之一。

---

① 宋教仁：《社会主义商榷》，载《民立报》，1911年8月13日—14日。
② 宋教仁：《二百年来之俄患篇》，见《宋教仁集》上册，中华书局，1981年，第179页。

2. 无政府主义的杂音及时人对其所作的初步批判

无政府主义（音译安那其主义）是一种小资产阶级社会主义的思想派别，其代表人物有英国人葛德文、德国人施蒂纳、法国人蒲鲁东、俄国人巴枯宁和克鲁泡特金。无政府主义19世纪末一度在欧洲工人运动中盛行，20世纪初流传到日本。清末中国部分知识分子受到无政府主义的影响乃至接受无政府主义，就是分别以日本和西欧为途径的。

晚清中国部分知识分子接受无政府主义，首先还是因为清王朝的统治极端腐朽黑暗，人民群众的生存陷于绝境，使得一些人产生了强烈的不满情绪，迫切希望改变现状。正如一篇文章所说："总而言之，则政府之虐政，官吏之腐败，与一般农民之不平，使少壮有为之青年学生不堪其愤慨。其反抗政府之机既将成熟……激烈之社会主义与无政府主义，又深入彼等脑髓而不可拔，于是革命之思想益发达，革命之志益坚。"① 可见，无政府主义是伴随着革命思想尤其是社会主义思想而产生影响的。但是，由于思想理论的混杂和社会的急躁心理，使不少人弄不清民主主义、社会主义和无政府主义的区别。而且，中国社会上长期存在的平均主义，传统文化中老庄的虚无主义、儒家的大同学说、佛家的出世思想、古代崇拜刺客侠士的风气，都容易使人将无政府主义与其结合附会。如一篇赞同无政府主义的文章说，《礼记·礼运》"大同"一章即是主张"废政府之说"、"废家族之说"、"废金钱之说"、"废法律之说"，推广言之，"老言自然，墨言兼爱，佛言极乐，耶言平等，与夫今之无政府党、社会党，皆大同主义也"②。外来思想与中国的社会土壤和某些文化特征有适应与共鸣之处时，自然会引起人们对其加以介绍和尝试的兴趣。

1903年是爱国救亡思潮初次高涨的一年。是年发生的拒俄运动和《苏报》案，使得热血青年很快走上革命道路，并且热衷于"破坏"、"暗杀"等"直接行动"。在这种情况下，俄国"虚无党"的暴力行动产生了特别的吸引力，所以介绍无政府主义的文章大多聚焦于此，其目的在于激励国人放弃恐惧畏死心理，奋起与清王朝

---

① 辕孙：《露西亚虚无党》，载《江苏》，1903年，第4期。
② 鞠普：《〈礼运〉大同释义》，载《新世纪》，1908年，第38期。

及其走狗作斗争。但是，这些文章大多没有对无政府主义的理论和宗旨发表评论，还有的根本就与无政府主义南辕北辙，如《露西亚虚无党》一文称"必先建设新国家"，《新湖南》除了主张"破坏"，还主张"建设"，说"可言破坏即可言建设"，并未赞同无政府主义的否认一切政府、一切国家、一切权力和权威。还需指出的是，当时所谓"虚无党"是从日文移用过来的，含义相当模糊宽泛。革命志士所称颂的暗杀事迹，主要是俄国民意党人的活动，而不是无政府主义派的活动，这中间的误解缘于辗转流传，也缘于革命者获得外部知识有限而又急于拿来"为我所用"。

《民报》于1905年冬创刊后，从第2期直至第26期终刊，共刊登虚无党、无政府主义派和中国革命烈士吴樾、秋瑾、徐锡麟等图片21帧，有关虚无党、无政府主义和上述烈士的各类文章、译文、来稿24件①，可以说是和无政府主义的问题有关。综观《民报》对无政府主义的宣传介绍，有如下特点。

其一是承接前述1903年—1904年鼓动暗杀等斗争手段的思想。《民报》大量刊登虚无党人行刺的图片，对于国内发生的吴樾炸五大臣、秋瑾在浙江密谋起义而牺牲、徐锡麟等在安庆谋刺巡抚恩铭等事件，更作了图文并茂的宣传，其用意仍在激励人们与清王朝及其走狗作斗争。

其二是将无政府主义作为社会主义的一个派别加以介绍，供人们参考、了解、鉴别。前述宋教仁的《万国社会党大会略史》，主要篇幅用于介绍社会主义运动，其中客观地叙述了马克思派与无政府派的分歧。廖仲恺（笔名渊实、无首）的此类译文最多，计有《社会主义史大纲》、《无政府主义之二派》、《无政府主义与社会主义》、《虚无党小史》等文，但其重点也是介绍社会主义。对于无政府主义与社会主义的分合，文章自然不可回避。尽管他表示"立志专译泰东西各国名著，以导我先路"，"译者今日尚在研究时代，自不欲发表意见，姑俟他日"，但仍对无政府主义略有微词，如说"此之破坏之信徒巴枯宁者……尽力于传'全破坏'之福音之外，不复知有何物"，他们欲使社会主义运动走上歧路，"麦喀派岂忍弃此大事业也"？故海牙会议之后，"麦喀氏（马克思）与巴枯宁互率

---

① 吴雁南等：《清末社会思潮》，福建人民出版社，1990年，第436～437页。

其党，分社会主义与无政府主义之二大军。自此之后，二党相提携共事者无矣"①。可见，廖仲恺虽然是作客观介绍，但仍更多倾向于社会主义，而对无政府主义则不以为然。还有不少革命者对无政府主义有所抵制和批判，这点将在下面谈到。

在辛亥革命准备时期，真正接受了无政府主义且系统宣传无政府主义观点的，只有以刘师培为首的社会主义讲习会和以李石曾、吴稚晖为首的《新世纪》杂志社。

刘师培因在文化上主张国粹主义而被章太炎引为同道。1907年，他应章太炎之邀，携妻何震赴日本，加入同盟会并任《民报》编辑。其时，正值日本社会党分裂，主张以总同盟罢工和暗杀为惟一革命手段的幸德秋水、大杉荣等人，组织了无政府主义的社会主义金曜（星期五）讲演会。刘师培、何震受其影响，于同年8月组织了中国第一个无政府主义组织——社会主义讲习会。除刘氏夫妇外，中国的章太炎、张继、景定成，日本的幸德秋水、大杉荣、山川均、堺利彦等人先后在该会作过演说。刘师培与何震还在1907年6月至1908年4月办过《天义报》，发行19期。同年4月至10月，《天义报》改名为《衡报》，刊出11期。他们有关无政府主义的文章主要发表在这两种报纸上。

刘师培等人认为无政府主义比马克思主义更高明，怀疑社会主义可能因为国家政权的变质而失去马克思的公正平等的原意，称"彼之所谓共产者，系民主制之共产，非无政府制之共产也。故共产主义渐融于集产主义中；则以既认国家之组织，致财产支配不得不归之中心也。由是共产之良法美意，亦渐失其真，此马氏学说之弊也"②。因此，他们反对马克思主义的无产阶级专政理论，主张废除任何形式的政府，说"政府者，万恶之源也"，并宣布"由今而降，如有借社会主义之名，希望政权者，决非吾人所主张之政策，虽目为敌仇，不为过矣"③，走上了信仰无政府主义的道路。

社会主义讲习会名义上"研究社会主义问题"，实际上是宣传无政府主义。刘师培曾明确宣称："吾辈之宗旨不仅以实行社会主

① 廖仲恺：《无政府主义与社会主义》，载《民报》，1906年，第9期。
② 申叔：《〈共产党宣言〉序》，载《天义报》，1908年，第16～19卷合册。
③ 申叔：《社会主义与国会政策》，载《天义报》，1908年，第15卷。

义为止，乃以无政府为目的者也。"他认为"无政府主义于学理最为圆满"，故"惟欲于满洲政府颠覆后，即行无政府，决不欲于排满以后另立新政府也"①。在讲习会的演说和两份报纸的文章中，他大量介绍和宣传了蒲鲁东、巴枯宁、斯蒂纳、克鲁泡特金、托尔斯泰、马拉特斯、罗列等人的无政府主义学说，其中对克鲁泡特金和托尔斯泰的介绍吹嘘最多。

刘师培认为，克鲁泡特金的学说"于共产无政府主义最为圆满"，是"悉以科学为根据的"，并认为其精要之处是"互相扶助说"和"无中心说"两点②，他最欣赏"互相扶助说"。对托尔斯泰的无政府主义也很重视，两次翻译刊载了他的《致中国人书》，并加按语说："此书之意，在于使中国人民不复仿行西法，其言最为沉切。至其要归，则在中国实行无政府。彼以中国无政府，则外患自息；人人不为政府尽职，则政府不复存。此即所谓以消极政策而至无政府也。"还强调说托尔斯泰学说中的"重农数端，则固中国人民所当遵守者也"③。刘师培等人综合托尔斯泰和克鲁泡特金的学说，认为"处现今有政府之世，阶级社会，利用物质之文明，以掠夺平民之权利，则文明适为害民之具，不若用杜氏（即托氏）之说。然政府及阶级果能废灭，则文明当力求其进步。……故杜氏之说，用之有政府之世，足以利民；苦氏（即克氏）之说，用之无政府之世，足以便民"④。此外，刘师培也赞赏无政府主义者"总同盟罢工"的斗争方法。

刘师培等反对民族民主革命和建立共和国，主张无政府革命和"人类均力"。刘师培等看到了资本主义社会的矛盾与罪恶，因此极端憎恶资本主义制度和资产阶级。但他们不懂得当时的中国仍然需要发展资本主义，故脱离实际地说，"中国自今而往……抵抗资本

① 《社会主义讲习会第一次开会记事》，载《天义报》，1907 年，第 6 卷。

② 申叔：《克鲁泡特金学术述略》，载《天义报》，1907 年，第 11～12 卷合册。

③ 见《俄杜尔斯托致支那人书》节译及《致中国人书》前"译者识"，参见《天义报》，第 11～12 卷合册、第 16～19 卷合册。

④ 申叔：《克鲁泡特金学术述略》，载《天义报》，1907 年，第 11～12 卷合册。

阶级，固当今之急务，而吾党所事者也"①，并荒唐地提出"杀尽资本家"②，言词激进无以复加。

他们反对孙中山的三民主义纲领，称"民族主义，乃不合公理之最甚者也"，攻击民族革命是"利用光复之名，以攫重利"，"特希冀代满人握统治之权耳"③，所以"排满"与"保满"一样错误。孙中山的民权主义包括了选举制、议会制与共和制，刘师培等人对此一一加以否定。他们说，选举是"均由贿赂之公行"，"故总统之选举，内阁大臣之任用……议员亦然"，议会制"较之中国之卖官鬻爵，岂有殊哉？"④ 刘师培断定民主制与君主制无异，故嘲笑共和制度说"吾不知何者为共、何者为和也"⑤。他把民生主义视作汉武帝的盐铁官卖和王莽的恢复王田，"土地财产国有之说，名曰均财，实则易为政府所利用。观于汉武、王莽之所为，则今之欲设政府，又以平均地权愚民者，均汉武、王莽之流也"⑥。刘师培等人竭力反对孙中山等领导的革命，原因就在于革命派在推翻清王朝之后要建立新型政府，而无政府主义者认为："既有政府，即不啻授以杀人之具，与以贪钱之机。欲其不舞弊不残民，安可得耶？"⑦ 不能说刘师培的担忧全是凭空而来，但其错误毕竟是因噎废食。

于是，刘师培开出了"无政府革命"的"药方"，这个"药方"包括三层内容。其一，无中心、无畛域。他说："无政府主义非无稽之说也，蔽以一言，则无中心、无畛域已耳。无中心故可无政府，无畛域故可无国家。"⑧ 他设想，每地千人划为一乡，设"栖息所"，无论男女皆进入，另设阅书、会食之地，没有任何"在上"之人，连管理人员也不要。

---

① 申叔：《论中国资产阶级之发达》，载《衡报》，1908 年，第 5 号。
② 畏公：《论女子劳动问题》，载《天义报》，1907 年，第 3 卷。
③ 志达：《保满与排满》，载《天义报》，1907 年，第 3 卷。
④ 震、申叔：《论种族革命与无政府革命之得失》，载《天义报》，1907 年，第 5～6 卷合册。
⑤ 去非子译述：《破坏社会论》，载《天义报》，1907 年，第 1 卷。
⑥ 申叔：《西汉社会主义学发达考》，载《天义报》，1907 年，第 5 卷。
⑦ 《政府者万恶之源也》，载《天义报》，1907 年，第 3 卷。
⑧ 申叔：《无政府主义之平等观》，载《天义报》，1907 年，第 7 卷。

其二，生产资料及一切社会财富都实行共产。"凡所制之器，置于公共市场，为人民所共有。"① "无论男人、女人，只要做一点工，要哪样就有哪样，要多少就有多少，同海里挑水一样……到那个时候，不独吃饭不要靠人，还天天有好饭吃，还可以有好的穿，好的用，好的玩。"② 他们主张先实行"共产"，再"图生产力之发达"③。那么，在生产力极度发达之前，好吃、好穿、好玩的东西从何而来呢？只能先采取"人人衣食居处均一律"④，连住房大小都完全一致，即实行绝对平均主义。

其三，实行"人类均力"。刘师培认为，要实现真正的平等，只共产还不够，因为"人人作工固属平等，然同一作工，而有难易苦乐之不同"，所以还须进而实行"均力主义"，即按年龄来安排职业。青壮年时务农、筑路、开矿、伐木及从事建筑和冶炼，年龄渐长后再从事烹饪、运输及当工程师、医生，五十岁以后入栖息所当教师。人人如此，"则苦乐适均，而用物不虞其缺乏。处于社会则人人为平等之人，离开社会则人人为独立之人。人人为工，人人为农，人人为士，权利相当，义务相均，非所谓大道为公之世耶"?⑤ 幻想彻底消灭工农、城乡、体力劳动与脑力劳动之间的一切差别。这当然是中国封建社会小生产者的绝对平均主义幻想，不过不是唯一的，因为康有为已经写就但秘不示人的《大同书》里就有类似的设想。

刘师培等人还提出了"劳民"为革命动力论和"男女革命"说。刘师培等根据中国国情，提出了"革命出于多数平民"才是"根本之革命"⑥，"中国革命非由劳民为主动，则革命不成"⑦ 的主张。为此，他们对中国工人、农民的生活状况做了一些调查，发表了一批很有价值的调查报告，并据此写下一些文章，反映出一些

① 申叔：《人类均力说》，载《天义报》，1907 年，第 3 卷。

② 震述：《论女子当知共产主义》，载《天义报》，1907 年，第 8～10 卷合册。

③ 《论共产制易行于中国》，载《衡报》，1908 年，第 2 号。

④ 去非子译述：《破坏社会论》，载《天义报》，1907 年，第 1 卷。

⑤ 申叔：《人类均力说》，载《天义报》，1907 年，第 2 卷。

⑥ 震、申叔：《论种族革命与无政府革命之得失》，载《天义报》，1907 年，第 6 卷。

⑦ 申叔：《汉口暴动记》，载《衡报》，1908 年，第 4 号。

带有普遍性的问题。如说当时中国农村"以大地主为最虐"，农民普遍同受"诛求之苦"、"供张之苦"、"役使之苦"、"刑罚之苦"、"诉讼之苦"、"撤佃之苦"等等，由此得出结论，称"为今日农民之大害者，田主而已"①。这些文章揭示了中国农村的根本矛盾。《衡报》出版过"农民号"，并撰文指出："欲行无政府革命，必自农民革命始。"文章充分估计了农民的巨大力量，称"中国人民仍以农民占多数。农民革命者，即全国大多数人民之革命也。以多数抵抗少数，收效至速"。文章还对"农民没有资格（革命）"的看法作了批驳，以"陈涉起于佣耕"到近代的"捻匪之众"，证明"革命党出于农民"②，还强调农民既有团结的力量，又有倾向于无政府主义的天性。

刘师培等人的无政府主义带有复古主义的色彩，故一方面揭露专制君主和地主的残忍暴虐，对贫苦的劳动者表示同情，另一方面又对中国封建社会的某些制度、习俗加以赞美，认为中国有条件实行无政府主义。例如，中国历代统治者均"主放任"而"不主干涉"，"名曰专制，实则上不亲民，民不信官，法律不过具文，官吏仅同虚设……名曰有政府，实与无政府无异"③。再如，认为中国早就消灭了贵族，法律平等，"舍君主官吏专制外，贵贱贫富，治以同一之法律，其制本属差公"④。还认为中国历来以农为本，"弭兵抑商"，"杂霸之谈、商贾之行"，历来为"学士所羞称"，这种"以德为本，以兵为末，以农为本，以商为末"的制度"迥胜于今"⑤。他们甚至认为，"共产制度于中国古史确然有征"，不仅有义庄、义田、寺庙、会党组织行平均主义，宗族可以从同宗显贵得到照顾，同乡贫民可从殷富之家得到施舍，比起欧美社会"父母兄弟莫不异财"的"薄俗"⑥，不知要好多少。

刘师培等人的意愿，是从中国的历史和风俗中寻找与无政府主

---

① 《论中国田主之罪恶》，载《衡报》，1908 年，第 7 号。
② 《无政府革命与农民革命》，载《衡报》，1908 年，第 7 号（农民号）。
③ 公权：《社会主义讲习会第一次开会记事》，载《天义报》，1907 年，第 6 卷。
④ 申叔：《论新政为病民之根》，载《天义报》，1907 年，第 8～10 卷合册。
⑤ 申叔：《废兵废财论》，载《天义报》，1907 年，第 2 卷。
⑥ 《论共产制易行于中国》，载《衡报》，1908 年，第 2 号。

义的契合点，但这种认识方法的偏差却是美化了中国封建社会，结论必然是中国封建社会制度优于欧美资本主义制度，学习西方的改革不仅全无必要，反而有害。他们认为，废除科举，士人就要失业；使用汽车，担夫就无法谋生；有了轮船，舟子就流离失所；通了电信，驿夫就要饿饭。"所谓新政者，果为利民之具耶，抑为害民之具耶？毋亦所利者在于少数人民，而所害则在于多数人民乎？"当时有识之士都批判清政府"新政"的虚伪和滞后，是向前看；而刘师培的批判却是反对以先进代替落后，是向后看。所以他说："今日欲为人民谋幸福，舍实行无政府制度外，别无改造世界之方。……若处政府擅权之国，而欲变法维新，举国宪政，曾不若专制之为良。盖维新之害，固较守旧为尤甚也。"① 刘师培等人激进地空喊了一通"共产无政府主义"之后，竟又回到了复古守旧的立场。

与刘师培等人并立，以宣传无政府主义著称的，还有设在巴黎的"世界社"小团体。这个小团体最先以张人杰（字静江）和李煜瀛（字石曾）为骨干，后来加入了吴敬恒（字稚晖）和张继（因在日本参加幸德秋水的社会主义金曜讲习会活动被日警追缉逃到巴黎）。他们创办的《新世纪》周刊从 1907 年 6 月 22 日至 1910 年 5 月 21 日，历时 3 年，共出 121 期。这个刊物在宣传无政府主义及讨论其他问题上，具有与刘师培等人的《天义报》、《衡报》不同的内容和特色。

第一，因为他们处在西欧，对无政府主义及其与马克思主义的分歧了解较为全面深入，所以《新世纪》完全没有介绍马克思主义，而在宣传无政府主义理论方面则显得专门而系统。世界社发行的《新世纪丛书》第 1～5 集，以《世界七个无政府主义家》为名，节译了爱露丝著的《无政府主义》一书，介绍葛德文、蒲鲁东、特凯尔、托尔斯泰、斯蒂纳、巴枯宁、克鲁泡特金等人的简历、主要思想和著作。第 6 集又着重介绍了巴枯宁、克鲁泡特金和若克侣。此后，还专门翻译了有关巴枯宁、克鲁泡特金二人的文章与原著，如克鲁泡特金的《互助》、《法律与强权》等。

与此同时，李石曾、吴稚晖、张继等人在《新世纪》杂志上撰

---

① 申叔：《论新政为病民之根》，载《天义报》，1907 年，第 8～10 卷合册。

文宣传无政府主义，主张"扫除一切政府"、"废官"、"止禄"、"弃名绝誉"，建立一个"纯正自由"、"无有私制"、"专尚公理"的无政府社会①。在《普及革命》一文中，他们具体提出了"反对"和"实行"的内容，包括对于政府要"反对军备"，"反对法律"，"反对赋税"，"实行暗杀"，对于资本家要"反对财产"，"实行罢工"，对于社会要"反对宗教"，"实行博爱"等等②。他们的理论没有超出巴枯宁、克鲁泡特金主张的范围，完全是西方无政府主义的翻版。

第二，宣传无政府主义与民族主义"合力革命"。起先，《新世纪》曾反对《民报》提出的民族革命主张。李石曾把民族主义、民权主义统称为"国家主义"而加以否定。他说："社会主义（实为无政府主义）与国家主义不能并立者也，国家主义主自利，社会主义主至公。……帝王之言曰保国，国家主义亦言保国。由是而知此二者之性质同。"③这个观点立即遭到革命派和读者反对，他们纷纷投书《新世纪》加以责问。李石曾不得不作辩解表白，称他自己就是从"热心于民族主义民权主义者"转变来的，"社会主义，非与民族主义民权主义背驰者也，不过稍有异同耳。……盖社会主义者，求世界人类自由平等幸福，而民族主义民权主义求一国一种族少数人之自由平等幸福也。归纳之有小大，犹行程之有远近，初非背驰者也"④。后来，《新世纪》又刊登文章，声称无政府主义当时还处于"预备时代"，"今日所可预备者，惟竭力鼓吹……而平日行为，则不妨从宜从俗"⑤。"新世纪"派由于感到无政府主义脱离了大多数中国人的迫切愿望，在实践上也行不通，他们和孙中山等人一直保持着较好的关系，所以没有猛烈攻击民族主义、民权主义。而且，他们反对把民族主义理解为"排满主义"，警告革命派不要陷入"民族复仇主义"的泥坑，这些意见应该说是正确的。

---

①　《新世纪之革命》，载《新世纪》，1907年，第1期。

②　民（李石曾）：《普及革命》，载《新世纪》，1907年，第15期。

③　真民（李石曾）：《革命》，载《新世纪丛书》，第1集，转引自《辛亥革命前十年间时论选集》第2卷下册，北京三联书店，1978年，第1000页。

④　民（李石曾）：《申论民族、民权、社会三主义之异同再答来书论〈新世纪〉发刊之趣意》，载《新世纪》，1907年，第6期。

⑤　一民来稿：《知与行》，载《新世纪》，1909年，第114期。

《新世纪》一方面坚持无政府主义，另一方面力图消弭与同盟会的分歧，提出"图合力以达革命之目的"，"协力以图最近之革命"①。因此，他们在揭露帝国主义和清政府的反动本质，批判立宪派和清政府的假立宪等方面，与革命派的报刊配合得颇为一致。

《新世纪》第39期节译了英国华伦西的著作《军国主义——文化的祸害》，第93期刊登了俄国邱克朔夫的文章《俄国之垂危》。这些文章采用了较多材料揭露帝国主义对外侵略扩张、对内残酷压榨的罪行，有助于提高中国人民对帝国主义本质的认识。《新世纪》还刊登了吴稚晖（署名"燃"、"燃料"）的多篇短小杂文，对上至慈禧、光绪、载沣，下至袁世凯、张之洞、端方、铁良等反动头目，进行指名道姓的抨击揭露，大长了革命者和人民的斗志。

有关作者对立宪派污蔑中国人民"程度不足"和所谓"革命将导致瓜分"的说法给予了有力批驳。他们说所谓"程度不足"是立宪派制造的口实，如果数亿中国人都"程度不足"，而"三岁之乳臭胡儿，已为今日之皇帝陛下"，却被他们视为"神圣不可侵犯"，两相对比，"汝保皇党立宪派抚心自问，引镜自照，宁不堪为民贼耶？"②至于瓜分之说，全是"满洲政府日日制造瓜分之资格"而引起的，"瓜分不瓜分，全视中国人之进步与退步"。中国人民起而革命，列强就会产生忌惮，可说"革命正所以救免瓜分之无上上策也"。《新世纪》还对清政府制造的立宪闹剧加以讽刺，并举例说沙皇政府在1905年也向人民许诺过立宪，但危机一过，统治者马上就向人民举起屠刀，提醒中国人民不要被所谓立宪欺骗。他们称立宪派的头面人物康有为、梁启超、张謇、汤寿潜等人为"狐狸豺狼"③，指出如果让他们得势，革命就会遭到挫折。在同立宪派的论战中，《新世纪》发挥了重大作用。

第三，主张"尊今薄古"，号召进行"祖宗革命"。《新世纪》

① 真（李石曾）：《与友人论种族革命党及社会革命党》，载《新世纪》，1907年，第8期。
② 绝圣来稿：《鳞鳞爪爪》，载《新世纪》，1909年，第91期。
③ 燃料：《呜呼立宪党》，载《新世纪》，1908年，第61期。

诸人是极端信仰进化论的，认为"无一事一物不进者，此天演之自然"，相信"生物之进化"、"人之进化"和"社会之进化"①。他们由此得出了"新必胜旧"，"惟尊今薄古，故能今胜于古，而进化无极"的结论②。他们在这种社会历史观的指导下，对当时厚古薄今、赞美往昔的复古主义进行了批评。例如，他们反对国粹主义，说"近数年来，中国之号称识者，动则称国粹。……甚者则曰国粹之不讲则中国其真不可救药。呜呼，此岂好现象乎？吾敢一言而断之曰：是受历史之毒"。主张对那些"专是古而非今，尊己而卑他、标异于人……梦想草昧，而使人群自退化"的好古者，"加以大辟之刑"。这种观点对国粹主义派和刘师培等人思想中的消极错误，具有一定的针砭作用。但是，《新世纪》诸人又犯了对文化传统简单否定的错误，认为中国固有文明如属"形上之学"的"周秦之学术，两汉之政治，宋明之理学"，属"物质文明之发明"的"若指南针、经纬度、锦、印刷器、火药、瓷器等，则大禅于全世界之文明"，然而在"万事以进化为衡之世，是种种者，当在淘汰之列。其补助于社会文明之功，已属过去之陈迹"③。民族文化虚无主义的色彩比较浓厚。他们主张废除汉字，推行世界语，显然也与这种文化态度有关。

《新世纪》于1910年5月终刊。张静江、李石曾、吴稚晖、张继等人到民国时代却成了国民党的元老和高官，1927年后更麇集在蒋介石身边。他们的言行给历史留下了一条"无政府"——有政府——恶政府的轨迹。

清末的革命派对无政府主义的态度较为复杂。孙中山对之采取的是宽容态度，他曾说过："无政府论之理想至为高超纯洁，有类于乌托邦，但可望而不可即，颇似世上说部所谈之神仙世界。吾人对于神仙，既不赞成，亦不反对，故即以神仙视之可矣。"④ 他同刘师培等人没有交往，但早年的革命活动曾得到张静江的金钱资

---

① 真（李石曾）：《进化与革命》，载《新世纪》，1907年，第20期。
② 民（李石曾）：《好古》，载《新世纪》，1907年，第24期。
③ 反：《国粹之处分》，载《新世纪》，1908年，第44期。
④ 冯自由：《同盟会四大纲领及三民主义渊源》，见《革命逸史》第3集，中华书局，1981年，第209～210页。

助，与《新世纪》派诸人关系颇密切，故《民报》上也偶有介绍无政府主义的文章。多数革命者也没有认识到无政府主义对革命事业的危害。

但是，仍有部分革命者从一开始即对无政府主义有所抵制。陈天华是最早批评无政府主义的人，他认为无政府主义者将封建专制政府与资产阶级共和政府等同，"不问政府之内容，而一概排斥之，是不得谓为真爱自由者也"。他反对个人主义和绝对自由，称在共和政体之下，人们所得到的也是"总体之自由"，"共和者亦为多数人计，而不得不限制少数人之自由"，如果"以个体之自由解共和，毫厘而千里也"①。陈天华抓住了无政府主义者世界观的要害——个人主义，加以批判，并申论了共和政府与封建专制政府的区别，号召人们抵制无政府主义对革命事业的危害，这种看法是敏锐而深刻的。

叶夏声在介绍社会主义学说的时候，不仅区别了马克思主义的社会主义和无政府主义的社会主义，而且将无政府主义者与资产阶级革命党人对待"政治革命"与"社会革命"两个基本问题的原则差别也作了分辨。文章开头就说，无政府主义者自诩为"革命"，实质是"非革命"，"无政府主义直可谓不认国家之统治权，更不认法律之存在，而惟以破坏手段达其平等自由之目的耳。……然其所谓革命，仅有破坏而无建设也。无建设之革命，乌得云革命哉"？

接着文章概括了无政府主义者与革命党人对待"政治革命"的不同立场。前者要废绝政治，后者要革新政治；前者要废灭政府，后者要改良政府；前者要摈斥国家，后者目的在于巩固国家；前者不分专制、立宪，都要反对，后者只反对专制，主张立宪；前者蔑视法律，后者尊重法律。在对待"社会革命"方面，作者回顾了无政府主义者从社会主义运动中分裂出去的历史，以《共产党宣言》为理论根据，说明社会革命一定能成功（作者认为民生主义就是社会主义）；而无政府主义者废灭政府，轻蔑政治，破坏法律，实行"绝对的自己主义"，"彼以个人之力而欲实行共产制……然而以财

---

① 思黄（陈天华）：《论中国宜改创民主政体》，载《民报》，1905 年，第 1 期。

产之平均冀之个人，彼个人苟无道德心者，将争夺之无已也。然则欲实行其主义，先宜注重于个人之道德，是其实行之期难定，其理想之为梦幻也"。所以他说，"观其《共产党之宣言》，乃农工奖励银行之设置，可证其主义之非乌托邦"，"社会主义较无政府主义其根据确实"。在革命的实行方面，文章也指出了两者的区别，"无政府主义之革命以爆烈弹为之，而政治革命则人民对于政府为公然之战争也"，表示了对无政府主义者的暗杀手段的不以为然。

叶夏声的文章辨明了民主革命与无政府革命的区别，也指出了马克思主义的社会主义与无政府主义的社会主义的不同，这在当时是有一定意义的。但作者又没有弄清马克思主义与西欧社会党人鼓吹的平和、有秩序、博爱等改良主义的区别，称马克思的社会主义是"以调和各个人之利益与社会全般之利益为目的"，其办法是用一种协力法来"扶助社会之人民"①，这显然是一种误解。作者进而把孙中山的民生主义和已被他误解的马克思主义的社会主义等同视之，当然也是理论上的错误。

雷铁厓（原名雷昭性，笔名铁铮）也是革命派中注意批判无政府主义的一人，他的《政府说》以进化论和"运会"（可理解为"时势"）说对无政府说作了批驳。文章认为，"人类自然生社会，社会自然生国家，国家自然生政府"，一切"自然而生自然而去"，所以"运会在有政府，即不容无政府者存也"。且世间万事万物都是有无相对而成，无政府主义要"去政府"，就必然要有"扑政府之能力"，而这种能力"非合众力不为功"，这种"合众力"的能力在"扑彼政府"之后，必然"实转自建一政府"。所以政府并不是听人的主观愿望挥之即去的。

从中国国内的实际情况说，绝大多数人痛恨清政府，但清政府决不会因此自动垮台。"既曰大同，则无分夷夏，虽以逆胡之罪，亦将容之，不然则有悖大同之义。……不能去满政府，则无政府主义适以巩固满政府"，这不正是"运会未至而提倡过早之故"吗？从中国与世界的关系情况看，当时中国正"处群虎竞争

① 以上均见梦蝶生（叶夏声）：《无政府党与革命党之说明》，载《民报》，1906年，第7期。

中，而欲鼎峙图存，非势均力敌"不可，"是故彼建一政府，我即建一政府。……倘我无政府，则内治外交均无提纲挈领者，以涣散之人民当萃聚之政府，安往不供其践踏？安往而不灭其种族"？当然，作者没有忘记强调，当时要建的政府只能是"共和政府"。作者反复强调要把握和适应"运会"，即立足现实时势，适应世界潮流，"运会至斯，不宜强而躐"，"运会不至于无政府，强而躐之，是不循运会也。不循运会，运会即使之灭绝"；但另一方面必须"赴运会"，即跟上世界潮流，"瞠乎后焉，是不赴运会也。不赴运会则将为运会所淘汰，而归于灭绝矣"①。而他认为当时的"运会"就是以民主共和取代封建专制。

革命派的其他报刊上也有一些批评无政府主义的文字。《河南》杂志上有文章指出，中国处在列强环伺之下，有人"高言大同，破坏政府，是自失其团结力，解其责任心，而一切抵制各国之器具必至消除以净尽，则中国全地已自现其瓜分之形状"②，认为此时在中国谈无政府主义有百害而无一利。此外，《民声》、《越报》等刊物，也有对无政府主义的批评。

还有革命者投书《新世纪》，指出无政府主义讲大同，但列强中没有任何国家讲大同，反而"乘此机会以实行瓜分中国之政策"，这样一来，无政府主义的主张岂不成了"欲为社会除害，而反贻国人以害？"又指出无政府主义主张"去兵，而又曰须大众起事用手枪炸丸以伸公理，是前后冲突"；并断定无政府主义者没有"革命之能力"，"亦未革过命，不能为自由之国民，是为奴隶"；还再三强调，无政府主义的"均贫富"、"尊卑平等"、"同作同食"等主张，凭无政府主义者的"魄力"和"妙法"，都是不可能做到的③。这类批评意见没有多少理论色彩，但表明当时多数革命派人士认为无政府主义行不通。

一般研究者认为，无政府主义通常是小生产者极易产生的思想倾向。中国恰恰是一个小生产者众多的国家，而且无论是清末

---

① 铁铮（雷铁厓）：《政府说》，载《民报》，1907 年，第 17 期。

② 鸿飞（张钟瑞）：《对于要求开国会者之感喟》，载《河南》，1908 年，第 4 期。

③ 真：《驳新世纪丛书〈革命〉附答》，载《新世纪》，1907 年，第 5 期。

还是民初，国外一直有无政府主义传入。但客观地说，无政府主义在中国始终没有多大市场，中国也很少有长期坚守理念的无政府主义者。个中原因很多，但最重要的一条是：近代中国始终面临着巨大的民族危机，因而民族主义、爱国主义一直是居于主流地位的社会思潮，别的各种主义，如自由主义、无政府主义等，都难以被多数人接受。

第二章　辛亥革命与清末民初
的民族国家认同

　　辛亥革命作为中国近代历史重要的转折点，开启了中国社会全方位的转型，其中政治上中国由传统的封建帝国转向近代民族国家是其重要内容。在清末民初的中国，民族问题与国家问题往往纠葛在一起，这一现象引起了许多史家的关注，并对此提出了不同的解释。民族国家的形成是世界近代化的重要组成部分，东西方历史也表现出诸多相似的一面，正如英国史家埃里克·霍布斯鲍姆对欧洲近代的历史经验进行总结时，一再强调"民族不但是特定时空下的产物，而且也是一项相当晚近的人类发明。'民族'的建立跟当代基于特定领土而创生的主权国家（modern territorial state）是息息相关的，若我们不将领土主权国家跟'民族'或'民族性'放在一起讨论，所谓的'民族国家'　（nation-state）将会变得毫无意义"①。霍氏所总结的经验，对中国近代的历史也同样是适用的，一方面，中国近代"民族"的概念是经由日本从西方引进的，与传统的夷夏观有着本质的不同，这一概念的引入与西方近代民族国家观是紧紧联系在一起的；另一方面，新的民族定义也引发中国人对传统帝制下的民族关系的重新定位，并对民族认同也出现了诸多不同的面向，由此引发对建立近代国家道路方向的不同探索，其中的曲折引发时人民族国家认同困境和认同危机，其基本的理论探索和民族国家认同方式的最终实现，对 20 世纪中国的历史产生了深远

---

　　① 　[英] 埃里克·霍布斯鲍姆著，李金梅译：《民族与民族主义》，上海人民出版社，2000 年，第 10 页。

的影响。

本章主要对近代中国知识界就中国近代民族国家意识产生的理论来源、知识分子民族文化同一性的重新创造过程、民族国家认同的不同对象及其困境与解决等问题作一个粗线条的描述和解释，以期加深对这一历史进程和现象的理解。

一　世界观念与"种"、"群"意识：
晚清民族意识的初步自觉

1. 世界观念与"华夏中心主义"的衰微

"中华"一词的来源，学术界有多种不同的看法，民族史专家王树民先生认为其起源于魏晋，是从"中国"与"华夏"两个词各取一字复合而成。陈连开先生则认为其起源与魏晋的"衣冠华族"有关，并逐步扩展至传统文化和具有这种文化的人民。在中国历史文化典籍中，"中华"二字的含义具有多重意义，一般而言主要是指文化，尤其是中原汉族传统文化，这与魏晋时代北方少数民族纷纷进入中原地区息息相关，"中华"二字还有一种含义是地理上的，指中原地区，与古代"中国"二字含义相同，是与边陲地区比较而言的①。

"民族"一词则是近代的概念，有学者考证认为，"民族"一词最早由西方来华传教士 1837 年所发明，19 世纪 70 年代在中国报刊即有一些使用例证，戊戌以后日本用法传入，这一词的使用就逐渐流行开来②。笔者认为，近代中国的民族意识萌生也早，但近代意义上的"民族"一词的大量使用则是 20 世纪初的事情。作为一个合成词，"中华民族"的最早出现是在 20 世纪初，一般认为梁启超是最早的使用者，时间是 1902 年。"中华民族"一词虽是在 20 世纪初才开始使用，但并不能因此认为中华民族作为一个民族整体的意识到 20 世纪初才开始出现。正如费孝通先生在 20 世纪 80 年代后期发表的《中华民族多元一体格局》一文中，对于中华民族形

---

①　参见陈连开：《中国·华夷·蕃汉·中华·中华民族》，见《中华民族多元一体格局》，中央民族学院出版社，1989 年。

②　参见黄兴涛：《"民族"一词究竟何时在中文里出现》，载《浙江学刊》，2002 年，第 1 期。

成有一个基本的观点，即认为"中华民族作为一个自觉的民族实体，是近百年来中国和西方列强对抗中出现的，但作为一个自在的民族实体，则是近几千年的历史过程中形成的"①。这一著名的解释框架得到学术界的极大认同和回应②。

在中国的历史长河中，随着统一的多民族国家的形成、发展和确立，在秦汉时代就初步形成了中华民族的整体雏形，经过两千年的历史发展，至清代中华民族整体已基本确立。由于在鸦片战争之前，中国还没有遇到来自东亚大地以外足以危及中华民族生存的外部力量的强大挑战，因此不存在与外部势力发生激烈的冲突与对抗，从而中华民族的整体认同无法彰显。加之中国历代封建王朝推行民族区分政策，以及中国内部客观上存在着民族之间的差异特点，毋庸讳言，中国境内的民族之间存在着或多或少的矛盾乃至冲突，这些容易把人们的视线始终吸引在中国内部各民族间的歧视、隔阂以及冲突上，从而忽视了中华民族整体的共性。故此，费孝通先生将这种未发展到民族自觉意识程度的中华民族整体性定义为中华民族的自在发展过程，只有充分地理解这一点，对于把握辛亥革命时期中国的民族国家认同问题无疑是有巨大的帮助作用。

近代以来，西方列强把中国一步步推向殖民地半殖民地的境地，在中国边疆，由于满清王朝以及民国政府民族政策的失误，造成民族压迫的事实，国内不少民族纷纷起事反抗，使中华民族遭受了全方位的、内外交困的严重民族危机。这种民族危机主要来自外敌入侵，这正是现代民族意识产生的重要前提，正如一日本学者所指出："在一定的发展阶段上，民族以一些外部刺激为契机，通过对以前所依存的环境或多或少自觉的转换，把自己提高为政治上的民族。通常促使这种转换的外部刺激，就是外国势力，也就是所谓外患。"③ 中国近代的历史也同样显示出这一特点，在外患日重的情势面前，中国各族人民也开始转入自觉地维护中华民族整体利益

---

① 原文最早发表于《北京大学学报》，1989年，第4期，后收入费氏著：《中华民族多元一体格局》，中央民族学院出版社，1989年，第1页。

② 如陈连开先生的《中华民族的自在发展》一文，载《中央民族学院学报》，1992年，第4期，也持此相同观点。

③ ［日］丸山真男著，王中江译：《日本政治思想史研究》，北京三联书店，2000年，第270页。

的过程中，同时也意味着民族意识已进入到自觉的历史阶段。

中国近代民族意识的出现是与世界观念、主权意识的产生和华夏中心观的破灭紧紧联系在一起的。民族国家意识是中国现代启蒙运动的重要主题之一，其关键在于强化民众的国家观念和爱国思想。对开始进入世界民族国家之际的中国新知识界而言，困扰其思想的一个大问题就是为什么中国人缺乏国家观念？梁启超认为其症结在于天下主义的世界观在作祟，即中国人根本没有世界观念。他解释说："我支那人，非无爱国之性质也，其不知爱国者，由不自知其为国也。中国自古一统，环列皆小蛮夷，无有文物，无有政体，不成其为国，吾民亦不以平等之国视之。故吾国数千年来，常处于独立之势，吾民之称禹域也，谓之为天下，而不谓之为国。既无国矣，何爱之可云？今夫国也者，以平等而成；爱也者，以对待而起……故必对于他国，然后知爱吾国。"① 梁启超的言论可谓一语中的，反映出清季知识界的一种普遍的观念，认为"天下观"不除，以列国平等为基础的民族国家也就无法建立。同样，这种言论也流露出民族国家的理想必须建立在"他者"存在的基础之上，这也成为晚清中国民族主义勃兴的一个重要前提，对他者的强调是清季的知识分子中普遍存在的一种思想和心态，正如章太炎所谓"今之建国，由他国之外铄我耳。他国一日不解散，则吾国不得不牵帅以自存"②。从梁、章为代表的晚清知识精英对近代中国国家观念产生的动机分析中，我们不难发现中国近代国家观念的出现也是西方冲击下的产物。

近年来西方诸多学者渐渐放弃以费正清为代表的"冲击与反应"的中国研究模式，但这一模式对于研究中国近代国家的转型依然具有很强的学术指导意义。"冲击与反应"模式的另一个重要代表人物列文森对中国近代思想史有一个著名的观点，谓"近代中国思想史的大部分时期，是一个从'天下'成为'国家'的过程"③。

---

① 梁启超：《爱国论》，见《饮冰室合集》，文集之三，中华书局，1989年，第66页。

② 章太炎：《国家论》，见《章太炎全集》第4册，上海人民出版社，1984年，第464页。

③ ［美］列文森著，郑大华、任菁译：《儒教中国及其现代命运》，中国社会科学出版社，2000年，第87页。

的确，在与西方正面大规模接触之前，中国一直奉行一套"天下主义"的世界观，并以"非我族类，其心必异"的文化中心主义为其补充。因此有的西方学者将中国的世界观称之为"华夏中心主义"或"文化中心主义"，其主要的论点在于中国与非中国的区别重点不在种族上，而在于文化与道德。众所周知，华夏中心主义的最早历史渊源于中国历史早期的夷、夏之分的地理观念，夷与夏本是四方与中心的方位关系，但由方位关系逐步演化开来，到周代封建制的建立过程中"内外服"制的建立，这种地理上的方位关系就已将周天子与诸侯国的关系加以理想化了。与"华夏中心主义"相配套便是天朝的"怀柔远人"的对外政策，并最终确立朝贡体制来实现这一策略。值得注意的是以华夏中心主义为思想基础的传统民族认同符号，并非一般所理解的现代的民族国家认同，而更多的是一种文化认同。中国传统文化中民族思想的主要内容是强调"夷夏之辨"，主张夷夏之别的"内诸夏、外夷狄"。但应该注意的是这种民族思想主要不是从种族来立论的，而更多的是从文化上展开的，并主张以文化来统合种族，即"远人不服，则修文德以来之，既来之则安之"①。到了现代，有许多思想史家均注意到传统中国民族思想中的"文化主义"，冯友兰先生认为，先秦以来，中国人区分"华"与"夷"是从文化上来强调的，而不是从种族上来强调的②。钱穆也谈到在传统中国社会里，"民族"与"国家"均被当作一个文化机体，"民族"与"国家"都只为文化而存在③。也正因此，有许多西方学者将传统中国称之为文化帝国。具体而言，这个民族认同符号又可分为两个部分：社会生活层面是一整套以三纲五常为核心的儒家道德伦理规范系统；政治上则造就了一统独尊的意识形态资源，保证君主专制制度的稳定性。

以上是传统民族意识形成的一个大体的模式，严格来讲，近代意义上的民族意识的勃兴，是建立在华夏中心主义的破灭基础上的。民族意识是一个民族的自我意识，只有一个民族认识到自己只是世界上众多民族中的一员，各个民族之间的关系是平等和相互竞

---

① 《论语·季氏》。
② 冯友兰：《中国哲学简史》，北京大学出版社，1985年，第221页。
③ 钱穆：《中国文化史导论》，商务印书馆，1994年，第23页。

争时，这种意识才能真正产生。中国近代民族意识的萌生在早期维新派身上就得到了体现，但民族意识的确立，即中华这个"天下"演变成西方式"国家"，西方近代意义上的民族观念直到 19 世纪 90 年代戊戌维新才开其端。如郑观应在甲午之前发表《盛世危言》中还写道："由强企霸，由霸图王，四海归仁，万物得所，于以拓国书大一统之宏规而无难矣。"① 此时依然还是天下主义的论调。其实，在 1860 年英法联军之役后，清廷已不得不承认"天下万国"共存之局，因此有总理衙门这个半现代式的外交部之成立。至 19 世纪 90 年代戊戌维新之前夜，外交官吏、通商口岸的记者和买办对世界均有一般的常识。但广大的士大夫阶层的世界知识却不敢恭维，这一点从维新运动的"先锋"身上就可看出。根据康有为自编的年谱，他直到 1874 年才"始见《瀛环志略》、地球图，知万国之故，地球之理"②。梁启超则于 1890 年从京师"下第归，道上海，从坊间购得《瀛环志略》读之，始知有五大洲各国"③。

1894 年甲午战争的失败，是中国传统的"天下"世界观向"列国平等"的世界观过渡的关节点。梁启超指出："甲午以前，吾国之士夫，忧国难，谈国事者，几绝焉。自中东一役，我师败绩，割地偿款，创巨痛深，于是慷慨爱国之士渐起，谋保国之策者，所在多有。非今优于昔也，昔者不自知其为国。今见败于他国，乃始自知其为国也。"④ 由此可见，中国近代国家观念的产生是列强从文化到武力对中国冲击的结果，其直接对中国传统观念的改变就是意识到中国并不是"天朝上国"，只不过是世界中的一国而已。"天下主义"的突破，是中国人近代国家观念建立的重要前提，但近代民族国家观的确立，还必须有近代意义上民族观的出现，这一点与进化论的传入关系甚为密切。

---

① 《盛世危言》，见夏东元编：《郑观应集》上册，上海人民出版社，1982 年，第 243 页。

② 《康南海自订年谱》，台北文海出版社，1975 年，第 7 页。

③ 梁启超：《三十自述》，见《饮冰室合集》，文集之十一，中华书局，1989 年，第 16 页。

④ 梁启超：《爱国论》，见《饮冰室合集》，文集之三，中华书局，1989 年，第 67 页。

2. 进化论的传入与"种"、"群"意识

(1) 进化论的传入与近代种族观

在历史上，中华民族是一个文化意识远远超过种族意识的多元民族共同体。但从鸦片战争以来，中华民族的民族意识逐渐上升。近代中国面临深重的民族危机，必然会导致民族意识的自我觉醒。丧权辱国和割地赔款加深了传统士人和过渡阶段的新式知识分子的危机意识，也加强了人民群众的爱国情结。但是作为近代的民族觉醒与传统的民族意识的复苏的一个根本性的区别就是近代西方政治思潮的引入与传统观念的改变。前面提到，中国传统民族思想的基本论纲是"内诸夏外夷狄"，导致其向近代民族共同体意识转变的最初又最重要的思想武器就是从西方传入的进化论。进化论是中国人接受西方近代民族主义的直接理论桥梁。达尔文的进化论不仅揭示出人类都是由动物进化而来，有着共同的祖先，而且反复申明进化过程中适者生存的道理，这对中国近代民族观的产生有着直接的影响。

早在严复引入进化论之前，西方传教士就于 1892 年将西方近代人类学的理论用于讨论人种问题[1]，但人种问题引起国人的广泛关注是在达尔文进化论传入中国之后。作为近代中国进化论的最早引入者，严复首居其功，时人对此有评论，谓"自严氏书出，而物竞天择之理，厘然当于人心，而中国民气为之一变，即所谓言合群言排外言排满者，固为风潮所激发者多，而严氏之功盖亦匪细"[2]。严氏在译述《天演论》时，其重要的民族自觉就是对"保种"问题的强烈关注。《天演论》中宣扬"物竞天择，适者生存"的思想，一再强调"自强保种之事，反复三致意"[3]。严复早在《直报》上撰写《原强》一文中就指明，世界处在"种与种争，群与群争，弱者常为强肉，愚者常为智役"的时代，这是社会进化论的公理。他认为国家的盛衰强弱取决于"血气体力之强"、"聪明智虑之强"、

---

[1] 参见石川祯浩：《辛亥革命时期的种族主义与中国人类学的兴起》，见中国史学会编：《辛亥革命与 20 世纪中国》中册，中央文献出版社，2002 年，第 999 页。

[2] 《述侯官严氏最近政见》，见《辛亥革命前十年间时论选集》第 2 卷上册，北京三联书店，1960 年，第 207 页。

[3] 《天演论·自序》，见《严复集》第 5 册，中华书局，1986 年，第 1319 页。

"德行仁义之强"①。由此可见，进化论的引入，使知识分子对中国民族问题的关注开始从世界的范围进行观察，强调"中国今日之阽危，论者莫不知由于全国人民不能对外竞争之所致"②。民族整体的生存竞争状态及其严重的生存危机成为当时知识界日益关注种族问题的动机所在。

需要说明的是，就词源学意义上讲，种族通常指的是有共同祖先和共同生理特征的一群人，但同时对种族的描述也包括共同的社会和历史特点，如共同的语言、共同的居住地及共同的政治实体即国家等。因此，就一般意义而言，种族的概念具有两层含义，一是以生物学家和人类学家所谈论的科学概念；二是社会学意义上，用以理解对异族恐惧的表达、传播和行为方式的一个概念。与进化论同时引入中国的西方近代意义上的种族概念，在当时的中国知识界，以上两含义经常是交差互混地使用，并没有一个清晰的区别，当时的知识界无论是观察世界，还是对政治理念的表达，对"种族"这一概念的使用过程中，为我所用的倾向十分明显。

戊戌时期，将进化论思想引入并与人种观念联系在一起，除严复之外，就要数梁启超和唐才常等人了。唐才常于 1897 年～1898 年在《湘学报》第 15—27 册上连续发表长篇人种学的论文《各国种类考》，向国人作了全面的介绍，其目的就是要以此来唤醒国人进行强种，为此他还专门写下《通种说》的论文，其强种的途径之一就是"通种"，他认为"今试与海内君子平心考验，而知将来之立天国，同宗教，进太平者，惟通种之为善焉"③。并从花木、动物到东西方人类来举例，证明通种为自然的公理法则，唐氏主张中国的自强途径就是通过与其他种族联姻来实现。而梁启超则在其早期的著作《论中国之将强》、《论中国宜讲求法律之学》等文中，对人种和种族观念进行了大量分析，其前后一贯的理论基础便是进化论，尤其是社会进化论，梁氏认为"凡人类智识所能见之现象，无一不可以进化之大理论贯通之。政治法

① 中国近代史资料丛刊《戊戌变法》（三），神州国光社，1953 年，第 41～47 页。

② 《论国民宜改良对外之性质》，载《神州日报》，1908 年 4 月 8 日。

③ 唐才常：《通种说》，见《唐才常集》，中华书局，1980 年，第 100 页。

制之变迁，进化也；宗教道德之发达，进化也；风俗习惯之移易，进化也。数千年之历史，进化之历史，数万里之世界，进化之世界也"①。从梁氏的言论中，我们不难发现，进化论成为 19 世纪末 20 世纪初新式知识分子观察和分析世界最为重要的理论工具。人种论和种族观念的引入，开始打破中国传统的民族观念的封闭性，突破传统的"四夷"观，引导人们从世界各民族竞争的大势来考察中华民族的存亡，从而获得新的民族观和世界观。

值得注意的是，进化论和人种论引入之初与中国传统的"夷夏之辨"的种族观念对上了接口，在中国内部一时也引起不同派别在观察和分析中国历史和当下的民族状况时，得出了完全不同的结论，背后的理论预设却是完全相同的。如 19 世纪末 20 世纪初的"排满"、"合满"论虽针锋相对，但其前后的理论资源却是同一的人种论。革命派的革命理论基础就是种族论，认为汉族和满族是两种完全不同的民族。当时流传甚广的邹容的《革命军》中，其革命的理论逻辑就是如此，邹容将亚洲的黄种人分为两种：中国人种和西伯利亚人种两大类，汉族属于前者，而满族属于后者，因此革命自然也就获得了正当性和合法性。为了强化汉族认同，知识分子大量从历史中寻找合法性，把传说中的黄帝论证为汉族的祖先，"凡一民族不得不溯其起源，为吾四百兆汉种之鼻祖者谁乎？是为黄帝轩辕氏"②。并决定改用黄帝纪年，以唤起同胞的民族自觉，同时将满族排斥在黄帝子孙之外。而康有为在《辩革命书》一文中，从种族、文化多方面论证满族为中国的民族之一，他说："今上推满洲种族，则出于夏禹，下考政教礼俗，则全化华风，帝位只如刘、李、赵、朱，满族先于南阳、丰沛，其余无不与汉人共之，与汉人同之，岂得以奴比之哉？"还一再强调："何况满人之合为一朝，同化中国，教化礼乐，言语服食，无一不同者乎？故满洲在明时为春秋之楚，则今为汉高之楚，纯为中国矣。"③ 在康有为这里，原来纯粹以种族血统来确定民族的概念已向文化、语言、习俗以及历史

---

① 梁启超：《论学术之势力之左右世界》，见《饮冰室合集》，文集之六，中华书局，1989 年，第 114 页。

② 无畏：《黄帝纪元论》，载《国民日日报汇编》，1903 年，第 1 集。

③ 《新民丛报》，1902 年 9 月，第 16 号。

多面向转移。同时，维新派对革命派的民族分类标准也进行了针锋相对的反驳，如梁启超就针对汪精卫提出的民族分类，而主张"但以严格论之，满洲与我确不能谓为纯粹的异民族。……论者谓民族之六大要素，满洲人之纯然同化于我者，既有四焉。其他之二，则彼此皆不能下武断，而以吾说较诸彼说，则吾说之正确的程度，比较的固优于彼说也，故以吾所主张，则谓依社会学者所下民族之定义以衡之，彼满洲人实已同化于汉人，而有构成一混同民族之资格者也"[①]。这里的民族分类标准虽一，但应用过程中却发生了根本性的位移，人种论在成为革命派种族革命的理论武器的同时，也为维新派所用，成为其"合满"的科学理由，历史再一次显示出其复杂性的一面。

还应当指出的是，19 世纪末 20 世纪初，国人对种族问题的主要关注点集中在对满族的"排"与"合"问题上，但除此之外，种族问题事实上还包括对西方列强和东瀛日本的态度这两点上。在当时新式知识分子的论述中，"种族"一词既可用来描述满汉之间矛盾的根源，也可用来突出东西方黄白人种的对立，这在当时留日学生创办的刊物中表现得十分明显，如有人就明确提出黄种的生存威胁来自于白种，"白种者，天之骄子乎？蹙黑而黑微矣，压赭而赭灭。夷棕而棕亡。今且出其群魔竞逐、万矢齐发之手段，以窥伺我黄，以窥伺我黄之汉种矣"[②]。在黄种与白种的对立之中，黄种的划界就不仅把满人，有时甚至连日本人也算在敌我阵营中自己的一方，这种"泛黄种人主义"也为后来日本的大亚洲主义在中国有一定的市场提供了理论来源上的支持。19 世纪 90 年代后半期，中国知识界——从严复、梁启超到章太炎都将整个亚洲与黄色人种等同进来，黄白之战成为其所预测之事。梁启超在 1897 年明确提出"泛黄种人主义"："种战之大例，自有生以来至于今日，日益以剧……自此以往，百年之中，实黄种人与白种人玄黄血战之时也，然则吾之所愿望者，又惟平满汉之界而已，直当凡我黄种人之界而悉平之，而支那界、而日本界、而高丽界、而蒙古界、而暹罗界、

---

① 梁启超：《申论种族革命与政治革命之得失》，见《饮冰室合集》，文集之十九，中华书局，1989 年，第 29～31 页。

② 亚庐：《郑成功传》，载《江苏》，1903 年，第 4 期。

以迄亚洲诸国之界、太平洋诸岛之界而悉平之，以与白色种人相驰驱于九万里周径之战场，则二十世纪之所当有事也。"① 梁氏对黄白种族大战的预测，是源于其对不同种族能力的认识，这其中包含着相当严重的种族偏见，如梁启超于同年 6 月写道："彼夫印度之不昌，限于种也。凡黑色、红色、棕色之种人，其血管中之微生物，与其脑之角度，皆视白人相去悬殊。惟黄之与白，殆不甚远。故白人所能之事，黄人无不能者。日本之规肖西法，其明效也。日本之种，本出于我国，而谓彼之长，必我之短，无是道也。"② 可见梁启超将国的强弱归结于种族的优劣，并视白人为强种的标准，为加强自己的论证和民族的自信心，并将日本的成功归于种族上源于中国。章太炎在读《日本国志》时也发出感叹："呜呼！天特使日本盛衰兴替之际，前于今三四十祀，其亦哀夫黄种之不足以自立，而故留弹丸黑子以存其类也。"③ 章太炎并把人种的区分归因于地理上的原因，将地理单位与人种单位视为同一，黄白种的区分是因地理因素而造成，种族的标志之一肤色成为当时知识界最为看重的因素之一，显示当时的"种族"概念仍然相当模糊，很明显当时建立在这种模糊种族概念之上的"民族国家"观念还远未形成。

1900 年是中国近代史上一条重要的界线，民族危机的日重，和 19 世纪末的"西学东渐"潮流汇集到一块，到 20 世纪初"中国人种西来说"在中国盛行一时。"中国人种西来说"是源于伦敦大学教授拉库伯里于 1894 年发表的题为《中国古文明西来论》的一篇专业论文，20 世纪初经蒋智由等人著文广为宣传，在中国知识界风行一时。此说的流行一方面说明中国在世界上的地位发生了根本的变化，中国知识界对于传统信仰开始崩溃；另一方面在中国知识界产生了强烈的落后和危机意识，改变中国在现代世界上的不适应状态成为现代中国的主题。其中对民族的来源和优劣的关注格外引人注目，梁启超就认为西方列强的强大就是源于种族的优越，他

---

① 梁启超：《变法通议》，见《饮冰室合集》，文集之一，中华书局，1989 年，第 83 页。

② 梁启超：《论中国之将强》，见《饮冰室合集》，文集之二，中华书局，1989 年，第 13 页。

③ 《读日本国志》，见汤志钧编：《章太炎政论选集》上册，中华书局，1977 年，第 49 页。

说："条顿人今遂优于天下，非天幸也，其民族之优胜使然也。"①
这样从心理的角度来探讨中国民族与西方民族的共同点，就成为当时知识分子的一种不自觉的文化选择。

为了论证中国种族的优越，章炳麟、刘师培诸人竟能对中国民族西来说深信不疑，甚至还称中东的加尔特亚为"宗国"，并附会于古代传说中"葛天氏"的对音。章太炎于1904年发表的《序种姓》一文，通过对古代姓氏演变的考察，阐述古代华夏族的形成史和与胡汉姓氏的同化史，借此来唤醒国人的种姓意识，但其中称"方夏之族，自科派得考风石刻，订其出于加乐特亚，东逾葱岭，与九黎、三苗战……其后人文盛，自为一族，与加尔特亚渐别"②。这里认定华夏民族来源于西方。从今天的考古学和人类学的成绩看，章氏等当年之论的确是一种无稽之谈，但在当时的中国知识界看来，却正是一种相当流行的时髦理论，被奉为神明，如何看待当时知识界这一现象？仅仅归于知识演进历史中的浅陋是无助于理解当时的思想状况的。对于这一点余英时先生的观点无疑是有启发意义的，余英时认为，这件事决不能仅仅当作笑话来看，也不能解释为知识不足，而是深刻地反映了当时民族国家认同的心理危机③。

概而言之，进化论的引入和人种观的兴起，对中国近代民族意识的启蒙作用以及局限主要体现在以下几个方面：一、突破中国传统狭隘的"夷夏"的封闭意识，开始从世界范围的民族角度关注民族的生存。二、将民族问题与人种联系在一起，强调民族形成中人种因素的重要性，初步将近代民族建立在以自然科学为基础的人类学的基础之上。三、过分强调种族的优劣，尤其对黄白两大种族之争的夸大，使当时中国人的民族观又陷入混乱之中，特别是"中国人种西来说"和"泛黄种人主义"的流行，对中华民族的认同又造成危机。

(2)"群"与"合群"

---

① 梁启超：《新民说》，见《饮冰室合集》，专集之四，中华书局，1989年，第11页。

② 章太炎：《序种姓上》，见《章太炎全集》第2册，上海人民出版社，1984年，第170页。

③ 参见余英时：《钱穆与中国文化》，上海远东出版社，1994年，第2页。

如果说西方进化论的传入对中国知识界的一大贡献是促使中国近代种族、民族观念的兴起，那么进化论的引入对中国近代民族思想的另一个重要的理论贡献，就是"合群"思想在中国的扎根。作为中国近代进化论传入中介的《天演论》给中国人开出的救国药方就是"合群"，认为"人之有群，其始亦动于天机之自然乎！""夫如是之群，合以与其外争，或人或非人，将皆可以无畏，而有以生存。"① 可以说，种与种争之结果就是要争取自己种族的生存，这一目标的必然要求就是种族的联合，时人称之为"合群"，即如严复所强调的"天演之事，将能使群者存，不群者灭；善群者存，不善群者灭"②。合群成为近代知识分子一再强调的重中之重，合群的立足点依然在保种上。

在晚清，对"合群"思想阐发用力最多、最为透彻的要算梁启超了。在19世纪末20世纪初，梁氏的政治思想的大部分都是围绕着"群"来展开的。1897年，梁启超发表了研究"群"的概念的论文《说群序》，其"说群"始终是围绕政治共同体的融合与组织的问题来展开的。张灏先生已指出："群"在梁启超的论述中，至少包含有三个方面的意义，一是社会的整合问题，即如何将中国人整合为一个有凝聚力的组织良好的政治实体。二是民众的社会政治参与问题，即群的实现问题。三是将中国引导建立一个新的政治共同体——民族国家问题③。这其中，进化论是合群的理论基础，而民族的生存是合群的最终目的，即如梁启超所说"合群云者，合多数之独而成群也，以物竞天择之公理衡之，则其合群之力愈坚且大者，愈能占优胜权于世界上"④。

正是因为现代"群"的观念和现代群的存在，产生了"群"的知识。正是由于现代"群"的目标，产生了民族国家主义，为了建立现代的"群"，为了建立现代的民族国家，产生了有关"公德"和"公性情"的知识，导致严复、夏曾佑在天津《国闻

① 《天演论》按语，见《严复集》第5册，中华书局，1986年，第1344页。
② 《天演论》按语，见《严复集》第5册，中华书局，1986年，第1347页。
③ 参见张灏：《梁启超与中国思想的过渡》，江苏人民出版社，1995年，第69页。
④ 梁启超：《十种德性相反相成义》，见《饮冰室合集》，文集之五，中华书局，1989年，第44页。

报》发表的《本馆附印说部缘起》中对"公性情"的公开讨论，他们指出："凡为人类，无论亚洲、欧洲、美洲、非洲之地，石刀、钢刀、铁刀之期限，支那、蒙古、西米底、丢度尼之种，求其本源之地，莫不有一公性情焉。此公性情者，原出于天，流为种智。儒、墨、佛、耶、回之教，凭此而出兴，君主、民主、群民共主之政，由此而建立。故政与教者，并公性情之所在，而非能生夫公性情也。"其主要的论点是传统的家族制度和道德礼教已经成为建立现代民族国家的障碍，因此建立现代民族国家，就必须首先摧毁传统的家族制度，即"使中国必出与天下争衡，将必脱其宗法之故而后可"[①]。又说："夫天下之群众矣，夷考进化之阶级，莫始于图腾，继以宗法，而成于国家。"[②] 这说明建立现代民族国家不仅是现代文明的标志，而且是适应现代世界生存的需要。

"群"的概念的出现也导致产生了"群学"（社会学）。"群学"一词首次是严复翻译"社会学"之用，已有研究者指出，这一概念曾被清末知识分子广泛误解，其目的是他们以此词指亟须培养某种"社区群体感"（a sense of community)[③]。这可从当时知识界对"社会"与"群"这两个概念的定义中看出，其中对"社会"的定义译自日本教科书，主要的定义为"社会者，众人协同生活之有意识的人格之浑一体也"。并将此定义分析解说为如下四点：第一，社会者，二个以上之人类之协同生活体也。第二，社会者有机体也。第三，社会者有意识者也。第四社会者人格也。其中第一点尤其重要，因为"（甲）一人不能成社会，故必曰二个以上。（乙）二个以上之动物相聚，虽亦可假称为动物社会，然社会之资格终不备，只能为此似之称，不能为确称，故必曰二人以上之人类。（丙）二个以上之人或生故不同时，处不同地，未尝相共而为生活，即相共矣，而无因果相互之关系，则犹不得谓之社会。故曰两个以上人之协同生活"[④]。在社会这一概念中，群与社会就开始等同起来，

---

① 严复：《读新译甄克思〈社会通诠〉》，见《严复集》第 1 册，第 151 页。
② 严复：《译〈社会通诠〉自序》，见《严复集》第 1 册，第 135 页。
③ 参见王尔敏：《中国近代思想史论》，台北华世出版社，1977 年，第 13 页。
④ 新民：《社会》，载《新民丛报》，1904 年，第 2 号。

即"二人以上协力同生活谓之群，亦曰社会"①。群与社会等同的论点，其基本的要点依然是"合群"，是对民族共同体整合的急切企盼。

进化论的传入，和晚清精英对其改造和宣传，使进化论由一种单纯的思想开始进入社会运动的指导实践中。戊戌维新期间，维新人士在其上书、论著、演说中，都能充分利用进化论思想，一方面激烈抨击列强的侵略举动，另一方面分析清政府面临的严重局面，以进化论为武器，强调优胜劣败，要求整顿国防、强国保种。其中最为引人注目的就是各种新兴社团的出现，尤其是1897年各列强加快了分割中国的步伐，相继划定其在中国的势力范围，中华民族的生存又一次出现了巨大的危机。为唤醒民众的民族意识，奠定变法维新的社会基础，康有为等一批维新人士分别召集了地方性质的闽学会、蜀学会、陕学会，其后又在区域性学会组织的基础上，在北京组织了全国性的保国会，第一次明确提出"国权"观，其出发点是"本会以国地日割，国权日削，国民日困，思维持拯救之"，其宗旨是保全国家的政权土地，保全人民种族的自立，保全圣教的不失等，提出"人人有亡天下之责，人人有救天下之权"的口号②，号召民众起来挽救国家危亡。台湾学者王尔敏先生充分地认识到《保国会章程》在思想史上的重要意义，他认为其"代表近代民族主义之全义"，表明该会"是把中国认作一个有明确主权界限的国家，同于当时西方的 Nation-state"③，虽然笔者对这一观点有所保留，但也肯定其在近代中国民族国家思想发展史中的过渡作用④。继保国会之后，保滇会、保浙会、保川会等也先后成立。大量自愿性社团的出现，是中国人团结合群的重要体现，维新人士开始把民族意识和乡土意识结合起来，这有助于把民族联合团结扩展到更广泛的社会群体。这一点也正印证了梁启超的一个重要思想，即要把整个国家联合为一个有凝聚力的群体，三种社团的出现极为

① 铁樵：《蛮言新尔雅·释群》，载《半星期报》，1908年，第18期。
② 中国史学会编：《戊戌变法》（四），神州国光社，1953年，第399～410页。
③ 王尔敏：《中国近代思想史论》，台北华世出版社，1977年，第227页。
④ 参见严昌洪、许小青：《癸卯年万岁——1903年的革命思潮与革命运动》，华中师范大学出版社，2001年，第210～211页。

重要，这三种社团就是国会、公司和学会①。

综而言之，甲午战败对于中国近代民族认同具有转折意义。其时，"群与群争"、"种与种争"的民族自觉开始产生，而传统民族认同的危机已经从价值层面转移至社会层面。20世纪初民族主义思潮的兴起，实乃救亡与发展双重危机下的产物，其当务之急是寻找可以替代泛化的儒家价值传统的民族认同符号。

二　史学与文学：20世纪初知识分子的民族国家想象

20世纪初民族主义的传播，其基本的落脚点在于建构自己的民族国家，虽然民族国家模式基本上是以欧洲近代主权国家的形式为原型的，民族主权的理由主要是诉诸种族、语言、宗教等，但对于中国而言，建立近代国家的过程不仅是一个民族自决的过程，也是一个民族文化同一性的重新创造的过程。这一历史任务主要是由新式知识分子来完成的。文化作为国家的合法性来源在民族共同体的形成中起着重要的作用。

前文已提到，中文中"民族"一词何时传入中国，学界迄今还没有统一结论。无论民族这一概念何时传入中国，但有一点可以肯定，即这一概念的广泛使用是在20世纪初。梁启超在20世纪初年(1903)把欧洲政治理论家布伦奇利（时人译为伯伦知理）的民族概念介绍到中国以后，"民族"一词才在中国普遍使用起来。布伦奇利认为民族有八种特征：1. 其始也同居一地；2. 其始也同一血统；3. 同其肢体形状；4. 同其语言；5. 同其文字；6. 同其宗教；7. 同其风俗；8. 同其生计（经济）。这一概念可谓是对西方近代民族观念的一种经典概括，在中国的知识界影响很大，但对民族是怎样形成的，学术界却争论很大。

近年来，西方学界对"民族"与"民族主义"进行了大量的研究，其中一个基本的倾向是大都摒弃了纯粹的"根基论"的立场，改而采用"建构论"，如美国学者本尼迪克特·安德森在其名著《想象的共同体：民族主义的起源与散布》中，从民族情感与文化

---

① 梁启超：《变法通议》，见《饮冰室合集》，文集之一，中华书局，1989年，第31页。

根源来探讨民族这一"想象的共同体"。同样英国学者埃里克·霍布斯鲍姆也强调民族的建构过程中人的因素的重要性，他一再重申："在民族建立的过程中人为因素的重要性，比方说，激发民族情操的多类宣传与制度设计等。'将民族视为天生的、是上帝对人类的分类，这样的说法实则是民族主义的神话。民族主义时而利用文化传统作为凝聚民族的手段，时而因应成立新民族的需要而将文化传统加以革新，甚至造成传统文化的失调——这乃是不可否认的历史事实。'简言之，民族主义早于民族的建立。并不是民族创造了国家和民族主义，而是国家和民族主义创造了民族。"① 中国有的学者对此提出了大致相同的看法，认为精英和知识分子是民族主义的创造者、解说者、操纵者②。以上这些论断应引起我们的重视，就是在考察民族的形成与发展过程时，尤其在民族国家的建构过程中，要注重主体的能动性。在清末民初的民族国家建构中，新式知识分子的这一作用是非常明显的。下面笔者重点选取中国传统知识领域中的两大要地，即史学与文学在新时期的变革来讨论知识分子主体在民族国家建构中是如何通过对传统学术资源的改造，实现对民族国家的理论建构的。史学领域主要是经由"史学革命"来实现政治化的"新史学"，文学领域主要是通过"小说界革命"来实现民族国家的想象。

新兴的知识分子在民族意识的建构与族群的想象中起着关键性的作用，这主要是因为"知识分子和精英是文化的主要载体，占有文化霸权和话语霸权，控制着大部分社会资源，他们对文化权利和政治权利非常敏感"③。在晚清民族国家的建构过程中，知识分子在"史学革命"与"文学革命"的旗号下，进行的并不是纯粹专业的学术创新，而是对近代中国的民族国家进行一场有意的想象与建构。

1. 新史学与民族国家理论建构

20 世纪初年以梁启超、章太炎、黄节、邓实、马叙伦等为代

① ［英］埃里克·霍布斯鲍姆著，李金梅译：《民族与民族主义》，上海人民出版社，2000 年，第 10 页。

② 参见黄兴涛：《民族自觉与符号认同："中华民族"观念萌生与确立的历史考察》，载香港《中国社会科学评论》，2002 年，第 1 卷第 1 期。

③ 徐迅：《民族主义》，中国社会科学出版社，1998 年，第 49 页。

表的晚清新式知识分子，对传统史学进行激烈批评，以"新史学"为中心进行一场史学革命，其意义不仅仅表现在中国现代史学之建立上，笔者认为在20世纪初史学革命中，新式知识分子借"史学"的革新，对"民族"、"国民"等近代概念进行了界定，有力地促进了中国近代民族国家观念的兴起。但同时，新史学也带有明显的种族主义色彩，其民族国家思想也蕴含着深刻的内在矛盾。

20世纪初年是近代中国新式知识分子形成的重要时期，西学的东渐，留学生的东游，使中国近代知识群体的知识结构和世界观念发生了巨大的变化，民族主义的日益勃兴，成为"史学革命"的时代背景。1901年～1902年，梁启超先后发表《中国史叙论》、《新史学》，标志着中国新史学的开端。稍后，夏曾佑于1904年～1906年发表《最新中学历史教科书》，同时，章太炎、刘师培、邓实、马叙伦等以《国粹学报》、《政艺通报》、《新世界学报》为阵地纷纷发表自己的新史学主张，开始构思新史学论著，并着手编写教科书，对中国传统的民族英雄谱系进行重构，掀起一场史学革命。近年来，许多研究者大都注意到这场革命对历史学学科的近代化意义，但却相对忽略了其在中国近代思想史上的启蒙价值。下面就20世纪初史学革命与民族国家理论的建构关系作一初步的论述，以补充这一方面的认识。

晚清是中国社会的重要转型时期，其中最为重要的一点就是国家体制由传统的王朝帝国向近代的民族国家过渡。所谓民族国家指的是近现代世界列国并立的国际政治的产物，它包含着明确的国家主权和疆域、统一的民族意识和民族共同体、国民以国家为最高忠诚对象等多方面的内容。新史学革命对近代民族国家理论上的贡献主要表现在三个方面：史学与民族国家、史学与民族共同体、史学与国民。下面分别加以论述：

（1）史与国：无史与无国

任何革新都是建立在对旧事物的批判上，新史学的出现也是如此。20世纪初梁启超等人倡导的新史学，其起点就是建立在对中国传统史学的批判上，虽然不同的主体立论角度不完全一致，但概括起来，其根本的落脚点却在史学与国家的关系上，从而引发了中国近代史学第一次革命的关键问题：历史是国家的历史还是朝廷的历史？进而也引发了一个中国是"有史"还是"无史"之争。

梁启超在《新史学》中对中国旧史学进行了系统的批判，他认为中国旧史学"推其病源有四端"，先诊断为"知有朝廷而不知有国家"①，将传统史学斥之为帝王家谱的总汇，造成的历史后果就是一般民众的国家意识的淡漠。因此，中国正统的二十四史，也被人讥为"谓为二十四朝之家谱，又岂过欤"?②

有的作者把一朝一姓的历史称之为"私史"，与现代意义上的公史是对立的，从这个意义上讲中国则无史，私史"是一家之史，非全国之史也。一时之史，非万世之史也。……以是为史，谓之无史可也"③。言说中国有史无史的立论根据主要是从"公"还是"私"的立场出发的。

在刘师培的眼里，传统史学的主要缺点是"所谓历史者，大约记一家一姓之事耳"，史学成为帝王将相史，民众在历史中完全没有地位，历史的目的也不过是"可以助愚民之用"④。这种历史得不到20世纪初新式知识分子的认可。马君武也认为"自时厥后，民贼代兴，故吾中国尘尘四千年乃有朝廷而无国家，有君谱而无历史，有虐政而无义务，至于今日"⑤。换言之，朝廷君王的记载是不能称其为历史的，历史的定义在此已发生了根本性的改变。

从上面这些表述中，已隐然有一个内在的逻辑在其中，历史只是记录国家的历史，无国家则无历史，因而有关中国"有史"与"无史"的争论，新式知识分子把问题进一步追寻到中国"有国"与"无国"的问题上。黄节在其《黄史》一文中，认为中国表面上看似有国，而实质上中国则"无国"，因此中国也无史，即"黄史氏受四千年中国史而读之，则喟然叹曰'久矣乎，中国之不国也，而何史之足云'"!⑥其中的逻辑简单明了——无国则无史。

如果按照上述这些人的逻辑安排，新史学兴起的基本前提就应

---

① 梁启超：《新史学》，见《饮冰室合集》，文集之九，中华书局，1989年，第3页。

② 许之衡：《读国粹学报感言》，载《国粹学报》，1905年，第6期。

③ 《私史》，载《新民丛报》，1902年，第19号。

④ 无畏（刘师培）：《新史篇》，载《警钟日报》，1904年8月2日。

⑤ 《〈法兰西今世史〉译序》，见莫世祥编：《马君武集》，华中师范大学出版社，1991年，第4页。

⑥ 黄节：《黄史》，载《国粹学报》，1905年，第1期。

该是，国家的兴起才是史学成功的希望所在，只有完成国家转型的任务，史学革命才能最后成功。但是，倡导新史学的知识分子恰恰相反，把国家转型的重任反过来寄托在史学的革命上，时代的急需使他们发生了逻辑上的混乱。如邓实1902年强调："中国史界革命思潮不起，则中国永无史矣，无史则无国矣。"① 这里，其中的逻辑已悄然转换为"无史则无国"。这样新史学的兴起已不再是简单的史学学科的革新了，它已与时下的民族国家建构紧紧地联系在一起了。马叙伦认为："中人而有志兴起，诚宜于历史之学，人人辟新而讲求之。"② 梁启超在其《新史学》中，对史学在民族国家建构中的地位和作用作了开宗明义的说明："于今日泰西通行诸学科中，为中国所固有者，惟史学。史学者，学问之最博大而最切要者也。国民之明镜也。爱国心之源泉也。今日欧洲民族主义所以发达，列国所以日进文明，史学之功居其半焉。然则，但患其国之无兹学耳，苟其有之，则国民安有不团结，群治安有不进化者。"③正是基于对史学这样的认识，此时梁氏的初衷就是完成一部"新史学"典范意义的中国通史，正如其所言，"一年以来，颇竭绵薄，欲草一《中国通史》以助爱国思想之发达"④。

从以上的分析可以看出，中国无史论的出台，其立论的出发点虽然是史学这一学术论题，但其落脚点却已变为民族国家的理论建构，蕴含着深刻的政治启蒙因子。

（2）史与群：民族共同体的想象

在西方民族国家（nation-state）这一概念中，nation可以从两个方面进行解释，并有双重含义。从第一个层面上解释，nation指的是民族共同体，即指拥有一定的土地、血缘、语言、风俗习惯和文化的群体；从第二个层面上解释，nation指的是国民，即组成一个国家的人民，他们是国家的最高主体，国家的权力基础和合法性来源。依第一个层面解释，"民族"是一个独立的政治实体，它自

① 邓实：《史学通论》，载《政艺通报》，1902年，第12期。
② 马叙伦：《史学总论》，载《新世界学报》，1902年，第19期。
③ 梁启超：《新史学》，见《饮冰室合集》，文集之九，中华书局，1989年，第1页。
④ 梁启超：《三十自述》，见《饮冰室合集》，文集之十一，中华书局，1989年，第19页。

身即拥有最终的自主权，其他民族应尊重它的存在和自主权，这就是民族的主权或称之为"外在主权"（external sovereignty）。

史学与民族的联系，主要是通过"群"与"种"的关系来界定的。在主张以学术救国的《新史学》中，梁启超认为除了民族的发展史外，其他社会历史的内容也不再纳入到历史的主体内容之中，梁氏还公开声明凡与民族进化无关的人和事，都不足以列入历史的范围之内。即如其所言："历史者何，叙人种之发达与其竞争而已。舍人种则无历史。何以故？历史生于人群，而人所以能群，必其于内焉有所结，于外焉有所排，是即种界之所由起也。"① 这里"群"及"人种"是民族共同体的代名词，是梁启超的一个重要政治理论概念。梁启超的新史学理论把民族的、整体的利益放在首位，其新史学在民族国家的建构中，无论是争取自由还是争取权利，都以民族的为主，而以个人的为辅。这突出地体现新式知识分子新史学理想的强烈政治关怀，其对史学与民族的关系是以"群"与"种"两概念紧密地联系在一起的。

首先，史学就是一种群学。马叙伦强调："史学，群学也、政学也、战术学也。种种社会之学，皆于史乎门键而户纶之者也，史之为用亦大矣哉。故一国者之有史，为一国文明之所寄，一人者之有史，为一人术业之所存。历史一门，故世界第一完全不可缺之学矣。"② 邓实也认为历史就是"叙述一群一族进化之现象者也，非为陈人塑像也，非为一姓作家谱也"③。史学的主体"民"也是群的表现，"夫民者何？群物也。以群生，以群强，以群治，以群昌。群之中必有其内群之经营焉，其经营之成绩则历史之材料也，群之外必有其外群之竞争焉，其之活剧，则历史之舞台也。是故舍人群不能成历史，舍历史亦不能造人群"④。

而中国传统史学的一个重要弊病就在于对"群"治的不发达，即"而中国史家，只知有一私人之善焉、恶焉、功焉、罪焉，而

---

① 梁启超：《新史学》，见《饮冰室合集》，文集之九，中华书局，1989年，第11页。

② 马叙伦：《史学总论》，载《新世界学报》，1902年，第1期。

③ 邓实：《史学通论》，载《政艺通报》，1902年，第12期。

④ 邓实：《史学通论》，载《政艺通报》，1902年，第12期。

不知有一团体之善焉、恶焉、功焉，以此牖民，此群治所以终不进也"①。

其次，史学的重要性也在种族上。刘成禺论证说："夫所重乎历史者，重其能述一种民族中一团体一分子之原理、其苗裔繁衍之情况，描写祖国惠彼后人，使生爱种之遐心也；逆叙一民族中已去事实、将来影响，足以扩充吾种之条例、代画保种之良策也。"②

因此，新史学的出现有着很强的民族主义意味，当时的主要旗手梁启超也并不否认这一点。梁氏认为新史学的重要功能就在于"国民之明镜也，爱国心之源泉也，今日欧洲民族主义所以发达，列国所以日进文明，史学之功居其半焉。然则但患其国无兹学耳，苟其有之，则国民安有不团结，群治安有不进化者也"③。从西方民族主义到今日中国的现实，史学与民族主义密不可分，"夫世界之日进文明也，非一、二人之进，而一群之进也，非一小群之进，而一大群之进也"④。"泰西各国人有作史之权……莫不以保国伸民为宗旨，简册所重，动关全族。"⑤ 因此，史学革命的重要使命之一就是今日民族主义时代救国目标，"今日欲提倡民族主义，使我四万万同胞立于此优胜劣败之世界乎……史界革命不起，吾国遂不可救"⑥。

梁启超在《中国历史研究法》中所力主的新史学大纲，其问题的切入点是寻找"中华民族"在世界历史中的位置。这种位置感的确定是需要通过勘定文明起源、辨别民族身份……研究才能达到。他认为中国史之使命如下："第一，说明中国民族成立发展之迹，而推求其所以能保存盛大之故，且察其有无衰败之征。

① 梁启超：《新史学》，见《饮冰室合集》，文集之九，中华书局，1989 年，第 27 页。

② 刘成禺：《史学广义内篇·人种第一》，载《湖北学生界》，1903 年，第 1 期。

③ 梁启超：《新史学》，见《饮冰室合集》，文集之九，中华书局，1989 年，第 1 页。

④ 邓实：《史学通论》，载《政艺通报》，1902 年，第 12 期。

⑤ 马叙伦：《史学总论》，载《新世界学报》，1902 年，第 7 期。

⑥ 梁启超：《新史学》，见《饮冰室合集》，文集之九，中华书局，1989 年，第 7 页。

第二，说明历史上曾活动于中国境内者几何族，我族与他族调和冲突之迹何如，其产生结果如何。第三，说明中国民族所产文化，以何为基本，其与世界其他部分文化相互之影响如何。第四，说明中国民族在人类全体上之位置及其特性，与其将来对于全人类所应负之责任。"①

民族史的突出，其主要的理由就是中国在当今世界的地位，世界日渐融为一体，中西民族的竞争日益激烈，"共逐西洋之浪，而交战于学术界、铁血界中，求争存于世"②，历史在民族的竞争中无疑又起着唤醒国人的重要作用，"今日提倡民族主义，使我四万万同胞立于此优胜劣败之世界乎，则本国史学一科，实为无老无幼无男无女无智无愚无贤无不肖所皆当从事"③。梁启超论证说历史学只有叙述数千年来各民族和种族的兴衰存亡史，才符合新史学的性质。为此，梁启超在《新史学》中专门以《历史与人种之关系》一节的篇幅叙述世界上各民族的发展史。在梁氏眼中，西方强大的民族被称为"世界史之正统"、"世界史的人种"，而且他认为，只有世界史的人种才能够称雄世界，使全世界的人都受他们的影响，并助其发达进步。梁启超分析当时西方列强所以强大的理由时，认为新史学的发达是其中的关键。梁氏的用心可谓良苦，他一方面是为了激发中国人的自尊心和爱国精神，另一方面也是要借鉴世界上强大民族发展的经验，来改造落后的中国。这其中赋予史学独特的政治功能，使史学在民族国家的建构中充当理论的先锋。

（3）历史与国民：国民的建构

依据西方 nation-state 的第二个层面的解释，国民拥有这个国家最高、最终的权力。这种权力可以称为主权，或可称为"内在主权"（internal sovereignty）。其实质是国家内部权力的基础属谁的问题，亦关于民族国家能否诱发人民的支持，以便培养他们对国家的认同，并希望他们能给这个国家以合法性。20 世纪初年是中国

① 梁启超：《中国历史研究法》，见《饮冰室合集》，专集之七十三，中华书局，1989 年，第 7 页。

② 会稽先生：《中国民族权力消长史叙例》，载《警钟日报》，1904 年 7 月 14 日。

③ 梁启超：《新史学》，见《饮冰室合集》，文集之九，中华书局，1989 年，第 7 页。

社会转型的一个关键时期，从国家制度上看就是从帝国政治体制逐渐向近代民族国家转型。在这一社会转型中，新式知识分子起着思想的开路先锋作用，思想的历史轨迹清晰地显示国家合法性的位移与民族国家的理论建构同时发生，即国家的合法性由高高在上的、缥缈莫测的"天命观"转到"人民主权"。

对民族史的重视，只是新史学的一个侧面，并不是新史学的全部，因为在梁启超等人的眼中，民族与国民之间还存在一定的距离，"故夫民族者，有同一之语言风俗，有同一之精神性质，其公同心渐因发达，是故建国之阶梯也。但当其未联合以创一国之时，则终不能为人格为法团，故只能谓之民族，不能谓之国民"①。这里国民成为新史学建构中最为关切的要点。《中国史叙论》发表于《新史学》前一年，梁氏开宗明义即阐述历史的主体应为"国民全部之经历及其相互之关系"，而对照此前中国之历史，由于国民主体的缺失，因而得出的结论是中国过去"未尝有史，殆非为过"②。

邓实同样强调史的精神是民，"盖史必有史之精神焉，民哉，中国三千年而无一精神史也，其所有则朝史耳，而非国史，君史耳，而非民史，贵族史耳，而非社会史，统而言之，则一历朝之专制政治史耳，若所谓学术史、种族史、教育史、风俗史、技艺史、财业史、外交史，则遍寻一库数十万充栋之著作而无一史矣"③。"三代以降，有君史无民史，有君书无民书，有治人法，无治生法"④，"邓子请更言民史，民史之物中国未尝有也"⑤。对君史的批判成为新史学对国民理论弘扬的先导，陈黻宸也主张："史者民之史也，而非君与臣，与学人词客所能专也。"⑥

梁启超在一系列的著作中，重点论述中国传统国民观念的缺乏

---

① 梁启超：《政治大家伯伦知理之学说》，见《饮冰室合集》，文集之十三，中华书局，1989年，第72页。

② 梁启超：《中国史叙论》，见《饮冰室合集》，文集之六，中华书局，1989年，第1页。

③ 邓实：《史学通论》，载《政艺通报》，1902年，第12期。

④ 樵隐：《论中国亟宜编辑民史以开民智》，载《政艺通报》，1902年，第17期。

⑤ 邓实：《史学通论》，载《政艺通报》，1902年，第12期。

⑥ 《独史》，见《陈黻宸集》，中华书局，1995年，第574页。

对中国社会所产生的巨大消极影响，他认为"国民"二字是中国几千年来所没有的，即"中国人不知有国民，数千年通行之语，未闻有以国民二字并称者"①。而中国要进入到现代的民族国家必须大力提倡国民意识，因此对国民这一概念的内涵及重要性进行论述，梁氏认为"国"与"民"是密不可分的，"中国人不知有国民也……国民者，以国为人民公产之称也，国者积民而成，舍民之外，则无有国，以一国之民，治一国之事，定一国之法，谋一国之私，捍一国之患，其民不可得而侮，其国不可得而亡，是之谓国民"②。

对国民概念进行一番申论后，我们再回到新史学这一论题上，梁氏所强调的是在民族主义时代，历史对于民族情感的凝聚、国家利益的维护起着重要的作用，"今日之史，其读者为何许人耶？既以民治主义立国，人人皆以国民一分子之资格立于国中，又以人类一分子之资格立于世界；共感于过去的智识之万不可缺，然后史之需求生焉"③。梁启超之所以有这样的认识，主要的理论依据是从近代国家三要素原理来论证的，"夫国也者何物也？有土地，有人民，以居于其土地之人民，而治其所居之土地之事，自制法律而自守之，有主权，有服从，人人皆主权者，人人皆服从者"。国民观念的产生也有一个逐步发展的过程，"人群之初级也，有部民而无国民，由部民而进为国民，此文野所由分也。部民与国民之异安在？曰：群族而居，自成风俗焉，谓之部民。有国家思想，能自布政治者，谓之国民。天下未有无国民而可以成国者也"④。用这种标准来观察中国，则发现中国并不是一国，国民也远未产生，"且我中国畴昔，岂尝有国家哉，不过有朝廷耳。我黄帝子孙，聚族而居，立于此地球之上者既数千年，而问其国之为何名，则无有也。

① 梁启超：《论近世民族竞争之大势及中国之前途》，见《饮冰室合集》，文集之四，中华书局，1989年，第56页。

② 梁启超：《论近世民族竞争之大势及中国之前途》，见《饮冰室合集》，文集之四，中华书局，1989年，第56页。

③ 梁启超：《中国历史研究法》，见《饮冰室合集》，专集之七十三，中华书局，1989年，第3页。

④ 梁启超：《新民说·论国家思想》，见《饮冰室合集》，专集之四，中华书局，1989年，第16页。

夫所谓唐虞夏商周秦汉魏晋宋齐梁陈隋唐宋元明清者，皆朝廷名耳。朝也者，一家之私产也。国也者，人民之公产也"①。因此，中国国民的出现必须要打破以朝廷为中心的守旧思想。

以西方近代国家原理来观察当时的中国，朝廷与民众的对立、民众地位的衰落等自然引起新式知识分子的强烈不满，改变这一状况的途径之一就是求助新史学。因此新史学另一个重要的主题就是国民，对史学的一系列定义就可以看出国民在新史学中的地位了。"史者何？记述人和社会赓续活动之体相，校其总成绩，求得其因果关系，以为现代一般人活动之资鉴者也，其专述中国先民之活动供现代中国国民之资鉴者曰中国史。"② 从史学的主体到史学的功用莫不是为培养新的国民服务。

对新史学的向往，集中到一点就在国民的兴起上，有论者认为中国国民之所以难产生，"则历代史家实尸其咎"，因此必须打破旧史学，从而根除千年奴隶根性，以恢复"我国自古以来血脉一统之庞壮国民，显独立不羁活泼自由之真面目"③。新史学对国民的培养成为其中心任务之一，也源于对传统史学弊病的批判，其中之一就是对传统的王朝正统观进行批驳，"中国史家之谬，未有过于言正统者也。言正统者以为天下一日不可无君也，于是乎有统，又以为天无二日，民无二王也，于是乎有正统。统之云者，殆谓天所立而民所宗也；正之云者，殆谓一为真而余为伪也"④。正统之争是中国传统史学争论不休的问题，其重点在于重君轻民，一言以蔽之，乃"自为奴隶根性所束缚，而复以煽后人之奴隶根性而已"⑤。因此新史学的创建与传统史学对君王统治的资治通鉴是完全不同的，"质言之，今日所需之史则'国民资治通鉴'或'人类资治通

---

① 梁启超：《少年中国说》，见《饮冰室合集》，文集之五，中华书局，1989年，第9~10页。

② 梁启超：《中国历史研究法》，见《饮冰室合集》，专集之七十三，中华书局，1989年，第1页。

③ 翼天氏：《中国历史出世颂》，载《政艺通报》，1903年，第9期。

④ 梁启超：《新史学》，见《饮冰室合集》，文集之九，中华书局，1989年，第20页。

⑤ 梁启超：《新史学》，见《饮冰室合集》，文集之九，中华书局，1989年，第20页。

鉴'而已"①。在梁启超看来，普通民众这国民身份的确立是新史学对民族国家建构作用的第一步，也是新史学与传统史学认知出发点的根本区别所在，换言之，只有国民身份的确立才能保证世界人资格的产生。

新史学对国民的产生至关重要，正如1903年《浙江潮》的编者在评介曾鲲化所著的《中国历史上卷》中就明确认为"历史为国魂之聚心点，国民爱国心之泉源"②。梁启超对此论述更为透彻，"以史为人类活态之再现，而非其僵迹之展览，为全社会之业影，而非一人一家之谱录。如此，然后历史与吾侪生活相密接，读之能亲切有味，如此，然后能使读者领会团体生活之意义，以助其成为一国民，为一世界人之资格也"③。这样新史学就回到其出发点上，新史学对国民的培养有着不容忽视的作用，"本国人对于本国历史，则所以养国民精神，发扬其爱国心者，皆于是乎"④。

新史学的民族国家理论建构与当时的国粹思想是紧紧联系在一起的，民族国家的建构总是强调民族的特性，有强烈的排他的一面。章太炎作为辛亥前后国粹思潮的推动者，其国粹的言论，不仅有反欧化的一面，更主要的是民族国家建构的一面。他明确地指出："为甚提倡国粹？不是要人尊信孔教，只是要人爱惜我们汉种的历史。这个历史，是广义说的，其中可以分为三项：一是语言文字，二是典章制度，三是人物事迹。近来有一种欧化主义的人，总说中国人比西洋人所差甚远，所以自甘暴弃，说中国必定灭亡，黄种必定剿绝。因为他不晓得中国的长处，见得别无可爱，就把爱国爱种的心，一日衰薄一日。"⑤ 章太炎则多次强调保存中国的语言文字、历史文化，乃是保国存种的关键，如"史亡则国性灭，人无

---

① 梁启超：《中国历史研究法》，见《饮冰室合集》，专集之七十三，中华书局，1989年，第3页。

② 《绍介新著》，载《浙江潮》，1903年，第7期。

③ 梁启超：《中国历史研究法》自序，见《饮冰室合集》，专集之七十三，中华书局，1989年，第1页。

④ 梁启超：《东籍月旦》，见《饮冰室合集》，文集之四，中华书局，1989年，第99页。

⑤ 章太炎：《东京留学生欢迎会演说词》，见汤志钧编：《章太炎政论选集》上册，中华书局，1977年，第276页。

宗主，沦为裔夷"等①。现代学者则深切了解到历史具有发扬民族精神、培养爱国情操之功用。钱穆也一再强调，"若一民族对其以往历史了无所知，此必为无文化之民族，此民族中之分子对其民族必无甚深之爱，必不能为其民族有奋斗而牺牲，此民族终将无争存于世之力量……故欲知其国民对国家有深厚之爱情，必先使其国民对国家以往历史有深厚的认识"②。这是钱穆先生语重心长之言。

这里需要着重指出的是，新史学的建立过程与民族国家观念兴起之间的紧密关系，也导致新史学为现实和政治服务中所出现的弊病，其中一点就是与纯正意义上史学的求真与求实发生了背离。尽管新史学的倡导者本身并没有意识到这一点，但却常常有意地曲解历史，为其政治理想服务，这恰如西方已有研究者所指出的，误读历史是民族建立的必经过程。然而避免误解历史，却是史学家的专业责任所在③。这在新史学口号提出后所着手进行的史学实践中均有不同程度的存在。

这一时期，激进知识分子纷纷回溯历史，对汉民族的语言文字、典章制度、人物事迹都予以称颂，"历史"在民族认同上的作用一再被知识分子挖掘出来，历史典籍也不再是一种单纯的过去记载，而成为以文化为手段的民族认同工具了。这正如英国社会学家安东尼吉登斯在论证民族国家形成中历史所起的作用那样："历史并不只是关于过去的写作，它还是把握一个集体的文化统一性的手段。"④ 王汎森在讨论晚清汉族历史记忆的复活时曾经指出，关于明清之际的历史记忆是被以两种方式压抑下去的，"首先是官方强制性的作为，比如文字狱、禁书运动、禁毁目录的刊行、四库全书中对书籍的删改等等，其次是官方强制性行为，所引发的士大夫及一般百姓的自我压抑，自动自发的压抑扩大了对明末清初历史记忆

---

① 章太炎：《检论·春秋故言》，见《章太炎全集》第3册，上海人民出版社，1984年，第412页。

② 钱穆：《国史大纲·引论》，商务印书馆，1996年，第2页。

③ ［英］埃里克·霍布斯鲍姆著，李金梅译：《民族与民族主义》，上海人民出版社，2000年，第13页。

④ ［英］安东尼·吉登斯著，胡宗泽、赵力涛译：《民族－国家与暴力》，北京三联书店，1998年，第260页。

的抹除"①。这样历史写作或多或少成为当下知识分子政治观念表达的工具，成为其政治意识形态的一个有机组成部分了。

以梁启超为首的新式知识分子提出史学革命后，着手进行新的史学实践尝试，归结起来主要有以下几个方面的工作：

第一，历史教科书的重新编写。历史认同作为民族认同的重要形式之一，其先决条件就是保留"历史记忆"。一个没有历史记载的民族，也就无从产生历史认同。但是保留"历史记忆"必须通过一种历史意识，这种意识的实质也就是区分自我与他者的意识，即意识到"这是我们的历史"或是"这是他们的历史"，才能产生"历史认同"，有了"历史认同"才能产生"民族认同"或"国家认同"，"历史认同"发生错乱，必然会产生对民族或国家的疏离感，逐渐地也就不认为是这个民族的一分子了。可见"历史认同"之于"民族认同"具有何等重要的地位②。新史学实践的一个重要主题就是对历史教科书的重新编写，许多新史学的倡导者——从刘师培到夏曾佑——均在这一方面作出了探索，许多学者对此有详细的论述，在此不再赘述。中华民族自觉意识的发展，极大地推动了中国民族历史的研究，20世纪头20年可谓是中国民族关系研究的高潮，人们试图从历史中找出中华民族的历史渊源与一体框架。

第二，民族英雄系谱的建构。历史是一个民族的共同回忆，其组成有一个系谱学之线索可寻。有关现代国家起源的民族史系谱，往往是近代的发明。中国人好称"黄帝子孙"，此种概念在中国自称"天下"的大一统时代是不可能形成的③。为了强化汉族认同，新式知识分子大量从历史中寻找合法性，把传说中的黄帝论证为汉族的祖先，"凡一民族不得不溯其起源，为吾百兆汉族之鼻祖者谁乎？是黄帝轩辕氏"。并决定改用黄帝纪年，以唤起同胞的民族自觉④。台湾学者沈松桥在《振大汉之天声——民族英雄系谱与晚清

---

① 王汎森：《清末的历史记忆与国家建构：以章太炎为例》，载台北《思与言》，1996年，第3期。

② 参见王仲孚：《历史认同与民族认同》，载《中国文化研究》，1998年，第3期。

③ 孙隆基：《清季民族主义与黄帝崇拜之发明》，载《历史研究》，2000年，第3期。

④ 无畏：《黄帝纪元论》，载《国民日日报汇编》，1903年，第1集。

国族想象》一文中，对晚清知识界的民族英雄系谱进行了详细的论述，如果我们从新史学实践这一视角来重新考察，我们就会发现历史上民族英雄的重新挖掘是新式知识分子有意"误读"历史的行为，其目的始终是为了民族国家建构这一中心。

2. "小说界革命"与民族国家想象

在清末民初，对民族国家想象贡献最大的除了新史学之外就要算"文学革命"了。有意思的是，新式知识分子是借助中国传统的两大学术门类这一旧瓶，装的却是民族国家想象这一新酒。晚清文学革命对近代国家思想的启蒙贡献主要在"小说革命"上，可以说梁启超的新民说是小说革命的理论基础，只有充分地理解新民说在近代民族国家观念转型中的重大意义，才会真切地体会小说革命的思想史意义。对于晚清小说革命的起源、主要内容、代表人物、作者作品和主要理论观点，从事近代文学史研究的学者有详细的研究，笔者所要强调的是新民说何以成为小说革命的指导思想，使小说革命远远超出了文学革命的范围，从而具有思想史和政治史的意义。

（1）文学革命与民族国家想象

在中国小说史上，晚清时期的小说最为繁荣。其中一个突出的现象就是小说突然取代诗文而成为最重要的文类。据不完全统计，晚清时代仅就现在能知道的小说至少在二千种以上，而且中国新小说的产生与西方现代小说的兴起有很大的不同，伊昂·瓦特指出，欧洲现代小说的兴起与资产阶级私人空间的分化以及个人主义的生长有关，并且产生了书信体小说这样一种典型的个人化的体裁。因此可以说，欧洲的现代小说是一种现代空间的创造、分化和规划，它是"私人空间"与"个人知识"的想象、规划和创造。然而，与此不同的是，中国近代"小说界革命"作为一种"国家"的知识，不仅是新的公共空间的创造，而且是有关现代民族国家的集体想象和认同。

1894年甲午中日战争之后和戊戌变法之前，康有为、严复、梁启超等人就已全面关注日本国内的政治、经济和文化状况，对日本启蒙文学尤其是自由民权运动时期的政治小说理论及创作，体认尤深。早在1897年，康有为就在《〈日本书目志〉识语》中提出用小说来开启明智的思想，作为弟子的梁启超对此印象深刻，后来在

《译印政治小说序》中也加以引用，来强化他的论点，"仅识字之人，不读经，无有不读小说者。故六经不能教，以小说教之，正史不能入，以小说入之；录不能喻，以小说喻之；律例不能治，以小说治之"①。在梁的眼中，小说的作用已远远超过在六经、正史、语录、律例所不能及之处，这为近代小说地位的上升提供了一种理论上的合理性和迫切性。中国第一篇关于小说政治功用的宣言，要算严复与夏穗卿在天津《国闻报》第一期上发表的《本馆附印说部缘起》一文，这篇长达七千余字的文章，以其报业观的核心"开民智"为旨归，强调了小说的价值远在"经""史"之上，"夫说部之兴，其入人之深，行世之远，几几出于经史之上，而天下之人心风俗，遂不免为说部之所恃"。作者进而指出小说的这种社会功能已在西方和日本的历史中得到充分的证明，也即"欧美东瀛，其开化之时，往往得小说之助"，因而他们打算有计划地为读者介绍与翻译外国小说，"宗旨所存，则在乎使民开化"。康有为的《〈日本书目志〉识语》、严复和夏曾佑的《本馆附印说部缘起》以及梁启超后来的一系列文章中的观点，都明显受到日本启蒙文学思潮的影响。这一思想却为当时许多进步知识分子所接受，林纾也说："欲开中国之民智，道在多译有关政治思想之小说始。"②

1898 年 9 月下旬"戊戌政变"之后，梁启超自塘沽乘船逃往日本，不久便在日本横滨创办《清议报》，在鼓吹保皇立宪的同时，他认为日人柴东海的《佳人奇遇》、矢野龙溪的《经国美谈》等政治小说，乃"浸润于国民脑质最有效力者"，因而亲自翻译了这两部作品并发表在《清议报》上。他那对整个小说界革命影响极大的《译印政治小说序》就是为此而写的，文中确认了"小说为国民之魂"的说法，申述了译印政治小说的目的。梁启超的《译印政治小说序》对外国的政治小说作了这样的推崇："在昔欧洲各国变革之始，其魁儒硕学，仁人志士，往往以其身之所经历，及胸中所怀政治之议论，一寄之于小说。于是彼中辍学之子，黉塾之暇，手之口

---

① 梁启超：《译印政治小说序》，见《饮冰室合集》，文集之三，中华书局，1989 年，第 34 页。

② 邱菽园：《客云庐小说话》，见阿英编：《晚清文学丛钞·小说戏曲研究卷》，中华书局，1962 年，第 408 页。

之，下而兵丁、而市侩、而农氓、而工匠、而车夫马卒、而妇女、而童孺，靡不手之口之。往往每一书出，而全国之议论为一变。彼美、英、德、法、奥、意、日本各国政界之日进，则政治小说为功最高焉。英名士某君曰小说为国民之魂，岂不然哉，岂不然哉。"①这里小说对社会风气的改变，尤其是对培养近代国民的作用远远高于其他的文学样式。

1902 年，梁启超在日本创办了《新小说》杂志，并在第一期上发表了他那影响深远的论文《论小说与群治之关系》，提出了"欲新一国之民，不可不先新一国之小说，欲新一国之民，不可不先行一国之小说，故欲新道德，必新小说。欲新宗教，必新小说，欲新政法，必新小说，欲新风俗，必新小说，欲新学艺必新小说。乃至欲新人心，欲新人格，必新小说。何以故，小说有不可思议之力支配人道故"②。这是整个小说界理论革命的理论前提，从而开启了"小说界革命"。小说界革命旨在造就"新小说"，其产生是建立在对传统小说的改造上，"新小说"理论家在两个层面上展开论述：一是对"旧小说"诲淫诲盗的批判，即"提倡小说的目的，务以振国民精神，开国民智识，非前此诲盗诲淫诸作可比"；二是对"新小说"觉世醒民的赞赏，"欲改良群治，必自小说界始；欲新民，必自新小说始"。新小说在这里已负担起"新民"的政治功能，小说也已成为"群治"的一个重要组成部分。有研究者认为，赋予新小说以上的政治使命，实际上都根源于传统小说关乎世道人心的古训，只不过如今有了欧美东瀛借政治小说变革现实改良群治的"经验"，小说从不入流的小道一跃而成为上乘的文学③。当然梁氏等人关心的不是单纯的文学，而是此类新文学的救国之法。

在《论小说与群治之关系》中，梁启超也强调了小说与"新国民"之关系。在论及报刊的功用方面，梁启超提出了两种宣传方法：浸润（即在不知不觉中影响读者）、激烈（即大声疾呼使读者

---

① 梁启超：《译印政治小说序》，见《饮冰室合集》，文集之三，中华书局，1989 年，第 34～35 页。

② 梁启超：《论小说与群治的关系》，见《饮冰室合集》，文集之十，中华书局，1989 年，第 6 页。

③ 参见陈平原：《小说史：理论与现实》，北京大学出版社，1993 年，第 232～233 页。

猛省）。梁启超的这些思想也体现在他对小说的认识与要求中，杂糅在他的小说理论里。梁启超主张把小说作为报纸文体中一种很好的政治宣传方式。他认为在所有文学样式的文字中，文言不如俗语，庄论不如寓言，而小说也恰恰在俗语和寓言方面有其特长。梁启超指出小说具有"熏、浸、刺、提"四种力量，具体到每一种而言，除"提"是指的一种自我领悟外，"熏"与"浸"都是指的一种渐进式的"浸润"，而"刺"则与"激烈"这种方式相类。由此可见，梁启超提出的观点与小说本身的形式无关，而是直接关注小说的影响力，换言之，读者在新小说中是处于中心地位的，之所以如此，李欧梵先生认为这是因为梁启超想象的读者和想象的中国是一回事，甚至可以说晚清时期中国知识分子同时在缔造两样东西：公共领域和民族国家①。梁启超的这些主张与号召，为晚清谴责小说（或曰社会小说）的兴盛，奠定了理论的基石。

从此，凡谈文学改革者，必推小说为文学之上乘，并以欧美与日本为准则。如黄小配定小说为"文坛盟主"②，陶佑曾也肯定"小说小说，诚文学界中之占最上乘者也"，"影响世界普通之好尚，变迁民族运动之方针者，亦唯此小说"，"欲革新支那一切腐败之现象……必先改良小说"③。小说从一种"小道"、"稗史"上升到经典的地位，由边缘的市民生活空间上升为一种公共知识。此外，夏曾佑的《小说原理》（1903 年）、金松岑的《论写情小说与新社会之关系》（1905 年）、王先生的《论小说与改良社会之关系》（1907 年）等，也分别从不同角度进一步发挥了梁启超等人的观点，论证了各种小说的社会价值。从"小说有不可思议主义之力支配人道"这一现象出发，小说的功能也带动了小说的地位上升。晚清以降，凸显小说与社会变革之间的关系，重新赋予小说的政治意义已成为士人的共识，这也是赋予小说的政治意义的关键之处。

《新民丛报》在介绍《新小说》杂志时说："本报宗旨，专在借

---

① 李欧梵：《晚清文化、文学与现代性》，见《中国现代文学与现代性十讲》，复旦大学出版社，2002 年，第 10 页。

② 老棣：《文风之变迁与小说将来之位置》，载《中外小说林》，1907 年，第 6 期。

③ 陶佑曾：《论小说之势力及其影响》，载《游戏世界》，1907 年，第 10 期。

小说家言，以发起国民政治思想，激励其爱国精神，一切淫猥鄙野之言，有伤德育者，在所必摒。"① 正是此类民族国家话语的作用，从晚清以降到五四时期，随着中国现代启蒙的展开，形成了有关"国民性"问题的讨论热潮。"国民性"及"国性"是在民族国家话语支配下形成的一种知识，同时也是一种民族国家的自我意识。实际上，鲁迅等人所发现和谴责的"愚昧"、"自私"等等中国"国民性"的弱点并不是一种中国的特殊现象，并不构成中国国民性的特殊本质。这样一种讨论方式是由民族国家话语所支配的，这样一种对于"国民性"的批判，实际上是在建立一种对于中国的特殊本质的想象与肯定。

晚清知识分子的文明与现代化想象，最集中地体现在那些以"政治小说"、"理想小说"、"科学小说"等命名的幻想性叙事中。梁启超的政治小说《新中国未来记》，用小说的形式创造了一个民族寓言，梁氏为中国的现代文明进程制定了具体的时间表为2062年，是时正值中国"维新五十年大庆典"，庆典在南京举行，中国已是一个跻身世界文明先进国家行列，并领导世界和平趋向的大国，各国政要（皇帝和大统）聚集南京，由中国倡导的万国太平会议成立，上海则正在举办大博览会，吸引世界各地人群云集……意味着未来的中国成为世界关注的焦点，可惜这类政治理想小说在叙述上往往缺乏完整的结构和生动的情节，大多还只是停留在一些政治层面的概念基础之上，而且大都有始无终，结局也不了了之。可以说梁启超的《新中国未来记》，完全是用文学来诠释政治，在艺术上几无称道之处。但是，作为中国小说现代性转变的前奏，《新中国未来记》的创作旨趣与"未来幻想叙事"，激发并体现了晚清小说家集体对"文明"的渴慕与想象，这一点也与安德森所谓现代民族国家的产生，不是先有大地、人民和政府，而是先有想象的论点完全契合。

从梁启超的《新中国游记》等到新小说开始，中国现代小说常常关乎国家大事。小说已不再单纯是个人命运的探索，而是渐渐上升到有关民族命运的探讨，是有关民族国家的"形象思维"。晚清"小说界革命"将小说由低级的叙事变成高级的叙事，小说的娱乐

---

① 《中国唯一之文学报〈新小说〉》，载《新民丛报》，1902年，第14号。

功能不断地被政治功能所取代，以致小说在现代明显地压抑了它的娱乐功能，日益突出地发展了政治和"载道"的功能，它所载的是现代之道。在"文以载道"的文学传统中，由于小说成为一种新的载道文学，因此实际上它已经开始上升为文学的正统，晚清的"新小说"实际上已经成为一场"文学革命"①。当然，这场文学革命也不单纯只是政治上的意义，事实上也直接带动了纯文学的发展，小说也朝着多样化的方向在发展，小说的类型也由单一走向复杂。王德威先生认为，晚清小说四种类型（狭邪、公案侠义、谴责、科幻）"预告了 20 世纪中国'正宗'现代文学的四个方向：对欲望、正义、价值、知识范畴的批判性思考，以及对如何叙述欲望、正义、价值、知识的形式性琢磨"②。

（2）媒体革命与民族国家

晚清小说形成这种特色以及造成这种繁荣的原因，除政治、经济、文化等方面的因素外，与当时正蓬勃兴起的报刊媒体的发展有着密不可分的关系。晚清报刊与晚清小说的倡导者均为中国知识界的精英，西方的文化启迪了中国的政治精英，可以说西方的媒体引导了中国报刊的形成。19 世纪末，帝国主义列强以侵略的方式进入中国，同时也将近代报刊的形式引入中国，随着外报深入中国并成倍增加，一部分中国知识分子，如康有为、梁启超、谭嗣同、严复等逐渐和西方文化发生了较多的接触，那些最初由传教士们创办，继而为洋商创办的报刊，给予这些爱国志士们以极大的启迪，他们发现报刊是获取西方先进知识、思想、技艺、促进社会进步的工具，是开启民智、改革政治、推动社会发展的有力武器。从此，近代报刊在中国政治家的倡导及身体力行下逐渐生长发展起来。晚清小说初兴之时，便被赋予与报刊同等的使命。晚清小说从某种意义上可以称为近代报刊的副产品。中国的政治精英们力求自上而下地进行维新改良，他们借助报业宣传变法思想，但他们的美好愿望与辛勤只换得"百日"的辉煌。所以这些锐意改良者便转而将推动社会变革的希望寄于自下而上的舆论的形成，于是着眼于小说，他

---

① 韩毓海主编：《20 世纪的中国：学术与社会·文学卷》，山东人民出版社，1999 年，第 13～14 页。

② 王德威：《想象中国的方法》，北京三联书店，1998 年，第 16 页。

们将这些被传统文学观视为地位低下的"稗官野史"抬高到"文学之最上乘",并赋予其革新政治的使命,试图借小说以新民,达到曲线改良政治的目的。晚清小说在这种观念的倡导下得以被爱国文人们所关注。随着戊戌变法运动兴起的是报纸杂志等现代媒介,现代传媒不仅有力地沟通了知识分子与大众,而且在传统的官僚国家体制之外形成了一个新的公共空间,形成了一个大众的公共领域。这样,新式知识分子从传统的体制和经验中解放出来,这就是现代的诞生,中国现代文学就是在这样一种历史的崩溃和破坏中开始萌芽和发生的。

就具体的个案而言,一般均是先政治后文学的道路,如在1895年和1896年,梁启超创办了《强学报》和《时务报》等政论性报刊,到1898年戊戌运动失败后,梁启超流亡日本,又创办了《清议报》、《新民丛报》和《新小说》等报刊,这样就从政治变革跨入文学的变革之中。梁启超等利用新兴的报纸和杂志等现代媒介,来宣传他们的资产阶级变法维新思想,同时也把文学当作宣传资产阶级变法维新思想的工具,这样一来,报刊与新兴的文学二者之间就形成一种互相依照和良性互利的关系。可以说,报刊的优势是晚清小说繁荣的基础,一方面是政治家大张旗鼓地宣传,这使小说日渐自觉地成为充分反映当时政治社会情况,不断对政府和一切社会恶现象进行抨击的工具,成为政论报刊的同道。另一方面是报刊这种载体对于小说的呼唤。报纸的定时定期出版,造成了对于能填充版面的作品的大量需求。与小说相比,新闻消息字数少,采集困难,同时单一的信息缺少消闲性与娱乐性。而小说在字数与可读性方面都恰好能满足报纸的需求,因此只要能在形式上相适应,报纸必然欢迎小说的加盟;对小说来说,反映社会、抨击时弊的作品,最好的载体莫过于通俗的、平民化的大众传媒。同时报纸的大版面、报纸的快速与便捷、报纸的固定受众群体都是一种强烈的抵挡不住的诱惑,于是借助报纸的形式出版小说便成为晚清小说登上历史舞台的最初亮相,为近代的民族国家观念的兴起和传播起了巨大的作用。

就整体而言,晚清小说革命与民族国家想象的建构,是借助新媒体来完成的,而其中主要是报刊,如《新小说》、《月月小说》、《绣像小说》、《小说林》、《小说月报》、《申报自由谈》等。这样,民族国家的形成过程与公共领域存在同一化的过程，这正如美国学者本尼迪克特·安德森在其名著《想象的共同体——民族主义主的起源与散布》一书中所说的，一个新兴的民族国家兴起之前，有一个想象的过程，这个想象的过程也就是一种公开化、社群化的过程。这一过程依靠两种非常重要的媒体，一是小说，一是报纸，"因为这两种形式为'重视'民族这种想象共同体，提供了技术上的手段"①。晚清的小说革命就是将小说与报刊结合起来，强调小说在民族国家形成时的重要作用，小说与民族主义同时结合在一起，成为19世纪末20世纪初中国思想界的一个突出现象，也正与安德森所认为的现代小说、报纸催生民族主义"想象社群"的说法不谋而合。同样，小说地位的确立，也使这一新的文学样式开始进入正统教育的主流领域。另一位美国学者宇文所安在研究中国当时的文学和教育现象后，也强调：在19世纪后期和20世纪初，文学和文化遗产在新的国立学校教育系统里被机构化、体制化，从而成为民族国家稳固的基础之一②。可以说，这是一些专为小说而发行的·"报纸"。

三 省与国：20世纪初国人民族国家认同的二极
——以"非省界"与"筹边建省"思潮为中心

20世纪初，大批留学生走出国门，其中留学日本的学生数量在1900年以后稳定的增长，到1906年就已经超过一万人。尽管绝大多数学生最初都是按照其籍贯，即设立于东京的各省同乡会来组成群体，但这些留学生很快便产生了民族认同和种族忠诚的强烈感情。由于接触到的是世界各国先进的文化，尤其是当时日本流行的各种政治思想，留学生开始对中国的传统及过去进行反思，其视野也从原来国内的狭小地域地方性认同，开始变为从世界民族国家竞争的角度来重新审视自己的认同对象。其中一个最为明显的感触，就是外国人也不再将其像原来一样视为某省之人，而是统一称呼为

---

① ［美］本尼迪克特·安德森著，吴叡人译：《想象的共同体——民族主义主的起源与散布》，上海人民出版社，2003年，第26页。

② ［美］宇文所安著，田晓菲译：《他山的石头》，江苏人民出版社，2003年，第346页。

"中国人"，已有研究者指出："留学生到了日本后，由于彼此有着共同的利害，便产生了作为'中国人'的意识，因此也就感到有团结起来的必要。"[1] 这也意味着作为一个民族整体的中国人认同开始出现。这一民族整体观集中体现在"中国者中国人之中国也"这一口号的出现，当时在留学生的刊物上这一口号随处可见，如有的称："中国者，中国人之中国，非得外人所得而干涉也。"[2] 有的则主张："中国者，中国人之中国也。惟中国人能有中国，他人不能有也。"[3] "中国人"整体观念的突显，主要是针对外国列强对中国的侵略而言的，因此这一口号的大量出现也引起了列强的恐慌，日本有名的《早稻田学报》1903年就登有这样的文字："彼近日国家思想颇形发达，倡言'中国者中国人之中国也'之言，假令此等思想浸淫于彼等全国国民之脑中，此岂我文明诸国之利耶?"[4] 从反面也证明中国人民族国家观念的兴起。"中国人"整体意识的出现，是中华民族自觉意识发展的重要步骤，到了1922年，梁启超还撰文指出"中华民族"通常是指汉族，同时也包括中国各民族，他强调民族意识的产生是对他族认同的结果，"凡遇一他族而立刻有'我中国人'之一观念浮于其脑际者，此人即中华民族一员也"[5]，这里认同自己是"中国人"成为民族认同的重要标志。

20世纪初年，民族主义思潮的勃兴，与中国人整体观念开始出现的同时，在新式知识分子中，出现了破除省籍界限的"非省界"和积极筹备边疆的"筹边建省"的言论。这里"省"与"国"互相冲突，表现出思想上的两极，从表面看来，这两种思潮是互相矛盾对立的，但实际上它们有着不同的针对对象，分别针对传统领土观念的两大障碍——"村落"思想和"屏藩"意识，在本质上均表现出对以国家为最高忠诚对象和国家一体化的整体要求，最终的结果却是一致的，即"省"让位于"国"，充分体现了民族主义在

---

① [日]实藤惠秀著，谭汝谦、林启彦译：《中国人留学日本史》，北京三联书店，1983年，第167页。

② 《论中国之前途及国民应尽之责任》，载《湖北学生界》，1903年，第3期。

③ 《中国灭亡之大问题》，载《童子世界》，1903年，第31号。

④ 《黄祸预测》（录自早稻田学报），载《江苏》，1903年，第1期。

⑤ 梁启超：《中国历史上民族之研究》，见《饮冰室合集》，专集之四十二，中华书局，1989年，第1～2页。

国家建构方面的巨大作用，也从一个侧面表明清季新式知识分子民族国家观念尤其是领土观念的日趋成熟。

20 世纪初知识分子对时代特点的归纳，用一句话概括就是：20 世纪是"民族主义之时代也"①。何谓民族主义呢？答案是"合一群，同道德、同法律、同风俗、同文学美术，而组织一完全无缺之国家者也"②。"凡同种之人务独立自治，联合统一以组织一完全之国家是也。"③ 知识分子鼓吹民族主义，其目标仍落在建构民族国家上，"凡立于竞争世界之民族，而欲自存者，则当以建民族国家为独一无二义"④。"民族国家"（nation-state）是近现代世界列国并立的国际政治的产物。它包含着确定的国家主权和疆域、统一的民族意识与民族共同体、国民以国家为最高忠诚对象等许多方面的内容。民族国家的建构是当时知识分子理解民族主义的出发点和落脚点。只有理解了这一点，我们才可能较真切地把握当时知识分子的"民族主义"言论，也理解民族建国为何成了 20 世纪初年时代最急迫的课题。

由此许多知识分子开始运用西方近代国家三要素——主权、国民和领土来指导近代国家的理论建构，指出"夫国所恃以完全者，以国土、国民、国权之三者连缀而成，交相维系者也"⑤。近年来，学术界对近代的主权观念和国民思潮的讨论比较充分，但对领土观念的探讨却十分薄弱。在 20 世纪初年知识分子建构民族国家的过程中，虽然从总体上看，知识分子领土观的建构不如主权观、国民观和民族观等建构显得集中，但仍然取得了一定的突破。20 世纪初年几乎同时出现的"非省界"和"筹边建省"论为这一问题的探讨提供了一个较佳视角，本节就此作一初步的申论。

1. 非"省界"

20 世纪初年，就有人对中国当时的行政区划设置有一概括，"有地数万方里，有民数兆，划其畛域建为一省，如是也二十有一，

---

① 《论社会改革》，载《时报》，丙午年（1906 年）六月十七日。

② 邓实：《民族主义》，载《政艺通报》，1902 年，第 7 期。

③ 《国魂篇》，载《浙江潮》，1903 年，第 1 期。

④ 《民族主义论》，载《浙江潮》，1903 年，第 1 期。

⑤ 《新年以来人事之现象》，载《警钟日报》，1904 年 2 月 27 日。

合有一大国，此吾国今日形势之现象也"①。"省"是自元朝建立行省制度后就一直是中国的一种行政区划，而近代"省"的意识的出现却是晚清的事情了，已有学者研究指出：19 世纪末 20 世纪初，随着经济结构的变迁和地方性新政事业的开展，一种立足于一定地域经济文化认同和自身利益的"省"意识开始形成，"本省"成为知识分子中的一种流行语②。而"省界"一词的出现则是 20 世纪初年的事，一说是由《新广东》而起，"省界胎于庚辛之间，广人《新广东》出世，省界问题如花初萌，于时各省同乡恳亲会先后成立，承流附风遂遗其始，至今日而省界之名始定矣"③。一说是由湖南《游学译编》而起，"近数百年来天下归于一统，故省界二字未闻。自东京派留学生，湖南学生联络团体而省界二字起矣。自湖南《游学译编》出，而《江苏》、《浙江潮》、《湖北学生界》，相续而起，当留学生之他者界也"④。早在 1902 年广东人欧榘甲著《新广东》，大力提倡"广东省广东人之广东省也"，希望建立"新广东"，其主要理由是中国各省之间"不相亲爱"，"爱中国者不如迫其所生省份之亲"，进而提出"莫如各省先行自图自立，有一省为之倡，则其余各省，争相发奋，不能不图自立"⑤。湖南人杨笃生起而效之，著有《新湖南》，主张"遍湖南人而自为之，新湖南之成立，夫岂远而！"⑥ 而湖北籍留日学生则撰文认为"吾辈既为湖北人，则以湖北人谋湖北"⑦。同样，《云南》杂志的一篇题为《论云南人之责任》的文章也倡导："而今日振作精神，固结团体，正我滇人之责任也……我为滇人，当已滇事为己任。"⑧ 此类言论在各省留学生为主体的报刊上屡见不鲜，虽然留学生们的言论多是从

---

① 《告各省疆臣》，载《俄事警闻》，1904 年 1 月 9 日。

② 参见刘伟：《晚清"省"意识的变化与社会变迁》，载《史学月刊》，1999年第 5 期。

③ 《非省界》，载《浙江潮》，1903 年，第 3 期。

④ 《论省界不可分》，载《警钟日报》，1905 年 1 月 6 日。

⑤ 《辛亥革命前十年间时论选集》第 1 卷上册，北京三联书店，1960 年，第269～311 页。

⑥ 《辛亥革命前十年间时论选集》第 1 卷下册，北京三联书店，1960 年，第646 页。

⑦ 《湖北调查部纪事叙例》，载《湖北学生界》，1903 年，第 2 期。

⑧ 《云南杂志选辑》，科学出版社，1957 年，第 299 页。

由爱乡到爱国而立论的，即所谓江苏同乡会的解释是"各省亦竞以爱其本省爱中国"①。湖北留日学生对湖北同乡会的缘起也作了类似解释："同人游学海外，目击世局，知非合群策群力结一大团体，断不能立于生争竞存之恶风潮中，但大团体由小团体相结而成，故爱国必自爱乡始。"② 1903年《游学译编》发表《劝同乡父老遣子弟航洋游学书》，指出省界不得已而为之的地方，"我支那无爱国心无团结力，人人相离，推省界、府县界、种族界，极而为一人界，原无独立之精神"③。

客观地讲，各省省籍意识的高涨，体现出一种乡土情结，对当时兴起地方自治思潮也是一种又向互动的关系，即"人人知省界，则人人自卫其乡，而地方自治之说可行矣"④。但省界意识的发展，尤其是留学生中省界的区分日重，也使得当时从留学生团体到革命派的一些组织，开始均带有浓厚的地域色彩，各派之间的明争暗斗均有相当的地域情节，直接影响了其在全国的号召力，"留学生势力方兴，多有地域之见，兴中会看起来很像广东人的组织，外省人参加者不多"⑤。同样，"光复会既成立，与会者独浙皖两省志士，而他省不与焉"⑥。20世纪初年，新式知识分子对中国民族的乡土与国家的情感偏向有着较清醒的认识："我民族之缺点所在，则不在于无爱乡思想，而在于无爱国思想。"⑦ 清末留学生运动的兴起之初，在日本的中国留学生的认同方式主要还是以地域、血缘和业缘为主，却较少以民族和国家为认同对象，从当时以各省为单位组成的同乡会就可以清晰地看出。但这种现象却引起了时贤的批评，"彼此不相顾，有无不相通，见利则争思攫取，见害则争相躲避，一言以蔽之曰，自营其私而已。西人讥吾二十行省，俨如二十余国，吾则谓一中已分十数国，一省之中又分数十百国，势如散沙，

① 《江苏同乡会始记事》，载《江苏》，1903年，第1期。
② 《湖北同乡会缘起》，载《湖北学生界》，1903年，第1期。
③ 《劝同乡父老遣子弟航洋游学书》，载《游学译编》，1903年，第6期。
④ 《论省界不可分》，载《警钟日报》，1905年1月6日。
⑤ 张玉法：《清季的革命团体》，（台湾）近代史研究所，1975年，第173页。
⑥ 冯自由：《革命逸史》第5集，中华书局，1981年，第55页。
⑦ 《论处、金、衢、严四府之关系及其处置之方法》，载《萃新报》，1904年，第2期。

徒有此广土众民之虚名耳"①。从当时的留学生刊物《浙江潮》中所记载的言论来分析，这种现象并不是个别的，其带来的危害有目共睹，"今起视吾民，则又有堪为扼腕者，本同种而强为省界之别，因细故而大起同室之争，兄弟阋墙燃萁煮豆，同族之睚眦必报，异种之巨耻可捐乎。吾民亦可谓无心肝者矣，又何怪外人之乘隙以侮我也"②。由此可见，省界的出现对于近代国家的形成已成为一大障碍。为此，有识之士疾呼破除省界的畛域，坚定地提出"非省界"口号，要求破除省界的畛域之见，将认同的方式扩展到民族和国家的整体上来。

当时，《警钟日报》的社论指出"省界"的划分弊端有两点，一是"同为炎黄子孙……区分省界于历史学人种学有不符"。二是"今中国当危亡之世，正宜合本部汉族之力以抵抗外族，若区分则统一之期无望"。解决的方案则是"夫大同之说可以破省界之惑者也，吾甚望中国人民力除省界之说，吾庶合群之说，可以实行，此则中国前途之福也"③。如果撇开种族言论，会发现其关切的重点是在中国人的"合群"上。事实上，早在1903年就有不少知识分子注意到省籍情结对中国民族国家建构的阻碍作用，《浙江潮》杂志第3期连发二文专门讨论省界问题，其中心论点在于"省界"的存在应对"国界"的难以出现承担责任。当时一读者致书杂志的编委——浙江留学生同乡会："侧闻诸君联订此会，省界甚严，此省不能参与他省。——同是支那人，同具亡国之忧，此疆彼界，意何为者？"进而主张"人人心忧国之心，从事忧国之事，脑电所达，目炬所照，但有国界，不有省界"④。以上主张得到杂志编者的共鸣，并随该文编发一篇长文直点主题的文章——《非省界》，作者指出省界之行，其流弊众多，造成青年中原以"国界"、"种界"为中国之大防，至今日反而变得若隐若显、似有似无之间，这在民族主义盛行的时代对中国的统一，组建民族国家是一个大障碍。故明

---

① 《论中国欲自强宜先消融各种界限》，载《京报》，丁未年（1907年）三月二十日。

② 《为荷兰强迫华侨入籍恸告海内外同胞》，载《广益丛报》，第201号。

③ 《论省界不可分》，载《警钟日报》，1905年1月6日。

④ 《寓江西陈君致浙江同乡会书》，载《浙江潮》，1903年，第3期。

确号召除去省界屏障、成立"中国本部统一会","集留东各省人，以共除省界为目的"，"吾颇闻今人有一二喜言破坏者，我独谓，欲破坏法律界、政治界、教育界，要不可不先破坏省界"，以共同建构民族国家①。

"非省界"口号的出现，体现了知识分子整合中国境内所有民族和地域的要求，是中国近代领土观念发展的重要表现。这一口号也是戊戌以来"合群"思想发展的结果。20世纪初年在"合群"论支配下，各种近代社会团体纷纷出现，其中不少是地缘性纽带的转型，这些地缘性组织并非依附血缘纽带的宗族家族机制，而是逐渐成为共同社会追求的载体，这些区域性新式社团即在旧式组织如会馆公所之外成立，也体现出新的政治诉求。为了破除畛域之界，知识分子号召"自小群以成大群"②，由局部合群开始，走向近代民族国家。近年来有学者认为这种合群的出现，同时伴随着国家主体由皇权转移到民权，"既打破了狭隘地方主义的局限，又解脱了传统社会的桎梏。"③

2. "筹边建省"论

值得注意的是，几乎在"非省界"思潮出现的同时，也出现了一种与此字面相反的"建省"论。这一议论可以说是针对边疆地区而言的，晚清时局的发展，清政府相继在新疆和东北建立了行省制度，故"筹边建省"论的出台，主要集中在西藏和蒙古地区。正如时文所指出的，边疆地区新疆设省最早，到20世纪之初已三十余年，而东北三省近年也已改设官制，开始筹建行省，"而迫于形势之棘，又不能不亟亟改建者，惟蒙古卫藏诸壤"④，其要点在于以行省的方式解决，对于西藏"今已建议改为行省，则乘此机会收回政权，以达赖班禅专掌宗教，俾全国政策归于一致"，对于蒙古"一如东三省之布置"，"若不改更，或将为威胁，或为利诱，终将隶属于人，在我既失藩篱，在彼且为牛马，孰若

---

① 参见章开沅：《"排满"平议——对辛亥前后民族主义的再认识》，见《辛亥前后史事论丛续编》，华中师范大学出版社，1996年，第84～85页。

② 《天津青年会缘起》，载《大公报》，1902年7月5日。

③ 桑兵：《清末新知识界的社团与活动》，北京三联书店，1995年，第286页。

④ 《沿边改建行省私议上》，载《东方杂志》，1908年，第1期。

合并于我，犹得沾平等之权利"①。

下面分别以地区来分析筹边建省的主张。

先看看西藏的"建省"主张。1904 年时人对俄国入侵东三省和英人入侵西藏的反响进行比较，认为"俄人之据三省也，国论沸腾，若有不可终日之势，固应尔矣。而英人之图西藏也，天下寂然"，之所以出现这样决然不同的反响，有人分析其中的根本原因在于，"夫东三省者我之内地也，而西藏外藩也"②。作者对此进行了严厉的批评，力主不能委弃西藏，但却提不出什么良策。而当时国人对处理西藏问题大多主张建立行省，即如舆论所称，"近人谋西藏善后者，多有设为行省之说"③。当时《新闻报》就刊登这样的言论："中国若保西藏为两川之屏蔽，使人之势力不能由印度以直接下达西藏，长驱而入，贯通于扬子江诸行省，则保藏所以保两川，即所以保湘鄂皖豫宁苏六省之腹地。西藏改设行省一策万不能坐失事机再缓。"④ 这种要求在西藏建立行省的议论之多，以致出现因不同的建省方案而争论，有的甚至对在西藏设立行省是否可行提出质疑，认为西藏的宗教语言文字，人地不同，不宜与内地一样设立行省。

与西藏设立行省相关的补充方案之一，就是在四川西部藏区设立一行省。其主要原因是川西是中央入主西藏的要道，只因"川西一带蛮戎窟宅，为声教不及之区……若不布置川西，则后路堪虞，藏事亦难于下手，谓宜将四川划为两省，分设川西巡抚以董理之，而仍受成于成都总督"⑤。这一设想曾得到清政府官员的赞同。与此同时，还出现第二种补充方案，即内阁中书尹克昌向朝廷奏请，具体划出四川雅州到云南丽江一带土地，设立"建昌行省"，使之成为"西藏之咽喉"⑥。方案之三是在西藏与四川交界处设一行省，大致与第一方案有相似之处，"今日最急之务无它，惟严画蜀藏之

---

① 《论中国欲自强宜先消融各种界限》，载《京报》，丁未年（1907 年）三月二十日。

② 《论中国不宜委弃西藏》，载《外交报》，1905 年，第 104 号。

③ 《西藏不能设行省》，载《东方杂志》，1904 年，第 1 期。

④ 《拟改设西藏行省策》，载《新闻报》，丙午年（1906 年）正月初七日。

⑤ 《筹藏论》，载《南方报》，乙巳年（1905 年）八月二十日。

⑥ 《内阁中书尹克昌奏请添设建昌行省》，载《东方杂志》，1905 年，第 8 期。

疆域设行省于宁静山内而已，非弃卫藏不顾也"①。这三种方案大同小异，其根本落脚点仍在于实行西藏与内地一体化的政策，以切断列强对此的侵略之心。

当时有记者调查蒙古的具体情况，认为蒙古"诚使改定行省，百度更新，广招农民，肆力垦辟，尽地力，教耕战，而谓边患不可除无是理也。是故蒙疆设省利于国家，利于蒙藩，且利于汉民，不利者睒睒眈眈之俄耳"②。主张在经费等方面给予照顾，尽快建立起行省，以抵制俄国的入侵。

当然"建省"论也不是一概针对边疆而论的，有时论者也将其用于对内地一些情况复杂的省份，以分别建立行省进行分而治之，这实是当局的一种统治方略，如当时就有舆论要求在徐州设立行省，主要是因为自古以来徐州就是兵家必争之地，加之"近数十年复有会匪之勾结，教士之浸灌，设不早计，祸发一隅牵动全局，将欲因地制宜，变散地为要害，莫如建徐州为行省"③。这一情况可视为一种例外，不在本文讨论范围之内。

与边疆"建省"论相关的就是移民实边，这方面的言论报刊比比皆是，仅《东方杂志》一年多的时间内就先后发表了《论中国宜注意移民满洲主义》（第三年第五期）、《论移民实边不可缓》（第四年第七期）、《徙民实边私议》（第五年第一期）、《变通迁民实边办法之刍言》（第五年第三期）、《国家今日宜急经营西北说》（第五年第六期）等多篇论说，充分表现了民族主义的兴起与边疆事务的关注息息相关。

晚清民族国家观念的兴起，对于边疆事务的构思，也多是从边疆与内地生死攸关的角度立论的。如"西藏为中国西部之藩篱，英俄竞争之焦点……唇亡齿寒，西藏失，则吾国西南大局，岂得晏然无事？"④ 但这里须指出的是，传统王朝的边疆地区的筹划多是从屏藩的角度提出问题的，边疆与内地不是处于同一重要性的平台上，边疆地区只是处于一种"藩属"的地位，中央与其统治关系并

---

① 《蜀西分省刍言》（录时报），载《东方杂志》，1908年，第12期。
② 《论蒙古改设行省之不可缓》，载《时报》，乙巳年（1905年）二月十六日。
③ 《徐州建行省议》，载《中外日报》，乙巳年（1905年）二月初七日。
④ 《英藏交涉沿革小史》，载《东方杂志》，1908年，第12期。

不十分密切，而筹边建省的出台，把内地与边疆放在同一重要的地位进行讨论，这就为中国近代民族国家的建构提供了一个切实可行的实际操作方案。

3. 问题的实质

如果单从字面上分析，读者会发现 20 世纪初同时出现的"非省界"和"建省"论是互相矛盾的，如何来看待这一现象？为什么晚清时期同时出现这两种相反的思潮，这种矛盾现象如何解释？

笔者认为，只要联系 20 世纪初年民族主义勃兴这一大的思潮背景，从建构的方面来分析，就会准确把握问题的实质。"非省界"与"筹边建省"二者一虚一实，前者是指时人尤其是留学生中的观念，如"省界何知，此省界心之罪也"①。后者是指针对边疆危机而提出的一种制度设置。二者本质上均是民族国家领土观的共同建构，不同的是针对传统国家观念中对民族国家形成的两大障碍。

20 世纪初年新式知识分子已充分地认识到近代国家三要素的相互关系，首先表现在从法理上初步论证了领土与民族国家的关系，即从近代国家三要素原理出发，从领土与国民、主权的关系展开论证："夫国所恃以完全者，以国土、国民、国权之三者连缀而成，交相维系者也。"② 而领土的重要性也由此而彰显，《论国家》一文指出："国家要有一定的土地，凡是一国，必不可无一定的土地。"换言之，领土在国家三要素中同主权、人民一样，是不可缺少的一个要素。该文把国家与土地的关系浅显而形象地比作房子与地基的关系："好像做一所房子，不可没地基一般，你看天地间有悬在半空里的房子吗？"③ 不少知识分子从西方近代国家学说的角度进一步论证，"学者之论国家学，曰有人民无土地者不得谓之为国家"④。从国际法上看，有人解释说："甲国之人有甲国之土地，乙国之人有乙国的土地，此乃万国之公例也。甲国之人不能干涉乙国之土地，乙国之人不能干涉甲国之土地，此万国之公法也。"⑤

---

① 《非省界》，载《浙江潮》，1903 年，第 3 期。
② 《新年以来人事之现象》，载《警钟日报》，1904 年 2 月 27 日。
③ 三爱：《论国家》，载《安徽俗话报》，1904 年，第 5 期。
④ 《论日报与社会之关系》，载《东方杂志》，1904 年，第 11 期。
⑤ 《异哉我国民于世界之地位》，载《东方杂志》，1905 年，第 1 期。

虽然知识分子已在国家学说和国际法上认识到领土与国家的关系，但落实到中国境内的历史与现实层面上，知识分子正确的民族国家领土观的确立，必须要突破两大传统领土观念：一是村落思想，二是屏藩意识。"非省界"和"筹边建省"论的出现就是直接针对中国传统领土观中的两大障碍而言的。

所谓村落思想，指的是一种畛域观念，即主体对自己的家乡认同大大高于对国家其他地区的认同，以致阻滞国家一体发展。中国传统村落思想的产生，如同一美国学者所指出的：传统中国每一个省都处于半独立的状态，只要按时向中央缴付税收，朝廷和当局是不会干涉的。由于交通的不方便，中央政府实际上只是个象征而已。人民的爱国观念只达于他们的地区和省份，他们绝少有国家观念①。中国传统的社会关系是血缘宗族关系，乡土—地缘的情结在中国传统社会中根深蒂固，其根源在于"在稳定的社会（即传统社会）中，地缘不过是血缘的投影"②。"村落思想"这一名词最早是由梁启超于1903年界定的。是时梁启超游历美洲，曾听罗斯福的演说，受罗斯福号召美国人脱去村落思想的启发，用村落思想来回头观察中国的现实问题，发现中国的村落思想过于强大，已成为建国的大阻力了③。梁启超所言的村落思想指的是长期居住某一具体地域，或乡村，或城市，或省份所产生的依附感④。村落思想的实质就是畛域观念、乡土观念，其根本危害在于对乡土的认同大大高于对民族国家整体的认同，其发展的结果是阻碍了民族国家的整合。

这种村落思想的漫延是中国人"不合群"的重要原因和表现，20世纪初年知识分子对村落思想的批判，集中在"省界"上，认为当时中国人难以合群，难以建立一个统一的近代民族国家，其根源在于"省界"观念的根深蒂固，"故今日之中国实不啻一群，计

---

① ［美］威尔·杜兰：《人民与国家》，见姜义华等编：《港台及海外学者论中国文化》上册，上海人民出版社，1988年，第59页。

② 费孝通：《乡土中国》，北京三联书店，1985年，第72页。

③ 梁启超：《新大陆游记》，见《辛亥革命前十年间时论选集》第1卷上册，北京三联书店，1960年，第788页。

④ 参见张灏：《梁启超与中国思想的过渡（1890—1907）》，江苏人民出版社，1995年，第171页。

算若干群，夫以中国区区数万之民，而为群若是之多，何怪乎今无合群之效者，亦由省界分而成见深也①。由"省界"而带来村落思想已成为近代国家转型的一大障碍了。

"非省界"的出台就是针对"村落思想"而言的，"夫今日谋国者固知发奋自强矣，亦知自强之必修内政矣，然必修内政，而存各种界限，则因之而生内难，故吾以消融之方法为中国自强第一基础"②。省界的出现遮蔽了国界、种界，"我青年诸子以国界种界为吾中国之大防，而挟有一定之目的，不避辛苦而争此一点者乎？自省界之说起，而国界种界反退处于若隐若显似有似无之间，于乎此亦人人心中不能不欲言之一境"。其进而"非省界"的目的是"产出一破坏国界之新分子"③，其落脚点是省界的出现阻碍了民族国家的建构。"非省界"论者基本是以留学生或是关心留学生的人士为主体。留学生出国后，因其视域的扩大，参照对象的变化，逐渐转移到与日本人相比，其认同不再囿于一省一地的地缘关系，作为整体的"中国人"开始突显，这也意味着作为一个民族整体的中国人认同开始出现。留学生"非省界"论所关注的是不要把省籍看得过于严重，要突破狭隘的地域认同，以国家为最高忠诚对象。

所谓屏藩意识，是指传统中国人内部的文化先进地区与落后地区之间的亲疏之分，这种亲疏之分早先主要体现为"夷夏之辨"中的"内诸夏、外夷狄"主导下的"五服观"，即天下以京畿为中心向四方每五百里文明降一等级的领土观。到了晚清，这种领土观淡化为屏藩意识，它一方面体现一体之感，另一方面又在一体之内有主次之分，周边的民族地区只是作为中原文化区的屏障而存在。屏藩意识的发展则会导致去藩保中原的危险。例如，甲午战争后谭嗣同曾建议"益当尽卖新疆于俄罗斯，尽卖西藏于英吉利，以偿还二万万之欠款"。"费如不足，则满洲、蒙古缘边之地亦皆可卖。"④这种极端的言论可以看成是"屏藩意识"发展极端化的严重后果。

---

① 《论中国不能合群之原因》，载《东方杂志》，1905年，第1期。

② 《论中国欲自强宜先消融各种界限》，载《京报》，丁未年（1907年）三月二十日。

③ 《非省界》，载《浙江潮》，1903年，第3期。

④ 《上欧阳中鹄书》，见蔡尚思、方行编：《谭嗣同全集》上册，中华书局，1981年，第161页。

这种领土观类似当代英国社会学家安东尼·吉登斯所说的传统国家的"边陲"论:"在对传统国家的领土权和民族—国家的领土权进行区分时,很基本的一点就是我们应该看到,传统国家的'边陲'与民族—国家的'国界'两者之间具有显著的差异……边陲指的是某一国家的边远地区(不必然与另一国家毗邻),中心区的政治权威会波及或者只是脆弱地控制着这些地区。"①

"筹边建省"论者所关注的对象,主要是当时 21 省以外的边疆之地,尤其是蒙古、西藏等地,其所提出的建省理由主要是要求边疆与内地一体化,以国家的同等程度认同来排斥西方列强的觊觎。这一立论可以说是打破了中心与边陲的理论界限,强调了国家认同一体化的方向,为民族国家的整体认同和理论建构提供了思想资源。

村落思想和屏藩意识与民族国家建构所需要的对国家整体领土同等程度的认同有着相当远的距离,而且这两种观念还隐藏着多种危险。村落思想的发展则会导致为保一地而去全体的错误,屏藩意识的发展则会导致去藩保中原的危险,这些对近代中国民族国家的建构均是严重的障碍。而"非省界"与"筹边建省"言论的出现是近代民族主义思潮的产物,是针对传统领土观而论的,其本质表现出对以国家为最高忠诚对象和国家一体化的整体要求,充分体现了民族主义建构作用的一面,即表明清季新式知识分子民族国家观念尤其是整体认同的日趋成熟。

四　名与利:清季国籍问题与国人的民族国家身份认同

中国近代化的历程是一个逐步纳入以民族国家体系为基础的世界体系之中的过程,中国本身也经历着从传统的帝国向民族国家的转型。本文以 19 世纪末 20 世纪初国籍问题为中心,尤其是清朝朝野对荷兰 1907 年出台的《新订爪哇殖民籍新律》的反应,来分析中国民族国家转型过程中,不同群体民族国家身份认同的多样性和复杂性以及认同的焦虑和危机。

---

① [英]安东尼·吉登斯著,胡宗泽、赵力涛译:《民族—国家与暴力》,北京三联书店,1998 年,第 60 页。

1. 国籍问题的表现

国籍是指个人具有某一国家的国民资格，并在这个国家有其权利与义务。国籍问题就是国籍的变更及冲突问题，是伴随着近代以主权、国民和领土为标志的民族国家世界体系而出现的，国籍的变更体现了个体法律上的民族国家身份认同的改变。中国国籍问题的最早出现是19世纪中期，到19世纪末20世纪初，这一问题日益突出。尤其是1907年荷兰政府出台所谓《新订爪哇殖民籍新律》，强迫南洋爪哇华侨改为荷兰国籍，海内外舆论一片哗然，国籍问题第一次成为全社会的焦点。晚清政府为了应对荷兰政府对南洋华侨的控制，相应地出台了中国近代第一部国籍法。近年来许多学者注意到这一点，但论者多从清政府的华侨政策和华侨的祖国认同两方面来立论的①，对国籍问题而带来的清朝不同群体民族国家身份认同却关注较少。况且，荷兰问题只是晚清国籍法出台的一个直接的外在原因，事实上，晚清国籍法出台前后的原因要复杂得多。本文试图通过对这些复杂原因的分析，来揭示中国普通民众在中国近代国家转型过程中所遇到的身份认同多样性、复杂性及困境。

笔者在查阅相关文献资料过程中，发现在1908年荷兰强迫南洋华侨改籍问题出现之前，还有三种关于"国籍"的问题和现象比较突出。

一是内地居民改入外籍。

京津和沿海地区附近与洋人接触较多的地区，不少"刁民"加入外籍，利用其洋籍身份，借助洋人势力，干涉地方诉讼，谋取私利，成为当时的一种新的社会病。据当时报刊记载："近有一种华民私入外籍，在内地遇事把持干涉，或显违国家禁令，或不受警察范围，及逮案究办，则请外人索要，交回保释"，尤其是"京津屡

---

① 这方面的近期论著有王庚武：《中国与海外华人》，商务印书馆（香港），1994年；李盈慧：《华侨政策与海外民族主义》，（台北）国史馆，1997年。内地学者的论文主要有罗福惠：《孙中山时代华侨的祖国认同》，载《近代史研究》，1996年，第6期；壮国土：《海外华侨认同的变化和民族主义形成的原因》，载《中山大学学报》，1997年，第2期；胡波：《华侨社会思潮研究（19世纪末—20世纪初）》，载《学术研究》，1999年，第11期。

有此项交涉案件，迭经外务部警厅办与争持，始稍俯就巡警范围"①。这种状况在广东和福建也很突出，广东内地人民，多入洋籍，平时往来内地，居家置产业，无异平民，"迨至身为罪犯，或因讼求胜，则诸领事干预，更有犯事后，始入洋籍，既欲享洋人优待保护之特别利益，即应弃内地人民应享之权利。若居内地，经商置产，应试捐官与平民无稍区别，有事则挂名洋籍，藐法抗官"。福建的情况则多为"内地居民投入洋籍，往往籍照运货，不纳税厘"②。

这种状况令清政府从地方到朝廷都十分头痛，认为"此等风气断不可开，窃恐各处办理此项事件，地方官吏怵于交涉重大，造就敷衍，则将来流弊，更将不堪设想"。于是外务部等部门专门下文进行专项整治，"外务部有鉴于此，因据情详咨各省督抚，谓嗣后和入外籍华人，一概不准在内地及其祖籍地方，与闻公事，滋生事端，否则即照中国法律严行惩办。如外人出头干涉，亦须据理驳诘，毋得稍存畏缩云"③。但因清政府没有制定正式的国籍法，地方官员更是害怕与洋人打交道，内地居民私入外籍的现象也屡禁不止。

时贤著文专门对此等现象的危害进行揭露，指出：华民改籍，"外酿国际之交涉，内碍国家之主权"④，内地居民尤其是租界居民一旦犯法，亦求改籍，"藉外人之保护抗本国之法权"，等至涉讼公堂，则互相争竞，"大则伤国体，小则徒滋讼端"，20世纪初年这种情况"已曾见迭出"⑤。上文作者进而将私入外籍的目的归为六大类型，笔者将其综合列为四种情况：（一）改籍逃债，即"商界中遇有破产及有心骗取财物或负债未了，改籍为避债之台"。（二）改籍为援，"与人涉讼自知理曲。一经对质，恐干罪戾，及藉改籍为援奥，以冀微倖于万一"。（三）改籍逃捕，"市井奸民，平时不安

<hr>

① 《处置外籍华人违警犯禁办法》，载《外交报》，1908年，第242号。
② 《限制入约》，载《外交报》，1904年，第99号。
③ 《处置外籍华人违警犯禁办法》，载《外交报》，1908年，第242号。
④ 杨玉辉：《论改籍协约为国际最要之问题》，载《东方杂志》，1908年，第7期。
⑤ 杨玉辉：《论改籍协约为国际最要之问题》，载《东方杂志》，1908年，第7期。

本分，鱼肉良民，及其恶贯满盈，知不免于国法，相率以改籍为逋逃之渊薮"。（四）改籍趋利，"遇权利仍称华民，遇讼狱则标西籍"①。由此可见，国籍成为一些刁民奸商争讼骗财的工具，其改籍并没有多少种族、文化认同的变化。

这方面的典型案例是厦门人黄瑞曲因事与警局龃龉，因其加入西班牙籍，致使大启交涉，引起朝廷上下的震动。《东方杂志》事后以题为《厦门籍民细故启衅始末》进行了长达 4000 余字的详细报道。报道称，厦门人黄瑞曲以"不过二三百元买一入籍牌照"，私自加入西班牙籍，并取洋名吗甘保，结果其在中国之内"货物不纳捐也，房产不完税也，贾捐商捐亦不照交纳也"②。当时这种情况并非个别，因加入外籍能带来上述这么多的好处，故"闽人入籍者，均兴高采烈，召集梨园子弟唱戏为乐"③。黄氏其子之一还向中国当局捐纳同知官职，办理厦门招商分局事务，另一子加入日本国籍，父子三人"沾三国之利益"。由此可见，种族、文化的认同远没有占据主导地位，物质的利益和由此带来的社会地位是其身份认同的基本点，国籍只不过是此类人中的一块钻营获利的手段而已。因当时清政府处理此类问题没有统一的法律规章，只要私入外籍者一般没弄出什么乱子，也就息事宁人，不作追究。厦门事端的出现，起因为"时值慈禧、光绪驾崩后国丧百日之内"，黄氏父子为收取暴利，不顾中国国制礼，租戏园招来外地戏班演唱，从而与当地警署发生冲突，结果黄氏"电达公使，公使转告外部，外部即电请闽督迅查咨复"④。软弱的清政府在强大的外交压力下，将具体办理此事的地方官员开缺送部来了结此案。

清廷虽然也清楚当时内地部分居民借口"以入籍自由为各文明国例"，导致"乃近华人，每有犯法而入外籍者，借作保护符者，一经传讯，动成交涉"。但其应对措施还是几十年前的老办法，"拟仍照同治四年所订入籍条例办理，以示限制，现正与

① 杨玉辉：《论改籍协约为国际最要之问题》，载《东方杂志》，1908 年，第7 期。

② 《厦门籍民细故启衅始末》，载《东方杂志》，1909 年，第 4 期。

③ 《厦门籍民细故启衅始末》，载《东方杂志》，1909 年，第 4 期。

④ 《厦门籍民细故启衅始末》，载《东方杂志》，1909 年，第 4 期。

各公使磋商矣"①。面对这种被动局面，清廷却缺乏积极应对措施，自然上述私改他籍所带来的系列后果也日重一日。

二是海外华商华人加入外籍。

这一方面的情况比较复杂，一些华商在与外商进行经济往来过程中，因清政府的软弱无力，无法对其进行有效保护，于是改入外籍以求保护，虽此举有一些无可奈何的成分在内，却也引起时人的关注。有的对改入外籍寄予同情，如当时旅寓美属非路底化埠华人创立花旗唐人总会，集众设法办理入籍之事，曾拟就章程登报布告，其根本原因在于"盖以未曾入籍受美人种种苛虐有限禁之例也。按中国出洋华人无国力保护屡受异邦人虐待，至不得已而求入他国籍，以视犹太亡国之散民何以异也"②。就是已经加入了外籍的，也并不意味着取得了与外国人同等的地位，如荷兰新的国籍法制定之前，荷属华侨，有的因家道素裕，曾读荷兰法律，遂禀请荷政府批准他平等，"侨民不知底蕴者，咸指为入荷籍，其实尚非入籍也"。结果巴城华侨，有许蕴玉、放蕴谦、汤怀仁、赵全禧等人遂认真入荷籍，其中许蕴玉入籍曾费荷银七千盾，并将全家搬入荷地居住。当时记者调查发现："在彼以为一入籍，官僚不敢限制之，人不敢欺侮之，可与外国人平等矣。愿吾闻此中人云华侨之入外籍者，若欲与外人共玩或共聚，外人必斥之，与外人共语或共学，外人必骂之，衹可伏居于外人之下，绝不能与之平等。然则侨民入籍，名虽为外国之民，而则为外国之奴隶耳，呜呼。"③ 这些早期加入外籍的华商的真实处境，也成为日后荷兰公布新国籍法时，遭到南洋华侨绝大部分强烈反对的重要原因，这也或多或少显示海外侨民民族国家身份认同的复杂性。

有的报刊对华商入外籍感到伤心，并进行了无情的嘲讽，如1903 年因日本横滨四十余华商加入日本国籍，引发留日学生对民族灭亡的担心，文中以民族作为国籍认同的基础，认为改入他籍就

---

① 《重申入籍条约》，载《半星期报》，1908 年，第 18 期。

② 《欲图入籍》，载《选报》，1901 年，第 2 期。

③ 《华侨入荷籍之异闻》，载《华商联合报》，宣统元年（1909 年）七月二十九日，第 14 期。

是民族灭亡的象征。除了对加入日本国籍的华商进行挖苦之外，对独立自由的新中国的向往溢于言表，"建新中国独立之旗，撞大汉自由之钟"①。由国籍问题而引发的以民族作为民族国家认同的基础这一思想在留学生中得到广泛传播。

而清王朝在处理这类问题时十分被动，1907年浙抚增子师接到日本方面来函，谓浙江慈溪华商郑宏富一家归化日本一事，"照日本国籍法，一、应查明本人生年月日；二、应查明本人与中国国籍法，能否合格；三、本人入日本国籍后，是否即失本国国籍，须调查示覆等语，并将该商改籍缘由，咨明该省督抚，转饬地方官将该商籍贯革除，一面查明该商在内地有无产业，照例办理"。清地方官员所能做的只是一方面承认"华商郑宏富既愿改入日本国籍，自应照案办理"，另一方面所担心的只是"该商在本国是否另有他故，改入洋籍，似应一并办理，以免他日纠葛"。因没有国籍法可供参照，只能是一事一议，事后追查背后的原因，得到的答案无非是"或曰是不可问而知，是必以中国国家之不能保护，故夫中国之所为谓保护华侨皆托空言，而为妇孺之所能知者也"②。由此可见，清王朝的软弱无力是海外华商改变民族国家认同的一个重要原因，换言之，中央政府的强弱是20世纪初年中国民众民族国家身份认同的重要因素。

三是中国边疆少数民族改入外籍。

清王朝延续历代的怀柔远人和"屏藩"并主的连续统治策略，边疆地区历来就是中央势力管辖的薄弱环节，加之对此觊觎已久的列强借机怂恿鼓动，致使不少边境地区少数民族改入外籍。如西北的蒙古人入俄籍，在19世纪末20世纪初多见诸报端，"外蒙古人多有入俄籍者"，致使理藩部因此特别咨请新疆巡抚库伦办事大臣伊犁将军，"详查蒙民姓名年岁，系何由何年何日归入外籍，及有无产业，并将已入外籍之人数若干，记载清晰，咨报到部，以备查核"③。东北朝鲜人的国籍也成为中日之间争夺的焦点之一，清朝

---

① 《横滨华商入日本籍者四十余人》，载《江苏》，1903年，第7期。

② 《咨查华商改籍日本之原因》，载《华商联合报》，宣统元年（1909年）四月十五日，第7期。

③ 《咨查入俄籍蒙民》，载《外交报》，1908年，第248号。

对犯禁流移至东北的朝鲜边民采取怀柔政策，令其编入华籍，开发东北边境。日本帝国主义为达到利用朝鲜人侵略东北的目的，横加干涉，不予承认。1907 年，日本未获清朝允许，在延吉设立"间岛督务厅"，以其为保护东北朝鲜人的机关，于是引发了所谓"间岛问题"。国籍问题成为中外关系中一个棘手的问题。清朝对朝鲜人的归化政策，由劝告归化发展到强制入籍，主要原因是保护主权，抵御日帝的侵略。边境的国籍问题也是清政府后来制定国籍法的一个重要原因。

2．民众对荷属国籍法的反应

20 世纪初年，南洋华侨经济力量的增强和民族主义思想的发展，引起荷属殖民地当局的不满和恐慌，这成为荷兰出台新的国籍法的根本原因。时人对此的分析相当透彻，"自吾国捐除海禁，而内地民气渐盛，稍稍知组织团体，开设学校影响所及，侨民亦自知设学堂结商会，颇具自治萌芽，此见忌于外人之远因也。前年朝廷派重臣，抚慰南洋各侨，去年又定每届秋冬派兵舰巡历南洋之制，向时国籍在破灭之间者，一旦油然有祖国之念，此见忌于外人之近因也"①。1907 年荷兰国会议订荷属东印度归化法，华侨称之为《新订爪哇殖民籍新律》，共三章十条，其中第一章对"定籍"的规定五条如下："凡左列人等不论是否荷国籍如住在荷国属地照此左列法律自颁行后即认为荷兰属地殖民籍。

第一条　凡人生长于荷兰属地其父母俱在，或其父无可考而其母迥在即认为荷兰殖民籍。

第二条　凡其父母虽皆无可考，而实生长于荷兰属地者，亦为荷兰殖民籍。

第三条　凡右列第一条或第二条之籍民之妻或夫死之孀妇亦为荷兰殖民籍。

第四条　凡籍人之子女虽非生长于荷兰属地或年未满十八岁或未结婚者亦为荷兰殖民籍。

第五条　凡籍人在外国所生之子女，虽年满十八岁，或已结婚者，然苟住荷兰地或往来于荷兰王国之地，亦为茊荷兰殖民籍，其妻及结婚及年满十八岁子女亦同。"

---

① 《论爪哇侨民请定国籍法》，载《外交报》，1908 年，第 230 号。

另外第三章还作了以下专门说明："此等法律凡荷兰属地无论何洲皆拟一律施行。"[①] 该归化法采取出生地主义的国籍法。规定自 1908 年起所有出生于爪哇的华侨，不问其现居该地或已返回中国，均为荷兰国民。

以出生地为主的荷兰国籍法的出台，"一变其威力压迫之策，转而羁縻笼络之谋，初由国会议准华侨入籍之案近复拟宁新律，凡久居彼属者皆将入殖民地籍"[②]。以此强迫华侨应于 1908 年改入殖民地籍，引进了南洋华侨的极大恐慌，"华侨自闻此议，函电纷驰，互相奔告，联络各埠商民开会集议，共筹对待之策"[③]，纷纷成立国籍保存会，以商会牵头，各界华埠代表集会商议，及时向国内发回专电，请求声援，国内商界、学界及朝廷即时而动，国籍问题成为一时舆论的焦点。南洋中华总商会立即召集各埠代表至泗水会议，会后电禀国内农工商部、外务部、南洋大臣、两广总督等，"吁请速设依赖，速颁国籍法，并采血统主义，并拒绝荷人运动，设法制之于先，保侨局，全国体"[④]。上海商会得到消息后，也电农工商部和外务部，要求"外顾同胞，内维国计"，"切商驻京荷使，阻止新律"，并"急订国籍法，以正其名，急设领事，以杜其计"[⑤]。

一时海内外社团互相声援，厦门绅商学界各代表假厦门商务总会召开特别会议，议定援助荷属华侨办法，并公举代表数人"躬赴荷属各部，调查情形，并分电外务部、农工商部、闽浙督部堂，签请速简领事前往保护"[⑥]。上海总商会接到泗水总商会函，积极行

---

① 《新订爪哇殖民籍新律》，载《外交报》，1909 年，第 276 号。

② 《商部奏和兰将订新律令华侨入籍请饬速定国籍法折》，见沈云龙主编：《近代中国史料丛刊》三编第二辑《清季外交史料》，台北文海出版社，1993 年，第 3496 页。

③ 《商部奏和兰将订新律令华侨入籍请饬速定国籍法折》，见沈云龙主编：《近代中国史料丛刊》三编第二辑《清季外交史料》，台北文海出版社，1993 年，第 3496 页。

④ 陈翰笙主编：《华工出国史料汇编》第一辑，中华书局，1985 年，第 472 页。

⑤ 陈翰笙主编：《华工出国史料汇编》第一辑，中华书局，1985 年，第 472 页。

⑥ 《国籍问题之三》，载《华商联合报》，宣统元年（1909 年）二月三十日，第 2 期。

动，"除撮要分电外商两部，恳赐维持外"，另以正式禀牍，"剀切剥陈，籍作专禀之后劲，而示公愤之先声"①，并将禀稿录呈递寄各省商会大事记两册，联合国内各商会一致行动。

就荷兰国籍问题，朝野各社团、媒体言论行动空前一致，这与以前的国籍问题的反响形成鲜明对比，之所以如此，主要有以下三个原因：

其一，以前的国籍问题只是个体和小范围的行动，而这次荷兰国籍法的出台，却欲将整个爪哇的华侨纳入荷兰籍，整体的国籍问题所引起的反响自然巨大。内地一家报刊认为"爪哇等岛地本吾国之殖民地，其人民以华侨为主体，此侨民一有国籍，可以尽变为华，而况荷兰今日不以强力相驱逐，而转利用此怀柔之主义，将一网而收罗我数百万之华族以入彼版图，吾人其设心思之彼其出于爱我华侨之真诚，而将惠待以一视同仁之政策耶？抑亦觊觎我华侨财产之权利，而将取诸其怀而有之也"②。几百万华侨的身份问题不是小事。

其二，进入 20 世纪后，随着留学生的规模日益扩大，近代传媒迅速发展，无论是革命派还是保皇派均在华侨中进行宣传，近代民族主义日益勃兴，关系到民族国家的重大问题都会成为关注的焦点。这正如当时商部的一份奏折所称："我国人民性质多恋祖邦，虽世居彼岛，名田宅长子孙，而瞻念故乡服饰土风，悉仍其旧。向以重洋远隔，声教未通，徒怀内向之诚莫遂子来之愿。"③ 华侨对祖国历史文化的认同成为对其拒绝加入外籍的根本原因。

其三，南洋是华侨海外最大的聚居地，也是清政府重要的海外财源，若南洋华侨入外籍，势必影响清政府的国库收入，加之清政府所宣扬的天朝恩威也受到重大打击，因此这一问题牵涉关系重大。"夫吾国地土虽大实业未兴，以历年赔款之脧削，外货之吸收，吾国民生计上危难已有不堪终日之势，而沿海各省，尚得赖以维持者，

① 《上海总商会为荷属华侨国籍问题事复泗水总商会函》，载《华商联合报》，宣统元年（1909 年）二月三十日，第 2 期。

② 《为荷兰强迫华侨入籍恸告海内外同胞》，载《广益丛报》，第 201 号。

③ 《商部奏和兰将订新律令华侨入籍请饬速定国籍法折》，见沈云龙主编：《近代中国史料丛刊》三编第二辑《清季外交史料》，台北文海出版社，1993 年，第 3496 页。

只此海外千百万同胞抛生命殚死力，含辛茹苦竭嗽而得之金钱还以输诸祖国耳。今并此而弃之吾国前途其又何堪设想，且此犹为目前者易觌之祸也。"① 华侨与祖国的经济密切联系也是一个重要原因。

因此南洋华侨的国籍问题一经出现，就不再是单纯的华侨问题，而事实上已演变为晚清朝野共同关注的"民族国家"身份认同问题。

3. 国人国籍意识的成熟——国籍法

因荷兰强迫爪哇华侨加入其国籍，使国籍问题成为晚清国人共同关注的一个焦点。国籍意识空前高涨，报端出现各种各样的国籍问题解决方案的文章，这为今天研究中国人民族国家认同提供一个文本。国籍意识实际上包括何谓国籍、国籍的重要性如何、现在世界上存在一些什么样的解决国籍争端方案、中国现阶段应如何处理国籍问题等等。下面就当时舆论关注的这些国籍问题进行分析，以考察晚清民众民族国家身份认同的重点和困惑。

何谓国籍？主要有二种观点：（一）国籍是国民身份的主要标志，即"国籍者，所以区别孰为本国人，孰为外国人之标准也。或谓本国人莫不有户籍，当以户籍法定之，然本国人寄居外国者，率皆无户籍，故户籍之有无，不足以为区别之标准，欲区别其孰为本国人孰为外国人，不得不依国籍法为根据，且国籍法为国民身份之所由出，有国籍而后有国民之身份"②。（二）国籍是国民与国家之间权利与义务的主要依据，即"国籍者定国民对于国家有绝对服从之关系者也。故内国籍民，不论至何国，除违犯所在国公安之外，皆与己国之统治权有关系，外国籍民则不然。其无领事裁判权者，则驻在该国时，受治于该国之下。若一移徙，则该国统治权不能及之，今日欲辨内外之界限，莫如先辨国籍"③。"有国民之身份始生一切之权利义务。外国人之寄居国内者，权利义务俱有差别，非若本国人无论在内在外，均绝对服从本国之主权也。故对本国则称臣民，对外国则言国籍。国籍即所以定本国人民对于国家享有公法上

---

① 《为荷兰强迫华侨入籍恸告海内外同胞》，载《广益丛报》，第201号。
② 《论政府亟宜制定国籍法》，载《外交报》，1908年，第229号。
③ 《论今日宜定国籍法》（录丙午年十一月二十六日《时报》），载《东方杂志》，1907年，第2期。

之权利，负有服兵役纳租税之特别义务。而隶属于本国保护权之下者也。"① 从国籍的定论中不难发现，国籍总是与国民、权利、义务这些概念紧紧联系在一起的，国籍的选择，实质就是民族国家认同的变化的改变。

何以重国籍？主要原因有以下三点：一是时代的进步，人员流动的扩大，"在昔闭关时代，人民不相往来，至各国通商互市，文明进步，不禁归化欲归化为何国人民，全属个人之自由，国家不干涉之，惟关系权利义务之存在"②。这种权利义务关系的确立就是依据国籍，国籍的效果有三："一、国家对于外国人可以拒绝其入境，其已入境者可追放之；二、军事上政治上之权利义务外国人不能享受；三、内国人要世界无论何地，皆受内国之保护，而外国人一出内国，即无保护之责任，且当其在内国时，其保护之程度，亦非可与内国人相比，一以条约与国内法定之，此皆国籍之效果也。"③ 二是民族国家的兴起，"古代国籍，但知有论理学上之关系与社会学上之关系两端（论理即种族宗教，社会即语言服饰），与我论理社会相同者则谓之国人，与我论理社会相异者，则谓之异国人，然则此等国籍，但可以律民族单纯之国家。要不可以律交通日繁之国家，何以故？以今日之国家，一国而有数种族人、数宗教人，且有异言异服之人，故盖时至今日，非民族主义国家，实国家主义之国家也"。这点明了今日重国籍的根本原因在于民族国家的兴起之后，国籍成为民族国家身份认同的一项重要标志。三是国籍问题牵涉到国家的根本利益，即"国以得民为本，民以著籍为本，自来言户籍者不过稽其众寡，辨其老幼，以令贡赋，以起职复而已。国籍之法则操纵出入之间，上系国权之得失，下关民志之从违，方今列国并争，日以开土殖民互助雄长，而中国独以人民繁庶贸迁耕垦，偏于瀛衡量彼我之情，扬摧轻重之际，固不必以招来归附为先，而要以怀保流移为贵，此则今日立法之本义也"④。所以

---

① 《论政府亟宜制定国籍法》，载《外交报》，1908 年，第 229 号。
② 《论政府亟宜制定国籍法》，载《外交报》，1908 年，第 229 号。
③ 孙观圻：《论国籍之效果》，载《外交报》，1909 年，第 297 号。
④ 《宪政编查馆奉为遵旨议覆大清国条例折》，见沈云龙主编：《中国近代史料丛刊续编》第二十五辑《宣统己酉大政记》，台北文海出版社，1964 年，第 1265 页。

国籍法的出现成为一种必然，"故昔日之国籍，不足以律今日之国民，为今日之计宜定法律上之国籍。法律上之国籍是之谓国籍法"①。国籍成为国民身份的一个法律标志。

当时，对国籍法知识的普及作出贡献最大的要算留学生，他们纷纷著文，运用国际法知识，阐明公法私法意义上的国籍法的区别，尤其对国际上出现的两种国籍法的原则，即出生地主义和血统主义的含义、区别以及各自的适用范围进行了详细的宣传、介绍，还重点对各主要列强国家国籍法的基本原则进行比较分析，对中国的国籍对策提出建议。时论已充分地认识到各国的国籍法不外两种基本原则，即"今日各国所采用国籍法，其条文各有不同，大要别之，不外血统主义与出生主义而已"。所谓血统主义？"其父为内国人，不论至何国，其所生之子女，皆取得内国籍，近日各国多采用之。"所谓出生地主义？"不论其父母为何国人，惟在内国出生者，即取得内国籍。近日南美新闻诸国，仍采用之，此寓吸收人种之意也。"② 有的文章将出生地主义和血统主义称之为属地主义和属人主义，世界各国单纯用一种原则来制定本国的国籍是极少的，多采用折衷的办法，"各国国籍法有地脉系血脉系，即是属地属人主义，因两义相持必生抵触，故须各有注重之端，而不能无折衷之制，然各国即取折衷主义，而仍不出于属地属人二者范围以内，故当施行之际，往往易生辨难之端，而各国通例，必先定一法律以保护己国人民，与限制他国人民"③。而且还会出现多重国籍的现象，"恐将来一人而有二国以上之国籍，必致有积极的冲突，吾国向无国籍法，如何谓之脱籍，如何始认为归化，界限极不分明，故于裁判权时生龃龉也"④。这就更加突出制定国籍法的紧迫性。

各国制定国籍法的地位不相同，有规定于宪法中者，如西班牙

① 《论今日宜定国籍法》（录丙午十一月二十六日《时报》），载《东方杂志》，1907年，第2期。

② 《论今日宜定国籍法》（录丙午十一月二十六日《时报》），载《东方杂志》，1907年，第2期。

③ 《宪政编查馆奉为遵旨议覆大清国条例折》，见沈云龙主编：《中国近代史料丛刊续编》第二十五辑《宣统己酉大政记》，台北文海出版社，1964年，第1265页。

④ 《论政府亟宜制定国籍法》，载《外交报》，1908年，第229号。

葡萄牙是也；有规定于民法中者，如比利时是也；有规定大纲于宪法，而别以特别法规定者，如普鲁士荷兰日本是也。当时中国学者认为："民法属私法，国籍法之性质属公法。学者间颇议规定于民法之不当，而宪法之规定，以国权为根本，涉及国籍，似未详尽，故以国籍法特别规定最为适当。"①

此外，为了让国人对外国国籍法样本有一个更好更详细的了解，江苏吴县留日学生吴兴让翻译了日本学者中村进午的《日本国籍法讲义》，在《北洋法政学报》第52至66册上进行长篇连载。

以上对国籍的定义、重要性、各国国籍法原则等的介绍，其落脚点在于对中国国籍法的制定提出建议，这些建议集中起来不外两点，一是中国应早日制定国籍法。当时许多刊物中有关国籍文章就直接以标题《论今日宜定国籍法》、《论政府亟宜制定国籍法》、《论改籍协约为国际最要之问题》来立论。二是我国的国籍法应采用血统主义原则为主，强调"吾国不定国籍法则已，若定国籍法，自然以血统主义为宜（此血统指父系血统，非单纯种族之血统）。夫国籍法之定不定，实统治权能保与不能保之所由分也"②。并且认为这种方案只是根据本国国情而制定的，不能要求与别国相一致，即"此但准乎本国情势之所宜，而固不能期他国之尽相合也。……以固有籍入籍出籍复籍为纲，而独采折衷主义中注重血脉系之办法"③。之所以如此，主要是因为国籍与一国之国民的法律地位紧紧相联，加之我国人口众多，移民海外甚多，只有采取血统主义，才好对海外的国民进行有效管辖，"论国籍法原理，虽有血统与出生地之殊，而其实行则在乎严办取丧失之界，如其取得国籍乎，不惟在内国，在我统治权之下，即远至欧美澳各国，无不在我统治之下，如其丧失国籍乎，不惟在外国无享受我国民权利之资格，即近而在我内地各行省，宜剥去一切国民应享之权利，乃环顾吾国有明确为内国籍人，而我统治权不能及之者。又有为内国籍人而又入外

---

① 《论政府亟宜制定国籍法》，载《外交报》，1908年，第229号。

② 《论今日宜定国籍法》（录丙午年十一月二十六日《时报》），载《东方杂志》，1907年，第2期。

③ 《宪政编查馆奉为遵旨议覆大清国条例折》，见沈云龙主编："中国近代史料丛刊续编"第二十五辑《宣统己酉大政记》，台北文海出版社，1964年，第1265页。

籍，一遇有事，人将援国籍问题以难我，而我统治权仍不能及之者，由前之说，则教民冤作之梗，由后之说，则入外国籍人实作之梗。呜呼茫茫大陆，既不能拒回领事裁判权，使外人就我范围，又不能先定国籍法，使国人归我统治"。从留学生精心设计的国籍原则及其背后的动机来看，更多地认同民族的整体利益，认同清政府的合法统治，而较少关注这种国籍法能否真正得以实现。

4. 清政府的对策

南洋华侨国籍问题出现以后，海内外华人反响强烈，迫于海内外的压力，清廷一改过去在此类问题上的软弱与被动态度，积极应对，派员安抚、与荷交涉、速定国籍法三大举措几乎同时展开，但其效果却不能一概而论，有的完全是形式主义，有的措施也取得一定的成效。

首先，清政府能作的就是派员安抚南洋华侨。农工商部奏派该部农务司员外郎王大贞为抚慰南洋华侨专员，王氏系来自侨乡福建晋江，1907年冬"由北洋带兵舰到厦接待美舰后，奉派出洋抚慰华商，嗣因国制未行"。所以清廷认为王乃最佳人选，"兹定于闰二月初五日仍带海圻、飞鹰、海容三舰，拟先赴爪哇，因该埠正在争执国籍，籍筹保护云"①。其安抚的目的十分明确。

但这种安抚行为取得多大的实际效果却让人怀疑，连当时倾向于朝廷的报刊也对此举的实际作用深表怀疑，认为"朝廷亦垂念侨民之呼吁，安慰镇抚之命，时有所闻，然不过空言之嘘煦而已，其实则实惠未能及焉"。朝廷之所以这样做的根本原因在于：一则"且有疆臣计吏，艳羡于华商之富实"；二则"外来举行新政，度支奇绌，罗爵掘鼠之方，遂远及于海外，于是有以筹赈往者矣，有以路矿鸠股往者矣，甚且有以劝捐往者矣"。总之将南洋看成一聚宝盆，"衔命之使，靡岁无之，推其意，直视海南为无尽之藏，可予取予求，而莫我瑕疵焉者"。因此进行派员安抚，是"虚而往，实而归，以义始，以利终，其不亦寒旅人之望，而沮其内向之机乎"？②

① 《国籍问题之四》，载《华商联合报》，宣统元年（1909年）二月三十日，第2期。

② 《论保护南洋华侨》，载《外交报》，1909年，第297号。

其次，清政府利用外交途径与荷交涉。这其中办理具体交涉事宜的是清政府驻荷公使陆征祥。国籍风潮出现之初，"执照公理及中国国籍新律，照驳荷使，略谓各国通例，除人民自愿入籍外，断无以法制强迫入籍之事，华侨在荷属相安已久，荷亦久已认为中国。乃今忽颁新律勒限入籍，实违公理中和友睦，谅荷政府决不以此举动施和好友邦等语，希查照外删"①。"外部电饬驻荷陆使力争"，荷兰方面却"诿此事于南洋殖民总督权限，骤难磋议"，又经交涉，"现在荷廷已允转圜"②。

《清史稿》对双方交涉的曲折过程和结果有粗略的记载，宣统三年四月，清政府与荷兰议定设立领事条约。一开始，荷兰方面提交领事条约全稿十七条，清政府命陆征祥与之商议。荷方原约文外另有附则一条，谓施行本约，"不得以所称荷兰臣民之人视为中国臣民"，陆征祥在此条后加以"亦不得以中国臣民视为荷兰臣民"一句，结果荷兰外交部不允，"乃命征祥回京，由外务部照使荷来署接议"。后双方商议"继允将附则改为公文，不入约"。最终达成如下协议：1."生长荷之人，遇有国籍纷争，在彼属地可照荷律解决。"2."此项人民回至中国，如归中国籍，亦无不可。"③ 荷属华侨国籍问题虽还是没有最终统一解决，但至少保证在法律上，清政府享有对南洋华侨国籍的管辖权，这也成为中国历史上最早有双重国籍的由来。

清地方官员对回国的华侨也是按大清国籍来办理的，时清政府的华侨档案中就有如下记录："荷兰华侨归国应作为华人，已遵饬沪道照办，并行知宁苏两学司交涉司查照矣。"④

清政府在与荷兰交涉的过程中，之所以比较被动，一个重要的

---

① 《外部致陆征祥和颁新律华侨勒限入籍已照驳电》，见沈云龙主编：《近代中国史料丛刊》三编第二辑《清季外交史料》，台北文海出版社，1993年，第3871页。

② 《国籍问题之二》，载《华商联合报》，宣统元年（1909年）二月三十日，第2期。

③ 《清史稿·志一百三十四·邦交七》，中华书局，1977年，第4656页。

④ 《江督张人骏致外部和兰华侨归国应作华人电》，见沈云龙主编：《近代中国史料丛刊》三编第二辑《清季外交史料》，台北文海出版社，1993年，第3965页。

原因是自己没有一部成文的国籍法，因此清廷应对策略的最终落脚点是加紧制定国籍法。从农工商部到外交部均纷纷上奏，"为和兰将订新律拟将华侨入籍，请饬速定国籍法以资抵制"，其中一份奏折称虽以前也上奏了"已拟订国籍条例，并译各国国法入籍法异同考"等语，但"第虑告成尚需时日，万一和国拟订新律尅期实行，是时华侨虽群起力争，无国力以为后援，则众情易涣，部臣驻使虽多方磋议，无法律以为依据，同胜算难操"，因此必须"拟请旨下饬修订法律大臣，将国籍法一门迅速提前拟订，尅期奏清钦定颁行以利外交而维国势，所有和兰拟收华侨入籍，请速定国籍法以资抵制"①。这份奏折起了作用，清廷指派外务部会同修订法律大臣修订国籍法，值得注意的是，"从前编订法令，动则经年累月，此不浃旬"②，连最高当局摄政王也亲自过问，再三催促，这说明清廷对国籍问题的重视和反应之迅速。

清政府参照中外国籍法规，针对荷兰当局国籍法的"出生地主义"，于1909年3月28日颁布了一项基于血统主义原则的国籍法——《大清国籍条例》，其中第一条规定"凡左列人等，不论是否生于中国地方，均属中国国籍。一、生而父为中国人者；二、生于父死后，其父死时为中国人者；三、母为中国人而父无可考者或无国籍者"③，这就明确规定，不论是否是出生于中国，不论出生于何地的任何儿童，只要其父或其母是中国人，他们均属中国公民，均属中国国籍。这就从法律上正式明确了华侨的身份是中国国民，这使保护华侨有了法律上的依据。

通过以上的分析，就国籍问题而言，晚清不同群体和个人，对其自身的民族国家身份认同呈现出多样性和复杂性的特点：或选择种族，或选择民族，或选择历史文化，或选择利益与实惠……这其中还蕴含着名与利、国家与个人之间的冲突，造成了中国近代国家转型过程中身份认同的焦虑与危机，既表现为民众

---

① 《商部奏和兰将订新律令华侨入籍请饬速定国籍法折》，见沈云龙主编：《近代中国史料丛刊》三编第二辑《清季外交史料》，台北文海出版社，1993年，第3496页。

② 《国籍问题之一》，载《华商联合报》，宣统元年（1909年）二月三十日，第2期。

③ 《大清国籍条例》，载《北洋法政学报》，第100期。

身份认同的盲从，也表现为国家引导民众身份认同的被动与无力。

　　华侨因其侨居海外，处于被列强殖民的地位，其身份问题不仅关系到华侨本身的身份，而且关系到两国的关系，因此华侨国籍问题有一定的特殊性和敏感性。华侨往往与国籍问题联系在一起，这为研究由此而带来的身份认同问题提供了一个较佳视角，但是仅从华侨方面来分析帝国转型过程中的身份认同问题，就会遮蔽其他普通民众民族国家身份认同问题的多样性和复杂性。过去学术界往往将华侨认同问题仅仅视为民族主义问题，强调因革命派的"反满"宣传所引发的对清王朝政府的认同危机。而事实上在国家转型过程中，一部分普通民众从个体的自身利益出发，利用清政府对民族国家身份——国籍问题认识的滞后，通过改变国籍身份而达到对自身利益的追求，从而对整个国家的身份认同造成焦虑甚至危机；另有一部分人士则从国际法的角度，论证国籍问题的重要性，普及国籍意识，不同程度地帮助民众完成对以清政府为代表的民族国家身份认同问题。加之，清廷后来对这一问题也可谓高度重视，经历了一个从小心翼翼的个案处理到大刀阔斧全盘解决的过程。笔者认为透过国籍法问题的复杂背景，尤其是国人对华侨国籍问题的关注，更能清晰地分析出帝国转型中，不同的民众民族国家身份认同的实质困境。

　　由此可见，从帝国向民族国家转型过程中，把身份认同仅仅视为一个民族感情和文化认同的问题，这样的单一解释是无法说明这一复杂现象的，其背后的经济、社会利益的驱动也是一个重要的契机，加之列强背后的操纵，使得身份问题变得复杂起来。"民族意识"也不是过去所认为的那样是一个统一与一致的存在，这正如英国历史学家埃里克·霍布斯鲍姆在研究欧洲小型民族主义运动时所得出的结论："民族意识并非一致存在的现象，在不同的地区和不同的社会团体之间，便会出现不同程度的民族认同。"[①] 东西方历史有时也出现许多相似的一页。

　　过去学术界总一概认为晚清政府无能，但在国籍问题上，可以

---

　　① [英]埃里克·霍布斯鲍姆著，李金梅译：《民族与民族主义》，上海人民出版社，2000年，第12页。

说清政府的表现也经历了一个从被动到主动的过程，并作出了即时相应的决策，试图解决身份认同问题。但问题的关键是，清王朝必须成为一个近代意义上的国家，即"国家学者有言必具土地、人民、统治权三要素，然后可谓之独立自主之国家。今统治权不完全，尚得谓之独立自主乎？"① 要彻底解决民族国家身份认同问题，其前提是清政府必须从一个帝国向一个拥有主权、国民和领土的近代民族国家转变，这意味着清朝政府必须作出重大的政治改革，放弃"天朝上国"的幻想，尽快融入世界民族国家体系中，而这恰恰是清政府一时做不到的，故而晚清政府虽作出了部分努力，但时不待人，稍后就被革命赶下了台，历史将这一难题作为遗产留给了后来的政府。

五 满与汉：清末民初民族国家建构道路的曲折与发展

近代中国由传统帝国向近代民族国家转型，是一个错综复杂的历史进程。就民族共同体的认同而言，出现了纷繁复杂的景象，文化、种族、血缘、政治诸种认同都在不同时期存在，甚至在同一时期还交替存在，这对试图分析中国近代民族认同的本质和变化过程而言，难度较大。笔者认为，尽管如此，但从中仍可看出一个大体的演变轨迹来，即从文化、种族到政治是中国近代民族共同体认同的变化过程。

19 世纪末 20 世纪初，西方近代民族主义理论传入中国，其种族建国论正好与中国传统民族思想中的种族观念对上了接口，使中国的民族身份和民族认同变得复杂起来，其中的关键问题在于满与汉的问题。作为中国境内的少数民族入主中原，其合法性一直受到汉族士人的怀疑，到了晚清这一问题与西方民族国家理论纠葛在一起，使中国人的民族身份认同变得更为敏感和复杂，而这一认同对于近代国家的转型至为重要，正如一美国学者所论："民族认同感赖以建立的方式，是由传统向近代转变的一个关键内容，而且对个

---

① 《论今日宜定国籍法》（录丙午年十一月二十六日《时报》），载《东方杂志》，1907 年，第 2 期。

人、社会、国家和国际体系本身都至为重要。"① 因此讨论晚清中国人民族认同感建立的方式，满汉问题是其中的关键。

满汉问题之所以在晚清成为一个重大的问题，并不在于一般意义上所言的满汉两个民族之间的矛盾与纠葛，而是在于对中国这样一个多民族的传统帝国而言，在由传统帝国向近代民族国家转型过程中，境内民族认同建立的方式及民族国家建构的道路是如何确立的问题。因此，本节讨论满汉问题时，并不仅仅局限于狭义上的满族与汉族在晚清的冲突，而是在更广的范围内和更深的程度上，讨论中国近代民族认同感建立的方式及影响，尤其是重点讨论中华民族认同的形成过程及对近代国家转型的巨大意义。

过去，学者在讨论晚清社会与思想变动的历史时，目光往往集中在领导时代潮流的新知识界及其革命的行动者身上。之所以如此，也因为前者的确在思想观念层面上的倡导和启蒙，在实践领域的运动有力地推动了中国近代社会的转型。但同时，我们也应看到一些开明的封疆大吏与地方士绅，在朝野的两个积极推动作用。上述二者之间也并非一般意义上的尖锐对立关系，二者有时也呈现出合作与协调的关系。就一般意义而言，如前面所论，知识分子在民族国家想象方面，的确是一种理论上的建构和创新，而在晚清，近代民族国家意识更多的是在一系列的运动中实践的。如拒俄运动中，国民观念的出现对于融合整合中华民族具有理论和实践的双重意义。20世纪初收回利权运动、抵制美货运动等，均与中国近代的民族整体意识提高密不可分。多年来，学者关注晚清民族问题的一个重点就是满汉问题，其中革命派的排满思想更是备受关注的焦点，许多研究成果对于清晰地了解这段历史功不可没。在历史的发展中，有时也充满着辩证之谜。在排满思潮澎湃之时，另一个被这一狂潮掩盖的正是"合满"思潮和运动，即"化满汉畛域"。由于这一运动的动机之一（或曰主要动机）是为了抵制革命派的"排满"思潮，因此在长期的革命史观支配下，晚清的"合满"运动并没有受到相应的关注。笔者认为，如果用心对照晚清这两种对立的观念和行动，对于理解中国近代民族国家认同方式的建立和民族国

---

① ［美］王国斌著，李伯重、连玲玲译：《转变中的中国——历史变迁与欧洲经验的局限》，江苏人民出版社，1998年，第151页。

家建构所走过的道路，会有一个更为清晰的认识。

1."化满汉畛域"

可以说，近代民族意识是在抵制西方列强的武力入侵和接受西学东渐的过程中逐步形成的。明清时期，中国人的认同基本上还是一种文化建构，文化将人们结合起来成为明清社会的一个基本特征。虽然中西文化交流已经开始，但中国人的世界观没有根本改观，"中国"也并不是一般人认同的基础，中国人的文化建构还是比较脆弱的，因为大多数人认同的基础仍是血缘和地缘等较小的群体。到了清代，虽然满汉之间的差异和矛盾仍然存在，但统治者对儒家文化的接受以及华夏民族的天命观，使满族统治者作为中国传统的合法继承人的地位大体上维持下来。可是，到了19世纪中叶，太平军兴，满族统治者被迫起用大批汉族官僚，汉族官僚的势力急剧膨胀，加之西方近代民族意识的传入，对中国近代社会影响甚巨，其一就是唤醒了晚明以来沉寂已久的"夷夏之辨"的民族意识，使种族思想的暗流再次涌出地面，成为思想界政治主张的理论资源之一。晚清满汉问题就成为社会关注的重大问题之一，一些士人针对历史所积留的问题和现实的困惑，纷纷提出了"合满"的主张，这一思潮一直延续到辛亥革命成功之后。

早在百日维新期间，维新派代表康有为就向光绪帝上了要求整合满汉的一份奏折——《请君民合治满汉不分折》，事实上康有为并非第一个关注满汉问题的人，但这份奏折所运用的理论却具有近代意义。在这份奏折中，康有为认为西方各国强大的根本原因在于"其举国君民，合为一体，无有二心也。夫合数千百万之人为一身，合数千百万人心为一心，其强大至矣"[1]，这或多或少点出现代民族国家与传统帝国的根本区别所在，反映出其民族国家思想的雏形。因此，他为光绪帝开出的强国药方主要有二：一是建议清政府实行"散籍贯，通婚姻，并官缺，广生计"的政策，二是要求"平满汉之界，行同民之实"，使中国也成为一个"千百万人心为一"、国内各民族平等融合的国家。他进一步运用西方近代进化论学说，从合种合群的角度为其"合治满汉"之策进行立论，他对满汉分治的后果也作了设想，即如果"令省与省分界，满与汉异名，务在削

---

① 汤志钧编：《康有为政论集》上册，中华书局，1981年，第340页。

大使小，汰多使寡"，最终使中国处于一衰弱的境地，"而与列强合千百万人为一者，相较相遇，安有不败?"① 这种状况与民族国家内部的亲密无间是大异其趣的，也正是康有为所一直担心在中国出现的状况。

正是基于以上的认识，在戊戌变法前后，出现了所谓"合族"论，赞同"满汉不分，一致对外"的基本主张，即强调在中华共同体内各族为统一的民族，在此基础上构建民族认同。甚至一些有过种族主义思想的人物，如谭嗣同、梁启超等在维新变法期间也赞同康有为的"合治满汉"的主张。梁启超指出"平满汉之界，诚支那自强之第一阶梯也"②。康有为不仅认为满汉隔绝强化了内部紧张关系，不利于同心救国，而且主张加强"蒙回卫藏"与中原的融合，进而提出国号问题，提出改"中华"为国号、剪辫易服等具体措施。维新人士在百日维新期间就"平满汉畛域"提出了一些激进的主张，如康有为建议光绪帝"断发易服改元"，其出发点固然是为了"改视易听"，振奋国民精神。就一般意义而言，发辫、服饰、纪年三事都是满族统治权威的象征，改变它们则不仅触及了满族的统治地位，而且就康有为的本意而言，则是力图将中国纳入一个民族国家建构的轨道之中，力争中国与西方列强平起平坐。

但在百日维新期间，康有为等人的"合治满汉"的主张，触及了满族权贵的利益，遭到他们的激烈反对，"合治满汉"的一系列措施也最终付诸东流。然而具有讽刺意味的是，到20世纪初，清政府在内外交困的压力之下，重新实行预备立宪之策，"化满汉畛域"成为其中一项重要的内容。当时有大臣上陈《化满汉畛域办法八条折》，主张"宪政之基在弭隐患，满汉之界宜归大同"，其立论的基调已变为宪政，虽然有所改变，但其基本方法与维新派却基本一致。只不过上述所谓隐患也由西方列强替换成了"满汉"问题的革命。这份奏折力陈："欲弭此患，莫若令满汉大同，消弭名称，浑融畛域。明示天下无重满轻汉之心，见诸事实，而不托诸空言"，其具体办法则有"切实推行满汉通婚"、"删除满汉分缺"、"满人宜

---

① 汤志钧编：《康有为政论集》上册，中华书局，1981年，第341页。
② 梁启超：《变法通议·论变法必自平满汉之界始》，见《饮冰室合集》，文集之一，中华书局，1989年，第77～81页。

姓名并列"、"驻防与征兵办法"等①。此折上达后，清朝政府接受了这一方案，特谕"内外各衙门妥议化除满汉畛域办法"。仅据《清末筹备立宪档案史料》一书所收至1908年4月，就有各种专题奏折20余通上达朝廷，这还不包括含有这一问题的其他奏折在内。上奏的人员中，满族4人、蒙族1人、汉族12人。满人端方和志锐对此问题格外关注，各上奏二折。这些奏折，或对前述折子中的内容进行补充，将其具体化，或提出"撤旗"、立法等新建议。如主张立法者就认为，不能只从形式上，更应从精神上消除种族界限，实行宪政立法，而且认为这正是其根本所在："夫法也者，所以齐不一而使之一也，必令一国人民，无论何族，均受治于同等法制之下，权利义务悉合其宜，自无内讧之患。"②

毋庸置疑，清朝官方的消除满汉畛域的举措，有钌对日炽的反满风潮的一面，过去许多学者将其完全归于清廷自保的欺人之举，但如果细心地阅读这些官员留下的文献，结合辛亥革命后革命党转化为执政党后的主张和措施，就会发现这其中有另一番景象。清朝官员的这些属于立宪运动的奏折，不仅提出了问题的解决方案，而且对其背后的理由进行了当时历史语境下的解释，其中满人贵秀就指出："时至今日，竟言合群保种矣，中国之利害与汉共焉者也。夫同舟共济，吴越沿且一家，况满汉共戴一君主，共为此国民，衣服同制，文学同形，言语同声，所异者不过满人有旗无省份，汉人有省份无旗耳。"③ 其中关于满汉分歧的说明并不为人所认同，但对满汉民族之间的内在联系和融合的状况分析，无疑提示了中国当时民族之间的一体共同性。对中国境内民族同一性的论证和说明，是直接继承康有为在戊戌时期满汉一家的论断。康有为在《辨革命书》一文中，从种族、文化多方面论证满族为中国一民族，"何况满人之合为一朝，同化中国，教化礼乐，言语服食，无一不同者

---

① 故宫博物院明清档案部编：《清末筹备立宪档案史料》下册，中华书局，1979年，第915～917页。

② 故宫博物院明清档案部编：《清末筹备立宪档案史料》下册，中华书局，1979年，第945页。

③ 《御史贵秀奏化除满汉畛域办法六条折》，见故宫博物院明清档案部编：《清末筹备立宪档案史料》下册，中华书局，1979年，第922页。

乎？故满洲在明时则为春秋之楚，在今则为汉高之楚，纯为中国矣"①。康有为的论断根据历史，承认现实，完全是针对革命派知识分子的排满建国论而言的。当时汉人官员董芳三提出"和种"之策，其理论根据与康有为同出一辙："盖亚洲之有黄种，若满洲，若汉人，洪荒虽难记载，族类殖等本支。如山之一系列峰也，水之同源异派也，禾之连根歧穗也，本之合株散枝也。一而数，数而一，既由分而合，讵能合而分也。"②

在现代中华民族意识和观念的形成过程中，清末的立宪运动曾产生过不容忽视的影响。这一点，应引起人们应有的关注。为了有效地抵制以"排满"为重要特征的革命浪潮，立宪派对于消除国内各民族间不平等的界限，尤其是满汉畛域，其立论是充分的，其方案也是可行的，应该引起足够的重视。在这方面，他们继承了戊戌时期康、梁等维新派的"平满汉之界"的思想，又将其发展到了新的高度，并最终得到朝廷的认可，进行以真正的实际操作层面。在这一过程中，满族留日学生发挥了不同寻常的作用。以满族留日学生恒钧多、乌泽声为代表的同仁在日本东京创办《大同报》，也对合满汉之论持公开支持的态度，并提出不少具有现代意义的方案。消除满汉之畛域，在清末成为朝野共同努力的目标，在朝廷大员向朝廷不断上奏商讨化除满汉畛域办法的同时，与当时汉族留学生激烈反满言论不同的是，满族留日学生则大力鼓吹满汉融合的思想，虽然不排除其中有寻求自身既得利益的考虑，但客观上对于同一时期的中国整体民族认同方式的建立起到了积极的作用。正是这些少数民族精英的大力宣传，使中华民族在近代的认同达到一个新的阶段。

已有学者指出，通过立宪运动得到加强的各民族平等融合意识，由于特殊的历史原因，由少数民族代表之一的满族人士提出，其意义自然不同寻常。它体现出部分少数民族在这一历史进程中所具有的主动性和积极性，反过来也对汉族人民反省民族融合的历史趋势，产生了积极的影响。这种影响，我们在辛亥革命爆发及其后

---

① 康有为：《辨革命书》，载《新民丛报》，1902 年，第 16 号。
② 《举人董芳三条陈辟排满说并陈和种三策以弭离间呈》，见故宫博物院明清档案部编：《清末筹备立宪档案史料》下册，中华书局，1979 年，第 931 页。

期的有关五族共和的思潮中，实能有一脉相承的体认①。晚清合满思潮的出现多多少少是针对当时的排满言论的，因此在以排满为目标的革命运动昌炽之时，合满的言论就日益成了一种微弱的声音，淹没在排满风潮之中了，对改变当时中国的政治现状的努力也没有充分展开，在与革命派的论战中也逐步让位于"排满"思潮。

2. "排满"与种族主义

"排满"作为孙中山等革命派民族主义斗争的一面旗帜，其中也蕴含着狭隘种族主义的因子。因而有人称近代中国的民族主义是种族民族主义，主要表现为以"排满"为目标的"驱除鞑虏，恢复中华"的民族意识。当时革命派知识分子从其政治需要出发，依据西方民族国家理论，借助传统民族思想中强调种族的一面，突显满清王朝民族压迫的史实，通过否认满族的中国民族性来为"排满建国"主张提供合法性。就其根本而言，"排满"的历史根源在于满清王朝在现代化的历史过程中日益丧失了其合法性权威。一方面，清政府对外战争连连失败，割地赔款日巨，加之庚子之变，社会更加动荡，而清政府本身日益腐败，使其应对社会危机的能力也日益下降，清王朝统治权威也日益丧失。另一方面，满族作为入主中原的少数民族，在中国历史中的正统地位长期受到汉族士人的挑战，太平军兴后，汉族官僚集团的崛起，也日益加深了满汉之间的猜忌，20世纪初清王朝主动施行的新政，更是以维护满族的利益为出发点，使得民族之间的矛盾更加激化，加之西方近代民族主义的传播，满族日益丧失其统治的合法性，因而在当时的知识分子眼中，清王朝已经无法成为近代民族国家的代表，如章太炎就宣称"满洲弗逐，欲士之爱国，民之敌忾，不可得也。浸微浸削，亦终为欧、美之陪隶已矣"②。

因此"排满"口号的提出，其实质就是向清朝政府的合法性进行挑战，其背后民族国家建构所要求的民族认同的方式，就是以排

① 黄兴涛：《民族自觉与符号认同："中华民族"观念萌生与确立的历史考察》，载香港《中国社会科学评论》，2002年，第1卷第1期。

② 章太炎：《客帝匡谬》，见汤志钧编：《章太炎政论选集》上册，中华书局，1977年，第90页。

满来整合国内各民族，尤其是要建立以汉族为主的民族国家。我们应看到，以"排满"为目标的民族认同，是一种典型的种族民族主义，民族认同不是建立在政治认同的基础之上，而是把民族认同建立在种族基础之上。这种认同方式对于中国这样一个由多民族长期形成的国家而言，就必然会导致中华共同体内各不同种族的民族之间丧失认同的共同基础。排满的理论基础是一种典型的西方近代"一民族一国家"的民族主义理论，但这一理论在中国实践中发展到极致，就会使中国境内各民族严重分裂，而不是民族国家所要求的整合和统一。因此，以种族为民族认同的基础，容易造成新的民族不平等，也无法在民族统一与平等的基础上构建新的近代民族国家。

民族国家的建构是与现代化的进程紧紧联系在一起的，"排满"式的种族自我认同，虽然其目标是试图建立起新的民族认同，但其理论资源却又回到传统的华夏中心主义，简言之，从种族又回到文化主义，如对黄帝形象的重新想象以期达到汉族来源的重构，对中国文化的渊源重新追寻，甚至以传统夷夏之辨式的文化主义来统合国内各民族等，都显示了"排满"式种族主义的褊狭的一面，这一切与现代化进程所要求的以政治认同为基础建立近代民族国家的潮流背道而驰。

晚清革命派"排满"思潮之所以风行一时，除了历史的原因之外，还有清廷在应对处理突发事件时的措施不当的因素。"苏报案"、"沈荩案"的发生，新的传媒在其中的巨大宣传鼓动，清政府的一意孤行，都使舆论的发展与清廷的愿望背道而驰，从而导致排满思潮日炽。1903 年留学生界革命思想的高涨最为明显的是表现在激烈地鼓吹排满革命上。1903 年的拒俄运动，推动新兴的知识分子走上激烈的反满排满道路。拒俄运动受到清政府的压制，使留学生对清政府彻底失望，"学生等以报国无路，莫不义愤填膺，痛哭流涕。至是青年会同志乃向各省同乡会大倡排满之说"。各省同乡会所创办的留学生杂志，也纷纷一改以前的温和改良倾向，变得日益激进。

20 世纪初年，中国进步知识界的思想正处于由改良到革命的过渡时期，在 1903 年以前，新式知识分子的政治主张还不明确，查阅当时的书刊，正如一些研究者所发现的，有些文章表现了充沛的革命精神，另一些文章却在宣传教育救国、实业救国、地方自治救国等改良主义纲领；同一作者，在一个时候发表了激烈的革命言论，在另一个时候又表现出改良主义的动摇；就是在同一篇文章里，在阐述革命思想的同时，有时也会带上一些改良主义的杂质①。总而言之，1903年以前，革命与改良的分野还不是那么明朗，革命与改良两种思想的对垒是始于1903年，其中以留日学生所创办的刊物的变化特征最为集中和明显。下面我们就以1903年最有影响的四种刊物作一具体考察。

最早以省份命名的刊物《湖北学生界》，在创刊之初是一个充盈着乡谊的湖北同乡会刊物，改良主义色彩也较明显，第2期的一篇文章就论说维新变法是"文明之母"，并推崇日本明治维新，"尤能不动声色，而措其国于泰山之安"②，对变法维新的改良主义思想十分欣赏。由于爱国运动的促进，它从第3期就开始宣传革命；到了第5期便将刊物改名为《汉声》，宣布要与清朝政府"喋血苦战"，"以光复祖国而振大汉之天声"③。

1903年4月的《江苏》第1期论说中尽管喊改革，倡"尚武"，讲政体，但主旨仍在抵抗帝国主义的侵略，并没有明确的反满和革命主张，刊物也是用光绪纪年，在国内时评栏目中仍称"皇上"，思想论调未超出梁启超的影响范围，也就是大骂满清当权大臣荣禄之类。到了5月第2期情况开始发生了变化，用很大篇幅来介绍拒俄"义勇队"，整个论调已变得慷慨激昂起来，论说也明显发生了变化，字里行间流露出一种"不得已"的过渡状态。到了第3期，文章基调大变，刊物也不再用光绪纪年，而是用黄帝纪元，登出臆造的黄帝肖像，高倡民族主义，其《论说》中正式提出反满革命的口号，从第3期以后其宣传反满变得十分直接和醒目，卷首的图画尽是"中国民族始祖黄帝像"、"明太祖之陵"、"为民族流血史公可法像"、"中国郑成功大破清兵图"、"为民族流血阎公应元祠宇"、"为民族流血黄公淳耀、渊耀兄弟像"之类内容。而其文章中

---

① 参见张枬、王忍之编：《辛亥革命前十年间时论选集》第1卷，序，北京三联书店，1960年。

② 《宪政评议》，载《湖北学生界》，1903年，第2期。

③ 《汉声》，1903年，第1期广告。

民族主义的内涵也集中在"反满"上:"满人率其腥毡之族,以攘夺我土地,残害我人民,俨然据为己有,无日不以勒捐加税、供其逸乐为主义。……由是观之,满洲者大盗也,盗之魁也;军机者,盗之军师也;督抚者,盗之分头目;州县,其小盗也;胥吏差役,盗之喽罗也。"①

《浙江潮》创办之初是以"增长知识,激发志气"为宗旨,其主要任务是宣传西方近代各种政治学说,并没有把反满作为其根本的要点,但随着拒俄、拒法运动和"苏报案"发生后,该报就向清政府宣战。这些报刊的反满言论的理论基础基本上均是出于种族主义的原理,并与西方的一民族一国家的民族国家理论相吻合。

但是在与立宪派的系列论战中,革命派的种族主义因与现代化的潮流背道而驰,难以在当时的中国建立起新的民族认同,因而受到其他派别的攻击也最为厉害。这种境况也促使革命派的理论家对其种族主义理论进行不断的修订,其中一个重要的方面就是将其种族民族主义的重心开始向政治民族主义转移,种族主义的色彩也日益淡化,不再是其强调的重点,革命派的理论家开始以政治认同来整合国内各民族作为其重要的政治目标,因此对满族的策略也发生了根本性的变化,如革命派有意将反满与建立共和国联系起来,革命派"反满"不仅反对满族贵族,也反对汉族的地主官僚,正如革命派理论家章太炎所论:"若汉族为彼政府所用,身为汉奸,则排之亦与满人等","若政府已返于汉族,而有癸、辛、恒、灵之君,林甫、俊臣之吏,其遂置诸?应之曰:是亦革命而已"②。至于孙中山后来对种族民族主义的修订,许多学者均有深入的研究,此处不赘。

值得一提的是,不少西方学者讨论清季的"排满革命"思潮时,总是强调其中的种族观念③,而大陆的学者则更多地强调革

---

① 《镇江制造奴隶学堂之现象》,载《江苏》,1903年,第5期。

② 章太炎:《排满平议》,载《民报》,1908年,第21期。

③ 如[英]冯客在其《近代中国之种族观念》一书中,认为革命的民族主义就是一种种族民族主义,见该书第四章《作为民族的种族》,江苏人民出版社,1999年,第112~114页。

命派排满的政治必要性及其对确保辛亥革命成功所起的决定性历史作用①。不容否认的是，这两种观点对于理解清季民族运动的意义及缺陷均有着开创之功，不过笔者认为，如果从理解近代民族认同变化方向的角度来观察这一时期的"排满"运动和思潮，我们就会发现，"排满"也经历了一个从文化种族认同逐步让位于政治认同的过程。这一点正是中国近代民族认同发展的基本方向和轨迹。换言之，愈到后期，革命派愈强调政治认同，而日渐淡化种族认同，从而努力建构中国的政治民族，使政治民族超越了部落民族的血缘地域认同和文化民族的文化认同基本要素，把认同感和归属感融入一个新的历史范畴，即民族国家，诸如强调主权意识、列国平等、公民主体等，从而与文化民族划清界限，将近代中国的民族国家认同推进到一个新的历史阶段。

3. "大民族主义"的出台

对推动革命派修订其种族主义色彩的"排满"言论贡献最大的要算是梁启超的"大民族主义"了。"大民族主义"与合满论有共同的历史渊源，在理论基础上更接近于以中国为国家实际所要求的民族认同，因而一时的影响很大，可以说，中国近代民族国家建构中最终出现的民族认同方式就是以梁启超的"大民族主义"为基础的。因此在考察中国近代民族认同感建立过程和方式中，梁启超的"大民族主义"就具有突出的意义。

事实上，梁启超的民族共同体认同也经历了一个由合满、排满，最后到联合国内五大民族组成一大民族的历史过程。在20世纪初年，他亦深受民族主义思潮的影响，一改戊戌时期"平满汉之界"的观点，转而倡导与革命派同调的排满，例如1902年，梁启超在《论中国学术思想变迁之大势》一文中指出"晚明政治腐败，达于极点！其结局至举数千年之禹域，鱼烂以奉诸他族，创巨痛深，自古所未尝有也"②。其传统的"夷夏之辨"仍十分顽固。同期，梁启超与康有为通信，解释其排满思想的理由——"至于民主、排满、保教等义，其有难言者。弟子今日若面从先生之诚，他

---

① 章开沅：《排满与民族运动》，见《辛亥革命与近代社会》，天津人民出版社，1985年，第43～67页。

② 《饮冰室合集》，文集之七，中华书局，1989年，第84页。

日亦不能实行也。故不如披肝沥胆一论之。今日民族主义最发达之时代，非有此精神，决不能立国……而所以唤起民族精神者，势不得不攻满洲。日本以讨幕为最适宜之主义，中国以讨满为最适宜之主义。"① 从中可以看出，梁启超也深受西方近代民族国家理论的影响，与当时激进的留学生、革命派所持的排满论基调是完全一致的。"一民族建一国家"成为民族国家建构的金科玉律，梁启超作为中国当时民族国家理论的最早介绍者，对这一理论大加赞赏，认为是救中国的良方，并深信不疑。但在如何确定民族的概念时却游移不定，尤其当这一理论具体应用到中国现实时，却首先出现了具有分裂中国危险的"排满建国主义"。梁启超在无法改变理论的情况下，只好附和革命派的"排满"思想，以缓解理论与现实的落差，"排满"一时在梁启超的心目中也成了最主要的民族国家建构的手段。

但是以上的情况并没有维持多久，1903 年梁启超游历美国，亲眼目睹西方的强盛，思想震动很大，他清醒地意识到在一个帝国主义势力猖獗的时代里，中国的整体生存和安全是压倒一切的首要问题，而"排满建国"无疑在现实中有分裂中国的危险。梁启超认识到"排满"的现实困境后，转而开始检讨自己早先接受"一民族建一国家"的理论，并导致其重新选择，他转而热情地介绍伯伦知理的国家学说，认为一民族建一国家的理论持之过偏，与实际不符，"自千八百四十年以后，而民族建国主义乃渐昌，虽或间遇抵抗，或稍被制限，而其势力之不可侮，则因已为有识者所同认矣。虽然，持之过偏，以谓民族建国独一无二之源泉，推其意，一若地球上之邦国，必适从于民族之数而分立，此又于实际之论也"②。从而否定了"一民族建一国家"的理论，他转而极力赞同伯氏关于民族与国家存在多样性的论点，认为"为其立论根于历史，案于实际，不以民族主义为建国独一无二之法门"③，这里民族主义乃指

---

① 丁文江、赵丰田：《梁启超年谱长编》，上海人民出版社，1983 年，第286 页。

② 梁启超：《政治学大家伯伦知理之学说》，见《饮冰室合集》，文集之十三，中华书局，1989 年，第 72 页。

③ 梁启超：《政治学大家伯伦知理之学说》，见《饮冰室合集》，文集之十三，中华书局，1989 年，第 74 页。

单一民族建国而论。而当时中国思想界的情形是，"两年以来，民族主义稍输入于我祖国，于是排满之念勃郁将复活"①。梁启超认为只是因为今日政府与满洲二位一体的关系，因憎恶政府而憎满人，实是反满而不得其要，混淆了建国与复仇的关系。梁启超乃主张"盖各国发育之不同，如人面焉，未有以他国之历史，为我国之方针也"②。这是因为在中国这样一个多民族的国家里，实行单一民族建国主义，无疑会导致分裂，从而使近代中国陷入分裂的危险之中。对处于列国竞争漩涡之中的中国，当国家的生存和安全成为压倒一切问题的时候，伯伦知理国家理性至上理论对中国知识分子无疑具有极大的吸引力。梁启超深受伯伦知理学说的影响，强调国家理性至上，认为中国要达到一个统一有力的秩序而求生存，中国境内各民族必须统合起来——"合汉、合满、合蒙、合回、合苗、合藏，组成一大民族，提全球三分有一之人类，以高掌远跖于五大陆之上。"③ 由此，他提出民族国家方案——"大民族主义"："吾中国言民族者，当于小民族主义之外，更提倡大民族主义者。小民族主义者何？汉族对于国内他族是也。大民族主义者何？合国内本部属部之诸族以对于国外诸族是也。"④ "大民族主义"方案的提出，是梁启超把西方的民族国家理论与中国的历史现实结合起来的产物，实际上就是对民族主义这一建国原则根据中国实际所作的变通。从理论资源上看，"大民族主义"既有西方的近代民族国家理论因素，又有中国传统文化民族论的合理成分，是二者逐步调适的结果。

梁启超"大民族主义"的思想也直接继承了康有为维新思想"合满"论中的合理因子，尤其是康有为关于"中华"二字涵义的解释，对梁启超有着直接的影响。康有为对"中华"二字解释为

---

① 梁启超：《政治学大家伯伦知理之学说》，见《饮冰室合集》，文集之十三，中华书局，1989年，第74页。
② 梁启超：《政治学大家伯伦知理之学说》，见《饮冰室合集》，文集之十三，中华书局，1989年，第75页。
③ 梁启超：《政治学大家伯伦知理之学说》，见《饮冰室合集》，文集之十三，中华书局，1989年，第75页。
④ 梁启超：《政治学大家伯伦知理之学说》，见《饮冰室合集》，文集之十三，中华书局，1989年，第75～76页。

"今东西国称我，皆曰支那，而我经典载此二文，臣细绎音义，支那盖即诸夏之音，或即中华之转音也。古称诸夏，或曰诸华，颇见传记，盖华夏间近而中诸音转，其蒙、回、卫、藏，咸令改校，教以经书文字语言风俗，悉合同于中土免有歧趋。伏惟今定国号，顺乎文史，莫若用中华二字"①。此后，"中华"二字在各个派别之中均得到共识，中国境内的各个少数民族均可用此二字来统一称呼，如梁启超指出的，"故凡满洲人，今皆中华民族之一员"②。今天我们习用的"中华民族"一词，也已成为中国境内各族的共同名称。

4. "五族共和"与近代民族国家的初步方案

20世纪初的中国，根本性的矛盾是中华民族与帝国主义之间的矛盾，而当时国内革命的主要目标是推翻帝制，缔造共和。满清王朝因集少数民族与专制于一身，因而"排满"或多或少也成为革命派的一个重要的社会动员口号。同盟会"驱除鞑虏，建立民国"的纲领，将种族与共和共同作为新的民族认同符号。以孙中山为首的革命者在斗争实践中逐步认识到，在一个帝国主义时代，中华民族的生存必须要将中国各民族连成一体，这种思想集中地体现在辛亥革命成功后，孙中山于1912年元旦在大总统就职典礼上发表的《中华民国临时大总统宣言书》中明确提出："国家之本，在于人民。合汉、满、蒙、回、藏诸地为一国，即合汉、满、蒙、回、藏诸族为一人——是曰民族统一。"③ 辛亥革命之后，种族符号因内在的局限被剥离出去，仅仅以新型民族国家为认同。革命派以"五族共和"来建设统一的民族国家。《临时约法》中规定，"中华民国为一国，无种族、阶级、宗教之区别"，"中国自广州至满洲，自上海西迄国界，确为同一国家和同一民族"。孙中山的三民主义的确

---

① 康有为：《请君民合治满汉不分折》，见汤志钧编：《康有为政论集》上册，中华书局，1981年，第342页。

② 梁启超在《中国历史上民族之研究》一文中指出，"中华民族"通常是指汉族，但也包括中国各民族。他说："凡遇一他族而立刻有'我中国人'之一观念浮于其脑际者，此人即中华民族之一员也。"见《饮冰室合集》，专集之四十二，中华书局，1989年，第1～2页。

③ 孙中山：《临时大总统宣言书》，见《孙中山全集》第2卷，中华书局，1982年，第2页。

立则标志着中国近代政治民族主义理论建构的初步完成，最终也使民主共和国成为中华民族共同的政治认同符号。

建立现代民族国家，首先涉及的便是国家整合问题，所谓国家整合就是指将社会上下各部分统合成为关系密切的一个整体。换言之，建立现代民族国家的第一重任就是国家的统一问题。孙中山为建立中国的近代民族国家进行了长期的斗争和探索，其中国家的统一是关键，根据近代民族国家的基本原理，我们可以从主权、国民和领土三个方面来具体分析孙中山统一思想的主要内容。

（1）主权的统一

现代民族国家的形成，最主要的标志是"主权"概念的形成，即主权是国家的最高属性，国家独立地行使对内管理国家、对外代表国家的最高权力。可以说，主权概念是民族国家的首要内涵，在近代国际交往和国际竞争中，维持民族主权，确保国家统一，成为国家的第一任务。

20世纪初中国人主权意识已成熟，表现为已认识到主权对内对外的双重内涵。有的是从国内方面来界定主权的，"驱斯民而纳于轨物之中者，曰国法，执法以驭民而推行尽利者，曰主权"①。这显然指的是国内政治权力。更明确地区分国内主权与国际主权的是《二十世纪之支那》上的一篇文章，该文论证说："国法上之主权乃政治上加被治者以权力，故生服从之义务。国际法上之主权，则反是不服从他国亦不能致他国之服从。要之，国家主权，其体虽一，其用不同，在于自国，曰国法上之主权。对于外国，曰国际法上之主权。世所用对外主权一语，即国际法主权之变文也。"② 以上已明确地分析出主权的最高属性是指国家的政治统治权力；主权的对外属性是指国家有权独立地决定自己的外交方针政策，处理国际事务和享有国际权利和国际义务，不允许其他实体干涉一个主权国家在这些领域的自主活动。双重属性论的出现，升华了知识分子的主权意识，体现出理论上与西方近代主权论的接轨。

---

① 《论主权与民心之关系》，见《外交报汇编》第1册，广文书局，1964年影印，第291页。

② 黔首：《国际法上之国家》，载《二十世纪之支那》，1905年，第1期。

孙中山在长期的革命实践中清醒地认识到当时中国统一的两大障碍是军阀割据和列强瓜分，而帝国主义则是主要的障碍。从维护国家主权的立场出发，孙中山长期对之进行坚决的斗争，19 世纪末，帝国主义掀起瓜分中国的狂潮。针对当时列强对中国的两种政策——分割与保全，他深刻地指出：“所谓以国势而论，无可保全之理者此也”；“然则就支那民情而论，无可分割之理者”①。武昌首义后清政府迅速垮台，帝国主义列强“保全中国”的侵华政策受挫，他们转而利用民国初年的南北对峙形势鼓吹分裂中国。孙中山对此进行了坚决的斗争。袁世凯死后，中国陷入军阀割据的分裂状态，孙中山认为中国这种分裂状态的出现“直接受自军阀，间接受自帝国主义”②，对中国统一大业难以完成的原因有着清醒的认识，“凡为军阀者，莫不与列强之帝国主义发生关系。所谓民国政府，已为军阀所控制，军阀即利用之，结欢于列强，以求自固。而列强亦即利用之，资以大借款，充其军费，使中国内乱纠纷不已，以攫取利权，各占势力范围”③。故此，孙中山一再强调，欲实现中国的统一，必先清除帝国主义和军阀这两个祸根，尤其是帝国主义。后来，他在《北伐宣言》中明确地宣告：“此战的目的不仅在打倒军阀，尤在推倒军阀所赖以生存之帝国主义。盖必如是，然后反革命之根株乃得永绝，中国乃能脱离次殖民地之地位，以造自由独立之国家也。”④ 这集中反映了孙中山把反对帝国主义、维护国家主权视为完成国家统一的一个关键因素。

　　民国初年，孙中山在《临时大总统宣言书》中提出了著名的“五统一”，即“民族之统一”、“领土之统一”、“军政之统一”、“内治之统一”和“财政之统一”。其中，“军政之统一”、“内治之统一”和“财政之统一”均属对内主权的范围之事，“军政之统一”

　　① 孙中山：《支那保全分割合论》，见《孙中山全集》第 1 卷，中华书局，1981 年，第 223 页。

　　② 孙中山：《中国国民党北伐宣言》，见《孙中山全集》第 11 卷，中华书局，1986 年，第 76 页。

　　③ 孙中山：《中国国民党第一次全国代表大会宣言》，见《孙中山全集》第 9 卷，中华书局，1986 年，第 115 页。

　　④ 孙中山：《中国国民党北伐宣言》，见《孙中山全集》第 11 卷，中华书局，1986 年，第 76 页。

就是全国各地的军队"由共同之目的,以为共同之行动,整齐画一,夫岂其难"①。"内治之统一"就是"今者各省联合,互谋自治,此后行政期于中央政府与各省之关系,调剂得宜。大纲既挈,条目自举"②。"财政之统一"就是"此后国家经费,取给于民,必期合于理财学理,而尤在改良社会经济组织,使人民知有生之乐"③。由此可见孙中山对内主权的统一也是其国家统一思想的一个重要内容。

(2)民族的统一

在西方民族国家(nation-state)这一概念中,nation 可以从两个方面进行解释,并有双重含义。从第一个层面上解释,nation 指的是民族共同体,即指拥有一定的土地、血缘、语言、风俗习惯和文化的群体,从第二个层面解释,nation 指的是国民,即组成一个国家的人民,他们是国家的最高主体,国家的权力基础和合法性来源。民族认同为近代的民族国家提供合法性来源,民族的统一既是国家建构的一个重要方面,又是国家统一的一个重要方面。

"民族之统一"就是"合汉、满、蒙、回、藏诸地为一国,即合汉、满、蒙、回、藏诸族为一人"④。其后孙中山多次阐述民族统一思想,认为民族统一应建立在民族平等的基础之上。1912 年 9 月 3 日,孙中山在北京调和共和会与西北协进会演讲,说明辛亥革命的目的在于清除"种族不平等"和"政治不平等","革命之功用,在使不平等归于平等"⑤。他指出:"今者五族一家,立于平等地位",并希望"以后五大民族,同心协力,共策国家之进行,使中国进于世界第一文明大国","但愿五大民族相爱相亲,如兄如

---

① 孙中山:《临时大总统宣言书》,见《孙中山全集》第 2 卷,中华书局,1982 年,第 2 页。

② 孙中山:《临时大总统宣言书》,见《孙中山全集》第 2 卷,中华书局,1982 年,第 2 页。

③ 孙中山:《临时大总统宣言书》,见《孙中山全集》第 2 卷,中华书局,1982 年,第 2 页。

④ 孙中山:《临时大总统宣言书》,见《孙中山全集》第 2 卷,中华书局,1982 年,第 2 页。

⑤ 孙中山:《临时大总统宣言书》,见《孙中山全集》第 2 卷,中华书局,1982 年,第 2 页。

弟，以同赴国家之事"①。1919 年底孙中山改变辛亥前的满汉之辨和辛亥后的民族同化观念，强调民族融合的原则，在《三民主义》一文中提到，汉族"与满、蒙、回、藏之民相见于诚，合为一炉而冶之，以成一中华民族之新主义"②。1921 年 3 月，他又提到应该"努力于文化及精神的调洽，建设一大中华民族"③。孙中山的大中华民族的提出，有助于我们透过其早年的"反满"宣传中的历史迷雾，进一步发现孙中山民族主义的根本宗旨在于"以本国现有民族构成大中华民族，实现民族的国家"④。

（3）领土的统一

"领土的统一"就是"所谓独立，对于清廷为脱离，对于各省为联合，蒙古、西藏意亦同此"⑤。武昌首义，各省纷纷响应宣布脱离清廷而独立，孙中山指出各省的独立是为了推翻清王朝，因此各省应联合起来，建立一个统一的共和国，以保持中国领土的统一和完整。他一再呼吁："民国成立，首在有统一能力，欲求统一，必各都督合顾大局，不分畛域，方有实效。"⑥ 在南北对抗尚未结束之时，列强炮制的"南北分治"之说一时颇为流行，孙中山对此保持了高度的警惕，对南北分治之一说，"余绝不赞同，故思协力调和南北，以为国家永久之联合"⑦。这充分地说明孙中山始终把国家的利益和统一放在首位，也正是这种爱国主义的情操成为他当时坚决支持袁世凯的基础。

---

① 孙中山：《在北京五族共和合进会与西北协进会的演说》，见《孙中山全集》第 2 卷，中华书局，1982 年，第 439～440 页。

② 孙中山：《三民主义》，见《孙中山全集》第 5 卷，中华书局，1985 年，第 187 页。

③ 孙中山：《〈国民党恳亲大会纪念册〉序》，见《孙中山集外集》，上海人民出版社，1990 年，第 29 页。

④ 孙中山：《中国国民党党纲》，见《孙中山全集》第 7 卷，中华书局，1985 年，第4～5 页。

⑤ 孙中山：《临时大总统宣言书》，见《孙中山全集》第 2 卷，中华书局，1982 年，第 2 页。

⑥ 孙中山：《致黎元洪等电》，见《孙中山全集》第 2 卷，中华书局，1982 年，第88 页。

⑦ 孙中山：《在上海国民党欢迎会的演说》，见《孙中山全集》第 2 卷，中华书局，1982 年，第 484 页。

领土统一的一个重要内容就是维护西藏、蒙古与内地的统一。民国初年，英、俄加紧对我国西藏、蒙古地区的侵略，英国占领我国西藏江孜、亚东等地，沙俄加快吞并外蒙的步伐，并用武力策动外蒙古活佛哲布尊丹宣布"独立"，建立所谓"大蒙古国"，西藏、蒙古地区的分裂主义倾向十分明显。1912 年 8 月，孙中山对《大陆报》记者发表谈话称，若中国人于数十年后不能恢复满蒙领土，"则华人无保存国家之资格"①。1912 年 9 月 1 日，孙中山在蒙藏统一政治改良会的欢迎会上，反复强调：凡属蒙、藏、青海、回疆同胞"今皆得为国家主体，皆得为共和国之主人翁"，希望蒙、藏同胞不要"受外人挑弄，乃发生种种背谬之行为"，而应"俾了解共和之真理，与内地同胞一致进行，以共享共和之幸福"②。11 月 16 日，孙中山致电袁世凯，坚决主张"俄蒙之约万不可承认，当出以最强硬之抗议"③。12 月 3 日，孙中山又发出通电，号召全国军民团结起来，"谋不败之战略，以抗强邻，而保领土"④。孙中山的主张得到少数民族的极大支持，1912 年 10 月，哲里木盟 10 旗王公在长春召开东蒙古王公会议，讨论赞成五族共和，拥护民国，反对外蒙古"独立"。1913 年初西蒙古王公在归绥（今呼和浩特）召开大会，西部内蒙古的 22 部 34 旗一致通过决议"联合东盟反对库伦"，并发表通电，电文中就有这样的文字："数百年来，汉蒙人成一家"，"我蒙同系中华民族。自宜一体出力，维持民国"⑤。这些发自少数民族的言论，是中华民族整体意识自觉的鲜明标志。

　　在维护国家的领土统一方面，孙中山十分注重处理中央政权与地方政权之间的相互关系，他赞成地方自治，坚决反对联邦制。1922 年孙中山发表宣言表示："我极力主张地方自治，但也极力认

---

　　① 孙中山：《在北京与〈大陆报〉记者的谈话》，见《孙中山集外集补编》，上海人民出版社，1994 年，第 93 页。

　　② 孙中山：《在北京蒙藏统一政治改良会的演说》，见《孙中山全集》第 2 卷，中华书局，1982 年，第 430 页。

　　③ 孙中山：《致袁世凯电》，见《孙中山全集》第 2 卷，中华书局，1982 年，第 542 页。

　　④ 孙中山：《倡议钱币革命对抗沙俄侵略通电》，见《孙中山全集》第 2 卷，中华书局，1982 年，第 548 页。

　　⑤ 西蒙王公会议招待所编：《西蒙会议始末记》，第 41~45 页。

为，在现在条件下的中国，联邦制将起离心力的作用，它最终只能导致我国分裂成为许多小的国家。"① 在《民权主义》的演讲中，他一方面批评某些人"要学美国的联邦制度变成联省"的主张，认为"立国各有其本，吾国以数千年统一之国，又乘专制政体之遗。与美之先有各洲而后有中央者，迥不相侔，欲行联邦政体，何异东施效颦，此分权之说之不可行也。美国之所以富强，不是由于各邦独立自治，而是由于各邦联合后进化所成的一个统一的国家"②；另一方面他再一次强调中国原来是统一的，就不应该把各省再分开，进而重申万不能再有联省的谬主张，为武人割据作护符，并一针见血地指出：提倡分裂中国的人一定是野心家。其维持祖国的领土统一之情跃然纸上。

中华民国的建立，实现了国家的转型，体现出国家是由领土、人民、主权三要素组成的。"五族共和"思想的提出，使中国人由传统的种族认同、文化认同实现了向政治认同的过渡，为新的民族国家建构确立了民族认同的基础。

余论：中华民族认同的最终实现

众所周知，抗日战争时期是中华民族意识空前觉醒的时期。日本帝国主义的疯狂进攻，造成中华民族的危机。民族危难是民族精神的试金石，在这巨大的民族危机面前，中华民族空前团结起来，各民族、各党派前仆后继投入这场伟大的民族战争之中。正如抗日战争期间一篇新闻稿所述："中华民族是我汉、满、蒙、回、藏及其他各族而成的整个大国族。日本帝国主义肆意武力侵略，其目的欲亡我整个国家，奴我整个民族。凡我任何一部分土地，任何一部分人民均无幸存之理。"③ 正是基于民族共同体命运休戚相关的认识，才有了抗日民族统一战线的最终形成，反之，抗日民族统一战线也成为近代中华民族空前自觉和高涨最为集中的体现。虽然以蒋

---

① 孙中山：《孙逸仙宣言》，见《孙中山全集》第 6 卷，中华书局，1985年，第 528 页。

② 孙中山：《发扬民治说帖》，见《孙中山集外集》，上海人民出版社，1996年，第 36～37 页。

③ 《康藏民众代表慰问前线将士书》，载《新华日报》，1938 年 7 月 12 日。

介石为首的国民党从 1927 年以来对中国共产党及其领导的革命进行了血腥的镇压，当民族危机严重、日本帝国主义侵略越来越猖獗的时候，在全国各种党派及进步力量的推动下，尤其是中国共产党的倡导和推动，蒋介石也不得不停止内战，以民族大义为重，联合包括中国共产党在内的各党派各团体各民族，走上团结抗战的道路。值得注意的是，抗日民族统一战线除了国共两党以及其他各政治派别的力量外，还包括中国境内各民族实现联合对敌，海外华侨积极支持国内抗战，呈现出中华民族团结御敌的宏大场面。

近年已有学者细致地考察了"中华民族"一词在近代的出现时间、内涵的演化及其缘由，并对国人对其认同过程作过详尽的考察①。对于中华民族的形成是建构还是形成，学界争论颇大。笔者认为，中华民族的形成既有形成的因素，也有建构的成分。费孝通先生的论述，指明中华民族长期的自在历史是近代中华民族形成的基础。不少西方民族学者的研究已指出，逐步融入世界体系的中国，在民族国家的建构过程中所形成的中华民族，是在一个又一个的政治运动中不断强化了民族整体意识，这种民族主义的兴起对中华民族的形成起了巨大的作用。另一方面，知识分子作为社会的精英，对民族意识的体认，对中华民族概念的提出到内涵的明确，对民众的宣传以及民众的接受都起了其他阶层不能替代的作用。笔者在这里将这些知识分子称为新式知识分子，以区别传统的接受四书五经的士人，其在中华民族意识的形成过程中起了十分重要的作用，个体主观能动的因素表现十分明显，其建构的成分就远远大于形成的因素。

在这里重点要讨论的是，辛亥革命时期是中华民族意识形成的关键时期，无论是革命派还是其他派别，对这一问题都作出了自己的理论贡献，其中的论争和最终观点的趋同，正是体现了中国近代国家转型过程中，民族国家建构的重心之一民族认同问题的焦虑及最后化解。辛亥革命是中国近代国家转型的重要时期，认真全面地研究其中的民族国家认同问题，对 20 世纪中国的政治发展无疑具有重要的意义。

---

① 黄兴涛：《民族自觉与符号认同："中华民族"观念萌生与确立的历史考察》，载香港《中国社会科学评论》，2002 年，第 1 卷第 1 期。

第三章　辛亥革命与民初议会政治

一　近代中国人对议会制度的认识

1. 西方议会思想的引入

在中国传统的君主专制政治体制中，并没有议会制度。西方议会制度，是在近代中华民族危机日益严重的历史背景下，在有识之士探寻救国之方的过程中，逐步被中国人所认识和接受的。

较早介绍西方议会制度的是魏源和徐继畲。在《海国图志》中，魏源将英国议院称为"巴厘满"，其议事职能是："用兵、和战之事，虽国王裁夺，亦必由巴厘满议允。国王行事有失，将承行之人交巴厘满议罚。凡新改条例，新设职官，增减税饷及行楮币，皆王颁巴厘满，转行甘文好司（行政机构）而分布之……"① 徐继畲在《瀛环志略》中则把英国议院叫做"公会所"，将上下院分别称为"爵房"与"乡绅房"，并介绍其立法程序是：凡有大事，先由爵房"聚众公议，参以条例，决其可否，复转告乡绅房，必乡绅大众允诺而后行，否则寝其事勿论"；民间兴革之议则"先陈说于乡绅房"，讨论同意后"上之爵房"，爵房通过后方"上之相闻于王"②。

这一时期，人们对西方文化的了解还只是处于感知阶段，加上

---

① 魏源：《大西洋英吉利国》，见《海国图志》（百卷本）第 50 卷，光绪丁亥巴蜀善成堂本，第 6 页。

② 徐继畲：《英吉利国》，见《瀛环志略》第 7 卷，光绪戊戌年上海书局印，第 18 页。

本土文化的危机还没有显现出来，所以他们虽对议会制度表露出一定的向往之情，但还没有明确提出学习和采用议会制度的要求。

19世纪60年代以后，中国社会内部逐渐发生变化。一方面，在经过一个短暂的和平时期以后，清王朝在中外战争中连续败北，统治危机加剧；另一方面，随着洋务运动的兴起，民族资本主义工业的出现，使中国有了新的经济和社会结构。在这种局面下，一些有识之士在深入探讨救国之方的过程中，逐渐认识到在西方坚船利炮的背后，是有强大的国家实力作后盾的，而巩固和提高国家实力的基础，除了工商经济之外，就是有良好的政治制度保障。在他们看来，中西两种制度最根本的差别就是：西方"君民共治"，而中国则"上下尊隔"。造成这种差别的原因，就是西方有议院使"上下通情"。所以，他们把设立议院作为改变中国"上下尊隔"的专制制度的最好途径。

如何设议院？这些有识之士大都立足于本土文化，提出了中国式的议院方案。

在议员的选举与产生方面，一种意见主张与官制结合。如陈炽主张以乡官充当议员，每年选举两名，任期四年，条件是"其年必足三十岁，其产必及一千金"，还要"择保人多者用之"[1]。可见这种"选举"只是推荐。汤震主张将议院与现行官制融为一体，以四品以上高级官员组成上议院，由军机处管理，以四品以下官员组成下议院，由都察院主持。之所以要由官僚充当议员，原因是中国难以实行西方式选举，只能"变西法而变通之"[2]。

另一种意见主张与科举制结合。何启、胡礼垣提出省、府、县各设议员60名，分别从进士、举人、秀才中选择。采用"公举"之法，即由官府公布名单，由选举人投票，以票多者当选。"凡男子二十岁以上，除暗、哑、盲、聋，以及残疾者外，其人能读书明礼者"，皆有公举权[3]。而陈虬则主张由书院或寺观归并改设为议院。

---

① 陈炽：《乡官》，见中国史学会编：《戊戌变法》第1册，神州国光社，1953年，第234页。

② 汤震：《议院》，见中国史学会编：《戊戌变法》第1册，神州国光社，1953年，第177页。

③ 何启、胡礼垣：《新政论议》，见中国史学会编：《戊戌变法》第1册，神州国光社，1953年，第197页。

在议院的功能方面，汤震主张"每有大利之当兴，大害之当替，大制度之当沿革"，均由议院讨论，但又明确提出，一切国家大政必"先期请明谕"，然后才"得与议者"①。在这一议院方案中，由于议员由官僚担任，所以只能是君主的咨询机构。何启、胡礼垣的设计要进一步："地方之利弊，民情之好恶，皆藉议员以达于官。兴革之事，官有所欲为，则谋之议员，议员有所欲为，亦谋之于官，皆以叙议之法为之。官与议员意合，然后定其从违也。"他们还进一步提出："凡军国大政，其权虽出于君上，而度支转饷，其议先询诸庶民。"在他们的设计中，君主仍有大权，但"度支转饷"则必须通过议院；议院有议政权，但必须与官"意合"方能定其从违，议院是君主权力的补充。

总的来看，这一时期的早期维新派对西方议会制度的了解是不够深入的，他们注意到的只是议会在打破中国"上下尊隔"的传统政治中所起的"上下通情"的作用；再加上当时变革君主专制制度并没有成为时代的紧迫课题，所以他们只能将议会制度与本土文化结合，设计出一个又一个中国化的议院方案，努力使议会制度成为对君权的补充和修正。

甲午战争以后，民族危机空前严重，一部分具有初步资产阶级意识的知识分子开始组织政治团体，提出了要求"全变"、"大变"以救亡图存的维新变法主张。维新变法政治主张的核心，是改君主专制为君主立宪，而君主立宪制度的标志之一，就是设立议院。

1895 年 5 月和 6 月，在给清帝的第二、第四次上书中，康有为提出了设立"议郎"、"设议院以通下情"的变法建议。他提出，议郎由选举产生，由全国各府县"约十万户而举一人"，议院"随时请对，上驳诏书，下达民词"，"凡内外兴革大政，筹饷事宜，皆令会议于太和门，三占从二，下部施行"②。议院的最后决定权仍在皇上，"会议之士，仍取上裁"③。从制度而言，康有为的议院主

<hr />

① 汤震：《议院》，见中国史学会编：《戊戌变法》第 1 册，神州国光社，1953 年，第 177 页。

② 康有为：《上清帝第二书》，见汤志钧编：《康有为政论集》，中华书局，1981 年，第 135 页。

③ 康有为：《上清帝第四书》，见汤志钧编：《康有为政论集》，中华书局，1981 年，第 160 页。

张比早期维新派更多一些近代色彩，即注意到了议院的选举原则和议政时的多数决定原则。但他强调"会议之士，仍取上裁"，所以"三占从二"实际只是要求君主注重多数人的意见，这与他学习日本的君主立宪主张是一致的。

梁启超也明确地指明，要变法就要设议院。他说："问泰西各国何以强？曰议院哉议院哉。问议院之立，其意何在？曰君权与民权合则情易通，议法与行法分则事易就。二者斯强矣。"① 他将人类社会发展分为多君为政之世、一君为政之世和民为政之世三个阶段，认为民为政是人类社会发展的方向。而设立议院，实现民权，则是民为政之世的重要标志。

总的来说，维新派把设议院作为变法和实现君主立宪的目标，但是在具体的变法步骤方面，他们都认为中国还没有立即设立议院的条件。

1898年，康有为编成《日本变政考》一书，在按语中，他明确提出中国变法要以西方三权分立政体为模式，"其言政权有三：其一立法官，其一行法官，其一司法官……三官立而政体立，三官不相侵而政事举"，中国"欲行变法，非定三权未可行也"。还提出："立国必以议院为本。"② 而在同年初的上清帝第六书中，康有为只主张以设立制度局作为政治变革的第一步。制度局由"天下通才十数人"组成，职能是"将旧制新政斟酌其宜，某政宜改，某事宜增，草定章程，参核至当，然后施行"③，是新政决策的首脑机关。

康有为认为，中国之所以不能马上设议院，原因是"民智未开，蚩蚩自愚，不通古今中外之故，而遽使之议政，适增其阻挠而已"④。与此同时，梁启超也明确地说："问今日欲强中国，宜莫亟于复议院？

---

① 梁启超：《古议院考》，见《饮冰室合集》，文集之一，中华书局，1989年，第94页。

② 康有为：《日本变政考》第1卷、第11卷，见黄明同、吴熙钊主编：《康有为早期遗稿述评》，中山大学出版社，1988年，第116、169页。

③ 康有为：《杰士上书汇录·请大誓臣工开制度局折》，见黄明同、吴熙钊主编：《康有为早期遗稿述评》，中山大学出版社，1988年，第269页。

④ 康有为：《日本变政考》第6卷，见黄明同、吴熙钊主编：《康有为早期遗稿述评》，中山大学出版社，1988年，第144页。

曰:未也。凡国必风气已开,文学已盛,民智已成,乃可设议院。今日而开议院,取乱之道也。"他认为:"强国以议院为本,议院以学校为本。"①中国最重要的是办学校,兴学会,开民智,设议院只是未来的政治目标。

早期维新派鉴于对西方议会制度了解不深,以为可以通过与中国原有的制度文化结合而将其移植过来。而维新派则不同,他们强调中国不能马上设议院,原因正在于对西方议会制度有了较深入的了解。梁启超曾详细叙及议院议事制度:"西人议事与行事分而为二,议事之人,有定章之权,而无办理之权;行事之人,有办理之权,而无定章之权。将办一事,则议员集而议其可否;既可,乃议其章程,章程草定,付有司行之,有司不能擅易也。若行之而有窒碍者,则以告于议员,议而改之。西人之法度,所以无时不改,每改一次,则其法益密,而其于民益便,盖以议事者为民间所举之人也。"梁启超看到,西方议会制度的运作,均有一定的法度,而此法度,就是"权限之划定",一切皆遵循之;而中国则"一切条理,皆未明悉",所以无法遽立议院,必须先"开民智、开绅智、开官智"②。只有到民、绅、官各方有了一定的觉悟,懂得自己的权利,懂得如何自觉遵守法度,议院才能设立,才能正常运作。从这个角度来看,维新派在考虑移植西方议会制度方面也是注意到本土文化的,只不过他们顾虑的是更深层次的东西,即民众的意识和心理。这些认识虽不够成熟,但是符合中国实际情况。维新派的顾虑后来被民国初年的实践所证实。

2. 20世纪初的议会制度设计

1900年的八国联军侵华战争,把中国推向了空前的民族危机之中,也促成了中华民族的进一步觉醒。实行政治变革以救亡图存,成为20世纪初中国社会的潮流。有识之士在探索中,基于对中国国情的不同认识,提出了民主共和与君主立宪两种不同的政治方案,与此同时,清政府也终于迈出了宪政改革的步伐。上述主张

---

① 梁启超:《古议院考》,见《饮冰室合集》,文集之一,中华书局,1989年,第96页。

② 梁启超:《论湖南应办之事》,见《饮冰室合集》,文集之三,中华书局,1989年,第41页。

和实践，虽然不尽相同，但都涉及议会制度问题，并由此形成了各自的议会方案。

(1) 革命党人的议会制度设计

革命派的议会制度设计是民主共和国方案的组成部分。

1894 年兴中会成立，是资产阶级革命派兴起的标志①。1896 年，孙中山在伦敦被捕，在回答清朝驻英使馆译员邓廷铿的提问时回答："我之为民，不过设议院，变政治。"1897 年 9 月，孙中山在日本会见宫崎寅藏时说："我认为人民自治是政治的极则，因此，我的政治主张是共和主义"，他批评了"共和政体不适合中国这个野蛮国家"的说法，认为共和"是我国治世的真髓，先哲的遗业"②。孙中山把设议院和民主共和的目标紧密联系在一起。

1903 年，青年革命家邹容在《革命军》中勾画了未来中华共和国的议会蓝图："区分省份，于各省中投票公举一总议员，由各省总议员中投票公举一人为暂行大总统，为全国之代表人；又举一人为副总统。各州县府又举议员若干。"邹容虽然没有进一步明言议院的组织与功能，但是在他设计的中华共和国方案中，"凡为国人，男女一律平等，无上下贵贱之分"③，很显然，它是在国民普选基础上产生的。

1906 年，孙中山在为同盟会制定的革命方略中，也具体设计了未来民主共和国的蓝图："今者由平民革命以建国民政府，凡为国民皆平等以有参政权。大总统由国民公举。议会以国民公举之议员构成之。制定中华民国宪法，人人共守。敢有帝制自为者，天下共击之。"④ 在这里，孙中山把议会建立在人民主权的基础之上，

---

① 学术界多认为兴中会的誓词是："驱逐鞑虏，恢复中华，创立合众政府。"但有不少学者对这条史料的可靠性提出质疑，认为关于誓词的最早记载，是 35 年后邓想的一篇回忆文章，而邓想并不是檀香山兴中会首创时入会的，一些当事人记载中均没有涉及此誓词。可参见林增平：《孙中山民主革命思想的形成》，载《历史研究》，1987 年，第 1 期。

② 陈锡祺主编：《孙中山年谱长编》上册，中华书局，1981 年，第 147 页。

③ 邹容：《革命军》，见《辛亥革命前十年间时论选集》第 1 卷上册，北京三联书店，1978 年，第 675 页。

④ 孙中山：《中国同盟会革命方略》，见《孙中山全集》第 1 卷，中华书局，1981 年，第 297 页。

把人民主权、代议制、总统制作为未来共和国的基本要素。

然而，孙中山并不是单纯的理想主义者，他了解西方议会政治的某些弊端，也了解中国的具体国情，所以又提出了"五权宪法"和"革命程序论"作为建立民主共和的实施方案。

在"五权宪法"中，孙中山主张在立法、行政、司法三权之外，再加上监察权和考试权。其中监察权本应是议会的权力，而孙中山之所以要将其分立出去，是基于对西方国家三权分立弊端的认识。孙中山认为："美国纠察权归议院掌握，往往擅用此权，挟制行政机关，使他不得不俯首总命，因此常常成为议院专制；除非有雄才大略的大总统，如林肯、麦坚尼、罗斯威等，才能达行政独立之目的。"[1]

在孙中山所制定的革命程序中，第一阶段为"军法之治"，由军政府总摄政权，不需要设立议会；第二阶段为"约法之治"，军政府以地方自治权归之其地之人民，组织地方议会，议员及行政官皆由人民选举；第三阶段为宪法之治，颁布宪法，由国民公举大总统及公举议员以组织国会[2]。

总之，在辛亥革命前孙中山的思想中，议会是民主共和制度的组成部分。但有两点是值得重视的：（一）孙中山从防止"议会专制"的流弊出发，主张分割和缩小议会权力，不仅监督权要从议会中分离出来，而且主张总统由全国人民"公举"而不是议会选举。相比之下，孙中山更看重总统的权力。这表明，孙中山所设计的未来民主共和国是总统制共和国。（二）孙中山认为即使革命成功，中国也没有立即建立议会的条件，必须经过训练，并且要先建立地方议会，等到宪法制定以后，才能建立国会。

以议会为未来民主共和国的组成部分和标志，这是绝大多数革命派的认识。但革命派中也有不同的声音，这就是章太炎。

戊戌变法时期，章太炎曾参加强学会，担任《时务报》撰述，宣传变法，期间他就表现出对代议制的批评与否定态度。1897年，

---

① 孙中山：《在东京〈民报〉创刊周年庆祝大会的演说》，见《孙中山全集》第 1 卷，中华书局，1981 年，第 331 页。

② 孙中山：《中国同盟会革命方略》，见《孙中山全集》第 1 卷，中华书局，1981 年，第 297~298 页。

他曾写《变法箴言》，认为西方国家议会反而引起党争和祸乱，"县衡者不定，法之左党、右党，美之合众、共和，更相克伐，五德代胜矣"。所以中国"学堂未建，不可以设议院；议院未设，不可以立民主"①。

戊戌变法后，章太炎转向共和，鼓吹革命，但对代议制度的态度基本没变。1908年，他在《与马良书》中就明确表示："代议政体，非能伸民权，而适埋郁之。"理由是：一、代议制是封建制的变形，中国两千年来，"秩级已弛，人人等夷，名曰专制，其实放任"，最为自由，如设置议士，"使废官豪民梗塞其间"，只会挫抑民权。二、欧洲和日本国土小，而中国国土大，"被选者必在故官大驵"。结论是"以中国行立宪代议之政，其蠹民尤剧于专制"②。不久，他又写了《代议然否论》，对上述思想作了进一步的发挥。他认为，议员必要选举，但无论单选（直接选举）还是复选（制限选举），都会造成"上品无寒门，而下品无膏粱，名曰国会，实为奸府"的结果，只会"横于无阶级中增之阶级，使中国清风素气因以摧伤"。那么，在一个没有代议制的国家里如何实现共和呢？章太炎的设计是：由总统总掌行政、国防、外交；但有外交"宣战诸急务或因事加税时，须商之于民"。办法是，外交诸急务，则临时遣人与政府抗议。他认为，这些人无政党背景，"民得直以其意授之"；如因事加税，则因各地情况不同，由地方官"各询齐民"③。

从章太炎前后的文字来看，他之所以反对代议政治，最主要是害怕议院被"豪右"所控制，他认为议员竞选易受政党左右，所以以废除议院的极端办法来避免这种现象的发生。这既反映他对西方议会制度没有真正了解，也反映他力图避免出现西方少数人或少数政党把持议院现象的良好愿望。但是，由于他的方案没有真正解决民主政治的运作和人民权利的表达问题，所以是无法实现的。

（2）立宪派的议会制度设计

---

① 章太炎：《变法箴言》，见汤志钧编：《章太炎政论选集》，中华书局，1977年，第22页。

② 章太炎：《与马良书》，见汤志钧编：《章太炎政论选集》，中华书局，1977年，第385～386页。

③ 章太炎：《代议然否论》，见汤志钧编：《章太炎政论选集》，中华书局，1977年，第456～469页。

如果说，武昌起义前革命党人的重心是武装推翻清王朝，议会只是建立民主共和国之后的目标的话，在立宪派人那里，建立国会则是一个紧迫的现实目标和运动。

立宪派的政治目标是君主立宪，但他们强调，速开国会是实现宪政的基础。立宪派要求"速开国会"，是基于两方面的考虑：一是要求取得参政权力。他们一方面拥护清政府的"预备立宪"，另一方面又对清政府改革步骤的缓慢表示不满。他们认为，"内政之改革，视乎机关之善不善。机关一日未善，则政令一日不得实行"。而国会，则是宪政机关之要部，有国会，"人民得有公举代表与闻政治之权，国家乃能加以增重负担、以纾国难之责"[1]。使立宪尽快实现。二是希望通过国会来避免社会动乱。正如梁启超所说："国民所以哀号迫切再三吁诉者，徒以现今之政治组织，循而不改，不及三年，国必大乱，以至于亡。"[2] 只有开国会以图治，才能使国家稳定。

现实的目的促使立宪派把主要的精力放到了速开国会上，并为之提出了具体的国会方案：

国会议员由国民选举，但"非人民皆可为议员"，"非人民皆可选举议员"。他们认为，世界上君主立宪国有制限选举和阶级选举两种方式，但日本式的"阶级选举"不适合中国，因为中国社会不存在日本那样的社会等级。中国应实行"以一定之财产或一定之纳税额，又以教育为选举绝对之要件"的"制限选举"方式[3]。如此一来，"不惟议员及选举人为中上等社会之人，即原选举人亦不出中上社会"[4]。

国会是独立的国家政治权力机关，是"代表人民监督政府之机关"，是"人民与闻政治之所"[5]。国会享有立法权、主持财政权、

<hr/>

① 孙洪伊等：《国会代表请愿书》，见《辛亥革命前十年间时论选集》第 3 卷，北京三联书店，1978 年，第 592～593 页。

② 梁启超：《论政府阻挠国会之非》，见《辛亥革命前十年间时论选集》第 3 卷，北京三联书店，1978 年，第 630 页。

③ 谷钟秀：《国会与两大问题》，载《中国新报》，1907 年 9 月，第 7 号。

④ 谷钟秀：《国会与两大问题》，载《中国新报》，1907 年 9 月，第 7 号。

⑤ 孙洪伊等：《国会代表请愿书》，见《辛亥革命前十年间时论选集》第 3 卷，北京三联书店，1978 年，第 593 页。

监督行政权，还有宣布命令、质问、建议之权，有上奏君主、下受人民请愿之权。也就是要"以国会为总揽统治权机关"①。他们还主张，立宪法与开国会，应以开国会为先，制定宪法的主体是国会，才能"使国民多数参预政事，使之有协定宪法之权"②。

国会当与责任政府并行，政府要对国会负责。他们认为，政府对国会负责，是立宪政治的特质，无国会，责任内阁难以成立③，国会为监督内阁负责任之法定机关。他们还提出要作政党之预备，推动宪政，作为建立政党内阁基础④。

国民程度不足是清政府确立九年期限，迟迟不愿开国会的主要理由。1906年前后，在与革命派的论战中，康、梁等人也一再强调，国民程度不足，不能立行共和。而现在，立宪派从"速立国会"的现实目标出发，对国民程度问题作了新的诠释。他们认为，国民程度主要指国民的政治责任心、政治判断力和参政能力，这些能力可以通过开国会得到提高，所以"必先建设立宪政治，然后国民此三种资格乃能进步"⑤。他们还进一步指出，所谓"国民程序不足"，主要指下层人民而言，而君主立宪政治是代议政治，实行的是"制限选举"，因此下层人民程度不足，不足以影响国会成立。总之，在立宪派看来，国民程度不足不应成为国会能否召开的先决条件。

立宪派一再声明，国会的目的是"扩张民权"，"欲求民权之扩张，非开国会则莫由"⑥，只有建立国会，才能实现民权。值得注意的是，他们所提倡的民权，不再仅是与君主分享权力。他们强调

① 杨度：《金铁主义说》，见《杨度集》，湖南人民出版社，1986年，第397页。

② 李庆芳：《中国国会议》，见《辛亥革命前十年间时论选集》第3卷，北京三联书店，1978年，第117页。

③ 梁启超：《论政府阻挠国会之非》，见《辛亥革命前十年间时论选集》第3卷，北京三联书店，1978年，第637页。

④ 《国会请愿同志会意见书》，见《辛亥革命前十年间时论选集》第3卷，北京三联书店，1978年，第618页。

⑤ 《政闻社宣言书》，见《辛亥革命前十年间时论选集》第2卷下册，北京三联书店，1978年，第1059页。

⑥ 乌泽声：《论开国会之利》，载《大同报》，1907年7月，第2号。

的是"君主不负责任"①，强调"政府者，国民之产物也"，即建立对国会负责的责任政府。可见立宪派追求的是一种以议会为中心的君主立宪制度，也就是"规仿英制"②的虚君的议会君主立宪制。

（3）清政府的议会制度设计

1906年9月1日，清廷颁布上谕，宣布"仿行宪政"，由此揭开了预备立宪的序幕。上谕认为，由于"目前规制未备，民智未开，若操切从事，涂饰空文，何以对国民而昭大信"。所以要从官制入手进行改革，同时又广兴教育，清理财务，整饬武备，普设巡警，"使绅民明悉国政，以为预备立宪基础"③。以后，即着手中央与地方官制改革。

11月，清政府颁布改革中央官制上谕，其主要精神是改革行政与司法，另确定设立一个新机构——资政院。然而形势发展很快，立宪派发出了"速立国会"的呼吁。在这种局面下，一部分官僚也提出了立国会，设上下议院的主张，也有的直接建议，"资政院宜实有议院性质"④。但朝廷则坚持"中国上下议院一时未能成立，亟宜设资政院以立议院基础"⑤。正是在这一思想指导下，1909年8月，清廷颁布《资政院院章》。确定资政院的宗旨为"取决公论，预立上下议院基础"。其组织为：总裁、副总裁各2人，为特旨简充；议员有钦选、互选两种。钦选议员由宗室王公世爵、满汉世爵、外藩王公世爵、宗室觉罗、各部院衙门官、硕学通儒、纳税多额者共100人组成；互选议员由各省咨议局议员100人组成，议员任期三年。其职权是：议决国家财政预算、决算、税法、公债；新定和修改法典；奉特旨交议事件。还规定，所有案件议决后均要请旨裁夺。

---

① 枫浦：《论宪政与国会》，载《牖报》，1907年10月，第6号。

② 《各直省咨议局议员代表上第二次请愿国会书》，载《时报》，庚戌年五月二十五日（1910年7月1日）。

③ 故宫博物院明清档案馆编：《清末筹备立宪档案史料》上册，中华书局，1979年，第43～44页。

④ 故宫博物院明清档案馆编：《清末筹备立宪档案史料》上册，中华书局，1979年，第512页。

⑤ 故宫博物院明清档案馆编：《清末筹备立宪档案史料》下册，中华书局，1979年，第606页。

1907 年 7 月，清政府颁布地方官制改革章程，并没有涉及地方议会制度，但部分省已开始筹办地方自治。在这种情况下，10 月清廷又下谕旨，称各省"亦应有采取舆论之所，俾其指陈通省利弊，筹计地方治安，并为资政院储材之阶"，因此通谕各省督抚速设咨议局，同时将"各府州县议事会一并预为筹画"①。第二年 7 月，又颁布了《各省咨议局章程》和《咨议局议员选举章程》。根据章程，咨议局"为各省采取舆论之地，以指陈通省利病，筹计地方治安为宗旨"。咨议局设议长 1 人，副议长 2 人，由议员中互选产生，任期三年；另设常驻议员若干人，数额为议员总数的十分之二，任期一年。咨议局职责为：议决本省应兴应革事件，议决财政预算、决算、税法、公债、担任义务之增加、单行章程规则之增删修改、权利之存废事件；选举资政院议员；申复资政院和督抚咨询事件；公断和解自治会争议事件；收受自治会或人民陈请事件。

选举法规定议员的选举资格为：年满 25 岁以上，具有下列资格之一者：曾在本省地方办理学务及其他公益事务 3 年以上，著有成绩者；有中学以上毕业文凭者；有举贡生员以上出身者；曾任实缺职官文七品、武五品以上，未被参革者；在本省有 5000 元以上营业资本或不动产者。非本省籍贯之男子，则要有"寄居本省十年以上，有 1 万元营业资本或不动产"的资格条件。另规定：凡有选举权、年在 30 岁以上者，皆有被选举权②。

资政院、咨议局都是预备立宪中设立的新机构，它们都有议院的雏形，但又不是独立的议院。

从清政府的指导思想来说，资政院、咨议局只是"取决公论"、"采取舆论之所"，只是作为将来正式议院的基础，因此在设计上，并没有把它们作为独立的立法机构，而只是作为行政权力的补充，所以无论资政院还是咨议局，都必须受行政权力的制约。如朝廷有令资政院停会或解散之权；资政院一切决议必须请旨裁夺后才能发生效力；如军机大臣或各部行政大臣不以资政院决议为然，得声叙

---

① 故宫博物院明清档案馆编：《清末筹备立宪档案史料》下册，中华书局，1979 年，第 667 页。

② 故宫博物院明清档案馆编：《清末筹备立宪档案史料》下册，中华书局，1979 年，第 670～683 页。

理由，咨送复议；若资政院仍执前议，可与军机大臣等分别具奏，恭候圣裁。这实际是对资政院立法权的侵夺。就咨议局而言，按清政府的章程规定，咨议局议决可行事件，应呈候督抚公布施行，否决事件，呈请督抚更正，若督抚不以为然，可说明理由，交其复议。督抚有监督咨议局选举及会议、裁决施行咨议局之议案之权；咨议局如违反规定，督抚可令其停会或奏请解散。这就把咨议局放到督抚的监督之下。

然而另一方面，在资政院和咨议局章程中，也规定了它们对财政税法的议决权，对相应法规的制定、修订权，即具有一定的立法权限。在与行政的关系方面，虽然它们都要受行政的制约、监督，但反过来，资政院如对各衙门行政事件及内阁会议政务处议决事件有疑问时，可咨请答复；对军机大臣和各部院大臣侵夺资政院权限或违背法律，得据实奏陈，请旨裁夺。同样，各省咨议局对本省行政事件如有疑问，也得呈请督抚批答；督抚如有侵夺咨议局权限或违背法律等事，咨议局得呈请资政院核办。可见两机构也有一定的监督行政权。

无论是资政院还是咨议局，都只是设立正式议院的过渡。清政府之所以作出这样的设计，是出于宪政要有筹备、逐步推进的考虑。在1908年8月公布的《逐年筹备事宜清单》中，准备于1916年颁布议院法和选举法，选举议员，成立正式国会。从理论上看，建立正式国会这么大一件事，不经过相应的准备也是难以马上设立的。然而这样的设计也反映出清政府的矛盾心态，即一方面认识到议会是立宪国家的标志，不能不设；但另一方面并不愿让议会有太大的权力，尤其不愿使议会权力凌驾于皇权和行政权力之上。正是这种心理，使他们选择了日本二元君主立宪模式。1908年，清政府颁布《钦定宪法大纲》和《议院法要领》，规定议院只有建议之权；财政支出非与政府协议，议院不得废除删削；国家预算由议院协赞；议院只可指实弹劾行政大臣，不得干预朝廷黜陟之权；所议事件，必须上下议院彼此议决后，方可奏请钦定施行[①]。

这样的议院，处于君权控制之下，立法权限是极为有限的。

---

① 故宫博物院明清档案馆编：《清末筹备立宪档案史料》上册，中华书局，1979年，第59～60页。

辛亥革命前，革命派、立宪派、清政府都拿出了各自的议院方案。三个方案中，以孙中山为代表的革命党人的方案虽然还不够具体、完善，但议员由普选产生，议会有独立的立法权，是最民主的方案；立宪派从"速立国会"的现实目标出发，对议会制度作了最为系统的研究与设计，力图建立以议会为中心的君主立宪制度；清政府的议会设计服从于保留君权的需要，议会的地位最低。尽管方案不同，但都将建立议会制度作为未来民主共和或君主立宪国家的重要标志。他们围绕议会而进行的宣传和争论，使议会更多地被中国人所了解和认识。尤其是立宪派所发起的国会请愿运动，直接推动议会民主思想的传播，为辛亥革命后议会制度的建立创造了条件。

二　民国初年议会政治的最初实践

1. 辛亥革命催生了代议制度

在预备立宪时期，根据清政府的安排，各省（除新疆缓办外）经过选举后于 1909 年先后设立了咨议局；中央于 1910 年成立了资政院。它们虽然都具有一定的立法职能，但是都处于行政权力的控制之下，所以无论从法律规范还是从实际过程来说，都没有独立行使国家立法权的地位。而"行使国家权力"，则是代议制度的基本特征之一。所以从这个意义上说，清末咨议局和资政院的出现并不能代表代议制的建立。况且在清政府的筹备立宪清单中，设立正式国会需要 9 年时间的准备，即预定 1916 年才颁布议院法和选举法，选举议员。

武昌起义爆发，随即各省响应，中华民国成立，清帝退位，民主共和制度随着这一进程迅速建立。由于客观形势发展很快，也由于各种新旧政治力量的变化和迅速崛起，使建立代议政治成为一种迫切的需要和现实问题。

辛亥革命的胜利，固然是革命党人长期斗争的结果，但也不能忽视另外两种政治力量的作用：一是立宪派人在武昌首义和各省独立的过程中，相机附从共和，加速了革命高潮的形成；二是以袁世凯为代表的北洋势力，在大势所趋的局面下，逼清帝退位成功，稳固了刚成立的中华民国的基石。所以辛亥革命的胜利，实是各种政治力量共同作用的结果。这种结果必然带来另一种政治现象，即他们都力图在民初的政治舞台上一显身手。

另一方面，革命党人虽然在领导革命的过程中提出了建立民主共和的目标，但长期以来，他们的注意力主要倾注在"反满"斗争方面，民主共和的理论准备并不充分。孙中山虽然提出了"五权宪法"和革命程序论，但这一理论只是从建立革命党的一党政权出发的，不适应辛亥革命后多种政治力量并起的新情况。况且，孙中山的"五权宪法"理论在革命过程中并没有得到广泛宣传，没有被革命党人所认同。

此外，辛亥革命又是在各省独立的情势下发展起来的，各省纷纷宣布独立的局面，使独立各省在无形中形成了各自的军事和政治力量。保持自己的地位和实力，是地方独立省份组建中央政府时的基本出发点。在这种情况下，1911 年 11 月 11 日，江苏都督程德全、浙江都督汤寿潜联名致电沪军都督陈其美，提出："美利坚合众国之制，当为吾国他日之模范，美之建国……赖十三州会议总机关，有统一进行维护秩序之力也。"① 1911 年 11 月底，11 个省的23 名代表聚集武汉，召开"各省都督府代表联合会"，成员中包括立宪派上层代表（如雷奋、汤尔和等）、社会名流（如马君武、王正廷等），也包括少数革命党人，实是各方政治力量和地方实力派的联合会，其职责是讨论组织中央政府有关事宜。它作出了两项重要决定，一是议定如袁世凯反正，即当公举为临时大总统；二是议决了《中华民国临时政府组织大纲》二十一条，确立了以参议院为临时政府的立法机关。

12 月初，南京光复，会议移至南京，代表增至 17 省 46 人。同月 29 日，选举孙中山为临时大总统。南京临时政府成立后，在临时参议院成立之前，该会议曾一度代行参议院职权，议决了参议院议事规则和中央各部权限，对临时大总统任用国务员行使了同意权，还提议于《临时政府组织大纲》中追加人民权利义务一章②。

从组织上看，各省都督府代表联席会议的代表不是民选产生，不具备议院的特点，但是从职能上看，它又承担了议院的立法功

---

① 《苏州程都督杭州汤都督致沪都督电》，载《民立报》，1911 年 11 月 14 日。
② 张玉法：《民国初年的国会》，载《"中央研究院"（台湾）近代史研究所集刊》，第 13 期。

能，完成了组建中央政府的历史使命，在中国议会史上是一个重要的开端。

就在各独立省份召开联席会议商讨组建中央政府期间，南方革命省份与北方袁世凯北洋势力之间的南北议和也在进行。谈判的重要问题，是民主共和还是君主立宪。北方代表唐绍议在袁世凯的授意下，曾提出"开国民大会决定君主民主问题"的建议①，实际是借国体问题向南方施加压力。经过几轮谈判，南北代表伍廷芳和唐绍仪曾于1911年11月11日议定了一个由各省派三名代表组织国民会议的决定。此后，双方又为会议地点争执不下，南方要在上海召集，袁世凯坚持在北京开会。就在这时，南方各省都督府联席会议议决出了临时政府组织大纲，坚持了民主共和的建国原则。12月下旬，孙中山回国，各省都督府代表联席会议即选举他为临时大总统。1912年1月1日，中华民国宣告成立。这令袁世凯气急败坏，他马上电责南京临时政府，指责这是"与前议国会解决问题相背"。伍廷芳第二天回电予以反驳："在国民会议未议决以前，民国组织临时政府，选举临时大总统，此是民国内部组织之事，为政治上通例。"袁世凯随即拟订了一个临时国会选举法，又提出在各省依厅州县及府之直辖地方之区域直接选出议员，直接召集国会，并坚持："国体未经议决以前，召集国会，仍应由本政府发布命令。"② 袁世凯在南北议和时期一再打出"国民会议"、"国会"的幌子，名义上是决定国体，实际上则是力图借此确保北洋势力在未来中央政权中的主导地位。对袁世凯的这些主张，各省都督府代表联席会和相当一部分革命党人是坚决反对的。正如云南都督蔡锷所言，"国民会议袁世凯欲于北京开议，又欲各省州县皆举代表，无非为狡展播弄之地步，以充彼战备，懈我军心"，"现民国中央政府已成立，大总统已举定，民主、君主问题，无复有研究之价值"③。

----

① 《第二次会议录》，见《中华民国开国五十年文献》第2编第2册，正中书局，1962年，第501页。

② 《袁世凯提国会选举法电》，见《中华民国开国五十年文献》第2编第2册，正中书局，1962年，第538页。

③ 《滇都督蔡锷斥袁世凯狡诈通电》，见《中华民国开国五十年文献》第2编第2册，正中书局，1962年，第542页。

从上述中华民国南京临时政府的建立过程我们可以看出，确立代议制度，已是新政权面临的重要的和紧迫的任务，它也使民初的代议机构从一开始就成为各种政治力量争夺的舞台。这一特点直接影响和制约了民初议会政治的建设与发展。

2. 南京临时参议院

南京临时参议院是依据《临时政府组织大纲》组建的。该组织大纲确立的国家政体是总统制，参议院由各省都督府所派之参议员组织之，每省以3人为限。参议院的职权为：议决暂行法律和临时大总统交议事件，议决临时政府之预算、税法、币制、公债；检查临时政府之出纳；答复临时大总统咨询事件。此外，临时大总统宣战、媾和、缔结条约、任用各部部长及派遣外交专使、设立临时中央审判所须得参议院同意①。

1912年1月下旬，各省选派代表陆续到京，28日上午临时参议院宣告成立。成立时，共有17省代表42人②，其中有未到会者3人。后来又有陆续到会及增补者，到4月初，共有18省代表49人③。现将其中有背景可查的35人的情况列表如下：

姓 名	籍贯	年龄	党派	学 历	经 历	备 注
谷钟秀	直隶	36		生员，留学日本	咨议局议员	
吴景濂	奉天	39		举人，京师大学堂	咨议局议长	
杨廷栋	江苏	35		留学日本		2月27日辞职
凌文渊	江苏	37		师范学堂	咨议局议员	2月27日辞职
凌 毅	安徽	34	同盟会			
常恒芳	安徽	32	同盟会	生员，留学日本	沪军参谋、记者	
文 群	江西	32	同盟会	留学日本	江西都督府秘书	
王有兰	江西	37		留学日本	江西都督府参议	
汤 漪	江西	34		举人，留学日本、美国		
殷汝丽	浙江	30		留学日本		

① 《中华民国临时政府组织大纲》，见《中华民国开国五十年文献》第2编第2册，正中书局，1962年，第18页。

② 《临时政府成立记》，载《东方杂志》，1912年5月，第8卷第11号。

③ 邹小站：《关于南京临时政府与〈临时约法〉的几个问题》，载《近代史研究》，1997年，第3期。

姓　名	籍贯	年龄	党派	学　　历	经　　历	备　　注
王正廷	浙江	31	同盟会	北洋大学，留学美国		
黄　群	浙江	30		留学日本		3月25日到院
林　森	福建	44	同盟会	留学日本		
潘祖彝	福建	30		留学日本		
刘成禺	湖北	38	同盟会民社	留学日本	汉口商务学堂教务长	3月1日辞职
时功玖	湖北	33		两湖书院，留日		3月1日辞职
张伯烈	湖北	40		生员，留学日本	河南提学使，湖北自治研究会长	3月1日辞职
彭允彝	湖南	32	同盟会	明德师范，留日		
刘　彦	湖南	34	同盟会	留学日本		
欧阳振声	湖南	30	同盟会	附生，留日	湖南都督府顾问	
彭占元	山东	42	同盟会	附生，留日	咨议局议员	2月27日到院
刘星楠	山东	33		北京法政学堂		3月4日到院
李　盤	河南	36		留学日本	咨议局议员	
张善与	河南	31		生员、留日		3月25日到院
陈景南	河南	32	同盟会	留学日本	报馆主笔	3月25日到院
景耀月	山西	31	同盟会	留学日本	临时政府教育次长	未到院，辞职
刘懋赏	山西	48				
张蔚森	陕西	30		留学日本	陕西都督署顾问	缺席
赵世钰	陕西	31	同盟会	留学日本		
李肇甫	四川	30	同盟会	留学日本	临时大总统府秘书	2月5日到院
熊成章	四川	28	同盟会	留学日本	临时大总统府秘书	2月5日到院
钱树芬	广东			留学美国		
曾　彦	广西	30	同盟会	留学日本		3月5日到院
张耀曾	云南	32	同盟会	留学日本		2月17日到院
段宇清	云南		同盟会	举人		

　　资料来源：张玉法：《民国初年的国会》，载《"中央研究院"（台湾）近代史研究所集刊》，第13期。

从表中可以看出，临时参议员多在 30 岁至 40 岁年龄段，绝大多数受过新式教育，其中留学日本学习法政者又占相当比例；从党派背景来看，同盟会员占多数。从整体而言，这是一个现代性大于保守性的群体，履行立法机构的职责，就是他们的现代性追求。从1912 年 1 月 29 日开第一次会议到 4 月 8 日休会时止，南京临时参议院存在 2 个多月，所做的重要工作有：

议决了一批临时大总统孙中山咨请讨论的议案，如文官考试及外交官、领事官考试法令、法官考试委员会官职令及法官考试令、金库则例、各部官制通例、优待清室条件等，这些法令，成为民初法制建设的基础。

值得注意的是，参议院成立后，在一些问题上即与行政权力发生摩擦。第一件事是关于临时政府地点问题。2 月 13 日，孙中山向参议院辞职，附加条件中有临时政府设于南京一条。14 日参议院表决时，由于部分参议员对袁世凯不愿南下表示同情，也有的以为定都南京不足以控制东北，所以以 28 票中的 20 票多数主张设于北京。孙中山与黄兴非常生气，令参议院复议，并谓党中不应有异议，在同盟会员中做工作；黄兴甚至说如议院不改决议，就派宪兵入院缚所有同盟会员去。第二天参议院重议，改用记名投票，结果27 票中 19 票主南京①。

第二件是汉冶萍公司合办事件。临时政府成立后，财政窘乏，孙中山曾派人向逃亡日本的盛宣怀募款。盛为保住产业，则以"合办"为名，诱使临时政府与日谈判，以取得 500 万元的借款。1 月21 日，临时政府、汉冶萍公司和日方代表在南京签订《汉冶萍公司中日合办草约》，这一草约未经参议院讨论，立即受到各方反对。参议员刘成禺、张伯烈等人于 2 月 12 日、18 日连续提出质询，18 日孙中山咨复参议院，解释此为"私人押借"、以国民名义转借于政府。参议院仍不满意，22 日再次提出质问。鉴于参议院和舆论的反对，23 日，孙中山派胡汉民到参议院，说明了取消草约的决定②。

第一个事件，抛开应该定都何处的是非不论，反映了行政权力

① 陈锡祺主编：《孙中山年谱长编》上册，中华书局，1991 年，第 659 页。

② 陈锡祺主编：《孙中山年谱长编》上册，中华书局，1991 年，第 639、662、666 页。

对立法的干预。中国长期是行政权力包揽一切的国家，民国建立，立法独立，但这种习惯势力常常会有意无意地表现出来，即便孙中山与黄兴也不例外。

第二个事件体现了立法对行政的监督，表明临时参议院如认真履行职责，在制约行政权力方面是有效的。但这一事件本身也包含着危机，这就是提起质询政府的，主要是一部分民社党人，他们在发挥立法机关的监督功能的同时，也将党派意识乃至地方意识带了进来，直接影响立法机关的健全发展。

南京临时参议院在短短的两个月中，还行使了选举权、同意权。2月14日，接受孙中山辞去临时大总统职务，15日选举袁世凯为临时大总统，20日选出黎元洪为临时副总统。3月11日，参议院同意袁世凯的提名，以唐绍仪为国务总理。随后，袁又提交拟派国务员名单，参议院以所提人选数字不符官制通则之规定，电请改正。直至29日，唐绍仪出席参议院会议发表政见，提出各部总长名单，参议院投票表决，除交通总长梁如浩外，余均同意，一周后，同意施肇基为交通总长。

南京临时参议院还履行了立法职责。它最重要的立法工作是制定了《中华民国临时约法》。该约法在确立民主共和的国家体制的同时，也将政体由总统制改成了责任内阁制。

南京临时政府是按总统制模式建立的，与此同时，无论革命党人还是社会名流，还有一部分人主张实行责任内阁制。临时政府成立后，任法制局局长的宋教仁曾提出过一个《中华民国临时组织法草案》，该草案专设"内阁"一章，规定"内阁员执行法律、处理政务、发布命令，负担责任"①，具有内阁制意味。1月30日，临时大总统孙中山曾将该草案咨送参议院参考，但参议院认为："宪法提案权应属国会特权，而在国会召集前，本院为唯一立法机关。因此，该法当由本院制订，现在法制局预为编订该草案是为越权。"② 两天后，《申报》刊登了一份由参议院推举的马君

---

① 《临时政府组织法草案》，见《中华民国开国五十年文献》第2编第2册，正中书局，1962年，第116页。

② 转引自张亦工：《〈中华民国临时约法〉起草人辨正》，载《历史研究》，1983年，第3期。

武、景耀月等 5 名起草员起草的《大中华民国临时约法草案》，仍维持了总统制①。然而正在这时，北方局势发生重大变化，袁世凯加快逼宫步伐。在这种情况下，2 月 7 日，参议院召开会议，确定实行责任内阁制。经过一个多月的紧张工作，3 月 8 日，参议院开会正式通过《临时约法》。

从《临时约法》的制定过程来看，将总统制改成责任内阁制，是出于限制袁世凯的目的。但是，在如此短的时间内完成如此大的变动，其理论准备不足和在法制上的不健全也是显而易见的。特别是《临时约法》确定的是责任内阁制，议会应当居于相对较高的地位，参议院有一切立法权、监督权，内阁对参议院负责。但是另一方面，《临时约法》又赋予总统较广泛的权力，总统"代表临时政府，总揽政务，公布法律"，总统有对参议院议决事件的否决权。所以《临时约法》在确立责任内阁制的同时又保留了相当的总统制色彩，是将前述总统制草案与内阁制草案加以综合的产物。这种制度设计上的缺陷一方面造就了总统的特殊地位和权限不明，为袁世凯利用并加强自己权力提供了条件；另一方面，每当议会欲依据《临时约法》独立行使自己的监督立法权力时，却常常会被舆论视为"国会专制"、"国会权限太大"而加以谴责，使之处于被动地位。

南京临时参议院另一项立法工作是通过了《参议院法》18 章105 条，由临时大总统孙中山 1912 年 4 月 1 日公布。《参议院法》还包括办事细则、参议员常费章程、旁听规则三个附则。这些章程规则对参议院组织作了比较全面的规定。如参议员资格，明定为年满 25 岁以上男子，但如有"剥夺公权及停止公权"、"吸食鸦片"、"现役海陆军人"、"现任行政职员及现任司法职员"诸条件之一者，即失其资格。规定参议院内设全院委员、常任委员、特别委员三种，规定了各种委员的产生和职责。此外还规定了参议院在行使选举、弹劾、质问、建议、接受请愿等各项权力时的程序。在《参议员常费章程》中，规定参议员不受岁费，只受公费及津贴费，参议员公费每人每月二百元，另议长津贴费每月一百元，副议长津贴费

① 《大中华民国临时约法草案》，载《申报》，1912 年 2 月 1 日、2 日。

每月五十元①。

南京临时参议院虽承担了建设中央政府的重要职责，但其内部组织是不完备的。《参议院法》则确定了一院制议院的组织体制，为北京临时参议院的建设奠定了基础。

南京临时参议院议员虽然大部分为有现代性追求的新派人物，且大部为同盟会员，但由于经历、认识并不一致，加上又为各省地方代表，所以不免将地方利益观念带入参议院中，形成种种内部冲突。特别是以湖北省议会和湖北籍参议员为代表的一批人，鉴于湖北作为首义之区的优越地位，挟湖北中心主义观念，在参议院中多次掀起风潮。

首先是华俄道胜银行借款风潮。1912 年 2 月 21 日，临时政府财政总长陈锦涛与华俄道胜银行草签了一份 150 万镑的借款合同，由临时大总统孙中山咨参议院决议。2 月 27 日参议院开会时，仅17 人到会，14 人参加表决，议长林森以 8 人赞成作为通过。第二天，鄂籍议员刘成禺、张伯烈、时功玖以表决不足法定人数质问林森，并指责借款"以民国赋税作抵借款之非"②。遂起争论，双方情绪激烈，刘"出言咄咄"，而林也"拍案呵斥"，刘、张、时 3 人当即宣布辞职。经此风波，3 月 1 日，参议院接连举行二读、三读会，虽多数通过，但后来因华俄道胜银行总行"并未承允"，此借款未能成立③。在这一事件中，议长林森的操作明显违背了议院议事规则，而刘成禺等在提出异议时，则又挟带了强烈的对立情绪。这一事件对参议院打击很大，接着，江苏议员凌文渊、杨廷栋、陈陶遗、奉天议员吴景濂、陕西议员赵世钰等相继辞职，临时参议院几有瓦解之势④。

其次是另组织临时中央议会风潮。1912 年 2 月 21 日，湖北临时省议会以临时参议员不是民选为理由，提出重组临时中央议会，

---

① 《参议院法》，见《中华民国开国五十年文献》第 2 编第 2 册，正中书局，1962 年，第 390～398、403 页。

② 《参议院议员借款辞职》，载《申报》，1912 年 3 月 1 日。

③ 参见李学智：《关于民国元年参议院风波的几个问题》，载《近代史研究》，1997 年，第 1 期。

④ 张玉法：《民国初年的国会》，载《"中央研究院"（台湾）近代史研究所集刊》，第 13 期。

并要各省议会或咨议局选派议员 10 人至 20 人到汉口集会。此时正值借款案发生，刘成禺等辞职，参议院地位发生动摇，湖北省议会于 3 月 12 日又通电各省，要求速举议员。先后响应者有直隶、河南、奉天、吉林、黑龙江、陕西、山西、湖南、福建、广东、安徽、江西、江苏、浙江、山东等十余省。不过各省意见并不完全与湖北一致。如湖南省议会提出要限制参议院权力；江苏省议会则不同意在汉口开会，主张仍在临时政府所在地召集①。3 月 14 日，新任大总统袁世凯电参议院探询意见。19 日、20 日参议院连续发出通电，驳斥湖北省议会称："方今国基初肇，所赖以维持培植者，端在守法，参院为法定机关，万不可任意破坏"；"参议院为行使立法之机关，既经约法规定，若漫不承认，则根本破坏，中华民国前途不堪设想……鄂者之发起临时国会，实为法外之举动，当然无效"②。在这种情况下，有十多名参议员致电本省都督、议会，对于组织临时国会之事力持不可，事情才逐步平息③。

这一事件反映了部分参议员狭隘的地方主义观念，也说明即使经过了辛亥革命，建立了立法机关，但是在相当部分参议员心中，法制的观念仍很淡薄。从法理上看，此时已是《临时约法》公布之后，即使有诸多不完善之处，但若要改造参院，也必须依据《临时约法》，寻找法理内的合理解决办法，而动辄采用极端和激进的办法，不仅动摇了立法机关的根基，而且也为立法机关以后的运作带来了极为不良的影响。

3. 北京临时参议院

南京临时参议院参议员为各省都督府代表，"实以代表各省政府"，所以有人称此为"地方政府代表时代"④。3 月 8 日，参议院通过《临时约法》，其中"参议院"一节规定："参议员每行省内蒙

---

① 参见王家俭：《民元改造参议院风潮》，见《中国近代现代史论集》第 19 编，《民初政治》（一），台湾商务印书馆，1986 年，第 27 页。

② 孙曜：《中华民国史料》第 109～110 页，转引自张玉法：《民国初年的国会》，载《"中央研究院"（台湾）近代史研究所集刊》，第 13 期。

③ 王家俭：《民元改造参议院风潮》，见《中国近代现代史论集》第 19 编，《民初政治》（一），台湾商务印书馆，1986 年，第 27 页。

④ 林长民：《参议院一年史》，见章伯锋、李宗一主编：《北洋军阀》第 2 卷，武汉出版社，1990 年，第 9 页。

古外蒙古西藏各选派5人，青海选派1人，其选派方法，由各地方定之。"① 湖北省议会倡议另立中央议会风潮发生后，南京临时参议院3月20日发出通电云："参议员能否完全代表人民之意，乃参议员之选派方法问题，非参议院可否消灭问题，若谓都督选派之议员不足代表人民，谨可按照临时约法第十八条规定，选派五人之数，尽由民选，选定后即可陆续来院，与各该省前派之参议员实行更替。临时约法规定选派方法，由各省自定。"② 这实际表示各省代表重新选举，并可以民选。在这种情况下，袁世凯先后两次通电各省，限一个月内如额选足，并令各省以临时省议会为选举机关③。此后一个月内，各省省议会纷纷选出代表，4月29日，临时参议院在北京开院。

北京临时参议院虽然与南京临时参议院在组织上有承继关系，但议员则是重新选举的，这样就出现了一个新旧议员更替的问题。新即各省议会所选议员，也称"民选议员"，旧即原各省都督府所派议员，也称"派送议员"。4月29日，参议院开会时，议长林森并未将旧议员的席位撤去，还给已任北京临时政府工商次长的王正廷安排了席位④，这样就引起了一部分民选议员的不满，他们当场议决更选议长及各股审查员⑤。5月1日，参议院开会，选举吴景濂和张耀曾为正副议长⑥。次日又开会选出了全院委员长和法制、财政、庶政、请愿、惩罚各部委员。

北京临时参议院人员多有变动，有学者统计，前后列名议员的，有143人；扣除中途被取代、辞职和死亡者，有121人；日常出席开会者，约71人至102人不等。在这121人中，有原南京临

① 《中华民国临时约法》，见《中华民国开国五十年文献》第2编第2册，正中书局，1962年，第413页。
② 孙曜：《中华民国史料》第109～110页，转引自张玉法：《民国初年的国会》，载《"中央研究院"（台湾）近代史研究所集刊》，第13期。
③ 张玉法：《民国初年的国会》，载《"中央研究院"（台湾）近代史研究所集刊》，第13期。
④ 李学智：《关于民国元年参议院风波的几个问题》，载《近代史研究》，1997年，第1期。
⑤ 《新参议员质问议长违法》，载《大公报》，1912年5月2日。
⑥ 《详记参议院举定正副议长》，载《大公报》，1912年5月3日。

时参议院议员 21 人①。

从整体上看，北京临时参议院的议员中仍以 30 岁至 40 岁年龄段且接受过新式教育者占多数。但与南京临时参议院相比，有一个明显特点，就是有相当一部分立宪派进入参议院，加以这时正是政党组合时期，所以议员的党派背景要复杂得多。

北京参议院初期，党势最强的是同盟会。1912 年 3 月 3 日，同盟会召开党员大会，经过激烈争论后，决定改组为公开政党，"从事于宪法国会之运动，立于代表国民监督之地位"②。同盟会在北京参议院中占议席 30 余席。

北京参议院初期党势最强的另一个政党是共和党。共和党成立于 1912 年 5 月 9 日，由五个立宪派小党派合并而成，占有议席 40 余席，成为超过同盟会的一大政治势力。

此外还有以"第三党"相标榜的统一共和党。此党于 1912 年 4 月 11 日成立，由部分同盟会和立宪派成员发起的小党派组成，占有议席 20 余席。

1912 年 8 月 25 日，宋教仁为"联他党为合组大党之计"，以同盟会为基干，联合统一共和党、国民共进会、共和实进会、国民公党等党派合组成立国民党，在参议院中的议席上升到 60 席，与共和党并存，一时出现两大政党对峙的局面。

这时，原立宪派汤化龙、林长民等又谋求组织第三党与之鼎足，于是在 1912 年 10 月 27 日成立民主党，占有议席 10 余席，进而又形成三大政党并立的局面。

以上无论三大政党也好，两大政党也好，实际都是革命派与立宪派对立的延续。

北京临时参议院时期，政府依约法改为内阁制，所以参议院权力较南京时期为大，这是它的另一个特点。北京临时参议院除享有各项议决法律权，议决政府预决算、税法、币制、公债权，对大总统任免国务员、外交官员的同意权外，新增的权力主要是：建议权，得以关于法律及其他事件之意见建议于政府；查办

---

① 张玉法：《民国初年的国会》，载《"中央研究院"（台湾）近代史研究所集刊》，第 13 期。

② 胡汉民：《胡汉民自传》，载《近代史资料》，1981 年，第 2 期。

权，得咨请政府查办官吏纳贿违法事件；质问权，得提出质问书于国务员，并要求其出席答复；弹劾权，对于临时大总统，认为有谋叛行为时，得以总员五分之四以上之出席，出席员四分之三以上之可决弹劾之；对于国务员认为失职或违法时，得以总员四分之三以上之出席，出席员三分之二以上之可决弹劾之①。可见北京临时参议院新增的权力主要是对行政的监督与制约权力，这无疑提高了参议院的地位。然而这时代表行政权力一方的是袁世凯，他并不愿意自己的权力受到制约，这样就必然与参议院发生冲突，导致政潮发生，而这种政潮又与党争纠合在一起，显得特别复杂。这首先在组阁问题上表现出来。

北京临时政府的第一届内阁是唐绍仪内阁，阁员中有一半为同盟会员。但属于袁世凯一边的内务总长赵秉钧、陆军总长段祺瑞以及属于共和党的财政总长熊希龄动辄采取"单边行动"，以拆唐内阁的台，最后迫使唐绍仪辞职，内阁垮台。在这种局面下，同盟会认为原因在"此次内阁，本非政党，政见既不同"，所以难以和衷共济②，提出的对策是组织政党内阁。袁世凯为压制同盟会人，则提出"超然内阁"之说。共和党、统一共和党为了与同盟会对抗，则附和袁世凯。共和党还发出通电，称唐"蔑视职守"，"应由大总统避择无党派者，任为超然总理"③。唐绍仪内阁垮台后，袁世凯提出由无党籍的陆征祥组成"超然内阁"，同盟会坚决反对，共和党、统一共和党为谋求入阁，则予以支持。但当陆征祥到参议院宣布政见并提出内阁名单时，统一共和党见无一人入阁，转向反对；共和党也因陆征祥宣布政见"言词猥琐"，表示不信任。这时，袁世凯则通电各省，北洋派系纷纷发电，向参议院施加压力；北京军警联合会则召开特别会议，甚至提出要袁下令解散参议院。在这种局面下，共和党首先转变态度，通电攻击同盟会和统一共和党④。在袁世凯的压力下，参议院于 7 月 26 日

---

① 《中华民国临时约法》，见《中华民国开国五十年文献》第 2 编第 2 册，正中书局，1962 年，第 413 页。

② 《同盟会本部致上海机关部电》，载《太平洋报》，1912 年 7 月 1 日。

③ 《共和党主张超然内阁通告全国政团电》，见朱宗震、杨光辉编：《民初政争与二次革命》，上海人民出版社，1983 年，第 52 页。

④ 《共和党本部责备同盟会否决陆内阁通电》，见朱宗震、杨光辉编：《民初政争与二次革命》，上海人民出版社，1983 年，第 67 页。

进行第二次投票,通过陆内阁补充名单。此后,部分统一共和党议员就军警干涉议员提出了弹劾陆征祥失职案,但在共和党的抵制下不了了之。

8月,又发生张振武、方维被杀案。张振武是武昌首义人物之一,湖北军政府军务部副部长,因被解除职务而与黎元洪结怨。黎元洪为排斥革命党人,保住自己的权位,一方面向袁世凯推荐张振武,另一方面又密电袁世凯,要袁予以捕杀。1912年8月15日,张振武及随同进京的湖北将校团团长方维在京被段芝贵指挥的军警抓获,三个小时后被军法处枪杀。

在这一事件中,张振武、方维成了袁、黎排斥革命党人权术的试验品和牺牲品。而袁、黎勾结起来任意杀害首义之士,本身就违背了共和国体的法制原则,所以也引起了众多的激愤。8月18日,参议员张伯烈等20人向政府提出质问案称:“共和国家全赖法治,惟法律乃能生杀人,命令不能生杀人”,“今以民国首功之人,大总统、副总统乃口衔刑宪,意为生杀”①。第二天参议院开会破例讨论质问案②,刘成禺、彭允彝等人发言均情绪激昂,指斥政府违背法律、破坏约法,席间还有人提议弹劾副总统、总理和段总长。然而参议院弹劾案却难以产生,一则按规定,必须议员三分之二出席,四分之三可决,方可议决弹劾,但参议院开会一般都达不到三分之二;二则各党对弹劾案意见不一,因张振武是湖北人,与鄂籍参议员关系密切,而鄂籍参议员又多为民社派人,故由民社等组织组合而成的共和党的态度比较激烈。而同盟会与张振武的关系比较疏远,他们此时所注意的,是借国务总理陆征祥欲辞职的机会促成政党内阁的实现。所以虽有少数激进分子提出乘机用武力推倒政府的意见,但大多数则主张以法律解决。8月21日、22日,参议院开谈话会讨论弹劾问题,其间发生意见分歧,共和党和共和建设讨论会主张弹劾政府全体;国民党(同盟会与统一共和党)主张弹劾

① 《参议员质问政府枪杀武昌起义首领张振武案》,载《民立报》,1912年8月25日。

② 按规定,质问案有10人以上连署,即可由秘书厅备文送交,不需大会讨论,但参议院开会时认为张案关系重大,破例进行讨论。见《参议院开议张振武案会议速记录》,见朱宗震、杨光辉编:《民初政争与二次革命》,上海人民出版社,1983年,第125页。

国务总理与陆军总长二人；双方坚持党议，不肯互让①。各党意见不一，为袁世凯实施分化、拉拢策略提供了机会。8月21日，袁世凯请湖北籍民社派参议员时功玖、张伯烈、刘成禺、郑万瞻到总统府面谈，将杀张提到"治乱"的高度，迫使这些民社派参议员退步，承认此案只是"手续太不完备"②。8月28日，由湖北籍参议员张伯烈等4人提出，陈家鼎等8人连署，提出弹劾国务总理陆军总长案，指出："今因张振武、方维一案，陷临时大总统于违法之域，皆由国务员首领陆征祥及副署之国务员段祺瑞辅佐乖谬所致，不得不负其责。"③ 要求临时大总统依《临时约法》第47条将陆征祥、段祺瑞即予免职。就是这样一个指鹿为马，轻易放过当事人的弹劾案却因参议院不足法定人数而不能议决，最后不了了之。

北京临时参议院时期发生的这两个事件实际都是行政权与立法权的碰撞。就行政权方面来看，袁世凯虽然表面上依从共和，但根本不把《临时约法》和参议院放在眼里，不仅任意动用军警向参议院施加压力，而且采用分化手法拉拢参议员；就立法权方面而言，纵然有监督政府、维护约法的意愿，但由于议员们更多地考虑的是个人利害和党派利益，所以难以有一致的行动，难以在行使监督权方面有所作为。这两个事件的结果说明，虽然辛亥革命后实现了建立议会的目的，虽然在《临时约法》中议会的地位是比较高的，但是在现实的强权面前，议会是软弱的。

北京临时参议院虽然在监督行政权方面无能为力，但是在行使立法权方面，则是作出了相当的努力。完成的重要法案有国务院官制修正案、参议院议事细则修正案、邮权收回案、国务院秘书厅官制案、法制局官制修正案、国会组织法、参议院议员选举法、众议院议员选举法等；还有暂行印花税法、中国银行则例、中国铁路总公司条例、元年六厘公债条例等一批经济法案。有学者统计，临时参议院（包括南京时期和北京时期）从1912年1月28日开院到

---

① 黄远庸：《张振武案始末记》，见《远生遗著》第2卷，商务印书馆，1984年，第110页。

② 《参议院续议张振武案会议速记录》，见朱宗震、杨光辉编：《民初政争与二次革命》，上海人民出版社，1983年，第136页。

③ 《参议员弹劾国务总理陆军总长案》，见朱宗震、杨光辉编：《民初政争与二次革命》，上海人民出版社，1983年，第143页。

1913年4月8日结束，先后开会220次，议决案件230余，通过法律55种①，其中绝大部分是在北京临时参议院时期完成的。

辛亥革命发生，中华民国建立，随着南京临时政府的成立，作为民主共和制度象征的临时参议院也随之建立。所以正是辛亥革命推动了中国民主制度建设的进程，使议会制度在中国真正得以实现。是辛亥革命催生了议会制度。

然而，由于革命所具有的突发性，不仅革命党人为民主制度所作的理论准备不充分，而且中国社会也无法为民主制度建设提供必要的社会力量、经济基础乃至心理准备，因此，议会制度虽然建立起来了，但是在运作方面又暴露出不少问题。

首先是强权对议会的压制。这里的强权势力，就是袁世凯。在这一时期，袁世凯虽然打着"共和"的旗号，戴着临时大总统的桂冠，但很快形成了以他为中心的权力体系。武昌起义后至民国初年"非袁莫属"的社会心理就是袁世凯权力体系得以建立的条件。这种"非袁莫属"的社会心理又是中国传统政治文化中"人治"观念在新形势下的延伸。它一旦形成，便使很多人对袁世凯产生一定的幻想，使袁世凯得以利用这种社会心理，在"共和"招牌下进行集权与独裁。

旧官僚势力和军队是袁世凯权力体系的支柱。武昌起义枪声一停，旧官僚、旧军阀的代表黎元洪被拥上军政府都督的宝座，开创了旧官僚、旧军阀势力加入共和的先例。于是，许多各式各样的旧官僚旧军阀纷纷摇身一变，打着"拥护共和"的旗号挤入各省军政府。这股旧势力之所以有力量，就在于他们控制着一定的军队。尤其是袁世凯，直接掌握北洋军，从而为他实行军队干政，依靠武力实施强权提供了条件。

袁世凯权力体系的形成，造成了中国社会政治权力结构的二元现象：一方面，民国和临时参议院的建立，显示欲建立全国统一的民主体制；另一方面，袁世凯依靠旧势力和军队，势力已大大超过民主力量。陆征祥内阁风潮期间，袁世凯一方面唆使北京军警联合会指责参议院"挟持党见，故作艰难，破坏大局"；另一方面又通电各省，指使北洋集团及追随者发电攻击参议院。北京军警联合会

---

① 张玉法：《民国初年的国会》，载《"中央研究院"（台湾）近代史研究所集刊》，第13期。

还召开特别会议，提出如不通过内阁名单，请总统下令解散参议院的建议①。这是一起严重的军警干涉立法机关的事件，正是在军警的压力之下，陆征祥第二次内阁名单（除工商总长蒋作宾外）在参议院获得通过。立法机关最终屈从于强权。

其次是议会政治本身的不健全。临时参议院是一院制国会，且议员还不是民选，而是南京临时参议院时期由各省都督府派选，北京参议院时期由各省省议会选出；内部虽有全院委员会和各常任委员会，但在办事职能方面都不健全。所有这些，就民国肇始、议会制度刚刚建立的实际情况而言，都是可以理解的，在任何国家，议会制度的建立都有一个完善的过程。

问题在于参议院内部，由于参议员自身参政的素质不高，大大削弱了立法机构的形象。参议员大都比较年轻，有一些议会政治的理念，但无实际政治的经验。就政党而言，从一定意义上说，议会政治是要通过政党政治来实现的。临时参议员们也懂得这一点，所以他们纷纷合并小党，组织大党，目的就是在参议院中展开竞争。但是，他们所理解的政党竞争，主要是对抗，再加上原革命派与立宪派的宿怨，使参议院中的党派从一开始就处于对立状态，少有协商与合作。另外参议员均有地方背景，所以还形成了参议员中的地方帮派色彩，如张振武被杀案中非常活跃的刘成禺、张伯烈等湖北籍议员就是如此。就执行立法机关的职能来说，参议员们都有非常强烈的立法和监督意识，但在一些具体问题的处理上，则显得十分幼稚。如在陆征祥内阁问题上，袁世凯提出由陆组阁，目的是组成"超然内阁"，同盟会反对，不过是严守"政党内阁"的党义；参议院最后否决，只因陆说话"鄙俗不堪"。由于参议院否决陆内阁没有真正充分的理由，所以不仅没有得到社会的认同，反而激起一种激愤，甚至章太炎等人都致电黎元洪，称参议院"用一人必求同意，提一案必起纷争，始以党见忌人，终以攻人利己"，置国家大事于不顾，提议大总统"暂以便宜行事，勿容拘牵约法"②。正如

---

① 李新、李宗一：《中华民国史》第2编第1卷，中华书局，1987年，第115页。

② 黄远庸：《陆总理演说后之政界》，见《远生遗著》第2卷，商务印书馆，1984年，第72页。

李剑农评论的，在此事件中"竟没有一个真正的人民团体对于参议院此次行动有一种公判的表示。平心而论，参议院否决六国务员的举动，诚属幼稚，好比小孩得了一具铅刀，随处乱砍，不管有效无效，有害无害"①。

4. 关于议会政治的讨论

自晚清以来，人们虽然不断地谈论议会制度，但多是从寻求救亡图存之路的角度来谈论的，很少就议会制度的运作、组织等问题进行深入的探讨。辛亥革命以后，建立了临时参议院，同时《临时约法》规定："本约法施行后，限十个月内，由临时大总统召集国会。其国会之组织及选举法，由参议院定之。""中华民国之宪法，由国会制定。"这样，围绕着正式国会的建立和正式宪法的制定，各党各派人物展开了热烈的讨论，成为中国政治史中的重要的一页。

这场讨论围绕建立什么样的民主共和政体而进行。议会制度，是共和政体不可缺少的部分，三权分立，由议会行使立法权，这是当时比较普遍的认识。争论的核心，则在于议会的地位，也即议会与行政权的关系问题。

当时的讨论在这一问题上形成两种偏向，一是提高行政权，即提高总统和内阁的权力；另一是提高立法权，即提高国会的权力。前者当时标榜"国权主义"，后者则称为"国会政府主义"或"民权主义"②。

"国权主义"的代表人物是梁启超和进步党人。1912年，梁启超写下了《宪法之三大精神》一文，提出"稍畸重国权主义以济民权主义之穷"的主张。他说："政治无绝对之美，政在一人者，遇尧舜则治，遇桀纣则乱；政在民众者，遇好善之民则治，遇好暴之民则乱，其理正同。若必谓以众为政，斯长治久安即可操券，则天下岂复有乱危之国哉？"③在梁启超看来，政治体制无绝对之美，但若实行民权，"遇好暴之民"的话，则可能会招致动乱。为此，

---

① 李剑农：《中国近百年政治史》，复旦大学出版社，2002年，第335页。

② 《国民党最近之宪法主张》，载《宪法新闻》，1913年4月，第1期。

③ 梁启超：《宪法之三大精神》，见《饮冰室合集》，文集之二十九，中华书局，1989年，第98～100页。

他主张加强国权，实行保育政策，建立强有力的政府。那么，这"强有力的政府"与立法机关处于什么样的关系呢？梁启超的回答是，不可效法美国使立法、行政绝对分离，使立法限制行政权，而是在行政权的领导下，"通力合作，酌盈剂虚，建设一健全之中央政府"，"人民对于政府也，宜委任之，不宜掣肘之；宜责成之，不宜猜忌之"。反过来，政府"必号令能行于全国，然后可责以统筹大局；必政策能自由选择，然后可以评其得失焉。必用人有全权，内部组织成一系统，然后可以观后效也"①。可见，在他的指导思想中，立法权不可对行政权干涉太多，这样才能确保行政权的完整与效率。

第一届国会是依据《临时约法》建立的，议会地位相对较高，因此与行政权形成了尖锐的冲突，这也为相当一些人加强国权的主张提供了口实。如国会议员李庆芳撰文称："今我国果何如乎？蒙藏之争、南北之争、省界之争、新旧之争、党派之争……惟采取国家主义，使全国渐趋于结合密腻，发荣滋长，以救民国国危，此实为制定宪法惟一之大前提也。"② 康有为也草拟宪法，主张注重国权，称："方当列强竞争，万线集射之中国，若不注重国权，而徒听民权之跋扈，则国势必危……故今欲保国基而安国势，必以张国权为第一要义。欲张国权，则不可掣肘政府，必多与之权，乃可展布手足，则非制定国会之权限。"③ 可见国权主义的最终指向，是扩大行政权，限制立法权。

与此相对应的，是一批国民党人主张加强国会的权力，而其思想集大成者，首推宋教仁。早在1911年8月，宋教仁就在一篇文章中说道："今后吾国政治变革，结局虽不可知，然君主专制政体，必不再许其存在，而趋于民权的立宪政体之途，则固事所必至者。夫立宪政体之国，必有议会为监督政府机关，而行决议、质问、弹劾等之权。"④ "民权的立宪政体"就是宋教仁所揭示的议会民主理

---

① 梁启超：《中国立国大方针》，见《饮冰室合集》，文集之二十八，中华书局，1989年，第62页。

② 李庆芳：《为制定宪法敬告国会议员》，载《宪法新闻》，1913年4月，第1期。

③ 康有为：《康有为拟宪法草案》，载《宪法新闻》，1913年11月，第22期。

④ 宋教仁：《论都察院宜改为惩戒裁判所》，见陈旭麓主编：《宋教仁集》，中华书局，1981年，第281页。

想。武昌起义后成立了湖北军政府，宋教仁亲自为之制定了《中华民国鄂州约法》。这个约法就是"民权的立宪政体"的体现：议会是国家政权之一部，议会有权议决法律案、议定条约及会计预算募集公债与国库有负担之契约；审理决算；得提出条陈于政务委员；得质问政务委员求其答辩；得受理人民之陈请，送于政务委员；以总数员四分之三以上之出席，以出席员三分之二以上之可决，得弹劾政务委员之失职及法律上之犯罪；得自制定内部诸法规。该约法规定都督"总揽政务"、"公布法律"，但必须由政务委员副署，在政体上有内阁制精神。但政务委员提出法律案、编制会计预算、募集公债及缔结与国库有负担之契约，则都必须经议会议决①。可见在《鄂州约法》中，议会的地位是至高的。南京临时政府成立后，宋教仁还草拟了《中华民国临时政府组织法草案》，基本沿袭了《鄂州约法》的思路，确立了议会的主导地位。宋教仁草拟的这两个法案虽然都有不完备之处，但它们所体现的责任内阁制和议会具有广泛权限的精神，却为《临时约法》所继承。

第一届国会成立后，国民党发布宪法主张，"取国会政府主义"，在指导思想上就是：国权之行使，由数机关分司，不许一机关独占；国会对立法、大总统对行政、法院对司法各具主动力，三者互相参与监制之道。因此他们对国会权限，既主张有独立的立法权，又主张有严厉的监督权，即国会对国务总理之任命有同意权，对总统重大犯罪有弹劾权，对国务员有不信任投票权；还规定众院对于总统之弹劾由参议院审判，参议院判定大总统有罪时得免其职并褫夺其公权②。

总之，国权主义与民权主义成为当时制定宪法的两种主要理论。梁启超和进步党人主张"国权主义"的主要目的，是建立强固政府，防止社会动乱，并借此压制国民党；国民党主张"民权主义"的主要目的，是以第一大党的身份争取国会多数席位，以组织政党内阁，执掌政权。两种不同的理论倾向，决定他们对议会政治的不同设计。

---

① 宋教仁：《中华民国鄂州约法及官制草案》，见陈旭麓主编：《宋教仁集》，中华书局，1981年，第353页。

② 《国民党主张宪法全案》，载《宪法新闻》，1913年7月，第13期。

首先是国会与内阁、政党及总统的关系。

《临时约法》确定的国家政体是内阁制。对此，当时除极少数人鼓吹总统制外，多数主张内阁制①。但是由于对"国权"、"民权"的认定不同，又形成了各种不同的方案。

第一是议会内阁制方案。即"大政方针由国会多数党定出，交内阁执行，内阁对于国会负责任"②。宋教仁一贯采取这种主张。他反复说过："吾人则主张内阁制，以期造成议院政治者也。""欲取内阁制，则舍建立政党内阁无他途。"③ 宋教仁这些主张，也是照搬西方制度的结果。他认为：在内阁制下，"总统当为不负责任，由国务院负责"，在民初的政治形势下，正可以用这种制度制约袁世凯，所以"内阁制之精神，实为共和国之良好制也"④。他还认为，内阁制的精髓是"政党内阁"，而政党内阁则由国会多数党组成。所以他致力于联合各小党派组建国民党，正是为了达到这一目的。他说：

> 世界上的民主国家，政治的权威是集中于国会的。在国会里头，占得大多数议席的党，才是有政治权威的党，所以我们此时要致力于选举运动。我们要停止一切运动，来专注于选举运动。选举的竞争，是公开的，光明正大的，用不着避什么嫌疑，讲什么客气的。我们要在国会里头，获得过半数以上的议席，进而在朝，就可以组成一党的责任内阁；退而在野，也可以严密的监督政府，使它有所惮而不敢妄为，应该为的，也使它有所惮而不敢不为。那么，我们的主义和政纲，就可以求其贯彻了。⑤

---

① 张玉法：《民初对制宪问题的争论》，载《"中央研究院"（台湾）近代史研究所集刊》，第 12 期。

② 《舆论择要·总统内阁制优于国会内阁制》，载《宪法新闻》，1913 年 11 月，第 23 期。

③ 宋教仁：《国民党沪交通部欢迎会演说辞》，见陈旭麓主编：《宋教仁集》中华书局，1981 年，第 460 页。

④ 宋教仁：《国民党宁支部欢迎会演说辞》，见陈旭麓主编：《宋教仁集》，中华书局，1981 年，第 467 页。

⑤ 宋教仁：《国民党鄂支部欢迎会演说辞》，见陈旭麓主编：《宋教仁集》，中华书局，1981 年，第 456 页。

宋教仁所主张的，是以议会为中心，由议会的多数党组织内阁，内阁对议会负责。这样，权力偏向议会和内阁一边，而总统就可以居于"尊而不统"的虚位元首地位了。正是从这一思想出发，他们坚持国会要有弹劾权和质问权，即国会对政府要处于严厉的监督地位。反过来，对总统权力要有所限制，主张大总统的紧急命令须求国会允诺，宣战必经国会同意；媾和、通商、增加国家负担之条约，增加人民义务之条约，"须经国会议决而后有效"；大总统任命国务总理，也要"经众议院之赞同"①。他们还否定大总统的解散国会权，认为"专制初更，政习未革，凡抑制民权之权，最易滥国，果解散频繁，国会将削弱不堪"②。

第二是半议会半总统制方案。梁启超也赞赏内阁制，在民初的《中国立国大方针》中，他就认为内阁制更适合于中国，并主张"内阁必国会下院多数党之领袖组织之"，建立政党内阁。但在梁启超的心中，政治权力的中心应在政府一边，并希望倚重袁世凯来建设强有力的政府。因此，他不像宋教仁那样一味强调议会权力，而是主张对议会权力要有所限制，对总统权力要有所保留。所以进步党拟订宪法草案，主张在内阁制下赋予大总统以一定权力。大总统的行政命令要经国务员副署，但另可有任命国务总理、解散国会、发布紧急教令及财政上紧急处分、宣战媾和、提议改正宪法等权。这些权力只要经由国会两院各选 4 人，大总统荐任 5 人的顾问委员会同意即可③。而在另一个进步党人吴贯因所拟订的宪法草案中，议会有选举总统权，有议决宪法及法律案权；两院认总统有大逆行为时得弹劾之；众议院认国务员有违反宪法行为时得以弹劾，认政府施政失当得以不信任之意咨请总统更迭政府；两院各得提出质问书于政府，并请求国务员或政府委员之出席以质问之；两院还有受理请愿权。从上述条文来看，国会有广泛的立法权和监督权。与此相应，总统也有较广泛的行政权、提案权、公布法律权，对两院议决

---

① 《国民党主张宪法全案》，载《宪法新闻》，1913 年 7 月、8 月，第 13、14 期。

② 《国民党宪法讨论会对于其宪法主张全案以外之决定》，载《宪法新闻》，1913 年 8 月，第 15 期。

③ 《进步党宪法讨论会会员拟宪法草案》，载《宪法新闻》，1913 年 9 月，第 18 期。

事件如不认可时的交复议权；得临时召集国会；得停止两院之会议；得同时解散两院或仅解散一院并召集新议会；还有制定命令权、紧急必要时发布与法律同效力之命令权、任免官吏之权。惟宣战媾和、与外国缔结条约、制定官制官规须经国会之同意或议决①。在他看来，赋予总统紧急命令权，是"防种种流弊"；大总统任免官吏不需国会同意，是为了防止"议员植党营私"、"使闾巷之徒充塞于政府"；因"今之国会议员大半皆卑鄙龌龊蝇营狗苟寡廉少耻之徒，而数月以来，其营私罔私误国殃民"，所以对大总统之解散权不能限制。

在他们的方案中，议会虽有立法和监督权，但总统也有紧急命令权、任免官吏权、解散国会权，而国务员仅处于辅佐总统、对总统发布文书的副署地位。这是一种半议会半总统制的方案。

第三是总统内阁制方案。这种方案主张大政方针由总统定出，经由内阁执行，内阁对总统负责任，而国会行使其监督之权。在这一方案中，总统是权力重心，国会实际处于次要地位。值得注意的是，这一主张发生在国会因党争而使制宪迟迟不能进行之时，所以此论的理由就是"议会内阁制之宪法，须以有强善大政党为前提"，"非有两大党对峙，则内阁必有屡兴屡仆之危，万一国中多党林立，而内阁乃永无巩固之望，政府对外信用，常在风雨飘摇之中……"就中国而言，政党尚未健全，代议政治方在萌芽之中，所以总统内阁制是最为适宜的②。持此主张者，必然主张限制议会权力。他们极力反对总统任命国务总理和国务员要经议会同意，反对议会拥有对国务员的不信任投票权，反对议员兼任国务员；反过来，则认为大总统行使任免权、解散权均应不受限制，甚至认为中国版图辽阔，"行政部关于外交事项似应与以充分活动之权限方为适合国情"，所以对总统缔结条约（除关于财政和领土外），均应不受限制③。

总的来看，持总统内阁制主张的人不多，所以并未产生广泛的

---

① 吴贯因：《吴贯因拟民国宪法草案》，载《宪法新闻》，1913 年 10 月，第 20 期。
② 《舆论择要·总统内阁制优于国会内阁制》，载《宪法新闻》，1913 年 11 月，第 23 期。
③ 姚成瀚：《大总统之外交权》，载《宪法新闻》，1913 年 11 月，第 22 期。

影响。

其次，在议会的组织结构方面，则有两院制与一院制的讨论。

民初的临时参议院是一院制议会，而第一届国会则为两院制。一院制或两院制均为议会制度的形式，世界上凡设代议制的国家中，一院制多于两院制。但一般来说，联邦国家几乎都采用两院制，这反映了国家的多元结构；单一制国家也有采用两院制的，目的是在议会内部创造一种制衡机制。总之，"一个国家的议会采用何种结构体制，大都是该国具体历史环境的产物"①。

民初议会的缔造者和参与者们也都注意到了西方议会的两种不同的组织形式，对于中国宜采何种形式，也是仁者见仁，智者见智。如宋教仁于 1912 年 5 月就表示："国会以一院制为合宜。"②但是在当时情况下，大多数都主张采用两院制。北京临时参议院通过的《国会组织法》规定国会采两院制，参议院代表地方，由省议会和中央学会派代表组成。这实际是受当时国内政治势力影响的结果。即辛亥革命是在各省独立的情势下发展的，这种状况使民初存在着很强的地方主义势力。临时参议院参议员的产生，是以省为单位推选出来的；各省军政府成立后，自订省约法，确定省的权力，除外交外，其他如用人权、财政权、军政权皆由省各都督自操之③。所以民初虽号称建立了中央政府，但实际又具有一定的联邦制色彩。加上北京临时参议院议员主要由各省议会选出的代表组成，所以由他们所制定的《国会组织法》确定两院制，并由参议院代表地方是不足为怪的了。

但是，第一届国会成立后，两院之间缺乏制衡，再加上每议一事必拖延日久，成效不大，所以也引起了一些人对两院制的怀疑。于是围绕着制定正式宪法，两院制与一院制的讨论又起波澜。这一讨论实际上涉及两方面的问题，一是取两院制抑或一院制？二是如取两院制，其职权是平等还是应有所侧重？

---

① 田穗生等：《中外代议制度比较》，商务印书馆，2001 年，第 116～117 页。

② 宋教仁：《致友人书》，见陈旭麓主编：《宋教仁集》，中华书局，1981 年，第 401 页。

③ 胡春惠：《民初的地方主义与联省自治》，中国社会科学出版社，2001 年，第 43 页。

这时国民党主张取两院制。他们认为，当时中国有各种社会势力，所以不可无适当调和之法，"所有社会各种势力，不可不悉罗之国会之中，又萃不齐之人，造统一之意，尤不可无适当调和之法。欲达此目的，莫若取两院制"。对两院的组成，他们的主张是：参议院取社会上各种特殊势力，也就是不单由地方选出，而是由各团体选举代表。这里的团体，包括地方团体、职业团体、学术团体、商业总会、农业总会、工业总会等。对于两院职权，主张立法权、财政法案议决权、建议权、受理请愿权由两院共同行使；但预算议决权、岁计预算案、对国务总理任命的同意权、对总统重大犯罪的弹劾权、对国务员有违宪行为的弹劾权、对国务员的不信任案通过权均只由众议院行使，参议院只有众议院对总统之弹劾的审判权。此外，财政法案和募集公债及缔结预算外国库有负担之契约须先提出于众议院，然后再交两院议决①。可见在国民党的方案中，两院有共同的职权，也有不同的职权，相比之下，众议院地位要高于参议院。

进步党也主张两院制，同时也认为两院有一致的职权，也有不一致的职权。立法权、建议权、受理人民请愿权为两院都有的职权；与国民党不同的是，他们认为对总统的弹劾权必须由两院议决一致成立才有效，惟对国务员的弹劾权和不信任权归众议院。他们提出的理由是：如两院有同等之权力，"则政府所持之政策众议院赞成者参议院可以反对之，则政府将无从行其政见；若周旋于两院之间，截长补短以定其施政之方针，则其政策必支离灭裂不能一贯，而善良之政治终无由发生也"②。他们的两院制方案，实际上也贯穿了"建立强善政府"的精神。

在当时，也有人提出建立一院制国会的主张。有一篇《改良国会制度议》的文章认为，世界上的两院制有两种情况，一是如英国，"实因贵族平民两不相容之故"；二是如美、德，"皆由联邦"组织而成，"其国会之采用两院，实与联邦有关系者也"。而中国不存在这两个条件，因此易出现"两院间互相水火、各藉事端"的恶果。该文的结论是："两院制由组织上或手续上所发生之弊尤有二

① 《国民党主张宪法全案》，载《宪法新闻》，1913 年 7 月、8 月，第 13、14 期。
② 吴贯因：《吴贯因拟民国宪法草案》，载《宪法新闻》，1913 年 10 月，第 20 期。

焉，其一机关不统一，其二议事不敏速"，中国不宜行两院制而只宜取一院制①。

实际上，两院制与一院制本身是没有优劣之分的，关键是要符合国家的客观政治需要。由于国民党与进步党皆从自己的政治需要出发选择了两院制，所以一院制主张在这场讨论中并没有能够成为主流。但是，由于一院制确实有便于集中统一和议事效率高于两院制等优点，所以在两院制的国会被解散以后，伴随着政治权力的集中与统一，各种一院制"议会"成为中国政治的主流。

民国初年这一场关于议会政治的讨论有其积极意义，反映了人们在经历了一场革命之后，为巩固和完善资产阶级民主代议制度所做的努力。当时西方主要国家的代议制度都被人们拿来借鉴和引用，并在中外对比中对中国国情作了一定的分析。这次讨论的最大成果，是1913年10月国会三读通过的《中华民国宪法案》。这个草案在一定程度上是国民党与进步党两方面共同协商的成果。它确立了国会的立法权，确立了国会采取两院制。在国会权限方面，则在原国民党和进步党方案的基础上有所综合和修正。如规定总统为执行法律或依法律之委任得发布命令，大总统的紧急命令权在不能召集国会时要经国务委员会议决并以国务员连带责任发布；大总统可依法任免文武官员，大总统有对两院的停会权；对解散权，则定为"经参议院列席员三分之二以上之同意得解散众议院"。反过来，国会对大总统和国务员的弹劾权以及对国务员的不信任权都属于众议院，而由参议院负责审判。此外，两院均有对国务员的质问权。对国务院，则规定国务总理之任命须经众议院之同意，国务员赞襄大总统对于众议院负责任②。可见这个草案确定的是议会共和制，但大总统仍有一定的行政权限，不是完全虚位的。所以也可以说它将是国民党的议会内阁制方案与进步党的半议会半总统方案加以折衷的结果，反映了这两种政治势力的需要和相互间的妥协。尽管这个草案没有实施，但它基本坚持了《临时约法》所确定的民主共和精神。

---

① 宾玉璁：《改良国会制度议》，载《宪法新闻》，1913年11月、12月，第23、24期。

② 《中华民国宪法案》，载《宪法新闻》，1913年11月，第23期。

当然我们也要看到，在这场关于议会政治的讨论中，也包含了党争和党派意识，因此一些观点的提出不免因夹杂党见而导致偏颇。如国民党开始时反对给总统以解散权，是违背立法权与行政权之间"互相的反对权"的制衡原理的，他们对政党内阁以及和议会连带关系的构想，也带有相当的理想色彩。而进步党鼓吹国权，鼓吹取消对大总统某些权力的限制与制约，也在相当程度上为虎作伥，帮了袁世凯的忙。

三　第一届国会

1. 第一届国会的组织构造

《中华民国临时约法》第五十三条规定：本约法施行后，限十个月内，由临时大总统召集国会，其国会之组织及选举法，由参议院定之①。因此，临时参议院成立后的重要工作，就是制定正式国会组织法与选举法。据此，北京临时参议院经过讨论，从1912年8月至12月，先后制定并公布了国会组织法、参众两院议员选举法、众议院议员各省复选区表、众议院议员选举法施行细则、参议院议员选举法施行细则等一系列相关法规。

根据国会组织法，国会取两院制，参议院取地方代表主义，议员由各省议会选出，每省10名，此外还规定了由蒙古、西藏、青海选举以及中央学会、华侨选举会选出的员额，总共274名，任期6年，每2年改选三分之一。众议院议员按人口比例选出，每人口80万选出议员1名，人口不满80万之省亦得选出议员10名，共596名，任期3年，期满全部重选②。

众议院选举法采取复选制，即在各省划分选举区，确定初选当选人名额，由选举人选出初选当选人，再由初选当选人在复选区内选举复选当选人，即正式议员。选举法规定的选举资格为：凡有中国籍的男子，年满21岁以上，在选举区居住两年以上，且具下列资格之一者：(1)年纳直接税两元以上；(2)有价值500元以上的

---

① 《中华民国临时约法》，见《中华民国开国五十年文献》第2编第2册，正中书局，1962年，第416页。

② 钱实甫：《北洋政府时期的政治制度》上册，中华书局，1984年，第12～13页。

不动产，但蒙、藏、青得以动产计算；（3）小学以上毕业；（4）有与小学以上毕业的相当资格。众议员的当选资格同上，但须年满25 岁①。

参议员由省议会选出，即以省议会议员为选举人。根据临时参议院议定的《省议会议员选举法》，其基本条件是：在本选举区居住两年以上，年纳直接税一年以上或有价值 500 元以上之不动产，或有小学毕业或相当资格者。被选举资格则定为 30 岁以上。虽然省议会选出的参议院议员不一定是省议会议员，但从上可以看出，两院的选举资格基本是一致的，只是选举方式不同。

此外，两院各设三个专门委员会：全院委员会、常任委员会、特种委员会。全院委员会由全体议员组成；常任委员会由法制、财政、内务、外交、军事、交通、教育、实业、预算、决算、请愿、惩戒十二个股组成，每股设常任委员十余人至几十人不等，职责为审查各项案件。特别委员会为审查特别事件而设，如众议院为审查议员资格而设特别委员会，委员由互选产生。

根据议院法，两院分别议事，职权平等，凡政府提出议案，一院决议后必须移交另一院，由另一院讨论后移交政府；凡一院提出的议案，必须经另一院讨论，若意见不一，可由两院各选同数委员组织协议会进行。其基本精神为：只有两院一致，法律案才能成立。

从上述组织结构来看，第一届国会是仿行美国国会而设立的。但美国国会两院职责有所不同，比如弹劾权属众议院，而参议院则对众议院的弹劾进行审判，参议院在表决时需三分之二多数才能对被弹劾官员定罪，弹劾对象必定是官员个人而不是全体②。这体现了两院之间的制衡。而民初第一届国会则规定两院职权平等，没有体现两院制所应有的两院之间平衡、缓冲、制衡等精神。

2. 国会的内部关系和运作

（1）议员资格与选举问题

第一届国会采取制限选举制。即选举权与被选举权均有条件的

---

① 钱实甫：《北洋政府时期的政治制度》上册，中华书局，1984 年，第14 页。

② 郑楚宣、刘绍春：《当代中西政治制度比较》，广东人民出版社，2002 年，第 138 页。

限制，而采取此制的原因，则是因为人民程度不足，所以"必选出一般有智识之议员，不使国家陷于极危险之地不止"①。这个选举法不仅完全排除下层民众，而且有两个方面的突出局限：

一是财产资格的规定，须"年纳直接税二元以上"，或"有值五百元以上不动产"。从税额来看，并不很高，但所谓"直接税"，按临时参议院的解释，实际仅为田赋，即地丁漕粮一项；"不动产"的规定是为"补充直接税限制之不足，以为纳间接税者提供选举权"，但却只限于田地、房产和船舶②。而从当时中国的实际情况来看，中国工商之人甚多，但大多"占他人房屋为自己之营业"，"既不能纳直接税，又无不动产"③。所以这两条财产限制条件不仅不符合中国情况，而且实际上是剥夺了广大工商业者的选举权。此选举法颁布后，引起工商界的强烈不满。他们认为："谓直接国税限于地丁漕粮，是分明剥夺工商之选举。商人纳税多为关厘等间接税，然所得税、营业税，参议院不先规定，是商人无法纳直接税，非不愿尽义务也。况厘金未裁，关税繁重，加以地方捐税烦苛，商人对于国家负担已多，而何以享权利则最少？"④ 1912 年 10 月，天津商会曾开联合会议，决定公推代表进京与政府及临时参议院交涉，争取公权（选举权）。在京期间，代表与议长吴景濂、议员谷钟秀交涉，吴、谷以"时间太促，赶办不及，如允君等所请，必须另事调查，则国会必不能如期成立，所失滋大"加以拒绝⑤。之后，上海总商会提出由全国商会公举 10 人作为"商务议员"的建议；江苏通海等商会提出"加入各省商会额定参议院议员一人"的要求⑥，均被临时参议院以"日期过晚，遵办不及"，"修改选举法

① 《参议院第三十二次会议速记录》，见中国第二历史档案馆整理编辑：《政府公报》，第 86 号（1912 年 7 月 25 日），上海书店，1988 年影印。

② 《参议院咨大总统请将众议院选举法第四条各款转饬遵照文》，载《政府公报》，1912 年 9 月 13 日，第 136 号。

③ 《参议院第三十三次会议速记录》，载《政府公报》，1912 年 7 月 26 日，第 87 号。

④ 《工商界之要求选举权热》，载《申报》，1912 年 11 月 4 日。

⑤ 《天津商会档案汇编 1912—1928》第 4 册，天津人民出版社，1992 年，第 4419 页。

⑥ 《天津商会档案汇编 1912—1928》第 4 册，天津人民出版社，1992 年，第 4439 页。

时再行具案"为由轻易拒绝①。

二是剥夺了妇女的参政权。其实这一问题由来已久。武昌起义后，就有一部分激进女知识分子在上海组织女子参政同志会。但令她们失望的是，不仅《临时约法》无一字提及女权，临时参议院也没有考虑妇女参政问题。为此，女子参政同志会曾向临时大总统孙中山上请愿书，请大总统将女子参政问题作为议案提交参议院决议，"即于宪法正文之内订明""无论男女均有选举权及被选举权"②。并携武器欲直接闯入参议院，后被孙中山劝阻。为争取参政权，1912年4月，女子参政同志会联合其他女子团体，组成女子参政同盟会。但她们的要求并没有引起冷漠的参议员们的注意，同年7月，北京临时参议院议决通过《国会选举法大纲》，妇女仍被摒除在选举门外。之后，女子参政同盟会曾向参议院提出请愿书。讨论时，有议员指责请愿书"对于参议院任意诋骂，实无收纳之理"；多数认为"现在选举之期已近，断难复准女子有投票之权"。最后仅6票赞成，"遂将此案作废"③。

国会选举法的种种缺陷表明当时参与立法的参议员们对中国现实情况的隔膜和对社会中下阶层的冷漠。这种情况直接影响到国会议员的选举。北京临时参议院于1912年9月5日公布众议院选举日期，规定于1912年12月10日举行初选，1913年1月10日举行复选。1912年12月8日公布参议院议员选举日期，规定1913年2月10日举行各省议会、中央学会、华侨选举会选举，1913年1月20日举行蒙、藏、青选举会之选举④。众议院选举分初选、复选两个阶段，选民选出初选当选人（数额为议员名额的50倍），再由初选当选人互选产生众议员。当时对选举抱有热情的是两类人，一类是政党界人士，另一类是有新旧教育背景的新旧士绅。政党中，最有势力的是国民党、共和党、统一党、民主党，它们纷纷发表竞选

---

① 《商会选举权已无望矣》，载《申报》，1913年2月19日。

② 陈锡祺主编：《孙中山年谱长编》上册，中华书局，1991年，第679页。

③ 《北京电》，载《申报》，1912年11月8日；《女子参政权又历一劫》，载《申报》，1912年11月13日。

④ 张玉法：《民国初年的国会》，载《"中央研究院"（台湾）近代史研究所集刊》，第13期。

计划和纲领。国民党和共和党党势最强,因此目标是争取成为国会第一大党;统一党、民主党党势较弱,因此目标在借选举扩张党势。各党拉开架势进行竞争,既运用各种演讲、宣传等正当手段,也运用拉选票、收买初选当选人等非正常手段。新旧士绅中,虽不乏怀抱民主政治热情的人,但也有相当一部分人只是把当议员作为升官的阶梯,因此也竭力收买选票,运动当选。当时报纸曾有一例关于湖北的报道:

> 众议院初选,各运动家因省议会初选违法舞弊,无从惩罚,野心益张,是以为所欲为,毫无顾忌,竟敢期前极力运动。司选举诸员、发票诸员,因省垣居民不到者约五分之二,不妨偷买,故敢大张纳贿之门。其运动成熟者,即在投票所附近布置机关,以便所雇投票人更衣写票饮酒,为聚会之场所。其有以票价过昂未即运动成熟者,居然伪造入场券换票,或拦在中途收买入场券。闻是日投票所一区未启门以前,司选诸员竟在门内预分选票,至于放枪。绅界有名之吕联乙、白复初、陈宝诗、赵师范、陈元璧、朱荣山、姚海田等十余人,各抢一二千票外出,交其机关处填投。①

在第一届国会选举期间,类似报道充斥报端。虽然贿选舞弊等事在各国议会选举中都出现过,在民主政治的初期是难免的,但像民国初年第一届国会选举中所出现的这种大面积的贿选舞弊现象则又充分显示,当时的中国确实没有立即实行民主议会政治的条件。当时全部选民只占全部人口的 10%,基本状况是"开通者竞争激烈,闭塞者视若无睹"②。而广大群众之所以对选举冷漠,除了选举条件的限制外,最根本的原因是他们还没有形成公民权利的观念和意识。本来,选举作为民主政治的重要形式,其意义是双重的,一方面,选举是公民权利的体现;另一方面,则意味着选举人把自己的一部分权利托付给被选举人,使其具有选民代表的身份和意识。可是民国初年的选举,不仅排斥广大下层群众、妇女,而且也

---

① 《时报》,1913 年 1 月 19 日,转引自张朋园:《从民初国会选举看政治参与》,见《中国近代现代史论集》第 19 编,台湾商务印书馆,1986 年,第 49 页。

② 张朋园:《从民初国会选举看政治参与》,见《中国近代现代史论集》第 19 编,台湾商务印书馆,1986 年,第 52 页。

排斥了本应是议会政治主要基础的广大工商业者。在这种情况下，国会选举只能演变成各党派人士和那些有身份的新旧士绅竞争的舞台。根据对国会两院已知背景的489名议员的统计，曾任前清官员的69人，占14.1%；任民国官员的77人，占15.7%；曾任咨议局、资政院、临时参议院、临时省议会、省议会、县议会议员的194人，占39.7%；教育工作者、律师、记者等143人，占29.2%；办实业、经商者6人，占1.2%①。他们中的大部分只有党派意识、个人意识，却缺乏选民代表意识，这成为日后第一届国会日益脱离民众并遭社会唾骂的深层次原因。

（2）立法权与行政权的制衡问题

确立国会与政府之间制衡关系的法律依据是《临时约法》。国会对政府的制衡表现在：

质问权。国会得提出质问书于国务员，并要求其出席答复。

弹劾权。国会对于临时大总统，认为有谋叛行为时，得以总员五分之四以上之出席，出席员四分之三以上可决弹劾之。对于国务员认为失职或违法时，得以总员四分之三以上之出席，出席员三分之二以上可决弹劾之。

同意权。即总统对国务员和大使、公使的任命、宣战、媾和、缔结条约、大赦令的宣布等须得国会同意。

总统对国会的牵制作用表现在：国会议决事件，须由总统公布施行，总统可表否决，声明理由，咨院复议；但又规定，如国会仍执前议，总统须得宣布。

上述规定虽然确立了二者的制衡关系，但也有不尽之处。这就是，民初政体为责任内阁制，但《临时约法》没有赋予总统解散国会权；相反，大总统任命国务员要得国会同意，国务员受国会弹劾后，大总统应免其职。所以民初国会与总统、内阁三者关系中地位相对最高。这点在法理上，被认为有违内阁制精神。

质问权与弹劾权是国会监督政府的最重要的手段。第一期会议期间，两院提出的部分质问和弹劾案如下表：

---

① 据张玉法：《民国初年的国会》附录《两院议员表》统计，载《"中央研究院"（台湾）近代史研究所集刊》，第13期。

名　　　称	要　　　点
陈铭鉴等质问李烈钧拥兵殃民案	政府有何种镇抚方法以保全赣民
郭同等质问报载孙黄组织二次革命粤赣湘皖四督谋叛	政府自应按律惩究
董增儒等质问徐宝山被害处置案	请国务总理即日分别答复
蒋凤梧对善后借款用途之质问	政府应列出支出款目细数
范熙壬对善后借款合同内容质问	政府于一星期内提出各项明细单
张华澜等弹劾政府违法案	政府违背约法，预算案不交议会议决，私借外债不经议会通过
何雯等为奥国借款弹劾周学熙案	周学熙失职，请大总统从速将周学熙免官
李国珍等为奥款弹劾赵秉钧周学熙案	赵、周不先将奥债合同交院议决，遽行签字，显背约法，莫可解免
黄懋鑫为奥款弹劾赵秉钧周学熙案	政府不按约法交议，议员质问乃复牵合是失职违法，应免职
质问政府免江西李都督本官书	都督对于省议会负责，不经议会弹劾既非不胜职务，岂任意罢免
韩玉辰等弹劾总统要求总统退位书	请大总统辞职以平大乱
邹鲁等弹劾国务员全体失职违法案	政府破坏法律应一律罢职
韩玉辰等关于交通银行代理国库之质问	财政部未得国会承认无将金库委托交通银行代理之权
王兆离等关于教育部解散大学预科之质问	教育部解散大学之令只责学生不责校长违法，请予明白答复
众议员王乃昌提关于政府给银二十万为宋教仁铸像根据何种法律事	此项支出为预算以外，未经国会承认，有违立宪国之精神
众议员胡兆沂等关于预算案事质问政府	元年预算既未成立，二年预算又未交院，不知政府以何根据为支出标准
众议员林辂存提出关于中和交涉事	中和领事条约问题，要求国务员五日内详细答复
众议员马小进等弹劾海军总长刘冠雄溺职违法案	私借奥款购舰增兵未经国防会议请大总统将刘革职查办

名　　称	要　　点
质问各省官制何以至今不交院议书	各省官制未经前参议院议决，一切率以命令行之，又不提交院议，不知政府是何用意
质问8月6日大总统命令停止用兵各省省议会书	按之法律与事实均无停止之理由，且令各该行政官或司令官停止议会，尤犯军人干政之嫌
质问财政计划书	今政府所藉以支柱者，外债耳
质问政府是否停办京师大学堂书	日来各报宣传政府因减政之故已议将北京大学停办，惊世骇人，莫此为甚
陈鸿钧等11人质问中俄蒙古条约事宜书	此项条约现未交院征求同意何得私与俄国缔结

资料来源：《质问案种种》，载《宪政新闻》第7期、第12期、第13期；《众议院议决案汇编》，上海图书馆藏铅印本。

按《临时约法》规定，国务员受参议院弹劾后，临时大总统应免其职，但得交参议院复议一次。大总统受弹劾后，由最高法院全院审判官互选九人，组织特别法庭审判之。就第一届国会提出的弹劾案而言，其中"二次革命"时期邹鲁等提弹劾国务员全体失职案，韩玉辰等要求袁氏退位案均因进步党的反对而无法成立，有成效的是关于奥国借款的弹劾案。

1913年4月，袁世凯政府与奥国秘密签订了320万镑的借款合同。国会认为，此案发生在国会开会之后而未交国会讨论，是为违法。在众议院，国民党、共和党、进步党议员先后提出四个弹劾案，弹劾政府和国务总理赵秉钧、财政总长周学熙，认为他们"擅为影射，不先将奥债合同交院议决，遂于四月初十日签字，显背约法，莫可解免"[1]。要求大总统即免两人职务。四个弹劾案皆获通过。正是在两院的一致反对下，奥国借款被否决，总理、财政总长

---

① 《众议员李国珍等为奥款弹劾赵秉钧周学熙案》，载《宪法新闻》，1913年6月，第12期。

均被解职。

在质问案方面，按《议院法》规定，两院如提出质问，则由各院转咨政府限期答复。在两院提出的质问书中，有一部分是与"二次革命"有关的，共和党、进步党借此事质问政府，要求政府予以惩究，有党派利益掺杂其间。其余是关于善后大借款、预算、官员任免、教育、财政、外交等方面，应该说，这些质问体现了国会的监督精神。其中如1913年预算问题，此本国会职权，但财政总长则藉口各省尚未齐集，迟迟不将预算交院议决。众议院据此提出质问："何以延至今日仍未交出，不识政府是何心理?"① 不过从效果来看，除部分因党派杯葛不了了之外，一些重要质问，如预算、官制、停办大学堂的质问也因政府拖延不答而没有结果。

对大总统公布事项的同意权，也是国会制衡政府的重要手段。参众两院中讨论的总统咨请同意案主要有：关于蒙古事件中俄协约同意案、拟任熊希龄为国务总理咨请同意案、禁烟公约咨请同意案、拟任施肇基为驻美公使咨请同意案、契税法案、浦信铁路五厘借款案、中华民国二年一月至六月预算案等。其中预算案和拟任驻美公使案在众议院均被否决。而影响最大的是关于蒙古事件的中俄协约案。

1912年11月，俄国与外蒙库伦政府订立俄蒙协约，由俄国协助蒙古自治，并编练国民军，还订立"商务专条"，使俄国享有各种优惠权利。此关国家主权，引起国内普遍关注和反对，袁世凯政府也断不承认，并与俄进行外交谈判。谈判期间，两院多次开秘密会议，听取政府汇报。1913年3月，北洋政府与俄国订立中俄协约六款，俄国承认"外蒙古为中国领土完整的一部分"，北京政府则承认外蒙"自治"，但是又规定中国政府不能在外蒙设治、驻军、移民，实际是承认沙俄对外蒙的控制。这个条约在交国会讨论时，国会党派意见不一，国民党反对此约，而进步党、共和党则支持政府。结果投票时，众议院以230票对180票通过，而在国民党稍占优势的参议院被否决。按议院法，凡总统咨请同意案，非两院同意不能成立，所以这一中俄协约最终被否定。这可算是国会在实施制衡方面的一个收获。

---

① 《众议院议决案汇编》副编，上海图书馆藏铅印本，第324页。

弹劾、质问、同意、否决，这些都是国会对行政实行制衡的手段，第一届国会期间，议员们动用这些权力，在制约袁世凯行政权力方面取得一定的效果。但是在一般议会史上，议院对弹劾权、质问权的行使都是十分谨慎的，因为伴随这些权力的行使，常常会出现政潮，导致政局的动荡，甚至当立法与行政两方尖锐对立时，议会还会面临被解散的风险。而在第一届国会第一期会议短短的七个月中，先后提出有七八个弹劾案和近 20 个质问案。其提出的原因，既有国会利益，也有党派利益。有的案件的提出，部分议员完全是出于激愤，不考虑策略。如关于宋教仁案的质问，被政府以属于司法范围，一切听法律解决为由轻轻一挡，国会就毫无办法；而进步党议员关于"二次革命"对政府的质问，则完全从己党利益出发，指鹿为马，借质问政府攻击国民党。正因为如此，所以这些本当是国会职权范围的弹劾、质问，在社会中却留下了极为不好的影响。当时一位名记者评论："弹劾案，一国政治界之最重大事件也，颇闻外国凡议会中有一弹劾案出现，则全国为之沸腾，不料吾国今日乃视为一种寻常茶饭，淡漠置之。""此等弹劾案之通过与否，在众人眼光中视之，已觉无甚重要。"① 就在众人对国会弹劾、质问冷淡之时，"国会专制"的舆论也在兴起，这对国会是极其不利的。

（3）国会党争问题

第一届国会成立时，就内部党派关系而言，参议院议员中有国民党 123 名，共和党 55 名，统一党 6 名，民主党 8 名，其他还有跨党者 38 名，未定者 44 名；众议院中有国民党 269 名，共和党 120 名，统一党 18 名，民主党 16 名，跨党者 137 名，未定者 26 名。两院合计，国民党占议席 392 席，共和党 175 席，统一党 24 席，民主党 24 席②。为与国民党对抗，1913 年 5 月 29 日，共和、统一、民主三党合组为进步党，形成国会中两大党对峙的格局。凡重大事件，各党都先在党内讨论，再发表于国会。国民党议员还组织了国会议员会，每星期开会一次，规定凡本党议员拟提出议案于

---

① 黄远庸：《蝉曳残声过别枝之弹劾案》，见《远生遗著》第 3 卷，商务印书馆，1984 年，第 157 页。

② 张玉法：《民国初年的国会》，载《"中央研究院"（台湾）近代史研究所集刊》，第 13 期。

国会时，要"先经本会之议定"，还设 10 名干事，专门纠察国会期间议员"表决与本会议决有无违反"①。可见各党都极为重视国会，把国会作为本党政治活动的舞台。国会中的党争主要围绕如下问题进行：

第一，宪法问题。制定正式宪法，是第一届国会的主要任务，各党对此十分重视，均组织了党内讨论会，提出各自的方案。各党的宪法主张，在行政、立法、司法分立，国家取单一制、国会取两院制、内阁制等基本方面是一致的，争论的核心，是总统、内阁、国会的权限问题，即权力重心偏向总统一方还是偏向内阁、国会一方。国民党主张内阁由国会之多数党组成，大总统任命国务员、发布紧急命令须得国会同意，大总统无解散国会权；统一、民主、共和三党主张大总统任命国务员可不得国会之同意，国会对其只实行监督，大总统有发布紧急命令权，大总统有解散国会权。

国民党主张限制总统的权力，扩大国会权力；进步党主张内阁对总统负责，国会只立于监督地位，也就是要扩大总统的权力。从理论上看，这只是内阁制的不同形式，即议会内阁制和半总统半议会内阁制之分，两党在这一问题上的不同观点和讨论，是正常的。所以宪法之争，实是法理之争，即宪政道路之争。但是，在第一届国会中，两党均把自己的政治意图带进立宪活动之中，从而使宪法之争带有了党派意气之争的特点，原因究竟在哪里？

在建立民国的道路上，虽然孙中山等革命党人进行过长期的斗争，但中华民国的真正建立，又是通过革命派、立宪派、袁世凯北洋势力的共同努力完成的，所以民国政体形式不能不受到各方力量的牵制，各派力量都力图通过政体的建设使自己处于领导地位。正是这种目的，使各党在制宪问题上都陷入一个误区，这就是"以对人主义为本位"②。

就国民党而言，对未来共和政体形式，孙中山一直主张总统制，南京临时政府也是按总统制建立的。但因袁世凯逼清帝退位成功，未来大总统将属袁氏，在这种情况下，《临时约法》将国家政

① 《新闻一》，载《民立报》，1913 年 4 月 14 日。
② 《舆论摘要·定国宪不可以对人主义》，载《宪法新闻》，1913 年 8 月，第 16 期。

体改为内阁制，目的是以内阁制约袁世凯。在议会权力问题上，孙中山于1906年提出"五权宪法"的重要指导思想，就是避免西方国家的"议会专制"。但国会成立后，国民党鉴于自己的优势地位，力图进而组织政党内阁，因此提出宪法草案，中心是加重国会的权力，通过国会和政党内阁限制大总统。从进步党方面来看，民国建立后，梁启超就写信给袁世凯，鼓吹其实行强人政治，目的在通过袁遏制革命党人的激进势力，因此在制宪问题上，力主加大总统的权力。

总之，在立宪问题上，各党虽然都以西方政体作为立宪的蓝本，但都又从各自的需要出发进行了选择和修正，这种以"对人主义为本位"的立法活动缺少以国家共同利益为本位的必要基础，将各党的功利目的带入立宪活动之中，不能不引起激烈的党争。

从第一届国会第一期会议的制宪历史来看，初期，各党分歧较大，但从"二次革命"后开始走向协商。原因是一方面国会开会以后，多无建树，开始受到社会的谴责和反感；另一方面，一部分国会议员也认识到，在各党意见分歧的情况下，"非互相协商，取一同一之步调，则任属何党，皆不能得三分之二以上之赞成"，宪法难以完成①。在这种情况下，国会于7月12日成立兼顾各党的宪法委员会，在天坛开始制宪工作。期间虽然也有争执，但是还是于10月三读通过了一个《中华民国宪法草案》。从宪草的内容来看，各党在原来基础上均有退让，确定大总统任命国务员须得国会同意，大总统发布命令须得国务员副署，大总统有解散国会权，等等。这个宪草尽管没有实施，但也是第一届国会在立法方面的重要成果。

第二，大借款和中俄协约问题。袁世凯政府从1912年起开始与西方六国银行团交涉借款事宜，因六国银行团的内部矛盾和提出监督中国财政等苛刻条件，所以谈判多次中断。为缓和财政危机，1913年4月24日，袁世凯政府与五国银行团签押，并咨两院备案。5月3日众议院讨论时，国民党议员谷钟秀等提出质问，称政府未经国会私自签押为违法，要政府出席接受众院质问；共和党议

---

① 黄远庸：《蝉曳残声过别枝之弹劾案》，见《远生遗著》第3卷，商务印书馆，1984年，第161页。

员刘崇佑立刻反对，主张先研究全文。此时正是"宋案"调查公布之后，国民党与袁政府的对立公开化。在这种情况下，国民党不仅指责大借款为违法，而且指斥袁政府借款是用于备战；国民党议员邹鲁就此提出弹劾政府案。而其他党则认为大借款曾经前临时参议院讨论，不存在是否合法问题，国会的责任只是监督其用处。所以先后有共和党、进步党议员提出关于大借款用途质询书。从5月3日到6月中旬，众议院讨论不下8次，国民党提出提案，主张将借款案"咨还政府"，进步党认为没有必要，相互还发生对骂和斗殴之事。在国民党势力较强的参议院，从4月29日至6月4日，讨论11次，都争执不下①。议长张继、副议长王正廷将此案通电各省，属于国民党的地方都督、民政长一致反对；而共和党等议员80余名则通电指斥议长擅权违法②。

大借款是否合法问题尚在争执之中，又发生中俄协约案。国会讨论时，国民党反对而进步党、共和党支持，结果投票时，众议院通过而参议院否决。

上述议案的争论，涉及行政权与立法权的斗争，也就是涉及维护议院监督权和立法权的问题。在这些问题上，后人多认为国民党与政府是对立的，而进步党则与政府保持一致，因此往往谴责进步党。事实上，国民党并不是从一开始就站在政府的对立面，其他党也并不是从一开始在每一个问题上都拥护政府。那么，有关此两案的争论从何而起呢？

原因就在民国初年的政治斗争中，各党都着眼于扩大党势，而且为此常常采取实用主义，并不惜变换政治态度。以大借款为例，1912年，袁世凯政府为解决财政急需，曾有几项小借款。10月，向英国借款一千万英镑。从反应来看，国民党并未明确反对政府借款。10月4日，袁世凯在总统府宴请黄兴、宋教仁等人，袁宣布一千万英镑小借款已告成，黄兴等当时表白愿"辅助政府"③。10

---

① 张玉法：《民国初年的国会》，载《"中央研究院"（台湾）近代史研究所集刊》，第13期。

② 《两院纪闻·众议员声明议长擅权违法之通电》，载《宪法新闻》，1913年5月，第6期。

③ 《专电》，载《民立报》，1912年10月6日。

月 18 日，总统咨参议院追认，参议院在讨论时也只是一般性提出："嗣后关于国库有负担契约应遵照约法先交院议决"，通过此项小借款。12 月 28 日，财政总长周学熙向参议院报告大借款事宜，议院讨论时除对第五款有异议外，余多数赞同①。这一时期，也有个别人对大借款表示反对，如蓝公武曾发表文章，认为在当时财政紊乱的情况下，大借款只能助长列强势力而使中国"沉沦于腐败中"②。但这些仅是个别人的言论。当时国民党所重者，是努力组织国民党内阁，所以没有激烈反对政府借款。于是在整个借款期间，并没有出现激烈的党争。

然而，"宋案"发生后，国民党对袁世凯政府的言辞转向激烈。大借款发生，国民党认为此是推翻袁世凯的绝好时机，同时，他们认为政府一旦有这笔借款，将加强军事力量，所以坚决反对。当黄兴在上海得到大借款将成立的密报后，急电北京国民党总部称："大借款如成立，袁氏势力益形雄厚，未易与之亢角。现闻大借款有不日成立消息，请本党诸公力行设法反对，以免本党之失败。"③而进步、共和等党则从防止激烈行为与维护政府出发，竭力杯葛国民党。参议院议长张继、副议长王正廷将借款通电各省后，领衔通电议长擅权违法的就是此时已是进步党的蓝公武。可见当时党派间的争论，并不是真正因借款而起，而是基于自己党派所处的地位和政治斗争的需要。当时就有记者揭露道："今以大借款为例，甲党之报，今赞成而前反对；乙党之报，则今反对而前实赞成……推其原因所由来，不外所争在两派势力之消长，绝无与于国事之张弛而已。"④

中俄协约案也是如此。1912 年，袁世凯政府就库伦问题与俄交涉，因为此关系国家主权，所以也引起各党关注。国民党当时正在组建国民党内阁，因此一再强调"以对外为急务"，不主张攻击政府，而主张合力御外侮。统一、共和两党分"首先对外"和"赞

---

① 《北京电报》，载《民立报》，1912 年 12 月 29 日。

② 蓝公武：《论大借款》，载《庸言》，1913 年 1 月，第 1 卷第 4 号。

③ 《国民党反对借款之种种》，见朱宗震、杨光辉编：《民初政争与二次革命》，上海人民出版社，1983 年，第 251 页。

④ 黄远庸：《一年以来政局之真相》，见《远生遗著》第 1 卷，商务印书馆，1984 年，第 85 页。

成弹劾政府"两派。惟民主党此时正欲推倒国民党内阁，因此取激进态度，还草拟政府十大罪状，通电各省。当时国民党正"协力保护'内阁政党之内阁'"，故而不肯附名，还开会"决与政府同心协力以御外侮"①。

然而 1913 年中俄协约签订，各党态度发生很大的变化。国民党坚决反对协约案，其中一个重要前提是，国民党内阁已经解体，已由段祺瑞兼代总理，所以国民党采取了反对政府的政策；而进步党正想利用此机会扩大在内阁的势力，所以一改过去态度，采取与政府保持一致的立场，支持政府签约。所以在此问题上引发的党争，并不是政府该不该签约，而是本党在政府就支持政府，本党不在政府就反对政府，很大程度上是服从于要不要反对政府的需要。

当然，不可否认，上述争论也包含着与袁世凯行政权力的斗争，也包含有维护国会权力的目的，但是，所有这些斗争又都与政党扩大党势的需要纠合在一起，从而使本来是立法权与行政权的斗争，却以党派之间斗争的面貌呈现在人们面前。

第三，权力之争。第一届国会成立后，两院首先召集预备会议筹商选举正副议长事宜，各党都力争取得议长副议长席位。在 4 月14 日的预备会上，两院各党就如何选举等问题发生争执。国民党主张先起草互选法再进行讨论，起草员由主席指定；其他党则主张先讨论互选法再起草，起草员由书记担任。各党互不相让，"彼此辩驳，秩序大乱"②；此后又在记名投票与无记名投票问题上大起争执。各党遵循的原则，就是哪种方法对本党取得议长之席有利就力主用哪种方法。国民党在两院占主导地位，因此竭力主张用记名投票，不仅可控制本党党员，而且便于监督其他党；共和、民主、统一三党党势不强，因此主张用无记名投票，借以方便拉拢选票。参议院为议长选举事拖延 10 余天，直至 4 月 25 日才用记名投票方法选出正副议长；众议院争执更久，前后拖延 20 余天，直至 4 月 30 日才用无记名投票方法选出正议长，5 月 1 日选出副议长。

---

① 黄远庸：《无理想无解决无希望之政治》，见《远生遗著》第 3 卷，商务印书馆，1984 年，第 140 页。
② 《北京电报》，载《民立报》，1913 年 4 月 14 日。

第一届国会是依据《临时约法》和北京临时参议院所制定的国会组织法、议员选举法等法规建立的。国会成立后，关于自身建设的首要工作就是制定议院法、议事规则等一系列法规。但由于党争，致使有关法规的讨论拖延日久。就是在讨论时，也常常在一些具体问题上陷入争论。如参议院的旁听规则，谈论二三日之久，"其故皆因院法未定，各以己意为法律"①。一直到 10 月，两院议院法、议事细则才最后议决。

在国会内部组织上，为防止两院意见不一和内部争执，常组织全院委员会为之协调，另设立各专门委员会审查议案。第一届国会成立后，由于党争，各项组织建设无法进行，遇有争执，无全院委员会为之协调；遇有议决案件，无各审查会为之审查。在这种局面下，只得临时指定起草员起草法案，临时指定审查员审定法案，由于没有规则，各党在由谁指定起草员审查员、由谁担任起草员审查员等问题上争论不休，平添了许多党争。直到 10 月，参议院才选出全院委员长和 12 个审查股常任委员。但不及半月，国会就被迫停止了工作。

上述在议长和国会规则及组织问题上的争论，实际上都是各党对议会领导权力和主导地位的争夺。一般而言，议会中党派无论多么对立，都必须遵循多数决定原则。而第一届国会讨论时，各党不仅在具体问题上坚持己见，而且一旦分歧较大且发现形势对己党不利时，常常以退席和不出席的方式，使会议不足法定人数而流会。这不仅使许多问题的讨论拖延日久，而且反映了多数国会议员只顾己党利益的极不负责的态度。

导致这些争执的原因，是各党太重党派利益，其中除有对现实利益的考虑外，也是当时各党对两党对抗理念刻意追求的结果。

议会政治与政党政治是互相连接的。民初伴随着正式国会的选举和建立过程，各政党都在重新组合，目标都是努力使自己成为议会政党。在议会政治模式中，他们大都推崇两党制。西方的两党制与多党制，都是各种政治力量在长期的斗争中形成的，其中包含着斗争，也包含着政党间的妥协。但是，近代中国人所了解的两党制，则主要是两党间的对立。梁启超认为："凡国民无政治上之对

---

① 《参议院记事》，载《宪法新闻》，1913 年 5 月，第 6 期。

抗力或不能明对抗力之作用者，其国必多革命……今各立宪国之健全政党其所以成立发达者，恃此力也。"① 同年 4 月，国民党组党宣言也提出：："一国政党之兴，只宜两大党对峙，不宜小群分立。"② 从孙中山、宋教仁到梁启超等人，在谈两党制时，往往只谈对抗，很少谈妥协。可见民初的政党政治观，主要着眼于政治对抗，并把这种对抗简单地理解为一党赞成，另一党必定要站在对立面加以反对。因此，他们都把国会看作扩张党势、对抗对方的阵地，使立法机构成为各党政治斗争的舞台。

正是在这种政党观念的支配下，民初议会大党的组建不是目标的趋同，更多的是现实目的的结合。1912 年，宋教仁以同盟会为基础联合其他小党派组成国民党，最直接的目的，就是力争成为未来国会中的大党，从而能够组织内阁。1913 年 2 月，梁启超加入共和党，称共和党的目的，就是要与"乱暴社会为敌"，使激烈派无法在未来国会中占大多数③。1913 年 5 月，梁启超联合三党为进步党，目的在造就一个能与国民党对抗的大党。

这种政党政治局面的形成，势必带来一个重要的政治现象，即各党并不重视治国目标的表达和措施，而只着意于在对抗中壮大党势，因而易受党派利益驱动。尤其是"宋案"发生后，国民党与政府的对立逐步公开化，而进步党也从反对"暴民政治"出发反对国民党，这样，政党竞争的游戏规则无法建立，反而形成了一种"冲突的制度"，即互不信任的对抗。

议会是近代几代先进中国人救亡图存的努力和追求，第一届国会的成立，使这种努力成为现实。议会政治与政党政治是互为因果的，议会政治的形成发展孕育出了近代政党政治；与此同时，政党政治的发展也促进了议会政治的完善。但是，第一届国会内部激烈的党争却使议会政治难以步入良性运行的轨道，相反，却成为第一届国会覆亡的重要原因。

---

① 梁启超：《政治上之对抗力》，见《饮冰室合集》，文集之三十，中华书局，1989 年，第 29 页。

② 宋教仁：《国民党宣言》，见《宋教仁集》下册，中华书局，1981 年，第749 页。

③ 丁文江、赵丰田：《梁启超年谱长编》，上海人民出版社，1983 年，第667 页。

首先，国会党争为第三只手即袁世凯以强权破坏国会提供了机会。不可否认，第一届国会中汇集了一批抱有宪政理想的知识精英，他们努力实践立法权和监督权。第一届国会的实践证明，只要认真实践这种权力，还是会发生一定效力的，是袁世凯所害怕的。但是其发挥作用的前提，是各党能够协调和一致。

然而在更多的问题上，由于党争，却使国会的制衡无法建立。如大借款案，正是由于国会陷入党争，政府便可以一意孤行，使大借款得以成立。再以弹劾案为例，弹劾是国会的重要职权，但在西方议会史上，对此权运用都非常慎重。第一届国会期间，各党动辄提起弹劾，其中除因奥国借款弹劾总理国务员案外，其余均不能成立。因为按规定，国会对国务员弹劾案，必须有议员四分之三以上出席，出席员三分之二以上同意才能成立。但在第一届国会期间，当一弹劾案提出时，其他党除马上予以反击外，就是纷纷退席，致使讨论弹劾案之会议出席议员常常不足全院三分之二而无法开议①。

党争削弱了国会对袁世凯的制约力量，反过来，却使袁世凯得以利用党争对议员进行收买和分化，使自己的个人意图得以实现。如先选总统还是先制定宪法的问题，开始，国民党和进步党都主张先制定宪法，后选总统，袁世凯虽不高兴，但不得不暂时默许国会开始制宪的工作。但"二次革命"后，袁世凯通过御用的公民党通电先选总统，后议宪法。进步党见国民党势力受到打击，欲借此机会壮大党势，于是转向同意先选总统。在此局面下，国民党议员为避免袁世凯采取非常手段，也同意先选总统。袁世凯最终达到了自己的目的。"二次革命"发生，一些进步党议员提出征讨案，称某些国民党议员为"谋逆"，这不仅符合袁世凯政府征讨南方独立各省的目的，而且为后来袁世凯借此收缴部分国民党议员证书提供了把柄。当国会中党争激烈之时，就有一名记者明确地揭示了它的后果，他说："最后政治之胜利，乃不在宪政派，亦不在革命派，而落于袁大总统之手"，其中最大之原因，是党争削弱了制约袁世凯强权的力量，致使"势力之莫与敌"②。

---

① 《舆论摘要·为弹劾案告众议员》，载《宪法新闻》，1913 年 7 月，第 13 期。

② 黄远庸：《一年以来政局之真相》，见《远生遗著》第 1 卷，商务印书馆，1984 年，第 81 页。

其次，党争严重削弱了国会在民众中的威信。民众对国会的认可，在于国会能否发挥自身的功能，在于国会的良性运作。但是，由于党争，不仅使国会对政府的监督无法建立，而且使国会的立法功能大大地打了折扣。

立法是国会的主要职能，但国会开会后，在很多立法问题上常常因党争而久议不决。以众议院而论，为议长席位争论 20 余天，从 5 月 3 日正式开会到 11 月 3 日因议员不足法定人数无法开会时止，共开会 61 次，其中因到会议员不足规定人数而流会 8 次。通过议案 21 个，其中 10 个为大总统提交，2 个为参议院移交，其余本院议决的议案中，有 5 个为建议、陈请案，属于立法的只有众议院议长副议长互选规则案、众议院规则案、宪法起草委员会选举规则案、国会组织法第二条和参议院议员选举法修正案。参议院情况也大致如此，基本没有关于社会发展和改革的议案。所以当时舆论有云："国会开幕已两月余，稽其成绩，毫无建树，实由党见二字害之。甲党主张一议，乙党不问其合于真理与否，必极端反对……各执党中旗帜为前驱，置国利民福于度外，此今日之国会所以为世诟病也。"①

由于第一届国会中政党的组织原则是建立国会大党和反对党，所以国会政党的组合，只能是基于实际利益的结合。在这种局面下，为了壮大己党党势，政党间不仅相互攻讦，而且彼此拉拢挑拨；再加上各党太重视党派利益，给自己党员制造种种规条，引起部分党员不满，因而带来国会政党的不断分化。国会成立还不及一个月，就有一部分国民党议员成立政友俱乐部，原因是"受两党奋争之刺激，深惧拘守党义"，所以宣布"脱离党籍"，以"不受党见之箝束"②。5 月，共和、民主、统一三党合并为进步党，但很快就有一部分议员另成立新共和党。到 8 月，国会中除国民、进步、共和三党外，还有相友会、超然社、政友会、集益社、潜社、国家学会、经济协会、平民社、癸丑同志会、强国公会、群进会、政治研究会、宪政公会等十余个组织，成员数人、几十人不等，他们宣称

① 《舆论摘要·制宪不可固持党见及因人制法》，载《宪法新闻》，1913 年 8 月，第 16 期。
② 《中外要闻·各党最近之趋势》，载《宪法新闻》，1913 年 4 月，第 3 期。

因党见不同而自由活动，有的成立后并无多大影响①。这样的分化组合，留给国人的印象，只能是争权夺利的"朋党政治"。这使民众的民主共和期望与国会运作的现实之间产生巨大的反差，民众对国会失去信任，转而持怀疑和冷漠态度。在国会得不到民众普遍认同的情况下，袁世凯用强权解散国会就成为一件轻而易举的事情了。

3. 议会制度的畸变

1913年7月，国会两院各30人组成宪法起草委员会，加快制定正式宪法的工作。袁世凯为使制宪顺从己意，粗暴地加以干涉。他或向国会提出"增修约法案"，或派8委员出席天坛制宪会议，均为国会拒绝。10月25日，袁世凯又通电各省都督、民政长，要他们就天坛宪草发表意见，煽动起了一个围攻国会和宪草委员会的政潮。当时各省都督、民政长、镇守使等人的回电中，至少有41个叫嚣要解散宪法起草委员会、解散国民党、解散国会②。正是在这股恶流中，11月4日，袁世凯下令解散国民党，取消国民党议员资格，两天共追缴议员证书430多件，使国会不足法定人数而无法开会。此时进步党力图设法维持国会，要求袁世凯保留已脱离党籍的原国民党议员，但被袁置之不理。11月17日和12月3日，两院议员255人联名向袁世凯政府提出质问书，指斥政府违背约法③。但袁世凯根本不理议员们的责问，他一方面下令组织政治会议，另一方面则于1914年1月10日下令停止全体议员职务。第一届国会就这样被取消了。

此后，北洋政府的立法机构进入了一个畸变的时期，其中有各种形式的御用机构，也有合法国会的延续，其演变情况如下：

（1）政治会议与约法会议。

政治会议于1913年12月15日召开，实际上是一个御用的"立法机关"。政治会议议员76人，包括每省派遣的2人（共44

---

① 《中外要闻·最近各政党之真相及其变动》，载《宪法新闻》，1913年8月，第14期。

② 《各省对于宪法上主张》，载《宪法新闻》，1913年11、12月，第23、24期。

③ 李新、李宗一：《中华民国史》第2编第1卷，中华书局，1987年，第493页。

人)、大总统特派的 8 人、国务总理特派的 2 人，此外还有各部总长、法官、蒙藏事务局等特派代表。议长李经羲、副议长张国淦，均由大总统于议员中任命。

中央政治会议成立后，承袁世凯的意见，呈请"宣布停止两院现有议员职务"，遣散议员。还赞成停办各省地方自治，解散省议会。1914 年 1 月 24 日，政治会议议定了一个《约法会议组织条例》，别出心裁地组织了一个"造法"机关，即约法会议。

约法会议于 1914 年 3 月中旬开张，以孙毓筠、施愚为正、副议长，有代表 57 名。这些代表名义上由京师、各省、全国商会联合会、蒙藏青等选举会选举产生，但对选举人和被选举人资格要求相当特别，如选举人资格为 30 岁以上男子外，还要有以下资格之一：曾任或现任高等官吏而"通达治术"者；曾由举人以上出身而"夙著闻望"者；在高等专门以上学校三年以上毕业而"研精科学"者；有万元以上财产而"热心公益"者。被选举人要 35 岁以上男子，同时具有下列资格之一：曾任或现任高等官吏五年以上而确有成绩者；在国内外专门以上学校习法律、政治三年以上毕业，或曾由举人以上出身习法律、政治而有心得者；硕学通儒、富于专门著述而确有实用者。更重要的是，当选人还要经由袁世凯政府组织的"约法会议员资格审定会"的审定，选举则采用记名投票法。如此一来，"选举"只是在一个相当小的范围内进行的形式，所选代表基本上是袁的爪牙和御用人员。

约法会议开张后，袁世凯马上送去《增修临时约法大纲案》咨文，提出采用总统制、扩大总统权力的意见。约法会议据此如法炮制，于 4 月底就将起草通过的新约法草案送总统府，1914 年 5 月 1 日由袁世凯正式公布。

(2) 立法院与参政院。

袁世凯所公布的《新约法》规定，立法机构采用一院制，名立法院，由大总统召集并宣告开会、停会、闭会，大总统经参政院同意可解散立法院。一切法律、命令、教令均出自总统，就是财政，也非得大总统同意，"不得废除或裁减"。这个立法院已完全失去了立法的独立性。实际上，立法院并没有成立，代行立法院职权的是参政院。

参政院于 1914 年 6 月成立，以黎元洪为院长、汪大燮为副院长，设参政 70 人。条件是所谓有行政经验、硕学通儒有经世著述、富于实学之学识经验等，全部由大总统任命。

参政院有双重职能与性质：一方面，它"应大总统之咨询，审议主要政务"，是总统的咨询机关；另一方面又受袁世凯之"委托"，代行立法职权，是袁记"立法"机关。它成立以后，秉承袁世凯的意志，制定了一些"新法令"，其中重要的有 1914 年 12 月 28 日正式公布的总统新选举法。此外还议决以"国民代表大会"来决定变更国体问题；制定《国民代表大会组织法》，并以"国民代表大会总代表"名义上推戴书。在袁世凯当皇帝的过程中助了一臂之力。洪宪帝制失败后，1916 年 6 月 29 日，参政院被裁撤。

（3）第一届国会第二期常会。

袁世凯帝制复辟失败后，黎元洪出任总统，宣布恢复《临时约法》。1916 年 8 月 1 日，重新召开国会会议，到会参众议员 519 人。这次会议召集后，追认了以段祺瑞为总理的内阁，选举冯国璋为副总统。

国会恢复后，原先的各党派力图重振旗鼓。由于第一期常会时的政党政治没有好结果，因此各派政治势力便打出"不党主义"旗帜，组织"无形之党"。原进步党分成了宪法讨论会和宪法研究会，后又合并为宪法研究会，称"研究系"；原国民党一部分议员则挂出了"宪法商榷会"的招牌，内又分客庐系、丙辰俱乐部、韬园派等小派系。各派的争论主要是内阁和宪法问题。在内阁问题上，研究系拥护段祺瑞，商榷系右翼倾向于维持段内阁，而左翼则主张倒段。在宪法问题上，研究系主张国会采一院制，省制不入宪法；商榷系主张国会仍维持两院制，宪法应包括省制内容，省长民选①。两派在国会审议宪草时，还因省制问题大打出手。此时又发生对德宣战问题，总理段祺瑞主张参战，总统黎元洪、副总统冯国璋反对参战。国会中，除梁启超与部分研究系外，余多反对参战。当国会讨论参战案时，段用武力相迫，指使皖系军人围攻国会。1917 年 5 月 19 日，国会以三分之二同意通过对内阁的不信任票，黎元洪于 5 月 23 日下令免除段祺瑞的国务总理与陆军总长职务，以伍廷芳代国务总理。段祺瑞随即策动各省督军反对黎元洪。各省督军则

---

① 李剑农：《近百年中国政治史》，复旦大学出版社，2002 年，第 434 页。

发出通电，逼黎解散国会。黎急令张勋入京调停，张则率辫子军北上天津实行"兵谏"，逼黎元洪就范。6月12日，黎元洪发布解散国会令，国会第二次被解散。

从法制上看，《临时约法》并没有赋予总统解散国会权。根据《临时约法》，总统的命令应由内阁副署。当时代理国务总理伍廷芳曾拒绝在解散国会令上副署，黎元洪遂免去伍的职务，由非阁员的步军统领江朝宗暂代总理进行副署。这些违法举动实际上都是屈从军阀势力的结果。它充分说明，这一期的国会制度，更进一步背离"约法"，被军阀强权所左右了。

（4）临时参议院与安福国会。

1917年张勋复辟帝制失败以后，段祺瑞复任国务总理。但段不肯恢复第二次解散的国会，于9月29日下令召集临时参议院，11月10日开会。临时参议院议员由各省行政长派员组成，主要任务是修改民国元年所定的有关国会的各种法规，以便过渡到"正式国会"。临时参议院公布了《修正中华民国国会组织法》、《修正参议院议员选举法》、《修正众议院议员选举法》等，各省据以办理"选举"。至1918年8月12日"国会"成立，临时参议院解散。

新国会于1918年8月12日成立。其自居"第二届国会"，但由于它是由段祺瑞御用政客团体安福俱乐部一手包办制造而成，故也叫"安福国会"。与第一届国会相比，安福国会有如下变化：第一，议员名额减少为574人（参议员168人，众议员406人）。参议员由原来的由各省议会选出改为由地方选举会和中央选举会选出。众议员改为人口每百万选出一名。第二，在议员任期方面，参议员由每两年改选三分之一改为每三年改选二分之一。第三，提高了取得选举权和被选举权的资格。如众议员选举资格，年龄由21岁提高到25岁以上，年纳直接税由2元提高到4元以上，不动产由500元提高到1000元以上。参议员的选举资格由25岁提高到30岁。在选举权和被选举权的停止条件中，取消了"吸食鸦片"一项。

安福国会参议院议长为梁士诒，众议院议长为王揖唐。实际到会的467名议员中，安福系占330余席，梁士诒和曹汝霖的新旧交通系得 50 余席,梁启超的研究系仅 20 余席①。这届国会实是皖系军阀的御用国会。在军阀的操纵下,国会选举徐世昌为大总统。此外,这届国会还搞了一个所谓《中华民国宪法草案》(1919 年 8 月 12 日议决)。这个宪法草案取消了大总统解散国会的一切限制,还扩大国务院成员,除国务总理和各部总长得为国务员外,大总统还可以任命其他人员为国务员。

(5) 国会续第二期常会、第三期常会。

1920 年直、奉联合推翻段政府,安福国会结束。总统徐世昌于 1920 年 10 月宣布进行国会大选,但只有 11 个省举行了众议员选举,南方护法军政府和部分省督军均通电反对。这个国会称"第三届国会",也称"新新国会"(因在新国会即安福国会之后),最终未能建立。1922 年爆发直奉战争,直系取胜并进入北京,曹锟、吴佩孚以"恢复法统"名义赶徐世昌下台,请黎元洪当总统。黎撤销了 1917 年 6 月 12 日的解散国会令。8 月 1 日,第一届国会恢复,报到议员 414 人。国会开会后,即出现民六议员(参加 1917 年国会第二期常会的议员)与民八议员(国会解散后部分议员南下护法,在广州开非常国会,曾于 1918 年增补了一些议员并将成为安福国会的 34 名议员除名)的激烈争执,争执的焦点是本次会议继续民六国会还是继续民八国会,以及民八国会增补议员和被非常国会除名的议员是否合法的问题。最后,因部分主张民八的议员返回南方,主张继续民六的议员利用曹吴势力取得胜利。国会继续 1917 年的第一届国会第二期常会。9 月 18 日,第二期常会闭会。10 月 11 日重新开会,称第三期常会。此时的国会内部,已无政党可言,有的只是几十个小政派,且分分合合,被时人讥为"变派为朋"的时期。第三期常会仍以制宪相标榜。1923 年 6 月,发生直系驱逐黎元洪下台的"政变"。曹锟为了当大总统,乃以 5000 元一票买得 480 票,被贿赂的议员于 1923 年 10 月 5 日选举曹为大总统。10 月 10 日又草草通过《中华民国宪法》。1924 年 10 月,冯玉祥等发动"北京政变",赶曹锟下台,第三期常会也随之结束。

曹锟下台后,段祺瑞回到北京,组成中华民国临时执政府。段祺瑞公开宣布"废弃法统",于 1925 年 2 月在北京召开了一个善后

---

① 徐矛:《中华民国政治制度史》,上海人民出版社,1992 年,第 82 页。

会议，参加者为地方军阀实力派与官僚。既不是民意机构，也没有任何独立的立法职能，只是临时执政的政务机关。4月，临时执政府国务会议通过一个《临时参政院条例》，于7月30日正式成立。

临时参政院成立时有参政193人，由各省军民长官、军队首领所派代表、各省区议会议长和执政所指定代表组成。职责是辅佐临时执政，对执政提出的议案和咨询事项进行议决。临时参政院也可向临时执政提出建议，但必须有参政十分之一以上的连署，经临时执政采纳后，才能交主管部门执行。临时参政院实际上只能是执政的咨询机关。

北洋政府时代的议会，除第一届国会第一期常会外，民主代议制的职能已严重蜕化。造成这种蜕化的外部力量就是军阀的干预。军阀干预的手法或以武力胁迫，或以金钱收买，终使国会失去独立性质。造成这种蜕化的内部原因就是从国会第二期常会起，国会内的政党就变党为派，继而又变派为朋。这些政客派系分别以军阀、总统或总理为靠山，于是将军阀矛盾、府院之争引入国会，致使国会开会时内部无日不争，而这种争论已完全沦为派别之争、利益之争了。这样的国会，已完全不考虑国家利益，所做的只能是两件事：依从军阀意志选总统，如安福国会选徐世昌，第三期常会选曹锟；依从军阀意志立法，如安福国会通过的《中华民国宪法草案》，第三期常会通过的《中华民国宪法》。

总之，第一届国会第一期常会以后的立法机构，已蜕化成军阀装点门面的装饰品和手中操纵的工具。立法机关的蜕化，致使三权归一，行政权力恶性膨胀并与军权结合，形成军阀独裁的政治局面。自第一届国会第三期常会终结时起，民国进入国会消亡时期[①]。

四 辛亥革命的议会政治遗产

1. 孙中山对代议政治的反思与直接民权构想

在孙中山制定的同盟会革命方略中，革命后并不能马上设立议

---

① 1949年国民党政府召开国民大会，但只有制定与修改宪法权，没有一般立法权；只有对总统、副总统的选举权，没有对政府的同意权。不是完整意义上的国会。

会，必须经过一定的训练，即在第二时期（"约法之治"时期）先设立地方议会，到第三时期才能制定宪法，"由国民公举大总统及公举议员以组织国会"①。武昌起义后，革命的进程并没有能够按照孙中山的设想去发展。正如孙中山自己所说："第一次革命爆发时，我尚未回国。及至抵达国境，一切都已发展到了使我认为明智莫过于承认既成事实的阶段。"② 他就任临时大总统，颁布《中华民国临时约法》，推进各项法制建设，同时也鼓吹议会政党政治，表现出对共和制度的极大热情。他多次谈到，今满政府已去，共和政体已成，民族民权之二大纲已达目的。"今后吾人所急宜进行者，即民生主义。"③ 因此一度致力于铁路等经济建设。然而，民初议会民主政治发展的情况却越来越糟，袁世凯不仅撕毁了《临时约法》，也一脚踢开了国会。面对议会民主制度的失败，孙中山反思的结果是："所以有民国之名，而无民国之实者，皆此役阶之厉也。举世之人，方疾首蹙额，以求其原因而不可得，余请以简单之一语而说明之，曰，此不行革命方略之过也。"④ 1914 年 7 月，他在日本东京组织中华革命党，将革命程序写入党章，其中将革命第二期称为"训政时期"，以文明治理、督率国民、建设地方自治为目标；在宪政时期"俟地方自治完备之后，乃由国民选举代表，组织宪法委员会，创制宪法；宪法颁布之日，即为革命成功之时"⑤。

比较同盟会革命方略，这里所提的革命程序有一个重要变化，即宪政时期不再提由国民"公举议员以组织国会"。这说明自"二次革命"失败后，孙中山在将革命程序作为中华革命党既定方略之时起，就在考虑是否放弃代议政体的问题。只不过在 1914 年至

---

① 孙中山：《中国同盟会革命方略》，见《孙中山全集》第 1 卷，中华书局，1981 年，第 297～298 页。

② 孙中山：《致戴德律函》，见《孙中山全集》第 3 卷，中华书局，1984 年，第 109 页。

③ 孙中山：《在上海南京路同盟会机关的演说》，见《孙中山全集》第 2 卷，中华书局，1982 年，第 338 页。

④ 孙中山：《中国革命史》，见《孙中山全集》第 7 卷，中华书局，1985 年，第 66 页。

⑤ 孙中山：《中华革命党总章》，见《孙中山全集》第 3 卷，中华书局，1984 年，第 97 页。

1915 年间，他由于忙于策划武力反袁，还来不及对此事进行进一步考虑。1916 年，袁世凯帝制复辟失败，第一届国会恢复。孙中山一方面在欢送国会议员的演说中要求议员："自知其地位与责任，实用其所当有之权能。"① 另一方面多次在演讲中揭橥起"直接民权"的旗帜。他说："欧美之共和国，创建远在吾国之前。二十世纪之国民，当含有创制之精神，不当自谓能效法于十八九世纪成法而引为自足……故今后国民，当奋振全神于世界，发现一光芒万丈之奇采，俾更进而底于直接民权之域。代议政体旗帜之下，吾民所享者只一种代议权耳。若底于直接民权，则有创制权、废制权、退官权。"② 之后，他又对"直接民权"作了进一步的完善和具体解释："直接民权，一是'选举权'。人民既得直接民权底选举权，尤必有'罢官权'。选之在民，罢之亦在民。又如立法部任立一法，人民因其不便，亦可起而废之。此种废法权，谓之'复决权'，言人民可再以公意决定之。又人民应有'创制权'，即人民可以公意创制一种法律。……此为具体底民权，乃真正底民权主义。"③ 直接民权就是人民的选举权、罢官权、创制权、复决权。孙中山力图用人民直接行使政治权力的制度来取代由议员代行政治权力的代议制度。

孙中山为何要放弃代议制而提"直接民权"？原因有二：

第一是鉴于民初议会政治的教训。孙中山说："临时约法，适得其反，其谬已不可救矣。然即以国家机关之规定论之，惟知袭取欧美三权分立之制。且以为付重权于国会，即符主权在民之旨，曾不知国会与人民，实非同物。况无考试机关，则无以矫选举之弊，无纠察机关，又无以分国会之权。驯至国会分子，良莠不齐，薰莸同器。政府患国会权重，非劫以暴力，视为鱼肉，即济以诈术，弄为傀儡。政治无清明之望，国家无巩固之时，且大乱易作，不可收拾。"④ 在孙

---

① 孙中山：《在沪欢送国会议员宴会上的演说》，见《孙中山全集》第 3 卷，中华书局，1984 年，第 319 页。

② 孙中山：《在沪尚贤堂茶话会上的演说》，见《孙中山全集》第 3 卷，中华书局，1984 年，第 323 页。

③ 孙中山：《在中国国民党本部特设驻粤办事处的演说》，见《孙中山全集》第 5 卷，中华书局，1985 年，第 476 页。

④ 孙中山：《中国革命史》，见《孙中山全集》第 7 卷，中华书局，1985 年，第 67 页。

中山看来，第一届国会有三大弊端，一是国会议员良莠不齐，无法也不能代表人民；二是国会权力太重，导致选举和纠察之弊；三是政府以暴力挟持，使国会成为傀儡。所以如此，原因在《临时约法》没有体现同盟会革命方略的精神，一步到位地确立了代议制度。所以民初国会的实践证明，国会是无法实践"主权在民之旨"的。

第二是吸取了西方代议制的经验与教训。孙中山认为，西方代议制是有局限的，这种局限主要表现在两方面，首先是议员选举方面，"那些略有口才的人，便去巴结国民，运动选举；那些学问思想高尚的人，反都因讷于口才，没有人去物色他。所以美国代表院中，往往愚蠢无知的人夹杂在内，那历史实在可笑"。其次是议院权限包含监督权，"那权限虽然有强有弱，总是不能独立，因此生出无数弊病。比方美国纠察权归议院掌握，往往擅用此权，挟制行政机关，使他不得不俯首总命，因此常常成为议院专制；除非有雄才大略的大总统，如林肯、麦坚尼、罗斯威等，才能达到行政独立之目的"①。孙中山认为，单纯的议会政治只是少数人活动的舞台，并不能代表民权；并且议会权力太大，也会阻碍行政权力的发挥，因此必须寻找一种新的方法以真正实现民权。

这种方法被孙中山找到了，这就是在瑞士和美国部分地区实行的直接民权。孙中山说："近来瑞士的人民，除了选举权以外，还有创制权和复决权。人民对于官吏有权可以选举，对于法律也应该有权可以创造、修改……大多数人民对于一种法律，以为很方便的，便可以创制，这便是创制权；以为很不方便的，便可以修改，修改便是复决权。"还说："近来美国西北几邦新开辟地方的人民，比较瑞士人民更多得一种民权，那种民权是罢官权。"② 孙中山认为，这些民权都是直接的民权，而代议政治只是间接的民权。间接民权已有一二百年的历史，不仅没有进步，反而产生弊端，所以不能再去效法。本着"取法乎上"的原则，应实行直接民权。

---

① 孙中山：《在东京〈民报〉创刊周年庆祝大会的演说》，见《孙中山全集》第 1 卷，中华书局，1981 年，第 330～331 页。

② 孙中山：《三民主义·民权主义》，见《孙中山选集》下卷，人民出版社，1956 年，第 721 页。

"直接民权"如何行使？早在同盟会成立时期，孙中山就意识到，在中国这样的国家，是不可能在革命后马上实行宪政的，所以确定了革命的三个程序。民国初年议会政治失败的经验教训，使孙中山更加坚定了人民必须经过训练才能最终实现民权的信念。他说："中国四万万之人民，由远祖初生以来，素为专制君主之奴隶，向来多有不识为主人，不敢为主人，不能为主人者"；他以中国与法国比较，认为法国革命前国体为君主专制，政治为中央集权，无自治为之基础，虽受"百十年哲理民权之鼓吹"，但革命后也几经复辟，无法一跃而几于共和宪政之治，"而吾人民之知识，政治之能力，更远不如法国，而予犹欲由革命一跃而几于共和宪政之治者，其道何由?"① 所以必须"行约法之治，以训导人民"，训导途径就是地方自治。其具体步骤是：

> "以一县为自治单位，县之下再分为乡村区域，而统于县。每县于敌兵驱除、战事停止之日，立颁布约法，以之规定人民之权利义务，与革命政府之统治权，以三年为限，三年期满，则由人民选举其县官。或于三年之内，该县自治局，已能将其县之积弊扫除如上述者，及能得过半数人民能了解三民主义而归顺民国者，能将人口清查、户籍厘定、警察、卫生、教育、道路各事，照约法所定之低限程度而充分办就者，亦可立行自选其县官，而成完全之自治团体。革命政府对于此自治团体，只能照约法所规定而行其训政之权，俟全国平定之后六年，各县之已达完全自治者，皆得选举代表一人，组织国民大会，以制定五权宪法。……第三为建设完成时期，拟在此时期始，施行宪政。此时一县之自治团体，当实行直接民权。人民对于本县之政治，当有普通选举之权、创制之权、复决之权、罢官之权，而对于一国政治除选举权之外，其余之同等权，则付托于国民大会之代表以行之。此宪政时期，即建设告竣之时，而革命收功之日。"②

---

① 孙中山：《建国方略之一 心理建设》，见《孙中山选集》上卷，人民出版社，1956年，第154页。
② 孙中山：《建国方略之一 心理建设》，见《孙中山选集》上卷，人民出版社，1956年，第150～151页。

根据孙中山的革命程序，先在第二时期建设地方自治，第三时期才在县一级实现直接民权，在中央，则由各县选举一人组织国民大会行使民权。这里的关键点有两个，第一，究竟如何行使直接民权？第二，国民大会到底是一个怎样的机构？

　　对于第一个问题，孙中山没有作具体的阐述，只是一般性地说："行政的官吏，人民固然是要有权可以选举；如果不好的官吏，人民更要有权可以罢免。什么是叫做创制权呢？人民要做一种事业，要有公意可以创订一种法律，或者是立法院立了一种法律，人民觉得不方便，也要有公意可以废除。这个创法废法的权便是创制权。什么是叫做复决权呢？立法院若是立了好法律，在立法院中的大多议员通不过，人民可以用公意赞成来通过。这个通过权，不叫做创制权，是叫做复决权。"①"公意"如何表达，孙中山也只笼统地说："至少须有全体人民十分之一发起，过半数之赞成。"② 更具体的，可以以朱执信对直接民权的阐释做一个补充。朱执信说，创制权是"凡人民欲立之法，只需人民自行起草，觉得选民百分之几签名提出，政府即须以付选民投票。选民既经投票多数赞成，则不待他种机关裁可，自然成为法律"。复决权是"一切法律既经议定之后，在若干个月之内，选民可以全数百分之几署名，要求将全案再交国民重新投票，决定可否。如选民多数投票指为不可行，则此律当然废弃"。罢官权则是"立法人员全部及行政官一部，在共和国皆由国民选举之，然选之，虽不必不良，而被选以后，不保其始终如一也。故人民不可不自有其排除之之手段，而行直接民权，则亦同前例……若经多数选民投票指为当罢，则不容更有留恋"③。

　　对于国民大会，按孙中山的说法，由各自治县选举代表组成。但它又不是一般意义上的议会，因为它没有普通立法权，只专司宪法之修改、制定，即只履行宪法的创制权、复决权；它没有一般的监察权、弹劾权，政府各院人员失职，由监察院向国民大会弹劾，

---

　　① 孙中山：《五权宪法》，见《孙中山选集》下卷，人民出版社，1956年，第585页。

　　② 孙中山：《在沪举办茶话会上的演说》，见《孙中山全集》第3卷，中华书局，1984年，第329页。

　　③ 朱执信：《请愿与民权》，见《朱执信集》下集，中华书局，1979年，第505页。

只有监察院人员失职，才由国民大会自行弹劾与罢黜；它也没有一般的选举权，只有对立法院议员的选举权。同时孙中山又强调："五院皆对于国民大会负责"，"国民大会职权，专司宪法之修改，及制裁公仆之失职"①。可见国民大会不是一般意义上的议会，它的立法、监督权力有限，它行使的是代表人民监督政府的职责。孙中山还指出：宪政时期，"中央统治权则归国民大会行使之"②。所以国民大会是掌握国家最高统治权的机关。

无论是从人民管理与行使四个民权的构想之中，还是从国民大会的方案之中，我们都可以发现孙中山这一切设计的最终目的都是使人民能够利用自己的权力来管理政府。他曾说："最新的对于政治问题的，有一位美国学者说：'现在讲民权的国家，最怕的是得到了一个万能政府，人民没有方法去节制他，最好的是得一个万能政府，完全归人民使用，为人民谋幸福'。"③ 孙中山非常信服这句话。在他看来，人民有了四个民权，"便可以直接管理国家的政治。这四个民权，又叫做政权，就是管理政府的权"④。人民用四个政权管理政府的五个治权，就能造出一个"万能政府"。孙中山多次用大机器中的掣扣，四万万人当皇帝等例子来说明直接民权的这种管理作用及其必要性。

孙中山建构直接民权的目的和西方代议政治的目的是大相径庭的。西方议会政治的目的，按密尔的说法，是"人民通过代表行使最后的控制权"。这个控制，不是通过管理，而是通过将国家权力分割，由议会控制立法权力，即通过"以权力制约权力"来达到的。这种制度，虽然容易出现被少数政党、政客操纵的情况，但两三百年发展的历史证明，它在体现民主方面，有其合理性。议会民主虽然只是人民把权力托付给少数代议士，但它注重

---

① 孙中山：《建国方略之一 心理建设》，见《孙中山选集》上卷，人民出版社，1956年，第151页。

② 孙中山：《建国大纲》，见《孙中山选集》下卷，人民出版社，1956年，第571页。

③ 孙中山：《三民主义·民权主义》，见《孙中山选集》下卷，人民出版社，1956年，第729页。

④ 孙中山：《三民主义·民权主义》，见《孙中山选集》下卷，人民出版社，1956年，第759页。

的是制度、制衡，更准确地说，体现的是一种"程序的民主"，即"间接的民主"。

在孙中山的构想之中，被人民所管理的政府则有五个治权：行政、立法、司法、考试、监督，这五个权，实际是管理国家的权力。这就形成了政府掌握管理国家权力，人民掌握管理政府权力的政治模式。这是孙中山总结民国初年议会政治失败的教训，集中外政治之精华后提出来的，代表了当时为中国民主政治建设前赴后继而奋斗的志士仁人们的最高境界。它体现了孙中山对民主精神的更高追求，是一种"直接的民主"。

在西方代议政治的"间接的民权"模式中，核心是"控制权"，即通过代议机构的权力制衡行政权、司法权。这样，就使国家统治权一分为三，每一方面的权力都是统治权；但每一方面又不能单独地掌握全部政治权力，所以三权是并行的，这是一种横向平行制衡。而在孙中山的"直接的民权"模式中，人民掌握的四个民权是"政权"，政府掌握的五个权是"治权"，政权也就是统治权。形成的是人民的统治权与政府的治理权之间的垂直上下制衡，这是对民主制衡思想的一个创新。

在西方代议政治中，基本指向是用议会制约行政权力，政府只是行政权力的代理者，所以政府只能有部分权力而不能有全部的权力。而孙中山的"直接民权"落实到政权结构上，则政府的目标是"万能政府"。这个政府在权力结构上，是五权分立，即分行政、立法、司法、考试、监察五个权，虽然各自独立，却又包揽一切执行、决策之权。孙中山要求各个权力之间"各司其事"，互相配合，实际上是一个"全能的政府"。所以政权在政府这一端，即治理之权这一端来说，是集权的。

总之，孙中山的"直接民权"构想是一种与议会民主政治不同的模式，即民主与集权结合的双重结构。

孙中山先生是一位真诚的民主主义者，他以人民主权、直接民权作为民主政治的最高目标。他看到，西方国家在实行民主政治的过程中，虽然标榜民权，但在实践中都演变出了种种流弊。为了克服和避免这种流弊，建立真正的民主共和国，实现真正的人民主权，他殚精竭虑，设计了"直接民权"的方案。他的设计，体现了对民主的最高精神追求。

孙中山自己也曾经说过，理论与实践判为两事。任何一种美妙的设计都不可避免地包含实践的局限，只有在实践过程中不断修正、补充、完善，才是经得住历史检验的真正美妙的方案。孙中山的设计是在民初议会政治教训的基础上、集中外历史之精华后提出的，虽然也包含着他和部分革命党人的政治智慧，但毕竟是没有经实践检验的方案，所以不可避免地包含着不完全和局限之处。其中最大的问题，是人民的统治权能否落实的问题。人民的统治权主要是对政府能收能放的权力，即一般的通过行使选举或罢免官吏、创制复决法律的权力来管理政府，实际治理之权都在政府。这样，人民所享有的统治权在形式上无比广大，但在实践中却极为困难。因为人民是由众多人口组成的实体，人民的愿望和意志不是单元而是多元的。孙中山曾提出"至少需要有全国人民十分之一之发起，过半数之赞成，假使无理取闹，断不能得此"①。它说明，人民的统治权还必须通过相应的制度安排和程序才得以实现。这不仅产生了由于假手他人并受之操纵的可能，而且如果程序和制度安排不当，随时都还有落空的危险。再有，按孙中山的设计，宪政实现以后，由国民大会实行中央统治权，而国民大会则由各自治县选举1名代表组成，这实际又回到代表制的老路上去了。并且国民大会虽代表民意，却只能履行管理政府的职责，不能直接参与和监督政府决策，权力实际又是十分有限的。按孙中山的说法，如果四万万人都当皇帝，而把实际权力交给有能力的人去行使的话，那么，这四万万皇帝实际上是被架空的，只能当"虚位皇帝"。

此外，在孙中山的设计中，政府实际是集权的，人民不是通过分割其权力，"以权力制约权力"，而是通过驾驭来制衡其权力，以收放之权来牵制其权力。这在理论上，体现了人民至高无上的地位，但是在实践中，这种收放之权却是极具弹性的，既可以刚性执行，也可以柔性执行，一切视政府为转移。实际上，由于五权宪法确定五项治权皆在政府，所以人民，或代表人民之国民大会在行使直接民权时也不免受到牵制。如普通立法之权在立法院，国民大会只能行使修正和建议之权；监察官吏之权在政府监察院，国民大会

---

① 孙中山：《自治制度为建设之础石》，见胡汉民编：《总理全集》第2集，上海民智书局，1930年，第169页。

仅根据监察院之提议进行弹劾；人民虽说可以直接选举或罢免官吏，但考试认定资格又在政府。如此一来，不仅人民管理政府的权力不完整，更重要的是失去了独立监督政府的力量，失去了它的刚性力量。

在人民监督难以刚性执行的情况下，提高政府的效能和形象就需要道德的力量了，孙中山自己也意识到了这一点，所以他常常告诫政府官员只要忠心为国家做事，就"不限制他们的行动，事事由他们自由去做"①。要求他们"不许有损人利己的事，必须井井有条，彼此毫无冲突"②。当然，仅靠道德是无法约束官吏的，还必须有一定的制度安排，对此，孙中山也有一定的考虑，他认为，"民主国家的进步反是很慢，反不及专制国家的进步"，个中主要原因，"就是由于民权问题的根本办法没有解决。如果要解决这个问题，便要把国家的大事，付托到有本领的人"③。也就是通过设置一个有职有权的总统，使其凌驾于治权各个部门之上，从而达到协调政府的目的。

所以，孙中山的直接民权构想，最终是建立一个中央高度集权和人民享受民主的民主共和国，是一种民主集权体制。

2. 议会政治是否适合中国

随着第一届国会一次又一次被强权解散，随着各种假国会和变种粉墨登场，人们对议会政治越来越失望。

1915年，梁启超在《政治之基础与言论家之指针》一文中说：

> 国会政制论，吾生平所最信仰也。当前清之季，要求国会，吾尝以为救国之不二法门；即今日有议更为要求者，吾亦良不欲反对。虽然谓但有此物而政象即趋于良，则吾久已不复存此迷信。④

---

① 孙中山：《三民主义·民权主义》，见《孙中山选集》下卷，人民出版社，1956年，第740页。

② 孙中山：《在广州对国民党员的演说》，见《孙中山全集》第8卷，中华书局，1986年，第573页。

③ 孙中山：《三民主义·民权主义》，见《孙中山选集》下卷，人民出版社，1956年，第739页。

④ 梁启超：《政治之基础与言论家之指针》，见《饮冰室合集》，文集之三十三，中华书局，1989年，第37～38页。

虽然对国会的信心降低，但梁启超这时仍没有完全放弃。因为这时他仍把国会看做是能够参与政治的舞台，国会的不善只是"行非其道其人"，只要加以改良，仍可为我所用。他说："例如民选议会制度，既为今世各国所共有，且为共和国体所尤不可缺，前此议会未善，改正其选举法可也，直接、间接以求政党之改良可也，厘定其权限可也，若乃并议会其物而去之，安见其可？"① 正是在这种思想指导下，他列身国会第二期会议，积极鼓吹制宪。张勋复辟失败后，他出任段祺瑞政府财政总长。这激起他"树政党政治模范"的信心，为此，他附和段祺瑞，建议"改造国会"，仿照第一次革命先例，召集临时参议院，重定国会组织法及选举法，再行召集新国会②。然而，不仅财政改革的理想破灭，而且新召集的国会也成为皖系军阀的掌中之物，这加重了梁氏的失望之心。正是在这种心境下，他辞去财政总长职务，表示退出政坛，并于1918年底赴欧游历。

这一次游历长达一年之久，回国之后，他对议会制度的态度发生了新的变化，即不仅是失望，而且对代议制能否在中国移植产生怀疑。1920年，他在一次演说中说："代议制，乃一大潮流，亦十九世纪唯一之宝物，各国皆趋此途，稍有成功，而中国独否。此何故？盖代议制在欧洲确为一种阶段，而在中国则无此可能性。"他认为，欧洲如英国，先有贵族地主实现立宪，以政权集于少数贤人之手，然后再扩至中产阶级，再扩至平民，"以固有阶级之少数优秀代表全体人民"，故能成议会政治。而中国则不然，"自秦以来，久无阶级"，所以"欲效法英日，竟致失败，盖因社会根底完全不同故也"③。梁启超看到西方议会制度的产生发展自有其社会历史土壤，他也开始意识到民初国会失败的原因，是因为没有强大的新兴社会力量作"根底"。这是从中西比较的角度得出的新认识，表明梁启超对民初议会政治失败反思的深入。

---

① 梁启超：《复古思潮平议》，见《饮冰室合集》，文集之三十二，中华书局，1989年，第72页。

② 李剑农：《近百年中国政治史》，复旦大学出版社，2002年，第447页。

③ 梁启超：《在中国公学之演说》，见《梁启超选集》，上海人民出版社，1984年，第739页。

1922 年，国会第二期常会召开，梁启超先是写了《哀告议员》，希望议员们别忘了制宪。但国会开会后丑闻不断，这使梁启超由失望进而绝望。他气愤地说："中国人对于代议制度本来是很冷淡，很怀疑，我们方希望这回国会恢复之后，议员们应该会稍为激发天良，替代议政体争一点气，不料数月来丑态百出，除了膜拜军阀、助纣为虐之外，别无所事。这回两院同意票，我敢说是议员过半数已经宣告自己人格破产。……从今日以后，真可以说议会制度完全破产了！"① 这里道出了一个曾经矢志追求议会政治者的真正的痛心。

同一时期，对议会政治感到失望并认为不适合中国的远不止梁启超一人。章太炎于 1922 年写《弭乱在去三蠹说》一文，将约法、国会、总统称为三蠹，认为"约法偏于集权，国会倾于势力，总统等于帝王，引起战争"，国会已成为军阀的附逆，所以"弃之不认，乃为正义"②。在章太炎看来，民初国会失败的原因在议员不良和议会制度不善，他认为，议会可监督政府官吏，有弹劾查办之权，但如果"过半数以上之议员作奸犯科者，亦无术以处置之，是故选区撤回，法庭起诉，可以制少数议员，而不能制多数议员也"。而政党只是"以爱憎为取舍"，不能制约本党议员。他提出的改革之法，就是取消议会，将选举元首、批准宪法之权还之国民，以多数决定。而监督政府和官吏，可以学习中国古代之法，设给事中和监察御史③。

章太炎反思的结果，是欲借中国传统政治制度来补救和替代议会政治。而另一位名士章士钊则于 1923 年发表文章进一步指出，代议政治在中国失败于议员的普遍堕落，而这种现象之所以会出现，是因为代议政治不符合中国传统的政治与经济体制。他说，代议制出现在西方工业国家，议员是纳税人的代表；而民初国会议员不能代表纳税人，于是只有卖身投靠。他还进一步说：议会"为政

---

① 梁启超：《梁任公对于时局之痛语》，见《梁启超选集》，上海人民出版社，1984 年，第 824 页。

② 章太炎：《弭乱在去三蠹说》，见汤志钧编：《章太炎政论选集》下册，中华书局，1977 年，第 757 页。

③ 章太炎：《与章行严论改革国会书》，见汤志钧编：《章太炎政论选集》下册，中华书局，1977 年，第 789 页。

治之径途大出乎三千年来吾国哲人论士所设轨范之外，而一部分人因橅似新式政治之所享用挥霍，与吾国经济之生活状态太不相称。一不相称，而古来所贵乎均之传统社会主义因之大破"。所以"吾为农国，不能妄采工业国之制度"。他主张实行"非代议制的农村立国主义"①。章士钊开始深入到中西历史传统和社会经济结构的不同中去探寻民初国会失败的原因，开始触及一些本质性的问题。但他所选择的"农村立国"方向不仅违背了中国社会发展的趋势，而且违背了世界发展之大势。

与上述知识分子认为代议政治不适合中国的观点不同，另有一些知识分子则认为，并不是代议制不适合中国，而是各种外在的和内部的原因造成了它的失败。

陈独秀从客观环境角度寻找原因，认为军阀和守旧势力是代议政治的最大障碍。1917年，他在《驳康有为"共和平议"》一文中明确地说："共和建设之初，所以艰难不易现实，往往复反专制或帝制之理由，乃因社会之惰力，阻碍新法使不易行，非共和本身之罪也。其阻力最强者，莫如守旧之武力（例如中国北洋派军人张勋等）及学者（例如中国保皇党人康有为等）。"他还说："代议制虽非至善之法，然居今日遽舍此而言立宪，直藉口欺人耳，盖国民直接参政之时期尚远，必待此而始可共和，始可立宪。"② 陈独秀肯定代议制是共和制度不可缺少的部分，并且认为民初代议政治的不良并不在共和制度本身，而是军阀武力的破坏和守旧势力的阻碍。针对世人对国会"捣乱"和"无用"的指责，陈独秀认为，这是因"不知国会之为何物"之故。他说，国会的责任，就是"代表国民监督行政部之非法行动"，所以"国会时与政府捣乱者，正以实行监督政府之非法行动"，其或自相冲突，"亦因发挥民主政治之精神，与政府与党相扰战耳"③。在陈独秀看来，"欲建设西洋式之新国家，组织西洋式之新社会，以求适今世之生存，则根本问题，不

---

① 章士钊：《论代议制何以不适于中国》，载《申报》，1923年4月18日、19日。

② 陈独秀：《驳康有为"共和平议"》，见《独秀文存》，安徽教育出版社，1987年，第133、138页。

③ 陈独秀：《国会》，见《独秀文存》，安徽教育出版社，1987年，第547页。

可不首先输入西洋式社会国家之基础，所谓平等人权之新信仰"①。他认为，这是建立共和制度的根本问题。

也有的人认为是国民和议员素质不高导致议会政治的失败。杨杏佛说："在国民则苟安自私，放弃监督之主权；在议员则纵欲无耻，甘为权门之走狗。外无裁制，内多利欲，而议员之不堕落者鲜矣。"② 还有的直截了当地提出："旧国会所以两遭解散的唯一原因，就是没有民众势力作后盾"，之所以会出现这种局面，是由于国会内没有真正的政党，致使"会内同会外太隔绝，失去民众支持"③。在他们看来，创造一定的条件，是实现代议政治的前提。为此提出"不能不注意经济事实，而从事于下层社会之开发"④。

上述知识分子的反思都从不同角度触及中国的现实国情，既反映了议会政治失败的直接现象，也揭示了其失败的深层次的原因。不论哪种观点，实际有一点是共同的，即都认为当时的中国还不具备建立议会的条件。但是，民主宪政仍然是中国政治发展的必然方向和必经道路。这不能不使知识分子的选择陷入两难境地：一方面，需要发展经济，进行民众启蒙，以逐步造就民主政治所需要的种种结构和基础；另一方面，面对军阀当道，旧国会、新国会和形形色色"变种"的粉墨登场，又使宪法、议会成为一个急迫的现实问题。对大多数在野的知识分子而言，通过合法的参政渠道改革政治是他们的首要选择，正如张东荪所说："议会制度的不能免与议会制度的破产同时驾临中国。"⑤ 他们需要进行新的探索。

3. 话语转换：新的替代方案

正当中国知识分子开始重新思考和探索之际，第一次世界大战

---

① 陈独秀：《宪法与孔教》，见《独秀文存》，安徽教育出版社，1987 年，第 79 页。

② 杨杏佛：《代议制的讨论》，载《东方杂志》，1923 年 3 月，第 20 卷第 6 号。

③ 费觉天：《中国政治不能上正轨的真因及今后应走的道路》，载《东方杂志》，1922 年 6 月，第 19 卷第 11 号。

④ 坚瓠：《议会政治之破产》，载《东方杂志》，1921 年 11 月，第 18 卷第 23 号。

⑤ 张东荪：《宪法上的议会问题》，载《东方杂志》，1922 年 11 月，第 19 卷第 21 号。

结束。大战暴露了资本主义的深刻矛盾，促使西方政治格局发生新的变化。这种情况反映在思想领域中，是各种政治改良思潮和社会主义思潮的出现；反映在政治领域中，是许多欧美国家开始修宪活动，其中包括对议会制度进行改革。这一切新的变化引起了中国知识分子的注意，立即予以介绍。他们有的将"现时思潮"分为三派："第一派主张以男女选权普及制改造男子选权普及制；第二派主张以职业代表制改造以地域与人为标准的代议制；第三派主张以比例代表制改造多数代表制。"① 有的介绍欧洲大战后世界宪法有七大趋势：由政治的民主政治趋于社会的民主政治；由代议民主政治趋于直接投票制度的民主制度；由统一主义趋于联邦主义；由国家主义趋于世界主义；由制限选举趋于普及选举；由地方代表制度趋于职业代表制度；由间接选举制度趋于直接选举制度②。这种种新趋势给中国知识分子以新的启迪，提供了新的思想资源。他们试图通过制宪活动，借鉴西方国家的经验，或试图从制度上对代议政治进行改造，或努力寻找一种新的替代方案，以避免重蹈民初国会的覆辙。为此，在 20 世纪 20 年代的前半期，他们提出了一些新的议会改革主张，进行了新的实践。

民初议会政治的失败，在很多人看来，是由于议会制度不善和议员素质不高。因此，改革议会制度尤其是选举制度，就成为他们思考的方向。当时最有影响的主张是：(1) 用普选和直接选举制取代间接选举制和复选制。如蔡元培、胡适等在 1922 年的《努力周报》上发表《我们的政治主张》一文，主张"南北协商召集民国六年解散的国会，因为这是解决国会问题的最简易的方法"，但前提是急行改良选举制，"废止现行的复选制，采用直接选举制"③。还有的直接提出"采取普通选举"、"承认妇女参政"，认为此是"战后各国宪法，俱各依自由平等之原则与精神，明文规定于宪法，吾

① 王世杰：《德谟克拉西与代议制》，载《东方杂志》，1921 年 7 月，第 18 卷第 14 号。

② 李三元：《宪法问题与中国》，载《东方杂志》，1922 年 11 月，第 19 卷第 21 号。

③ 蔡元培、胡适等：《我们的政治主张》，载《努力周报》，1922 年 5 月，第 2 期。

即不能不顺应此种世界大势以赴之"①。（2）用职业代表制取代代表代议制。一部分知识分子受基尔特社会主义思想的影响，主张以职业团体选举议员。他们反驳认为议会不适合中国的观点说："有的说中国人不适于宪政，不适于代议政治，这不必尽然。我看最大的原因就是我们的社会没有职业团体的组织，所以选出来的议员都是一种无业游民"，这些人"专靠政治运动做饭碗"，所以会丧失信用②。而选举职业团体代表，可使"社会中的事业便可有最擅长的人才来担任"③。他们主张以职业团体与地域团体这类小组织作为人民权利发动的基本单位，即既以团体为选举单位，又以各省职业团体联合会做审议机关，"对于本省参议员因其所议决的案件有害于人民权利，或其人有不名誉行为时得议决召黜之"；对于中央国会，他们主张用一院制，名参议院④。

上述主张在 20 世纪 20 年代初的联省自治运动中得以实践。

20 世纪 20 年代初兴起的联省自治运动的核心，是通过制定省宪，实现省自治，再在各省自治的基础上，制定联省宪法，成立联省政府（中央政府）。其目的是力图通过这一途径，摆脱军阀割据和统治，实现国家的和平和统一。当时提倡和参与联省自治的一批知识分子，都有建设真正的民主政治的追求和抱负，他们努力通过省宪和联省宪法的制定，确立民主代议政治。

湖南是联省自治运动中的先锋。湖南省宪法于 1921 年起草，省宪起草委 13 人，均是当时的名流专家⑤。然后由各县推举出审查委员共 150 人，组成审查委员会进行审查，最后举行全省全民投票。当时以 1800 余万之可决票对 57 万之否决票获通过。1922

---

① 李三元：《宪法问题与中国》，载《东方杂志》，1922 年 11 月，第 19 卷第 21 号。

② 杨端六：《社会组织改善论》，载《东方杂志》，1920 年 12 月，第 17 卷第 23 号。

③ 徐六几：《中华基尔特社会主义国宪法导言》，载《东方杂志》，1922 年 11 月，第 19 卷第 21 号。

④ 张东荪：《宪法上的议会问题》，载《东方杂志》，1922 年 11 月，第 19 卷第 21 号。

⑤ 包括李剑农、王毓祥、王正廷、蒋方震、彭允彝、石陶钧、向绍辑、陈嘉勋、皮宗石、黄士衡、董维键、唐德昌、张声树。

年1月1日正式公布①。

湖南省宪确定的省政治体制为三权分立与内阁制，由省长、省务院和省议会组成。省长由省议会选出4人，交省公民总投票，以得票最多者当选；省务院各司由省议会各选举2名人选，再由省长择一任命。省议会的选举采取直接普通选举方法，即按人口比例，每人口二十万选出议员一名。关于选举权和被选举权的规定是：凡有中华民国国籍之男女，年满二十一岁以上，在湖南居住二年以上，有法定住址者，皆有选举权；但被选举人有资格限制，即需要曾在国内外专科以上学校毕业；曾任荐任1年或委任3年以上之职务；曾任县议员3年以上；曾任中等学校校长或教员2年以上；曾任法团职务5年以上。省议会有广泛的权力，包括议决省内事项和预算、决算权、选举官吏权、受理人民请愿权、对省务院的质问权、对省长、高等审判厅长、高等检查厅长、省务员、审计院长的弹劾权。值得注意的是，为了对议员有所制约，省宪还规定了公民对议员的撤回权和对省议会的解散权，即各选举区对该区所选出之议员不信任时，经选举区公民十分之一以上连署提议，经该区公民总投票过半数可决，可撤回议员；如经全省公民十分之一连署，过半数投票之可决，可解散省议会；如省长要解散省议会，必须以省务院全体之副署，交全省公民总投票过半数可决方可执行②。

在湖南省宪法中，虽然对选举权采取了普通选举制，但对被选举人资格的规定，又使省议会"充满了士绅阶级的色彩"③。另外，它采用人民公决的方法，以钳制和防止议员腐败行为的发生，又具有明显的民治主义特色。

在联省自治的高潮中，1922年五六月间，由全国商会联合会与全国教育联合会发起在上海组织八团体国是会议，参加的有山东、京兆、河南、江苏、安徽、江西、福建、浙江、湖北、湖南、陕西、四川、广东、甘肃和海外华侨共15个省区的省议会、教育

---

① 参见胡春惠：《民初的地方主义与联省自治》，中国社会科学出版社，2002年，第五章。

② 《湖南省宪法》，载《东方杂志》，1922年11月，第19卷第22号。

③ 胡春惠：《民初的地方主义与联省自治》，中国社会科学出版社，2002年，第193页。

会、商会、农会、工会、律师公会、银行公会、报界公会的代表①。会议组织了一个"八团体国是会议国宪草拟委员会"，8 月，通过了由张君劢起草的宪法草案。草案分甲、乙两种，以甲案为主而以乙案为辅，两个草案都明定"中华民国为联省共和国"，确立的是联邦制。此外，值得注意的还有三点：一是立法机关为一院制的参议院，由各省省议会、省教育会、省商会、省工会、华侨及大学校分别定额选举之，采取的是地方职业代表制。参议院有立法权、财政权、弹劾权、质问权。二是甲案确定的政体为内阁制。对于总统选举，规定要有议员 50 人推荐，由参议院举出 6 名初选当选人，再由省议会和各职业团体组成选举会选出。还规定大总统得解散参议院；政府也可提出法律案。三是乙案确定的是委员会制。不设省长，行政权由 9 人组成的国政委员会行使，会员由参议院选出初选当选人，再由各省议会选举会选出。国政委员会可对参议院提出法律案，参议院议决法律由国政委员会公布②。

从这两个宪法文件可以看出，其政制虽采用代议制，但又比较鲜明地体现出限制代议机关的色彩。这种限制体现在两个方面，一是用省议会和职业团体的选举权来限制参议院的权力；二是用行政权力，即大总统或国政委员会的立法权和解散权来制约参议院。这里表现出草案制定者避免重蹈民初议会覆辙的良苦用心。

上述联邦主义者在吸取民国初年议会制度失败的基础上，有选择地吸取了国外新的政治思想资料，设计了联邦制民主下地方与中央的议会方案。然而中国长期以来就是一个中央集权的国家，联邦制并不符合几千年来所形成的政治文化传统。加上当时控制中国的直系军阀所注重的是"武力统一"，地方军阀所注重的是各自的利益，所以知识分子的"联省自治"设计并不能从根本上挽救中国。这种"联邦制民主"在热闹了一阵以后也就很快消沉下去了。

与上述力图从制度上改造议会的途径不同，另有一些知识分子则主张动用国民的意志和力量，即用直接民权来弥补代议制度的不足，这就是倡导国民公决、人民直接议决权和国民大会。

①　徐宗勉等：《近代中国对民主的追求》，安徽人民出版社，1996 年，第256 页。

②　《国是会议宪法草案》，载《东方杂志》，1922 年 11 月，第 19 卷第 21 号。

1920年，梁启超接连发表文章，鼓吹"国民运动"。梁启超这时揭橥起"国民运动"大旗，与他对民初民主政治的失望有关，也与他游历欧洲得到的新的启示有关。他说："中华民国并未能建设在民众意识的基础之上，换一句话说，这中华民国的建设，并非由全国民众认识共和政治之价值，协同努力去建设他，不过极少数人用'催生符'的方法，勉强得这意外的结果。"① 这是民初民主政治失败的重要原因。而欧洲"民主主义的国家，彻头彻尾都是靠大多数国民，不是靠几个豪杰"，所以中国也要"从国民全体上下工夫"②，开展国民运动。梁启超所说的"国民运动"，就是一种"市民的群众运动"，它的主要目的是两个，一是"国民制宪"，二是"国民废兵"。国民制宪如何实施？也就是要"以国民动议的方式得由有公权之人民若干万人以上之连署提出宪法草案，以国民公决的方式，由国民全体投票通过而制定之"③。梁启超设想：先发起"国民制宪"，待宪法制定后再依法召集国会。

陈独秀则主张实行人民直接议决权，也就是"由人民直接议定宪法，用宪法规定权限，用代表制照宪法的规定执行民意"。但他又认为，依当时的条件，还不能一步到位，要先从基础做起，"由人民自己一小部分一小部分创造这种基础"，即在一村一镇实行自治，以一个地方的一种职业实现联合，使人人都有直接议决权，全体投票选举董事④。也就是在社会的最基层实现直接民权。

1920年，直系军阀吴佩孚提出召集国民大会解决时局的主张。吴佩孚的目的，是借国民大会的"民意"，解决南北政治问题，以确立自己的统治地位。但这一主张也引起了相当一部分知识分子的注意，他们认为，旧国会在制宪和解决国事问题上已无能为力，而以国民大会为先驱，正可通过"多数人之公意"，解决旧国会所不

---

① 梁启超：《外交欤内政欤》，见《饮冰室合集》，文集之三十七，中华书局，1989年，第43～45页。

② 梁启超：《欧游心影录·欧游中之一般观察及一般感想》，见《饮冰室合集》，专集之二十三，中华书局，1989年，第22～23页。

③ 梁启超：《国民自卫之第一义》，载《东方杂志》，1920年9月，第17卷第17号。

④ 陈独秀：《实行民治的基础》，见《独秀文存》，安徽教育出版社，1987年，第251～260页。

能解决的问题，所以他们主张国民大会的中心任务是制宪。为使国民大会能体现国民"公意"，他们提出：（1）代表不能由少数人所控制，而要"以绅商学三阶级为选举有权者而选出之者也"①；或"用地方上固有之职业团体为初选单位，指定有当选资格者若干人，而后付之普通选举"②。（2）借鉴国民公决的办法，由国民大会起草宪法，再付之国民公决③。在这些知识分子看来，国民大会组织起源于上古时代的公民大会，而动议和公决则是公民大会的议决方式。民主国家的主权属于国民全体，所以用国民大会的形式，辅以直接民权，正可以"济代表机关之不足"④。在对旧国会极度失望的情况下，他们寄希望于国民大会，希望它能替代国会的立法功能，所以进一步提出，国民大会要有议决权，但议案都要来自国民动议，即要由各县法团联合会征集议案，经省法团联合会审核，然后交国民大会议决⑤。

但是，国民公决和国民大会的方案是难以实现的。反对者指责以国民大会制宪违背《临时约法》；加上这些知识分子的意图本来就是"与南北实力政府之主旨相反"的，所以备受冷落；更重要的是，他们的主张难以在国民中引起真正的共鸣，所以"未能有美满的结果"⑥。

实际上，在20世纪20年代，正是各种政治力量的又一次大分化大组合时期。在这一时期，真正能在政治舞台上呼风唤雨的，并不是没有深厚群众基础的少数知识分子、工商业者及其团体，而是新兴政治力量及其政党，其中最重要的是改组后的国民党。

---

① 彭一湖：《国民大会问题》，载《东方杂志》，1920年9月，第17卷第17号。

② 坚瓠：《职业团体与选举》，载《东方杂志》，1920年12月，第17卷第24号。

③ 杨端六：《国民大会平议》，载《东方杂志》，1920年9月，第17卷第17号。

④ 彭一湖：《再论国民大会》；王徵：《国民大会之商榷》，载《东方杂志》，1920年9月，第17卷第17号。

⑤ 程耿：《余对于国民大会办法上之意见》，载《东方杂志》，1920年9月，第17卷第17号。

⑥ 陈启修：《我理想中之中国国宪及省宪》，载《东方杂志》，1922年11月，第19卷第21号。

1924 年，国民党召开第一次全国代表大会，确定了"联俄、联共、扶助农工"的新三民主义。其政纲中提出"召集各省职业团体（银行界商会等）、社会团体（教育机关等），组织会议，筹备偿还外债之方法，以求脱离因困顿于债务而陷于国际的半殖民地之地位"的主张。1924 年，孙中山发布北上宣言，正式提出了召集"国民会议"的建议。

在民国初年，最早提出召开"国民会议"的，是 1911 年南北议和时期的袁世凯。1914 年袁世凯颁布的"新约法"，又一次提到"国民会议"。其中第 61 条规定："中华民国宪法草案经参政院审定后，由大总统提出于国民会议决定之；国民会议之组织，由约法会议议决之。"可见国民会议只是通过宪法的组织。袁世凯懂得，要使自己的独裁统治合法化，必须给它披上"民意"的外衣。国民会议代表由各省、各机关选举会产生，但由"大总统召集并解散"[1]，实际是总统的御用组织。它刚刚开始初选，袁世凯为加快帝制，便迫不及待地以初选当选人为基础，选出国民代表，演出了一场"代表国民全体公意"的"国体投票"丑剧。之后，段祺瑞为了"制宪"，也曾于 1925 年 4 月公布过一个"国民代表会议组织条例"，为体现"民意"，规定凡除现役军警以外的男子都有选举权和被选举权。这次仅部分地区进行了初选、复选，还来不及开会，就因段祺瑞被逐而流产。

两次流产的国民会议实是军阀手中的玩物。它说明，在当时，即使军阀们想搞专制、搞独裁，也不得不屈从"选举"、"国民会议议决"的程序。从制度上看，国民会议的代表虽经过选举产生，但成员由召集方根据需要而确定；它也不是常设的，具有为解决特定问题而临时召集的特点。这两次军阀的"国民会议"绝不可能代表民意。

虽然军阀们欲召集的"国民会议"只是假借民意的幌子，但是在国会腐败和国会制宪无望的情况下，"国民会议"曾被进步势力看作是能够替代国会功能的最好的方法。特别是辛亥革命以后，随着社会的进步，伴随着各种新职业、新阶层的产生，各种职业团体

---

[1] 钱实甫：《北洋政府时期的政治制度》上册，中华书局，1984 年，第 54 页。

正在兴起。在军阀混战、民主政治惨遭蹂躏的情况下，为了反映和争取自身利益，很多团体表现出极大的政治热情，一时间，讨论国是、呼吁召集制宪会议自行制宪等言论此起彼伏。1923 年，中国共产党根据共产国际的批示，在"第二次对时局的主张"中也提出："由负有国民革命使命的国民党，出来号召全国的商会、工会、农会、学生及其他职业团体推举多数代表，在适当地点开一国民会议"，认为："只有国民会议，才真能代表国民，才能够制定宪法，才能够建设新政府，统一中国。"[1] 明确提出了召开由各团体代表组成的国民会议的建议。

正是在上述背景下，孙中山在《北上宣言》中发出了召开国民会议的呼吁，并指出：国民会议的目的，是解决时局问题，"以谋中国之统一与建设"。国民会议的组成，由各"团体代表组织之"[2]。在北上途中，他多次在演说和谈话中呼吁立即召开国民会议。他说：

> "从前国会之所以没有用处，是由于根本上选举议员的方法太草率。当时只要愿意做人民代表的人，到各省四乡去运动，人民因为不知道国会的重大，便不问想做代表人的学问道德如何，便举他们做议员，成立第一次国会。从前国会因为议员的本体不好，复受外界武力的压迫，所以在当时总是不能行使职权；后来北方政府毁法，解散国会，国会更是没有用处。……前年曹吴也赞成护法，召集议员到北京开会。但是那些议员总是不顾民利，只顾私利，到北京之后，不做别事，只要有钱，便去卖身，造成曹锟的贿选。现在全国国民，对于那般议员，完全失望；要解决国事，便不能靠那些议员，要靠我们国民自己。所以我才发起这个会议，要人民明白国家现在的地位，知道政治和人民利害的关系，用正派分子来维持中华民国。"[3]

---

① 《"二大"和"三大"》，转引自莫世祥：《论民初国会覆亡引起的反省和探索》，见《辛亥革命与近代中国》，中华书局，1994 年，第 728 页。

② 孙中山：《北上宣言》，见《孙中山选集》下卷，人民出版社，1956 年，第 883 页。

③ 孙中山：《国民会议为解决中国内乱之法》，见《孙中山选集》下卷，人民出版社，1956 年，第 887 页。

孙中山提出国民会议所要解决的问题，第一是打破军阀，实现和平统一；第二是打破援助军阀的帝国主义，废除一切不平等条约及其特权。这是关系中国生死存亡的最重要的"国是"。召集国民会议来讨论"国是"，是为了体现"国民自决"的精神①。之所以要由各团体代表组成国民会议，按孙中山的说法，是由于"全国人数的调查不的确，不容易由人民直接派代表"②，即人民直接派代表的时机不成熟，同时也反映当时各职业团体兴起及对政治的影响。

国民会议是各团体代表讨论"国是"的组织，在一定程度上承担了"再造国家"的重大职责，这就形成了一种由各团体（政党是团体之一）共同协商决定"国是"的机制。在当时的历史条件下，这种形式可以在一定程度上反映和表达民意，具有一定的民主性质。但是从制度角度看，国民会议的代表不是通过普通直接选举产生，而是由团体代表组成，他们的意志要受团体的制约，形成的是一种"团体代表制民主"。所以，它能够在多大程度上代表国民，又是一个值得怀疑的问题。再加上在当时的历史条件下，仍然缺乏能够在政治领域中起主导作用的资产阶级及其社会力量，因此，这一空缺必然要被有影响的政治力量所填补，这就使国民会议极易受到这种政治力量的摆布。这种情况在国民党所召集的国民会议中得到体现。

孙中山在《北上宣言》中说道："国民会议实现之后，本党将以第一次全国代表大会宣言所列举之政纲，提出国民会议，期得国民彻底的明了与赞助。"③ 也就是要将国民党的党义贯彻于国民会议之中，这是孙中山所主张的"把党建在国上"思想的具体体现。但这里面潜伏着一个危险，即如果国民党领袖不是孙中山，而是由一些心怀私利、力图实现个人独裁的人控制的话，这种由国民党一党召集并贯彻党义的国民会议，就很容易演变成他们假借民意实现

---

① 孙中山：《北上宣言》，见《孙中山选集》下卷，人民出版社，1956年，第883页。

② 孙中山：《中国内乱之原因》，见《孙中山选集》下卷，人民出版社，1956年，第910页。

③ 孙中山：《北上宣言》，见《孙中山选集》下卷，人民出版社，1956年，第883页。

己党意志的工具。这种情况在 1931 年的国民会议中成为现实。

1930 年 11 月，国民党三届四中全会决定于 1931 年 5 月召集国民会议；1931 年 1 月公布《国民代表会议选举法》，代表总额 520 名，由各省（市）选出 472 名，内蒙 12 名，西藏 10 名，华侨 26 名。各省市代表按定额从农会、工会、商会与实业团体、教育会与国立大学及教育部立案之大学并自由职业团体、中国国民党等团体中选出。这个国民会议看起来是由各团体代表组成，但实际上是由国民党一手策划与操纵的会议①。

首先，国民会议组织文件全部由国民党制定。其中选举法是由国民党中央执行委员会常务委员会决定的包括蒋介石在内的 14 人起草的；组织法是由中执会常务委员会决定组织原则后推定戴季陶、邵元冲、邵力子、刘芦隐等"依所定原则起草"的。

其次，国民党全部中央执行委员、监察委员、国民政府委员都得出席国民会议，全部候补委员列席会议。这两类人员计 110 人，占代表总额的 20%②。

再次，整个选举也被国民党所操纵。选举按选举区进行，国民党向每个区派出一名中央委员进行监督，结果各地各团体代表绝大多数为国民党人③。

最后，该会通过的《中华民国训政时期约法》也是由国民党中央制定，交大会通过的。所以这次国民会议完全是贯彻国民党党治体制的会议，正如汪精卫表白的："本党政纲政策，希望在国民会议通过，盖若不经国民会议通过，事实上仅为本党一党之政纲政策。反之，如经国民会议通过，则为国民全体之政纲政策。"④ 国民党的意图很清楚，就是要通过国民会议，为国民党一党专政体制的确立披上"民意"的外衣。

国民会议在国民党的操纵下，已失去了由各团体共同协商决定国是的民主性质。而另一支新兴政治力量——中国共产党也在进行

---

① 参见孔庆泰：《国民党政府政治制度史》，安徽教育出版社，1998 年，第 323～328 页。

② 徐矛：《中华民国政治制度史》，上海人民出版社，1992 年，第 222 页。

③ 徐矛：《中华民国政治制度史》，上海人民出版社，1992 年，第 223 页。

④ 《汪精卫谈成立扩大会议应遵循的七项政治主张》，见《国民党改组派资料选编》，中国人民大学中共党史系，1984 年编印，第 359 页。

着自己的民主政治探索。

早期共产党人并不反对议会制度。1923年，瞿秋白曾撰文反驳章士钊的"代议制不适合中国"的观点，认为民初代议制的失败是官僚资本破坏和军阀蹂躏的结果，这一切并不足以说明代议制不适于中国。要实现代议制，首先要做的是改造当前的社会，扫除帝国主义、军阀、议员政客，整顿生产机关、财政机关，创造真正的民主政治①。中国共产党走的是依靠工农、打倒帝国主义和封建军阀势力，在此基础上改造社会，再实现民主政治的道路。

大革命失败后，中国共产党将工作重点转向农村，建立农村革命根据地。1928年中共召开第六次全国代表大会，提出了建立工农兵（苏维埃）政府的构想。之后，在赣西南、赣东北、闽西、鄂豫皖等苏区都先后建立了工农兵苏维埃政府。1930年，成立了中华苏维埃共和国临时中央政府。苏维埃政权采取苏维埃代表大会制度。《中华苏维埃共和国宪法大纲》规定，苏维埃政权属于工人、农民、红军兵士及一切劳苦民众，苏维埃代表大会是全国最高权力机关，具有立法、选举等广泛的权力。由苏维埃代表大会选举的执行委员会是代表大会闭会后的执行机关，中央执行委员会下组织人民委员会，处理日常政务、发布法令和决议案。苏维埃代表大会代表通过选举产生，凡"居住在中华苏维埃共和国领土内的人民，凡年满十六岁，无论男女、宗教、民族的区别"，皆有选举权和被选举权，只有那些剥削者、反革命分子及其家属、依法判决有罪执行判决者，没有选举权和被选举权。在第一届苏维埃代表大会的《选举暂行条例》中，还规定代表中工人占15%～20%，红军占10%～15%，农民占60%～70%，贫民及其他成分占5%②。

苏维埃共和国的核心精神，是"一切政权归苏维埃"，所以苏维埃代表大会具有最高的地位，它不仅具有立法权，而且具有执行委员会的选举权。中央执行委员会要向全国代表大会负责并报告工作。处理日常政务的人民委员会则向中央执行委员会负责并报告工

---

① 瞿秋白：《现代中国的国会制与军阀——驳章士钊之"论代议制何以不适于中国"》，载《前锋》，1923年7月，第1期。

② 《中华苏维埃共和国法律文件选编》，参见徐宗勉等：《近代中国对民主的追求》，安徽人民出版社，1996年，第352页。

作。这是一种不同于西方三权分立的，以代表大会为中心的议行合一的体制。此外，苏维埃代表大会的代表采取了没有任何财产及教育条件限制的普通选举制，规定了普通工人农民在代表中的比例，形成了一种以工农兵为主体的广泛的民主制度。

苏维埃政权是中国共产党领导创立的，所以中国共产党事实上成为苏维埃政权的领导核心，这就出现了一种倾向，即如毛泽东所说："党在群众中有极大的威权，政府的威权却差得多"，"许多事情为图省便，党在那里直接做了，把政府机关搁置一边"[①]。这种"以党代政"的倾向势必会影响苏维埃代表大会功能与作用的发挥。一些地方把代表会看作"执行委员会的临时选举机关；选举完毕，大权揽于委员会"，"贪图便利"，把代表制度视为"麻烦"。在这种情况下，代表大会的职权被剥夺，甚至出现"党是立法机关，政府是执行机关"的不良现象[②]。

苏维埃代表大会制度是向苏联学习的结果，它在体现给予最广大的工农群众以民主权利的同时，也表现出由中国共产党实行统一领导的集中倾向，体现出民主集中制的精神。早期的苏维埃代表大会制度是不完善的，但代表了代议制度的一种新的形式。它纠正了民国初年议会制度脱离普通民众的弊端，在一定程度上唤醒了普通民众压在心底的政治意识。正是这种民众意识，成为中国共产党领导的民主革命胜利的重要条件。但它在一开始就出现的"党包办一切"的倾向，也在日后由于缺乏监督和制衡而给民主革命和社会主义现代化事业带来巨大的影响。

五　民初议会政治的困境与政治发展

近代议会制度产生在西方资产阶级推翻封建专制统治，建立资产阶级国家的过程中。在中国，议会制度是移植西方制度的产物。然而，西方近代议会制度也有一个漫长的发展过程，有其相应的政治、经济与社会的背景。近代中国人在建立议会制度的时候，虽然

---

① 毛泽东：《井冈山的斗争》，见《毛泽东选集》第 1 卷，人民出版社，1964年，第 72 页。

② 《接受国际来信及四中全会决议的决议》，见《中央革命根据地史料选编》中，江西人民出版社，1982年，第 306 页。

也照搬如两院制、议事程序与规则等制度，但仍不免受自身条件与因素的制约，打上了自己的印记。与西方相比，有两个重要差别：

第一，建立议会的理念不同。

西方议会制度理念的核心是自由以及建立在此基础上的人民主权论。正是在这一理念基础上，强调"理想的政府形式，应该是主权或最高支配权力属于整个社会集体的那样一种政府"①，强调"一国的国民在任何时候都具有一种不可剥夺的固有权利去废除任何一种它认为不适合的政府，并建立一个符合它的利益、意愿和幸福的政府"②。所以人民必须通过选举，通过代议制度，来监督和控制政府，来表达人民的意志。议会政治既要体现理性价值，也要体现工具价值。

在中国传统文化之中，缺乏或者说基本没有这种自由及人民主权观念。近代中国人宣传议会制度，虽然也把它作为民权机构，但讲得最多的，是设立议会可以救亡图存。郑观应直言不讳地说："欲公法之足恃，必先立议院，达民情，而后能张国威，御外侮。"③ 孙中山与革命派鼓吹民权，但他们更多的是以主权在民原则去论证共和革命的合理性。所以在很长一段时间内，无论革命派也好，立宪派也好，实际上都是将议会作为救国的不二法门、作为实现君主立宪和民主共和的武器来使用的。这就使议会在很多人眼中，只具有工具的价值而不是理性价值。正是在这样一种理念的支配下，他们注重的只是建立议会这一结果。各政党注重的只是自己一党的利益而不去考虑怎样更大限度地代表选民、争取选民，使民初议会从建立到运作都脱离了广大的民众。正是在这种理念支配下，当议会运作不尽如人意之时，一些人马上就发出了"议会制度不符合中国"、"废止议会"等呼吁。

第二，形成的道路和建立的基础不同。

西方国家议会制度的建立和议会政治的完善都有各自不同的道路。

---

① 密尔：《代议制政府》，商务印书馆，1982年，第34页。
② 潘恩：《人权论》，见《潘恩选集》，商务印书馆，1987年，第213页。
③ 郑观应：《议院上》，见夏东元编：《郑观应集》上册，上海人民出版社，1982年，第313页。

如英国，议会制度源远流长。作为封建时期贵族与王权斗争的产物，它产生于 13 世纪。1640 年的英国革命就是以资产阶级和新贵族取得议会斗争的胜利为起点的。之后，经历过共和与复辟，议会始终是新旧政治势力斗争的舞台。直至 1688 年"光荣革命"后，议会于 1689 年和 1701 年通过了两个宪法性法案《权利法案》和《王位继承法》，确立了议会的立法权、监督权的独立性，近代议会制度才真正确立起来。在这一模式中，近代议会制度的确立经过一个较长的过程，伴随着这一过程，是工业资产阶级在政治上的成长。由于资产阶级内部所代表的利益集团和利益表达不同，又形成了议会政党和议会政治。在这一过程中，资产阶级始终是主导力量。

再如美国，议会制度是独立战争胜利的直接成果。1796 年美国宣布独立，1781 年 13 个州的代表组成"邦联国会"，确定建国事宜，形成了一种松散的"邦联"。但由于没有统一的政府，国家随之陷入混乱。1787 年各州代表又在费城召开制宪会议，制定了美利坚合众国宪法，确定了三权分立、立法权属于由参议院和众议院组成的合众国国会、国会成员由选民直接选举产生等原则。在这一过程中，起主导作用的是一批移民者及其后裔，在他们中已形成了一支富有朝气的实业家队伍，产生了一批既不拘泥于欧洲的思想模式，又矢志追求民主的政治思想家，如杰斐逊、潘恩、汉密尔顿等。正是他们，用自己的政治智慧，为美利坚合众国建构了三权分立和代议制的理论基础。

在中国传统政治中，没有代议制的传统；民初的中国，也没有强大的资产阶级。所以无法走英国式的渐进发展与改革道路。民初有如美国，议会是革命的产物；但当时的中国不如美国幸运，没有那么多的政治思想家为它的建设提供那么多的智慧。如前所述，中华民国的建立实是三方政治力量联合的产物，除了"共和"这个招牌以外，三方没有更多的共同基础和理念。虽然从整体上说，革命派和立宪派都是资产阶级的代表，但两派的主体都主要是新旧士绅和知识分子，他们都以自己所接受的西方民主制度模式来规划中国的政治发展。他们倾慕西方资产阶级民主，但却与本国的资产阶级疏离，临时参议院和第一届国会对资本家的排斥就是证明。他们组织议会政党，但主要是基于两党竞争的政治需要，而不是阶级或集团利益的体现。总之，资产阶级在民初议会的建设和发展中只能并且始终处于边缘地位。

民初议会政治建立的理论不充分。1913 年至 1914 年，围绕着制定宪法，曾就议会政治问题展开过一些争论，但这些争论更多地受党派利益所左右。各党为了自己的政治目的，在西方政治理论中各取所需，陷入实用主义，难以形成结合中国国情的，关于国家、权力制衡、议院立法地位、政党政治等一整套权威理论。所以民初议会是在既缺乏阶级与民众基础，又缺乏理论指导的情况下建立的，它只是单纯移植西方议会制度的一次试验。只有到第一届国会被解散以后，孙中山提出"直接民权"并加以阐述，才初步建立起一种有所创新的民权理论。

尽管民初议会缺乏赖以生存的政治、经济乃至思想的基础，但是，作为辛亥革命的直接成果，它仍然是民主共和的象征，是几代先进中国人为之奋斗的结晶。然而，就是这样一个民主共和产儿，自它呱呱坠地起，就不断受到来自各方的责难。

首先来自袁世凯的北洋势力、旧军阀与官僚。他们最不满的，是议会对行政权力的掣肘，所以常常挥舞"议会专制"的大棒对议会进行打击和谩骂。最凶恶的就是 1914 年，袁世凯为破坏国会制宪，通电各省都督、民政长及军事长官就制定宪法事发表意见，引发了一场地方长官齐声声讨"议会专制"的运动。他们或称临时约法"使行政权蜷伏立法权之下，即司法权亦得睥睨而左右之，议院专制于斯为极"；或称"现在议员所得专私"，叫嚣"解散议员"①，竭尽打击国会之能事。

其次来自社会。社会各方的批评主要集中在议员只顾党争私利，不顾国家大事，以致一事无成上。正如一篇文章所说："自两院开会以来五阅月矣，语其成绩，但闻灌夫骂座，角力履行，以破坏议场之秩序；私改记事，捏电各省，以颠倒事情之是非；而于国家之大本大计，则未闻有所建白。其能踊跃议定者，则在于索取六千元之岁费，而匠心独运于岁费之外，发明万国所无之出席费，以为朘削民膏民脂之口实。国会之为害于政治上既如此

---

① 《各省对于宪法上主张续志》，载《宪法新闻》，1913 年 12 月，第 24 期。

其烈矣……"① 对国会的失望，造成国民心理的变化，"既见国会之不可恃，则不得不倚赖于政府"②。

上述两个方面的责难形成了民初议会政治的独特景观。但何以军阀官僚要如此打击国会？何以国人如此不能容忍国会？从现象上看，是由于袁世凯要集权专制，故视国会为障碍；是由于国会党争激烈和议员素质不高，使国人产生厌恶之情。但上述现象也折射出一个深层次的问题，即移植的西方式议会与中国传统政治文化是格格不入的。

辛亥革命是革命党人长期奋斗的结果，但辛亥革命又是在很短的时间内完成了推翻封建帝制、建立民主共和国的历史使命，这就使这场革命没有也不可能一下子完成铲除一切封建专制基础的任务。尤其是伴随着两千年封建专制统治而积淀下来的传统政治文化，还存在于国民的心理中，表现于人们的行为方式和选择之中，形成一种与民主共和相悖的阻碍力量。

以代议制为主要内容之一的民主制度虽然仍有这样那样的缺陷与不足，但它所体现的政治地位平等，自由选择的权利，对他人权利的尊重，对公认程序的遵从等原则，仍是当今所公认的民主的最高原则③。而中国两千年君主专制统治所造就的传统政治文化，既不允许政治平等的存在，也没有人民权利的观念，形成的是一种以"皇权"为中心的"大一统"文化。

这种"大一统"在政治上的表现就是皇权至高无上，成为一种行政权力包揽立法、司法、军事、思想文化等一切权力的一元化政治。民国初年，掌握行政权力的袁世凯虽然表面上赞成共和，甚至也赞成召开国民会议讨论决定国体，但是在他的骨子里，行政权仍然是最高并且应支配一切的。在这种情况下，国会或要立法，或要参政，或要监督，自然形成了对行政权的干涉和制约，自然为袁世凯所不容。

---

① 吴贯因：《今后政治之趋势》，载《庸言》，1913 年 8 月，第 1 卷 17 号。

② 王登乂：《八个月间国民对于宪法心理之回顾》，载《宪法新闻》，1913 年 12 月，第 24 期。

③ 马庆钰：《告别西西弗斯——中国政治文化分析与展望》，中国社会科学出版社，2002 年，第 333 页。

这种"大一统"政治文化落实到民众心中，是形成了只知有纳税义务而不知有权利的"子民意识"、权威意识。民初选举比例只占人口的10％，一般民众对选举毫无兴趣，除选举条件限制外，就是与没有权利意识有关。权利意识是参政意识的内驱动力，一旦没有这种驱动力，他们不仅会对议会政治漠不关心，而且会把国会与行政权的斗争误认为是议员们在争权夺利。所以民初社会对国会的责难，在相当大程度上是来自这种误识。权威意识，实际上是一种人治观念，它的特点是相信个别人的力量而不是法的意志。民初虽然颁布了《临时约法》，但是并没有确立起法制的社会价值。袁世凯动用军警压迫国会，收缴议员证书，解散国会，这一切均是违法的举动，但一般民众对此却毫无知觉。相反，很多人却对袁世凯抱期望心理，希望在他的统治下能实现统一、实现和平。所以当国会与袁世凯斗争时，他们常常站在袁世凯一边指责国会。

这种"大一统"政治文化反映到那些"精英"人物身上，则是一种"惟我独大"的一元的政治观。因为在"大一统"的政治文化下，是不允许对立的政治势力存在的。清帝倒台，民国初建，政党林立，社会政治呈现多元的迹象。一些党派表面上高唱两党制，但骨子里却是"惟我独大"，互不相让，日以角逐，"各不肯求消纳与调和之道"，惟"以自己之利益为本位，其不党于我者，必其与我之利益相冲突者也，故非扑灭之不能即安"[1]。这一切，不仅影响着国会的正常运作，而且在社会上留下了不太光彩的形象。

所以，尽管近代先进的中国人努力学习西方并移植西方代议制度，但民国初年的议会政治实践却因与传统政治文化的不相容性而陷入困境。

特定的政治制度是一定历史时期的产物，有其阶段性、可操作性。但是由一定政治制度所孕育和派生出来的政治文化却有着极其顽固的性格。因为政治文化更多地潜伏与沉淀在人们的意识、观念、心理之中，潜在地指挥着人们的行为与选择，成为一种"潜规则"，以致人们常常会有意无意地受其影响。民国初年，当一般报纸上对国会的指责不绝于声之时，当军阀官僚们对国会的谩骂铺天

---

① 梁启超：《敬告政党及政党员》，见李华兴、吴嘉勋编：《梁启超选集》，上海人民出版社，1984年，第63页。

盖地地袭来之时，除了极少数精英之外，一般人也都不再认为议会是好东西而认同了权威，认同了行政力量，认同了军事实力。20世纪20年代初，在西方各种宪政和议会改革思想的启发下，又有一些知识分子试图用直接选举、职业团体、国民公决等方法改造议会制度，但在军阀统治和缺乏强大的资产阶级的情况下，统统成为一纸空文。这一切，使一些先觉者不能不从中国现实国情出发去寻求一条新的民主化道路，这就是从集权走向民主的道路。

实际上，20世纪初，当中国面临政治转型之机，有两位先觉者都不约而同地提出了"从集权走向民主"的政治方案。一位是梁启超，他多次呼吁"开明专制"，主张通过个人集权的方法来推行民主；而孙中山则提出了由军政时期、训政时期而最终达到宪政的主张，也就是通过政府集权和党的领袖集权来实现民主。两个方案不同的地方在于，梁启超主张依附强人袁世凯，即通过袁世凯的集权来达到宪政的目的；而孙中山则主张通过革命党，即由国民党来建设与指导国家。

梁启超与孙中山代表民国初年的两种政治力量，尽管他们在现实政治中势同水火，但是他们的方案在实现民主的道路问题上，却又是基本一致的方案。他们对中国实际问题的剖析有很多不同，但有一点却又是相似的，即通过民初议会民主政治的实践，他们都认识到中国国情与西方不同，包括社会阶级结构不同，国民程度不足，需要有"先知先觉"者来引导他们。然而更重要的是，他们都认识到，在中国，必须借助一种强有力的力量才能实现宪政。

在梁启超看来，这种强有力的力量是政府的行政力量。他说："且在今日国竞极剧之世，苟非得强有力之政府，则其国未有不式微者。"所以，"欲图建设，非恃强有力之政府居中主制一切"①。梁启超在武昌起义后提出设立"开明专制"，后又提出"畸重国权主义以济民权主义之穷"②，很重要的原因，就是认为只有这样才符合中国历来由政府"居中主制一切"的政治传统，才能避免贸然

---

① 梁启超：《新中国建设问题》，见《饮冰室合集》，文集之二十七，中华书局，1989年，第38页。
② 梁启超：《宪法之三大精神》，见《饮冰室合集》，文集之二十九，中华书局，1989年，第100页。

共和带来的社会动乱。

在孙中山看来，这种强有力的力量是革命党，是政党和党的领袖，也就是要以政党来代表国民。他曾说："我们建立民国，主权在民，这四万万人民就是我们的皇帝，帝民之说，由此而来。这四万万皇帝，一者幼稚，二者不能亲政。我们革命党既以武力扫除残暴，拯救无知可怜的皇帝于水火之中，就是要行伊尹之志，以'阿衡'自任，保卫而训育之……"① 他在解释五权宪法时，反复提到四万万人民是"不知不觉"的"无能"的人，所以要把治权交给"先知先觉"的"有能"的人来掌握；为使政府成为一个有能的政府，还要有一个有本领的人来领导政府。这种要有先知先觉的"能人"代表人民的思想，说到底，仍是中国传统政治文化中由人治而形成的"贤人政治"观念。

上述两人的思想，都考虑到当时中国的客观情况，都有其合理的成分。但是，当他们都主张通过集权来达到民主的时候，都不约而同地忽略了另一方面问题，即民主既是人民参政，也是对那些有权力的人的一种制衡，防止少数掌握权力者以此侵害人民的权利，这是民主政治的真谛。所以当两位先觉者回归到传统一元政治文化的时候，尽管他们的主观愿望和目标是民主，但却无意间走到"代表人民"和"为民做主"的老路上去了。这就不能不包含少数人将民主作为恩赐并走向专制的可能。

梁启超的方案最终没有成功，原因是他找错了对象，是袁世凯对共和的背叛。孙中山的方案从中华革命党和广州革命政府时开始实践，到国民党第一次全国代表大会时最终确立为国民党的建国方针。孙中山死后，他的继任者抛弃了其思想中的民主内核，把"以党建国"思想发展成了国民党的一党专政，并于1931年通过一手包办的国民会议通过国民党的《中华民国训政时期约法》；1948年，又在其控制下召开了国民大会，通过《中华民国宪法》。就这样，国民党用一党操纵的"代表制"取代了代议制。

为什么民国初年中国人移植分权的议会民主制度会陷入困境以致失败，最终又被由集权到民主或民主集权制的方案所取代？为什么体现公民自由与权利的代议制难以在中国生根，而最终又被由国

---

① 陈锡祺主编：《孙中山年谱长编》上册，中华书局，1991年，第885页。

民党操纵的"代表制"所取代？原因就在于前者与传统政治文化相悖而后者与之相应。正是传统的一元的政治文化在暗中制约着民国初年政治发展的路向，并形成了近代中国政治发展的基本特征：新旧纠葛，在传统文化基础上嫁接西方民主的枝芽。

这一特征告诉我们一个基本的事实：革命可以以急风骤雨的形式进行，君主专制政体可以在顷刻推翻，议会、内阁可以迅速建立，但民主政治建设却无法在短时间内完成。因为任何新制度都只能在旧基础上建立，都必须具有与自身历史文化的相宜性才能生存与发展。从这个意义上看，传统政治文化的潜在影响将在很长的一个时期内存在。因此，如何超越和摆脱传统政治文化中那些与政治发展不相适应甚至抵牾的东西，就成为当今政治民主化的最大难题。它说明，在有着深厚的传统政治文化积淀的中国，政治民主化的道路只能是一个长期、艰巨、但又必须毫不动摇地不断前进的过程。

第四章 北京临时政府的制度建设

1911 年—1913 年，在中国历史长河中只是短短的一瞬，但就是在这两三年里，中国政治舞台上却连续上演了几场政权更迭的活剧：先有南方各省宣布脱离清王朝而独立，在南京成立中华民国临时政府；后有清政府宣布退位，命袁世凯以全权组织临时共和政府；然后又有南京临时政府让权袁世凯，临时政府迁往北京；随后成立国会，选举袁世凯为中华民国正式大总统，完成了政治体制由清王朝向民国的转变。

在这政权更迭的日子里，不仅在人事的任免上不断走马换将，而且在制度的兴革上令人眼花缭乱。虽然在由临时政府向正式政府过渡时期，袁世凯在背离《临时约法》的道路上越走越远，不断加重总统决策权，削弱参议院议决权，弁髦国务员副署权，但这不等于说北京临时政府在各项具体制度建设上没有一点作为。袁世凯背离《临时约法》有一个过程，也有一个限度，当他尚未登上正式大总统宝座的时候，甚至还要标榜遵守《临时约法》。而且北京临时政府还有从南京临时政府北上的人员，新的临时参议院也聚集了南北各省各派的议员，袁世凯集权的道路并不平坦，时时遇到来自革命党人和真心拥护民主共和的议员、官员的阻力。因此，在袁世凯致力于重建集权和专制统治的同时，北京临时政府许多机构和人员在改造封建政治制度方面应该说多少还是做了一些工作的。比方说，清末改革法律时制定的许多新律法，南京临时政府时期草创的许多新制度，不少是在北京临时政府时期趋于完善的，清政府和南京临时政府尚未来得及制定的应有制度也由北京临时政府填补了空白。北京临时政府在制度建设方面，借鉴西方、日本等国家的经验，对清末预备立宪时期建立的制度与南京临时政府时期建立的制度加以磨合，并有一定程度的革新。虽然许多积极成果因为袁世凯最终建立独裁，复辟帝制而遭到遗弃，但这些成果在后袁世凯时代对政治制度建设产生了一定影响。

一 北京临时政府的组建过程

1. 北京临时政府的成立

1911 年 12 月下旬，南方民军代表与北方清廷代表正在紧锣密鼓地进行着关于清帝退位的秘密谈判，谈判的目标是要袁世凯促成清帝退位，宣布共和，南方酬以大总统职位，以便全国实现和平统一，建立共和政体。对袁世凯来说，中国的大总统比清王朝的总理大臣更有吸引力，因此他默认了这桩交易。然而孙中山海外归来，南方为安定大局，统一独立各省政令，便推举孙中山出任临时大总统，并于 1912 年 1 月 1 日宣誓就职，临时政府宣告成立。尽管民军方面和孙中山本人都解释了采取这一不得已举措的原因，并再三表示前项交易仍然有效，但袁世凯却认为南方欺骗了他，十分恼怒；同时想到在即将召开的解决国体问题的国民会议上自己又不占优势，他又感到有些失落。作为清末一强人，他不容许别人忽视自己的存在，为巩固其强势地位，他上演了一出"逼宫"闹剧，要清室"禅让"。他在清帝退位诏书中塞进了"由袁世凯以全权组织临时共和政府"① 的私货，仿佛天下"神器"由清王朝转手给袁氏自己了，他便以此与南京临时政府抗衡，向南方民军示威。袁世凯终于在博弈中得了高分。

南方的态度一直是十分明确的，不允许清室与袁氏之间对政权的私相授受，袁世凯只有断绝与清政府的一切关系，成为民国的国民，才能推举其为大总统。针对袁世凯的"禅让"闹剧，孙中山坚持了原则，一面要求临时政府设于南京不能更改，袁世凯必须亲到南京受任，否则不解职；一面警告袁世凯："共和政府不能由清帝

---

① 《大清皇帝宣统三年十二月二十五日旨三道并条件》，载《临时公报》，辛亥年十二月二十六日。

委任组织，若果行之，恐生莫大枝节。"①

　　然而袁世凯抓住这难得的机会，先尝尝"推倒清室取而自代之"的乐趣，在2月12日清帝下诏退位以后至2月15日南京临时参议院选举其为临时大总统以前那两三天里，煞有介事地当了几天没有皇冠的"皇帝"，不仅把《内阁官报》改名《临时公报》，还以"全权组织临时共和政府袁"的名义发号施令，对内布告内外大小文武官衙，命令"在新官制未定以前，凡现有内外大小文武各项官署人员，均应照旧供职，毋旷厥官。所有各官署应行之公务，应司之职掌，以及公款公物，均应照常办理，切实保管，不容稍懈"；布告军警，称"所有旧定之军纪警章，仍当继续施行，藉以统一政权，保持秩序"。对外则通过外务部照会各国驻华公使，称"奉袁全权命令，将原有之各部大臣均暂留办事，改名'各部首领'，所有中外交涉事件仍由本部首领遵守各条约照旧办理"；"现驻外国出使大臣暂改称'临时外交代表'，接续办事"②。

　　袁世凯不顾临时共和政府已经在南京存在多日的事实，竟然欲建立一个由清室递嬗而来的新政权。这不仅是对南京临时政府的无理藐视，对南方军民的公然挑战，而且为其后来破坏共和，复辟帝制埋下了伏笔。这一点为《辛亥革命史》的作者注意到了，该著作指出：袁世凯的"用心十分明显，那就是坚持他的政权'系由清室递嬗而来'，资产阶级革命派和南京临时政府没有资格说东道西"。他"企图将南京临时政府完全撇在一边，为以后放手破坏共和制留下'依据'"③。因此我们不能小视袁世凯此举的影响，不论我们承认不承认，袁世凯在承继南京临时政府法统之前，已先取得了由清王朝"禅让"给他的另一个法统。

　　一般论著认为在1912年4月1日孙中山宣布解职，南京临时参议院议决迁往北京，南京临时政府就结束了，北京临时政府（或北洋政府）正式成立。其实，在袁世凯受命"以全权组织临时共和政府"时，北京临时政府就具其雏形了，有《临时公报》为其机关

---

　　①　孙中山：《复袁世凯电》，见《孙中山全集》第2卷，中华书局，1982年，第111页。

　　②　以上均载《临时公报》，辛亥年十二月二十七日。

　　③　章开沅、林增平：《辛亥革命史》下册，人民出版社，1981年，第400页。

刊物，有"临时筹备处"为其办事机构。至迟在 3 月 10 日袁世凯在北京宣誓就职，颁布大赦令，命令暂用前清法律，几天后任命国务总理，北京临时政府就应该算是正式成立了。

2. 中央政府机构的整合与人员安排

南京临时政府的中央机构是平地起高楼，在没有任何基础的条件下白手起家创建的，而北京临时政府中央机构的组建却复杂得多。如果袁世凯到南京就职，临时政府所在地在南京不变，事情也许好办多了，他只要宣布留在北京的前清各机构一律撤销，把南京政府原有机构全盘承继下来就行了。这也是孙中山他们所希望的：只变更一个总统，南京临时政府的组建格局基本不动。可对于接受了清廷"禅让"又坚持临时政府设在北京的袁世凯来说，就不那么简单了。不论是根据"一人得道，鸡犬升天"的封建时代官场游戏规则，还是出于巩固统治地位的需要，他都要改组政府，安插北洋集团亲信。与此同时，前清政府遗留的机构和人员要接收，南京临时政府北上的机构和人员要安置，更有新机构的创建和新人的吸纳，都是袁世凯所面临的问题。可见北京临时政府的组建是一个复杂而细致的整合过程。

过去，人们对于清朝政府如何变为民国政府，南京临时政府如何变成北京临时政府，再变成正式政府的过程，不甚了了；机构是如何更迭的，人员是如何安排的，政令是如何发布的，均缺乏具体了解。这与我们对历史进程研究的精细程度有关，一些论述中国政治制度史的著作对南京临时政府时期论述较多，而对北京临时政府时期却往往语焉不详，大多将其纳入北洋军阀统治时期而跳过。在这里，我们将详细论述北京临时政府如何接管清政府的中央机构，如何接收南京政府北上人员，又如何组建新的部门，其间南北矛盾、新旧冲突、党派斗争又是如何磨合的，从而探讨北京临时政府在政权过渡时期所发挥的作用。

先看国务院的组成。

北京临时政府成立，首先要办的事是确定国务员，组织内阁。在南京临时政府派出的迎袁南下就职专使到达北京后，袁世凯操纵北京兵变，迫使南京方面作出让步，同意袁世凯在北京受职。根据南京参议院议决袁世凯在北京受职的六条办法，1912 年 3 月 8 日袁世凯将受职誓词电达南京，得到同意，3 月 9 日又将拟派国务总理的人选（唐绍仪）电达南京，得到同意，乃于 3 月 10 日在北京正式就任临时政府大总统。

接下来的事就是任命国务员。3 月 15 日，袁世凯将拟派国务员姓名电达南京，请求同意。南京参议院以所开 12 部国务员与南京临时政府所定 10 部不符，电请改正。查南京临时政府成立之初，由陆军、海军、司法、外交、财政、内务、教育、实业、交通 9 部组成，而 3 月 12 日，为适应临时政府由总统制向内阁制转变的需要，参议院审议通过了《各部官制通则》，其中规定临时政府设立 10 部，将原来的实业部分设为农林部和工商部。而袁世凯所开为外交、内务、财政、教育、陆军、海军、司法、农林、工业、商业、交通、邮电等 12 部，除将工商部分为工业部和商业部外，还从交通部中分出了邮电部。参议院在袁世凯所开名单电达的当天议决予以否定，公开的理由是袁世凯拟派国务员 12 人与《各部官制通则》实属不符，未便遽付同意，并请孙中山转达袁世凯"按照本院议决《各部官制通则》第一条办法"改正。

参议员们是认真的，袁世凯不改正方案就不予通过。加上有的人并不愿出任国务员，有的人难以得到南北双方的认可，事情僵持了若干天，使国家处于"总统拥虚号，而各部无专司"的状态，引起各方焦虑。3 月 22 日副总统黎元洪通电各方，痛陈阁员未定对国家外交、军政、财政、民政、教育等方面所造成的危象，呼吁迅速确定国务员，"俾民国政府，早日观成"①。蒙古王公阿穆尔灵圭亦致电孙中山、黎元洪和南京参议院，指出"临时大总统就职已愈半月，而国务员尚未任定，统一政府尚未成立，名为民国共和，而实陷于无政府之地位"，他明确提出，"总统任之国务员，如有意见未同，尽可随时监督。若或高蹈远行，亦宜敦劝勿辞"，呼吁从速任定国务员，成立统一政府②。

袁世凯方面急于成立政府，以便早日行使对全国的统治权，在政府设部问题上作了一定让步，袁世凯不久提出了一个 10 部国务

---

① 《黎元洪因阁员未定就国家形势陈述五条意见电》，见《中华民国史档案资料汇编》第 2 辑，江苏古籍出版社，1991 年，第 117～119 页。

② 《阿穆尔灵圭呼吁速任定国务员成立统一政府致孙中山等电稿》，见《中华民国史档案资料汇编》第 2 辑，江苏古籍出版社，1991 年，第 121 页。

员人选的方案，于 3 月 29 日由国务总理唐绍仪提交参议院请求同意。参议院经过认真审议，只同意了 9 人（外交陆征祥、内务赵秉钧、财政熊希龄、陆军段祺瑞、海军刘冠雄、教育蔡元培、司法王宠惠、农林宋教仁、工商陈其美），交通总长梁如浩未获通过。袁世凯不得不接受这一结果，于 4 月 1 日发布了对各部总长的任命，交通总长由国务总理唐绍仪兼任，后来参议院通过了对施肇基任交通总长的提议。组阁程序终于完成。

这是临时参议院和南方革命势力与袁世凯在人事问题上的第一次交锋。如果说定都之争是南方败于袁世凯的话，那么在组阁问题上南方多少挽回了一些面子。其实设置 10 部还是 12 部，两种方案并无实质性的差异，参议院对袁世凯的方案予以否决，一是要袁世凯承认南京制定的《各部官制通则》的效力，尊重南京临时政府的法统，遵守南方所制定的法律、制度，作为对其是否能遵守《临时约法》的一种试探或考验；二是希望在人事安排上与袁世凯讨价还价，因为在袁世凯最初拟任命的 12 部国务员（外交陆征祥、内务赵秉钧、财政熊希龄、教育范源濂、陆军段祺瑞、海军蓝天蔚、司法王宠惠、农林宋教仁、工业陈楑、商业刘炳炎、交通陈其美、邮电梁士诒）中只王宠惠、宋教仁、陈其美 3 人是老同盟会员，加上蓝天蔚，革命派也只 4 人，其余的不是北洋系军人，就是与袁世凯关系密切的旧官僚，革命派所占比例太小，南方显然吃了亏。在新任命的国务员中，虽然老同盟会员仍然是 4 人（教育蔡元培、司法王宠惠、农林宋教仁、工商陈其美），但所占比例相对要大一些。

这次交锋使袁世凯认识到，自己毕竟不是承继清朝皇帝专制统治的无冕之王，而是中华民国的临时大总统，在共和体制下，诸多掣肘使他不可能像专制皇帝那样独断专行。根据《临时约法》，临时大总统任命国务员须得参议院同意，提出法律案、公布法律及发布命令也须由国务员副署，这些规定后来使袁世凯深感头痛。

再看新旧机构的交替。

新的国务员任命后，南北原有各部如何处置，情况各有不同。对于南京各部，根据参议院议决袁世凯在北京受职办法六条的规定，国务总理及各国务员应在南京接受临时政府交代事宜，所以孙中山于 4 月 1 日发布《通告解职令》时，要求"本处各部办事人员，仍各照旧供职，以待新国务员接理，勿得懈怠推诿，致多旷废"①。而根据袁世凯的命令南京各部应在交代完毕后"陆续北徙"。但北京方面的新任国务员根本就不南下，在南京进行交接只是一句空话。而原有各部总长又急于离任，部务不能不交代，于是有的部采取变通方式，派秘书长、参事等人员偕北上部员"携带一切文件赴京，与新任部长接洽，妥筹进行方法"②。4月中旬以后，南京原有部员陆续到京，等待新的安排。

至于北京原有各部，袁世凯4月1日命令，除新任内务、陆军总长在京，外交总长另已派署外，"其余各总长未到任以前，在京原有各部事务暂行照旧办理，以待分别交替"③。新的国务院于4月21日正式宣告成立，各部总长或次长陆续履任，原有各部事务分别交接，由新任各部总长接收办理，职员则或集体辞职，或停止办公，以待新总长的拣选任用。

除新成立的国务院以原陆军部为办公地点，陆军部另觅办公处所外，其余各部基本利用了原有相应各部的衙门，既便于对前清政府原来各部的接收，又节省了新建官署的资源。具体情况是，原农工商部事务由农林和工商两部分别接收，农林部即在旧农工商部衙署内办公，工商部则迁至另址；教育部接收原学部事务；财政部接收旧度支部事务；司法部接收前法部事务；交通部接收原邮传部事务；内务部总长赵秉钧前清时即是民政大臣，他顺理成章地将民政部改名内务部，其余一切照旧；海军部、外交部则只是更换了总长，连名称、衙署和部务全盘继承。

再看人事安排。

办公处所的继承，各项事务（包括文件、档案、财务等）的接收，都容易办到，而各部人员的安排却比较复杂，在国务员等重要职务按照袁世凯的需要作好安排的前提下，既要使用北京原有各部部员，这些人具有办理部务的经验，且他们留在新政府中是"咸与

---

① 《临时大总统解职令》，见《孙中山全集》第2卷，中华书局，1982年，第303页。

② 《伍廷芳为接洽司法部北迁致袁世凯等电》，见《中华民国史档案资料汇编》第2辑，江苏古籍出版社，1991年，第140页。

③ 《袁世凯任命各部总长令稿》，见《中华民国史档案资料汇编》第2辑，江苏古籍出版社，1991年，第133页。

维新"的体现；又不能排斥北上的南京各部部员，这些人代表南方
共和势力，他们进入政府是"南北统一"的象征。据说，袁世凯
"为了使民党当时感到他是公允从政的新元首，一定要待南方的人
员来京，把他们的职位安排、任命、发表以后，才发表自己人的职
位"①。为了适应新形势的需要，还须从其他方面，如新式学堂毕
业生、留学归国人员、被清廷摒弃而赋闲的旧官员中，选调部分才
俊加盟。对于这项人事安排工作各部采取了不同的处理方式，归纳
起来有如下几种模式：

第一种模式：在交接时挑选干员继续留任，以便部务有所衔
接。如教育部在接收学部的同时，推荐原学部久供部职，长于行政
或历办学务，确有经验人员，留任教育部参事等职。同时安置部分
南方人员。

第二种模式：原有部员全体"就地卧倒"，以便新总长从容挑
选。像财政、内务、外交等部，就是先将原有人员一律解散，仅留
少数人员组成筹备处，临时支撑部务，并令在部各员填写履历，记
名存部，由筹备处或各司长官考察从前办事成绩，开单推举，量才
委任，陆续回部任职。司法部在南京部员及新调各员陆续到京后，
又选派多名到处办事。内务部亦在官制未决的情况下，将所有南京
内务部投到之 20 位人员暂留部为办事员。

第三种模式：考试选拔，量才录用，一视同仁，以示大公。司
法部在安置部员时进行了考试，新旧人员，包括南京司法部、北京
旧法部人员均可报名应考，考试科目有宪法、民法、商法、刑法、
民事刑事诉讼法、监狱学等，还考法律原理。考试后根据成绩挑选
优秀者留部任用，并将录取各员姓名榜示。这种考试并非权宜之
计，它是鉴于"司法一职实全国人民自由生命财产所关，非遴选人
才不足以昭慎重"的认识，借鉴东西方各国"普通文官须经考试任
用"之通例，所采取的举措，并非专为去留部员而设，所以对于考
试及格而未挑选入部者，仍保留资格以作为将来改良法院之储
备②。这种办法，确乎做到了公开、公平、公正。司法部通过专业

① 唐在礼：《辛亥前后的袁世凯》，见章伯锋、李宗一主编：《北洋军阀》第 1
卷，武汉出版社，1990 年，第 175 页。

② 《司法部招考通告》，载《政府公报》，1912 年 5 月 9 日，第 9 号。

考试选拔部员的做法，具有改革的意义，它反映了民国时期文官制度改革的一种趋势。后来推广应用于法官的拣选上，司法部又专为解散的各级旧法官举行了一次特别考试。本来新时代之法官须用法律毕业而富于经验者充任，但司法部考虑到"大理院以下各署未经法律毕业各员实不乏贤劳之选，若不择优录用，一任其投闲置散，既不足以表彰公道，即揆诸爱惜人才之意亦有未安"，遂举行旧法官特别考试，择其考试及格之学识经验确有可凭者分别部厅登用，以作为过渡时期救济之方①。

局势趋于平稳后，各类学校走上正轨，大批毕业生亟待安置。前清奖励办法已不适用，而新订文官实验、任用各章程实行之期尚需时日，在过渡时期，只得采取权宜办法安置新毕业学生。当时各学校毕业生纷纷来教育部呈请效用，教育部报告国务院，拟将这些人暂行汇送铨叙局咨送各部酌予录用。国务院批示铨叙局，"各学校毕业生录用一案，姑准权宜办法，仍候各部院局厂自行酌夺"②。据此，教育部曾多次将各校毕业生名单咨铨叙局，由该局咨送各部院局厂酌用。许多部门从这些毕业生中挑选合适人才量予录用，为各单位增添了新的血液，这对于打破前清文官固有的学历结构、知识结构、年龄结构大有裨益。教育部工作做得尤其细致、严格，专门制定了《教育部文官考试暂行章程》，规定依《文官考试暂行通则》第二条，凡高等专门学校毕业生，经铨叙局咨送回部任职的毕业生，得应本部文官考试，试验合格者方可任职。这种考试后来形成制度，制定了《文官考试法》、《文官甄别法》，次第实行。为此，国务院还设立了"从政人员履历调查录"，如同当今的"人才库"，先将今昔之有从政资格者及内外学校专门毕业生的履历资格详细调查登记，预备将来考试铨选之用，并为今日因材器使之需。这样做，可以杜绝请托谋官之路。国务总理于 1913 年 9 月 14 日发布的布告曾重申："其他托人绍介从政者，非有切实资历决不考询录用；此外空言介绍，概置不理；至或有以条陈自荐之士，亦当案其所

① 《司法部批京师各级审检厅呈大总统称任命法官须学识与经验并重请裁夺饬部遵办原呈》，载《政府公报》，1912 年 9 月 2 日，第 125 号。

② 《铨叙局咨教育部奉国务总理批本局呈各学校毕业生录用一案姑准权宜办法仍候各部院局厂自行酌夺文》，载《政府公报》，1912 年 8 月 23 日，第 115 号。

学，分门考察，无稽之言，断不见听。取之必得其道，用之不违其材。"① 虽然此话难免有标榜之嫌，当时的政府既然重要岗位要按照袁世凯的需要安插人员，那么下面就难以禁绝请托之风，但考试制度一经实行，毕竟为自废科举以来彷徨不安的有才识有抱负的青年士子提供了一条出路。

3. 过渡时期的制度运作

北京临时政府接收了南京临时政府各部和依袁世凯命令暂留办事的北京原有各部后，因前清旧官制已废，而修订南京临时政府的新官制尚需时日，为避免权力真空的出现，不得不从权组织，使国家政务得以延续。

北京临时政府的组成按照《临时约法》的规定，有三个特点：一是内阁制，二是三权分立，三是过渡性质。内阁制就是内阁负责任，大总统颁布法律、命令，必须国务员副署才有效力。三权分立就是立法机关参议院、行政机关政府（大总统和国务员）、司法机关法院共同行使国家统治权并互相制约。过渡性质就是筹备召开国会，选举正式大总统。一俟国会成立后，临时参议院解散；正式大总统选举出来后，临时大总统解职。现将过渡时期政府机构的设置及其所依据的制度简介如下：

参议院：参议院最早之设立，是由《中华民国临时政府组织大纲》所规定，当时仅以各省都督府所派之参议员组成，每省3人，1912年1月28日在南京成立。在此之前以各省代表会代理参议院职权。后来《临时约法》明定参议院为国家最高立法机关。3月27日，参议院议决《参议院法》，4月1日由孙中山以临时大总统名义公布，临时参议院制度才算基本完善。孙中山解职后，临时政府北迁，根据《参议院法》关于参议院设于临时政府所在地的规定，参议院亦议决北迁。4月6日参议院在南京开最后一次会议，议决自4月8日起休会15天，已到院参议员必须悉于21日齐集北京，俟各省新选参议员到院后方能解职。休会期间，参议院于4月10日在京暂设事务所，以便联络；而各省先后成立临时议会，各选参议员赴京开会。参议院以前清资政院为议政之所。22日，参议院议长林森到京，29日举行在北京第一次开会的仪式，临时大总统

---

① 《国务总理布告》，载《政府公报》，1913年9月15日，第490号。

袁世凯、国务总理唐绍仪及各部总长、次长到院祝贺。5月1日，林森辞参议院议长职，新选吴景濂、汤化龙为正副议长。根据《临时约法》的规定，"本约法施行后，限十个月内由临时大总统召集国会"，"参议院以国会成立之日解散，其职权由国会行之"，参议院遂先后制定了《国会组织法》、《众议院议员选举法》、《参议院议员选举法》，各地依据此三项法律选出了众议员、参议员。1913年4月8日，第一届国会开幕，临时参议院亦完成其使命，自动解散。

大总统府：袁世凯被选举为临时大总统而未就职以前，设立了临时筹备处，为"筹备将来建设之计划，直接隶属于新举临时大总统，备咨询筹划之机关"。下设法制、外交、内政、财政、军事、边事六股，各股办事员由新举临时大总统选派。以该处各股办事员组织为联合讨论委员会，遇有重大问题由全体办事员开会讨论①。

袁世凯正式就任临时大总统以后，总统府设立了两个办事机构，人称临时大总统的"左右手"。一个机构是秘书厅，专司文事，秘书长是梁士诒，他手下有三个机要秘书和三个秘书负责具体事务。另一个机构是军事处。由于北京临时政府采用内阁制，军事事件由参谋部与陆军部、海军部执掌处理。军阀出身的袁世凯不能不过问军事，为了处理这方面的重要机宜，将临时筹备处中的军事股扩充为军事处，作为总统府的办事机构。军事方面重要事宜一般由参谋部与陆军部、海军部提出处理方案，呈请袁世凯批示执行，而袁世凯批复前先由总统府军事处研议，口头或书面提出处理意见，再呈袁世凯批复给参谋部、陆军部、海军部执行。由此可见，军事处实际上是临时大总统的一个参谋班子。军事处有时又相当于临时大总统的联络副官，因为它常常代替大总统与参谋部、陆军部、海军部进行联络协调。军事处成立之初，袁世凯任命革命党人李书城为处长，以示给南京北上人员一些面子。李书城心中有数，对军事事务很少有所主张，只做些南北之间的联系工作，处务实际由副处长傅良佐主持。其他还设有护卫提调处、外务处、财政处、总稽查处等机构。

后来袁世凯登上正式大总统宝座，废除《临时约法》，另立新

---

① 《临时筹备处规约》，载《临时公报》，1912年2月22日。

约法，改内阁制为总统制，秘书厅和军事处的文武职能遂分别由政事堂和海陆军大元帅统率办事处承担。

国务院：南京临时政府实行总统制，未设国务总理，各部总长直接隶属于临时大总统，故无所谓国务院。革命党人把权交给袁世凯以后，为制约他的权力，制定了《临时约法》，改总统制为内阁制，这才有了国务总理职务的设置。1912 年 3 月 11 日，南京方面同意袁世凯委派唐绍仪为国务总理，唐绍仪随即南下，开始了组阁活动。为使新组成的国务院有章可循，临时参议院于 4 月 4 日匆忙通过了《国务院官制》案。

北京临时政府成立后，对该官制进行了修正。根据修正后的《国务院官制》，北京临时政府的国务院以国务总理及各部总长为国务员。在内阁制体制下，国务会议的职权大而重要，举凡法律案及教令案、预算决算案、预算外之支出、军队之编制、条约案、宣战媾和事项、简任官之进退、各部权限争议、依法令应经国务会议事项、参议院咨送之人民请愿案、国务总理或各部总长认为应经国务会议事项，都应经国务会议讨论决定。

国务员的权力和作用也很大，法律和总统命令要由国务员副署。如果说，南京临时参议院议决的 "《国务院官制》是以《临时约法》为依据，具体规定了内阁制的实施办法，赋予国务员较大权力，确立了民国的行政体制"① 的话，那么，北京临时政府提出的修正案不仅接受了原官制的基本原则，继受了由《临时约法》和该官制确立的行政体制，而且对原官制不明确、不准确、不完全的地方作了修改、补充，使其臻于完善。修正案将临时大总统命令称为"教令"，以区别于他项命令，明确规定了教令要经国务会议讨论决定，发布教令要由国务员副署。诚如有的论者所指出的："这一体制如能完全实行，对于新任临时大总统袁世凯可以起到适度的制衡作用。"②

北京临时政府国务院还有几个直属机构，分别承担各种具体业

---

① 邱远猷、张希坡：《中华民国开国法制史——辛亥革命法律制度研究》，首都师范大学出版社，1997 年，第 381 页。

② 邱远猷、张希坡：《中华民国开国法制史——辛亥革命法律制度研究》，首都师范大学出版社，1997 年，第 381 页。

务。法制局，承国务总理命令或根据各部拟订的法律、命令案，审查和拟订法律、命令；法典编纂会，负责各项法典的编纂，一俟法典完成，即行裁撤；铨叙局，负责荐任以上官员的任免、文官高等考试、恩给及抚恤、授勋等事项，以前隶属于宗人府、理藩院等机构办理的有关前清皇族王公世爵和满蒙回藏王公世爵事宜，现归于铨叙局；印铸局，负责制造官用文书、勋章、徽章、印信、关防图记和刊行公报、职员录及法令全书等事务；临时稽勋局，负责稽查为革命和开国牺牲者、建立功勋者以及输资助公者；全国水利局，负责管理全国水利及沿岸垦辟事务。还有蒙藏事务局，负责管理蒙藏少数民族事务。在审计法未公布前，暂设审计处，隶属于国务总理，掌理全国会计监督事务。这些机构在南京临时政府时期大多是隶属于总统府的，现在均转隶属于国务院了。

在袁世凯当了正式大总统，毁弃《临时约法》，抛弃内阁制时，国务院竟弱化为隶属于大总统府的政事堂，国务总理也就变成国务卿了。

农林部：1912 年 4 月 27 日宋教仁就任农林总长之职，5 月 1 日国务院颁到"农林部印"印信一颗，即日启用，开始办公。宋教仁令暂派办事员掌筹备规划一切事务，派定临时办事员，计承政厅 6 员、农务司 6 员、垦牧司 5 员、山林司 4 员、水产司 2 员、临时庶务 2 员[①]。后来北京临时政府修正的《农林部官制》，基本按照这一模式设置了农务、垦牧、山林、水产 4 个司，而南京临时政府时期的农林部是分农务、林务、渔务 3 个司的。

财政部：熊希龄于 1912 年 4 月 10 日在沪就任财政总长，并到南京接收财政部交代，28 日起程北上，南京财政部机关亦裁撤北徙。到北京接收旧度支部事务后，先设立筹备处，派王璟芳为总办，章宗元为帮办，吴乃琛等 39 员为各股员司[②]。后来修正《财政部官制》，先拟将南京临时参议院通过的设立赋税、公债、币制、库务、会计 5 司的规定改为会计、赋税、财务 3 司，后正

① 《农林总长令》，见陈旭麓主编：《宋教仁集》下册，中华书局，1981 年，第 293～294 页。

② 《委派财政部筹备处总办及各股员司令》，见《熊希龄集》（中），湖南出版社，1996 年，第 522～523 页。

式公布时仍为赋税、会计、钱币、公债、库藏 5 司，分掌部务。1913 年 1 月 1 日财政部曾呈请设立各省国税厅筹备处，并于部内设立总筹备处，以谋国税统一，俟各省国税厅成立后即行裁并赋税司。至 7 月 6 日裁撤，税法改良及税务监督等事监督机关归属赋税司执掌。同时另组税法委员会，遴选部内富有财政经验与学识人员兼任，以便更好地研究税法改良。

司法部：王宠惠就任司法总长后，并未去南京办理交接，而是南京方面派秘书长等人到北京作的交代。在北京接收了旧法部后，以部务纷繁而改正官制尚未公布，不得不权宜组织，以便分配而专责成，于是临时设立了法令处、总务处、民事股、刑事股、监狱股。除法令处不设科外，其他各处、股下设若干科，并任命了各股办事人员。1912 年 7 月 24 日公布了北京临时政府修正的官制，基本承袭了这一格局，设立总务厅和民事、刑事及监狱 3 司，而南京临时政府时期于承政厅外仅有法务、狱务两司。

教育部：教育总长蔡元培系南京临时政府的教育总长，他接管了旧学部后，为了稳定局面，迅速开展工作，在人员安排上采用前述第一种模式，并依据南京临时参议院议决的教育部官制设立了普通教育、专门教育、社会教育 3 司，完全是南京教育部的一套做法。因此，教育部动荡比较小，工作很快步入正轨，在 5 月下旬就做好了筹开全国临时教育会议的准备工作，制定了《临时教育会议章程》、《临时教育会议议事规则》等文件。后来修正的《教育部官制》也是按照 3 司的设置。

陆军部：北京临时政府陆军部于 1912 年 4 月 29 日成立，暂时设立军衡、军务、军械、军需、军医、军学 6 司，比南京临时政府陆军部少一军法司。后对原官制进行修正，曾拟设军衡、军乘、军计、军实、军制、军需、军学、军医、军法、军牧 10 司，旋撤军乘、军计、军学 3 司，到 8 月 31 日正式公布修正陆军部官制，确定陆军部置军衡、军务、军械、军学、军需、军医、军法、军马 8 司，仅比南京陆军部多一军马司。

海军部：南京临时参议院于 1912 年 4 月 6 日通过的《海军部官制》规定设立军衡、军务、军械、军需、军学 5 司，5 月北京临时政府海军部接收了旧海军部的事务，5 司的设置与南京所通过的官制相同，到 8 月 31 日公布修正海军部官制，5 司的设置未作改变。

交通部：南京临时参议院于 1912 年 4 月 3 日议决的《交通部官制》中设有路政、邮政、电政、航政 4 司，而北京交通部即照此设置了相同的 4 司。

工商部：南京临时政府初期设有实业部，内置农政、工政、商政、矿政 4 司。1912 年 3 月 12 日通过的《各部官制通则》决定将实业部分为农林和工商两部，工商部下设工务、商务、矿务 3 司。实际上在南京并未实现两部的分立。袁世凯就职后，曾提出拟派 12 部国务员的名单，内将工商部再分为工业部和商业部，并从交通部中分出邮电部，致使部的设置与前述官制通则不符，未获参议院通过。袁世凯只得按南京方面的要求设置 10 部，取消了工业部和商业部，重新任命了工商部总长，但陈其美并未到任，一直由王正廷以次长署理。所辖业务司仍是工务、商务、矿务 3 司。

内务部：北京临时政府按照南京临时参议院通过的官制，设立民治、职方、警政、土木、礼教、卫生 6 司，后虽对原官制进行了修正，但仍保持了 6 司的格局，惟将礼教司改为礼俗司。

外交部：南京临时政府外交部设外政、商务、编译、庶务 4 司，按此架构制定的《外交部官制》也是设立这 4 司。到北京后，开始基本上是同样的架构，后修正官制，规定设交际、外政、通商、庶政 4 司。

除内阁各部外，前清还遗留下来一些其他衙门，北京临时政府根据情况，或者全体撤销，如 1912 年 6 月 2 日令翰林院、都察院、给事中衙门，着即取消，由国务院派员办理一切厘清裁撤事宜；前清法律修订馆呈请辞职，获准后由法制局派员接收该馆法律草案、档册、关防及房屋器具等物件，或者划归到相应各部管辖，如 1912 年 5 月 26 日国务会议决定钦天监（后更名为中央观象台）、典礼院均隶教育部，令该部派员清查接收卷宗、物件等。或者保留原来机构，仅更改主官名称而已，如大理院保留，作为最高审判机关，但将大理院正卿更名为大理院长，少卿一缺裁撤。还有一些旧衙署被取消，财政部呈请暂设清理官产处，清理各撤销衙署局所的财产。

理藩院裁撤以后，蒙藏事务一度归口内政部管理，在部内设蒙藏事务处。后来设立了蒙藏事务局，于 1912 年 8 月 5 日接收了内政部蒙藏事务处的事务。

还有一个机构很特殊，它是与陆军部、海军部一样的军事部门，但不隶属于国务院，它隶属于临时大总统，但又不属于总统府，这就是参谋部。南京临时政府没有专门的参谋部组织法规，参谋部由陆军总长直接管辖，故参谋总长由陆军总长黄兴兼任。参谋部下设总务局、第一局至第四局、大本营兵站局、陆地测量局。临时政府北迁后，1912 年 5 月初建新参谋部，以前清军咨府为办公处所，陆军总长段祺瑞兼参谋长，下设六局。9 月 12 日临时大总统袁世凯提出参谋部官制草案请参议院议决，10 月 30 日正式公布了议决后的《参谋本部官制》。该官制规定参谋本部掌管全国国防用兵事宜，参谋总长直隶于大总统，统辖本部及全国参谋将校，辅佐大总统运筹军务，并管辖陆海军大学及陆海测量、各国驻扎武官、军事交通各事宜。初设第一局至第七局，1915 年改为第一局至第六局及制图局。

从以上机构设置来看，不论是经过了临时筹备处阶段，还是直接按照既定官制步入正常运作时期，北京临时政府基本上是按照南京临时政府的预设方案和机制运作的。尽管对南京临时参议院通过的国务院官制、国务院各局官制和各部官制均进行了某些修正，但下面我们将会看到，这些修正并未对原方案作原则上或实质上的改变，而是起点补苴罅漏的作用。因此，当时一些参议员所说的"南北继续而来，原非两个政府"① 的话是有一定道理的。这可从几个方面来看，一、在参议院于 1912 年 2 月 13 日接受孙中山的辞呈和选举袁世凯为临时大总统以后，南京方面所做的许多工作都是为新举大总统和即将成立的内阁，也就是为全国统一后的新一届政府（不论这个政府是在南京就职还是在北京就职）作准备的。设立稽勋局等机构也好，制定《各部官制通则》等文件也好，议决公布《临时约法》和《参议院法》等法令也好，都是为新一届政府作铺垫。二、南京临时参议院北迁时，各省成立临时省议会，各选 5 名参议员到北京开参议会，另选正副议长和各项委员，其根据就是《参议院法》，而该法又是以《临时约法》为依据的。三、4 月 1 日

---

① 《参议院第四次会议速记录》，载《政府公报》，1912 年 5 月 14 日，第 14 号。

孙中山正式解职后，南京临时参议院还议决了各部官制，而临时参议院北迁后最早提交审议的议案中就有不少是南京临时参议院移交的，而原提案又往往是孙中山交议的。同样的，国务院法制局向财政部提交法律案 12 件，也都是孙中山交议的。四、袁世凯既然是南京临时参议院选举出来的临时大总统，就职时又宣誓遵守《临时约法》，他就不得不表面上遵循南京临时政府预设的各种制度，以便获得当选正式大总统的足够的支持。五、按照南京制定的各项制度来设置机构，比另起炉灶可以节约行政成本，缩短走上正轨的时间。这也是促使北京当权者萧规曹随的一个因素。因此，南北政府的连续关系显而易见，不可否认。难怪有些参议员提议北京临时预算与南京政府决算应一并交议，预决算"不要分出南京北京，同是一政府，并非两个机关"时，诸位议员均以为然，并请议长知会财政总长①。

临时参议院的可决权和国务会议的重要决策职能、国务员副署制度在北京临时政府里都得到保留，使《临时约法》制衡袁世凯的构想得以实施，以致袁世凯对参议院和责任内阁制十分反感，他在 1912 年 6 月 20 日下午就唐绍仪辞职事会见同盟会代表张耀曾、李肇甫、熊成章、刘彦等的时候，终于把他的不满公开说了出来："《约法》上定明大总统任免国务员须得参议院之同意，因此之故许多贤才裹足不前，不肯轻易担任国务之席，盖一经参议院不同意，则一生名誉扫地，人亦何苦轻于尝试耶？""《临时约法》特设总理，大总统不负责任……现在国务员当行政之要冲，一国政务罔不赖其筹划，政务之得失自属国务员之责成，然苟国务员之失职，驯至国随以亡，或虽不亡，而至于不可救药，则大总统究能不负责任否？"② 袁世凯的不满从反面说明了《临时约法》关于以参议院、责任内阁来制衡袁世凯的设计确实起到了一定作用。

二 制度建设的资源、需求与运作机制

北京临时政府不是横空出世而来，它既承继了南京临时政府开

---

① 《参议院第四次会议速记录》，载《政府公报》，1912 年 5 月 14 日，第 14 号。
② 《大总统与同盟会代表之谈话》，载《政府公报》，1912 年 6 月 22 日，第 53 号。

创的中华民国法统，又与已退出历史舞台的清朝有千丝万缕的联系，前清制度有一些被暂行援用，而南京政府草创的许多制度又成为北京政府所定制度的底本，因此，清末新政和预备立宪中的制度改革和南京临时政府的制度建设都成了北京临时政府政治制度建设的现成资源。

1. 北京临时政府制度建设的现成资源

北京临时政府的制度建设利用了清末政治改革的成果和南京临时政府创制的经验。

先看清末的官制改革与修订法律。

清朝是中国历史上最后一个封建王朝，它建立在具有两千年封建君主专制传统的陈土上，不仅因袭了这一传统，而且使其得到充分发展，清朝的那套政治制度可以说是中国历代中央集权政治制度的集大成和最高峰。但法久必坏，封建制度的种种弊病在清朝统治时期更充分暴露出来。物极必反，到了日之将夕的晚清双重末世(中国封建社会的末世和清王朝的末世)，外部和内部的各种势力，用强力和祈求的不同方式，都要来改变那古老的传统，清末政治制度和法律制度的改革势在必行。

中国人在20世纪新纪元里翻开了中国历史上新的一页，老大帝国终于开始改制了。1901年开始的维新新政，进行了一系列改革，调整官制、整顿吏治、改定刑律、编练新军和巡警、奖励实业、废除科举、兴办学堂、派遣留学、准满汉通婚……一时间，煞有介事，热闹非常，颇有点革故鼎新的气象。1906年宣布"预备仿行宪政"的诏书，曾激动了不少人的心。又是筹组机构、厘定官制，又是颁布《钦定宪法大纲》，许以九年筹备期，又是成立咨议局、资政院，组织"责任内阁"，真是"好戏"连台，渴望立宪人们的胃口被吊起来了，一时间大有马上由专制国变为"立宪国"的架势。虽然最终以"皇族内阁"把人们好好地涮了一把，清廷意图继续集权，欲使"皇位永固"的图谋暴露无遗，并导致革命的爆发，清廷的覆亡；但在"新政"和"预备立宪"中所制定的一系列新制度、新法律，确带有些许现代气息。

拿厘定官制来讲，新制定的官制，除了1911年出台的内阁官制规定国务大臣均要辅弼皇帝，内阁总理大臣要秉承皇帝旨意定政治之方针之类封建性内容外，那些关于如何设置机构，如何划分权限，如何设立职务，如何处理上下左右关系等等的设计，基本上参照了从外国考察得到的西方国家政府机构设置的模式，从而开始走进了现代科层管理的门槛。官制改革虽然并未完成向现代政治体制的转变，但毕竟有了对"三权分立"模式的模仿：设立资政院为立法机关，将刑部改为法部，专任司法行政，大理寺改为大理院，专掌审判，改变了从前行政长官兼理司法与审判的传统做法，具有积极意义。

法律改革也是这样，虽然在沈家本主持下起草的那些具有打破封建旧纲常礼教，体现资产阶级新法理意义的新法，如采用了男女诉权平等，子孙有私产权等原则，和陪审制度、律师制度的《大清刑事民事诉讼法草案》、取消了无夫奸、子孙违犯教令、干名犯义、犯罪存留养亲、亲属相为容隐等封建法条的《大清新刑律草案》等，未获通过或未及颁行；但已经颁行的一些过渡性、折中性的法律也或多或少做了一些具有现代意义的改革，如《大清现行刑律》改变了旧律民刑不分的内容，对属于民事的条款不再科刑，还废除了凌迟、枭首、戮尸、缘坐、刺字等残酷刑罚，体现了人道主义精神，还增加了妨害国交罪、妨害选举罪等现代性罪名。《大清新刑律》（总则）采用了罪刑法定主义原则，主刑外增加了褫夺公民权的从刑，均具有资产阶级法制的特色，《各级审判厅试办章程》和《法院编制法》则突出了"司法独立"的原则，颁布该法的上谕强调"各审判衙门，朝廷既予以独立执法之权，行政各官即不准违法干涉"。

清末改革后的官制和修订后的法律所具有的现代精神，使这些法律、制度成为民国初年制度建设的资源有了可能。

再看南京临时政府的法律、制度建设。

南京临时政府虽然存在的时间只有短短的三个月，但它在民国法制建设上还是做了不少工作，称得上是民国法律制度的奠基时期。南京临时政府借鉴各省军政府的经验，并在各省军政府法律、制度建设的基础上，迅速地制定了一系列的法律、制度。

为了组建临时政府，在1911年12月，各省都督府代表会首先制定了《中华民国临时政府组织大纲》，几经修订，最后采用了总统制共和政体、三权分立原则和一院制议会制度。临时政府成立时，为了设置中央行政各机构，于1912年1月3日临时大总统孙中山又颁布了《中华民国临时政府中央行政各部及其权限》。参议院则是先依据《临时政府组织大纲》成立起来，再制定《参议院议事细则》、《参议院办事细则》和《参议院旁听规则》等制度，而《参议院法》则是在《临时约法》公布以后，最后才议决的，4月1日公布时，已是南京临时政府解职之日，显然是在为参议院到北京后的重组制定依据了。参议院于4月8日休会，在这之前，抢着议决了《国会之组织法大纲》，改一院制为两院制，这已然是为未来的国会做设计了。

据邱远猷、张希坡著《中华民国开国法制史——辛亥革命法律制度研究》一书的统计，南京参议院通过了59项议案，除了前述关于参议院的那些制度和《参议院法》外，还通过了总统府所属各局（法制局、铨叙局、印铸局、临时稽勋局）的官制、《各部官制通则》、《国务院官制》及外交、内务、教育、农林、工商、司法、财政、陆军、海军等各部的官制，其中大部分官制的制定和通过，是在1912年2月中旬孙中山宣布辞职，袁世凯被选为临时大总统以后，这固然有孙中山等人设想只换总统不变政府的因素在起作用，因为既然政府机构将照常运行，那么制定各机构官制的工作当然也就不必中辍。而在后来袁世凯在北京就职，临时政府北迁的形势已经明朗化以后，参议员们仍在忙碌着审议、通过各种官制，则是希望为北迁后的临时政府预设下制度框架，让袁世凯照章办事，使南京临时政府的方针政策和革命精神得以延续。特别是《临时约法》，又是改总统制为内阁制，又是实行国务员副署制度和参议院在人事任免上的审议和可决权，这完全是为了制衡袁世凯而制定的。

这些法律、制度后来大多成为北京临时政府行政制度建设的基础，《临时约法》尤其成为制定各项法律制度的准则和依据。而且南京临时政府没有来得及审议通过的议案则通过法制局的交接转给北京临时政府了，北京临时政府法制局则将这些议案提交给有关部门审核，然后汇总审核意见，有的同意继续立案审议，有的不同意立案。如经财政部审核，认为《储蓄银行则例》、《商业银行则例》均表同意，应提交参议院核议。兴农、农业、殖边、庶民、惠工、海外、汇业七个特别银行的则例，因现在尚无此项特别银行，俟预备设立时再行提议。《会计法》、《金库则例》两种因与国家银行有密切关系，俟国家银行办法妥定后再行提议。《南京各部局三月份概算书》系南京临时政府所编定款项，业在南京支出，应提交参议院追认。《补助拓殖协会经费案》既经批准立案，应提交参议院核议。经内务部审核，认为《暂行传染病预防法草案》已重加修正，应提交参议院核议。经陆军部审核，认为《陆军人员补官任职令及修改案》与《陆军官佐免官免职令》俟修改后再行提议。经农林部审核，认为《渔业法案》俟修改后再行提议，并请将南京财政部所拟兴农、殖边两银行则例从缓付议。经工商部审核，认为《工厂法案》在我国工厂尚未发达之时，若取缔过严，反恐于实业前途生出障碍，俟将来需用专章之时再行厘定；认为《特许专利法案》系取法国主义，凡有呈请专利者不待审查即行允许，似与我国情形不甚相宜，且此事动关国际关系，应慎重，拟修正后再行提出；认为《商标章程案》因关系交涉，俟与外交部协商再定；对于《商业注册章程案》，认为商业登记必俟新商律颁布后办法方有依据，现在商律未颁，拟暂仍旧章办理，惟将执照内与现制不合之处改定，俟新商法颁布再定专章。经法制局审查，《设立国史院案》，现拟具国史院官制草案已呈请提议；《文官考试委员官职令与文官考试令案》、《法官考试委员官职令与法官考试令案》，现正起草修正，俟告成再行提议①。还有《国会组织法大纲》、《国会选举法大纲》，也是在南京临时参议院时期提出审议，临时政府北迁后又重新提出，经参议院议决公布施行。从这些议案的处理过程也可以看到南京临时政府的法制建设工作为北京临时政府奠定了基础。

如果说，南京参议院通过的议案，"其中多数议案还是体现了民族资产阶级的意志和要求，应视为资产阶级革命的法律"② 的话，那么，北京临时政府以这些议案（即各种法律制度）为基础而进行的法律制度建设，当然也就应该视为辛亥革命精神的继续了。

2. 北京临时政府制度建设的运作机制

清廷退位，北方赞成共和后，北方政权应全归消灭，南京临时

①《法制局汇复审核前孙大总统交议各案分别同意与否呈》，载《政府公报》，1912 年 5 月 27 日，第 27 号。

② 邱远猷、张希坡：《中华民国开国法制史——辛亥革命法律制度研究》，首都师范大学出版社，1997 年，第 337 页。

政府即为南北统一之政府。这在政府更迭，国家承继的法理上是必然的事实。这也就是孙中山等人设想的换总统不变政府。但袁世凯在清帝退位诏书中塞进"授袁世凯以全权组织临时共和政府"的私货，在北京另组"统一"的临时政府，并由自己一人掌握组织统一临时政府的全权，完全不把南京临时政府放在眼里，也不把共和缔造者南方革命党人放在眼里，已经初露他要走专制、独裁之路的端倪。他被推举为临时大总统后，在组织政府时，将自己的心腹、党羽，甚至镇压过革命党人的旧军官、旧官僚都安插在重要位置上，并欲将与革命党有过节的康、梁等人安置在评政院，以便借这些人的手摧残革命势力。而对于革命党要人，欲给予重用又恐增加其专制之路的阻力，置之不用又恐革命党反对、舆论批评，于是就玩弄各种手腕尽量排斥。手腕之一，先予后夺。袁氏曾为慰留黄兴继续担任陆军总长做了许多工作，待到黄兴答允继任，袁世凯忽然翻悔，谓陆军非段祺瑞不可，并以辞职相要挟。手腕之二，明予暗夺。故意任陆军出身的革命党人蓝天蔚为海军总长，然后以海军中人反对而作罢。手腕之三，予以闲差。将谭人凤委以粤汉铁路督办，即使是宋教仁、陈其美、蔡元培这样的声望卓著的开国功臣也仅予以农林、工商、教育等对于国策决定权无甚重要的位置。在保证大权牢牢握在袁系势力手中的前提下，对于各个职能部门的人事安排，比较注意给南京北上人员一定的位置，既可标榜南北统一，咸与维新，又可罗织人才，为其所用。

尽管具有民主和法制意识的政治家和公务员被安置在并不重要的或低层的岗位上，但这些人在北京临时政府的法律、制度建设中，仍然通过各种管道起着作用。

北京临时政府政治制度建设的机制是怎样的，即这些政治家和公务员在法制建设中用来发挥作用的管道有哪些？这是我们下面要回答的问题。

第一条管道是参议院的立法。

根据《中华民国临时约法》的规定，参议院由各地方选派之参议员组成，参议员每行省和内蒙古、外蒙古、西藏各选派5人，青海选派1人，每位参议员有一表决权。北京临时参议院当时除西藏议员未选派外，共120席，其中同盟会、共和党各得40余席，统一共和党25席。同盟会揭橥民权主义旗帜，主张立法要有民主精神，对袁世凯反民主的举措常有反对意见，故标榜为民权党。而共和党虽然揭橥国权主义，被世人目为御用党，但其内部并不是所有的人在立法问题上都站在袁世凯政府的一边，共和党参议员中不乏具有民权意识的人，在参议院与政府的矛盾中，这些人有时候也站到了政府的对立面上。袁世凯可以操纵国务员的任命，却很难操纵参议员的选举，更难控制选举出来的参议员参与议政。

依据《参议院法》，参议院的立法程序是这样的：议案的提出者可为政府，也可为参议院或参议员。政府提出之议案，由国务员或政府特派员出席说明后，先经专门委员会审查，否则不得议决。法律案、对南京临时政府所颁布的官制的修正案和许多新官制草案等就是由政府提交的。参议员提出法律案，须有十人以上之赞成者；其他提议一般须有三人以上之赞成者，赞成者须会同署名。审议前应由提出议案的参议员进行说明。参议员提出的议案有"从速议定户籍法案"、"征家屋税案"、"《参议院法》第三十三条修正案"等等。关于法律、财政及重大议案，须经三读会始得议决，但依政府之要求或议长、议员之提议，经多数可决，得省略三读会之顺序。参议院议决的议案再回到政府，由大总统公布施行，而相关国务员则须副署。

政府提交给参议院审议、议决的有关法律、官制等的议案则是这样产生的：一部分法律、制度由各部拟定草案，交由国务院法制局审定。为此法制局对于各项法律案曾进行整理，函请各部将所主管的法律有应增删修改者报送法制局，以便统一安排修订。一部分法律、制度由法制局承国务总理之命拟定，而国务总理又常常是根据临时大总统的命令来办理这些事务的。如袁世凯于1912年5月13日谕，由国务总理交法制局拟定公服、便服制度。后来法制局拟定了《服制》、《礼制》草案，交参议院议决施行。法制局所拟法律、制度与各部有关者，交各部提出意见再返回法制局。法制局注重的是各项行政法规厘定，其余民法、商法、民刑诉讼法各法典并其附属法，则由以法制局长为会长的法典编纂委员会编纂。不论哪种情况产生的法律、制度案，都由法制局提出国务会议讨论，再由大总统咨交参议院审议通过。

由于"三权分立"的政治理念在当时许多人的思想中占有很重要的位置，袁世凯除了在陆征祥组阁遭挫后操纵军警干预通过了国务员任命名单，在国会议员选举中操纵共和党与国民党争夺议席而遭到失败等几次涉及袁世凯集权的事件外，袁政府对参议院的立法活动很少进行程序上的干预，它派代表到参议院说明提交议案的理由，解释参议员们提出的种种问题，态度从总的方面看还是比较合作的。因此那些有志于中国法制现代化的参议员们得以通过参议院的立法活动一展抱负，为北京临时政府的法制建设作出了贡献。

第二条管道是政府职能部门自行制定法规和规章制度。

根据《国务院官制》的规定，国务总理依其职掌或特别委任，得发院令。又根据《各部官制通则》的规定，各部总长就主管事务依其职权或特别委任，得发部令。这就是说，除制定各项法典、各部官制和国务院所属各局官制等重大立法活动要经过上述参议院立法程序外，其余国务院及政府各职能部门就其主管的事务可以自行制定法规和规章制度以院令或部令颁布施行。

法律制度建设是一项庞大的系统工程：法律方面，除各项法典外，还有这些法典的施行细则、对部分法律的补充规定、各项具体法规等；官制方面，除官制通则与国务院、各部各局的官制外，还有部下各司的官制；规章制度方面，除官吏服务令、公文书程式、各部的办事通则外，还有各司、各处、各科的办事细则，会计、录事、雇员等的服务细则等。这些法规、规章制度在以往的政治史中是忽略不论的。其实，这些东西也是政治制度的重要组成部分，它涉及那些重大政治制度的实际运作，关系到政府办事效率的高低、政府官员吏治的贪廉，也即是关系到政治制度实施的成败，理应受到关注。那些处于并不重要岗位或较低层位置而具有民主和法制意识的公务员就是通过参与这些法规、规章制度的制定而在北京临时政府制度建设中发挥着作用。袁世凯能够通过命令各部或法制局起草法律制度、派国务员到参议院陈述意见、派政府特派员到参议院陈述制定制度的理由、收买部分议员等渠道控制重大政治制度的制定，但对于具体的法规、规章制度的制定，他就不可能一一控制了。

第三条管道是比较特殊的，即中央工作会议通过议案对制度建设起咨询作用。

民国初年，政权更迭，百废待兴，一些部门为了广泛调研，听取各界人士对制度改革的意见和建议，于1912年下半年到1913年上半年，即北京临时政府时期，召开了几次规模比较大的中央工作会议，主要有：

临时教育会议（中央教育会议）1912 年 7 月 10 日至 8 月 10 日
币制委员会会议　　　　　　　1912 年 10 月 8 日
临时工商会议　　　　　　　　1912 年 11 月 1 日至 12 月 5 日
中央司法会议　　　　　　　　1912 年 12 月 1 日至 25 日
农林大会　　　　　　　　　　1913 年 2 月
财政会议　　　　　　　　　　1913 年 9 月

这些会议的目的，一是将政府部门拟定的法规、制度提交会议讨论，听取意见，以便加以修改，使之完善，正式公布。如教育部鉴于民国肇造，前清所定学校章程多不适用，试图改订新制，以使其符合共和政体。但考虑到"兹事体大，必须博采全国意见，讨论至当，方可推行尽利"，遂决定召开临时教育会议，将学校系统规程及一切亟应法定事项，提交会议议决①。在该会议上，教育部预备议案多达 20 余种，有 5 类：第一类是学校系统，第二类是各学校令及规程，第三类是教育行政之关系，第四类是学校中详细规则，第五类是社会教育问题。与会代表对这些法规、制度进行了充分的讨论，提了不少意见，政府吸收其中有益的建议，对这些法规、制度加以修订后一一正式公布施行。这些学校令和规程，均是由行政机关颁布施行的，并未提交参议院或国会议决，临时教育会议在某种程度上起了民意机关的作用。

二是由与会人士对已颁布的法规提出意见，供政府采择。如临时工商会议上有人提出"驳正《暂行矿章》请速修改案"，对政府颁布的《暂行矿章》提出不同看法，并建议从速修改。这就为 1914 年 3 月 11 日公布的《矿业条例》作了一个很好的铺垫。

三是由各地与会人士提出议案讨论，政府择善而从，使其成为政治制度建设的一种资源。如中央司法工作会议主要讨论审判与监狱改良等问题，以便为制定相应法规提供参考。在中央司法会议上，一些与会的会员提出了诸如"诉讼费用及律师各等公费应以法令规定案"、"不定刑期案"、"采用一头三审制案"、"新刑

---

① 《教育部呈报筹开临时教育会议改订新制文》，载《政府公报》，1912 年 5 月 29 日，第 29 号。

律与违警律轻重相冲突应规定适用何种法律案"、"行政法院未设立以前行政官吏违法应归普通法院审理案"等与制定法规有关的议案，会议成立法令股专门审查这类议案，并向会议报告审查意见。在临时工商会议上，与会会员也提出了"阻止营业不正竞争案"、"请速定商律以救时弊案"、"请速定商法公司律以资保护而图振兴案"、"请速定商政严订商律以维持内外贸易案"、"奖励工商给予徽章案"、"纸烟专卖案"等，会议还设立了工商股、矿股来审查这些议案。

三　中央政治制度的建设

北京临时政府的中央政治制度建设可分三个方面说明。

1. 前清制度的废除与援用

民国成立以后，因政权的更替，政体的改变，前清许多制度与民主共和体制不相适应，理应废止。南京临时政府在破除前清制度中不合理的内容方面做了不少工作。孙中山就任时在《临时大总统宣言书》中从大的方面提出了废止前清旧制度的原则。如他提出了改革前清中央集权制度的基本设想："前此清廷强以中央集权之法行之，遂其伪立宪之术。今者各省联合，互谋自治，此后行政期于中央政府与各省之关系，调剂得宜，大纲既挈，条目自举。"又如，他提出了改革前清财政制度的设想："满清时代藉立宪之名，行敛财之实，杂捐苛细，民不聊生。此后国家经费，取给于民，必期于合于理财学理，而尤在改良社会经济组织，使人民知有生之乐。"对于前清的外交政策更明确提出："满清时代辱国之举措与排外之心理，务一洗而去之。"① 南京临时政府以临时大总统孙中山的名义和各部局的名义，发布了不少废止前清旧制度的法令，如改历改元、革除前清官厅称呼、禁止刑讯和体罚、改变歧视"贱民"政策，使其一体享有公权私权等。

北京临时政府虽然受前清制度影响很大，但对于不合共和政体，不符民主精神的前清秕政还是坚决予以废止。

司法方面，废除了从前君主时代的一些旧制度。前清时代，生

① 《孙中山全集》第 2 卷，中华书局，1982 年，第 1 页。

杀大权操于专制君主一人，臣下不敢专断。故各地决狱，判处死刑的案件，照例要上奏朝廷，由皇帝御笔钦定。这一制度对于防止各级官吏草菅人命，有一定积极意义；但生杀予夺操于一人之手，是封建时代人治大于法治弊端的一种表现。这是君主时代之必然。"共和时代，则生死皆由法律，并非一人之所得专"，所以北京临时政府将"死囚奏报"旧制断然予以废除①。绑赴刑场，公开斩首示众，甚至凌迟处死，杀一儆百，这在中国由来已久，但在西方"文明国家"早已废除了死刑公开制度。清末法律改革，颁布《新刑律》，第 38 条明定死刑用绞，于狱内行之。但民国初年，各省呈报决犯日期公文内动辄有"绑赴刑场"等语，司法部担心各地明显沿用前清制度，死刑于狱外执行，与文明各国执行死刑不取公开主义的做法有很大差距，便一再通令不准狱外执行死刑。再有，前清于通缉令、报部死罪人犯案件等文件上，常常将犯人本名字上多加画数，如"金"作"荃"、"喜"作"憘"、"广"作"潢"、"文"作"汶"等，表示不以齐民看待。司法部认为这种做法"于义无取"，通令京、外各司法衙门"嗣后务须直录人犯本名，毋得于本字上多加画数，致失其真"②。前清制度规定，凡有功名者犯罪，必须先按一定程序革除功名后才能进行审讯，这既表示对知识和人才的尊重，但又使那些不肖之徒依仗功名，交结权势，逍遥法外。北京临时政府司法部不承认前清科举功名，取消有功名者的豁免特权，要求嗣后文武举贡生监有犯，应照平人一体办理，不用先革除功名再归案讯办③。

教育方面，与前一举措类似的是废除了出身奖励制度。前清末年，为了鼓励士子进入新式学堂学习或者赴外洋留学，制定了一些奖励制度，即奖给学堂毕业生和学成归国的留学生以相应的科举功名，分别给予拔贡、举人、进士甚至翰林出身。鉴于民国成立，前清官秩、功名等自然消灭，教育部于 1912 年 6、7 月两次通令将奖

---

① 《司法部具拟嗣后死刑各办法》，载《政府公报》，1912 年 5 月 30 日，第 30 号。

② 《司法部部令》（元年刑字第二号），载《政府公报》，1912 年 8 月 22 日，第 114 号。

③ 《司法部部令》（民国元年五月十四日），载《政府公报》，1912 年 5 月 16 日，第 16 号。

励办法相应改变，废止旧时出身奖励。

行政方面，停止前清奖叙官吏办法。从前奖叙官吏办法有加级、加衔、量予升阶及调任他职等事，民国时代均不适用，另行拟定奖叙新章。还废除了封建时代的丁忧制度。丁忧是中国古代政府官员居父母丧的一种制度，清代规定官员丁忧要解除官职在家居丧三年（实为二十七个月）。北京临时政府取消丁忧旧案，依《中央行政官官俸法》规定，官吏亲丧给假一月，假满回任视事。

民族政策方面，北京临时政府应蒙古联合会的要求制定了《蒙古待遇条例》，改变前清时代对蒙古族不平等的待遇，规定嗣后各蒙古均不以藩属待遇，应与内地一律，中央对于蒙古行政机关亦不用理藩、殖民、拓殖等字样……各蒙古之对外交涉及边防事务归中央办理的同时，中央政府认为关系地方重要事件者得随时交该地方行政机关参议然后施行；蒙古人通晓汉文并合法定资格者得任用京、外文武各职。后来成立蒙藏事务局，剔除前清理藩部（院）之积弊，豁免各项陋规，包括婪索、延搁、诈伪、勾结、克扣、影射、凌慢七事。从前蒙回藏之王公及呼图克图等公谒时有内外盟扎萨克御前、乾清门行走各班，因这都是君主时代之名义，与民国政体不合，遂将他们划归普通班内。

前清的法律、政治制度尽管被废除了许多，但是由于临时政府的北迁与改组，南京临时政府时期草创的一些制度未能及时修订援用，而北京临时政府在短期内又难以制定出许多制度来规范政治活动和法律行为，只得暂行援用前清的法律和政治制度，仅将其中与民国国体抵触的各条删除。在援用的制度中，法规较多，因为官制官规尚可从容制定，而制定法律，"事体重大，非聚中外硕学，积多年之调查研究，不易告成"[1]，而国家又不可一日无法，否则司法者无所依据，社会将陷于"无法无天"的混乱状况。所以，不论是在南京还是在北京，都提出了对前清法律的援用问题。1912 年 3 月 10 日就任临时大总统的袁世凯即日宣告："现在民国法律未经议定颁布，所有从前施行之法律及新刑律，除与民国国体抵触各条应

---

[1] 孙中山：《咨参议院请核议暂行法律文》，见《孙中山全集》第 2 卷，中华书局，1982 年，第 276 页。

失效力外，余均暂行援用，以资遵守。"① 这就是当时常常援引的"蒸电"。南京临时政府司法总长伍廷芳亦提出请将前清制定的各项法律及草案作为临时适用法律，以命令公布遵行。参议院根据孙中山来咨，于4月3日开会讨论了此事，其议决暂行适用的法律，比司法部所拟要多些，而且略有异同。其决议称："现在国体既更，所有前清之各种法规，已归无效。但中华民国之法律，未能仓猝一时规定颁行。而当此新旧递嬗之交，又不可不设补救之法，以为临时适用之资。此次政府交议当新法律未经颁行以前，暂酌用旧有法律，自属可行。所有前清时规定之《法院编制法》、《商律》、《违警律》及宣统三年颁布之《新刑律》、《刑事民事诉讼律草案》，并先后颁布之禁烟条例、国籍条例等，除与民国国体抵触之处，应行废止外，其余均准暂时适用。"② 决议提到的"宣统三年颁布之《新刑律》"在伍廷芳的呈文中是没有的，显然参议院在议决时注意到了新任临时大总统袁世凯上述"蒸电"的内容。此外，前清《报律》也属暂行援用之列。

前清颁行的这些法规或未及颁行的草案，均经政府分别删去与国体抵触各条（如《暂行新刑律》删除了分则中第一章侵犯皇室罪各条），通饬暂行适用，但一直未提交参议院议决公布施行。据谢振民氏所言："迨正式国会成立，扰攘十余年，始终未将国家重要法律分别制定，议员之为世所诟病，斯亦重要原因之一。"③ 我们从此言的反面看到了民初援用前清法律的意义，它至少使民国最初的十余年里避免陷入无法律、无秩序的混乱状况。

北京临时政府在公文制度和礼仪制度上，沿袭了前清帝制时代的某些做法。前清时代，书写公文，遇有"皇上"、"皇太后"等字眼须抬头，遇有"上谕"一类字眼须空格。清帝退位后，在袁世凯办的《临时公报》上，虽遇有"大清皇帝"、"隆裕皇太后"不再抬头，但空格还是要的，以袁世凯、胡惟德等《致北方各督抚及所辖

---

① 谢振民编著，张知本校订：《中华民国立法史》上册，中国政法大学出版社，2000年，第54页。

② 谢振民编著，张知本校订：《中华民国立法史》上册，中国政法大学出版社，2000年，第55页。

③ 谢振民编著，张知本校订：《中华民国立法史》上册，中国政法大学出版社，2000年，第56页。

各军队电》(宣统三年十二月二十六日)为例:"世凯等复屡荷慈谕,谆谆以保全宗庙陵寝及安全两宫相训勉,并谓万不可激成种族之惨祸,闻命惝慄,惧莫能副,心力既竭,计无复之,只得以国家为前提,以安上为目的,以多数舆论为从违,当奉懿旨,与民军先商优礼皇室暨待遇满蒙回藏等条件……"① 后来袁世凯就任临时大总统,在《临时公报》和《政府公报》上遇有"临时大总统"、"大总统"字样是要空格的,而在南京《临时政府公报》上却并无空格。这一书写形式后来为国民党沿袭,在公文和出版物中遇有"总理"、"国父"等字眼也是要空格的。可见这种封建影响之深远。1913 年元旦,大总统府举行庆贺典礼,其通告中所规定的礼仪与前清时代王公大臣们进宫向皇帝庆贺新年差不多。而新受任命的荐任官谒见大总统的礼仪,与前清任命官员后的陛见仪式差不多。少数民族上层人物晋京谒见"年班"制度和谒见礼仪基本上是前清相关礼仪的翻版。表明袁世凯及其下属将"临时大总统"职位视同"皇帝",同时继承了这些礼仪的封建性。这恐怕就是援用前清制度的消极影响。

2. 南京临时政府所颁制度的承继与修订

临时政府北迁并改组以后,南京临时政府时期颁行的许多法律、制度由北京临时政府所承继,有的原封不动继续有效,有的在原有制度的基础上加以适当修订。孙中山在 1912 年 2 月 13 日辞临时大总统职时提出了三个条件,关于临时政府地点设于南京、新总统须亲到南京受任的两条被袁世凯玩弄手段成为弁髦,而第三个条件袁世凯一时再无理由予以推翻。该条件为:"临时政府约法为参议院所制定,新总统必须遵守颁布之一切法制章程。"② 因此,袁世凯虽然对《临时约法》改总统制为内阁制及有关临时大总统任命国务员须得参议院之同意,提出法律案、公布法律及发布命令时须有国务员副署的规定有所不满,但为了得到南北一致的拥护以巩固其地位,不得不作出承认《临时约法》的姿态。而北京临时政府在

① 《致北方各督抚及所辖各军队电》(十二月二十六日),载《临时公报》,辛亥年十二月二十七日。
② 孙中山:《咨参议院辞临时大总统职文》,见《孙中山全集》第 2 卷,中华书局,1982 年,第 84 页。

制定新的法律、制度时也不得不尊重《临时约法》的各项原则。

南京临时政府仅仅存在 3 个月，而且孙中山从就任到解职，仅一个多月，后面一个多月可说是处于"看守总统"的地位上，当时制定法律和官制官规等制度，是在极其匆忙的情况下制定的，有些制度是为了对付即将掌权的袁世凯而设计的，因此不够完善，乃至不够合理的成分显而易见。北京临时政府在承继这些制度的同时，不得不作许多修改补充。下面以《国会组织法》和《国务院官制》为例加以说明。

根据《临时约法》的规定，约法施行后限 10 个月内召集国会，参议院在国会成立之日解散，其职权由国会行之。国会之组织及选举法由参议院定之。南京参议院遂于匆忙中起草和通过了《国会之组织法大纲》，从动议起草（1912 年 3 月 22 日）到讨论通过（4 月 3 日）仅十来天时间，匆迫情形可想而知。该大纲 7 条，规定采用两院制，但两院之名称一时定不下来，只好"缓待讨论"。就是这样一个草创的大纲，也是北京临时政府立法的基础。

参议院北迁后，于 5 月 6 日举行的第二次会议上讨论了国会组织及选举法大纲，至 8 月 10 日正式公布了《国会组织法》。该法确认了南京"大纲"关于"国会之职权依《临时约法》的规定"的原则和关于两院制的设计，并对"缓待讨论"的两院名称进行了充分的讨论。通过辩论，最后表决时，赞成两院定名"参议院"与"众议院"的参议员占多数，得以通过。南京"大纲"中"元老院"取地方代表主义，员数各地方均等；"代议院"取人口比例主义，北京通过的《国会组织法》和《众议院议员选举法》、《参议院议员选举法》承继了这些原则，只是规定得更具体，具有操作性而已。后三法在承继"大纲"关于两院同时开会、闭会等规定的同时，将国会会期由 6 个月改为 4 个月，并取消了"得延长至一个月"的规定。在承继"大纲""元老院"（即参议院）议员任期每 2 年改选三分之一的规定的同时，将"代议院"（即众议院）议员任期由 4 年改为 3 年。

南京临时政府本没有国务院和国务总理，《临时约法》改总统制为内阁制后，才有国务总理及国务院之设。1912 年 3 月 11 日参议院同意袁世凯推荐的唐绍仪为国务总理，3 月 25 日唐绍仪南下晋见孙中山，协商组阁名单。为使组建国务院有章可循，孙中山于当天下令法制局草拟《国务院官制》，法制局草案拿出后，一面交参议院议决，一面交唐绍仪暂行依用。北京参议院审查《国务院官制修正案》时，审查长在报告中陈述了这个过程："在南京时国务总理任命后始行将《国务院官制》订定，《临时约法》上虽有国务院总理之规定，而无如时间甚促，官制未能遽定。待任命之后始行提出议决。当提出议决时又南京政府北迁在即，时日又非常匆促，故官制案大抵均照原文议决，并无十分修正。"① 可见该官制制定之匆忙。但它毕竟为北京临时政府提供了一个可供修改的基础。

北京临时政府成立后，袁世凯授意国务会议议决修改官制办法，由法制局拟具修改官制草案，并提出修改理由，提交参议院议决。《国务院官制》修正之理由及修改办法如下：南京临时政府原案（以下省称"原案"）第一条规定，国务院以国务员组织之，但国务员之范围并未指定，北京临时政府的修正案（以下省称"修正案"）以第二条列举国务员，明确提出国务员为国务总理及各部总长；原案第二条规定国务总理为国务员首领，承宣机宜，统一行政，但承宣机宜乃秘书长之事，国务总理应以统一行政为主要职务，修正案便在第三条中仅规定国务总理"保持行政之统一"；原案第六条规定国务总理于必要时得中止各部总长之命令处分，这一规定有些漫无限制，各部总长可能难以畅行其计划，修正案规定以"有碍第三条之规定者"为限，即国务总理认为各部总长之命令或其处分有碍"保持行政之统一"者得中止之，并取决于国务会议；原案第九条规定，国务总理于地方官之命令处分认为违背法令，侵害公益，逾越权限时，得停止或撤销之，其中"侵害公益"范围难定，解释必多歧义，且各省地方情形非中央政府所能详悉，各省行政长官自有省议会监督，中央政府监督权不可过大，故修正案第七条改为仅以违背法令或逾越权限者为限；原案定有国务会议，一些重大事情须开国务会议决定，但没有规定开会办法及议决办法，修正案第十条规定，国务会议事件，以国务员同意定之，会议以国务总理为议长；原案只规定了国务总理的代理方法，修正案增加了国务员临时代理方法；原案第十条国务总理监督所属各官署，对于直

_____

① 《参议院第十八次会议速记录》，载《政府公报》，1912 年 6 月 19 日，第50 号。

辖事务应负责任，修正案将此条删去，因为国务总理于全部国务负完全之责，不仅限于所属各官署，不需另行提明；原案对于国务院设置承宣厅及承宣厅之组成、职能等有较多规定，但《国务院官制》开宗明义第一条规定国务院以国务员组织之，承宣厅及其所属各官员不属国务员，不应在此官制中规定，应另定承宣厅官制，故有关承宣厅的规定均被删去。以上这些修改完全是技术性的，有许多都是合理的，并无"北京"对"南京"的否定。惟将临时大总统之命令改称"教令"，以区别于他项命令，则带有一定的封建色彩。

除《国会组织法》和《国务院官制》外，北京临时政府还对南京参议院于 3 月 12 日通过的《各部官制通则》进行了修改。其修正草案理由说明：原案第三条与国务院官制第九条重复，删除；原案第五条关于各部总长停止或撤销地方官命令处分，存在与《国务院官制》原案一样的问题，亦作了相应的修改；原案第六条关于总长分别任免所属职员的规定不甚明晰，第九条关于简任、荐任、委任各官的任免方法未作规定，修正案第六条便明定简任、荐任、委任之任免法；原案第八条各部分司、各司分科之规定，未言明权限之所属，修正案规定分司权限属于各部官制，分科权限属于各部总长；原案设承政厅，掌关系本部全体及不属于各司之事务，而以秘书长统辖之，以秘书分掌之，名实不甚相符，修正案改为承政室，废秘书长，秘书专掌机要，其他事务用佥事、主事分理之；其他对于各部职员的名目、职掌、员额等都作了一定的修改、调整或规定。尽管袁世凯曾提出过十二部总长人选，但原案所规定的十部建制，在新的《各部官制通则》中并未改变，说明南京所定制度仍然是其基础。《官制通则》修订后，各部官制均要作相应的修改，而在比较了北京临时政府所定各部官制与南京临时政府原案之后，就会发现，前者还是以后者为基础的。北京的修订主要是将各原案之间的或各原案内部的重复之处删除，将原案权限不甚明晰之处规定得更为明晰，将原案规定范围过于宽泛之处加以缩小或具体化，将原案所定职员名称不够恰当之处加以改变，将原案难以施行的程序改得简便易行，将原案所定员额不够合理之处调整得合理一些，将原案考虑不周、偶有遗漏之处加以补充。修改后的各官制确实比各原案要明确、简洁，易于施行。

学习西方建立文官制度，在民国初年是一项创举。南京临时政府在这方面也为北京临时政府的文官制度奠定了基础。孙中山曾于1912年2月14日在内务部呈请速颁文官试验令时批复道："国家建官分职，惟任贤选能，乃懋厥职，古今中外，罔越斯旨。第考选之法，各有不同，尚公去私，庶无情弊。今当民国建立伊始，计非参酌中外，询事考言，不足以网罗天下英才而裨治理。"[1] 随后两次令法制局迅速编纂"文官试验章程草案"，审定"职官试验章程草案"，呈候咨交参议院议决颁行。法制局拟订《文官考试委员官职令》、《文官考试令》、《外交官及领事官考试委员官职令》、《外交官及领事官考试令》、《法官考试委员官职令》、《法官考试令》等草案，由孙中山咨送参议院核议，但该院并未将各草案议决就北迁了。

尽管这样，北京临时政府在制定文官制度时，还是利用了南京的文本作参考，并进行了修改。如北京的《文官考试法草案》在参考了南京的《文官考试令草案》后，改南京原案的"一试法"为德制"两试法"，即分文官高等考试和文官普通考试两种，以为慎重量才之举措。北京的《典试委员会编制法草案》亦以南京《文官考试委员官职令草案》为蓝本，同时在南京原案采取日本制度设高等典试委员会于中央的基础上，增加在地方也设典试委员会，以便寒士就近赴考而免跋涉之劳。

3. 新制度的创立

北京临时政府中有不少官员锐意革新，在承继前清制度和南京临时政府所定制度以外，创制了一些新的制度。

有些是因为国体变更后，旧制度被废除，必须有新制度填补制度缺失所留下的空间。如理藩院为前清管理蒙古、新疆、西藏等少数民族地区事务的机构，民国成立后，改变前清时代对少数民族以藩属看待的不平等待遇，将中央处理少数民族事务的行政机关"理藩院"裁撤，蒙藏事务一度归口内政部管理，在部内设蒙藏事务处。后来袁世凯为了安插私人，以该部事务繁重，非增设次长一人不足以资辅佐为由，提出在修改官制通则时一并增设。但此议遭到参议院的否决，其理由是："行政组织最贵划一，《各部官制通则》

---

[1] 孙中山：《批内务部请颁文官试验令文》，见《孙中山全集》第2卷，中华书局，1982年，第93页。

每部各设次长一人，内务部未便独异。且拟增之次长是否专理蒙藏事务，来咨并未指明，是两次长权限性质相同，殊为复赘，无须增设。若系专司蒙藏，则与次长辅佐总长处理部务之性质不符。若蒙藏事务须极力经营，亦非仅增次长一人所可期其发达。"考虑到蒙藏事务的重要性，参议院建议"应特设蒙藏事务局，直隶于国务总理，以重事权而专责成"①。于是遂有《蒙藏事务局官制》的制定。该官制 13 条，由参议院议决，于 1912 年 7 月 24 日公布，规定该局直隶于国务总理，管理蒙藏等少数民族事务，规划蒙藏设治事宜，置总裁、副总裁、参事、秘书、佥事、主事、执事各员。

有的是因临时需要而设。在北京临时政府制定的制度中，有一个机构是以前没有的，那就是法典编纂会。政府在向参议院咨送法典编纂会官制草案时陈述理由如下："民国初立，旧法既不适用，而新法中刑法、民法、民刑诉讼法等重大法典又亟待编订。在前清时本有修订法律馆，现在已经废止，而法制局编纂之法律又均关于行政法规一方面或单行法者居多。至大部法典必非法制局编纂数人所能编定。故编订法典之事必要聚集专门学问之人起草编订，方为妥善。"② 该官制草案规定法典编纂会掌编纂民法、商法、民事诉讼法、刑事诉讼法，并上列附属法及其余各项法典。法典编纂会会长由法制局长兼任，既可免任官之繁，又可在遇到法律上与双方有关的问题时便于协商，不至发生冲突。该官制草案还规定法典编纂会俟法典完成即行裁撤。该会的设立，在民国初年的法制建设上应该是发挥了一定作用的。

有些是属于新生事物，要有一定制度予以保证。如《中央学会法》的制定就属于此类。提出成立中央学会的始作俑者待考。这是一个介于学术团体与研究院之间的准学术机构，它的提出说明民国初年已有人开始注意到学术研究和学者的重要性了，这是一个很大的进步。在该机构尚无影子的时候就在《国会组织法》中规定了该会得选举 8 名参议员。为不误国会召集之期，于 1912 年 11 月 29

---

① 法制审查会：《大总统交议修改官制通则案审查报告》，载《政府公报》，1912 年 5 月 7 日，第 7 号。

② 《参议院第十二次会议速记录》，载《政府公报》，1912 年 6 月 4 日，第 35 号。

日公布了《中央学会法》，随后颁布了《中央学会互选细则》，但中央学会不仅未能在 1913 年 2 月 10 日规定的选举日期前成立，而且最终因互选资格难以确定引起麻烦而夭折①。为一个学术机构立法，这在中国还是首次。

有的是为弥补配套工程中缺失的制度而制定的。如文官制度中，已有《文官任用法草案》、《文官考试法草案》等制度，但为了保证文官任用的合理性和文官任职的稳定性，又制定了《文官保障法草案》。制定此制度的理由为：官吏是社会职业之一种。官吏与国家乃一种契约关系，与平常人对于国家之关系不同。一切契约之成立，必须得当事人双方之同意。其变更、消灭，亦自非双方同意及有法定条件不可。官吏契约也应遵守这一规范。东西各国根据这层意思，对于官吏皆有保障其地位之法，不能任国家一方之意思随意罢黜、变更，以使官吏知其地位非据法律不能动摇，其职业非据法律不能丧失，而后始能尽心其职守。

四　地方政治制度的划一

1. 革命时期地方制度的混乱

武昌起义后，南方各省相继响应，纷纷宣布脱离清廷统治而独立，先后建立了各级新政权。由于清朝政治体制已被冲垮，新的统一制度又未建立，各地在政权建设中各自为政，出现了地方政治制度的混乱和不统一。

首先，各地独立后所拥立的新政权领导人的名号很不一致，有都督、大都督、统领、大统领、司令、总司令等。

其次，各省级官制更不一致，而且多次发生变更。在湖北，几经变更后，大致确立了这样的格局：鄂军都督府设置军令部、参谋部、军务部、内务部、外交部、理财部、交通部、司法部、编制部，直隶于都督，各部部长由都督委任。江苏于 1911 年 11 月 4 日成立江苏都督府（或称苏州都督府），设置民政、财政、交涉、司法 4 部，数日后改为司，又增设参谋厅和苏军统领。江苏都督府移驻江宁（今南京）后，于 12 月 6 日任命了新的都督府官员，除都

---

① 参见严昌洪、杨华山：《民初"中央学会"的筹设与夭折》，载《近代史研究》，1995 年，第 6 期。

督和参谋总长、次长外，置有政务厅、外务司、内务司、财政司、通埠司、军务司以及参事会长。但几乎在同时，又制定与颁布了《江苏临时约法》和《中华民国江苏军政府临时约法各司官职令通则》，规定军政府设军务、财务、外务、内务、提法、通运6司和总务厅。随即，江苏省临时议会又于12月7日通过了《江苏军政府暂行官制总纲》，规定军政府设参谋、总务2厅和军政、民政、财政、外交、提法5司。"朝令夕改"这一成语用于江苏军政府的官制运作过程是再恰当不过了。在四川，重庆的蜀军政府和成都的大汉四川军政府合并后成立的四川都督府包括军事参议院、重庆镇抚府、军事巡警总督部、总政务处和军务、参谋、政务、财政、教育、司法、实业、交通、盐务、外交10部。福建军政府设政务院、参谋部，政务院下设民政、外交、财务、军务、司法、教育、交通、警务8部和铨叙、法制、印铸、统计4个直属局。其他各省均有类似的变更过程，但所设机构和官职各不相同。

再次，各地省以下地方政权的设置也不一样。湖北颁布的《地方官职令草案》规定地方设府、县，以原有之厅、州、县区域为区域，府惟设于首都（都督府所在地），以江夏县改升，其余各厅州县一律正名为县，各县长官称"知事"。《江苏暂行地方官制》则规定地方一律改称州、县，旧称州者曰州，旧称县者曰县，旧称厅者改曰县，知县、知州均改易名称，称"民政长"。

最后，独立各省制定并颁布了一些根本大法，虽未施行，但把各种制度搅得更为混乱。如在政权组织原则方面，《鄂州约法》按"三权分立"原则组织湖北军政府，以都督和政务委员行使行政权，议会行使立法权，法司行使司法权。采用"三权分立"原则的还有《浙江临时约法》、《江西临时约法》、《贵州宪法大纲》等。而《江苏临时约法》却是按两权分立原则组织江苏军政府，在该约法中没有规定司法机关的设立。在议会的职权方面，《江苏临时约法》规定有议定法律案、预算案、条约，并募集公债、征收租税及国库有负担之契约，但基于法律之支出不得减除，审理决算；得质问政务委员，求其答辩；以总数员四分之三以上之出席，以出席员三分之二以上之可决，得弹劾政务委员之失职，及法律上之犯罪；得自制定诸法规，并执行之。而在《浙江军政府临时约法》中规定，议会的职权为议决法律案，及预算税法，募集公债，与国库有负担之契约，但基于法律之支出，议会不得减除，审理决算，得受人民之陈情书，送于都督。议会得提出条陈于都督，得质问都督及政务员，求其答辩。以出席议员三分之二以上，对于都督得提出不信任书于中央参议院，但限于法律上之罪犯。以出席三分之二以上之可决得弹劾政务员之失职及违法。约法所定外之遗留权，属于议会。约法解释权亦属于议会①。显然浙江省议会的权力比江苏省议会的权力要大。都督职权的大小与议会职权成反比例，议会职权小的省份都督权力大，议会职权大的省份都督职权小。兹不一一罗列。类似的政治制度不统一的现象还有许多，它是各省宣布"独立"，互不统属的必然结果。当时，宣布"独立"各省均各自按照主权国家中央政府的模式组建新政权，致有省"约法"或"宪法"的制定、各部的设立和议会审议条约的职权等，但又不能摆脱实际上为一地方政府的地位，因此各省之间、各省内部在制度上难免有互异之处。"各自为政"成语是这种现象的最好写照。

南京临时政府成立后，有关中央政治制度建设的许多工作都尚未来得及抓，更顾不上统一地方制度了。南北统一后，北方各省的制度与南方各省又大相径庭，基本上沿袭了前清的制度，出现了各省长官名称不划一，"南曰'都督'，北曰'督'、'抚'"的局面。于是到了北京临时政府时期，仍然是"各省同此一司，而南北之名称互异；同为一长，而彼此之权限各殊。至于道府并存，府县相辖，则尤沿袭前清之弊政，大戾改革之初心。此外，特别官厅、警察官署，系统既不分明，编制复多歧出，以致纲纪愈坠，政令愈疲，官治愈棼，民生愈悴"②。面对这种局面，一心想集权的袁世凯把划一地方制度的问题提到议事日程上来了，北京临时政府为此采取了一些措施。

2. 划一地方制度的尝试

首先，北京临时政府采取了一些临时性措施，尽量避免政制的混乱，同时也防止各省权力的进一步扩张。1912 年 3 月 19 日，袁

① 邱远猷、张希坡：《中华民国开国法制史——辛亥革命法律制度研究》，首都师范大学出版社，1997 年，第 171、240 页。

② 袁世凯：《饬各省组织画一行政官厅令》，见章伯锋、李宗一主编：《北洋军阀》第 2 卷，武汉出版社，1990 年，第 1365 页。

世凯上任伊始，便下令各省维持现状，勿再另举都督。在强调各地方亦应坚持"三权分立"原则，维护地方议会权威，保护其正常活动的同时，参议院否定了各省自定"省约"的提案。1913 年 1 月 31 日，袁世凯发布总统令，称"在省议会暂行条例未经公布施行以前，前清《咨议局章程》系属现行法律之一，所有各省省议会一切组织及其职权除该章程与民国国体及新颁法令抵触者外，当然适用"，命"各省行政长官于该省省议会召集后应令暂照此项现行章程分别办理"①。3 月 1 日，国务院重申"省议会暂行条例未经公布以前，一切组织及其权限自当依照应行准用《咨议局章程》各条办理"，"各省之有省议会，犹从前各省之有咨议局，名称虽不同，其为地方议事机关则一"，并删去了省议会纠劾及保障议员言论、身体自由的有关条文。袁世凯与国务院把省议会等同于咨议局，与参议院否定各省自定"省约"一样，意在提醒各省官员和议员注意自身的"地方政府"、"地方议事机关"的地位。但这种做法涉及前清《咨议局章程》的适用性以及用命令代替法律的合法性与合理性等重大问题，遭到各省议会的强烈反对。广东省议会当即通电各省，声明："民国省议会万难适用《咨议局章程》"，斥责国务院"未经参议院通过，擅将《咨议局章程》删改，甚至将省议会弹劾权、议员言论、身体自由权各条一律删去，直视省议会议员为咨议局之不若，蹂躏民权，违反共和，莫此为甚"。同时致电袁世凯、参议院，请其纠正国务院的不法行为，要求各省共同协商对付办法。各省议会群起响应，反对省议会适用《咨议局章程》②。

为了划一各行省之制度，北京临时政府于 1912 年 7 月出台了《省制草案》和《省官制草案》，并各附理由书，加以说明。

《省制草案》在地方行政之层级问题上，权衡了前清时代的利弊。清制，"省道府厅州县，略分四级，意在层层监督，互相防维"，但"阶级愈多，钳制愈甚，行政因延搁而不灵，弊端亦辗转而丛积"。草案拟保留原来省的建制，废去中间层级，由县直隶于省，以省直辖各县。意在减少中间层级，藉收行政灵速之效。当时

---

① 《临时大总统令》，载《政府公报》，1913 年 2 月 1 日，第 266 号。
② 参见丁旭光：《民国初期的广东省政府（1912—1925）》，未刊博士学位论文。

有部分人提出改省为道的主张，其理由有几种，有的是顾虑各省地方权力过大，妨害中央行政之统一；有的是顾虑地方行政阶级过多，有害进行之敏捷。北京临时政府没有采纳这种主张，理由是，从前中央与地方权限不明，一省行政长官兼揽军政、财政、外交等权，权力既雄，声势自大。今军政等等或归中央直辖，或由中央派员管理，则省总监（拟议中的省行政长官）权限与从前督抚权限不同，即使仍然以省的区域作一行政层级，也无权限过大之虞。从前行政由县而府而道而省，层级未免过多，今由县而省，与由县而道，同样都是两级，即使仍然以省为一级，也无层级过多之弊。不愿废省，还有一种历史情结在内：行省制度始于元代，历明清以来千余年未改，于今沿用，是有悠久的历史根据的。改省为道，势必改 22 行省为百余道，既背离了由分而合的世界趋势，又使中央行政机关疲于奔命，于行政的进行上又产生新的滞迟窒碍之虞。所以草案在省之区域问题上"暂拟仍旧"。

《省制草案》在国家结构问题上，既不采美、德之联邦制度，理由是中国数千年来之历史均是单一国，而非联邦国，联邦制度万难采取；又不采用各国地方制度，因为中国各省幅员之广动逾千里，人口之多往往在十万以上，几乎相当于外国一个国家，不能视作欧洲各国之州县和日本之府县，中国的省实位于中央政府与地方团体之间，为一种特殊的层级，不能以各国通行之地方制度相比拟，对于外国不轻易给予地方议会的立法权及弹劾权，草案都做了规定。还规定在赋予总监以提案权，使于行政上有活动之余地的同时，又要求其对于省议会负完全之责任。

《省制草案》还规定省议会及参事会为议决机关，省总监为执行机关。省议会有议决权、监督权、弹劾权以至议决单行法之权。省参事会可随时召集，省议会则不能，省参事会之职权不如省议会之大[①]。

《省官制草案》本着军政民政分治的原则，将民政一项规定为总监之职守，使掌军政与掌民政官吏各不相侵越。总监既执行国家所委任的事务，像行政官，对中央负责任，又执行本省行政事务，具有政务官性质，对省议会负政治上之责任。

---

① 《省制草案理由》，载《政府公报》，1912 年 7 月 27 日，第 88 号。

《省官制草案》还规定各省设立内务、财政、教育、实业四司，辅助总监实施行政，与总监同署办公。对于总监认为监察难周之边远县则设巡察使①。

以上立意在于适当扩大地方权力，削减中央对地方的控制，实有利于地方行政的发展。但这两项草案在提交参议院议决前，秉承袁世凯集权中央的旨意，在关键问题上又作了修改。除了将原案中省行政长官的名称"总监"改为"省尹"外，还将原案中关于"省议会对于本省行政认总监有违法或失职时得提出弹劾案，经由国务院达于大总统，大总统如以为然应免总监之职，如不以为然，交省议会复议一次，若仍执前议，应免总监之职"的规定改为大总统不以为然，交省议会复议一次，若仍执前议，得解散省议会。又将原案关于"省议会之议决总监认为违背法令者得开具理由请其再议，若仍执前议，得撤销之"的规定改为省议会所议决有违背法律权限者得依国务院指令撤销。这些修改显然加大了中央政府的权力，在提交参议院审查时遇到了非议。

《省制草案》和《省官制草案》提交参议院后，先交该院法制委员会审查。参议院第七十五次会议（1912 年 9 月 12 日）听取了法制委员长张耀曾的审查报告。报告指出，法制委员会几经慎重讨论、细心研究，所持之态度与政府不同。两个草案的精神，在政府方面是"以中央为重，以地方为轻，轻视地方而重视中央，几与积极的中央集权无异，意在收统一之效"。但种种规定必然妨害地方之发展。（一）规定省行政长官简任，使用人之权全在中央，不问民意如何，可以随意任用。（二）规定省议会对省尹违法或失职虽可向大总统提出弹劾，然大总统不以为然时得交复议，如省议会仍执前议，得解散议会。这就说明政府对于省长是力加保护，对于省议会最后则出于解散，全不加以保护。（三）规定省议会所议决有违背法律权限者，得依国务院指令撤销。本来省议会违背法令之议决省长可再交复议，仍执前议，以省长之权力可以撤销，不需国务院撤销，更不需大总统解散。这些规定皆属对于中央偏重而对于地方则事事削减。张耀曾陈述了法制委员会不能赞成的几条理由：其一，世界上领土广大之国家未见有如日本式的完全中央集权，法国

---

① 《省官制草案理由》，载《政府公报》，1912 年 7 月 27 日，第 88 号。

虽集权中央而其所谓县者实比中国之省小，其全国幅员亦不过中国一大省。中国地方辽阔，中央难以对地方实施有效的监督，采用中央集权万难完全做到，中央徒有集权之名，而地方反因此多所掣肘，行政不能自如，因之不能发达，结果两不得利。其二，革命事业起自地方，各地从都督到知事一切官吏均系自行选举，自治之风习已极发达，只可因势利导，不可横加遏止。秩序不好可以设法矫正，不必以中央集权扩充官治为救济良方。政治趋势如此，若强取极端相反之制度，非徒难行，恐生许多风潮。根据以上意见，法制委员会审查所得结果竟与政府反对。审查案对原案作了许多修改，主要的有三点：（一）省官制原案省尹简任，改为省长仍为简任，同时加列一条，说明先由省议会选举，再由大总统简任。（二）删去"省议会弹劾省长，大总统如不为然最后解散省议会"及"大总统认省议会议决违背法令，得解散省议会"两条。（三）原案有边远地方或特别情形不同得经国务会议之议决命都督代理省长或省长代理都督。审查报告以省长代都督为事实上不致发生之事，予以删去，而都督代理省长规定以六个月为限，期满即改选省长，以保证军政、民政的真正分治①。

参议院法制委员会审查案对政府提交的议案作了较大修改，特别是在省长是民选还是简任、大总统可否解散省议会、都督代理省长有无期限限制等关键问题上提出了与政府相反对的意见，政府以需要修改为由将议案撤回，延宕数月不向参议院作交代。议员质问，院议咨催，不啻再三，然政府亦无一字之答复。显然是参议院的修改意见不合袁世凯的胃口，他将《省制案》、《省官制案》及其对两案的讨论一并束之高阁。在人们企盼政府对于省制、省官制的修正案时，袁世凯突然于参议院休会期间的 1913 年 1 月 8 日以大总统教令的方式公布《画一现行各省地方行政官厅组织令》，对各省、道、县地方行政官厅组织等提出划一要求。

根据《画一现行各省地方行政官厅组织令》，已设民政长省份以民政长为该省行政长官；未设民政长省份以都督兼任民政长，为该省行政长官。各省行政长官之职务权限依现行法规之例行之，并

---

① 《参议院第七十五次会议速记录》，载《政府公报》，1912 年 10 月 8 日，第161 号。

得办理各部总长临时委任事件。各省行政长官应设一行政公署，各省行政公署除各设一总务处外，划一现行分司名称为内务司、财政司、教育司、实业司。各省行政长官由大总统任命，司长由该省行政长官呈由国务总理呈请简任，秘书、科长、技正呈由国务总理荐请任命，科员及技士由该省行政长官委任。

根据《画一现行各道地方行政官厅组织令》，省下设巡道，官名均改为观察使，由该省行政长官呈由国务总理呈请简任。各道观察使依现行法规之例办理该道行政事务及该省行政长官委任之事务，仍受监督于该省行政长官。各道观察公署下设内务科、财政科、教育科、实业科。已裁巡道省份如该省行政长官认为有必要情形，得就该省原设巡道地方酌设观察使，但须将酌设理由报由内务总长、国务总理呈请大总统核定之。

根据《画一现行各县地方行政官厅组织令》，道下设县，各县地方行政长官以知事为之。现设有直辖地方之府及直隶厅、州地方，该府该直隶厅、州名称均改为县；现设厅、州地方，该厅、州名称均改为县。府、厅、州改为县者，各以原管地方为其管辖区域。各县知事依现行法规之例各办理其行政事务及该省行政长官委任之事务，知事受该省行政长官和该道长官双重监督。各县知事公署得置佐治员，称科长、科员。各县按其事务之繁简设二科至四科。各县知事由该省行政长官呈由国务总理内务总长荐请任命。

根据《画一现行中央直辖特别行政官厅组织令》，各省现设之外交、外务、交涉等司使均改为外交部特派交涉员，其设置地方以通商巨埠为限。各省现设之司法、提法等司，均改为司法筹备处，其司长、司使等官均改为处长。各关监督、各省盐运使均暂照现行之例办理。各省现设征收税捐等项之局所，均改为某项征收局，以其税捐等项之名称冠首，各依现行之例改设局长。

根据《画一现行京师警察官厅组织令》和《画一现行地方警察官厅组织令》，京师和各省省会及商埠地方依现行巡警官制之例均改设警察厅①。

袁世凯发布这些命令的要害在于以各省行政长官甚至各道观察

---

① 《画一现行各省地方行政官厅组织令》，载《政府公报》，1913年1月9日，第243号。

使简任，未设民政长省份以都督兼任民政长为该省行政长官（未定期限）等内容对抗参议院审查案有关内容。这些命令的出台，亦遭到强烈的批评。

参议员彭允彝等提出"质问书"，对政府发布这些命令提出批评和质疑。"质问书"指出了五个"不可解者"。第一，根据《临时约法》第三十三条的规定，临时大总统得制定官制官规，但须交参议院议决。现在官制不交院议，以命令制定，以命令公布，逾越约法，蔑视立法机关。第二，根据《临时约法》第三十一条的规定，临时大总统为执行法律或基于法律之委任得发布命令。现以命令制定官制，以命令公布官制，并无法律依据，命令而曰制定，命令而可公布，则与法律没有区别。以命令公布命令，世界各国均无此制度。官制既可以命令制定，以命令公布，有一行政机关已足，何必有立法机关？第三，政府以命令制定官制，以命令公布制定官制之命令，既已超越约法以外，各地倘若不遵行，如何处理？若责其违法，而此种命令本身已为约法所不许；若放任不行，又将有违整理行政之初衷。第四，此次各命令公布后要求各地于民国二年三月以前一律办齐，假如三月以前参议院议决与政府绝端反对，又如何处理？倘若参议院议决废除道之设置，而政府令行之观察使已在赴任途中，岂不是导致国政纷更，朝定夕改，求统一而势愈离，求整齐而治愈乱？第五，根据《临时约法》第四十四条的规定，国务员辅佐临时大总统负其责任，而参议院制定法律、议决官制之权载在约法，今以命令制定官制，以命令侵入立法范围，国务员副署此种命令，就是不负责任，开蔑视立法机关之先河[1]。

袁世凯的以上命令在地方上也遭到东南各省的反对。在广东，同盟会广东支部、同盟会记者俱乐部、广东省议会都曾去电北京，表示反对[2]。江西公民联合会亦通电指出："前月八号，大总统乘参议院休会期中，擅以命令颁布省制及各种文武官制，显

---

[1] 《大总统咨参议院据国务院呈称准参议院咨大总统参议员彭允彝等提出质问书一节已逐条解释请照参议院法答复等因希查照文》，载《政府公报》，1913年1月25日，第259号。

[2] 《纠正总统违宪之去电》、《同盟会请开庭审总统》、《三月六日省议会案》，分载《民生日报》，1913年1月4、18日、3月10日，转引自丁旭光：《民国初年的广东省政府（1912—1925）》，未刊博士学位论文。

系出于专制，实有背乎共和"，表示要抵死力争，以捍卫约法，保护民国①。不承认袁世凯的命令则成为江西抵制民政长的口实："地方官制未经参议院通过，民政长一职在法律上无委署之依据"；"省官制未经参议院议决，民政长自无从发生"②；"民政长为大总统命令官制中之一，吾人民既绝对不承认此代法律之命令，即当然不承认此命令官制中之民政长"③。

面对这些指责，政府方面申辩说，公布划一现行各项行政官厅组织令与制定省官制等案是各为一事，一则为厘定地方制度，一则为划一现设之官厅。划一现行各项官厅之组织既非官制，当然不在须交院议的范围。大总统公布此教令，是为执行约法及其他法律起见，系本总揽政务之权而发整理行政之令，并非违背约法以命令制定官制，以命令公布官制。

其实，政府方面的申辩理由是脆弱的。袁世凯公布《画一现行各省地方行政官厅组织令》，实际上是将其作为省官制来看待的，命令公布后在一段时间内并未向参议院提出新的省官制案，正式的《省官制》是在1914年5月23日出台的，就是明证。袁氏以教令变相公布省官制，是为了避开参议院审议时关于省行政长官是简任还是民选的纷扰，省行政长官民选不利于他对各省权力的掌控。这也是他与宋教仁等国民党人政争的焦点问题之一。宋教仁主张在中央实行内阁制，在地方实行省长民选，试图双管齐下地分袁氏之权。这当然是袁世凯极不愿意的事情。所以他使用了偷梁换柱的手法，用教令形式强行将自己的意志贯彻下去。

今天如果撇开当时政争的背景不论，仅就制度建设方面来看，公布《画一现行各省地方行政官厅组织令》，在整理行政，统一制度，建立新的地方政治体制，消除国体变更所造成的混乱局面，不能说没有一点作用。有学者对此作了积极评价，认为这些法规基本上形成了地方制度的新构架：1. 基本框架上维持三权分立格式，中央行政权归国务院，地方则是省、道、县三级政府；立法权在中央是参议院，地方则是省议会和县议事会；司法

---

① 《江西公民联合会通电》，载《民立报》，1913年2月16日。
② 《赣省议会反对赵从蕃署民政长电》，载《时报》，1913年3月21日。
③ 《赣省议会反对命令干支致各省电》，载《时报》，1913年3月27日。

权在中央为大理院，地方则属于高等法院和初级法院。2. 对中央和地方权限的划分也作了规定，司法、国防、外交、交通、财政等大权归于中央；内务、警察、教育、实业、地方财政归于地方。3. 体现军民分治原则，民政长为一省的行政长官，管理民政，都督为一省的军事长官，管理军事。4. 将行政阶层作了简化，将清朝的四级制改为三级制，还将原来清政府各级政府中的胥吏和幕友正式纳入政府组织并使之制度化。5. 县级以下的地方组织没有列入地方制度之内而归于地方自治的范围中。6. 初步建立文官制度，注意到了官吏的任用和考核①。

五　民国初年部院之争

1913 年，北京临时政府司法部与大理院之间就两个法律问题（一是关于《各级审判厅试办章程》所定民事上告期限和上告程序是否可由大理院变更，二是关于前清《禁革买卖人口条款》是否可由司法部认定无效）展开了一场论争，两部院通过文电往来反复辩驳，互指对方违法，甚至发展到互相攻击，指责对方不懂法律，论争迅速升级为冲突，各方均对全国各级审检厅声称对方文件无效，严重影响了当时司法行政和司法审判工作的顺利进行，以致有高等审判厅长致电司法总长许世英和大理院长章宗祥，要求双方停息争执："法理争执无足介意，最高机关威信重要，恳各捐小节以维大局。"② 可见问题的严重性已引起各地司法机构的担忧。本节拟通过对这一事件的述论说明：论辩双方互相指责对方违背《临时约法》，反映了辛亥革命、民主思想的深入人心；北京临时政府部分官员对新旧法律制度进行整合时，在践行"三权分立"、坚持"司法独立"原则方面进行了一定的努力。同时，论争双方对一系列问题的不同看法，暴露了政权更迭之初，行政制度和法律制度因草创而不够完备，这恰恰促使人们对有关法律、制度进行修改，使其臻于完善。

---

① 王家俭：《民初地方行政制度现代化的探讨（1912—1916）》，原载台北《历史学报》，第 9 期，转引自丁旭光：《民国初年的广东省政府（1912—1925）》，未刊博士学位论文。
② 《政府公报》，1913 年 6 月 17 日，第 400 号。

1. 论争之由来

民国初年的大理院是全国最高司法审判机关，主要受理不服高等审判厅二审判决而上告的案件，或不服高等审判厅的决定或命令按照法令而抗告的案件，以及依法属于大理院特别权限，第一审并终审的案件。在南京临时政府司法制度中是没有大理院的，对于最高上诉机关的设想是，先成立临时中央审判所，然后正式成立最高法院①。大理院制度显然是沿袭了清末的制度而稍作修改的产物。光绪三十二年九月二十日颁布的新官制规定，刑部改为法部，专任司法；大理寺改为大理院，专掌审判②。这一改革开始改变传统的行政机关兼理审判的制度，建立独立审判原则，其精神实质就是倡导"三权分立"体制下的司法独立。清末未能真正实现的这一政治理念，在民国初年得到彰显，不仅司法行政机关——司法部比前法部在权限划分上更为明晰，而且《中华民国临时约法》的有关规定，从根本大法上为司法独立提供了保障。同时根据民初援用的《法院编制法》，大理院长有"统一解释法令必应处置之权"。

民初司法部是在前清法部基础上组建的，其官制规定司法总长管理各项司法行政事宜，并监督所辖各官署及法官。

大理院就是本着"独立审判权"、"法律解释权"等权力，在民初法制建设不完善的情况下，对若干法律问题作出变更或者解释。由于司法部与大理院对"独立审判"和"解释法律"的涵义理解不同，对具体的法律问题的认识不同，便本着对审判机关和法官的监督权对大理院的变更和解释提出异议，结果双方发生了论争。这是继清末部院之争后的另一次部院之争。清末那次部院之争主要是围绕双方的权限分工而展开的，涉及对死刑案、重案的复核权及人事权的争夺③。

论争起因之一是大理院变更《各级审判厅试办章程》所规定的民事上告期间（按：即期限）和上告程序，司法部则认为民事上告

---

① 邱远猷、张希坡：《中华民国开国法制史——辛亥革命法律制度研究》，首都师范大学出版社，1997年，第611页。

② 故宫博物院明清档案部：《清末筹备立宪档案史料》，中华书局，1958年，第472页。

③ 张从容：《清末部院之争初探》，载《现代法学》，2001年，第6期。

期间和上告程序仍应遵照《各级审判厅试办章程》的规定。

大理院认为关于上告期间和上告本院的程序，现行法律无可适用，为保障人民权利，力图诉讼当事人便利起见，在诉讼律尚未颁布的情况下，将所有向大理院为民事诉讼上告的期限加以宽展，并以大理院特字第十号通告公布了暂定办法："凡京师及各省民事案件，经由高等审判厅第二审判决者，于宣告判决后七日内以牌示为公示，送达公示以七日为期，对于本院上告期间，自公示期间终满之次日起算，定为二十日，逾期不得提起上告。"① 同时又以大理院特字第十二号通告公布了关于上告程序的决定：各省民事上告案件概由当事人在原审判衙门呈递上告状，如属已逾上告期间，或在高等厅已为终审及未经第一审、第二审径行对大理院请求审理者，均由高等审判厅以决定驳回。当事人对于该决定得转由原审判衙门向本院提出抗告，其不合法定程式者即由原审判衙门以决定令其补充完全。该上告期间即自声明之日起算。"若当事人声明上告合法，原审判衙门即应将上告状、答辩状并检齐案卷、证件，转送本院审理。"②

大理院的这两个通告，既改变了《各级审判厅试办章程》关于京师上告以十天为限的规定，又改变了该章程关于上诉由原检察厅申送上级检察厅移送上诉审判机关审理的规定。大理院上述通告在实际工作中引起了歧义，使各级审检厅无所措手足，民事诉讼工作受到影响。

1913 年 4 月 29 日湖北高等检察厅将对此问题的疑惑向司法部请示办法，司法部遂于 5 月 27 日致大理院长的咨文以及给该厅的第 666 号指令和给全国司法衙门的第 194 号训令中指出："大理院特字第十二号通告既与《试办章程》第六十一条及《法院编制法》第四十七条第二项③不合，应毋庸施行。"④ 司法部后来又称该两通告变更京师民事上告期限，废止呈请移送程序，显与定章不符，要求各级审判厅和各县知县不能遵守。不服各厅判决的上诉案件，

---

① 《政府公报》，1912 年 11 月 18 日，第 201 号。

② 《政府公报》，1912 年 11 月 18 日，第 201 号。

③ 该项规定，大理院办事章程由大理院制定，但施行以前应咨报司法部。

④ 《政府公报》，1913 年 6 月 4 日，第 387 号、1913 年 5 月 31 日，第 383 号。

不论是不服地方审判厅之判决而上告于高等审判厅或不服高等审判厅之判决而上告于大理院者，均应按《审判厅试办章程》和《补订章程》的有关条款办理。法官如有违背定章，任意准驳者，司法部当随时行使监督权，施以相当之惩戒。人民如有以该两通告为根据向各该高等厅声明抗告者，各该高等审判厅应根据定章批驳①。司法部通过布告、训令等形式一再重申："嗣后如有上告审判衙门仍以前项通告为根据受理经过（按：即超过）法定期间之上告或不经呈请移送之上告，向原审判衙门或检察厅调阅原卷或嘱托同级检察厅调阅之，以遂其不应受理而受理之行为者，即系违法，各该厅应严行拒绝。"②

大理院当然不能接受司法部的观点和处理意见，也以通告、布告等形式声称大理院是审判衙门，不是审判厅，不受《各级审判厅试办章程》之拘束，司法部布告、训令中关于本院通告部分既系干涉审判，与《临时约法》、《法院编制法》抵触，当然无效。嗣后如有无权限之行政衙门意在妨害职务擅加阻拦者，无论其于何时以何种方式向何衙门或人民发表意见，该管衙门及人民均毋庸遵守。如各该官员违背《官吏服务令》第二条第一款之规定③，致妨害本院职务者，应于国法上各自负其责任④。

大理院称关于上告期间和上告本院的程序，现行法律无可适用，是不正确的，《各级审判厅试办章程》已有明确规定，只是大理院不承认该章程可以拘束自己。大理院称《各级审判厅试办章程》是对审判厅而言，大理院为审判衙门，不是审判厅，不受该章程拘束，显然站不住脚。大理院先此已沿用清代旧名，如果统一名称，大理院可称"最高审判厅"，如果对应总检察厅的名称，大理院可称"总审判厅"。该章程援用清末的现成文本，而清末试办审判厅时大理院已经成立，故章程题目不书大理院。但章程第五条规定，"凡民事刑事案件，除属大理院及初级审判厅管辖者外，皆由

① 《政府公报》，1913年6月7日，第390号。
② 《政府公报》，1913年6月12日，第395号。
③ 该款规定，长官所发命令有违法令之规定者，属官没有服从之义务。见《政府公报》，1913年1月9日，第243号。
④ 《政府公报》，1913年6月12日，第395号、1913年6月16日，第399号。

地方审判厅起诉。经该厅判决后如有不服，准赴高等审判厅控诉，判决后如再不服，准赴大理院上告"①。显然将大理院与各级审判厅同样看待，大理院理应受其拘束。即使是认为该章程有关规定不合理，也应提请国会修改议决。而且从实际工作来看，大理院变更上告期间和上告程序对各地审判工作带来一些问题：大理院谓其办法专指对于大理院上告而言，这就使京师民事上告期间在高等厅为十日，在大理院则为二十日，而申送案卷无论在京在外上告高等厅须由检察厅移送，上告大理院则不由检察厅移送，旧令新章，令办法两歧，京、外各审检厅无所适从。司法部提出异议有其合理性，也有其必要性。

论争起因之二是在解释买卖人口案件适用何项法律时大理院称前清《禁革买卖人口条款》仍然适用，而司法部称《暂行新刑律》中关于略诱和诱罪适用于买卖人口案件，前清《禁革买卖人口条款》无效。

民国新立，制定新的法律尚需时日，但国家不能一日无法，为解燃眉之急，只有先拿前清法律暂行援用。袁世凯的"蒸电"对这一点说得很清楚了。

清朝末年，在法学家沈家本主持下，进行法律改革，制定了《大清新刑律草案》。根据袁世凯"蒸电"的精神，1912年4月30日司法部拟定了《删修新刑律与国体抵触各章条等并删除暂行章程文》，经袁世凯批准后通行京、外司法衙门遵照。司法部为此还制定了《暂行新刑律施行细则》，于8月12日颁行，令各地一体遵照②。《暂行新刑律》虽比前清《新刑律》有所进步，但仍不够完善，比如，在那混乱年代，买卖人口案件层见叠出，其方法又非一样，因《暂行新刑律》无相应明文规定，各级审判

---

① 中华民国史事纪要编辑委员会编：《中华民国史事纪要（初稿）》（民国纪元前五年），台北1981年，第756页。

② 中国人民大学法律系法制史教研室编：《中国近代法制史资料选编》第二分册，第57～58页。本书编者在该细则第十条"本则于暂行新刑律施行法颁布后废止之"后加注释说："此后并未颁布暂行新刑律施行法。"但事实上，国务会议于1912年7月8日第31次会议已审议通过了《暂行新刑律施行法》。见中国第二历史档案馆编：《中华民国史档案资料汇编》第3辑，江苏古籍出版社，1991年，第277～280页。

衙门定罪量刑缺乏依据，深感困难，纷纷向司法部请示处断办法，或向大理院询问适用法律。谁知两部院解释不同，引起论争。

司法部在第一次复奉天提法司关于买卖人口适用何项法律时称，《暂行新刑律》第三十章略诱及和诱罪，对于买卖人口虽无明文规定，但在解释上得谓略诱实包括买卖言之，故买者用强暴胁迫或诈术略取妇女或未满二十岁之男子者为略诱罪，即在卖者亦然。买者和同诱取时为和诱罪，即在卖者亦然。如此解释则买卖人口当然依第三十章处罪①。又称父母因贫卖子女者亦应以和略诱论罪②。司法部作出这样的答复，是基于如下认识：《新刑律》取包括主义，除少数几项有特别规定外，对子女犯罪与对普通人犯罪绝无区别，是则因贫而强迫卖子女者，其行为与略卖普通人同，即成立略诱罪；因贫而卖子女得子女同意者，其行为与和卖普通人同，即成立和诱罪③。

而大理院在复广东高等审判厅电中称：前清《禁革买卖人口条款》当然适用，其中所称某等罚应照前清《现行刑律》罚金之标准处断④。江苏高等审判厅在复上海地方审判厅时则根据大理院的解释精神明确告知："从前施行之《禁革卖买人口条款》为一种单行法，与民国并无抵触，按照袁大总统蒸电，当然有效，嗣后凡遇有此项案件发生，自应援用该条款处以罚金。"⑤ 大理院作出这样的答复，是因为该院认为，买卖人口新律既无专条，则前清《禁革买卖人口条款》当然有效，应适用该条款处断，若该条无明文规定者应依《新刑律》之规定不为罪⑥。

面对司法部和大理院的两种不同解释，各地审判厅亦无所适从，于是奉天高等审判厅于1913年5月9日请示大理院买卖人口应适用何项法律，大理院在5月15日复函不仅重申上述观点，而且表示，"司法部解释法律之命令，不问何级审判衙门皆不受其

① 《政府公报》，1913年6月12日，第395号。
② 《政府公报》，1913年5月29日，第381号。
③ 《政府公报》，1913年7月24日，第424号。
④ 《政府公报》，1913年4月11日，第333号。
⑤ 《政府公报》，1913年4月12日，第334号。
⑥ 《政府公报》，1913年5月17日，第369号。

拘束"①。司法部对大理院的这种态度感到"深堪诧异",该部认为前清买卖人口条款无效,具体理由是,该条款由于因贫卖子女又其买者及略卖和卖案内不知情之买者处罚等内容在分别纂入前清《现行刑律》后已经失效,其定有罚则部分既已死去,在《暂行新刑律》时代不能复活。因此该部立即给奉天高等审判厅训令,声明大理院所言于法律上、于事实上均不能有效②。这就是司法部与大理院论争的另一问题。

对于审判买卖人口案件适用何种法律,理应由大理院统一解释,在现行法律无明文可依的情况下,该院根据"蒸电"精神援用前清相关法律应该是被允许的。这确实是独立审判权之体现。大理院解释法律之权司法部也是承认的,该部 1913 年 3 月 20 日第 286号指令要求各地"对于现行各项法律有疑义不能决定者,应径请高等审判厅详拟解释呈请大理院核示"③。如果有审判厅向司法部请示解释,司法部应当令其转向大理院请示,或者作出解释供其参考,不能以部令强制审判衙门执行。即使认为前清《禁革买卖人口条款》的有效性尚存在疑问,也应与大理院共同研讨解决方法,而不能与大理院唱对台戏。司法部对此问题的处理似乎有些操之过急。

2. 论争之结果

双方论争时各摆了许多理由,由于本文着眼点不在具体法律问题上,因此不再一一介绍双方的具体论点和论据,仅将最后结果介绍如下。

双方咨文往来辩驳,互不相让,如果旷日持久争论下去,司法审判将会受到重大影响,这是双方都不愿看到的。于是,各自找到停息论争的办法,司法部是将矛盾上交,致函国务院,请转呈大总统咨询国会,寻求解决问题的办法;大理院则是作最后辩驳,重申理由以后,不再予以理睬,继续我行我素。

1913 年 6 月 27 日,司法部就大理院第十号、第十二号特字通告变更《审判厅试办章程》事致函国务院,请转呈大总统咨询国

① 《政府公报》,1913 年 5 月 17 日,第 369 号。
② 《政府公报》,1913 年 5 月 29 日,第 381 号。
③ 《政府公报》,1913 年 3 月 23 日,第 315 号。

会。该函在列举了对大理院的各种理由的质疑后指出，大理院变更上告期间和上告程序不仅给各地审判工作带来问题，而且"此端一开，则司法机关皆司自立之法，且各司各法，以是为司法独立，世界各国宁有此例。本部有统一司法之责，义不能不尊重《试办章程》之效力，与大理院主张不合。所有民事上告及呈请移送程序，究应适用《试办章程》第六十条、第六十一条，抑应依据诉讼法原理参照大理院特字第十号、第十二号通告，由议院另订条文，废止《试办章程》第六十条、第六十一条之规定。事关诉讼程序，须有画一定章，此事一日不解决，则人民一日无所适从，诉讼进行实多滞碍"。因此请国会提前议决，以免争议而便施行①。7月9日，司法部又就关于买卖人口应否适用新刑律略诱和诱罪或须添列条项显揭罪刑问题致函国务总理，请咨询国会议决。该函首先介绍了买卖人口一事《暂行新刑律》无治罪明文，旧法律中前清《禁革买卖人口条款》中定有罚则部分又因种种原因从前既不施行，今更无从施行，且有即欲施行而不得的情况，然后提出，旧律中关于略人略卖人罪行及罚则列举较为细密，而新律取包括主义，关于略诱和诱罪之规定蕴蓄甚深，法官适用上易滋争议，相应请国务院转呈大总统咨询国会，关于买卖人口可否即照前举理由适用《暂行新刑律》第三十章略诱和诱罪，抑或于该章上添列条项，显揭买卖人口罪刑之处，要求国会提前议决，以便适用法律不致歧误②。

大理院在7月4日向司法部发出的"关于解释法令及上告程序设为问答分晰驳复"的咨文中，就司法部与大理院有分歧的两个法律问题采取问答的方式予以条分缕析的反驳。该文指出：买卖人口及其他前清《现行刑律》中规定事项与《新刑律》之规定毫无抵触者应继续有效；司法部以适用法律之权归司法部，而限制法院仅能解释法律是不能称为正当的；司法部对于关系行政事项以外之民刑事法规没有解释之权，若谓司法部有解释权则与现行《法院编制法》第三十五条大理院长统一法律解释之特权相抵触，司法部即使解释法律也没有拘束法院之权，若谓司法部解释法律之部令有拘束法院之效力，则与《约法》及《编制法》法院独立之规定相抵触；

① 《政府公报》，1913年6月29日，第412号。
② 《政府公报》，1913年7月11日，第424号。

大理院上告程序不适用《各级审判厅试办章程》，惟有由本院于审判案件时自行斟酌条理办理；人民上告于大理院之案件不需强迫其向原高等审判厅之同级检察厅投递，经其允准始予移送于大理院，这种程序不可拘束大理院，否则就会使凡由检察厅送来不合法之上告亦不得不予受理，及本系合法上告，检察厅因侵越而予以驳斥者皆不得受理，大理院审判案件应向何处调取卷宗不可擅加限制。大理院在该文最后声称："本院职重事繁，一切依法所为之解释及判例办法，对于第三者之异议本无声辩之必要，不能以贵重之时间日为无谓之争议。嗣后如有关于本院审判上之事项加以干涉者，除一律认为无效外，概不另行答复。"①

这场论争终因司法部向国务院报告而得到重视，结果是通过正常的立法程序，解决了争端。先是公布了《修正各级审判厅试办章程三条》，对该章程有关条文加以修正，第六十条由原来"凡刑事上诉，自宣示判词之日始，限于五日内呈请原检察厅移送上级检察厅"，改为"凡刑事上诉，自宣示判词之日始，限于十日内呈请原检察厅移送上级检察厅"。第六十一条由原来"凡民事上诉，准用前条之规定，但其期间以十日为限"，改为"凡民事上诉，自递送判词之日始，限于二十日内呈请原审判衙门移送上级审判衙门"②。后来在1914年12月24日公布了《暂行新刑律补充条例》15条，其中对强卖和卖其被扶助养育保护之人者明确作出了给予处罚的规定③。

这基本上是一个双赢的结果，从司法部来说，它所坚持的修改或补充现行法律要经过正常的立法程序，不能由大理院自行改变原有规定的意见得到尊重。从大理院来说，它所坚持的对现行法律不完善的部分加以修正或补充的意见以及应该修正或补充的具体内容均得到采纳。同时双方在执法过程中出现的偏差也得到纠正。

3. 论争之意义

民初的这场部院之争与清末部院之争一样，都是政治制度和法

---

① 《政府公报》，1913年7月9日，第422号。

② 中国人民大学法律系法制史教研室编：《中国近代法制史资料选编》第二分册，北京1980年，第144页。

③ 谢振民：《中华民国立法史》，上海中正书局，1937年，第887页。

律制度转型时期的必然现象，这是因为，一、在由君主专制体制向"三权分立"体制过渡时期，各政治机构之间权限不清，官员们习惯了旧体制，不谙"三权分立"新制度，往往会穿新鞋走老路，或用旧瓶装新酒，自觉不自觉地用旧习惯来思维，按旧习惯来办事，尤其是在改革中失去部分权力的机构和官员，有时会对失去的那部分权力恋恋不舍，于是立法权、司法权、行政权区分不清，发生矛盾、冲突在所难免。二、在旧法律将废未废，新法律将立未立的情况下，人们对适用法律的认定，对法律条文的解释，往往会发生歧义，从而引起争论。清末的部院之争是在刚刚确立法部掌司法、大理院掌审判的司法行政与司法审判相分离的新体制，而两部院权限又一时划分不清的情况下产生的权力之争。民初的部院之争是在政权更迭，新法律尚未创建而旧法律暂行援用的情况下产生的法理之争。两次部院之争，既是司法权与行政权分离过程中必然出现的阵痛，也是实现真正司法独立所必须付出的代价。如果说，像某些论者所称，民初大理院与司法部二者之间的工作关系"甚为融洽"，"以部权干涉审判权的事件却未有见诸报端"的话，那 1913 年前后的部院论争和冲突则是一个例外。其实承认这一点并不影响对民国北京政府在法制现代化进程中所起作用的评价。

民初两部院的论争语言尖刻，针锋相对，冲突也颇为激烈，昔日的同僚并不互留情面，常常使对方处于尴尬境地。如司法部挖苦大理院："贵院为最高审判衙门，不意竟有法官于《约法》上独立二字尚复误解如此，本总长对于用人之处甚滋惶愧。"① 大理院回敬司法部则嘲讽道："贵部既为国家机关，岂并民国《约法》而不之知乎，抑知之而故为违反乎？"② 从二者针锋相对的论战中，我们却找到了他们的共同语言，那就是都指责对方不遵守《临时约法》，违背审判独立原则，都标榜自己是在尊重《临时约法》，维护"三权分立"体制。这是一个十分有趣的现象，又是非常有意义的现象。

两部院论争的焦点也正在这里。焦点之一是大理院改变上诉期间和呈请移送程序是否属于"司法独立"。大理院认为，诉讼律尚

---

① 《政府公报》，1913 年 6 月 4 日，第 387 号。
② 《政府公报》，1913 年 6 月 4 日，第 387 号。

未合法颁行时，审判官之行动属无明文规定之限制，依据《临时约法》审判官行使审判权全然独立，则大理院审判案件惟得以独立之意思，斟酌条理，择善而从。大理院由民刑庭总会议决，通过通告将本院审判上现行之程序发表，使下级审判衙门得以周知，使诉讼当事人得所便宜，亦为事实上所必要，是本院发表权限内所行之事，并未侵及立法权限①。司法部则认为，虽然审判官行使审判权全然独立，不受其他机关之限制，但审判官独立审判，是于审判之范围内独立，不能于审判之范围外独立。《各级审判厅试办章程》定宣示判词后若干日内如何呈请、如何移送，尚在上级审判衙门受理上诉以前，既无所谓审判，即无所谓独立。即使该章程有不够完善之处，需要修改，那也是立法问题，无论司法部还是大理院均无此权限。法官可以独立审判，但不能独立立法。大理院在没有改章理由与改章权限的情况下，以通告变更《试办章程》第六十、第六十一条上诉人及检察厅应受之拘束，完全属于侵越立法权限。《临时约法》与《法院编制法》中均无大理院可以自立新法，自废旧法之明文，立法、废法等事并不能视为独立审判②。

焦点之二是司法部否认前清禁革买卖人口条款有效，命令各级审判衙门不要遵行大理院"当然有效"的解释，是否干涉审判，违背了"司法独立"原则。司法部认为，《临时约法》中的"司法独立"系指法官独立审判，不仅不受上级行政官厅之干涉，亦不受上级司法衙门之干涉，即大理院长也不能干涉下级审判衙门的审判。本部有对法官实行监督之权，大理院也属被监督机关，大理院法官误解法理，强指无效之法律为有效，干涉下级审判衙门之审判，本部决不承认。因为适用无效之法律为审判以外之事，本部当实行监督。大理院则认为，根据《法院编制法》，本院有统一解释法令之权，而且是最高的解释权。一种法律除与新法律规定事项显相抵触及法有明文废止外，适用与否纯属法官之自由解释，断非司法行政衙门所得限制。司法独立载在《临时约法》，法官审判不但不受上级行政官厅之干涉，亦不受上级司法行政衙门之干涉。司法部只有司法行政命令的解释权，无权解释其他各项法律，现该部解释法

① 《政府公报》，1913 年 6 月 4 日，第 387 号。
② 《政府公报》，1913 年 6 月 7 日，第 309 号。

律，以命令指称无明文废止之法令为无效，谓对于此事项亦有监督权而强制法院必受其拘束，致法院适用法律审判案件时不能独立行使职权，显系干涉审判，违背《临时约法》及《法院编制法》，侵犯司法独立，不问何级审判衙门当然不受其拘束。

清末"仿行宪政"的政治改革已初步开启了"三权分立"闸门的缝隙，辛亥革命则有力地冲开了这道闸门，不仅在国家政权组织的设立上以参议院、大总统、中央裁判所（未及设立）来实践"三权分立"原则，而且在国家根本大法《临时约法》中规定以参议院、临时大总统并国务员、法院行使国家的统治权，并分别行使立法权、行政权、司法权，特别规定"法官独立审判，不受上级官厅之干涉"①。这是中国政治制度史上的一个飞跃，是中国法制史上的一次革命，其重大意义人们多有充分论述，兹不赘言。部院之争正反映了受到民主思想熏陶，受到辛亥革命影响的官员们维护"三权分立"原则，践行《临时约法》明文的真诚努力。两部院领导人不惜撕开面皮，脸红脖子粗地争辩，正说明了辛亥革命的巨大影响和民主共和的深入人心，也说明了维护"审判独立"在践行"三权分立"原则上的重大意义。可以说，没有审判独立，就没有"三权分立"，就没有真正的民主共和。

从以上论争我们可以看出，《临时约法》是双方最有力的武器，论争使其根本大法的地位得到加强；"三权分立"是双方最重要的根据，论争使官员们进一步明确了新体制的真谛；双方都是为了维护"独立审判"原则，从而使这一重要原则在司法工作中落到实处。这或许就是这场论争的积极成果。

在这场部院之争中，双方往往搬用外国的法律制度为论辩的武器。司法部除了以日本《裁判所构成法》仅举裁判所而大审院、控诉院当然在内来说明《各级审判厅试办章程》虽指明高等以下，而就其内容观之则大理院亦包括在内②，还以各国通例无不有最高司法行政衙门解释法律之命令刊行世间及日本司法省解释法律之命令汇纂成书，各级法院均奉为圭臬（其中尤以关乎旧律上问题之训令回答为最重）的例子，来证明司法部对被监督的审判衙门及检察官

① 《政府公报》，1912 年 3 月 11 日，第 35 号。
② 《政府公报》，1913 年 6 月 29 日，第 412 号。

得发命令是司法部应有之职权，被监督者不得停止或取消①。大理院对此进行反驳时亦举日本之例，指出日本司法省所谓训令回答并非如司法部所说解释法律，而是司法省对检事局、各该监督执行官吏等就关于检察事务、司法行政事务（如户籍登记、公证执行等法规）声请解释的训令或回答，"至法院关于民刑事法令上意见无论是否关涉特定案件，不特司法省无越权之解释命令，即法院亦无以正式文电质疑者，且在日本《裁判所构成法》颁行之初，司法省即有废止内训条例明文，法院关于法令之适用解释虽有疑窦不得请示于司法省，所以保持法院独立者"。对于司法部所称各国通例一节，大理院要求举二三实例相示，不能以空言争执②。司法部不甘示弱，在 6 月 10 日给奉天高等审判厅的第 221 号训令中指称大理院所说是凭空捏造，日本司法省编辑的训令回答全书分两大部分，一为司法行政，一为解释法律，后者中判检局各得其半。日本继受德、法法律，德、法司法部均有此项编辑之训令书，将举实例以相示③。大理院在致司法部关于解释法令及上告程序设为问答分晰驳复咨文中再次重申前论，而且进一步指出，日本《刑事先例类纂》一书中是否有可以拘束法院的解释法令之训令回答，凡知日文者一经检阅，真相自明。并称已经博访德、法学者，他们均对司法部主张持反对之见解，可见司法部所言德、法二国关于解释法律常以司法部令拘束法院恐为误会④。

清末法制改革就已以日本等国现成法律为蓝本，加以适当调整而制定中国法律，如《法院编制法》大致采取日本之《裁判所构成法》⑤。民初承继了清末法律改革的成果⑥，当然也继受了外国法律的经验。但以前学习外国往往是照搬照抄，现在通过两部院之争，双方一来一往，相互问难，使论争与冲突由互相指斥、嘲讽的坏事变成了促使双方认真学习外国经验的好事，使原来食洋不化的现象有所改观，加深了对外国法律制度的理解，这对于结合国情参

① 《政府公报》，1913 年 5 月 29 日，第 381 号。
② 《政府公报》，1913 年 6 月 7 日，第 390 号。
③ 《政府公报》，1913 年 6 月 12 日，第 395 号。
④ 《政府公报》，1913 年 7 月 9 日，第 422 号。
⑤ 谢振民：《中华民国立法史》，上海中正书局，1937 年，第 987 页。
⑥ 韩秀桃：《略论北洋时期的司法发展》，载《法律评论》，2002 年，第 2 期。

照外国经验，完善中国法制不无裨益，其积极影响已超出了具体论争的范围，意义深远。

论争中双方均认为现行法律制度有不够完善的地方，大理院对上告期限和上告程序所作出的变更，对前清禁革买卖人口条款当然有效的解释，均是基于现行法律制度有不便利、不明确、不具体等问题而为的。司法部也承认《试办章程》的不完善之处："现在法律不备，《审判厅试办章程》即诉讼律之代用。该章程规定民事上诉由检察厅移送，本与学理及各国通例不合，其他违舛之处亦多，本部何尝不亟图改正？"但由于此种权限应让之立法机关，才未敢轻易举动①。司法部也承认《暂行新刑律》略诱和诱罪取包括主义，列举不够细密，又避去了买卖二字，蕴蓄甚深，致使解释较为困难，法官适用上易滋争议，因此建议于该章上添列条项，显揭买卖人口罪刑。这就促使人们认真研究暂行援用的前清法律，根据新的形势加以修正，使其臻于完善，并在此基础上制定民国新法律。从这个意义上说，民初的部院之争未尝不是一件好事。

六　北京临时政府政治制度建设评价

北京临时政府时期，政局不稳，清政府倒台不久，北方残余势力时时伺机推翻共和，复辟清室；南京临时政府刚刚解散，南方许多革命党人不甘失败，时时试图以武力或和平的手段从袁世凯手中夺回政权。这一时期，旧制已废，新制待立，新旧制度青黄不接，社会人心极其不稳。而南北政权和平转移，新旧机构从容交替，各方人才咸与维新，各种制度次第出台，使动荡的政局在波澜迭起中渐趋稳定，浮动的人心在惴惴不安中渐趋平静。虽然这种"稳定"和"平静"之下有暗潮涌动，但至少这短暂的"稳定"和表面的"平静"使饱经战乱的民众得以休养生息，在战争的瓦砾堆上重建家园，汉口市场建筑借款案得以列入参议院的议事日程，武昌建立"民国崇勋纪念园"的建议得以摆到袁世凯的办公桌上，规范人们礼仪、服饰的《礼制》、《服制》得以颁行，兴办教育和实业的热潮得以兴起，在清末废科举后找不到出路的士人得以通过考试担任公

---

① 《政府公报》，1913年6月29日，第412号。

职或进新式学堂深造，革命势力得以喘息、整顿、集结，国民党在国会选举中一举获胜就是政治生活走向正轨的一个标志。这一切不能不说是北京临时政府政治制度建设的积极成果。

北京临时政府的政治制度建设中，废除了前清封建的政治制度，对清末改革中出台的一些法律、制度在援用时亦坚决剔除其封建糟粕，如在援用前清制定的《新刑律》时，将第二编分则第一章"侵犯皇室罪"各条全部删除，其余与国体抵触各章、条及文字亦全部删除。在政治制度建设过程中，《临时约法》规定的"三权分立"原则得到一定程度的贯彻，重要立法活动经过参议院议决的程序得到一定程度的尊重。这是对封建专制制度影响的进一步清除，加强了民主共和思想的影响。从这点上讲，北京临时政府的政治制度建设进一步发展了辛亥革命反封建斗争的成果，具有积极意义。

北京临时政府的政治制度建设还在某种程度上制约了袁世凯。首先，南京临时政府在参议院选举袁世凯为临时大总统后，制定并公布了《临时约法》，改总统制为内阁制，规定临时大总统制定官制、官规须提交参议院议决，任免国务员及外交使节须得参议院之同意，临时大总统提出法律案、公布法律及发布命令时，国务员须副署之。北京临时政府继受了《临时约法》，袁世凯亦宣誓"谨守宪法"，并在许多场合强调《临时约法》的权威性，说明现在办事以《临时约法》为依据。《国务院官制》中规定的国务员副署制度在北京临时政府修正该官制时被保留下来，而且规定得更明确了。

南京临时政府创制的以内阁牵制临时大总统权力的这种基本精神在北京临时政府的制度建设中得以贯彻，甚至一直维持到"天坛宪草"，该草案继受《临时约法》规定的国家组织形式，扩大国会权力，实行责任内阁制，限制大总统权力。当时的政治制度及其这一基本精神在袁世凯走向专制独裁的道路上设置了障碍，他的所作所为受到明显的制约，这种制约不仅从参议院否决陆征祥内阁六阁员提名案事件中可以看到，而且从袁世凯所发"牢骚"的反面也可以看到。1912 年 6 月 20 日同盟会代表张耀曾等 4 人往见袁世凯，表明同盟会参议员对唐绍仪辞职的看法，并对时局发表意见。袁世凯在与他们谈话时流露出对参议院可决权和责任内阁制的不满。他说："'约法'上明定，大总统任免国务员须得参议院之同意，因此之故，许多贤才多裹足不前，不肯轻易担任国务之席。盖一经参议院不同意，则一生名誉扫地，人亦何苦轻于尝试耶？"并以他曾任命梁如浩为交通总长，遭到南京参议院否决后，梁不肯来京再任国务的事例说明："当世贤才原自不乏，既怵于危局无从措手，又均以梁氏为戒，相率裹足，不惟不任国务，并北京亦视为畏途。故余深愿参议院诸君能知此中为难情形，断不可使人人短气灰心也。"表面看他似乎在惋惜人才难得，实际上是表示不愿参议院在人事安排上掣肘，从反面可以看到袁世凯欲安插私人的企图受到一定程度的遏制。他还说："《临时约法》特设总理，大总统不负责任。以予观之，所谓不负责任者，亦有大小之区别。"并以商店经营为比方，说国民如东家，大总统如领东，国务员犹掌柜。商业经营为掌柜之责任，但掌柜若不得其人，致使商业失败，濒于破产，则领东要负责任。"现在国务员当行政之要冲，一国政务罔不赖其筹划，政务之得失自属国务员之责任。然苟国务员之失职，驯至国随以亡，或虽不亡，而至于不可救药，则大总统究不能不负责任否？国民能不责备大总统否？"① 表面上是想为政务的失败负责任，实则表示出对责任内阁制使大总统处于虚位不满。从反面可以看到责任内阁对袁世凯独裁的掣肘。正是由于北京临时政府政治制度建设延续了南京的政治方向，袁世凯感到不自由，不能随心所欲，随时发泄不满，千方百计要破坏这种政治制度，抛弃《临时约法》。

北京临时政府的政治制度建设，还具有与国际接轨，促进中国政治现代化的意义。

在行政方面，学习西方建立文官制度，在民国初年是一项创举。1912 年 10 月 16 日公布了《中央行政官官等法》和《中央行政官官俸法》。官等与前清时代官品不同，制定起来要参照外国经验。所以我们可以从法制局在提交两法草案给参议院审议时所陈述的理由中，看到起草者"参酌中外"的情形。在分等问题上，东西各国制度中，行政官皆分数等或十数等，既用来区别地位之尊卑，又用来区分俸给之多寡。同一官职可分数等，以年递升。根据这种情况，草案除特任官及聘任官外，分中央行政官为九等，简任官为

---

① 朱宗震、杨光辉编：《民初政争与二次革命》上编，上海人民出版社，1983 年，第 51 页。

一、二两等，荐任官为三、四、五三等，委任官分六、七、八、九四等。委任官在有些国家并不列等，草案分四等，乃是考虑到"既为国家之官吏，则亦同负政治上之责任"，应同样分等。在分级问题上，东西各国制度中，一等之中又分其俸给为数级，这是因为同一官等之官，其事务有繁简，责任有重轻，学识有优劣，办事有勤惰，俸给不能不稍有等差，草案亦仿效之，分一、二等官之俸为三级、三、四、五等官之俸为七级，六、七、八、九等官之俸为十二级。在俸额标准问题上，起草者考察了德、美、法、日等国特任官的俸额①后，所定数目比日本为稍多，比欧美则相差远甚。在定简任、荐任及委任各官官俸时，亦比较各国制度，斟酌中国生活状况，量度当时财政情形，所定皆极力从俭②。在年功加俸问题上，采用外国年功加俸之制，对工作年限长久之文官予以增加薪俸的奖励，以便使官吏久于其职，办事精敏。在官等官俸之关系问题上，各国定官俸之标准大约可分三类，一为以官定俸，二为职务定俸，三为官等定俸。草案则兼采各国标准，既有以官定俸，又有以官等定俸，而职务定俸之制亦包含于二者之中③。各国高等行政官考试，有的采用两试制，有的采用一试制，南京临时政府起草《文官考试令》时采用一试法，而北京临时政府起草《文官考试法》时采用德国制度两试法，因为两试制可以体现"慎重量才之意"。但草案与德国又有所不同，鉴于大学生才有应文官高等考试之资格，德国初试由大学进行，这本来是很好的办法，但中国大学规模粗具，设备未完，生徒又少，尚不能担此重任，所以采用德制而稍加变通，将初试亦归典试委员会举行。典试委员会在南京时已提出采日本制度，设高等典试委员会于中央，但中国幅员太广，交通不便，若文官高等考试必在中央，则寒士不堪其苦，所以草案分为中央及

---

① 他们了解到的情况是：德国宰相年俸 10 万马克，各部大臣年俸 5 万马克；美国各部总长年俸 1 万金元；法国各部总长年俸 6 万法郎；日本内阁总理年俸 12000 元，各省大臣年俸 8000 元。见《法制局拟订中央行政官官等法、官俸法草案理由》，载《政府公报》，1912 年 8 月 3 日，第 95 号。

② 《法制局拟订中央行政官官等法、官俸法草案理由》，载《政府公报》，1912 年 8 月 3 日，第 95 号。

③ 《参议院第十七次会议速记录》，载《政府公报》，1912 年 6 月 16 日，第 47 号。

地方两种，以便应试者就近赴考，而免跋涉之劳①。东西各国对于官吏皆保障其地位，不能任国家随意黜陟，所以使官吏知其地位非据法律不能动摇，其职业非据法律不能丧失，而后始能尽心职守。日本规定《文官分限令》以保障文官之地位。北京临时政府仿照各国制定了《文官保障法》，以便顾名思义，文官权益得到保障，国家亦可得用人之效。各国对于官吏还有惩戒法，以便在官吏违背其服从义务时国家能本其特别权力而惩戒之，这是国家操纵用人之要术。北京临时政府亦仿此而制定了《文官惩戒法》，并设立文官惩戒委员会。各国高等文官惩戒委员会只设一所于中央，而中国土地甚广，情形不同，不能不于各地分设，所以亦有所变通②。

在立法方面，《国会组织法》中两院制之两院的名称亦是参酌外国，几经讨论才定下来的。南京参议院起草和通过的《国会之组织法大纲》，规定国会采用两院制，草案拟定两院名称为"元老院"和"代议院"，但没有得到多数议员认可，一时定不下来，便"缓待讨论"。参议院北迁后，重新讨论国会组织及选举法大纲，对两院名称进行了充分的讨论。发言者多数人都以外国国会两院名称为参照，以增强自己观点的说服力。草案根据外国一般习惯，拟定为"参议院"、"众议院"，但有的参议员认为"凡共和各国采两院制者多称为上议院、下议院或元老院、代议院"，"参议院"与"众议院"名称不妥当，主张称"上议院"、"下议院"。有的参议员赞成南京原草案拟定的"元老院"和"代议院"，认为"'元老院'之名称仿自罗马，当其凯萨以前举有十二人，均属有学问、有名誉而年老者，谓之为'孙拿'，'孙拿'者元老之称也。迨后变为帝政时代，犹仍其名。美国共和成立，组织上议院，遂定为'孙免'，'孙免'者亦元老之意。法国上议院名之曰'孙拉的'，意义亦不外乎元老。总之世界各国凡国会之名称必有取义，绝对不能如代数学仅以符号代之也。中国从前既无上、下两院，此次共和成立，国会取两院制，议决名称不能说无取义"。"至于上下院之称，本英国制

---

① 《参议院第四十七次会议速记录》，载《政府公报》，1912 年 8 月 10 日，第 102 号。

② 《参议院第四十七次会议速记录》，载《政府公报》，1912 年 8 月 10 日，第 102 号。

度，上院为'丕文'，代表贵族，下院为'哈索失好门孙帖司'，代表平民；日本采取英制，上院为贵族院，下院为众议院。现在国体既号共和，此等专制名称更不可取。下院称为代议院者，乃代表人民之意，美法均同此名称，意义亦易为解释。"有人提出："名称问题系根据历史习惯之相沿，中外迥异，不必苟同。且数十年以来外人常以老大帝国目余，今脱离专制，变为共和，仍欲袭用元老名称，是吾国真老大矣乎？"此外还有一种意见，主张称为"左议院"与"右议院"，但马上遭到反对，认为"左"、"右"等字与"上"、"下"一样，全属符号之替代而已。通过辩论，最后表决时，赞成两院按原案定名为"参议院"与"众议院"的参议员仍占多数①。讨论的虽然只是名称问题，但参议员们引经据典，借鉴外国经验，认真辩论的精神还是值得肯定的。中国国会确定采用两院制，并定名为参议院与众议院，亦体现了中国政治制度与国际接轨的趋势。

---

① 《参议院第二十五次会议速记录》，载《政府公报》，1912 年 7 月 5 日，第66 号。

第五章 辛亥革命与民国政权建设

一 辛亥革命与国家政权现代化的探索

鸦片战争根本改变了中国历史的发展走向，延续二千多年的传统政治体系开始动摇，在西方强有力的挑战下，专制集权政治制度所固有的种种弊端完全暴露无遗；对外不能保家卫国，抵抗侵略，对内行政能力的不足无力将国家导入现代化的轨道，无论军事与商业都一次次惨败，割地、赔款成为中外关系的重要内容，中国一步步坠入半殖民地半封建社会的深渊。

由此而带来的是中国"传统政治体制"[①]的没落和"大一统"帝国体系的解体。晚清政府的国家权威在消失，传统体制中突出的皇权至上、中央集权，较高的行政效率已不复存在。清政府无力有效地调动和合理地配置中国现代化所需要的资源。中国现代化举步维艰，政治现代化和行政现代化更无从谈起。

1. 国家政权现代化的尝试——清末新政

现代化国家建设要建立现代国家体制，必须构建出一整套现代的"理性的"法律制度和行政系统。19 世纪六七十年代与中国的

---

① "传统政治体制"指自秦汉以来，中国"霸王之道"，融儒、法两家意理所发展出的一套高度中央集权的官僚体制和"大一统"的帝国体系。其特点是君权至高无上，"政教合一"的国家体制，儒家思想被提升为国家意理，渗透到国家制度之中，君主又是教主，负有解释法律、教化社会的责任，王位世袭与"教主"地位的结合构成专制皇权的合法性基础。参见马敏：《论孙中山的现代国家建设思想》，载《华中师范大学学报》，1998 年，第 4 期。

现代化差不多同时起步的日本，击败了封建的幕府势力，大刀阔斧地进行了旨在建立现代化国家的维新运动。30 年后，甲午海战成了检阅两者现代化进程的标尺，泱泱大国败于东瀛小邦的结局，使清政府颜面尽失，中国社会各阶层也深感耻辱。日本的崛起与中国的进一步衰落，显示了政府现代化、行政现代化的意义。面对全面激化的社会危机，清政府为应付内外压力，主动进行了规模空前的新政改革，缓慢地开启了现代化的闸门。

1901 年—1911 年的清末新政，是一场不彻底的改革，它既推动了中国政治现代化，加速中国社会的新陈代谢，又促进清王朝的加速灭亡。清政府推行新政的目的，是企图效法英、德和日本，变君主制为君主立宪，通过政治制度的变更实现自我挽救。

新政改革涵盖的内容非常广泛，从政治制度到官僚体制，从法律体系到经济政策，进而扩展到培养与选拔官吏的教育制度。对政权建设影响至巨的有以下几个方面：

（1）实行立法、司法、行政三权分立的政治原则，建立君主立宪政体的责任内阁制。封建时代的中国，长期以来，立法、司法、行政的最高权力集中于皇帝，国家机构分工不明，权限不清，地方督抚也集三权于一身。1906 年 10 月清政府对中央和地方各级政府机构的职责权限作了明确规定：立法权由议会行使，议会有权对内阁进行监督、弹劾。议会成立之前，先设资政院作为过渡机构；内阁行使行政权，为全国最高行政机关，执行议会的决议，对皇帝负责；司法方面，法部为最高司法行政机构，大理院为最高审判机关。根据《内阁官制》及《内阁办事暂行章程》的规定，最高行政机关的内阁，由总理大臣，协理大臣和各部院大臣组成（统称国务大臣），其职责为"辅弼皇帝，担负责任"。国务大臣会议为内阁最高权力机构，有权制定和议决国家的法律、敕令、官制、国家预决算、外交条约及重要对外交涉、军国要政、官员任免、仲裁调解各部院之间的争议以及奉特旨与议院移送的民众陈诉事件等。1908 年 8 月 27 日公布的《钦定宪法大纲》对三权分立的原则进一步给予确认，该大纲总纲规定中国采取"君主立宪政体"，实行三权分立的方式进行统治。大纲列举了"君上大权"十四条，规定三权皆归君上"总揽"，但同时又规定"以议会协赞立法、以政府辅弼行政、以法院遵律司法"，对过去君主无限的权力进行了一定程度的限制。为了配合《钦定宪法大纲》的实施,清政府修订了一系列新的法典规章。1909 年,清政府编纂了中国第一部《法院编制法》,修改并重新制定了大清新刑律(53 章 387 条),并将民法、刑法分开。此外,还准备用三年时间编纂一部大清法典,修订商法、民法、民事诉讼法、刑事诉讼法及有关附属法,确认程序立法等。

(2)厘定官制。清政府官制的腐朽,早在维新变法时期就已被维新人士所批评,企图对它进行改造,最终取而代之。梁启超认为"变法之本,在育人才,人才之兴,在开学校,学校之立,在变科举,而一切要其大成,在变官制"①。直到 1901 年 4 月,清政府才设立督办政务处,负责官制改革。官制改革分两个阶段:1906 年以前,主要是整饬吏治、裁汰与合并中央和地方的若干旧有机构。中央裁汰了各衙门的胥吏差役,归并詹事府于翰林院,撤通政使司;地方裁撤了河道总督和云南、湖北、广东三省巡抚以及漕运总督。同时新设了像督办政务处、商部、学部和巡警部等新机构。1906 年以后,官制改革被纳入了宪政轨道,清政府成立"编制馆"作为编纂官制的专门机构。编制馆要求按照立宪国体,以三权并峙的原则改革中央体制,故 1907 年 9 月,清政府谕令设资政院,以立议院为基础,命令各省设咨议局,府州县设议事会。咨议局的功能是指陈通省利弊,筹计地方治安,并为资政院储材之阶。与此同时,中央各部进行了大改组,改巡警部为民政部,财政处并入户部改称度支部,兵部、太仆寺和练兵处合并组建陆军部,改刑部为法部,太常寺、光禄寺、鸿胪寺合并为礼部,工部与商部合并为农工商部,改大理寺为大理院,专司审判,为司法终审机关,新设邮传部,学部、吏部、外务部如旧。

(3)废科举建立现代教育制度。渊源于隋唐至清末已有 1300 余年的科举取士制度对中国传统社会的政治、经济、文化、伦理、社会习俗与心理诸方面均有着巨大的影响。但随着人口的增加,通过科举正途录取名额几无变化,造成大量文人过剩,本是封建政治基础力量的文人被弃之于野。同时清末新学兴起,八股取士学非所用,内政外交、治兵理财,皆非士子们所长。终致 1905 年 9 月,

---

① 中国近代史资料丛刊《戊戌变法》(二),上海人民出版社,1961 年,第 21 页。

清政府宣布所有会试一律停止，设立学部，中国学校教育纳入了现代教育轨道。科举制度的废除标志着一个时代的结束和另一个时代的开始。

清末新政是清政府面临严重内忧外患的特定历史条件下进行的，在"不变亦变，变亦变"、"不变则亡"的无奈中，两害相权取其轻。因此，清王朝为了自救，必须进行一些真正的改革，以适应环境发展的需要，从而维持或延长自己的统治。若真的进行改革，势必要放弃很大一部分的统治权，结果只能导致自己统治的削弱。从一开始，清末新政便是在清政府"非本愿但又必行"的矛盾状态下展开的。

迫于西方列强的压力，慑于革命风潮的兴起，才不得不推行新政的举措，虽远比戊戌维新时范围广泛而且更有力度，但主持新政的清王朝面对《辛丑条约》订立后，主权丧尽的局势，奇耻大辱的气氛，既失去了时机，也失去了民心，始终处于被动地位。

清王朝的官制改革，在中央仿效西方国家初步建立起国家机构，但其真实意图和具体作法不外敛财和集权二事。举办新政需要大量的经费支持，这对于背负巨额赔款和外债的清王朝来说，实在是捉襟见肘，难以为继。中央集中权力之后，却又未能有效地推动各项工作的进展，迟延数年，"欲兴农工商，农工商部无一款可拨；（地方）或倔强以对外，则受外部之严诘；（地方）或财政之支绌，而度支部催解如无常之催命符"[1]。这就是说，中央政府部门只行使权力而不履行责任，只管聚敛，而对地方的需求和遇到的困难不闻不问，结果只能加剧地方的离心。"近年以来，国民已极凋敝，加以各省摊派赔款，益复不支，剜肉补疮，生计日蹙……闻各省督抚，因举办地方要政，又复多方筹款，几同竭泽而渔，其中官吏之抑勒，差役之骚扰，劣绅讼棍之播弄，皆在所不免。"[2] 新政推行的结果，并未舒缓清廷内政外交所面临的困境，反而加剧了国内的社会危机，革命形势成熟的重要动因之一恰恰是推行新政。

在推行新政的过程中，围绕中央与地方、满洲权贵与汉族官僚的争权夺利，又使弊病丛生的清王朝更加病魔缠身。在厘定中央官

---

[1] 《中央集权发微》，载《克复学报》，1911年，第2期。
[2] 朱寿朋：《光绪朝东华录》，中华书局，1958年，总第5251页。

制体系的同时，1907 年 7 月，清政府谕准编制馆上奏的《修订各直省官制情形折》，该折的基本精神是司法独立和地方自治，目的是通过改革地方官制来加强中央集权，而大部分督抚认为："中国举行新政，诚为自强之需要，然求治不宜过急，以'免蹈危机'。"致使地方官制改革收效甚微。中央与地方的关系更加微妙，地方督抚的态度直接决定着新政的成败。

19 世纪中叶以前，清廷高度集权，控制着地方的军事、财政和人事行政权，又以布、按二司分割巡抚权力，以提镇武职牵制总督权力，督抚权力有限。19 世纪五六十年代，第二次鸦片战争和太平天国运动爆发后，内忧外患的压力，迫使清政府放松了地方军权与财权。清朝"王威素重"的中央集权权力体制开始向"内轻外重"的中央与地方双重权力结构转变。首先，由于八旗、绿营的没落，在籍官绅举办团练，军权下落。原为镇压农民起义的权宜之计，结果形成了兵为将有、饷由帅筹的私人属性的地方势力。曾国藩的湘军，李鸿章的淮军，由此产生。随后，军事统帅因军事实力兼任地方封疆大吏，使军权与行政权有机结合。其次，由于财力困难和镇压农民起义的需要，户部统筹一切财权已不可能，清政府允许各省就地筹饷，并赋予地方督抚控制财政的合法权力，地方政府拥有了与中央分庭抗礼的财政支持。第三，地方督抚参与决策权。在办理洋务中的外交、经济、战备等问题上的决策，都由地方督抚条陈奏折形式批准决定。

晚清时期，地方督抚权力的增强已很明显，只是尚未达到公开与朝廷对抗的程度。所以，晚清时期中国仍维持着统一的局面。但在这种统一的表面下，中央与地方的关系已不同于以往。地方督抚坐镇一方，军政大权在握，以其拥有的实力成为晚清最后十年清政府依恃的主要社会力量。同时地方督抚亦可依据自己的政治见解和需要，对朝廷的诏令或积极支持，或敷衍应付、置若罔闻，于时事政局起着举足轻重的影响。1900 年清政府向八国联军宣战，而东南督抚十余人，竟然漠视朝廷的对外宣战诏书，私与西方列强达成所谓"两不相扰"的东南互保协议。甚至义和团运动后期，东南督抚成为清政府同各交战国政府间的协调人。由于政治观点接近，切身利益相同，督抚革新派联手，出现"各省督抚之力，未尝不足以敌中央"的情形。

与戊戌维新时期地方督抚消极、拖延态度截然相反的是，在清末新政中地方督抚对新政改革积极倡导，努力推行。张之洞、刘坤一、袁世凯等上奏请求变法，希望通过改革来消弭内忧外患，强国富国保存圣教。袁世凯提出新政意见十条，贡献筹办新政办法。整饬吏治，改革教育，废除科举的主张由督抚推动，清廷的预备立宪也是地方督抚同时奏请的结果。地方督抚的积极参与，使新政在广度、深度上超过了洋务运动、维新变法，在某种程度上突破了相沿已久的"祖制"，在不自觉地朝现代化的国家建制推进。

转型时期的政治权威面临两个挑战。首先，一个落后民族面对的外部危机与列强压力，一方面固然迫使统治者不得不进行改革，另一方面，这种危机的深化又会极大削弱执政者的权威，并反过来引诱统治者去从事力不从心的大幅度改革，以重新取得失去的权威，这就会使政权陷入一种饮鸩止渴的恶性循环：大幅度改革缺乏地方上实验的机会就匆匆出台，会进一步把事情弄得更坏，由于统治者已经缺乏足够的权威来控制局面，导致失控，进一步失去权威，这又进一步迫使统治者走向更进一步的改革，如此循环。

其次，清末新政时期可以说是中国社会开始由半殖民地半封建社会向现代社会的转型时期。由于中国并不存在经济、社会、政治与文化、民俗等因素的支持，简单地移植西方制度只能导致更为严重的"旧者已亡，新者未立"的失范。转型期的政府根本不可能同时满足政治、经济、社会与文化的诉求，这反过来又进一步引起不同阶层的政治挫折感的叠加，并形成反政府的同盟。如保路运动中地方主义派、民族主义者、同盟会的革命派、商办铁路公司的既得利益者、受摊派之苦的农民、激进的立宪派，这些五花八门的不同阶层与利益集团，居然在反对路权国有这个基本正确国策的过程中，形成一种反政府的同盟。

2. 国家政权现代化的探索——总统制与内阁制

南京临时政府建立之后，中国政府行政体制问题成为各方一时争论的焦点。武昌起义的成功使胜利突然来临，完全出乎革命党人的意料之外，他们既没有思想上的准备，也没有建立新生共和国的组织准备，中华民国南京临时政府就是在这样的革命过程中匆忙诞生的。辛亥革命时期的革命派力图以革命手段移植西方近代的政治制度，但行总统制还是内阁制意见不一。

20世纪初，西方资本主义国家较为成熟的政治制度，大致有内阁制、总统制和委员制三种类型。内阁制以英国为典型，总统制以美国为典型，一般资本主义国家普遍采用这两种制度。由于南京临时政府仓促成立，创设新制度是不可能的，而且，革命派的目的也就是要通过革命手段把西方的民主制度移植到中国来。但是究竟采用哪种体制才能适合中国国情，是一个重要议题。

南京临时政府成立前夕，同盟会内部围绕实行内阁制还是实行总统制的问题展开了争论。以宋教仁为代表的少数派主张实行内阁制，大多数人主张实行总统制。在起义各省都督府代表大会通过的《中华民国临时政府组织大纲》决定实行总统制。组织大纲规定，总统权力极大，总统发布的一切命令不需要任何人的副署。宋教仁等对此持反对态度。他同吕志伊、居正等一起对组织大纲提出修改方案，坚持"临时大总统发布法律及有关政务之命令时，须副署之"。民国初年的政治家认为，执行政务中的"副署权"是内阁制区别于总统制的主要标志。但是，宋教仁坚持内阁制的主张遭到非议，他们提出的将总统制改为国务员集体负责的内阁制修正案，在马君武等人指责"宋教仁是自谋总理"的声浪中被否决了①。

孙中山从海外归来的第二天，同盟会最高干部会议再次商讨建立临时政府问题。宋教仁仍然坚持内阁制。孙中山主张实行美国式总统制，并阐述了具体理由：第一，临时政府要在满清专制王朝的废墟上建立新的中华民国，所面临的任务非常艰巨，内阁制在和平环境"不使元首当政治之冲，故以总理对国会负责"，但绝非眼下"非常时所宜"提倡的；第二，内阁制本来是为防止总统专权的，但总统系同盟会自己推举的人选，我们不能对自己推举信任的人，设置种种限制。孙中山已被同盟会商定为总统人选，他表示不肯做内阁制下的空头总统，"以误革命之大计"。其余的人都同意孙中山的意见。于是同盟会领导集团内部以少数服从多数的办法，决定采用总统制。

1912年1月2日公布了奠定总统制基础的《修正中华民国临时政府组织大纲》。"修正大纲"共4章21条，其中关于总统的规定占7条，参议院的规定占10条，行政各部与附则各占2条。有

---

① 李剑农：《最近三十年中国政治史》，中华书局，1965年，第206页。

关临时大总统、副总统的主要内容为：临时大总统有统治全国之权、统率海陆军之权；有宣战、媾和、缔结条约之权（得征求参议院之同意）；有制定官制和任免文武官员之权（制定官制和任免国务员及外交专使时须征得参议院同意）；有设立临时中央审判所之权（须得参议院之同意）；临时大总统因故去职时，得由副总统升任之，但大总统有故不能视事时，得受大总统之委任，副总统方可代行其职权①。根据修正大纲，临时大总统在立法、行政、司法三权中，已经具有行政、司法两权。临时大总统在名义上虽无立法权，但对参议院议决之事有复议权。如果大总统对参议院议决之事不予赞同，即可声明理由，交其复议；参议院对于复议之件，必须有到会参议员三分之二以上同意，方可仍交总统执行。如果大总统能够操纵参议员三分之一以上，即可否决参议院的议案。因此，修正大纲虽以三权分立相标榜，实际上三权集于大总统一人手中。总统的权力已接近于封建君主，这是深谙西方民主政制的宋教仁等极力反对的。

清帝退位，孙中山要将总统之位让给袁世凯，历来坚持内阁制的宋教仁认为，孙中山解除总统职务之前，临时参议院应该紧急制定一部具有宪法性质的法律代替"临时政府组织大纲"，将总统制改为责任内阁制，用以防范袁世凯的野心。随着袁世凯夺权活动的加剧，原来主张总统制的一派人，也认可了内阁制。孙中山等觉得，宋教仁的看法和提议是很有道理的，转而全力支持宋教仁。宋教仁主持制定的《中华民国临时约法》，很快获得通过，并且于1912年3月11日公布于众。

《临时约法》对"临时大总统、副总统"的有关规定共计14条。从条文形式看，大总统的权力与原政府组织大纲相比似乎并没有减少，但实际上其所有的权力都受到了"须经参议院之同意"和"得依法办事"的严格限制。《临时约法》还增设了"国务员"和"法院"两章重要内容。这两章规定也是为了限制总统的权力。约法规定实行责任内阁制，各部部长（通称国务员）"辅佐"大总统处理全国政务，负实际责任，并对临时大总统提出法律案、公布法

---

① 《中华民国临时政府组织大纲》，见《中华民国开国五十年文献》第2编第2册，正中书局，1962年，第18页。

制和发布命令进行"副署"（未经"副署"者无效），以示对参议院负责。约法还进一步规定内阁总理、各部部长及政府委员，有出席参议院会议和发言的权利①。如此，国务员及其委员实际上身兼内阁阁员和参议员的双重身份，可以合法地利用参议员身份操纵议会。参议院实际上处于内阁控制之下。《临时约法》的这些规定，就是要通过参议院对总统权力的限制和国务员对总统行政权力以及法院对总统的司法权力的分割，把总统的实际权力减弱到最小限度。

《临时约法》虽是"因人立法"，改总统制为内阁制，但却是适应形势需要的。因为几千年的封建专制统治，皇帝的形象在中国人的脑海中抹不掉，内阁制更能防止复辟事件的发生，更能从政治制度上铲除滋生专制独裁的土壤。在孙中山就任临时大总统时，人们根本没有想到要去怀疑他会实行独裁，更不会想到他实行复辟，自立为皇帝。孙中山一生中最终追求的目标，就是要建立一个独立自主、繁荣昌盛和"民有、民治、民享"的民主共和国。在一般人心目中，孙中山就是民主的象征，人们信任他、崇拜他。民国伊始，万事待兴，在清军进攻的威胁之下，集中权力，统一行动非常必要。但袁世凯继任大总统时，情形发生了根本的变化②。

袁世凯为人奸诈，阴险毒辣，两面三刀。他野心勃勃，权力欲极强。他乘清廷之危，一方面挟持清帝，以压迫南京临时政府妥协，另一方面又以南方革命军威逼清室向他交出统治权。在南北和谈中，南方革命党人已洞悉其奸，只是为了推翻清帝、顾全民国统一大业而予以让步。袁被举为临时大总统，骤然使革命党人感到总统制包藏着危险的隐患。原来主张实行总统制的人深深感到中国实行内阁制的必要和重要，深深感到只有内阁制才能制止帝制复辟事件的发生。

即使如此，袁世凯当上临时大总统后，依靠帝国主义的支持，以北洋军为武力后盾，凭借占据中央的有利地位，处心积虑，要把

---

① 《中华民国临时约法》，见《中华民国史档案资料汇编》第 2 辑，江苏古籍出版社，1991 年，第 110 页。

② 参见石柏林：《论南京临时政府旧期关于内阁制与总统制的探索及其意义》，载《政治学研究》，1997 年，第 3 期。

所有权力集于一身。责任内阁制成为阻止袁世凯的重要障碍，他便千方百计地破坏责任内阁制，想方设法重新确立总统制。

临时政府北迁后，革命党内部发生分化，一部分人开始"功成身退"，一部分人蜕变与北京政府同流合污，只有以宋教仁为代表的民权主义者以宪法、内阁、国会作为同袁世凯进行斗争的武器。袁世凯原本没把《临时约法》、内阁制和国民党竞选国会多数议席当一回事。当宋教仁组党并占据国会多数议席后，袁氏便感到事态的严重性。特别是宋教仁以国民党代理理事长身份并以咄咄逼人的姿态要组织责任内阁时，袁世凯更感到问题的严重。他曾对心腹说："我现在不怕国民党以暴力夺取政权，就怕他们以合法手段取得政权，把我摆在无权无勇的位子上。"于是，袁世凯用高官与金钱进行收买，要宋教仁放弃责任内阁制，表示只要他不坚持责任内阁，就一定借重他担任总理。高官厚禄不能收买之后，决意暗杀，使其责任内阁制不能实现。

宋教仁被刺后，1913 年 4 月，袁世凯要"军事统一"：南方革命军被裁减殆尽，而自己的嫡系大肆扩张；5 月，"统一财政"：筹备中国银行，统一货币，剥夺了地方政府的借款权，而对袁世凯的中央政府没有任何限制。整理财政，将各种税收统一上缴中央，地方政府财政能力锐减；1913 年初，袁世凯进行"行政统一"，以大总统命令的形式获得了对地方官员的任免权。10 月，袁世凯成为正式大总统后，便拿国会和《临时约法》开刀，炮制《中华民国约法》，一脚踢开国会，另以政治会议、约法会议取代国会职能，并利用约法会议制造出了一部取代南京临时政府《临时约法》的所谓"新约法"。

"新约法"通篇贯穿着专制主义的"大一统"精神和反动的皇权思想，具有极端专制独裁的显著特征，规定废除责任内阁制，实行总统制。总统的行政权与封建君主的行政权相等。总统不受任何约束。总统可以解散立法院，而立法院却不能弹劾总统。总统掌握着宪法制定权。"新约法"规定的总统制的专制独裁特征及其基本内容，可以用大总统"总揽统治权"一句话概括之，这是对《临时约法》的根本改变。总统不仅独揽国家行政大权，而且掌握着立法、司法大权，成为至高无上的统治者。"新约法"根据袁的旨意，把恣意破坏民主政治制度所攫取到的各种专制独裁特权，用法律的形式肯定下来，同时也为他进一步扩张权力提供了"法律依据"。

袁世凯处心积虑图谋确立的总统制，实际上是君主专制独裁制的翻版。通过新约法，袁世凯取得如同封建帝王般至高无上的权力；而通过对"大总统选举法"的修正，又取得了如同封建君主一样皇位终身享有，并可世袭的权力。最终走向洪宪帝制。

美国的总统制与英国的内阁制同属西方民主政治制度，但它是美、英两国特定历史条件的产物。美国行总统制是因为国家历史较短，没有经过封建时代和封建专制传统，独立各个州需要有一个强有力的联邦行政首脑来加强统治。英国采行内阁制，可以最大可能地消除封建专制传统，与君主立宪政体相适宜。

以20世纪初南京临时政府建立时的中国而论，国民经济中占优势的依然是小农经济，小生产的生产方式是当时的主要社会基础。封建社会延续下来的这种个体经济和个体生产方式，并没有得到多少改变，它们的存在，仍然是专制独裁政体复活的客观物质基础。中国广大民众深受封建宗法思想与封建伦理道德的毒害，尤其是"三纲五常"、"天人感应"说，宣扬主从关系绝对不能颠倒，把封建社会的统治秩序神化为宇宙的法则，以此论证封建统治的神权、皇权、族权和夫权的合理性与永恒性，并把它们改造成为封建社会的正统思想。经过维新变法运动和辛亥革命后，资产阶级的民主政治观念虽已开始深入人心，但这并不意味着民主思想已经战胜了封建思想。绝大多数中国人还没有摆脱封建传统思想的束缚。封建皇权思想以及"君为臣纲"的思想在他们的头脑中还占据相当的地位。

中国国情表明，专制独裁制度在中国复活是有着深厚的经济基础和思想基础的。在这种社会基础之上，如果没有一种适合中国国情类型的政治制度，就很难保证资产阶级民主政治的实现。中国社会客观上存在的专制独裁政体复活的经济基础与思想基础，如果再与总统制结合在一起，对中国民主政治的进程是大为不利的，其后果也将是不堪设想的。正是由于这些因素，便决定了南京临时政府以后的那些怀有独裁专制野心的阴谋家，无不憎恨内阁制而追求总统制，以实现家天下的企图。

近代中国民主政治发展的历史进程表明，南京临时政府确立的内阁制，是一种符合中国国情的政治制度。

3. 孙中山的现代国家政权理论

辛亥革命在破旧，即结束中国两千多年的封建君主专制方面是成功的，但在立新，即建立体现资产阶级利益诉求的民主共和体制、推进国家现代化方面是不成功的，因为辛亥革命后的中国社会，从政治到经济并没有按照以孙中山为首的资产阶级政治家设计的方向和意愿发展。相反的，洪宪帝制、张勋复辟，军阀割据，社会严重失序，建立现代型国家的任务并未实现。孙中山先生为重建国家进行了不懈的理论探索，在其晚年构筑了关于在中国建立现代新型国家的较为系统、完整的理论学说。

孙中山现代国家建设的理想方案包括三个方面：

第一，建立现代化国家的基础是民族主义。民族主义是与 19 世纪欧洲资本主义的上升相联系的。孙中山受此启发，以此作为在中国构建现代化新型国家的起点。孙中山认为，中国最大的危机是"不合群，一盘散沙，缺乏内在的凝聚力，中国人只有家族和宗教的团体，没有民族的精神，所以虽有四万万人结成一个中国，实在是一片散沙，弄到今日是世界上最贫弱的国家，处国际中最低下的地位"[①]。提倡民族主义，用民族精神来救国，以中华民族作为实体，建立统一的新型民族国家是改变这种状况的途径。依据晚清时期的社会现实，孙中山认为，民族主义和民族建国，对内而言，就是排除满族的专制，建立一个多民族的共和的国家，使汉、满、蒙、回、藏各民族处于平等地位，都能有共同参与国家政治的权利。对外而言，民族主义就是要废除帝国主义的不平等条约和不平等待遇，使中华民族在国际上求得独立、自由和平等的地位。由此可知，孙中山所提倡的民族主义和民族国家，是要将我国分离的各民族统合为密切关联的一个整体——中华民族，并将许多分散的小社会（家庭、宗族）结合为互有关联的大社会——民族国家，对内求得国家的统一与强盛，对外求得民族独立与平等，为国家的现代化建设赢得一个好的环境，创造一个崭新的局面，谋求建立一个独立富强的中国。

第二，建立现代化国家的本质是民主主义。民主是现代政治发

---

① 孙中山：《民族主义》，见《孙中山选集》下卷，人民出版社，1956 年，第 593～594 页。

展的根本方向。辛亥革命推翻清王朝、废除封建帝制，建立民族国家，其根本目的就是要彻底改革中国的传统政治，建立主权在民的民主共和政体。孙中山认为：中国数千年来都是君主专制政体，是恶劣政治的根本，即使是汉人为君主，也不能不革命①。"主权在民"是新型民主国家与过去封建王朝的根本区别，人民在政治上平等，有参与政治的充分权利，"凡人民之事，人民分理之"②。"主权在民"，使国家的法理基础从万世一系的"君权"转移到"四万万人一切平等"的民权，扩大了民众政治参与的程度，奠定了新型民族国家的"政治合法性"。这种"政治合法性"的本质即指民心向背的程度，一个为全民拥护的合法性的民主政府，是民族国家得以维系和壮大的关键。

第三，建立现代化国家的最终目的是民生主义。民生主义的目标首在求富，即发展经济，增强国家的经济实力。孙中山认为，贫穷是中国最大的问题，也是国力不强的根本原因，他主张："中国今日苟欲图强，必先致富。"③ 鉴于欧美资本主义社会贫富不均、社会问题严重，他在主张求富求强的同时，竭力主张求均，公平分配，实现社会主义。从"平均地权"、"节制资本"两条基本措施，不难看出，孙中山强调国家在社会经济发展中的重要组织、调节作用，主张政府积极干预经济，充分发挥其经济组织职能，强调政治革命和社会革命毕其功于一役。

为了实施现代国家建设思想，孙中山有着非常深入细致的考虑，这集中体现在他的革命程序论之中。几千年的君主专制，使国人对政治参与和政治民主缺乏必要的心理准备和适当的制度安排，同时中国要实现从农业社会向现代工商社会的转型，也需要一个较长的过渡期，这肯定会导致新旧思想与制度的冲突。孙中山对中国的国情与西方的民主政治都有深切的了解，为顺利实现专制政治向民主政治的转化，他提出"革命程序论"主张，期望中国现代民主政治的发

---

① 孙中山：《在东京〈民报〉创刊周年庆祝大会的演说》，见《孙中山全集》第1卷，中华书局，1981年，第325页。

② 孙中山：《在东京〈民报〉创刊周年庆祝大会的演说》，见《孙中山全集》第1卷，中华书局，1981年，第318页。

③ 孙中山：《国民党政见宣言》，见《国父全集》第4集，台北中央文物供应社，1973年，第79页。

展能循序演进。

1905 年，孙中山在同盟会军政府宣言中提出民主建国必须经历三个程序：第一期为"军法之治"，为军政府督率国民扫除旧污的时代；第二期为"约法之治"，为军政府授地方自治权于人民而自总揽国事的时代；第三期为"宪法之治"，为军政府解除政权，以宪法规定的国家机关分掌国事的时代①。三个时期各有不同的政权建设的中心任务和目标，相互区别又相互联系，循序渐进。它客观地反映了以"非常手段"夺取政权后实现"民主政治"的复杂进程，是孙中山关于政权建设和民主政治发展的重要主张。民国成立之后的事实表明，民国徒有虚名，孙中山深感革命方略未能逐步实行，1914 年在中华革命党党章中又重申"军政"、"训政"与"宪政"三期革命程序。1924 年国民党改组时，孙中山更正式地把"军政"、"训政"与"宪政"三期革命程序，写入《国民政府建国大纲》，以此作为指导国民革命，建设现代国家的政治纲领。为此，孙中山昭示国人："今后的革命，不但当用力于建设，且当规定不可逾越之程序。"② 建国大纲共二十五条，大纲明确宣布："国民政府本革命之三民主义、五权宪法，以建设中华民国。"为着在中国实现民主政治、建立民主共和国，必须经过军政、训政、宪政三个时期：军政时期，"一切制度，悉隶于军政之下。政府一面用兵以扫除国内之障碍，一面宣传主义以开化全国之人心，而促进国家之统一"。训政时期，开始为"一省军事完全底定之日"，政府当派员赴各县筹办自治，训练人民行使选举、罢免、创制、复决四种政权。各县地方自治政府成立后，选国民代表一员组织代表会，参与中央政事。中央及地方官员，皆须经中央考试铨定资格。凡一省各县都达到完全自治，即为宪政开始时期，国民代表会选举省长为本省自治监督，至于该省内之国家行政，则省长受中央之指导。宪政时期，中央政府试行五权政治，设行政、立法、司法、考试、监察五院。行政院暂设内政、外交、军政、财政、农矿、工商、教育、

　　① 孙中山：《中国同盟会革命方略》，见《孙中山全集》第 1 卷，中华书局，1981 年，第 297～298 页。

　　② 孙中山：《国民政府建国大纲》，见《孙中山全集》第 9 卷，中华书局，1986 年，第 126～129 页。

交通八部。五院院长由总统任免督率。立法院议定宪法草案，俟全国过半数省份达到完全自治时期，开国民大会决定宪法而颁布之。宪法颁布后，国民大会即为全国最高权力机关，对中央官员有选举、罢免权，对中央法律有创制、复决权。宪法颁布之日，即为宪政告成之时，国民依法举行全国大选，国民政府则于大选后三个月解职，而授政于民选政府，是为建国之大功告成。至此，孙中山革命程序论的规划乃灿然大备，正式确立。

革命程序论实质上是实现国家政治现代化的一种策略理论，其核心意义在于强调国民政治能力和国家建设能力的"养成"，即现代政治发展是一个培植、教育的过程，他巧妙地借取了中国传统政治中注重"教化"的传统。这一实践性很强的理论成为联结孙中山民权主义政治蓝图与中国社会实际的桥梁，在孙中山现代国家理论的思想系统中占有重要的地位。

民国成立后，政党林立，政治纷争不断，现实政治陷入困境，孙中山将政党政治与"革命程序论"相结合，提出在"军政"阶段，采用"以党建国"，先以武力扫除国内的各种政治障碍，集中各阶层的势力而统属于革命党，实行国民革命，以推翻军阀统治。在"训政"阶段，采用"以党治国"，由革命党担负起训政的责任，训练人民如何去使用民权，培育民主政治，以实现向宪政的过渡①。只有到了"宪政"阶段，方能推行两党制或多党制的政党政治，最终实现"民有"、"民治"、"民享"。

现代化的国家建构，除强有力的中央政府外，还须辅以与中央相辅相成的地方政府，以达到政令的贯通，国家的各项功能得到充分的发挥。孙中山鉴于清末中央无法驾驭地方，地方势力坐大的教训，主张中央与地方关系应采取兼有中央集权和地方分权两种政体优点的"均权制度"。

1923年，孙中山在《发扬民治说帖》中指出：均权原则是实现民治的关键。1924年1月，在《中国国民党第一次全国代表大会宣言》中，他首次提出"均权"的概念，即"关于中央及地方之权限采均权主义。……不偏于中央集权制或地方分权制"。孙中山

---

① 孙中山：《训政之解释》，见《国父全集》第3集，台北中央文物供应社，1973年，第184～185页。

关于中央与地方关系的思考，突破了时人主张中央集权或地方分权的非此即彼的思维局限，根据中国国情提出了一个兼采两者之长的均权构想。

"均权主义"思想的核心是以事务的性质作为划分中央与地方管理权限的基本标准和基本原则。它不是权力关系上的平均主义，不是把权力在中央与地方之间进行"平均"分配，而是依据事务的性质，对其管辖权进行科学、合理的划分。均权主义思想的提出，使中央与地方不再单纯以自身获得更多权力为目标，能够消弭彼此之间的壁垒，使各自有其应有的权力，各自尽其应尽的职责，既不偏上，也不偏下，这就为跳出"专制——割据——专制"的怪圈奠定了基础。

均权主义是孙中山针对中央与地方关系、集权与分权关系所提出的，它以权力的纵向配置为关注的焦点。孙中山主张，无论是对中央政府的治权，还是对地方政府的治权，或是县为单位的人民自治权利，均应以宪法和法律加以明确区分和规定，使之界限分明而又井然有序，使之各有所遵又相互协调，使各级政府及自治团体之所为，都以法的规定为依归，而不以执政者的个人意志随意转移。

均权主义的理论基础有三个：第一，政治力量平衡论。孙中山认为，政治有两个力量：一个是自由力量，一个是维持秩序的力量。自由太过，便成了无政府；束缚太深，便成了专制。据此，中央与地方之间的分权，也应力求平衡，做到分权无碍于统一，集中无碍于自由。这样，中央与地方就能保持协调和活力，从而实现国家整体的最大利益。第二，国家有机体论。孙中山受西方国家和社会有机体说的影响，认为国家和人体一样，也应是一个有机体，国家各组成部分分别为国家这一整体承担不同的职能。虽然国家不像人体那样组织得十分精妙，但国家的组织与管理还是应力求趋向高度严密的有机性。他把均权主义看做是使国家获得高度有机性的重要理论。由于在一个有机体中，各部件都是不可缺少的，都具有同等重要的地位。所以，孙中山主张在中央与地方权力划分上，应一视同仁，不能偏向任何一方，应从整个有机体的协调和发展角度，选择合理的划分形式。第三，集权分权偏颇论。孙中山认为，完全实行中央集权或完全实行地方分权，都是十分片面的做法。实行均权主义，不是简单的权力集中和分散，而是依职能的合理归属来确定中央与地方的关系，这样才能很好地克服完全集权和完全分权所不可避免的流弊，并确立起综合集权与分权所具有的优点的中央与地方关系模式。

均权主义构想的内涵主要有三个方面：第一，均权的基本原则。中央与地方的权限分配，不应以中央或地方为对象，而应以该权的性质为对象。"有全国一致之性质"的事务，其治权由中央管理；"有因地制宜之性质"的事务，其治权由相应的地方政府来管理。该属于中央的，属于中央；该属于地方的，属于地方。如军事、外交，应该属于中央。教育、卫生，因地方情况的不同而有差异，应属于地方。就军事而言，国防固然应归中央管辖，但警备设施，又以属于地方为好①。第二，所均者是治权而非主权。孙中山认为，国家权力分配于中央与地方问题，与主权在民无涉。也就是说，均权中所均之权是指对国家的各项管理权，即治权，而不是中华民国的主权，主权是不可分割的。同时，孙中山强调，治权也必须要由人民掌握，实行民治。只有实行民治，中央与地方之治权划分才具有意义。第三，地方自治是均权的前提。孙中山认为，要使均权贯彻实行，就必须实行地方自治。孙中山所主张的地方自治，以县为自治单位，省作为中央与县之枢纽。将县定为自治单位的理由在于：一是以县为自治单位，是变官治为民治。二是县级事务于人民最为密切，县自治是基础，若没有县自治，对于中央和省，更无从谈起。三是一些基础事务皆应从县开始。只有县把这些事务办好，然后才可选举，否则就会出现选举舞弊。四是人民参与国事，以县自治为凭藉，没有县自治，人民就失去参与国事的根据②。

由此可以看出，均权主义是在总结和综合集权主义与地方分权主义基础上的新发展。它跳出了集权主义和地方分权主义在中央与地方权力分配问题上的争论，从中央和地方的职能关系上，寻求中央与地方关系的平衡和地方自治的合理性。均权主义不否认权力在中央与地方之间集中与分散的重要性，但认为更重要的应是职能在中央与地方之间的分工与协调，因为只有这样，中央与地方的权力关系才能在合理的职能关系基础上得到合理的解决。

---

① 《孙中山集外集》，上海人民出版社，1990年，第32~33页。
② 《孙中山全集》第7卷，中华书局，1985年，第67页。

均权主义所理想的中央与地方关系模式是：(1) 从保证国家整体和谐出发，在中央与地方之间进行职能划分，并赋予相应的权力。(2) 在职能划分中，涉及整个国家安全和全社会进步与幸福的职能归属中央政府，并赋予相应的权力，涉及地方事务的职能划归地方，也赋予相应的权力，因而，地方与中央的权力，都不是相互之间让予而形成的，而是由职能决定的，是均衡的。(3) 实行地方自治，以保证地方充分实现其职能的能力和积极性。地方自治是实现国家健康发展的基础。(4) 地方必须执行中央在其职能范围内所发布的有关全国事务的法令与政策，必须承担由中央政府指导的国家事务，从而保证国家有机体的协调和统一。(5) 在中央政府和地方政府实现职能和权力的有机均衡基础上，实现中央与地方政府之间的积极的合作。

　　由于集权与分权行政体制都有明显的不足，要把中国改造成最新式的共和国，就不能重蹈西方议会政治的覆辙，走三权分立制衡的老路。既要民权发达，又要造成一个有能力为人民谋福利的政府，那么该建立一个什么样的适合中国国情的行政权力架构呢？孙中山设计了权能分治体系。他把国家的政治大权一分为二：一个是政权，即民权，就是人民权，人民"管理政府的权"，是国家权力主体，包括选举、罢免、创制、复决四大权力；一个是治权，即政府权，是政府"替人民做工"的权，包括行政、立法、司法、考试、监察五权。政权和治权的分立，两权交给不同的主体行使，从而达到政权对治权的有效支配，它们之间不是相互制衡的关系，而是单向的主权者与执行者之间的关系。

　　孙中山政治活动的理想目标在于：追求社会成员平等、最大范围的政治参与，确保大多数人拥有和行使对公共事务的最高和最终的决定权，并将这一目标的实现置于"直接民权"的基础之上。四大民权是孙中山解决大多数人参与政治过程的途径与程度问题的答案，是迈向全民政治的关键步骤。在"权能分治"整体规划中，虽然"五权分立"，但主要的已不是分权，而是分工制下的集权，它不是相互牵制而是分工协作关系。"五权分立"是政府的组织形式，是"治权"的具体体现。在他看来，无论在中央还是在自治县，只要人民掌握了四大民权，就等于掌握了五权政府这架大机器的"掣扣"，政府的威力再大，也要听从人民的支配。

在权能分治、五权分立的体制下，孙中山认为，人民是国家的主人，有权管理国家，是"有权的人"，但他们没有管理国家的能力，所以应该另外由有能力的专门家，即"有能力的人"组成政府，治理国家。把"政权"交给人民，把"治权"交给政府，使权能分立，互相制约，各自发挥作用，以政权去制约和支配治权，从而形成一个人民有权，政府有能的理想行政体制。孙中山说，在我们的计划之中，想造成新的国家，是要把国家的政治大权，分开成两个。一个是政权，要把这个大权，完全交到人民的手内，要人民有充分的政权，可以直接去管理国事。这个政权，便是民权。一个是治权，要把这个大权，完全交到政府的机关之内，要政府有很大的力量，治理全国事务。这个治权，便是政府权。人民有了很充分的政权，管理政府的方法很完全，便不怕政府的力量太大，不能够管理①。

具体内容上，政权为人民控制政府的权力，即直接民权中的选举权、罢免权、创制权、复决权。治权就是行政权、立法权、司法权、考试权、监察权，它实际属于政府的治理功能。孙中山认为，只有用人民的四个政权来管理政府的五个治权，才能算是一个真正完全的民权政治机关。孙中山之所以要进行这种权能区分，一方面是因为他看到某些西方民主国家民权太泛滥，"民权发达了以后，人民便有反抗政府的态度，无论如何良善，皆不满意。如果持这种态度，长此以往，不想办法来改变，政治上是很难望进步的"②。另一方面，他又看到一些新兴的民族国家，政府的权力太大，以至发展到压抑民权，流于专制。孙中山的良苦用心，便在于通过将政府和人民的权力划清，各自在权力许可范围内充分活动，维持两者之间的适当平衡，即最大限度地发挥民权的制衡作用，又能让政府功能有最为充分的发展空间，成为强有力的"万能政府"，促进国家政治的现代化。

五权分立着重强调权力间的分工与配合，五权之间固然要发挥

---

① 孙中山：《民权主义》，见《孙中山选集》下卷，人民出版社，1956年，第756页。

② 孙中山：《民权主义》，见《孙中山选集》下卷，人民出版社，1956年，第731页。

分立的精神，以防止专权，但更要发挥相辅相成的作用，使五权密切配合，相辅为用，为民众谋福利①。由于五权分立最重要的目标是建立"万能政府"（即高效政府），而政府的本质是行政功能，故行政权在五权中是最为具体、最能代表政府行为的，因此，行政权在理论上应该成为五种治权的中心，其他四权应配合行政而发挥作用。这也是孙中山"五权分立"理论的特色之一。总之，孙中山认为，他所提倡的五权分立的政府是他的一大"发明"，是一种"破天荒的政体"，依靠"五权宪法"所建立的民主共和国将是最为理想和良善的政体，可以达到"完全无缺的治理"。尽管在实际政治实践中"五权分立"的构想仍有其自身的流弊，但这一构想本身却反映了孙中山在设计未来民主共和国的蓝图时，既效法西方最好的民主制度模式，又试图避免在西方政治制度中已经出现的弊端的良好愿望。

孙中山博大精深、包罗宏富的理论，以民族建国为历史和逻辑的起点，在回应世界性的民族主义潮流，构建新型民族国家的理论思考中，比较成功地解决了中国现代型民族国家的承载实体、国家整合与国家认同等一系列理论问题。同时，它又以民主建国的纲领和民权政治的理念，比较圆满地解决了现代民族国家的政体建构问题。如果能切实地按照孙中山所规划的"权能分立"、"五权宪法"和"均权制度"去做，的确有可能使主权在民的政治理念转变为"制度性"的民主政体，从而缔造一个不同于西方"三权分立"的东方新型民主国家。

二 "党治"与民国政权建设

民国一代，中国在接受西方经济思想和生产方式的过程中，党治政治逐步发展，并成为那个时代特有的现象，该体制不但涉及近代中国政府而且影响到现代的中国政府体制。在西学东渐的过程中，西方政党政治思想被中国资产阶级启蒙思想家所接受，并引以为治国良方。以孙中山为代表的资产阶级革命派，为了推翻清政府的封建专制统治，开始组建初期政党，并成为领导中国资产阶级革

---

① 孙中山：《五权宪法》，见《孙中山选集》下卷，人民出版社，1956年，第572～587页。

命的核心。中国同盟会是第一个完全意义上的资产阶级政党。辛亥革命后混乱的中国政治形态，使政党政治的存在具有特殊的历史背景。孙中山主张的"以党建国"、"以党治国"以及南京国民政府的"一党治国"，对近代中国政府的政权建设影响深远。

1. 近代中国政党政治理念的形成与传播

中国的政党观念是"舶来品"，是从英、法、美等国家学来的。清代，思想禁锢，集会结社被"悬为厉禁"，知识分子"群而不党"。政党观念是伴随西方资产阶级政党观念传入中国并内化而形成的。

西方资产阶级在与封建统治阶级争夺国家政权中创立了资产阶级政党。资产阶级夺取政权后展开了内部的权力争夺，为设计政党参与国家管理的具体形式，就产生了政党政治，政党制度乃是这种政党政治的法律化、规范化和程序化。西方政党的产生，有它特定的社会经济和思想文化基础，更与利益关系密不可分。在西学东渐中，中国社会经济、文化，以及社会结构的变化，逐步奠定中国接受西方政党观念的社会物质基础，西方资产阶级启蒙思想家的民主政治学说，如天赋人权、自然法、社会契约论等在中国传播，使政党观念在中国有了思想文化土壤和社会政治气候。中国资产阶级维新派、立宪派与革命者，各以其政治理念向西方寻求政治发展模式。

19世纪中叶之后，随着资本主义政治经济的全面侵入，中国社会政治经济结构逐渐改变，传统政治与行政模式开始溃败，社会政治危机加剧。早期觉醒的士大夫睁眼看世界，介绍西方、传播西学和维新思想。洋务运动开启中国早期近代化之门。先进知识分子和开明官僚在西方社会政治学说日益深入传播中，认为"民参其政，君综其成，各有权利，各负义务"；"振兴中国，变专制为立宪，实为当务之急焉"[1]。随着立宪思想的兴起和传播，立宪团体应运而生。立宪派认识到，只有团体的宣传才能形成有价值的社会舆论，政治性团体能够承担改造政府、教育国民、增长国民的政治知识，赋予国民政治判断力，提高国民程度，唤起国民的政治积极性的任务[2]。与此同时，以孙中山为领袖的革命派，开始组织革

---

① 《大公报》，1905年4月21日。

② 《政闻社宣言书》，见中国近代史资料丛刊《辛亥革命》（四），上海人民出版社，1957年，第108～110页。

命团体，兴中会、华兴会、光复会等迅速发展，政党组织呼之欲出。

最早介绍西方政党及其政党制度的是清政府的一批驻外公使。薛福成在《出使四国日记》中指出："英国上下议院，公保两党，选为进退，互相维制。"清朝首任驻英公使郭嵩焘在《养知书屋文存》中称赞说，西方国家"设朝党野党，使各以所见相持争胜"。随后，戊戌变法期间《时务报》对西方政党情况介绍较多。如《时务报》第三册中有《美国共和党宣论新政》一文介绍美国政治；第十七册中的《政党说》评价英国立宪政治和美国的两大政党；同时，《时务报》还论及加拿大、巴西、日本等国政党概况。由此促使西方政党观念输入中国人的视野。维新知识分子中唐才常的《各国政教公理总论》、梁启超的《新民说》等文章为各类政治团体的建立提供了理论依据和引导。特别是梁启超从现实角度认识到组织政党的必要性，他在《清议报》上发表文章说："政党者，聚全国爱国之士，以参与一国之政；聚全国舌辩之士，以议论一国之政者也。"政党"用以抵抗暴政，则暴政绝迹而不行；用以代表民情，则民情无微而弗达。故文明之国，但闻有无国之党，不闻有无党之国"。孙中山强调政党的重要性，指出"若无政党，则民权不能发达，亦不能谋人民之幸福"。有了中国社会政治对政党的需求，西方政党观念从知识储备状态转化而为中国政治思想的一种现实资源便有了内在驱动力和社会基础。兴中会沿用会党的秘密组织形式建立起来，强学会则以一种公开的合法的途径创立，它们只是中国近代政党的雏形。

西方政党理论在中国的广泛传播，使中国人基本上建立了政党的理念，即政党是反抗专制主义，实行民主立宪政治的产物。政党不同于朋党。政党以国家之目的而结合，朋党以个人之目的而结合①；政党与议会互动而不可分。宪政的运用靠议会，议会靠有政党支持；政党和政治纲领是政党政治的基础。宋教仁认为，政党作用之最大者则为政纲，未有政纲不善而犹能存立活动于政治界的政党。

---

① 梁启超：《敬告政党及政党员》，见《饮冰室合集》，文集之三十一，中华书局，1989年，第7页。

2. 清末民初孙中山政党政治思想的形成

近代中国，知识分子是最具悟性与危机意识、忧患意识的阶层，是他们的率先觉醒，促使中国走向现代化之路。孙中山的政治思想与他个人的经历密切相关。他幼年游学外洋，通晓西方文字，了解西方政治、经济和现代科学技术，尤其是对西方富国强兵之道格外留心，对法国革命史和达尔文的进化论了解颇深。衰败的清政府，外不能抵御侵略，内不能民生安乐，致使民族危机日深。他曾上书条陈革新，主张维新改良，但不被采纳。由此得出结论：欲救国救人，非除去此恶劣政府不可。于是，在檀香山积极筹组兴中会，以反抗、推翻清政府，恢复中华，创立合众政府为宗旨。

兴中会是中国近代政党的雏形，因受会党影响，为秘密组织。兴中会虽为秘密组织，但其组织形式更多循资产阶级民主制，议决"当照舍少从多之例而行，以昭公允"①，资产阶级和小资产阶级是主导力量。后兴中会总部设于香港，在香港和海外华人中进行舆论宣传，将华侨的民族主义感情和民主革命因素引向实现中国近代化的理性目标。中国民族资本主义和近代教育的发展，造就了一批资产阶级、小资产阶级知识分子，同时留学海外成为国人中的一种时尚。《辛丑条约》签订，"国势危急，岌岌不可终日"，而"赴东求学之士，类多头脑新洁，志气不凡，对于革命感受极速。转瞬成为风气。故其时东京留学界之思想言论，皆集中于革命问题"②。留学生接触了大量的资产阶级政治思想，他们成为革命活动的中坚力量。留学生爱国运动逐渐与国内"学界风潮"相互激荡，革命活动由海外引向国内。资产阶级革命派的政治团体在国内一些地区迅速兴起，华兴会、科学补习所、日知会、光复会等分别成为地域性政治团体。孙中山的政治影响逐渐扩大到南中国，其在民主革命政治力量中的思想领袖地位逐步获得提升和确立。

1905 年 8 月 20 日，以兴中会、华兴会、光复会等革命团体为基核的中国同盟会，在日本东京正式成立。孙中山等人的政治纲领成为主导意识和力量，完成了组织章程与政治纲领的确立，初步建

---

① 《檀香山兴中会成立宣言》，见中国近代史资料丛刊《辛亥革命》（一），上海人民出版社，1957 年，第 85～86 页。
② 《孙中山全集》第 6 卷，中华书局，1985 年，第 235 页。

立起了从总部到地方分会的组织系统。中国同盟会由资产阶级革命团体飞跃而成为近代中国第一个资产阶级革命政党。它的诞生，将政党现象和政党力量融进了中国社会政治近代化进程，使中国近代社会的政治内涵丰富和发展。

政党因政治而兴，它与政治结合自然要产生政党政治，并在政治参与和政党作业过程中形成相应的政党政治类型和运作模式。中国同盟会以民主革命立党，首开在中国创建政党之路。

政党政治是孙中山现代国家政治学说的重要内容，也是他政治现代化的一个重要环节。孙中山的政治理想是全民政治，他认为："民国是以四万万人为主，我们要想是真正以人民为主，造成一个驾乎万国之上的国家，必须要国家的政治，做成一个'全民政治'。"① 全民政治的理想，有赖于依靠政党政治来逐步实施。政党是用以组织扩大政治参与的主要工具，也是现代化政治发展中不可或缺的组织保证之一。所以孙中山说："夫国家之成立，必赖乎政治。而民国之政，若普问于国民之可否，岂不是行极繁之手续？故欲简而捷，必赖政党。今与二三政党商量妥协，而国之政治即举。"② 政党的存在和有序竞争是国家政治进步的标志，"国家必有政党，一切政治始能发达"③。"组织政府，则成志同道合之政党内阁……以其所信之政见，举而措之裕如。退而在野，则使他党执政，而已处于监督之地，相摩相荡，而政治乃日有向上之机。"④ 可见，政党既是操作现代国家的政治组织，也是体现民意的管道和工具，"各政党集一般优秀人物组织而成。各持一定之政见，活动国内，其影响及于国家政治，至远且大"⑤。

① 孙中山：《国民要以人格救国》，见《国父全集》第3集，台北中央文物供应社，1973年，第277页。

② 孙中山：《政党与政府之重要关系》，见《国父全集》第3集，台北中央文物供应社，1973年，第111页。

③ 孙中山：《政党宜重党纲党德》，见《国父全集》第3集，台北中央文物供应社，1973年，第109页。

④ 孙中山：《国民党组党宣言》，见《国父全集》第4集，台北中央文物供应社，1973年，第68页。

⑤ 孙中山：《党势之盛衰全视党员智能道德之高下》，见《国父全集》第3集，台北中央文物供应社，1973年，第107页。

民国成立后，中国并没有建立起孙中山理想中的政党政治，政党林立，纷争不已，民国也只是徒具虚名。孙中山不得不暂时推迟实行多元的政党政治，而提出更能集中政治力量精英以从事国家政治建设的"以党建国"和"以党治国"的口号。以后他又将政党政治与"革命程序论"相结合，提出在"军政"阶段，采用"以党建国"，先以武力扫除国内的各种政治障碍，集中各阶层的势力而统属于革命党，实行国民革命，以推翻军阀统治。在"训政"阶段，采用"以党治国"，由革命党担负起训政的责任，训练人民如何去使用民权，培育民主政治，以实现向宪政的过渡。只有到了"宪政"阶段，才能推行两党制或多党制的政党政治。

3. 政党政治的实践——宋教仁与政党内阁

辛亥革命推翻帝制，共和国体建立，中国民主政治得以发展，政团勃兴，政党林立。各派政治势力在共和政权中取得一定地位而组织政党，全国初步具备了政党政治的基础。

辛亥革命的领导团体是同盟会，南北议和成功之后，同盟会内部在政治主张上发生分歧，章太炎等一批人反对政党政治，提出"革命军起革命党消"的主张；章士钊则主张"毁党造党"，即把原有政党以政纲党义的相同与否解散重造。以宋教仁为代表的一部分党员，主张与其他政党进行竞选，力图通过议会多数，建立"责任内阁"，力主实行政党政治。

经过宋教仁的积极活动，1912 年 8 月 13 日，同盟会联合统一共和党、国民共进会、国民公党、共和实进会四个政党，组建国民党，发表《国民党宣言》。《宣言》提出了保持政治统一、发展地方自治、厉行种族同化、采用民生政策、维持国际和平五条党纲，孙中山、黄兴表示赞同。8 月 25 日国民党成立大会在北京湖广会馆举行，孙中山亲自主持，并以 1130 票当选为国民党理事，被推选为理事长。9 月 15 日孙中山、黄兴等参加国民党本部欢迎大会，孙中山发表演说时指出："民国初建，应办之事甚多，如欲其积极进行，不能不有赖政党。政党者，所以巩固国家，即以代表人民心理，能使国家巩固，社会安宁，始能达政党之用意。国民因之希望政党者亦大。故为政党者，对于一般国民有许多义务，均应担当而尽心为之。"① 孙中山在共和党本部的欢迎会上，阐发自己对政党政治的见解时，指出："现在求有完全国家，必先有完全议院，必先有完全政党。民国初立所发生之政党，一曰贵党，一曰国民党……吾愿两党诸君，以英美先进国为模范。倘以公理为依归，将来必有发达之望，若不以公理为依归，虽人多势众，终必失败，此一定之公理也。"② 此时的孙中山认为三民主义已有其二，自己奋斗的重点应是实行民生主义。为此，孙中山委托宋教仁代理国民党理事长，自己专心于铁路建设。

1912 年参众两院选举，在宋教仁的不懈努力下，国民党大获全胜，在国会中获得 392 席，占绝对优势。宋教仁发表演说，评论时政，畅谈政党政治、政党内阁的理想。国人也以为宋教仁出任总理，组成国民党内阁是必然。为此，宋教仁于次年 3 月又起草了国民党的几大政见，提出了包括建立单一国制、责任内阁制、省行政长官由民选制以进委任制、省为自治团体有列举立法权、国务总理由众议院推出等各项主张。他还指出这些主张"提纲挈领，略得其凡。苟本是锐意进行，则良政治可期，国利民福之旨可达。国民若赞成吾党所陈之政见，则宜拥护吾党，以期实行。吾党所抱之主张，惟国民审择之焉"③。

政党政治是孙中山的政治理想，实行责任内阁制是孙中山让位于袁世凯时，在《临时约法》中规定的，是防范、制约袁世凯专制独裁的主要措施。袁世凯深知其厉害，所以对政党内阁问题他早就有言："余之主义在于得人，但问其才与不才，无论其党与不党。"④ 袁世凯在封官许愿、金钱拉拢宋教仁失败之后，感到威胁严重，1913 年 3 月 20 日，指使特务刺杀宋教仁于上海，诬称国民党内讧，国民党是捣乱，除捣乱外无本领。并声称彼等若敢另行组织政府，我即兴兵征伐之⑤。"二次革命"失败后，袁世凯解散国民党，建立了独裁统治，彻底打碎了革命党人政党政治的梦想。

---

① 《民立报》，1912 年 9 月 21 日。

② 《民立报》，1912 年 9 月 10 日。

③ 宋教仁：《代草国民党之大政见》，见《宋教仁集》下册，中华书局，1981 年，第 496 页。

④ 《大总统与同盟会代表之谈话》，载《政府公报》，1912 年 6 月 26 日。

⑤ 《时报》，1913 年 5 月 14 日。

4．从"以党建国"到"以党治国"

孙中山、黄兴发动"二次革命"，对抗袁世凯的独裁图谋时，革命党内部发生了更深刻的分化。首先是立宪派倒向袁世凯，接着革命派中的一批人也支持袁世凯的所谓"开明专制"、"总统集权"，革命党人赖以生存的阶级基础商人阶层也反对"二次革命"，即使是同盟会出身的都督，一些人也不热心于反袁革命。袁世凯很快凭借雄厚的军事实力和行政优势占据了上风，"二次革命"以革命党的失败而告终。

"二次革命"失败后，革命党内部分化加剧：一些人逃难异邦，困苦颠连，心灰意冷，缄口不谈革命；一些人对革命丧失信心，意志消沉，为了谋生，变志他图；一些激进分子因孙、黄意见不合，顿感失望，认为"领袖不能长靠，惟有自己结合团体"，自行回国活动，以图东山再起；以黄兴为代表的一批人，虽称要积聚力量，却倡言"十年后始行革命"；极少数意志不坚者对革命前途失去信心，在袁世凯及其爪牙的威吓利诱下，卖身变节，成了共和的叛徒。当诸如困惑、彷徨、失望、消沉、反叛、变节等五花八门的思想泛滥时，还有一批坚贞的革命者怀着民主共和必胜的理念，对袁世凯的暴行毫无畏缩，决心揭旗与袁世凯斗争到底。

"二次革命"的失败，对革命党的政治权威打击沉重，政党政治理念与思想受到前所未有的挑战。孙中山开始重新设计自己的"民治"步骤，革命程序论和"以党建国"、"以党治国"思想发端。"二次革命"前，孙中山对英、美政党政治和两党制极力推崇，并把它作为中国效法的对象。因此，对宋教仁改组同盟会，组建国民党和组织政党内阁，是大力支持的，但作为国会第一大党的国民党竟无法保卫民权，是孙中山所始料不及的。国民党的迅速分化也让他痛心不已。正是在这种困境中，孙中山决定舍弃国民党，重新组织革命政党，以扫除专制政治，建立完全民国。

为了不让逃亡的革命志士随革命的低潮消沉下去，避免20年来艰难开创之革命事业夭折于半途；为了"聚精会神以去乱根之袁氏"，重造共和新天，孙中山决心"重整党帜"。

中华革命党的组织建设，是在孙中山的建党方针指导下进行的。鉴于"同盟会、国民党党员虽众，声势虽大，而内部分子意见分歧，步骤凌乱，既无团结自治之精神，复无奉令承教之美德，致党魁则等于傀儡，党员则有类散沙。迫夫外侮之来，立见摧败，患难之际，疏如路人"，孙中山提出，重组的中华革命党，首要"务在正本清源"，即"摒斥官僚"和"淘汰伪革命"，在此基础上，"纠合同志，宣立誓约，组织机关，再图革命。蕲以牺牲之精神，尽救国之天职"。

中华革命党从1913年9月开始筹备，1914年初，中华革命党筹备委员会编写建党方略，3月底成。1914年7月8日，中华革命党在东京正式宣布成立。孙中山自任总理，陈其美、居正、许崇智、胡汉民分长总务、党务、军务和政治部。9月下旬至是年底，孙中山先后17次主持会议，召集同志对字数比同盟会方略多达4倍的中华革命党《革命方略》进行逐编逐章逐节讨论。

由于诞生于危难之际，中华革命党反映了这一时期的某些特征：党的组织形式是秘密结党，提出新党与国民党并行不悖，党员尤当同心同德，毋以新旧党员，故存畛域；党的中心任务是倒袁，《中华革命党总章》规定："本党以实行民权、民生两主义为宗旨"，"以创立五权宪法为目的"，党的中心任务是决志推翻袁世凯，以"扫除专制凶顽，改革恶劣政治，恢复人民主权"；绝对服从孙中山是中华革命党特殊的组织原则，强调这一条，目的在于吸取"二次革命"失败的教训，防止党员各行其是，以保证党员绝对服从党魁，利于统一行动。这些特点在日后的护国、护法战争和国内斗争中，使中华革命党的作用大大削弱。

《中华革命党总章》和修改后的《革命方略》，规定了革命程序设想，将原来的"军法之治"、"约法之治"、"宪法之治"改为"军政"、"训政"、"宪政"三个时期。"训政"是孙中山宪政构想程序中的一个独特设计，这个设计本身反映了孙中山对民初政党政治失败的思考。在孙中山看来，久处专制之下的中国人民，养成了一时难以根除的奴性，从革命而一跃进入共和宪政，将导致"第一为民治不能实现，第二为假民治之名，行专制之实。第三则并民治之名而去之也"①。因此，在革命成功之后和宪政实施之前，必须设一个过渡时期，即"训政时期"。

"训政"构想为孙中山的"党治"理论奠定了逻辑基础。孙中

---

① 《孙中山全集》第5卷，中华书局，1985年，第67页。

山对政党的作用，一贯比较重视，但是在"二次革命"失败之前，孙中山从功能上把"革命党"和"政党"作了截然不同的区分。革命党是为推翻封建统治建立共和制度而奋斗的组织，政党是在宪法指导下通过参与政治竞争，促进民主政治建设的组织。前者成立于共和之前，而后者活跃于共和之后。中华革命党的成立是为了"重建民国"，而且民国建立后还要"以党治国"。为此，孙中山对中华革命党机构进行了相应设置，本部下设总务、党务、财政、军事、政治五部，本部之外另设协赞会，由立法、司法、监督、考试四院组成，以便革命成功后成立政府时，四院与行政本部平行，九权并立。这个设置体现了党政合一的特征。不仅如此，孙中山总结民初多党政治造成的权威危机，明确提出：革命成功后，"非本党不得干涉政权，不得有选举权，故将来各埠选举代表，非本党人不可"①。可见，孙中山对政党功能进行了重新定位：先"以党建国"，后"以党治国"；从"一党革命"到"一党训政"。

1917年10月，苏俄一党革命实践的成功，对孙中山"党治"思想产生了直接影响。"以党治国"、建立党治权威模式成为孙中山党治思想的核心。1919年10月，孙中山将中华革命党改名为中国国民党，"重新结合党人，以发展党势"，决心在新的形势下，重整旗鼓，开创民主革命的新格局。

1920年孙中山决定在广东建立革命基地，决定先灭桂系军阀统一南方，然后北向讨伐。8月，孙中山命陈炯明部克复广州。1921年4月7日，非常国会在广州召开两院联合会，通过《中华民国政府组织大纲》，依大纲选举孙中山为非常大总统。5月5日，孙中山正式即位。孙中山重擂护法战鼓，希冀破除军阀障碍，收革命之全功，促成全国统一，巩固共和基础。

但是，当孙中山翘首前瞻、向新的征程探步之际，竟遭遇祸生肘腋。1922年6月16日，陈炯明在广州举兵叛变，发炮轰击总统府，企图置孙中山于死地。孙中山悲痛至甚，痛下决心"以俄为师"。1922年决定接受共产国际和共产党的帮助，着手对中国国民党进行改组，以建立一个强有力的革命政党。1924年1月，中国国民党一大召开，孙中山在大会开幕词中宣布大会任务，一是改组

① 《孙中山全集》第3卷，中华书局，1984年，第104页。

国民党，二是用政党的力量改造国家。国民党的成功改组为实现孙中山"先以党建国，后以党治国"的构想奠定了组织基础，标志着孙中山"党治"思想的形成。

孙中山"以党治国"的内涵，就是用强有力的革命政党夺取政权和掌握政权，并运用政权训导民众，培育民主宪政基础，最终实现民主政治。具体包括三个方面的内容：一是以党统政。孙中山研究了英、美与苏俄政党与政权关系的不同，认为俄国将党放在国家之上，是完全的以党治国，英、美则是"党在国中"，即政党在政府和议会中活动。俄国的政党组织形式更适合于中国，孙中山要把国民党改组成夺取政权、掌握政权的政党。二是以党统军。建立一支忠于革命，听从党的指挥的武装力量是建国治国的基础。以往的革命经历一再说明：依靠一派军阀打击一派军阀，革命不能成功，建立真正民国的任务是不能完成的。黄埔军校建立的党军，是用党义召集和训练起来实现革命目标的武装，它服从于党的指挥，是以党治国的保证。三是以党训民。"训政时期"是宪政程序中的一个重要阶段。训政的意义在于：训练清朝之遗民，而成为民国之主人翁，以行直接民权。训政的对象是久处专制统治之下的人民，训政实施者是国民党。民众像初生之婴儿，国民党以"保姆"的身份，"产之、保养之、教育之"。

同时，孙中山把"党治"与"民族主义"结合起来，为"党治"权威提供合法性说明。他强调：所谓以党治国，并不是要党员都去做官，然后中国才可以治，而是要本党的主义实行，全国人都要遵守本党的主义，中国然后才可以治。简而言之，以党治国，并不是用本党党员，而是用本党的主义治国。后来蒋介石的南京国民政府借"训政"实行党治之名而行个人独裁之实，变"以党治国"为"一党专政"，则是对孙中山政治理念的歪曲和滥用。

5. 从"以党治国"到"一党专政"

1927年大革命失败、国共分裂后，国民党开始了新一轮的权力重组，蒋介石凭借军事实力，很快占据了国民党与国民政府的大部分政治资源和权力中心。经过宁、汉对立与合流，蒋介石两次下野，蒋、汪的分分合合，地方军阀与国民党中央的明争暗斗，蒋介石最终成为国民党和国民政府的最高领袖，实现了从"以党治国"到"一党专政"的历史转变。

"以党治国"，这是最早由孙中山提出的旨在强调由革命党来领导与治理国家并防止个人独裁的一项重要原则。这个口号具有两重性，一方面它具有一定的积极意义。孙中山希望吸取苏联一党制经验，用于中国国民革命的实践来防止个人独裁倾向，以国民党领导管理中国的一切事务，把中国推向资产阶级民主制的道路；另一方面它也存在严重的消极倾向。作为一个政治口号，它并不能保证这个"党"能否实现它对民主制的承诺，换言之，它本身并不具有能够有效防止一党专政的内在机能。正因为孙中山"以党治国"口号具有复杂的内涵，不同的人都可以从中寻找到自己所需要的东西。

"以党治国"是国民党在 1928 年对于中国国家政治体制的一致选择。国民党人声称，他们是本着孙中山"以党治国"思想而建立"以党治国"的政治体制的。1928 年南京国民政府成立初期，以胡汉民为代表的国民党理论家，把孙中山的国民党主义下的"以党治国"固定化、完备化起来。国民党在国家的政治生活中处于绝对支配的地位，统治一切，包揽一切。

第一，有关国民政府的基本法律，包括《中华民国国民政府组织法》、《训政纲领》、《确定训政时期党、政府、人民行使政权治权之分际及方略案》乃至宪法的起草，由国民党中央动议、酝酿、讨论和通过。

第二，从本质上说，国民政府的权力来源于国民党中央。从表面上看，国民政府的权力来源于国民政府组织法，但国民政府组织法的创制则出自国民党中央。这样，国民政府的权力是国民党赋予的，国民政府行使治权时要向国民党负责。

第三，国民党中央控制着国民政府的人事权。从国民政府的人事产生和变动来看，国民政府主席、五院正副院长及国民政府委员，都是由国民党中央选任罢免的。同时，国民政府的特派特任官吏及政务官的人选都是由国民党中央政治委员会决定的，而且国民党中央的中枢要员也往往是国民政府的要员。

第四，国民政府的政纲与政策，是由国民党中央决定，交国民政府执行的。在执行中，国民政府对中政会负责，中政会则对中执会（全称为国民党中央执行委员会）负责，国民政府事实上是国民党的执行机关。

第五，从国民政府施政方针及政绩监督来看，《训政纲领》等规定：中政会指导、监督国民政府重大国务的实施是否符合施政方针。中监会（即国民党中央监察委员会）对国民政府亦有监督之权。国民党总章中规定：中监会有稽核中央政府的施政方针和政绩之权。它如果发现国民政府有违反国民党政纲或政策的行为，应提出弹劾案，并由中执会处理。

国民党通过法规、组织、人事及督察等途径完全支配了国民政府。此种国民党"以党治国"的政治体制初步建立之后，即促成了蒋介石个人专权局面的形成。蒋介石利用国民党对政权的"指导"与"监督"，竭力加强个人的政治地位。他以国民党的化身自居，反复鼓吹在训政时期"一切要由党来负责"，"以党来管理一切"。他声称："以党治国，政府与行政人员断不能离党而独立。"其实质含义则无疑是"以党治国"等同于"由蒋氏治国"。他采纳政学系杨永泰提出的"融党于军政"的计划后，天津《大公报》1930年4月22日社论《何日实现文治》描述说："蒋之军权，本受党之命令而来，而积久渐化为个人中心之军权。党之组织，形式上依然，精神则渐堕落，党国大权日益集中于蒋之一人。而彼所赖以实际上维持其权者，则为武力。……其对中央也，并不知党与政府，不知党纪法律，惟知受辖于总司令；而为总司令者，亦遂只知军权之可尊，而党权政权悉成附属品焉……以国论，不过变大元帅之类为国府主席；以省论，则督军易名为省主席而已。情形如此，故国民党以党治国之精神，日成形式化，实际上还原到武力支配政治之故辙。"

南京政府中，对蒋介石独裁统治极力反对的，首推胡汉民。胡氏是国民党元老，孙中山的同辈与助手，在国民党内资历深、地位显赫，背后又有国民党元老派、广东和部分实力派的支持，是中央执行委员会常委、立法院长。长期跟随孙中山，熟悉孙中山的著作和西方的民主理论。胡氏凭着自己的优势，敢与手握军权的蒋介石进行斗争。

南京政府建立初期，胡汉民本来是支持蒋介石的，他设想是自己主党，蒋介石主军政。在胡氏看来，按照孙中山"以党治国"的理论和"政权与治权"分离的设计，在"训政时期"党是替代人民行使政权的，行使政权的核心是选举、罢免、创制、复决四权，只有把这四权行使好了，才能保证中国走上民主宪政的道路。作为党与政府的最高立法机关——中央政治会议，具有创制与立法的最高权力；作为治权系统的立法院，主要是对中央政治会议的立法纲要进行具体化、条文化，作出实施细则等方面的规定。中央政治会议与立法院在行使孙中山所设计的四种政权中，对民主建设起着至关重要的作用。胡氏要利用"以党治国"的理论，通过中央政治会议和立法院以实现其建立民主中国的理想。胡汉民在南京政府建立后出任的正是中央政治会议主席和立法院院长之职。

1928年6月，国民革命军二次北伐占领北京和天津，奉系军阀退出关外。8月，国民党二届五中全会宣称军事告终，训政开始。会议决议：遵照孙中山"遗教"，迅速起草并颁布约法。10月，国民党中央常务会议通过胡汉民等提出的《训政纲领》和《中华民国国民政府组织法》，规定训政期间，以中国国民党全国代表大会（国民党中央执行委员会）为国家最高权力机关，代表国民大会行使政权；国民政府设行政、立法、司法、考试、监察五院，其正副院长均由国民党中央执行委员会选任。

1929年3月国民党第三次全国代表大会"确定总理所著《三民主义》、《五权宪法》、《建国方略》、《建国大纲》和《地方自治开始实行法》为训政时期中华民国最高之根本法"。会议并就此作出说明，声称民国元年的《临时约法》当时就"不惬总理本意"，所以后来总理即"不复以约法为言"①。这就明确否定了训政时期有制定"约法"的必要。

当蒋介石打败各派地方势力之后，独裁专制倾向日益突出，他要制定训政约法，当总统。这就意味着胡汉民的党治理想不能实现，意味着他掌管"党务审查"，把党权控制在自己手里，借中央政治会议把南京政府变成"党治的政府"的计划全部落空，因此，胡汉民极力反对制定约法，更反对国民会议选举总统。

蒋、胡矛盾远不止于此。胡汉民多次批评国民党、国民政府行政院和蒋介石本人。如南京国民政府成立后，胡汉民对四年中不曾

---

① 荣孟源主编：《中国国民党历次代表大会及中央全会资料》（上），光明日报出版社，1985年，第654～655页。

检举过一个贪官污吏，质问道："我们能相信今日之政府，是真实廉洁了吗?"[①] 批评南京国民政府"政不成政，教不成教"；胡汉民反对召开国民党第四次全国代表大会，要求蒋介石辞退国民党中央组织部长一职；胡汉民企图以立法院牵制以蒋介石为首的行政院等。蒋介石对胡汉民的指责也不少，如"任意破坏财政"、"反对外交"等。

但是，1930 年 11 月 12 日召开的国民党四中全会修改了国民政府组织法，提高了国民政府主席和行政院长的职权。这次全会推举蒋介石以国民政府主席身份兼任行政院长，加强了蒋介石的个人独裁地位。但胡汉民在制定约法上毫不松口，并对蒋介石以国民会议制定约法及选举总统的企图，以孙中山的理论进行反驳。胡氏认为国民党第三次全国代表大会确立的以总理遗教作为国家根本法，即已相当于孙中山先生所说训政时期实行约法之治的约法，无须再另外制定一部约法。而且，从孙中山继承者和捍卫者的立场出发，主张党权高于一切。

胡汉民得到各方支持，而蒋介石的独裁专横，在国民党内引起越来越多人的不满。胡汉民公开与蒋抗争，使蒋介石十分焦急，在劝胡"休养"引退不成之后，1931 年 2 月 28 日晚，胡汉民被非法扣押。

胡汉民被扣押后，广东实力派、桂系、西山会议派、汪派，开府广州，另立中央，讨伐蒋介石。1931 年 5 月 27 日，国民党中央执监委员非常会议在广州成立，宣布代行国民党最高职权，并在成立宣言中提出了"护党救国、打倒独裁"的口号。接着又组成了广州国民政府。中国出现了宁粤两个国民党中央与宁粤两个国民政府分庭抗礼的局面。粤方以护党救国，实现民主政治及打倒独裁专制为号召，采用政治与军事交替运用的办法，向宁方发动了强大攻势。经过近半年的较量后，蒋介石被迫让步，12 月 15 日蒋氏通电下野。

胡汉民被扣，宁粤分裂，太子派孙科发表了大量的言论，猛烈抨击蒋介石假"党治"真独裁，并进一步阐述了他的"党治"主张：(1) 抨击蒋介石歪曲"以党治国"原则，实际上是行"党专

---

① 《中央日报》，1931 年 2 月 20、23、24 日。

政"。批评蒋介石"利用训政名义","遂其独断专行，包办党国大权的欲望"，以军事独裁代替民主政治，不仅"对于训政时期的设施，没有一点诚意去准备"，而且处处限制人民的自由，把"以党治国"变成了"党专政"。指责蒋介石"违背总理民主集权制精神"，"胸襟狭隘卑鄙"，"以个人支配党，使党成为个人的工具"，把党"改成独裁制的党"和"蒋中正私人的党"。孙科声称，任何人"要在中国政治上建筑一个地位，维持一个局面"，最重要的，即是"要确立民主基础"。而实现民主政治的关键，则在于贯彻"以党治国"的原则。（2）痛斥蒋介石独裁专制使国家建设无望。孙科谴责蒋介石"是国家和平建设最大的障碍"。他说，"蒋氏在位一日，战祸一日难免，相安一时都不可能，更不必做长治久安的梦了"①。（3）指责蒋介石使国民党失去人民"信仰"。孙科声称，"国民革命运行，其始发展迅速，其原因为本党之基础，是在有民众之拥护，且具有为民众所崇信的政纲"，然而由于蒋介石已把三民主义、《建国大纲》"一概束之高阁"，"南京政府已日渐离开了民众，愈趋而愈远"。在蒋介石独裁统治下，"高压的、威胁的政治日日增加，层出不穷，驯至人民都要被禁止言论的自由和集会的自由"，老百姓"几乎无一事不受干涉"，"民众不惟没有得到革命利益，并且原来安定的局面也不能维持"②。"各地民众对各地党部无不怨声载道"，"党外洁身自爱的青年皆以入党为可耻、为畏途"，"至视党部为万恶之渊薮"，声称："蒋介石已成为全国人心之公敌。"③

　　孙科在强烈谴责蒋介石的"假党治"真独裁的同时，亮出了他自己的"党治"主张。孙科认为，实行"以党治国"的首要条件就是：（1）以"分权代替集权"，促成国民党统治集团内部的稳定。他竭力主张"把党权恢复起来"，提出为了"坚固同志的团结"，防止有人包办党务，必须"把政府与党部关系划清"，"将治权整个地

　　① 孙科：《倒蒋运动与中国革命的前途》（1931 年 6 月），载《中央导报》（广州）第 1 期。
　　② 孙科：《倒蒋的理由与趋势》（1931 年 7 月 1 日），载《中央导报》（广州）第 3 期。
　　③ 孙科：《倒蒋才能求得和平统一》（1931 年 8 月 17 日），载《中央导报》（广州）第 8 期。

归之于政府"，使"各级党部纯粹居于指导监督者地位"①。(2) 鼓吹推行地方自治。孙科认为，训政时期一个重要工作是推行地方自治，它的目标不仅在于"训练"掌握管理自己的能力，而且是达到民生主义、巩固国民党统治基础的一个重要手段。改变"少数土豪劣绅"对基层政权的"把持操纵"的局面。(3) 主张改善国民党与人民的关系。为了"挽回本党已失去之信仰"，国民党必须设法"改良人民地位，增加人民福利"。他声称，国民党"不是少数人的党，而是全国人民的党"，要求国民党员"千万不要向人民作福作威"，务必使"人民对党发生好感，不要使他们以为本党是特殊阶级"②。

宁粤分裂，孙科对蒋介石的"党专政"作了深刻的批判，主张通过提高党权、抑制日益膨胀的蒋介石的个人独裁以调节国民党内部的严重矛盾，并主张采用一些改良主义措施，来缓和国民党与广大人民的尖锐对立。他只能打着孙中山的旗帜，去反对同样扛着孙中山旗帜的蒋介石。

国民党内蒋介石派、汪精卫派、胡汉民派派系林立，国民政府成立之后，各派系千方百计谋取权力，又千方百计保持权力，权力斗争不断。蒋介石通过军事上逐步消灭或削弱桂系、冯玉祥系、阎锡山系、陈济棠系等军事实力派，政治上打击汪精卫派、胡汉民派，逐步建立起了五院制国民政府旗号下的蒋氏专制独裁政治体制。1935 年 12 月蒋接任汪精卫的行政院长之职后，国民党内再无人有力量向他在政府中的首脑地位挑战。这是他在政府中的统治地位完全确立的标志。

到 1938 年 3 月，国民党临时全国代表大会召开，承认了蒋介石在国民党中的绝对统治地位。大会在重新修改后的国民党总章中增加了"总裁"一章，规定"总裁代行第四章所规定总理（即孙中山）之职权"，即总理"为全国代表大会之主席"，"为中央执行委员会之主席"；总理"对于全国代表大会之议决有交复议之权"，

①　孙科：《以党治国之真义》(1931 年 7 月)，载《中央导报》(广州) 第 3 期。

②　孙科：《今后的党务工作》(1931 年 8 月 9 日)，载《中央导报》(广州) 第 7 期。

"对于中央执行委员会之议决有最后决定之权"。第四章还规定"党员须（服）从总理之指导，以努力于主义之进行"。蒋介石在大会上当选为总裁后表示："大义所在，不敢推辞。"他公然以大独裁者自居了。

南京国民政府选择"以党治国"的国家政治体制，这不仅是因为孙中山已为国家在进入宪政之前预先安排了一个由国民党以集权的党治形式管理国家的政治阶段即"训政"时期，而且是蒋介石的新权威主义和全能主义政治统治策略的必然选择。这种政治统治策略的基本特征是：以蒋介石为核心，建立具有中国传统政治色彩、高度集权的新军事强人的统治，政府权力可以不受限制地侵入和控制社会每一层面和每一阶层。

"党治"政治体制的基本特征嘱要势：（1）党军统帅同时又是党的领袖，党的领袖通过统领党军，实际支配全党；党军是维系党和政权存在的最重要柱石。（2）国民党通过掌握的政权把它的组织和影响渗透到社会生活的各个领域，以强化国民党的统治。（3）作为体现执政党理念的党化意识形态，负责解释历史与现实的一切现象，并通过行政权力使其社会化，以抵御其他意识形态对权力中心的威胁[①]。国民党力图通过这种政治体系建立起稳定的政治秩序，克服民国初以来一直存在的权威和权力危机。

在落后的中国确立政府权威，由国家对社会实行某种程度的控制性指导，对于汲取和调动必要的资源是有积极的意义的。"作为后发外生型现代化的国家，党治国家模式本是一种较为可行的选择。落后国家实现社会变革的一个重要条件即是必须具有一个现代化导向的动员型政党，即由该政党控制的国家权力中枢对各种社会力量和社会关系进行强有力的干预和调解。同样，现代化不能在战乱和动荡中成长。从这个角度看，'以党治国'不失为一种确立社会秩序，强化中央权力的有效方法。"[②]

但是，蒋介石实际建立起来的"党治"政治体制使权力高度集

[①] 许纪霖、陈达凯主编：《中国现代化史（1840—1949）》第1卷，上海三联书店，1995年，第408～409页。

[②] 许纪霖、陈达凯主编：《中国现代化史（1840—1949）》第1卷，上海三联书店，1995年，第413页。

中到他一人手中，且不受任何力量的制衡。"党治"变成了一党专制和蒋介石的家族统治，它排斥任何带有革命进步意义的变革。在农村，拒绝进行土地改革；在城市，不断加强国家对经济的控制，不能保护反而时时侵犯民族资本的权益；它拒绝容纳新的社会力量，解散政治上活跃的社会团体。正如美国著名的历史学家易劳逸指出的："在城市，他们拒绝给那些为了发挥政治作用而进行宣传鼓动的知识分子、学生、专业人才和产业工人以任何制度化的合法手段来发泄他们的不满或发展他们同国家一致的观念。"① 南京政府为了维护统治集团的私利，利用传统抗拒变革。正因为这样，这种党治体制难以获得社会的支持和认同，甚至在其统治结构内部也是这样。可以说，政治体制的运转并非来自社会阶层对它的支持，而是完全依赖于军事强权统治。

三　地方自治与地方政权建设

封建时代，中国一直是由居于中央拥有强大权力的君主进行统治，君主独裁是其基本特征。但清末，从镇压太平天国开始，在内忧外患的重压之下，清政府的皇威、中央权威严重丧失。中国传统的士绅政府体制和封建皇权受到沉重打击，皇权开始向地方势力屈服②。在镇压太平天国的过程中，省级政府获得了诸如组织地方军队等很多特权，立有军功的省级首脑逐步在地方确立了权威，厘金制度、地方洋务的举办、各种借债又使地方大员增加了财政实力。这样，地方当局拥有军、政、财权，获得了与中央相抗衡的基本条件，奠定了地方势力的基础。帝国主义的入侵削弱了清政府统治，加速了地方割据的形成。清末新政，企图削弱地方实力，扩大中央政府的职权，重建中央的权威，恢复满洲贵族的独裁统治，它的失败，使民众失去了对中央政府的信任，加剧了地方割据的出现。广东、湖南、云南、东北三省等地出现了"自保"、"自立"的倾向，这种倾向与狭隘的地方利益相结合，成为地方割据的基础。

---

① 易劳逸：《流产的革命——1927—1937 年国民党统治下的中国》，中国青年出版社，1992 年，第 333 页。

② 联合国开发计划署编：《中国——人类发展报告》，中国财经出版社，1999 年，第 14 页。

近代中国，帝国主义的分而治之，中央政府内部的派系倾轧，历届政府从维护自身利益出发，置国家民族利益于不顾，丧权辱国，不仅引起社会各界的强烈不满，也授予地方势力必要时挑战中央政府的借口。致使中央政权日趋式微，地方实力派不断膨胀及其对中央政权的离心，始终对中央政府构成严重威胁。因此，中央政府为稳固自己的统治，极力"削藩"，最大限度地加强中央集权，主要精力用于对付地方势力。地方势力为了自己的既得利益，不断扩大地方军事、财政权力与能力，地方自治成为对抗中央的重要法宝。

1. 清末民初中央权威的丧失与地方势力的崛起

传统的中国政府体制，自秦汉创制以来中央政府高度集权的本质没有改变。在这种体制下，国家政治权力的中心在中央，一切军政、财政、外交、用人之权，皆出于中央，地方各级机构不过是以君权为核心的中央政府的派出机构而已。清承明制，地方的基本架构为"行省制度"，地方上分为省、府、县三级行政级次。

同治以前，满清王朝中央集权高度发展，因巡抚、总督掌管的地域广大，为防止地方割据的出现，清廷不仅控制着地方的军权、财权和人事行政权，而且通过布政使、按察使二司分割巡抚权力，以提督武职牵制总督权力，因此督抚权力有限。鸦片战争后，在帝国主义坚船利炮面前，清朝政府一次次的丧权辱国，导致中央权威的逐步丧失。太平天国运动爆发后，中央政府控制的八旗、绿营屡战屡败，已无战斗力，在籍官绅举办的团练成为镇压农民起义核心力量。原本是权宜之计，不得已而为之的团练，成为日后影响清政府权威的地方势力。"王威素重"的中央集权权力体制开始向"内轻外重"的中央与地方双重权力结构转变。军权下落，财权下放，决策权下移，地方督抚拥有了与中央对抗甚至左右中央的实力。

地方督抚坐镇一方，军政大权在握，以其拥有的实力成为晚清最后十年清政府依恃的主要社会力量。同时地方督抚亦可依据自己的政治见解和需要，对朝廷的诏令或积极支持、或敷衍应付、置若罔闻，于时事政局起着举足轻重的影响。

戊戌维新，由于地方督抚对戊戌变法持冷眼观望态度，光绪新政的举措无法深入各地。1900 年清政府向八国联军宣战，各省督抚本应筹兵筹饷，力保疆土，而东南督抚十余人竟然漠视朝廷宣战诏书，与西方列强达成所谓"两不相扰"的东南互保协议，甚至东南督抚成为清政府同各交战国政府间的协调人。事后清政府又无法制裁。地方督抚构派成势联合行动，直接左右政局。鸦片战争后，清朝统治集团内部一直存在着顽固派与洋务派的对垒，洋务派推行的每一项现代化措施，都受到顽固派守旧势力的阻挠。义和团运动后，盲目仇外的顽固官僚被列强作为"祸首"惩办，从中央到地方都受到了致命的打击。以张之洞等为代表的督抚革新派取得了明显的地位和权力。地方督抚参与政事影响决策的能力加强。在19世纪末20世纪初的清末新政中，几乎每一项重要变革都是通过督抚联合上奏的形式决定的。

1901年1月，张之洞联络刘坤一、袁世凯上奏，请求变法。2月，致电军机大臣鹿传霖，只有"变西法"，才能消弭内忧外患，强国富国，保存圣教。4月，袁世凯最先提出新政意见十条，要点有设立课官院和课吏馆，对官吏进行新的教育，充实武备力量，改进财政制度，开启民智，派留学生，设立商会，兴办商务等。七八月间，张之洞、刘坤一联衔会奏《变通政治人才为先遵旨筹议折》、《遵旨筹议变法谨拟整顿中法十二条折》和《遵旨筹议变法谨采用西法十一条折》，这便是著名的《江楚会奏变法三折》，"变法三折"基本上成了"新政"的实施大纲，具有权威性和指导意义。科举制度的废除始于李鸿章提出的变通科举制。张之洞在《劝学篇·变科举》中也提出改革科举的意见。1901年6～7月，张之洞与两江总督刘坤一连续会奏变法事宜，要求设文武学堂，递减科举取士名额，渐次以学校毕业取中之额替代科举取中之额。1905年8月30日，袁世凯领衔与赵尔巽、张之洞等联名上奏，奏请立停科举，推广学校[1]。君主立宪也是督抚们的奏议。1904年8月云南巡抚林绍年提出：改专制为立宪，揭开督抚奏请立宪序幕。1905年6月，直隶总督袁世凯、两江总督周馥、湖广总督张之洞联衔奏请"十二年后，实行立宪政体"[2]，督抚的奏请决定了立宪的命运。1906年9月1日，清廷发布预备立宪上谕，将预备立宪作为一项基本国

---

① 天津图书馆编：《袁世凯奏议》（下），天津古籍出版社，1987年，第1186页。

② 《时报》，1905年7月2日。

策。由此可见,地方督抚在预备立宪进程中的重要作用。

晚清督抚参与军事体制改革,新式军队的编练则进一步加强了督抚的权力,为以后地方主义的坐大奠定了基础。晚清军备废弛,清政府虽然多次下谕要改军制,练新军,但收效甚微。1895年起,地方督抚编练新式陆军,在中国近代军制史上是一个重大的转折。张之洞的"自强军"和袁世凯"新建陆军"的建立,仿行资本主义军制,改进募兵制,提高兵丁素质,改革军官官制,注重军官文化和近代军事技术。袁世凯从军制、营制、募兵、装备、训练等方面,最先进行了全面的改革,为清末军制改革提供了蓝本,且为全国所效法,在我国由封建军制向近代军制的转变过程中起了关键作用。

地方督抚通过参与新政,提高了自己在中央政府中的地位,获得了社会各界的广泛认可,特别是拥有了左右政局的能力,在辛亥革命前后,基本上形成了拥兵自重,割据一方的态势,成为近代中国地方自治和地方主义的基本推动力。

2. 民国时期的地方主义

清末,帝国主义在不平等条约保护下所形成的特权对中国政治体制权力的分割,清政府的政治腐败和妥协投降,造成中央权威衰落,地方督抚的地位得到提高与加强,以省为单位的财政体系、军事体系、外交体系逐步形成,省的独立意识兴起。原来的地方督抚和后来的军事首长成为地方主义的始作俑者,地方主义也成为对民国政治和社会发展影响重大的因素。

地方主义形成军阀政治,军阀政治强化地方主义。军阀政治是民国政治的一个鲜明特征。民国时期的军阀和军阀集团以武力为后盾操纵和控制国家政权,并借助资产阶级民主政治形式实行政治统治。它的本质是专制和人治政治。它的统治基础已不是严格意义上的封建专制,小农经济和封建剥削与资本主义经济共存,儒家思想和资产阶级的民族主义、民主主义并生。封建士绅、资本家、资产阶级知识分子参与其中。军阀政治在民国时期作为中国社会由传统向现代转型初始阶段特有的政治统治方式,其最突出的表征,就在于军权高于一切,暴力和战争不时笼罩着全社会,并成为解决国内一切政治问题的经常性和最为有效的手段。

地方主义与军阀政治之间相生相伴、不可分割。地方主义的政治追求产生军阀政治。某一地区、某一省的子弟兵组成的私人半私人性质军队，正是地方士绅维护他们自身政治利益的需要，亦即地方利益的需要。清末曾国藩的湘军、李鸿章的淮军、袁世凯的北洋军，以及各省编练的军队，或多或少都具有地方性和私属性这样两个特征。辛亥革命后，军队政治化，政治军事化，是一大潮流。因为无论是具有强烈地方主义要求的地方士绅，还是各省的革命党人，为控制本省和抵抗来自中央及外省的武力威胁，都必须借助军队，特别是最为可靠的由本省人组成的地方军队。这样，进入民国以后，在"本省人治本省"的地方主义声浪中，地方军队的首领都先后成为各省的统治者，即便是有些省区原有的文人首领，也不得不让位或事实上由地方军人来领导。某些地方为自立自存的需要，军事化简直被当做地方政治和社会发展的根本动力资源。

同时，为保持政治上的地方主义局面，地方军队迅猛增加，而且越发地方化。民初控制各省的地方军队一般有几千人至几万人，到国民党时期，一般有十几万人、几十万人。民国一代面对中央的武力威胁，谋求特立独行的地方，必须以武力来捍卫自己。因此，文人主政地方已不可能，军人"主政"、"控政"成为必然。另外，地方军人也可以通过武力造出一个地方主义的政治局面。"有军斯有权，军大则权大"是民国军人的信条。20世纪30年代刘文辉在西康的统治尤为典型。

国家政治中存在着一定的派系和派系活动应属正常的政治现象，但如果发展成为"派系林立"，派系的利益、派系的情结压倒政治原则乃至党义国法，成为左右人们政治行为的重要因素，派系纷争的浊流在国家政治生活的长河中由支变主，就脱离了正常的派系活动而成为派系政治。派系政治是民国政治无法无序的反映，反过来又加重了国家政治生活的混乱和政治腐败的滋生蔓延，严重败坏了社会风气。派系活动、派系纷争几乎遍及民国政治生活的各个角落。无论是政治决策还是官吏的选拔任用，无论是内政还是外交，派系之争如同幽灵一样，随时随地都可能出现。甚至在国家政权机构和政治制度的某些方面，也会随着人员派系的变动而改变。为了派系利益或囿于派系成见，派系之间可以斗得你死我活，直至诉诸武力。

民国时期的派系政治猖獗与地方主义有直接关系。一是地方主义为派系政治提供了足够的派系和广泛的政治空间。任何一个地方集团或一支地方军队的首领们都可以构成一个地方派系，并且是派中有派。中央政府也是派系充斥，地方派系与中央派系之争，是派系政治的基本部分。它们之争的影响所及，达于派系之间的各个方面：中央与地方之间，中央内部之间，地方与地方之间，地方内部之间。二是地方主义为地方派系以外的某些派系参与派系纷争提供了一定的庇护和依托。民国时期游离于中央和地方之间的政客派系，如旧政学系、西山会议派、胡汉民派、汪精卫派等。地方主义的政治局面，客观上为他们能够与中央当权派一争高低提供了凭藉。

从根本上说，地方主义下的地方政治是军阀和官僚政治，是专制、人治政治，与民主政治背道而驰，对民主政治的负面作用是显而易见的。首先，地方政治完全操之于地方集团的一个或几个首脑，而这些首脑又几乎都是地方军队的首领，他们的意志决定一切，根本谈不到权力的制衡。其次，地方民众不仅完全被排除于政治生活之外，而且连最基本的民主权利也难以得到保障，地方上的资产阶级和知识分子也被置于无权的地位。但是，从对抗中央专制独裁和保护民主政治来说，地方主义的长期存在，是政权体系内的一种强力制约。权力制衡机制，有利于政治决策及其实施的民主化、法制化。它在客观上为当时争取民主政治的斗争创造了一个较为有利的环境，为民主政治思想的传播和一切进步的阶级、政党的政治参与提供了一种可能。20世纪三四十年代，由中共和民主党派主导的西南大后方的民主运动，若没有西南桂、滇、川康地方集团的支持和保护，很难蓬勃发展。

强烈的地方主义对民国社会现代化影响至深。后现代化国家，现代化最初的推动力量主要来自官方。民国时期中央与地方全面的政治对抗，使国家常常处于战争、动乱、无序的不稳定状态。地方主义采取为我所用的实用主义和功利主义态度，消极作用明显，如为维系地方主义的政治需要，自行发行货币，造成金融市场的混乱，层层设卡，人为制造经济壁垒，阻碍国内统一市场的形成。对民族工业，地方因军费浩繁，投入很少，竭泽而渔，使本来就规模不大的民族工业企业不仅无力改进技术，扩大再生产，甚至连生存都成了问题。与此同时，地方势力为了从经济上增强自身实力，在其统治区内进行一些程度不同的地方性建设，诸如建立现代工业、开办教育等，这些对于民国社会现代化无疑是具有积极意义的。

地方主义在民国时期表现强烈而持久，其原因在于：一是经济上，农业经济畸形商品化形成的市场的有限扩大，成为民国地方主义有力的基础。"一切的主义，都在物质上经济上有他的根源"[①]，"地方的农业经济"是地方主义主要的经济基础。农业经济高度的离散性和封闭性，使人们的生产和社会生活局限于一个狭小的地域空间，形成狭隘的视野和浓厚的地方心理观念。"农村人民因受环境的支配，遂造成了特殊的心理现象。……他们对于他们地方内的邻居，彼此间是面对面的直接关系，故能互相了解。他们对于别地方的人，是以地方为单位的。"[②] 这种地方心理观念的政治化，便形成地方政治意识。二是外来文化中联邦论、地方自治论和实用主义，为地方主义提供了适应时代的理论化的世界观、行为指南。联邦论契合了地方主义的政治诉求，它为地方对抗中央提供了有力的理论武器，使地方主义以漂亮的新概念——联省自治包装起来，公诸于世。联省自治作为联邦论中国化的概念，大受地方集团青睐，原因就在于它是表达他们地方主义政治主张最合适的词汇。地方自治是西方资产阶级民主政治理论的一部分。虽然它是孙中山先生所推崇的，但它的基本精神在于依法确立和行使地方自治权，这一点对地方主义极其有利。它成为20世纪三四十年代地方集团对抗中央和地方自卫的主要旗帜。三是帝国主义经济、政治侵略起着强化作用。帝国主义列强划分势力范围，分割中国市场，强化了地方主义存在的经济环境。在它们的势力范围内，通过对地方集团的借款、掠夺地方原材料的贸易及直接投资设厂等侵略方式，增强了地方集团的经济力量。帝国主义在中国挑拨中央与地方的关系，对地方集团进行拉拢、策动，对地方集团的政治分化，直接造成并加重地方主义的政治局面。一定时期内的某些地方主义政治局面是这种政策的直接产物。如日本对宋哲元、对阎锡山的诱降等。四是社会心理中的地域特性。中

---

① 《李大钊选集》，人民出版社，1959年，第269页。

② 冯和法：《农村社会学大纲》，北京黎明书局，1931年，第41页。

国"传统社会的结构基本上就是家庭、亲族和地域共同体"①。当一个社会基本上处于传统社会而它又发生着激烈的振荡、急剧的变动时，人们的地域认同意识和以乡土为纽带的相依互助的情感就体现得尤为强烈。这种地域认同和乡土情结主要表现为家乡观念、地界观念、同乡观念等不同层次的地方心理观念。在社会上层的政治人中，南方与北方的界限，往往成为不同政治势力对垒与不同政治分野的代名词。而省界观念则是人们将省界纳入社会生活和社会关系中所形成的一种相互区分和排斥的社会心理现象。援引同省人而排斥他省人，已成为民国时期一道醒目的政治风景线。

3. 地方自治的起源与发展

地方自治是近代中国政府建设中的一个重要内容。它既与地方势力的崛起有关，也与西方自治思想的传播相联系。

清末，资产阶级宪政思想认为，自治是民主共和的组成部分，要建立共和制度，必须反对封建专制的中央集权制度，在地方制度上推行体现民主、自由的地方自治。立宪派康有为、梁启超也都认为，中国的根本问题在于"官代民治"，解决的根本办法在于"听地方自治而已"，地方自治是立国富国强民之本。革命派孙中山也认为"地方自治者，国之础石也，础不坚，则国不固"。坚持地方自治者认为，地方自治可以实现真正的民治和直接民主，为实施宪政做准备。孙中山关于建国三时期中的训政时期，中心任务就是完成地方自治，其目的就是"以练国民之能力，养共和之基础"。否则，人民缺乏自治的能力，则所建立的政权的结果是，"民治不能实现"，或"假民治之名，行专制之实"，宪政自然就成了空话。辛亥革命后，军阀把持国家政权，为改变这一局面，反对军阀的统治，解决当时纷乱的时局，实行地方自治成为反对专制和军阀割据的斗争武器。

地方自治不仅是资产阶级倡导的政治改革，也是晚清政府的一项基本国策。从当时中国客观社会基础看，是有其合理性的。首先，中国传统社会政治结构解体，客观上使原来的统治难以为继。中央权力下移，地方督抚坐镇一方，军政大权集于一身。义和团运

---

① 〔日〕富永健一：《社会结构与社会变迁》（中译本），云南人民出版社，1988年，第223页。

动中，南方八省督抚实行"互保"，开创了地方对抗中央的先例。这一举动给清最高统治者带来了严重不安。新政实际上就包含了"藉变法之名，以收集权之实"。地方自治也是清政府针对当时的客观情况作出的应变之举。其次，人口的增长使晚清政府的基层统治解体，无法吸纳新增的社会力量，对政治稳定形成挑战和冲击，社会不稳定因素增加。地方绅士阶层的分化，动摇了传统社会的统治根基，为实行地方自治准备了条件。

从实践的情况看，近代中国的地方自治可分为三个阶段。

第一阶段是清末地方自治运动。清政府在预备立宪过程中，颁布《地方自治章程》，各省设立咨议局，改革地方制度。《钦定宪法大纲》和《咨议局章程》规定咨议局是联系地方自治和中央集权的枢纽。为了使地方自治不流于形式，清政府在直隶天津和江苏江宁两地开办试点。根据两地筹备地方自治的经验，谕令各省年内设立咨议局，筹办州、县地方自治，并颁布了《城镇乡地方自治章程》、《府厅州县地方自治章程》和《京师地方自治章程》。

从《城镇乡地方自治章程》和《府厅州县地方自治章程》的内容看，公众在关涉自治的事务上有较高程度的参与权，这一时期的地方政府自治实行得比较彻底。如地方自治机构的组成人员系由选民选举产生，这就具备了民主选举的色彩。在职权上，地方自治机关具有相对独立的权限，拥有一定程度上的立法权和行政权。地方自治机关管理的自治事务范围相当广泛，涵盖了公园、图书馆、道路、交通、卫生、医院、农工商等。

清末在单一制下实行的地方自治，强调地方自治机关的权力来源于中央政府的许可，地方自治事务须在中央的监督之下进行。这体现了晚清政府的良苦用心。它既想在一定程度上开放部分地方政权，吸收各种社会力量参与社会管理，实现政治的重组与整合，回应和解决当时社会结构变化而引发的政权乏力的问题，同时，清政府又不想失去中央对地方的控制权。

第二阶段是北洋政府时期的地方自治。这一时期全国军阀分裂割据，地方制度混乱。地方自治在此期间也几起几落，复杂多变。自1913年颁布《省议会暂行法》到1914年袁世凯下令解散各省议会，停办地方自治，此后，省的自治问题就没有完全恢复过。省以下县、市与区、乡的自治，中央政府虽然也通过了一些法规，但一直不热心推动，举办的好坏取决于省政府的作为。而省政府热心地方自治的主要动机在于对抗中央集权，保护地方军阀的既得利益。

在这一阶段值得一提的是波及全国、风起云涌的联省自治运动。它是军人政府时期的一段特殊现象，是辛亥革命失败后，军阀割据、政局动荡不稳的反映和结果，既表现为学理上的论战，又有各省在实践上的行动。

联省自治的实质是联邦制的中国化，由章太炎首创，因其最适合地方主义的政治主张，而受到地方势力的大力推崇。北京政府成立以后，时人普遍认为，只有通过实行联邦制才能有效地制约袁世凯的野心。袁世凯死后，军阀混战，没有统一、持久的政治力量统驭全国，很多人把解决中国当时严重的社会政治危机的出路寄托于实行联邦制。为制止军阀混战，达到和平统一，主张实行"联省自治"，各省制定宪法，选举省长，由本省人管理本省事务，然后各省联合组成中央政府。

1920 年的军阀战争，给广大人民带来了无穷的灾难。曾主张"自立自保"的湖南省地处南北交通要冲，是南北军阀必争之地，感受军阀之祸尤为深重，"联省自治"的浪潮自其发端。1922 年 11 月，湖南公布了第一部省宪法——《湖南省宪法草案》。12 月，依据省宪法，选举产生了新的省政府。湖南的省自治迅速波及全国。1922 年 6 月，浙江、四川、广东等省率先组织省宪起草委员会，起草省宪。云南、广西、贵州、陕西、江苏、江西、湖北、福建等省，或由当局宣言制宪自治，或由人民积极运动制宪。北方的顺直省议会还电请各省议会选派代表赴沪举行联省会议，共同制定省自治法纲要。各省的群众团体也上京请愿，要求实施自治。联省自治运动发展到高潮，各省开始驱逐督军，并发展到要求废督，民选省长。湖南驱逐张敬尧，湖北驱逐王占元，江苏废除督军，江西省议会弹劾省长。

联省自治运动之所以如此高涨，根本在于各省军阀的支持。地方军阀对这一运动的热衷，主要是带有一己之私，即借助联省自治运动，达到稳固自己政权，维护军阀割据的局面。既有抵制直系军阀的"武力统一"的目的，又有防止外省军阀侵犯本省而进行割据的自卫手段。少数军阀还借联省自治，阻碍孙中山的北伐。联省自治，在一定程度上反映了中产阶级希望通过自治，制定宪法和民选省长，以消除军阀割据，实现国家的统一、和平、自由和民主的要求。但基于当时的客观情况，联省自治成为军阀斗争的工具，注定了其最终的失败。

第三阶段是国民政府时期的地方自治。由于国民政府时期的地方自治思想来源于孙中山先生的理论，第四个问题将专门讨论，这里不再赘述。

4. 孙中山与南京国民政府的地方自治

南京国民政府成立并逐步确立在全国的统治地位后，省、县两级制为特色的地方制度被确立。国民政府实行地方自治的理论来源于孙中山的倡导。

孙中山的地方自治思想初步形成于辛亥革命前，经过民国的建立、"二次革命"、护国战争、国民党改组，到1923年1月阐发新三民主义思想时趋于成熟。孙中山认为，"民治万端，而切要当急者，莫如地方自治；自治不立，则民权无自而生"。他在《中华民国建设之基础》、《国民党之政纲》、《国民政府建国大纲》和《地方自治开始实行法》等讲话和文章中宣讲地方自治，并就实施地方自治的具体问题拟订详细的计划和步骤，确立了中央和地方关系的均权原则，对中央和地方权力一一作出界定。《国民政府建国大纲》和《地方自治开始实行法》成为南京国民政府制定的《中华民国训政时期约法》的思想理论基础。

孙中山的地方自治思想主要包括：第一，完全的地方自治是实施宪政的有机组成部分。孙中山的建国思想中，地方自治并不是孤立的，它既是实行宪政的基础，又是宪政的组成部分。宪政的实质意义是民权，即民众对国家事务的参与。真正的宪政须待地方自治实施以后方可实行。在他的建国三阶段论中，训政时期是为宪政储备条件和力量的，其中最重要的条件之一就是完成地方自治，等各省达到完全的自治之时，就是宪政开始之日。第二，国家体制实行单一制，摈弃联邦制。第三，中央与地方关系取均权原则。在单一制下，权力的分配，不当以中央或地方为对象，而当以权力的性质为对象。"权之宜属于中央者，属之中央可也；权之宜属于地方者，属之地方可也。"第四，分阶段实施自治。孙中山在《国民政府建国大纲》中设定建国程序分为三期，即军政、训政和宪政时期。军政时期一切制度悉隶于军政府之下。国家的任务一方面是用武力统一中国，待军政结束则训政开始，实行自治。训政时期的自治又分为三个阶段，即自治扶植阶段、自治开始阶段、自治完成阶段。第五，县是最基本的自治单位。孙中山认为，"中华民国之建设，必当以人民为基础，而欲以人民为基础，必当先行分县自治"。他认为，如果实行省自治，依然可能集权。而以县为自治单位，各个方面比较符合客观情况。训政时期主要是在县一级开展地方自治，随着宪政的实施，自治范围扩大，省也得实行自治。但由于省自治容易出现集权与割据，孙中山与后来的南京国民政府并不积极，直到1946年《中华民国宪法》第112条才规定省为自治单位，可以召集省民大会，制定自治法，省长由民选。第六，中央机构保留对地方自治单位的监督权。国民政府实行的自治与传统官治相辅。中央政府在很多方面对地方自治单位有监督权。具体地说，人事方面：在《国民政府建国大纲》中，关于县自治团体的官员"凡候选及任命官员，无论中央与地方，皆须经中央考试铨定资格者乃可"。1936年《中华民国宪法草案》第108条规定："县长候选人以经中央考试或铨定合格者为限。"行政方面：在《中华民国建设之基础》、《建国大纲》、《国民党之政纲》等纲领性文件中都强调，省、县都是地方行政机关，省一方面受中央政府之委任，受中央指挥，以处理省内国家行政事务，另一方面则是各县自治之监督。1940年的《县各级组织纲要》把县长的职权规定为，"受省政府的指挥，办理委办事项"，"受省政府的监督，办理全县自治事项"。立法方面：1936年的宪法草案和1946年的《中华民国宪法》都规定自治单位的自治权来自中央，省、县自治的立法是中央制定，而非地方自治单位制定。地方自治单位制定的法律不得与中央法律相抵触。司法方面：国民政府通过诸多的司法审查参与解决自治法在实施过程中出现的问题。

孙中山主张地方自治的目的很明确，即彻底结束中央集权的专制统治，推进民主发展和社会进步。在他的整个民主政治构想中，地方自治是民主政治的基础，认为地方自治实现不了，五权宪法也就无法实现。因为，他的设想是"俟全国平定之后六年，各县之已达完全自治者，皆得选举代表一人，组织国民大会，以制定五权宪法"。

由于孙中山完全是从民主政治的建设和发展的角度来考虑地方

自治问题的，因而他实际上赋予了自治地方政府很高的地位和很大的职权。对于这样国民具有直接罢免官员权、直接创制法律权和直接复决法律权的地方，中央政府除了用法律手段之外，是不能用任何其他手段干涉地方政府的。很显然，孙中山的地方自治设想深受英、美地方自治理论的影响。

孙中山主张地方自治所要改变的是中央与地方之间的政治和行政关系，他并不想改革中国已有的国家结构形式，即单一制的国家结构形式。他对此的态度很坚决："单一国制与联邦国制，其性质之判别，尽人皆知。而吾国今日之当采单一国制，已无研究之余地。""在单一国制，立法权固当属诸中央。然中国地方辽阔，各省情形各异，不能不稍事变通。"地方自治无疑为这种"不能不稍事变通"提供了可能。实际上，孙中山提倡实行地方自治，其中一个很重要的原因就是考虑到中国地域广阔，国情复杂。孙中山的地方自治设想，虽然并不想改变单一制的国家结构形式，但是它在客观上却可能使中国单一制的国家结构形式的性质发生变化，即由中央集权的单一制变为地方分权的单一制。孙中山充分意识到这一转变之艰难，所以，在设想地方自治建设时，对于地方自治的条件和时间安排作了十分详细的规定。在他看来，成熟的地方自治有赖于社会、经济和政治的全面成熟。

第六章 训政与宪政
——从孙中山到蒋介石

政治思想由一个民族的历史积淀和现实社会的经济、文化、政治活动进程所形成。从这一点来看，一个民族的政治思想无疑具有继承性和变化性（或称为发展性、适应性）。同样可以肯定的是，继承性与变化性在不同的历史阶段会在政治思想中占据不同的地位和比重。中外人士普遍认为中国封建专制的历史特别漫长，此即意味着在 20 世纪以前的二千余年中，中国政治思想的继承性远远大于变化性。而在进入 20 世纪，尤其是在辛亥革命前后，这种情形发生了重大改观，继承性的主导地位终于丧失，政治思想的变化之大，超越了以往任何一个历史时期，从而具有非常丰富的内容和巨大价值。

孙中山是中国伟大的资产阶级民主革命先行者，对民主宪政的追求终其一生矢志不移。他既提出了实行资产阶级民主宪政的伟大理想，同时又提出了实现理想的步骤，即革命程序论。在革命程序论中，孙中山把革命步骤分为军政、训政、宪政三个阶段，并规定每一阶段的工作内容，从而为中国革命指明了方向。但遗憾的是，孙中山还没来得及将其训政、宪政理想化成现实就赍志而殁。

蒋介石是孙中山训政、宪政理论的具体实践者。蒋介石的训政、宪政实践一方面在形式上、在某些内容上遵循、发展了孙中山的思想，但另一方面在某些地方又歪曲了孙中山的思想，给中国现代社会带来了深刻影响。

一 孙中山的训政、宪政思想

1. 孙中山训政、宪政思想的形成

孙中山的训政、宪政思想，最早见之于 1906 年他主持制定的《中国同盟会革命方略》。在其中的《军政府宣言》中，孙中山明确提出了作为国民革命目标的"四纲"，即驱除鞑虏，恢复中华，建立民国，平均地权。同时第一次提出，为了实现"四纲"，必将"措施之次序"分为三个时期，即军法之治、约法之治和宪法之治。

孙中山解释，所谓军法之治，就是在 3 年时间内，以军法为依据，由革命的军政府"督率国民扫除旧污之时代"。所谓约法之治，就是军政府"授地方自治权于人民，而自揽国事之时代"；此时军法已解除，"凡军政府对于人民之权利义务，及人民对于军政府之权利义务，悉规定于约法"，在约法的基础上进行社会治理。而为了保证"地方自治权归之其地之人民"，还须"由人民选举"产生地方议会及地方行政官。这一时期"以天下平定后六年为限"。所谓宪法之治，就是军政府"解除权柄，宪法上国家机关分掌国事之时代"。这时宪法代替约法成为国家根本大法；"军政府解兵权、行政权，国民公举大总统及公举议员以组织国会。一国之政事，依于宪法以行之"[1]。

1914 年在《中华革命党总章》中，孙中山重申："本党进行程序分作三时期：一、军政时期 此期以积极武力，扫除一切障碍，而奠定民国基础。二、训政时期 此期以文明治理，督率国民，建设地方自治。三、宪政时期 此期俟地方自治完备之后，乃由国民选举代表，组织宪法委员会，创制宪法；宪法颁布之日，即为革命成功之时。"[2] 此后在 1918 年所著的《孙文学说》中，孙中山对其革命程序论作了再一次强调。他指出，军政时期重在破坏，故可称作"破坏时期"。训政时期实为"过渡时期"，其主要任务就是以约法为依据，建设地方自治，促进民权发达。待地方自治完成，国民大会设立，宪法制成，总统选出之后，训政时期即告结束，而进入宪政时期。宪政时期为"建设完成时期"，此时期的主要工作是开

---

① 《孙中山全集》第 1 卷，中华书局，1981 年，第 25 页。
② 《孙中山全集》第 3 卷，中华书局，1981 年，第 97 页。

始施行宪政。"此时一县之自治团体，当实行直接民权。人民对于本县之政治，有普通选举之权、创制之权、复决之权、罢官之权。而对于一国之政治，除选举权外，其余之同等权则托付于国民大会之代表以行之。"①

1919 年 10 月，孙中山将中华革命党改组为中国国民党，并在次年颁布了《中国国民党总章》。在总章中，孙中山将革命程序的三个时期改为两个时期："本党进行分二时期：（一）军政时期。此期以积极武力，扫除一切障碍，奠定民国基础；同时由政府训政，以文明治理督率国民建设地方自治。（二）宪政时期。地方自治完成，乃由国民选举代表，组织宪法委员会，创制五权宪法。"实际上，两个时期和三个时期的提法只是形式不同而已，其实质是相同的。

1923 年 1 月，孙中山在《中国革命史》中将革命程序重新规定为三个时期，即军政时期、训政时期和宪政时期。第一个时期是破坏时期。第二个时期为过渡时期，在此时期内施行约法（非现行者），建设地方自治，促进民权发达，以一县为自治单位，每县于敌兵驱除战事停止之日，立颁约法，期限为 3 年。全国平定 6 年之后，民选代表召开国民大会，制定五权宪法，以五院制为中央政府，各县人民投票选举总统。五院对国民大会负责，而不是对总统负责，国民大会的职权是"专司宪法的修改及制裁公仆之失职"。宪法制定、总统、议员选举出来以后，训政时期结束。第三个时期为建设完成时期，在此时期施行宪政。县施行直接民权，人民对本县政治有普选、创制、复决、罢官之权。人民对一国之政治，除选举之权外，余则托付国民大会代表。"宪政时期，即建设告竣之时，而革命收功之日也。"②

1924 年 1 月，国民党"一大"通过了孙中山手拟的以革命程序论为基础的《国民政府建国大纲》，同年 9 月以宣言的形式发表。宣言称："今后之革命，不但当用力于破坏，尤当用力于建设，且当规定其不可逾越之程序。"在大纲中，孙中山将革命程序再次确定为军政、训政和宪政三个时期，并规定了各时期的主要工作。

---

① 《孙中山全集》第 7 卷，中华书局，1985 年，第 62～63 页。
② 《革命尚未成功——孙中山自述》，湖南人民出版社，1991 年，第 92 页。

孙中山关于训政、宪政的论述，自 1906 年提出后，经过多次重申与发挥，至 1924 年正式确立下来，其标志是《国民政府建国大纲》。至此，孙中山的训政、宪政思想更加明确、规范，同时成为国民党人的集体意志，成为国民党的施政纲领。

2. 孙中山训政、宪政思想的主要内容

孙中山训政、宪政思想包括以下几个方面的主要内容。其一，规定了训政、宪政实施程序的必要性及其不可逾越性。孙中山曾强调指出，"夫革命之目的，在于实现三民主义，而三民主义之实行，必有其方法与步骤。三民主义能及影响于人民，俾人民蒙其幸福与否，端在其实行之方法与步骤如何"①。1924 年孙中山在《国民政府建国大纲》中昭示国人："今后的革命，不但当用力于建设，且当规定不可逾越之程序。"军政、训政、宪政是循序渐进而紧密相连的三个革命阶段，构成了一个实现三民主义的、完整的革命过程，用孙中山的话说，即"建国大纲者，以扫除障碍为开始，以完成建设为依归，所谓本末先后，秩然不紊者也"。

其二，规定了各个时期的革命任务。军政时期军"政府一面用兵力以扫除国内之障碍，一面宣传主义以开化全国之人心，而促进国家之统一"②。

训政时期的中心工作是完成地方自治。在这一时期，军政府派合格人员到各县协助筹备并完成自治。县自治的标准是完成人口清查、土地测量、道路修筑、四权训练等。县完成自治后，"得选国民代表一人，以组织代表会，参预中央政事"。孙中山重视地方自治，主要是从三个方面进行考虑的：一是他认为"地方自治者，国之础石也，础不坚，国不固"，事之最切于人民的地方，莫过于"一县以内之事"，而一旦"人民有县自治以凭借，则进而参与国事，可以绰绰然有余裕。与分子构成团体学理，乃不相违。苟不若是，则人民失其参与国是之根据"。二是实施地方自治可以"移官治为民治"。官治就是把"政治之权付之官僚"，民治就是"民权在于人民"，官治必须为民治所代替，地方自治就是这种民主变革的主要手段。三是地方自治是实现"均权主义"的重要手段之一。孙

---

① 《孙中山全集》第 11 卷，中华书局，1986 年，第 102 页。

② 《孙中山全集》第 9 卷，中华书局，1986 年，第 127 页。

中山把"均权主义"作为处理中央政权与地方政权关系和活动范围的理想准则:"中央有中央当然之权","地方有地方当然之权",所谓地方自治,就是要把"自治范围"的权限归于地方。

关于训政时期国民党的地位,孙中山提出"以党治国",由革命党训练人民如何去使用民权,培育民主政治,以实现向宪政的过渡;同时阐明"训政时期"的"以党治国"的原则,即是革命政党应当成为这个阶段的政治生活的核心力量,掌握全部国家事务。需要指出的是,在训政时期,孙中山主张实行"以党治国",并"不是用本党的党员治国,是用本党的主义治国,诸君要辨别得很清楚","要本党的主义实行,全国人民都遵守本党的主义",是以国民党的"主义治国"①。

训政时期是否要制定约法?孙中山在 1923 年 1 月发表的《中国革命史》中提出"约法"即 1912 年颁布的《中华民国临时约法》不再成为"训政"阶段的依据,这是《临时约法》在辛亥革命后的日子里丧失了权威的必然反映,但提出还是要"施行约法"。然而一年后在 1924 年 1 月的《建国大纲》中,孙中山却没有提出要制定约法的问题。孙中山之所以会修改 1923 年 1 月还在坚持的制定约法的主张,主要是国民党"一大"宣言及《建国纲领》已相当完备地规定了国民党的行动纲领,因而没有另定约法的必要。

关于宪政时期的论述,《国民政府建国大纲》中的规定比起此前孙中山的有关论述,有一些差别。特别是在"大纲"中,孙中山提出了一个"宪政开始时期"的新概念,第十六条说,"凡一省全数之县皆达完全自治者,则为宪政开始时期"。但第二十三条"对宪政开始时期"的解释是"宪政开始时期,即全省之地方自治完全成立时期"。很明显,"宪政开始时期"即是训政主要工作基本结束的末期,而不是要另外独立出一个时期,我们可以将"宪政开始时期"理解为宪政开始的一些具体工作的准备时期,如宪法草案的拟定,国民大会的筹备等具体工作都要在这时期完成。需要指出的是,大纲规定要在宪政开始时期,或训政末期,"中央政府当完成设立五院","其序列如下:曰行政院;曰立法院;曰司法院;曰考试院;曰监察院"。但"五院之权"在此时只是"试行",是为宪政

---

① 《孙中山全集》第 8 卷,中华书局,1986 年,第 282 页。

时期全面实行五院制做准备。在五院院长与总统的关系上，此期即"宪法未颁布之前，各院院长皆归总统任免而督率之"①。

区分了宪政开始时期与宪政时期的关系后，我们就可以发现宪政时期开始（也就是训政结束）的标志主要有：一是开国民大会。国民大会开会的时间是"全国有过半数省份达至宪政开始时期，即全省之地方自治完全成立时期"。宪法颁布之后，中央统治权则归于国民大会，即国民大会"对于中央政府官员有选举权、有罢免权，对于中央法律有创制权、有复决权"。二是决定并颁布宪法。"宪法颁布之日，即为宪政告成之时。"宪法决定和颁布工作由国民大会完成。而宪政开始以后马上要进行的工作主要有：依照宪法进行全国大选，军政府即国民党控制的国民政府，"于选举完毕之后三个月解职，而授政于民选之政府"；成立"民选"的五院制政府。至此，"建国之大功告成"。

宪政时期开始以后，政党在社会政治生活中的影响将发生变化，代替"以党治国"的必然是"政党政治"。孙中山很重视政党在民主宪政中的地位与作用，"夫国家之成立，必赖乎政治。而民国之政治，若普问于国民之可否，岂不是行极繁之手续？故欲简而捷，必赖乎政党。今与二三政党商量妥协，而国之政治即举"。"国家必有政党，一切政治始能发达。""组织政府，则成志同道合之政党内阁……以其所信之政见，举而措之裕如。退而在野，则使他党执政，而己处于监督之地。"

其三，在军政、训政和宪政三个时期中，孙中山论述最多的是训政。因为军政和宪政，从其内容上来看，皆是不言自明的革命重要时期。惟独训政不同，孙中山说：训政二字"我须解释。本来政治主权是在人民，我们怎好包揽去作呢？"训政时期是从专制入共和所必需的过渡阶段，因为"由训政时期一蹴而至宪政时期"，就会导致严重的消极后果，就会出现："第一流弊，在旧污未由涤荡，新治未由进行；第二流弊，在粉饰旧污，以为新治；第三流弊，在发扬旧污，压抑新治。"②更正确地说，第一是民治不能实现；第二是假民治之名，行专制之实；第三是并民治之名而去之。之所以

---

① 《孙中山选集》，人民出版社，1981年，第603页。

② 《革命尚未成功——孙中山自述》，湖南人民出版社，1991年，第95页。

会如此，是因为长期的专制统治，中国人民对民主制度还需要一个较长时间的熟悉、适应的过程。为此，需要一个训练人民学会行使四权的时期。

训练人民行使民权，这是孙中山设置训政时期的主要用意，他在 1920 年的一次演讲中就明确指出过这一点。他说："中国奴制已经行了数千年之久，所以民国虽然有了九年，一般人民还不晓得自己去站那主人的地位。我们现在没有别法，只好用此强迫的手段，迫着他来做主人，教他练习练习。这就是我用'训政'的意思。"孙中山把人民摆在被训练的位置，并不是否认人民的主人地位，他一贯认为，"共和国，皇帝就是人民"。他之所以强调人民需要"训练"，只是因为在他看来，"以五千年来被压作奴隶的人民；一旦抬他作起皇帝，定然是不会作的。所以我们革命党人应该来教训他，如伊尹训太甲样"。

3. 孙中山训政、宪政思想评价

总的来说，孙中山的训政、宪政思想是一种复杂的政治现象。它在当时的历史条件下具有一定的积极意义。

首先，它在某种程度上反映了民主革命运动的一般过程。中国是一个有着几千年君主专制历史的国家，无论是国家与社会两方面都缺乏实行民主政治的必要的心理与制度准备；而在中国这样一个东方大国中，实现从农业宗法社会向现代工商社会的转型，也确实需要一个较长时间的过渡时期，其间必然经历新旧思想、新旧制度的冲突。孙中山对此有深切的了解，故提出革命应遵守一定程序的主张，以期中国现代民主政治的发展能循合理的、有序的轨迹演进，在稳定中求发展，而不骤然实行欧美式的民主政治。因此，在中国实现宪政的问题上，孙中山提出的革命程序论应该予以肯定。

第二，孙中山把实行宪政的进程分作三个阶段，并明确各阶段的任务，将有助于革命民主派在革命运动的不同发展阶段中把握首要任务。例如，关于"军政时期"的活动内容的规定体现了革命党人在该阶段的中心工作。孙中山主张在军政、训政、宪政三时期中的训政时期完成地方自治，为宪政的实行打下基础。

第三，孙中山将革命程序分为三个时期的最终目的是要实现资产阶级的民主宪政，这也是孙中山的政治理想所在。就政治理想而言，孙中山无疑最为推崇全民政治，他说："民国是以四万万人为主，我们要想是真正以人民为主，造成一个驾乎万国之上的国家，必须要国家的政治，做成一个'全民政治'。"① 孙中山的宪政理想符合现代政治发展的大趋势，为先进的中国人指明了奋斗的方向，增强了中国人民为之奋斗的决心。

诚然，实行民主宪政是孙中山的崇高的理想，他还为此毕生追求，矢志不移，他的宪政思想有许多闪光之处，到今天仍有不少地方值得借鉴。但是，他的宪政思想中也确实存在一些内在缺陷，而这些内在缺陷甚至为后来的居心不良者建立专制独裁统治提供了理论依据。

首先，孙中山在他宪政思想中表现了他对人民群众力量和智慧的低估。当然，孙中山曾经反驳了从保皇派到古德诺之流污蔑和仇视人民群众的谬论，并且还提出了"国民革命"的口号。但是，民主主义革命家的局限性终究使他不能对人民群众的作用作出恰如其分的评价。孙中山没有把人民群众的愚昧落后视为旧制度的恶果；也不理解人民群众在变革客观世界的斗争中将改造主观世界；更未能认识到挣脱了旧制度枷锁的人民群众必能在短暂的时间内学会管理国家事务。因此，他没有把宪政建设放置在直接地、充分地发动群众的基础上：相信人民既能粉碎旧的政权，也能创造新的政治制度，却要在宪政进程中的"军政时期"和"宪政时期"之间嵌进一个"训政时期"，似乎人民群众必得由革命党人"强迫着"、"如伊尹训太甲"般地教诲一番，才能适应于"民主政治"。

其次，孙中山的革命程序论在某种意义上来说，正如前面所说的不失为一种从中国国情出发，循序渐进，逐步实行民主宪政，符合中国实际的有效途径。但孙中山在革命程序的设计中，其实际着眼点并不在分权而在集权。这一点，在他关于军政府的设计中表现得十分明显。军政府是革命第一、第二两个时期的中央政权，主持这两个时期的全部施政活动，孙中山曾称："此军政府既有兵事专权，复秉政权"，实际上是一种革命军事专政，是军政合一的军事政权机关。孙中山强调，建立军事专权并不是否定民权，而是通过约法划分军权与民权，"军政府发布命令组织地方行政官厅，遣吏治之；而人民组织地方议会，其议会非遽若今共和之议会也，第监

---

① 《孙中山全集》第 2 卷，中华书局，1981 年，第 331 页。

视军政府之果循约法与否，是其重职"。无实权的地方议会能够"监视"拥有军权和政权的军政府？

军政府作为一种特殊的政权形式，在一些国家的资产阶级革命过程中曾出现过，如英国的克伦威尔专政、法国大革命后的拿破仑专政等。这种强权政治在扫除旧制度的过程中发挥了很大威力，但由于权力过度集中，又很快转向个人独裁。

孙中山借取这种政权形式，是因为他认为中国国民长期处于专制统治之下，须经过一定的准备与训练，才能建立真正的共和国，这种想法符合中国实际。但孙中山的设计只考虑问题的一个方面，而忽视了另一面，其结果却为军事独裁专制提供了一个理论借口。

再次，孙中山的"权能分治"理论也存在十分明显的缺陷。孙中山在"权能分治"的权力分配设计中，把四项政权交给人民，将五项治权交给政府，人民有权，政府有能。在这种设计中，孙中山把"主权属于人民"的观念提到首位。但是，孙中山又十分矛盾地提出要把重大的、复杂的国家事务托付给"有本领、忠心为国家作事"的专门家，而且"还要不限制他们的行动，事由他们去做"，如果人民"一举一动都要牵制他们，不许他们自由行动，国家还是难望进步"[1]，否定人民治理国家的能力。"为人民之代表者或受人民之委托者"，实际上就可能不"尽其能"，而只"窃其权"，形成新的专制独裁统治局面。

此外，孙中山的"以党治国"的政治主张，作为政党政治的先导和铺垫，本来具有积极意义。但会被一些居心叵测者滥用。有人分析，这种"以党治国"、"以党代国"的党在国上的"党国体制"，以革命为姿态，宣称为民意之唯一代表，结果形成"党国霸权"，"消极地不允许社会有任何反对党国的组织力量的存在，积极地更在控制与转化社会。事实上国家与社会是或者几乎是重叠的。即党国以外，不容忍有一独立或足资抵制党国的社会"[2]。按此原则建立的国家体制，显然与孙中山的宪政体制是差之千里。

最后，孙中山在"革命程序论"中没有能确切地反映出各个阶

---

① 《总理全集》第 1 集，台北中央文物供应社，1973 年，第 172～173 页。
② 转引自马敏：《论孙中山的现代国家建设思想》，载《华中师范大学学报》，1998 年，第 4 期。

段中的主要任务，却过分强调了某些次要的活动。例如，训政阶段应当是把继续肃清反革命势力和广泛发动、组织群众作为首要任务，而孙中山却认为"地方自治"的实施才是避免"国事操于武人政客"的关键。实际上，地方自治是政体问题，它取决于国体，不可能决定政权的性质。孙中山夸大了地方自治的作用，会在实践中造成舍反对帝国主义与封建主义之本，逐政体方案之末的消极后果。

孙中山训政、宪政思想的内在缺陷不仅是他个人的问题，也是时代的局限、阶级的局限使然。正视其缺陷，汲取其精华，才是我们所应采取的态度。

二　蒋介石的训政实践

蒋介石在南京建立起国民政府不久，就以遵从"总理遗教"相标榜，祭起训政的旗帜。孙中山训政思想一方面为蒋介石的训政实践提供了理论依据，另一方面也为蒋介石国民党专制独裁体制的建立提供了理论口实。

1. 训政时期的开始及国民党一党专政政治体制的确立

1927年4月12日，蒋介石在上海发动政变。4月18日，南京国民政府在丁家桥前江苏省议会举行成立大典。

南京国民政府是蒋介石背叛革命、分裂国民党和国民政府的产物。它的组成"没有宪法的依据，没有经过民选。它的合法性不以法律为依据，而依靠外国的承认和国内的一些大的政治势力的拥护"。尽管它沿用广州国民政府的名称和形式，但其性质已根本不同。它不再是各个革命阶级的联合政权，而是大地主大资产阶级的联合专政。

1928年2月，国民党召开二届四中全会。会议通过了《中华民国国民政府组织法》，规定"国民政府受中国国民党中央执行委员会之指导及监督，掌理全国政务"。国民政府的组成人选，蒋介石在2月7日亲笔写了他提出的国民政府常务委员及主席名单，即"谭延闿、蔡元培、张人杰、李烈钧、于右任为国民政府常务委员，谭延闿为主席"。蒋介石本人任国民党中央政治会议主席和军事委员会主席。谭延闿虽贵为国民政府主席，但实权掌握在握有军权的蒋介石的手中。

1928 年 4 月，国民政府组织了对奉系张作霖的北伐。6 月初，张作霖见大势已去，放弃北京，退回关外，在皇姑屯被日本人事先埋设的炸弹炸死，国民革命军进入平津。6 月 15 日，南京国民政府发表对外宣言，宣布中国之统一正式完成，"此实结束军政，开始训政之时也"。8 月蒋介石在国民党二届五中全会开会词中宣布：军政时期结束，训政时期开始。12 月 29 日，东三省保安司令张学良通电宣布东北易帜，"服从国民政府"。至此南京国民政府便在名义上统一了中国。

如何实施训政？1928 年 8 月国民党二届五中全会前，国民党内各派系之间为此问题展开了一场争论。是年 6 月 3 日，正在欧洲考察的胡汉民、孙科从法国巴黎联名致电谭延闿、蒋介石、阎锡山等人，提出了一份训政体制的总设计，即《训政大纲草案》。

胡汉民等在《训政大纲草案》中提出了训政时期国家发展的原则："以党统一，以党训政，培植宪政深厚之基"；"本党重心，必求完固，党应担发动宪政之全权，政府应担实施宪政之全责"；"以五权制度作训政之规模，期五权宪政最后之完成"①。根据这一原则，他们拟定了《政治会议纲领》和《国民政府组织纲领》。8 月国民党二届五中全会依据胡汉民、孙科的建议，通过训政时期要逐渐实施立法、行政、司法、考试、监察五院制度。

9 月，胡汉民发表《训政大纲说明书》，宣称：训政时期实行"以党治国"，一切权力"皆由党集中，由党发施"②，政府由国民党"负其保姆之责，故由党指挥，由党拥护"。他还称国民党中央政治会议"总握训政时期一切根本方针之抉择权，为党与政府间唯一连锁"③，是训政发动与指导机关，国民党拥有发动训政之全权，国民政府是训政的执行者。

胡汉民等提出的《训政大纲草案》和《训政大纲说明书》，后来除个别地方有所修正外，其基本精神成了蒋介石国民党在训政期

---

① 《胡汉民孙科为拟订训政大纲致谭延闿等电》，载《历史档案》，1983 年，第 3 期。

② 胡汉民：《革命理论与革命工作》，上海民智印刷所，1932 年，第 416 页。

③ 杨幼炯：《近代中国立法史》（增订本），台北商务印书馆，1966 年，第 350 页。

间政治体制的指导原则，尤其是"训政保姆论"和关于中央政治会议在国民党和国民政府之间起"唯一连锁"作用的理论，成为蒋介石国民党在全国范围内建立国民党一党政权的政治方略。蒋介石虽对胡汉民存有戒心，但对这一政治方略却是很欣赏的。两人的不同之处是，胡汉民在他的《训政大纲说明书》中声明他的这些主张不是"一党专政"，而是孙中山的"以党治国论"："以党治国者，本党以此规模策训政之效能，使人民自身能确实使用政权之谓也。于建国治国过程中，本党始终以政权保姆自任。其精神与目的，完全归宿于三民主义之具体实现。不明斯义者，往往以本党训政主义，比附于一党专政与阶级专政之论，此大谬也。"胡汉民对有人把"以党治国"比附为"一党专政"，斥之为"大谬"，他说一党专政是以政权"专于一党为归宿"，因而是"专制"的，而以党治国是"以政权付诸国民为归宿"，因此是"民主的"。胡汉民所批评的对象在国内主要就是指蒋介石，因为蒋介石在这以前就提出过要实行一党专政。

在《训政大纲说明书》发表后 5 天，国民党中央政治会议议决，加推胡汉民、孙科为国民党中央常务委员会委员。1928 年 10 月 3 日，国民党中常委蒋介石、谭延闿、胡汉民、孙科和戴季陶五人召开常务会议，通过《中国国民党训政纲领》，标榜实行孙中山制定的《建国大纲》，"训练国民使用政权，至宪政开始，弼成全民政治"。1929 年 3 月国民党第三次全国代表大会又追认通过。《训政纲领》规定了训政时期"以党治国"的 6 条原则：

（一）中华民国于训政期间，由中国国民党全国代表大会代表国民大会领导国民行使政权。

（二）中国国民党全国代表大会闭会时，以政权付托中国国民党中央执行委员会执行之。

（三）依照总理建国大纲所定选举、罢免、创制、复决四种政权，应训练国民逐渐推行，以立宪政之基础。

（四）治权之行政、立法、司法、考试、监察五项付托于国民政府总揽而执行之，以立宪政时期民选政府之基础。

（五）指导监督国民政府重大国务之施行，由中国国民党中央执行委员会政治会议行之。

（六）中华民国国民政府组织法之修正及解释，由中国国民党中央执行委员会政治会议议决行之①。

这 6 条内容实际上可归纳为 3 条，即：（1）不设立国民大会，把属于全国国民的"选举、罢免、创制、复决"四项政权托付给国民党的最高权力机关——国民党全国代表大会或国民党中央执行委员会，四项政权由国民党负责训练国民逐步推行；（2）把行政、立法、司法、考试、监察五项治权付托给国民政府；（3）国民党中央对国民政府负有"指导监督"之责，具体的由国民党中央执行委员会政治会议负责。再归纳一下，《训政纲领》最终就是要把全国的一切权力（包括政权、治权）统统交给国民党中央，这也正是国民党制定《训政纲领》的实质所在。

《训政纲领》实际上确立了中国国民党、国民政府及人民三者之间的关系，其要点是：

第一，在人民与国民党的关系上，蒋介石国民党的逻辑是：中华民国的人民在政治上缺乏知识、经验，相当幼稚，因而无力直接行使选举、罢免、创制、复决四种政权。这四种政权就要交给知识、经验比人民高出一等的国民党，国民党就是人民的保姆，担负着保养、教育人民及行使四权的义务。国民党与人民的关系，孙中山曾形象地比喻为诸葛亮与刘阿斗，或保姆与婴儿的关系，这种忽视人民民主能力的观点无疑是孙中山训政思想的一大缺陷，蒋介石大力彰显，显然居心叵测。

按此解释，为保证人民接受四权的教育，蒋介石国民党就有权对人民的权利作一些限制。国民党三大依据《训政纲领》就作出这方面的规定："在必要时，得就于人民之集会、结社、言论、出版等自由权，在法律范围内加以限制"②，人民只有"服从拥护国民党，誓行三民主义，接受四权使用之训练，努力地方自治之完成，始得享受中华民国国民之权利"。

第二，在国民党中央与国民政府的关系上，国民党中央政治会议是联系两者的枢纽。国民党中央取代国民大会享有政权，享有决

---

① 荣孟源编：《中国国民党历次代表大会及中央全会资料》（上），光明日报出版社，1985 年，第 657～658 页。

② 荣孟源编：《中国国民党历次代表大会及中央全会资料》（上），光明日报出版社，1985 年，第 659 页。

定国家大政方针之权，甚至可以决定训政何时终止、宪政何时开始；国民政府行使治权，但不得独享其权，必须接受国民党中央政治会议的指导。

在《训政纲领》通过后不久的 1928 年 10 月 25 日，国民党中央执行委员会第 179 次中常会批准了由胡汉民等提出的《修正政治会议暂行条例案》，确定了《中央执行委员会政治会议暂行条例》共 13 条。条例规定了政治会议的性质和组成："全国实行训政之最高指导机关，对于中央委员会负其责任"；政治会议以中央执监委员和国民政府委员为政治会议当然委员，其他委员须是"为党服务十年以上、富有政治经验者"，或"负党之重任，其地位在特任官以上者"。条例还规定了政治会议的讨论及议决事项的范围："建国纲领、立法原则、施政方针、军事大计"和各级官吏人选。对于所作出的决议，政治会议"不直接发布命令及处理政务"，而是"直接交国民政府去执行"。

总的来说，《训政纲领》就是要使国民党包办全国的政权、治权，"独负全责"。对于国民党在训政时期一党专政的统治地位，蒋介石毫不隐讳，他在 10 月 3 日致国民党中央的一份电报中坦率地说："本党遵奉总理遗教，暂定一党专政之制。"①

蒋介石国民党把它们的一党专政解释成是"遵奉总理遗教"，其实恰恰是对"总理遗教"的反动。首先，在党与国家上，孙中山提出过"以党治国"、"党在国上"的观点，但他也强调过："以党治国，并不是要党员都做官，然后中国才可以治；是要本党的主义实行，全国人民都遵守本党的主义，中国然后才可以治。简言之，以党治国不是用本党的党员治国，是用本党的主义治国。"很清楚，孙中山的"以党治国"是以"主义治国"，不是以"党员治国"。而按蒋介石的做法，国民党则要垄断全国官吏的任免权，国民党党员必然遍及社会的各个角落，这是以国民党党员治国，不是以"主义治国"，孙中山的"以党治国"思想被蒋介石歪曲为一党专政。其次，按蒋介石的逻辑，国民党必然要剥夺全国人民通过国民大会行使政权的权利，这违反了孙中山一贯坚持的"主权在民"的思想，如此下来，中国人民在国民革命时期用生命和鲜血争得的一些民主

---

① 《国闻周报》，1928 年 10 月 4 日，第 7 卷第 10 期。

自由权利必然被完全剥夺，亿万人民成了要蒋介石国民党"训导"的"群愚"、"阿斗"。

　　2. 蒋胡约法之争与《训政时期约法》

　　蒋介石通过制定《训政纲领》，确立国民党一党专政体制，提高了他本人在国民党内的地位，但与此同时，他"假党治之名，行个人独裁之实"的行为也引起了国民党内一部分人的反对。1930年8月以汪精卫为首的改组派分子、以邹鲁为首的西山会议派分子，联合军阀阎锡山、冯玉祥等反蒋各派人士召开国民党中央党部扩大会议。扩大会议指责蒋介石"不遵从总理遗教，训政虽号称开始，约法迄未施行，遂致训政其名，个人独裁其实"，表示要制定训政约法，从而"结束党治，实现民治"，并制定了《中华民国约法草案》。汪精卫等提出制定训政约法，并不在于真的要"遵从总理遗教"，"实现民权"，其真正的原因是："汪精卫看到蒋介石抓住了军队作为个人独裁的本钱，认为要打倒蒋介石，必须树起民主政治这块灵牌。"① 两者之间的斗争说到底是权力之争。

　　1930年在击败阎锡山、冯玉祥等各反对派别，取得中原大战胜利后，蒋介石自认为"统一中国之局势已经形成，叛党乱国之徒，今日决无能再起"，遂于10月3日致电南京国民党中央党部，表示："此战之后，军阀既经扫除净尽，则一切政客、官僚、败类与腐化恶化分子皆无所凭借，以为其祸乱党国之工具。纪纲既振，风尚一新，思想已有统一之望，社会亦得安定之纲，于是国民会议乃有召集之可能与必要"，要求"确定召集国民会议之议案、颁布宪法之时期及制定宪法颁布以前训政时期适用之法"。

　　国民党中央党部依据蒋介石的要求，于同年11月12日召开三届四次会议。会议认为"此次讨伐之战，实为全国永久和平与真正统一之基础，亟当于讨逆军事结束之际，确定召集国民会议之时期，以副全国人民之望。本党遵奉总理遗教，负民国建国之重任，民国人民应行使之政权，由本党代理而行之，以期保育民国之健全发育，而不为专制余孽之损害。在训政开始之时，一切建国根本问题，应与国民共约，乃得齐一全国国民之心志，集中全国之能力，

————————

　　① 李俊龙：《汪精卫与扩大会议》，载《文史资料选辑》，第16辑，第104～105页。

以立民有、民治、民享之基础，而明本党执政时期之责任，此国民会议所以应亟召集也"①。

早在 1928 年 8 月，训政开始时召开的国民党二届五中会议就提出"应遵循孙中山遗教，颁布约法"②。次年 3 月召开的国民党"三大"却没有提召开国民会议，也没有提制定训政时期约法，还确定"总理主要遗教为训政时期中华民国最高根本法案"③，实际上就是确立了孙中山遗教的宪法地位，意即今后不另起炉灶，不另订约法。蒋介石在当时之所以不提召开国民会议、制定训政时期约法之事，是因为他认为"国民会议不便于其个人独裁"，哪知这样一来相反却成为改组派、西山会议派及阎锡山、冯玉祥的反蒋口实。受此刺激，蒋介石就调整策略，中原大战结束后就迫不及待地要求召开国民会议，制定训政时期约法，其目的显然不在于要"谋中国的统一与建设"，也不在于"期保育民国之健全发育，而不为专制余孽之损害"，而在于要抵消汪精卫、阎锡山、冯玉祥反对自己的借口，给自己的统治制造法统上的根据，同时也是为了借制定约法来加强自己在国民党内的领导地位。

从上述情况来看，蒋介石把召开国民会议、制定约法称作是实现孙中山遗教。那么，下面就来看一看孙中山的遗教到底是什么。

首先，召开国民会议是孙中山在 1924 年 11 月的《北上宣言》中提出来的。孙中山把国民会议视为训政时期国民党政府"征集国民意见，以谋解除人民切身痛苦之机关"。关于召开国民会议的目的，他说："对于时局，主张召集国民会议，其目的在藉国民会议以谋中国之统一与建设"，将国民党"第一次全国代表大会所列举之政纲，提出于国民会议，期得国民彻底的明了与赞助"，就是要废除一切不平等条约，结束北洋军阀的统治，实现中国国民党"第一次全国代表大会所列举之政纲"。可见，制定约法并不是国民会议的任务。

---

① 荣孟源编：《中国国民党历次代表大会及中央全会资料》（上），光明日报出版社，1985 年，第 917 页。

② 荣孟源编：《中国国民党历次代表大会及中央全会资料》（上），光明日报出版社，1985 年，第 543 页。

③ 荣孟源编：《中国国民党历次代表大会及中央全会资料》（上），光明日报出版社，1985 年，第 653 页。

其次，关于是否要制定训政时期约法问题，孙中山在 1924 年国民党改组以前确曾主张在训政时期制定约法。例如，在 1906 年的《中国同盟会革命方略》中规定：第二期为约法之治。凡军政府对于人民权利义务，及人民对于军政府之权利义务，悉规定于约法，以天下平定后六年为限，始解约法，布宪法。1917 年至 1919 年，孙中山在《建国方略》中也说训政时期是"过渡时期，拟在此时期内施行约法（非现行者），建设地方自治，促进民权发达。以一县为自治单位，县之下再分乡村区域，而统于县。每县于敌兵驱除，战事停止之日，立颁布约法，以之规定人民之权利义务与革命政府之统治权"。这些都说明，孙中山在比较长的时间内是主张制定约法的。

但是，孙中山在 1924 年改组国民党时，已意识到，只有约法而无人民拥护，没有人民去施行，约法等于一张废纸，于是就放弃了在训政时期制定约法的主张。那么在训政时期国民党及全国人民应遵循什么呢？他说："本政府有鉴于此，以为今后之革命，当赓续辛亥革命未完之绪，而力矫其失，即今后之革命，不但当用力于破坏，而当用力于建设，且当规定其不可逾越之程序。爰本此意，制定国民政府建国大纲二十五条，以为今后革命之典型。"①查《建国大纲》二十五条，也不存在规定训政时期制定约法的条文。

实际上，是否制定约法并不是问题的关键，关键在于制定约法的动机及通过约法要达到什么样的目的。孙中山训政思想的变化，蒋介石应该是完全清楚的，他们之所以故意要孤立、片面地理解孙中山的思想，是有自己的目的的。

再次，1925 年孙中山的临终遗嘱是："现在革命尚未成功，凡我同志，务须依照余所著《建国方略》、《建国大纲》、《三民主义》及《第一次全国代表大会宣言》，继续努力，以求贯彻"②，十分清楚地规定了国民党所应遵循的原则。1929 年 3 月召开的国民党"三大"也规定："确定总理所著三民主义、五权宪法、建国方略、建国大纲及地方自治开始实行法，为训政时期中华民国最高之根本法。举凡国家建设之规模，人权、民权之根本原则与分际，政府权

---

① 邹鲁：《中国国民党史稿》第 2 册，商务印书馆，1944 年，第 648 页。
② 《孙中山选集》，人民出版社，1981 年，第 994 页。

力与组织之纲要，及行使政权之方法，皆须以总理遗教为依归。"①
两相比较，就不难发现，蒋介石的国民党"三大"从孙中山的遗教
中抽出了《第一次全国代表大会宣言》，而塞进了《地方自治开始
实行法》、《五权宪法》两篇文章，与孙中山的遗嘱有些出入，但两
者大体上还是一致的。

以胡汉民为首的国民党元老派明了蒋介石要求召开国民大会、
制定约法的用意，他们同意召开国民会议，但不同意制定训政时期
约法。其理由是："总理之《建国大纲》及《第一次全国代表大会
宣言》中对内政纲，较任何约法为完备……无需再作出钦定式的约
法来"，且国民党"三大"决议已将孙中山的遗教"定为效力等同
于约法的根本大法，现在又谈制定约法，不就是要将孙中山的遗教
搁置一边而另寻别径？"② 胡汉民还倚老卖老，夸张地说："我追随
总理数十年，总理之重要著作，我亦参加若干意见，从未闻总理提
及国民会议应讨论约法一语。"③ 抛开动机不提，胡汉民的反击理
由更符合孙中山的本意。

蒋介石对胡汉民的逆己行为大为恼火，在日记中指责胡汉民
"挑拨内部，诋毁政治，曲解遗教"，决心搬掉这个绊脚石。1931
年2月28日夜，蒋介石将胡汉民软禁于自己家中。第二天，蒋介
石将胡送往汤山，继续软禁，并撤去其国府委员、立法院长之职。

1931年3月2日，即在软禁胡汉民后的第三天，蒋介石在国
民党中央常委会议上老调重弹，再次提出要召开国民会议，"应以
三民主义的训政范围以内，确定本党与全国人民共同遵守之约
法。……以树长治久安之宏规"。会议决定推吴敬恒、王宠惠、于
右任等11人为约法起草委员，由吴敬恒、王宠惠负责召集，还规
定约法起草要以训政纲领为基础。

5月5日，国民会议在南京中央大学召开。大会通过了《中华
民国训政时期约法》，并于6月1日由国民政府公布。

---

① 荣孟源编：《中国国民党历次代表大会及中央全会资料》（上），光明日报
出版社，1985年，第654页。

② 胡汉民：《国家统一与国民会议之召集》，载《中央日报》，1930年10月
10日。

③ 《国闻周报》，1931年2月25日，第8卷第8期。

《中华民国训政时期约法》共分 8 章 89 条，约法依照西方资产阶级民主宪法的形式，写进了一些民主的条文，如中华民国的主权属于国民全体，国民享有通信、通电、集会、结社、言论、著作等自由权利；还规定在完全自治的县享有选举、罢免、创制、复决四种权利，甚至还写上改良工农生活、发展经济的条文。这些条文是当时蒋介石对各方反对独裁呼声所作的一点让步，但就整个约法来说，其实质还在于巩固国民党对全国的统治权。

首先，《训政时期约法》再次确认了国民党在全国的统治权。第 3 章《训政纲领》是约法的核心所在，该章明确规定："训政时期由中国国民党全国代表大会代表国民大会行使中央统治权。中国国民党全国代表大会闭会时，其职权由中国国民党中央执行委员会行使之"①，以根本大法的形式确立了训政时期国民党在全国的绝对领导地位。"此项约法经国民会议通过之后，则理论上党治原则已经国民正式接受，民党政权在训政时期可以益形巩固矣。"

不过，该章取消了 1929 年 3 月通过的《训政纲领》中"指导监督国民政府重大国务之施行，由中国国民党中央执行委员会政治会议决议之"一条，四种政权交给国民政府训导，五种治权由国民政府行使，而不是国民党"付托"国民政府总揽而执行之。从表面看，国民党放松了对国民政府的控制，有很大的进步，但是国民党与国民政府之间领导与被领导、控制与被控制的隶属关系没有丝毫削弱，反而更加隐蔽，更加具有欺骗性。

5 月 10 日，蒋介石在国民会议上就《训政时期约法》作了阐释性的讲演，他说：国民党在训政时期代表国民大会行使中央统治权，可知国民党中央在训政时期是一个最高机关。国民会议召开期间，一些国民党骨干分子发现约法中少了政治会议指导监督国民政府的条文，纷纷找蒋介石发牢骚，说这是对国民党领导地位的削弱。蒋介石被这些人闹不过，连忙解释说：中国国民党里面有一个中央政治会议，就好像共和民主国家的议会，是一个最高的立法机关，现在一般人往往对国府五院中的立法院以为是国家最高立法机关，不知立法院所通过的立法案，更须有中政会议决定原则，只有根据中政会议的原则，立法院才可通过立法案。因此，中央执行委

---

① 《宪政建设法规》，中国文化服务社，1936 年，第 11 页。

员会中政会议才是最高的立法和政治指导机关，而国府只是在党的领导下一个最高行政机关。他还不厌其烦地重申："一切权力全操于中国国民党，由国民党决定后，才交由国民政府去执行，没有一件事可以经国民政府自由去活动。"那么，约法中又为什么不把国民党与国民政府的关系作出公开的规定呢？蒋介石解释说，这是参照国际惯例，"无论哪一国家，凡是运用政治力量，一定不在根本法内详细规定，所以我们在约法内除训政纲领外，就都有省略了"。一语道破天机，约法中之所以没有就国民党与国民政府的关系作出明确的规定，并不是说国民党要放弃一党专政，而是有意作了技术处理。事实上，国民党与国民政府的上下关系完全可以从"附则"中看出，附则规定"本约法之解释权由中国国民党中央执行委员会行使之"，当然也可以自由解释国民党与国民政府的关系。

其次，《训政时期约法》确认人民无权，国民党有权。约法第2章是人民权利义务，共22条。其中第7条规定，人民在自治之县享有选举、罢免、创制、复决四权，就是说人民行使四权是以县级单位为限。但自治县的确认标准，约法中没作具体规定，蒋介石国民党就可以利用手中掌握的约法解释权作任意解释。实际上，国民党不会承认自治县的存在，这样四权对于人民来说犹如画饼充饥，可望而不可及。

这一章也确实列举了不少人民的自由权利，如第6条规定："中华民国国民，无男女、种族、宗教、阶级之区别，在法律上一律平等。"具体来说，人民有信仰宗教、迁徙、通信、通电秘密、集会结社、发表言论、著作等自由；人民还有财产、请愿等权利，人民的权利不能说少。但是，这些自由权利不是刚性的，弹性很大，对于人民来说是转瞬即逝，因为约法中除对宗教信仰自由没加任何限制外，其他各种自由权利之前或之后均加有"依法律有"、"非依法律不受限制"、"在不妨碍公共利益之范围内"等字样，就是说人民从法理上讲有各种自由权利，但在实践上则不一定享有。国民党之所以在根本大法上做文字游戏，就是为自己今后"斟酌"制定剥夺人民权利自由、加强国民党一党专政的法律埋下伏笔。

第三，训政约法第6章关于中央与地方权限则称：依《建国大纲》第17条之规定，采均权制度，但除工商业之专利、专卖权规定属于中央外，其他各种权利何者属于中央，何者属于地方则没有列举，只是笼统地说"凡事务有全国一致之性质者，划归中央；有因地制宜之性质者，划归地方"。这句话源于孙中山的《建国大纲》，孙中山对未来建国纲领的原则以简洁的语句提出是正确的，但作为训政时期的根本大法也只是作笼统概括则是错误的。蒋介石之所以做这种伸缩性较大的规定，一方面是为建立中央集权统治开方便之门，国民党完全可以利用约法留下的真空，随时制定有利于中央集权的法律，另一方面反映了蒋介石国民党对地方割据的无奈，又不愿给地方明确的分权，授其他反蒋军阀地方割据以口实。就是说，蒋介石国民党在本质上是"偏于中央集权"，反对地方与中央均权。

第四，训政时期约法第 7 章是政府组织。该章规定，国民政府总揽中华民国之治权，统率陆海空军，行使宣战、媾和及缔结条约之权及其他方面的权力，国民政府的职权有了扩大。约法还规定，国民政府设行政院、立法院、司法院、考试院、监察院及各部会；国民政府主席、委员由国民党中央执行委员会选任，还规定各院院长，甚至各部会长也得经国民政府主席之"提请"才能任免，改变了各部会长由行政院院长选任的前例，行政院的权力受到削弱，国民政府主席的地位得到加强，无形之中高出各院院长，"殆近酷类美国之总统矣"。显然这一章实际上是适应蒋介石加强独裁统治的需要而制定的。

第五，《训政时期约法》没有规定训政时期的年限。《训政时期约法》按蒋介石国民党的解释是"训政时期适用之法"，但是训政时期有多长，约法中没有明确规定，只是说"至宪政开始弼成全民政治"时为止。1929 年 6 月国民党三届二中全会通过的《训政时期之规定案》中规定："训政时期规定为 6 年，至民国二十四年完成。"现在却不做明文规定，其用意显然是要把国民党的训政统治时间无限期延长。1931 年 5 月 18 日，《国闻周报》第 8 卷第 19 期有人发表评论，这篇评论结合约法有关内容，揭露了蒋介石国民党想无限期推行训政的把戏："据第八十七条，全国有半数省份，达至宪政开始时期，即全省地方自治完全成立时期，国民政府应即开国民大会决定宪法而颁布之，依此规定，则训政并无年限，自一种意义而言，即可解释为无限期延长，盖自治无限期，则训政之终了因而无限期也。"① 实际上早在 1928 年 9 月胡汉民在谈到训政问题时，就已经说过：在训政时期，人民"一不可不真实守法，二不可不诚心受训练，三不可任意捣乱现政府，如果三者有一如此"，"训政就会无限期延长，宪政的实现便会遥遥无期"②。

《中华民国训政时期约法》自 1931 年 6 月公布，到 1947 年 1 月《中华民国宪法》公布时为止，前后共约 18 年，是中华民国史上使用时间最长的国家根本法。从产生的背景、起草、修改及具体内容来看，约法完全是适应国民党一党专政、蒋介石独裁统治的需要而制定出来的，它以根本大法的形式确立了国民党在中国的统治地位，同时又为蒋介石的独裁统治提供了法律保证。

3. 与孙中山"五权宪法"思想貌合神离的五院制度

训政时期第一届五院制国民政府成立于 1928 年 10 月。

南京国民政府实行五院制度与胡汉民的极力倡议有关。1928 年 6 月 3 日，胡汉民在从法国巴黎发给谭延闿等人的电文中，提议南京政府实行五院制，其目的在于"以五权制度作为训政之规模，期五权宪政最后之完成"。根据这一原则，他拟定了《国民政府组织纲领》，国民政府设立立法院、行政院、司法院、考试院及监察院五院。6 月 8 日，胡汉民再电国民政府，建议设立五院，由国民党中央委员分任五院院长。不久，国民党二届五中全会通过《政治问题案》，宣称依据国民政府建国大纲，应设立司法、立法、行政、考试、监察五院，逐渐实施，"五院设立之次序，由常务会议决定之"。会议还决定"迅速起草约法，预植五权宪法之基础"。

同年 8 月底，胡汉民在香港发表谈话，重申中国应"彻底实施五权宪法"。9 月中旬胡汉民在其《训政大纲说明书》中提出实施五院制的原则。在《说明书》中，胡汉民宣称：国民政府是联络五院、总持全局的枢纽，总揽治权；设立平行的五院分别执行行政、立法、司法、考试和监察五权；五院委员为国民政府委员，以政府常务委员五人分任五院主席；常务委员五人指定一人为国民政府主席，其权力地位与其他常务委员相同。《说明书》还强调国民党中央政治会议的特殊地位，"总握训政时期一切根本方针之抉择权，

---

① 《国闻周报》，1931 年 5 月 18 日，第 8 卷第 19 期。
② 《民国日报》，1928 年 9 月 16 日。

为党与政府间唯一之连锁"，就是要确立"一切权力皆由党集中，由党发施"的政治制度①。

蒋介石对胡汉民的建议基本接受，9月19日邀请胡汉民等商议改组国民政府及设立五院等问题。9月20日国民党中常会加推胡汉民、孙科为常务委员，并决定由胡汉民、戴季陶、王宠惠三人起草国民政府组织法，当天"三人细加讨论，成初稿，付油印，计49条。油印后，复经讨论，又略有增减，23日成第二次草案"。26日送中央政治会议审查修正，并报告中央执行委员会。26日国民党中央政治会议第156次会议讨论了国民政府组织法第二次草案，会议决定由蒋介石、胡汉民、王宠惠、吴敬恒等"公同审查"。蒋介石等人审查的结果是要求组织法应作两处重大修正，即"(1)要明示党与政府的关系；(2)要明示党与人民与党对政府之责任及权力关系"。10月3日上午，蒋介石等把"原案的审查结果，乃报告于政治会议，经极郑重的讨论修正，而全案48条完全通过，送中央执行委员会公布"。

10月3日国民党中常会172次会议通过的《训政纲领》中规定将行政、立法、司法、考试、监察五项治权，"付托于国民政府总揽而执行之，以立宪政时期民选政府之基础"，决定实行五院制。4日还公布《中华民国国民政府组织法》。8日国民党中常会对国民政府作了人事安排，蒋介石任国民政府主席，谭延闿为行政院长、胡汉民为立法院长、王宠惠为司法院长、戴季陶为考试院长、蔡元培为监察院长。同日行政、司法、立法三院成立。10日，国民政府主席及五院院长便在南京国民党中央党部大礼堂举行宣誓就职典礼，五院制国民政府也就宣告成立。国民政府考试院成立于1930年1月，监察院成立于1931年2月，至此国民政府先后完成了五院的建立工作。

国民党为什么要建立五院制的国民政府？按照孙中山的《建国大纲》，五院制应在宪政开始时期，即训政末期"试行"设立，蒋介石国民党将其提前设立，此举显然有违孙中山的意愿。蒋介石国民党尽管为其编织了许多冠冕堂皇的理由，说是为了"预植五权宪

---

① 杨幼炯：《近代中国立法史》（增订本），台北商务印书馆，1966年，第350页。

法之基础"，就要"先植五权制度之规模"，实际上是国民党内部矛盾发展的必然结果。

第一，建议实行五院制度是胡汉民遏制蒋介石的手段。早在北伐战争时期，国民党内就存在党权与军权之争，这种斗争随着1927年国民党背叛革命，蒋介石地位的上升而更加尖锐。1928年1月蒋介石重新上台后，当上了国民党中央常务委员会、中央政治会议主席、军事委员会主席和国民革命军总司令，掌握党、政、军的实际权力，地位如日中天。打败奉系后，蒋介石还想黄袍加身，当上国民政府主席。蒋介石个人权力的膨胀令同样充满领袖欲的胡汉民如坐针毡，连忙从万里之外的欧洲打电报给国民党中央，建议设立五院制国民政府。

胡汉民作为国民党元老，还自称为理论家，对于孙中山五权宪法的精神，不可能不知，他之所以主张提前实行五院制，并不在于他对五院制多么感兴趣，而在于欲借设立五院制国民政府把中央统治权分散到五院，最终达到限制蒋介石集权的目的。

第二，接受五院制是蒋介石意识到自己在国民党内地位不稳而采取的一种应急措施。1928年胡汉民从欧洲发回建议实行五院的电报后，又表示不久就要回国。蒋介石见此不禁大惊失色，连忙调兵遣将，准备与胡汉民兵戎相见。然而"聪明的胡先生这次回来倒不是为用兵而是上尊号的；他知道不能和蒋争，只想在南京分尝一脔的滋味。他在欧洲已起草了一个改革国府的方案，上设主席，而下设五院，借名是实行建国大纲，而对于大纲所规定的条件，倒不注意它是否成立。胡先生所要的仅是立法院，而把国府主席让之蒋先生。这个方案是蒋先生所需要的"[1]。胡汉民回国后，见蒋介石杀气腾腾的样子，意识到自己不是蒋的对手，连忙拥戴蒋介石当国民政府主席，自己表示当个立法院长就行了。蒋介石见胡汉民是国民党的元老，余威犹存，有利用价值，而且不再与自己为难，也就乐助其建立五院的要求。

第三，强化国民党的统治。胡汉民在《训政大纲说明书》中声称："若以总理之用语说明之，即三民主义乃五权宪法之目的，五

---

① 荣孟源编：《中国国民党历次代表大会及中央全会资料》（上），光明日报出版社，1985年，第602页。

权宪法乃三民主义之实行，不经由五权宪法之制度，三民主义则无由而整个的实现。"按胡汉民的解释，实行五权宪法是孙中山三民主义的要求，实行五权宪法的目的也就在于实现孙中山的三民主义。实际上，蒋介石对孙中山的三民主义能否实现并不感兴趣，因为在蒋介石看来孙中山的三民主义是空想，根本不可能实现。1929年8月10日，蒋介石派戴季陶夫妇到上海去打探宋庆龄的动向。见面后，戴季陶说："孙夫人，革命不是一日能成功的，请你不要枉费精力于这种破坏方面，来攻击政府和几个领袖，需要与我们合作才是你的义务。你的愤激和感情，我都能够十分了解，这也是过去几年痛苦经验的结果。但是孙先生不是一个寻常人，他较一切人超拔，天赋予他一种非常的智慧和才具，他的理想较现代要早几世纪。你必定明白的，三民主义不能凭空在几年之内便能够成功的，它需要三百年或是四百年，谁又能断定呢?"① 很明显，蒋介石国民党关心的不是孙中山的三民主义，而是对他们来说可以借用的五权宪法，因为实行五院制可以健全国民党的统治机构，同时利用孙中山这面旗帜去欺骗人民。

此外，国民党背叛革命后，反共功臣、元老旧臣为数不少，为争权夺利而相互倾轧，设置五院来加以安置，可以调和内部矛盾。

根据1928年10月《中华民国国民政府组织法》的规定，中央政府为国民政府，主要机构为五院，而以国务会议为其总枢纽。

五院制的主要内容是：国民政府"以行政院、立法院、司法院、考试院、监察院五院组织之"。国民政府设主席委员一人，委员十二人至十六人，五院正副院长皆由国民政府委员任之，当国民政府主席因故不能执行职务时，由行政院院长代理之。

国民政府的主要职权是："总揽中华民国之治权"，"统率陆海空军"，"行使宣战、媾和及缔结条约之权"，"行大赦、特赦及减刑、复权"之权。政府行使职权的方式主要有两种，一是设立由国府委员组成的国务会议，"凡法律命令，经国务会议议决，俱由国府主席及五院院长署名公布或发布之"。国务会议成为处理国务、解决院与院之间不能解决之事，总持全局的枢纽。二是赋予国民政府主席很大的权力。国民政府主席接见外使，兼任中华民国陆海空

---

① 《宋庆龄选集》上卷，人民出版社，1992年，第76~77页。

军总司令，为国务会议主席。

关于各院的职权大体作如下分工：行政院为国民政府最高行政机关，第 23 条规定："行政院各部及各委员会，得依据法律发布命令。"第 20 条规定："行政院关于主管事项，得提出议案于立法院。"第 22 条规定："下列事项应经行政院会议议决：（1）提出于立法院之法律案；（2）提出于立法院之预算案；（3）提出于立法院之大赦案；（4）提出于立法院之宣战案、媾和案、条约案及其他重要国际事项；（5）荐任以上行政官之任免；（6）行政院各部及各委员会之间不能解决之事项；（7）其他依法律或行政院长认为应付行政院会议议决事项。"立法院为国民政府最高立法机关，"有议决法律案、预算案、大赦案、宣战案、媾和案、条约案及其他重要国际事项之职权"。司法院为国民政府最高司法机关，"掌理司法审判、司法行政、官吏惩戒及行政审判之职权"。考试院为国民政府最高考试机关，"掌理考选铨叙事宜，所有公务员均须依法律经考试院考选铨叙，方得任用"。监察院为国民政府最高监察机关，其职权是弹劾、审计。南京国民政府五院架构按国民党的设想就是"分之则为五院，合之则为国民政府"。

国民政府五院制渊源于孙中山的五权宪法，但实际上又背离了孙中山的思想。

第一，就实行五院制的时间与程度而言，孙中山的五权宪法主张与蒋介石的五院制不同。孙中山主张在训政末期即宪政开始时期"试行"五院制，他在《建国大纲》中说："在宪政开始时期，中央政府当完成设立五院，以试行五权之治。其序列如下：曰行政院；曰立法院；曰司法院；曰考试院；曰监察院。"① 而蒋介石国民政府组织法则规定从训政一开始就设立而不是"试行"五院，显然，蒋介石的做法有违孙中山的原意。

第二，就制定五院制的原则来说，蒋介石的五院制是按照"五权统一"的原则制定的，而孙中山则主张按照"五权分立"、"五权平行"的原则处理五院之间的关系。先来看看蒋介石的五院制：

首先，国民政府组织法规定，国民政府以国务会议处理国务，该会议由国民政府委员组织之，国民政府主席为国务会议主席，国

---

① 《孙中山选集》，人民出版社，1981 年，第 603 页。

民政府委员分任五院正副院长。依此看来，五院正副院长合起来则成国务会议。该会议议决事项，再由五院正副院长带回各院去执行。国民党的法学家谢振民在评论国民政府的这种政治体制时也不得不承认，"关于国民政府之职权，虽试行五院制，但仍为一权主义，盖国民政府之公布法律，发布命令，必经国务会议议决，是五院职权内之事项，仍须经国务会议为最终之决定，则显非五权分立主义"①。

其次，就五院之间的关系来说，国民政府组织法分别赋予各院各种职权，从表面上看，五院之间职权分明，相互独立。但是，在赋予各院职权的同时，组织法又分别对其职权加以限制。例如，在赋予行政院各种职权的同时，又规定"公布法律，发布命令，经国务会议议决，由国民政府主席及五院院长署名行之"；在赋予立法院以各种职权后，又来了一句"立法院之决议由国务会议议决公布之"的限定语；对司法院、考试院和监察院的职权也进行了限制。表面上独立的五院由国务会议这条线连接起来，如此一来，五院之间实际上就不存在什么独立了。

其三，国民政府实行委员制，从表面看实行的是合议制。但是，国民政府主席代表国民政府接见外国使节，兼任陆海空军总司令，还担任处理国务的国务会议主席，实际上握有军政大权，其地位显然要高于同为国民政府委员的正副五院院长。因此，在这种政府架构中，五院不可能真正分权。对于这种表面上的合议制，当时就有人指出其中的奥妙："该法更规定'国民政府以国务会议处理国务'，一若采合议制者然；但法律上主席有特殊之权，事实上主席权力特大，绝非合议制。"②

再看看孙中山的五权宪法。孙中山主张按"五权分立"的原则设立五院，院与院之间彼此独立，不相统属，其目的在于实行民主，反对独裁。1921年孙中山在广东省教育会上形象地讲述了五院之间的关系："五权宪法，分立法、司法、行政、弹劾、考试五权，各个独立。从前君主的时代有句俗语叫'造反'，造反就是将上头的反到下头，或是将下头的反到上头。在从前的时候，造反是

---

① 转引自张国福：《民国宪法史》，华文出版社，1991年，第180页。
② 钱端升：《民国政制史》上册，商务印书馆，1935年，第219页。

一件很了不起的事情。这五权宪法，就是上下反一反，将君权去了，并将君权中的行政、立法、司法三权提出，作三个独立的权。行政设一执行政务的大总统，立法就是国会，司法就是裁判官，与弹劾、考试同是一样的独立的。"① 显然，蒋介石从内容上挖空了孙中山的五权宪法思想的内核，在五院制名称的掩盖下偷偷地塞进了独裁的内容，具有很强的欺骗性。

第三，国民政府组织法规定行政院、立法院是国民政府最高行政、立法机关，而没有规定是国家的最高行政、立法机关。实际上国民党在中央执行委员会内、国民政府之上设立了一个中央政治会议。这个中央政治会议尽管不对外发生直接关系，但可以对国民政府指手画脚，其权力范围极为广泛，可以讨论议决建国纲领、立法原则、施政方针、军事大计、任免国民政府主席和各院正副院长，还有解释修正《国民政府组织法》的权力。1928年11月即在《国民政府组织法》刚刚颁布不久，中央政治会议对立法院的权力作了一次限定，"立法院为全国立法总汇机关；举凡立法事项均应归其厘订。嗣后关于立法原则，应先经政治会议议决，而法规之条文，则由立法院据此原则起草订定"。根据这个原则，立法原则由中央政治会议议定，法规条文由立法院根据立法原则起草。照此逻辑，立法院沦为法律条文的起草机关。立法院的立法权受到国民党中央政治会议的直接裁制，这样立法院的立法权就大打折扣，"远不若欧美各国议院之立法权也"。蒋介石在1931年5月国民会议上对二者的关系解释得更清楚不过了："中央政治会议就好像共和民主国家的议会。"治权中立法权如此，其他四权亦毫无例外地要收归中央政治会议。中央政治会议的权力之大由此可见一斑，俨然如国民政府的"太上政府"。

"五权宪法"原则是孙中山提出的建立资产阶级民主共和政权的思想，其精髓在于"权"、"能"分开，彼此又相互制约，以防止个人独裁。国民党蒋介石的五院制在名称与形式上，与孙中山设想的政体模式基本相同，但实际上与孙中山的五权宪法思想是貌合神离，是盗其名而变其实，具有很大的欺骗性，其实质在于借实行五院制之名，继续推行国民党一党专政。

---

① 《孙中山全集》第5卷，中华书局，1985年，第495页。

4. 蒋介石借训政建立个人独裁统治

前述已介绍过孙中山宪政思想在诸多方面存在内在缺陷，这些缺陷为蒋介石歪曲孙中山的政治理念，建立个人独裁统治体制提供了理论依据。

蒋介石是在北伐战争期间靠掌握军权而起家的。此后，他一直用军权压党权，扩充势力，以致国民党内的"一般同志，均以蒋能军事，故皆容忍"①，他们同时也意识到要扩张国民党的力量，也确实要倚重蒋介石。哪知蒋介石权欲"愈弄愈凶"，一发不可收拾，企图在国民党及全国建立个人的独裁统治。1928年2月在背叛革命后国民党召开的第一次中央全会即二届四中全会上，蒋介石被选任中常委，还被推任国民革命军总司令兼军事委员会主席，时任国民政府主席的谭延闿仅是军事委员会委员之一，还要受蒋的节制。不久，蒋介石又被选任中央政治会议主席，8月，他干脆把谭延闿赶下台，自任训政时期第一任国民政府主席。10月，身任国民党中常委之一的蒋介石与另4个中常委一起制定了训政纲领，把国民党"一党专政"的统治，称作是"遵奉总理遗教"。

但是，权倾当朝的蒋介石当时的权力仍受各方限制，还没有达到为所欲为的地步。首先，北伐战争中发展起来的冯玉祥、阎锡山、桂系李宗仁三大军事实力派均握重兵在握，割据一方，与掌握中央大权的蒋介石分庭抗礼。这种格局在东北易帜后日趋明朗，在一定程度上影响蒋介石的地位。其次，国民党内宁汉沪三方尽管实现合流，但这只是形式上的统一，内部分歧仍在。蒋介石虽任中常委、中政会主席，但因资历浅，锋芒过露，因而难孚众望，不能控制党权。此时国民党内存在两个对蒋介石不满的派别，一个是改组派，另一个是再造派。改组派以汪精卫、陈公博为代表，打出"恢复十三年改组精神"的旗帜，反对蒋介石。再造派以孙科为魁首，掀起"国民党的再造运动"，呼吁国民党的"忠实领袖团结起来"，"造成一个坚强的集体领袖，做为党的中心"，以集体领导反对蒋介石的个人专制，并抬出胡汉民，牵制蒋介石。再次，党政合议制使令不能出自一人。合议制是蒋介石国民党背叛革命后为了便于权力

---

① 荣孟源编：《中国国民党历次代表大会及中央全会资料》（下），光明日报出版社，1985年，第980页。

分赃和限制个人专权而设立的。蒋介石随着个人权力的扩大及个人野心的膨胀，日益感到这种体制于己多有不利，担任中政会主席，但仅是中常委之一，不能自行其是，担任国民政府主席、军事委员会主席，但对大政方针却无最后决定之权，尤其在党治之下，"没有一件事情可以经由国民政府自由行动"。

蒋介石对于上述状况极为不满，决心采取各种办法予以打破。首先利用"三全"大会排斥汪派分子。1929 年 3 月，国民党第三次全国代表大会在蒋介石的操纵下，以"迹近纵袒弄兵，酿成广州共变一案"的名义，宣布"永远开除"汪派分子陈公博、甘乃光的党籍，给予汪精卫警告处分；同时开除"叛党分子"李宗仁、李济深、白崇禧的党籍，将改组派和桂系军阀排斥在国民党领导集团之外。接下来，蒋介石凭借自己的政治和军事优势对反对自己的桂系、冯玉祥及阎锡山分别动武，各个击破，特别是经过 1930 年的中原大战，彻底打败了桂系、冯玉祥、阎锡山三大军阀势力，从根本上确立了自己在军阀中的绝对优势。

中原大战胜利后，蒋介石以"遵从总理遗教"，制定训政约法受阻为契机，打击胡汉民。"四一二"事变之后，在清党反共的基础上，胡汉民与蒋介石携手合作，互相利用，共同建立了南京国民政府。但是，胡汉民之所以要与蒋介石合作，主要是希望借蒋介石的军事实力，在中国建立一个"五权分立"的责任内阁制的国家政权机构。1928 年 10 月，胡汉民再度与蒋介石合作改组南京国民政府，自己出任立法院长，并企图通过党务审查委员会控制党权，实现以党治国的策略，同时还想通过自己控制的国民党中央政治会议，实现"党治政府"，以防止蒋介石势力的扩张。因此，中原大战结束后，胡汉民自然成了蒋介石实现独裁统治的绊脚石，并在 1931 年 2 月 28 日被蒋介石以宴请为名软禁于汤山。

其实，在 1928 年 10 月当上南京国民政府主席后，蒋介石"实欲于国民会议提出总统"，想当中华民国的总统，无奈胡汉民等人从中作梗，不仅当不上总统，就是召开国民会议、制定约法之事也差点泡汤。胡汉民被关起来后，蒋介石就缓了一口气，但后来以王宠惠为主稿人的约法起草委员会在起草约法时，蒋介石出于多种考虑，对于自己的真实用意"不敢明言"，王宠惠等人也没领会到蒋的意图，以致"约法中亦未叙及"选举总统问题。眼看当总统的事将化作泡影，蒋介石也顾不了那么多，于是死马当作活马医，采用当年曹锟贿选总统的办法到处活动：一是拟高价"收买云贵及长江以南之各省猪仔代表"，希望他们"于开国民会议时临时提出修改约法，加入总统"；二是重金贿赂约法起草委员会主稿人王宠惠及国民会议选举总事务所副主任孙科等人，让他们不要反对修改约法草案。1931年5月孙科在省市党部扩大纪念周之报告中谈到这个问题时说：蒋介石在打定主意收买一些代表时，"然恐王宠惠及兄弟等反对，故于上月间会议时，使其秘书高凌百送一万元支票与王宠惠先生，王先生当时问何缘故，高谓主席此次国民会议开会，各委员需钱用，故特送来云云。王先生拒不接受，后数日王先生到兄弟处时，蒋又派人送到，王以屡次推却，不好意思，乃将收下，存于兄弟处，云无论如何不受用。至上月二十四我与王先生到上海，蒋不歇的函电及派员催促返京参加国民会议"①。蒋介石的如意算盘，因各方反对而落空。

同年5月5日，蒋介石一意孤行召开国民会议，制定《训政时期约法》。根据约法制定的《国民政府组织法》虽没有规定设立总统，但却极大地提高了国民政府主席的职权，"无形中高出各院院长，似已用总统制矣"，蒋介石尽管没有取得总统的名义，但取得了等同于总统的实权。

蒋介石坚持召开国民会议、非法软禁胡汉民，导致国民党内部的又一次分裂，胡汉民派、汪精卫派、孙科派、西山会议派和两广军阀陈济棠、李宗仁等联名反蒋。1931年4月30日，国民党中央四监委邓泽如、林森、肖佛成、古应芬发出"弹劾蒋中正"的通电，要求释放胡汉民，蒋介石立即下野。

不久，"九一八"事变发生，社会主要矛盾发生变化，全国人民要求停止内战，一致抗日。蒋介石在内外交困的压力下，被迫在1931年12月下野，这也是他一生中的第二次下野（注：第一次是在1928年8月13日）。紧接着国民党召开四届一中全会，为消除隐患，提高党权，会议对政治体制进行了一些改革。在党务方面，取消中政会主席制，代之以常务委员制，并推选蒋介石、汪精卫、

---

① 荣孟源编：《中国国民党历次代表大会及中央全会资料》（下），光明日报出版社，1985年，第980页。

胡汉民为常务委员；在政府方面，规定五院独立行使五种治权，各自对中央委员会负责，行政院长负实际责任，孙科为行政院长；国民政府主席为林森，但位尊而无权，为不负实际政治责任的国家元首。四届一中全会有关政治体制的改革，其目的在于要提高党权，防止个人专权，实际上矛头是针对蒋介石的。

国民党内的权力斗争并没因此而停止。四届一中全会后，蒋、汪、胡继续进行集权与分权斗争。1932年1月1日，孙科、陈铭枢就任行政院正副院长。5日，陈铭枢电促胡汉民、汪精卫、蒋介石入京，主持党务。但三人拒不入京，蒋还暗中对孙科内阁拆台，宋子文也从中作梗，财政上不予支持。孙科得不到蒋、汪、胡三常委和宋财神的支持，剩下来的只有倒台一条路。1月15日，孙科提出辞职。16日，蒋介石就邀汪精卫夫妇到杭州，在烟霞洞举行秘密会谈，两人达成权力再分配协议。21日、22日汪精卫、蒋介石先后抵京。1月28日，蒋介石主持临时中政会，推举汪精卫、宋子文为行政院正副院长。

3月1日至6日，国民党在洛阳召开四届二中全会。会议决定恢复二届五中全会以后撤销的军事委员会，作为最高军事机关，设委员长一人，由中央政治会议选定，国民政府特任。6日，国民党中央政治会议正式推举蒋介石为军事委员会委员长，兼军事参谋部参谋长，掌握军事全权。在党内，由于胡汉民拒不就任中政会常委，蒋介石、汪精卫为便于自己瓜分权力，干脆要求国民党四届二中全会作出"在国难期间，中央政治会议应于时局之需要，得由常务委员二人随地召集之"规定，实际上是要把中政会交由蒋、汪两人掌管。至此，国民党形成了蒋主军、汪主政，两人共管党政的局面。

但是，蒋、汪共同控制国民党及其政府的局面不会长久。1935年夏，日本策动华北事变，使中日民族矛盾激化，也使英、美和日本的矛盾加深，国民党内亲英美派和亲日派的斗争逐渐尖锐起来。1935年6月，国民党政府颁布媚日的"敦促邦交令"，遭到全国人民的反对，国民党内亲英美派分子借机向亲日派发动政治攻击，8月亲日派头子汪精卫见形势不对，赶紧提出辞职，后因蒋介石当时的假意挽留而复职。但在11月1日国民党四届六中全会开幕当天，汪精卫意外地被人刺伤，亲日派力量受到严重打击，英美派地位上升，蒋介石的权力也就如日中天。

11月22日，国民党五大通过了由蒋介石提出的"请大会授权政府在不违背方针之下，政府应有伸缩进退之全权，以应此非常时期外交之需要，政府誓必竭诚尽能，对全党负完全责任"的议案，要求作出"应授权于本党文武兼赅伟大崇高之领袖，使之统筹一切，全党同志听其指挥"的决议①。蒋介石当时在国民党内已居至高无上之地位，无人能与他匹敌，他的这一要求实质上就是赤裸裸地要求国民党中央授权于自己。其后，国民党五届一中全会按蒋介石的要求，任命他为中常会副主席、中央政治委员会副主席，名为中常会主席的胡汉民、中政会主席的汪精卫徒挂虚名，均未到任，同时会议还推选蒋介石担任有实权的行政院院长。这样，蒋介石集党政军大权于一身，只差"未有名实相符之规定"。

1937年7月日本发动全面侵华战争，中华民族处在行将亡国灭种的紧要关头。这种形势对中国人民和中国各种政治力量提出了新的要求，要求中国各政党消除内部分歧、团结一致共同抗日。国民党当时是中国的第一大政党，又是执政党，拥有一支数量庞大的军队，因此当时确实出现了"外人皆注目吾党"的局面，全国人民对国民党寄予厚望，希望国民党内各派别"互相忘记旧怨"，"捐弃成见，破除畛域，集中意志，统一行动"。同时这种政治形势也为蒋介石合法地登上国民党、乃至全国的权力顶点创造了有利的条件。蒋介石本人此时已身任国民党中常委委员、国民政府军事委员会委员长、国防最高委员会主席等要职，其地位、权力、影响，在国民党内是无人能比，就像1945年吴敬恒在国民党六大上所说的那样，"外人在抗战前后，知中国有人最注目者为总裁"②，确认其在国民党内的最高统治权可以说是水到渠成。

1938年3月，国民党在武汉召开临时全国代表大会，通过了《改进党务并调整党政关系案》，决定在国民党内"实行总裁制"，蒋介石在国民党内至高无上的统治地位在法律上得到了确立。

---

① 荣孟源编：《中国国民党历次代表大会及中央全会资料》（上），光明日报出版社，1985年，第314页。

② 荣孟源编：《中国国民党历次代表大会及中央全会资料》（下），光明日报出版社，1985年，第1002页。

三　蒋介石的宪政实践

实行宪政是孙中山先生的最高理想。在孙中山的心目中，从训政到宪政是一个自然的过程。但蒋介石宪政实践的步伐则是在内外压力下，特别是在人民要求宪政的呼声中，才缓缓迈出的。蒋介石的宪政既以孙中山的宪政思想为渊源，但又因现实的需要，或多或少地存在着背离。

1. 宪政运动的发展及蒋介石对宪政的筹划

根据孙中山的《建国大纲》，训政开始后就应着手宪政的准备工作。但是，《训政时期约法》颁布经年后，所谓县自治迟迟没有进展，国民政府中也一直没有人民代表机关的设置，就连《国民政府组织法》中明文规定的立法委员"半数由法定人民团体选举"产生一项，也是徒具空文。蒋介石国民党没有准备宪政、还政于民的打算。

"九一八"事变以后，蒋介石国民党采取不抵抗政策，导致东北沦陷，因而引起各界的不满，出现了全国性的民主宪政运动。在全国性民主宪政运动的推动之下，国民党召开四届三中全会决定于1935年3月召开国民大会，议决宪法，并要求立法院"从速起草宪法草案发表，以备国民之研讨"。在此情势下，孙科被任命为国民政府立法院院长，他表示要"促进宪政尽快实现"。

1933年1月20日，立法院成立了以院长孙科为委员长的宪法起草委员会。《中华民国宪法草案》的起草历时三年五个月，六易其稿，但是从起草到六稿完成整个过程都是按蒋介石国民党的旨意进行的，例如，将初稿中的内阁制改为总统制；将总统由选民直接选举改为由国民大会选举等。

《中华民国宪法草案》于1936年5月5日由国民政府公布，习惯上称之为"五五宪草"。它共分8章147条。"五五宪草"和《训政时期约法》一样，在形式上抄袭了欧美资产阶级宪法中的一些自由、民主、平等的条款，在内容上较《训政时期约法》也作了一些修改，如取消国民党中央代行国民大会职权的条款，但实际上是满足了蒋介石确立总统制政权的目的。

首先，宪法草案在政治体制上，确立了蒋介石个人独裁统治的国家制度。宪草把国家政治体制确定为总统制，否认内阁制，总统为国家元首，可以任命司法、考试两院院长，任免行政院正副院长、各部部长。根据宪草第142条规定，司法院有对宪法的解释权，这就是说总统除了具有各项任免大权外，还可以操纵宪法的解释。此外，总统在国家遇有紧急事变或国家经济上有重大变故须为急速处分时，有发布紧急命令权，还可以召集五院院长会议。在职权、地位上，总统明显高于五院院长，五院制实质上被总统制取代。

其次，"五五宪草"第二章是"人民权利义务"，具有讽刺意味的是，它与1931年6月国民政府公布的在训政时期实行的《训政时期约法》的第二章"人民权利义务"是一致的，其内容几乎如出一辙。它规定人民有身体、居住、言论、迁徙、集会、宗教信仰等自由，而在每条之后都以"非依法律"的字样加以限制，实际上取消了对民主、自由的保障。众所周知，宪法是母法，是根本大法，其他法律是子法，是普通法律。母法产生子法，普通法依宪法而制定，并不得与其相抵触，更不得违反，否则无效。可"五五宪草"则规定，南京政府可以用普通法规来限制或剥夺宪法赋予人民的自由权利，这既违反了国际上的惯例，在法理上也是站不住脚的。

再次，从"五五宪草"的起草过程来看，宪草完全是秉承蒋介石国民党的旨意制定出来的。宪草制定工作结束后，蒋介石还授意立法院长孙科发表讲话，"决不能说宪法一经公布，国民党就不能参与政权，到那时候我相信国民党必能受全国人的拥戴，一定可以更加稳固"。很明显，蒋介石国民党不打算在宪政时期放弃一党专政，不愿意还政于民。

总之，"五五宪草"基本上依循了孙中山的宪政规划，是按《建国大纲》理论制定出来的。但是，宪草中关于总统独裁制的规定和对人权利"法律限制主义"的规定，表明它仍是一部总统有权、人民无权的宪法草案，与孙中山"主权在民"的思想也是不相符合的。

1936年"五五宪草"公布后，由于日本侵华的风声日紧，加之蒋介石国民党缺乏实行宪政的诚意，社会各界对这部宪草没有很好地发表意见。抗日战争进入相持阶段以后，战争局势相对稳定，为宪政运动的开展提供了相对稳定的环境。

这次民主宪政运动是由中国共产党开其先声。早在1937年8

月，中国共产党在著名的《抗日救国十大纲领》中就向国民党及其政府提出"召集真正人民代表的国民大会，通过真正的民主宪法，决定抗日的救国方针，选举国防政府"等要求。同年10月25日，毛泽东在会见英国记者贝特兰时又提出："为应付当前的紧急状态，我们提议召开临时国民大会。这个大会的代表，应大体上采用孙中山先生在1924年的主张，由各抗日党派、抗日军队、抗日民众团体和实业团体，按照一定的比例推选出来。这个大会的职权，应是国家的最高权力机关，由它决定救国方针，通过宪法大纲，并选举政府"。国民党在全国人民的推动下，对抗日表现出一定程度的积极性，同时也表示，"在抗战期间，于不违反三民主义最高原则及法令范围内，对于言论、出版、集会、结社，当予合法之保障"，"并为宪法实施之准备"。

但是，随着1938年10月武汉、广州失守，抗日战争进入相持阶段，国民党的政策重点也发生了急剧变化，由积极抗日转向消极抗日、积极反共，加强其一党专政，特别是在1939年1月召开五届五中全会，制定了"防共、限共、反共、溶共"的方针，后又颁布《限制异党活动办法》等法令，将抗战初期中国共产党和各民主党派争得的某些民主权利大部分取消。国民党排斥打击异己的政策，引起了各中间党派的不满，于是他们和中国共产党联合起来，一起投身于一场反对国民党独裁，要求民主，推动抗战的民主宪政运动。

这次宪政运动以1939年9月9日至18日在重庆召开的国民参政会第一届第四次会议为起点。会前，共产党及各中间党派就结束国民党一党专政、实施民主宪政问题发表谈话，为会议的召开献计献策。本次会议召开的前一天，毛泽东等7位中共参政员发表了《我们对过去参政会工作和目前时局的意见》，要求国民政府"保障各抗日党派之合法权利，取消各种所谓限制异党活动办法"，"严令禁止对共产党及其他抗战党派之歧视压迫行为"，"实行战时民主"，"切实保障人民有言论、出版、集会、结社及武装抗敌之权利"，"容纳各党派人才"。参政员章伯钧希望参政会把"加强各党各派团结"作为会议的主要议题①。

---

① 《国民参政会纪实》（上），重庆出版社，1985年，第511~514、523页。

会议开幕后，由各抗日党派提出的关于宪政方面的提案有 7 项之多，反映了各抗日、民主党派对民主和抗日的强烈呼声。大会收到 7 项关于民主宪政的提案后，于 9 月 15 日由负责审查内政提案的第三审查委员会召开扩大会议进行讨论。会上论争迭起，争辩激烈，真正是"你起我立，火并似的舌战，没有一分一秒的停止"，国民党和共产党以及民主党派的参政员，"显然分成了两个阵营"[①]。争论的焦点是要不要结束国民党一党专政，并写进决议的问题。国民党方面自恃人多势众，态度蛮横，要求表决通过不包括取消一党专政内容的决议，而民主党派及共产党方面则据理力争，寸步不让。最后双方达成一个决议草案，并提交大会通过。这个决议案的主要内容是："（1）请政府明令定期召集国民大会，制定宪法，实行宪政；（2）由议长指定参政员若干人，组织国民参政会宪政期成会，协助政府，促成宪政。"[②]

这个决议在文字上可说是冠冕堂皇，但言中无物，没有体现共产党及各民主党派要求的"结束一党专政"的内容，同时所要召集的"国民大会"、要制定的"宪法"概念不明确，易引起争议，这就使宪政的真正实施不会顺利。但是从另一方面来说，决议实际上承认各党派争取宪政的活动是合法的，这又有利于民主宪政运动的发展，因而受到拥护宪政的各抗日党派参政员的热烈欢迎，在决议付表决时，他们"用足劲儿高高举手"。

国民党面对这次"晴天霹雳的宪政运动"，有苦难言，但又不得不作一下敷衍。国民参政会议长蒋介石在大会发言中强作欢颜地说：在通过的诸多议案中，该议案可"推为第一个最重要的决议案"，并"深信本届会议以此案为最大之贡献"；还根据决议要求指定各党派及无党派参政员董必武、黄炎培、张澜、左舜生、李璜、张君劢、罗隆基、史良、罗文干、傅斯年等 19 人组成国民参政会宪政期成会。同年 11 月，国民党召开五届六中全会，通过了《定期召集国民大会并限期办竣选举案》，规定在 1940 年 6 月底以前结束一切选举手续，确定全部代表名单，11 月 12 日召开国民大会，制定宪法。

---

① 邹韬奋：《经历》，北京三联书店，1978 年，第 232 页。
② 邹韬奋：《经历》，北京三联书店，1978 年，第 234 页。

国民参政会宪政期成会于 1939 年 9 月 20 日成立。国民参政会宪政期成会的工作尽管受到国民党的种种干扰，但由于各民主党派和中共参政员对宪政运动的积极参与，终于在 1940 年 3 月 30 日完成对《中华民国宪法草案》即"五五宪草"的修改工作，完成"中华民国宪法草案修正草案"。同年 4 月 5 日在国民参政会第五次大会上，张君劢代表宪政期成会向大会介绍了对"五五宪草"的修改情况，并将宪政期成会"宪草修正草案"提交大会。

　　国民参政会宪政期成会的"宪草修正案"，共分 8 章 138 条，对"五五宪草"略有增减。它不同于"五五宪草"的最大特色，就是规定国民大会闭会期间，设置国民大会议政会。其主要职权是：

　　（一）于国民大会闭会期间，议决戒严、大赦、宣战、媾和、条约案；复决立法院所决议之预算、决算、法律案；创制立法原则；受理监察院依法提出之弹劾案。

　　（二）对行政院正副院长及各部会长官有不信任权，不信任案经出席议员之三分之二通过时，应即去职。但总统于议会通过之对行政院正副院长之不信任案，如不同意，应召集临时国大为最后之决定。如国大维持议政会之决议，则院长或副院长必须去职；如予否决，则改选议政会议政员。

　　（三）对国家政策或行政措施，得向总统及各院部会长官提出质询，并听取报告。

　　从国民大会议政会的职权来看，国民参政会宪政期成会的宪草修正案已对"五五宪草"中有关国民大会及立法院的设置原则作了根本性的修正，它所要实现的是一种议会至上的议会政治体制。在这种体制下，国民党的一党专政体制将受到挑战，国民政府的权力也将受到强有力的监督而不能为所欲为，因此期成会草案具有明显的进步性。

　　国民参政会宪政期成会的宪草修正案与"五五宪草"之所以有如此大的区别，是因为二者的产生基础不同。"五五宪草"是立法院根据国民党的意图拟定的，反映了蒋介石国民党坚持一党专政的思想；而宪政期成会的修正草案则是共产党、各民主党派及社会贤达，以及部分国民党参政员共同参与拟定的，他们所修正的宪草必然在一定程度上反映自己反对国民党一党专政、要求民主的强烈愿望。比如，国民大会议政会的设置，就是因为国民党以外的参政员认为国民大会的职权太小，仅限于选举、罢免、创制、复决四权，不足以尽国民应行使之政权，而国民大会又是三年召开一次，"故设国民议政会以图补救"。

但是，蒋介石国民党反对任何削弱自己权力的行为。张君劢一宣读完期成会修正案要点，议长蒋介石就宣布当日休会时间已到，修正案留待次日讨论。第二天，大会讨论宪草修正案，蒋介石为压制辩论，指使参政会秘书长王世杰抢先在会上宣读他的意见，就算作大会决议。其内容是："（1）本会宪政期成会草拟之中华民国宪法草案，及其附带建议及反对设置国民大会议政会之意见，并送政府，前项反对意见，由秘书处征询发言人意见后，予以整理。（2）参政员对于宪政期成会修正案其他部分持异议者，如有四十人以上之连署，并于 5 月 15 日以前，送本秘书处，应由秘书处移送政府。"①

随后，蒋介石本人又做了长篇演说，"力斥修正案之意见"，说设立国民大会议政会的主张，"为袭取欧西之议会政治，与总理遗教完全不合"，认为修正案"对执政之束缚太甚，即为不能施行之制度。强行之，必遭破坏"，"今日国人如以国事倚畀于我，亦就不要束缚我才行"。经此强有力的表示后，国民参政会宪政期成会的修正案无形被打入冷宫。

1940 年 9 月 18 日，国民党五届 157 次中常会以"各地交通受战事影响，颇多不便，如依原限召集，不无重大困难，并经国民参政会多数会员之要求展望至战后再行召集"为借口，决定将原定于同年 11 月 12 日召开的国民大会延期至战后再行召开。期成会宪草修正案无疑也被搁置下来，蓬勃发展的民主宪政运动无异于被浇了一盆冷水。

这场由国民党导演的宪政运动从一开始就是一场骗局。蒋介石本人在国民参政会一届四次会议上的演说中，一方面表示赞同及早实行宪政，另一方面又说宪政和训政是相辅相成的，这就暗示即使进入宪政时期，国民党也不会放弃一党专政。在国民党五届六中全会决定召集国民大会之后，国民党中央宣传部副部长潘公展就公开说："宪政时期的党治，自然是以国民党治国。"1940 年 2 月，国

---

① 邹韬奋：《经历》，北京三联书店，1978 年，第 254 页。

民党中央宣传部拟定关于实施宪政问题的指示，完全不顾共产党、各民主党派及全国人民的呼声，表示：要在"宪政实施后，继续进行训政未完成的工作"；国民大会的职权仅"为制定宪法，并决定宪法实施日期，其性质为一般制宪机关"；"五五宪草"不仅是"合法的"，而且已经过了"公开征求全国人民之批评"的阶段，"国民无权过问宪草的事情"。1940 年 4 月 18 日，国民党中常会通过《宪政问题集会结社言论暂行办法》，对宪政活动作出种种限制，规定：宪政问题研究团体"依法之程序组织，并应以一地成立一个团体为限，不得有纵的组织"，研究团体的言论"应以三民主义、五权宪法、建国大纲、训政纲领、训政约法、抗战建国纲领、总理总裁有关宪政之指示及国民政府公布有关宪政法令为依据"，"曲解宪政者，应一律取缔之"。蒋介石国民党对实施宪政并不感兴趣，这就使"宪政运动是注定苦命的"。

然而，宪政的呼声并未因此而终止，以 1939 年一届四次国民参政会为发端的抗战时期的民主宪政运动，经过大约 3 年的沉寂以后，在 1943 年 11 月又活跃起来。

这次宪政运动的兴起，有其客观原因。其一，1940 年国民党压制了第一次民主宪政运动后，先后发动了两次反共高潮，全面地加强了法西斯统治，根本不想什么民主和宪政。但是法西斯统治的结果，却加深了国民党统治区的政治、军事、经济危机，引起了社会各界的强烈不满。其二，美国从有利于世界反法西斯战争的角度出发，同时为维护美国在中国的利益，希望蒋介石国民党能用"民主政治"去缓和国内矛盾，为此美国总统罗斯福曾向蒋介石建议："（1）中国宜从速实施宪政；（2）国民党退为平民，与国内各党派处同等地位，以解决纠纷。"蒋介石国民党为摆脱内外交困的局面，继续维持其统治，不得不在 1943 年 9 月重新提出准备实行宪政。

1941 年 11 月，国民参政会召开二届二次会议。蒋介石本人与另外 4 人一起提出了一个《促进民治加强抗战力量》方案，要求"一面加紧促进地方自治，一面确定抗战终了之时，即召开国民大会，制定宪法，俾宪政早日实施"[①]。1943 年 9 月，国民党五届十一中全会按蒋介石的旨意作出决定，"国民政府应于战争结束后一

---

① 《国民参政会纪实》（下），重庆出版社，1985 年，第 992 页。

年内，召集国民大会，制定宪法而颁布之"①，将召开国民大会的时间具体化。同月，蒋介石在三届二次国民参政会上又信誓旦旦地表示，"我们抗战胜利之日，即是开始宪政之时"。

各民主党派决心利用这一机会，在国民党统治区掀起再次民主宪政运动。国民党五届十一中全会刚刚开过，中国民主政团同盟主席张澜就发表了《中国需要真正的民主政治》的文章，提出：真正的民主政治，"就是主权在民的政治，也就是国由民治。凡是管理众人的事，要以主权在民的真精神和好方法来管理，才叫做真正的民主政治。如其以一个人、一群人、一党人的意见，不依全民共立、全民共守的法律来管理众人的事，把持政权，独裁专制，任意扩大统治者的权力，并不容许全国人民发表不同的意见，得到各种的自由，不顾全国人民的主权，那就决不是民主政治，只可称为君主政治，贵族政治，党人政治"。

中国共产党在积极参加这次宪政运动的同时，很注意引导运动朝有利于人民的方向发展。1943 年 9 月 20 日蒋介石夫人宋美龄在招待会上与蒋介石演起双簧，大谈美国的民主精神，说"民主国家政府知道人民的意思以后，即可就人民的意思以施政"。同时，她还提到对政府事务要常加批评，这种批评要负责任，也就是说，必须于批评之后附以改正的意见，使政府接受意见而有所遵循。《新华日报》立即趁热打铁，称赞宋美龄的言论是"非常正确的"，"确实是切中时弊的意见"；评论说，"要实现蒋夫人提出的很好的意见"，"培养起民主的风气"，就要做到：一方面"一定要人民敢于说话，政府鼓励人民说话，热诚地去'知道人民的意思'才行"，另一方面"政府愿听之后，还要积极'就人民的意思以施政'，才使人民的意思不落空"。评论既打击了顽固派，又发出了人民要求真正民主的呼声。

但是，种种迹象表明，蒋介石国民党这次搞的宪政又是一个骗局。蒋介石在 1943 年 9 月五届十一中全会的开幕词中，一方面说"实施宪政后，在法律上本党应该与一般国民和普通政党处于同等地位"，享同等的权利，尽同等的义务，受同等的待遇，另一方面

---

① 荣孟源编：《中国国民党历次代表大会及中央全会资料》（下），光明日报出版社，1985 年，第 844 页。

又说"本党与一般政党，其地位相同，而其任务比之其他政党特别大"①；在会议通过的《关于实施宪政总报告之决议案》中，国民党又对国民大会代表资格作出限定，称：1936年"依法产生之国民大会代表，除因背叛国家或死亡及因他事故而丧失其资格外，一律有效"②，拒绝进行公开的、有各党派参加的国民大会代表选举，顽固地维护其"剿匪"内战时期所产生的国民大会代表的合法性。一方面表示要实施宪政，另一方面又不放弃国民党的一党专政，这种宪政其实是虚假的宪政。

1943年10月25日，国民党国防最高委员会决定设置宪政实施协进会，以这样一个官方机构来规范宪政运动。关于宪政实施协进会的职权，蒋介石说，"我们中华民国所需要的，不仅是要一部充实的宪法，尤其是要全体国民有拥护宪法的热诚，有实施宪法的能力"，"现在将这个促进宪政的责任，付托给本会共同负荷"，暗示宪政实施协进会在修改"五五宪草"时，要结合中国老百姓知识水平低、接受能力差的事实去修改。

宪政实施协进会的主要工作是研究"五五宪草"，提出修改意见，此项工作在1945年底结束，并在1946年3月国民参政会四届二次会议期间，将其对"五五宪草"的修改意见提交大会讨论。其要点如下：

（一）为避免总统与国大直接冲突，应以不兼任行政院长为宜。

（二）监察院之职权，应增列纠举及考核二权，惩戒权应移归司法院。

（三）建国大纲所规定的均权制度与省长民选两原则，应充分表现，惟中央与省权之划分，不必详细规定。

宪政实施协进会对"五五宪草"的修改意见与宪政期成会的修正案有很大的区别。宪政期成会主张设立国民大会议政会，而协进会则不主张这个有实权的机构；期成会主张以司法院为最高法院，不掌理司法行政，而协进会则主张司法行政仍隶属司法院。总的来

---

① 荣孟源编：《中国国民党历次代表大会及中央全会资料》（下），光明日报出版社，1985年，第829页。

② 荣孟源编：《中国国民党历次代表大会及中央全会资料》（下），光明日报出版社，1985年，第844页。

说，宪政实施协进会的修改意见，基本上是以维持"五五宪草"为目的，只是在一些小的枝节上作了修改。二者为什么会有如此大的区别？无党派参政员王云五是这样解释的："宪政期成会的组成分子全系参政员，而国民党以外的人士为数不少，故其对于'五五宪草'修正颇多；宪政实施协进会的组成分子，参政员虽亦不少，但大部分则由国防最高委员会就中国国民党执监委员中指定之，故其会员大多数为国民党员，其重要各点均予维持。"这可以说是一语中的。

1944年9月初，三届三次国民参政会在重庆召开，就在这时，国民党军队在豫湘桂战役中遭到武汉失守以来空前未有的大溃败。蒋介石却在国民参政会上粉饰太平，一方面信口雌黄地说："我可以保证在军事根本上没有危险"，"敌人所加我们的危险，到今天实在已过去"。一方面却说"我们国家今后安危成败所系的一点，这无论对抗战、对建国都有极大的关系。这就是我们国家绝对需要统一"①，顽固地维护国民党一党专政及个人独裁统治。这种无视事实、拒绝民主的言论，引起广大参政员的强烈不满。

正是在这种形势下，1944年9月15日，参政员林伯渠代表中国共产党在国民参政会上向国民党政府和全国人民提出结束一党专政，"召集各党派、各抗日部队、各地方政府、各人民团体代表召开国事会议，组织各抗日党派联合政府"的主张②。中国共产党的主张，立即得到各民主党派和全国人民的热烈拥护。但是，蒋介石国民党拒绝全国人民及各抗日党派实行民主宪政，成立民主联合政府的正义要求，而且在1945年元旦发表的广播讲话中声称，"一俟我们军事形势稳定、反攻基础确定、最后胜利便有把握的时候，就要及时召开国民大会"。蒋介石的讲话，立即引起各界人民的不满和各党派的谴责。

1945年1月11日，毛泽东又代表中共中央向国民党提出召开"党派会议"，作为"国是会议"预备会议的建议，并派周恩来到重庆与国民党代表王世杰等就召开党派会议问题进行谈判。经过几天的谈判，双方同意召开党派会议，还达成初步协议。但是，后来蒋

---

① 《国民参政会纪实》（下），重庆出版社，1985年，第1300～1303页。
② 《国民参政会纪实》（下），重庆出版社，1985年，第1349页。

介石在接见周恩来时却又推翻双方已达成的协议，说："召开党派会议，等于分赃会议，组织联合政府，无异于推翻政府。"3月1日，蒋介石又在重庆宪政实施协进会上说："吾人只能还政于民众代表的国民大会，不能还政于各党派会议，或其他联合政府"，并在会上单方面宣布在1945年11月12日召开国民大会。5月，国民党在重庆召开六大，会议仍然决定在1945年11月12日召开国民大会，制定宪法，拒绝全国人民和各党派成立民主联合政府的要求，再次拒绝民主力量的基本要求，"使国内团结问题之商谈再无转圜余地了"①。

从上述内容来看，在人民要求宪政的呼声中，蒋介石一方面不得不做出一些准备实行宪政的表示，另一方面又不愿实行真正的宪政。蒋介石所准备实行的宪政基本上是维持国民党一党专政及个人独裁体制的宪政，这种宪政既与人民所要求的宪政有距离，也与孙中山先生所倡导的宪政有很大差别。

2. 抗战胜利后各党派关于中国宪政模式的争论

中国共产党关于召开党派会议的主张得到了全国人民和各民主党派的热烈欢迎。1945年8月15日，中国民主同盟声明"主张由政府召集各党派及无党派人士的政治会议，解决当前一切紧急和重大问题，包括产生在宪法政府成立以前的一个举国一致的民主政府"②。

对于中国共产党及各民主党派和全国人民召开"党派会议"、"政治会议"的建议，蒋介石国民党及国民政府一直采取敷衍和拖延的办法。抗战胜利后，蒋介石国民党鉴于内战准备不足，就发动"和平建国"的和平攻势。

8月28日下午，毛泽东应蒋介石的邀请率中共代表团到重庆与蒋介石国民党进行和平谈判。蒋介石原以为共产党不会接受谈判邀请，更以为毛泽东不会亲自到重庆，对谈判没做任何准备。毛泽东抵达重庆前三小时，蒋介石才仓促召集要员，商谈与中共谈判方针。据《蒋总统秘录》记载，蒋介石在8月28日的日记中写道：

---

① 《周恩来选集》上卷，人民出版社，1981年，第190页。
② 陈竹筠：《中国民主党派历史资料选编》上册，华东师范大学出版社，1985年，第223页。

"正午会谈对毛泽东应召来渝后之方针"，"即政治与军事应整个解决，但对政治之要求予以极度的宽容，而对军事则严格统一，不稍迁就"。29 日的日记是这样写的："不得于现行政府法统之外来谈改组政府问题。"① 蒋介石国民党对于国共谈判已设定了一条重要底线：维护国民党一党专政的体制不变。

9 月 2 日，毛泽东对国共两党谈判提出 8 条原则性意见，其中 (1) 在国共两党谈判有结果时，应召开各党派和无党派人士参加的政治会议；(2) 在国民大会问题上，如国民党坚持旧代表有效，中共将不能与国民党成立协议；(3) 应给人民以一般民主国家人民在平时所享有之自由；(4) 应予各党派以合法地位。9 月 3 日，周恩来、王若飞代表中共提出两党谈判 11 条方针。

9 月 4 日，蒋介石亲自拟定《对中共谈判要点》4 条交给国民党方面的谈判代表张治中、张群等执行，其中拟将国防最高委员会改组为政治会议，由各党派人士参加；中央政府之组织与人士，拟暂不动，中共方面如现在即欲参加，可予以考虑；同时强调原当选之国大代表仍然有效，中共如欲增加代表，可酌量增加名额。后来，国民党方面谈判代表根据蒋介石的要求拟定了一个对中共方面 11 条方针的"答复"，拒绝共产党方面提出的召开政治会议、"重选国民大会"的要求。

经过 43 天的会谈，由于国共双方都作了一些让步，双方于 10 月 10 日共同签署了《政府与中共代表会谈纪要》，即"双十协定"。国共双方在 7 个问题上达成协议，如在政治民主化问题上，"一致认为应迅速结束训政，实施宪政，并应先采取必要步骤，由国民政府召开政治协商会议，邀集各党派代表及社会贤达协商国是，讨论和平建国方案及召开国民大会各项问题。现双方正与各方洽商政治协商会议名额、组织及其职权等项问题，双方同意一俟洽商完毕，政治协商会议即应迅速召开"。在人民自由问题上，双方"一致认为政府应保证人民享受一切民主国家人民在平时应享受身体、信仰、言论、出版、集会、结社之自由，现行法令当依此原则，分别予以废止或修正"。关于地方自治问题，"双方同意各地方应积极推行地方自治，实行自下而上的普选，惟政府希望不以此影响国民大

---

① 《蒋总统秘录》第 14 册，中央日报社，1967 年，第 18、19 页。

会之召开"。但在国民大会等问题上，国共双方没有能够达成协议，中共方面提出："重选国民大会代表，延缓国民大会召开日期及修改国民大会组织法、选举法和'五五宪法草案'等三项主张"；而国民党方面则顽固坚持"国民大会已选出之代表，应为有效，其名额可使之合理的增加和合法的解决，'五五宪法草案'原曾发动各界研讨，贡献修改意见"，不能修改。双方同意"将此项问题提交政治协商会议解决"①。

1946 年 1 月 10 日，政治协商会议在全国人民充满矛盾和期冀的目光中在重庆国民政府大礼堂召开。出席会议的有国民党、共产党、中国民主同盟、青年党和社会贤达 5 个方面的代表共 38 人。

政治协商会议召开以前，各党派就围绕如何开好政治协商会议发表意见。中国民主同盟在 1945 年 10 月 19 日就提出"对国事的十项主张"，主张在宪政实施以前，"设置各党派国事协议机关"，"国民大会的组织法、选举法及宪草必须加以修改。国民大会的代表在原则上当然应由人民用普选产生"②。民主建国会提出："内战必先停止，人民身体、信仰、言论、出版、结社、集会、通信等基本自由先全部赋予"；"国民党必须开放政权"；要"保持未来宪政的圣洁，国民大会组织法和代表选举法必须修改，国民大会代表必须重选，宪法必须重新起草"，因为由国民党制定的"国民大会组织和代表选举法实在太欠民主精神，实在太不合时代。如不加修改，一定会贻笑友邦"，由国民党包办起草的"五五宪草""不但缺乏民主精神，立法技术上也有许多缺点，重新起草是必要的。新起草宪法的要点，在于议会制度的确立"③。所有意见主要集中在"五五宪草"的修改、国民大会代表的重新选举、开放政权等问题上，而这些问题则是蒋介石国民党认为不可改变的。

1 月 10 日，蒋介石以会议召集人及当然主席的身份代表国民政府致开幕词，还宣布了国民党的四项承诺，即给人民言论、集会、结社及身体之自由，各政党在法律面前一律平等，实行自下而上的普选，释放政治犯。经过与会各方的努力，会议通过了《政府

---

① 《重庆谈判纪实》，重庆出版社，1983 年，第 251 页。
② 《政治协商会议资料》，四川人民出版社，1981 年，第 58~59 页。
③ 《政治协商会议资料》，四川人民出版社，1981 年，第 64~68 页。

组织案》、《国民大会案》、《和平建国纲领案》、《宪法草案案》和《军事问题案》。

宪草问题事关中国的宪政模式，因而是政协会议的一个重要问题，各方均以极大的兴趣参与宪草问题的讨论，并展开了激烈争论。1月19日，政治协商会议第九次会议开始讨论宪草问题。国民党政府代表孙科在对"五五宪草"的说明中，不乏溢美之词，说它充分体现了"人民有权，政府有能"、"人民行使政权，政府行使治权"的精神，并肯定了宪草对行政、立法、司法、监察、考试分开的"五权制度"。孙科还就各党派批评的"总统权力过大"问题进行了辩解，他说："总统职权都须依法行事"，不存在权力过大之说①。

中共代表董必武则针锋相对地批评了"五五宪草"，并驳斥了孙科的错误观点："五五宪草中规定了五院制，但由过去历史证明，五院事权分散，实际上都没有权，而大权独落于元首一身，这容易流于个人专制之弊。而且五权宪法中规定总统的权力太大，这些都应予修改。我们认为英美等先进民主国家所行的国会制度，其经验很可取。"中国共产党代表团针对"五五宪草"提出了《和平建国纲领草案》。"草案"要求扩大"现有的国民政府的基础"，使之成为有抗日党派及无党派民主人士参加的临时的联合的国民政府，并规定国民党在政府主要职位中所占的名额不得超过三分之一，召开自由普选的国民大会，制定宪法，实行由下而上的普选，成立地方民选政府，"省得制定省宪"。会议期间，中共代表吴玉章一再强调中共方面提出的四项制宪原则，即宪法应保障人民权利，不应限制人民权利，中央与地方取均权主义原则，省为自治单位，省长民选，省得制定省宪，宪法上明白规定有关军事、文教、经济各方面的民主政策。

中间党派及无党派人士对"五五宪草"也表示反对，他们中很大一部分人热衷于英美式的宪政。根据民盟代表梁漱溟的回忆，当时民盟代表、国社党党魁张君劢根据孙中山直接民权的学说批评"五五宪草"的国民大会制只是间接民权而非直接民权，所以他主张把国民大会化有形为无形，公民投票运用四权（选举、罢免、创

---

① 《政治协商会议资料》，四川人民出版社，1981年，第250页。

制、复决）就是国民大会，不必另开国民大会。此外，张君劢主张监察院作为英国式上议院，把立法院作为英式下议院，而把行政院作为英式内阁；行政院须对立法院负责，立法院对行政院可以有不信任投票，推翻内阁，另组新内阁；行政院如有自信，也可以拒绝立法院的不信任而把它解散，实行大选，产生新的立法院。宪法小组还提出省得制定省宪，人民有民主自由等。一向认为"五五宪草是一部人民无权、总统万能的宪法"的民盟代表罗隆基当时高兴地说，假如这些将来经过宪法审议委员会的工作，都把它列入宪法草案中，那么英国的议会制和内阁制不就整套贩运到中国来了吗[①]?

张君劢提出的宪草原则得到在野各党派及无党派人士的赞同。中国共产党基本上同意这个方案，尽管它与共产党的要求还有距离，但它否定了国民党一党专政，限制了个人独裁，加强了立法院的权力，与"五五宪草"相比，具有明显的进步性；而且，它允许实行地方自治，共产党可以保留解放区的新民主主义制度。不仅如此，就是"五五宪草"的主持人孙科也对张君劢的设计"点头承认"，"国民党其余代表亦无人反对"。

这次会议成立了宪草审议委员会，由参加协商会议的五方面各推5人，另外公推会外专家10人，计35人组成。其职权是，在两个月内，根据协商会议议定之修改原则并参酌宪政期成会修正案、宪政实施协进会的研讨结果及各方面所提出的意见，汇总整理，然后制定出"五五宪草"修正案，提交国民大会采纳。1月31日，政治协商会议闭会后，宪草审议委员会随即成立。

1946年1月25日，政治协商会议通过了"保全五权宪法之名，运入英法宪法之实"的《宪草修改原则》，计12条。其主要内容是：

（一）国民大会，全国选民行使四权名之曰国民大会。

（二）立法院为最高立法机关，由选民直接选举之，其职权相当于各民主国之议会。

（三）监察院为国家最高监察机关，由各省级议会及各民族自治区议会选举之，其职权为行使同意、弹劾及监察权。

---

① 罗隆基：《从参加旧政协到参加南京和谈的一些回忆》，见《文史资料选辑》，第20辑，中华书局，1961年，第228页。

（四）司法院为最高法院，不兼管司法行政，由大法官若干名组织之，大法官由总统提名，经监察院同意任命之，各级法官须超出党派之外。

（五）考试院采用委员制，其委员由总统提名经监察院同意任命之。

（六）行政院：（1）行政院为最高行政机关，行政院长由总统提名，经立法院同意任命之，行政院对立法院负责；（2）如立法院对行政院全体不信任时，行政院或辞职，或提请总统解散立法院，但同一行政院长不得再提请解散立法院。

（七）总统：（1）总统经行政院决议，得依法发布紧急命令，但须于一个月内报告立法院；（2）总统召集各院长会商，不必明文规定。

（八）地方制度：（1）确定省为地方自治之最高单位；（2）省与中央权限之划分依照均权主义规定；（3）省长民选；（4）省得制定省宪，但不与国宪抵触。

（九）人民权利义务①：（1）凡民主国家人民应享受之自由权利，均应受宪法之保障，不受非法之侵犯；（2）关于人民自由，如用法律规定，须出之于自由保障之精神，非以限制为目的。

（十）选举应列专章，被选举者年龄应为23岁。

在这个宪草修改原则中，行政院与立法院的关系，相当于西方国家责任内阁与议会的关系；而总统则处于不负实际政治责任的虚尊地位，与"五五宪草"规定的总统制有很大区别。

这样的一个修改原则是各党派经过协商讨论而制定出来的，具有一定的民主性和进步性。但是，它遭到了国民党当权派的反对。在1月31日晚上政治协商会议闭幕会上，蒋介石就说："宪草只是党派协议，我们大家不能包办民意，还须取决于国民大会，将来再斟酌吧。"

蒋介石国民党反对的借口主要是政协宪草修改原则违背了孙中山的五权宪法和建国大纲。2月10日，蒋介石在约见国民党内一些元老的谈话会上说："此次政治协商会议中，宪草所决定之原则与总理遗教出入处颇多。政治协商会议虽接受三民主义，而对五权

---

① 《政治协商会议资料》，四川人民出版社，1981年，第282～284页。

宪法则多所改易，如此则本党不啻自己取消其党纲，而失其存在之地位。则他日本党同志必有揭五权宪法之名义而革命者，吾人将无法加以制止，而祸患将不堪言。决不可牺牲五权宪法之精神，否则本党将丧失其立场矣。"① 蒋介石要在维护孙中山五权宪法的幌子下，坚持"五五宪草"的总统制，反对政协决议所规定的责任内阁制。

在 3 月召开的国民党六届二中全会上，蒋介石又对国民党右派分子称，政协通过的宪草原则"有若干点实在与五权宪法的精神相违背"，"我绝对不会抛弃五权宪法而不顾的"，我们要"多方设法补救，务使宪草内容能够不违背五权宪法和建国大纲的要旨"②。会议以决议形式就宪法草案问题提出五点修正意见，交国民党中常会通令全党遵照执行：

（一）制定宪法，应以建国大纲为最基本依据。

（二）国民大会应为有形之组织，用集中开会之方式，行使建国大纲所规定之职权，其召集次数，应酌予增加。

（三）立法院对行政院不应该有同意权及不信任权，行政院亦不应该有提请解散立法权。

（四）监察院不应有同意权。

（五）省无须制定省宪③。

这五项决议的目的，就是要推翻政协所决定的、为全国人民所一致拥护的国会制、内阁制、省自治制的民主原则，而要继续坚持"五五宪草"中的独裁原则。第一条规定本身就充满一党专政的味道，一国的宪法不应以某一党的某一文件为"最基本之依据"。第二条规定否定了立法院的作用。立法院是常年存在的，能起国会作用，而国民大会臃肿不灵，每三年由总统召集一次，会期一个月，只不过是独裁的装饰品，即使召集次数酌量增加，也仍然不足以限制独裁。在国民大会问题上，蒋介石虽然在文字上"遵循"了总理遗教，但是不符合民主潮流。政协决议强调行政院对国会负责，但国

---

① 秦孝仪主编：《中华民国重要史料初编》第 3 编《对日抗战时期》，台北中央文物供应社，1981 年，第 704 页。

② 国民党中央党部档案，中国第二历史档案馆藏。

③ 《政治协商会议资料》，四川人民出版社，1981 年，第 407～408 页。

民党右派则要行政院仅仅对总统个人负责。这样，我们就会发现，总统上面先有一个徒具装饰作用的国民大会，下面又有一个不受任何限制的而只对总统负责的行政院，这岂不是典型的独裁？第五条规定，省无须制定省宪，实际上就是取消省的地方自治，而使省成为中央的代表机关，这样，总统不仅在中央机关中实行无限制的集权，而且在全国各省也可实行同样无限制的集权。

4月1日，蒋介石在国民参政会四届二次会议上作了长篇政治报告，公开声称，"政治协商会议不是制宪会议，政治协商会议关于政府组织的协议案，在本质上更不能代表约法。结束训政的步骤，只有召集国民大会"，"如果政治协商会议果真成为这样一个性质的会议，我们政府是决不能承认的"①。

由于国民党的阻挠、破坏，宪草协议委员会的工作无法正常展开。为顾全大局，中共、民盟等决定向国民党作出三点让步：

（一）国民大会从无形还回到有形；其组织与权力再行商定。

（二）同意取消立法院对行政院的不信任投票权和行政院对立法院的解散权，但行政院仍须对立法院负责，至于行政院对立法院如何负责和立法院如何对行政院监督，具体办法再行商定。

（三）省宪改为自治法，具体内容再行研究。

从中可看出，国民党、共产党及民盟等在国家宪政模式上还是存在很大的差别。总的来讲，蒋介石国民党不愿放弃训政党治、集权统治的习惯。

3. 制宪国民大会与《中华民国宪法》

召开国民大会是由孙中山在1924年国民党改组期间提出的主张，最初见于同年4月他手订的国民政府《建国大纲》中。孙中山把国民大会视作宪政时期全国最高政权机关。关于召开国民大会的目的，孙中山规定是为了制定宪法，行使中央统治权；国民大会的组织由"全国各自治县人民直接选出代表所组成"；其职权是"代表人民对于中央政府实行监督，并行使选举、创制、复决、罢免四权"。

蒋介石国民党召开国民大会的提议始于1932年12月召开的四届三中全会。在这次会议期间，孙科等人向大会提交了《集中国力

---

① 《国民参政会纪实》（下），重庆出版社，1985年，第1543～1544页。

挽救危亡案》，要求召开国民大会，实行宪政。议案获得大会通过，并决定在 1935 年 3 月召开国民大会。但是，由于蒋介石国民党不愿还政于民，不愿放弃一党专政、实行宪政，到 1946 年 1 月政治协商会议召开为止，国民大会已经是五次延期，始终没有召开过。

1946 年 1 月，在政治协商会议期间，国民党、共产党及其他党派就召开国民大会的有关问题展开激烈争论。国民党坚持 1936 年一手包办的选举有效，让 1200 名清一色的国民党党员参加国民大会。由于当时国民党正厉行一党专政政策，其他党派是非法的，不许参加选举。国民党这种维持旧选举代表的办法当然于情于理都是站不住脚的，因而受到共产党、民主同盟的反对，就是倾向国民党的青年党也有微词，要求重新举行公开的选举。但蒋介石不同意其他党派的要求，还对已选出的国民党代表说："绝对不能取消你们，要取消你们，先取消我好了"，使得会议陷入僵局。在此情势下，社会贤达代表王云五提出折衷方案，他提出旧选代表可保留，但为代表新的民意，可将国民政府指定代表 240 名及国民党中央执监委员的 460 名当然代表，计 700 名代表名额平均分配于各党派及社会贤达。最后，中共与民主党派顾全大局，向国民党让步。1946 年 1 月 31 日，政治协商会议通过《关于国民大会案》，其主要内容是：

(1) 1946 年 5 月 5 日召开国民大会；

(2) 第一届国民大会之职权为制定宪法；

(3) 宪法之通过经出席代表四分之三同意之；

(4) 依选举法规定之区域及职业代表 1200 名照旧；

(5) 增加党派及社会贤达代表 700 名，其分配另定之；

(6) 总计国民大会之代表为 2050 名；

(7) 依据宪法规定之行宪机关，于宪法颁布后 6 个月内，依宪法之规定选举召集之[①]。

此外，在会议通过的关于《宪法草案案》中还对国民大会的职权作了相应规定，同时规定"第一次国民大会之召集方法，由政治协商会议协议之"。这次会议还通过了《和平建国纲领》、《关于政府组织问题的协议》。根据这两个文件精神，国民大会召集之前，

---

① 《政治协商会议资料》，四川人民出版社，1981 年，第 272～273 页。

应结束训政，完成宪草修正，改组政府，并使之成为各党派共同参加的民主联合政府。政协协议既遵循了孙中山宪政思想的基本精神，又符合民心民意。对于政协协议，蒋介石在政协闭幕会上逐条宣读，大加赞赏，表示对政协决定的各种方案，"必然十分尊重，一俟完成规定手续后，即当分别照案实行"①。也就是说，蒋介石也同意在政府改组之后召开由各党派协商并参加的国民大会。

在 1946 年 4 月 24 日召开的政协综合小组会上，民盟代表、国社党负责人张君劢鉴于实际困难，要求"宽展"召开国民大会的期限，目的是"俾政府改组问题获得解决后，再行开会较圆满"。共产党代表周恩来也要求国民大会延期举行。国民党政府也决定予以采纳，蒋介石也表示，国民大会召开日期不再明确规定。

但是，蒋介石很快就食言了。在完成内战准备之后，蒋介石在 1946 年 7 月 4 日突然单方面决定于同年 11 月 12 日召开国民大会，并声明如届时有一部分党派不参加，国民大会仍如期举行，决不更改。这种做法显然有违上述协议精神。9 月，国民党军队分三路向解放区政治军事重心张家口进攻。9 月 29 日，周恩来声明：如果国民党政府不立即停止对张家口及其周围的一切军事行动，中共不能不认为国民党政府业已公然宣布国共关系全面破裂，并且已经放弃政治解决的方针，因此而造成的一切严重后果，当然全部责任应由国民党政府方面负责。但是，蒋介石拒绝给张家口解围，而且在 10 月 2 日发表声明要求中共方面提出 8 名国府委员，并称民盟提 4 名，在无党派名额中，中共可提 1 名，共计 13 名，并规定共产党军队限期开入划定的驻地。在声明中，蒋介石宣称共产党只有在接受这两个条件下，才同意颁布 10 天的停战令。共产党对国民党违反政治协商会议协议的行为表示拒绝，10 月 9 日，周恩来声明，只要国民党立即停止进攻张家口，共产党就愿意参加政协综合小组，讨论停战及实施政协全国委员会协议问题。并再次声明，在国府委员会中，共产党与民盟合占 14 名，以保证和平建国纲领不致被单方面所修改；要求行政院与国府委员会同时改组，按照政协协议的原则，修正宪法草案，各党派并保证其通过；国民大会召开日期应由政协综合小组协商决定。国民党不愿真正履行政协会议精

---

① 《政治协商会议资料》，四川人民出版社，1981 年，第 263 页。

神，再次拒绝共产党的合理要求，于 10 月 11 日占领张家口。10 月 12 日，国民党政府再次公开宣布于 11 月 12 日召开国民大会。

国民党在筹备国民大会的同时，也考虑到"假定各党派不来，而由国民党一党唱独角戏，在政治上不能不说是一种失败"，因而极力拉拢民社党、青年党及所谓的"社会贤达"，制造民意。由于有青年党、民社党及少数社会贤达的支持，国民党后来终于开成国民大会，对此蒋介石十分得意，他在日记中写道："国民大会的召开实为革命史上最艰难之创举，与划时代之新页；共产党一年来联合其他党派以孤立本党，围攻政府之阴谋，已被我完全击破。"

国民党召开国民大会的目的是制定宪法。1946 年 11 月国民大会召开前，蒋介石在内外压力下被迫改变了在二中全会时的态度，暂时放弃了"五五宪草"的总统制，基本上接受了政协宪草的议会制和责任内阁制，11 月上旬，蒋介石指令国防委员会秘书长王宠惠、原"五五宪草"初稿起草人吴经熊、前政协秘书长雷震等人，"根据现在政治形势之发展"，就雷震于同年 4 月任意添减的条文"以最快的速度"加以整理和补充。"草毕，名曰《五五宪草修正草案订正稿》，送蒋介石修订"。在审阅过程中，蒋介石本人甚至还亲自对订正稿作了删改工作。根据王宠惠在立法院的报告，蒋介石删除了"聚居一定地方的少数民族，保障其自治权"的内容，并把中央与省共有事权的"涉外经济事项"，移入中央专有事权。独自决定取消民族自治权及地方从事涉外经济的权利，目的还是加强中央集权。"蒋氏修订后，便致函立法院长孙科，令该院于 15 日前，将五五宪草修正案订正稿审议完毕呈复。"

11 月 18 日，立法院院长孙科召开由国民党、青年党、民社党和"社会贤达"代表参加的宪草审议会，19 日审议完成。19 日当天立法院就将该宪法修正案提交国民党中央执行委员会讨论审议，后国民党中央执行委员会决定"原则通过，交由立法院完成立法手续"。立法程序完成后，就将《五五宪草修正案》更名为《中华民国宪法草案修正案》。23 日立法院就将其送国民政府提交国民大会。

1946 年 11 月 15 日，国民大会在南京召开。由于这次会议的目的是制定宪法，所以一般把它称为制宪国民大会，简称制宪国大。

制宪国民大会在收到国民政府提交的宪法修正案后，首先进行了广泛讨论，代表"发言至为踊跃，递请求发言条者，多至百七十人"，"统计代表对于宪草之批评，大都集中下列各点：（一）为国大之组织与权力问题。（二）为五院制度，及立法与行政之关系问题。（三）为地方制度问题。（四）建都地点问题。（五）本届大会职权，是否兼及行宪问题。（六）妇女及职业代表问题"。然后开始分组审查。

在审查过程中，"各代表发言亦极为热烈，指责宪草者更为激昂，当时情景，大有将草案基本原则，一一推翻之势，于是青年、民社两党代表，以政协原则不可变，否则此次参加大会毫无意义、情愿退出为词"。蒋介石担心宪法草案通不过，连忙出来制止，多次向国民党的代表训话，强调说"我们现在召开国民大会，就是要用事实来打破共产党的宣传，使共产党无法借口，使国际舆论明了本党实行民主的真诚"，要求大家要有高瞻远瞩的眼光，要"忍辱负重"、"尽可能容忍退让"、"不必在文字上和形式上斤斤计较，尤其是关于总统的权限，行政院和立法院的关系，我们不必多所争执"，小不忍，则乱大谋。就是有不妥的地方，"我们在下一届国民大会，仍旧可以提出修改，使之符合我们的理想"。蒋介石甚至不惜硬着头皮给国民党的代表示范："五权宪法"确实有不少缺点，"五权宪法的中央制度可以说是一种总统制，总统权力过于集中，必致形成极权政治，这种政治不合于现时代"。经蒋介石一训导，果然"自此之后，辩论之热焰少过"。

在国家性质、国民大会职权、总统及行政立法等问题上，不少代表还是提出了一些修改意见。例如，关于国民大会职权问题，修正案原文规定国民大会的职权是"选举及罢免总统、宪法修改之创议，复决立法之修宪提案"，还规定一般法律之创制复决，俟全国有过半数县市行使后由国民大会制定办法行使。对此，负责国民大会问题的第二审查会中的多数代表认为，国民大会除有权选举罢免总统、副总统外，还应有权选举立法、司法、考试及监察四院正副院长和立监委员会，罢免五院正副院长及立监委员会委员，此外还有权创制、复决法律，修改宪法，并拥有宪法规定的职权。还要求国民大会每两年召开一次。

在经过分组审查后，制宪国大采用三读程序审议宪法。12月

21 日上午开始一读程序，当天下午就开始二读程序。在分组审查中，一些代表对国都问题、妇女代表名额问题、民族平等这样一些枝节问题提出不同意见。就是这些枝节问题，有独裁脾气的蒋介石也不容他人争论，12 月 24 日，他本人亲自出面说明自己的态度。关于国都问题，蒋介石重提自己在草拟宪法时的主张，认为宪法中不必规定国都地点；关于民族平等问题，主张各民族一律平等，而不必标明各民族名称；关于妇女代表名额问题，他认为增加比例不必列入宪法。蒋介石的意见没加争论地被二读会全部接受。24 日下午，二读会结束。25 日上午三读通过《中华民国宪法》，大会决定于 1947 年 1 月 1 日公布，1947 年 12 月 25 日为实施日期。25 日下午，制宪国民大会闭幕，蒋介石代表国民政府接受《中华民国宪法》，并保证"国民政府必当遵照大会决定的程序，一一施行"，实现还政于民的夙愿。

制宪国民大会通过的《中华民国宪法》共 14 章 175 条。第一章总纲，第二章人民权利义务，第三章国民大会，第四章总统，第五章行政，第六章立法，第七章司法，第八章考试，第九章监察，第十章中央与地方之权限，第十一章地方制度，第十二章选举、罢免、创制、复决，第十三章基本国策，第十四章宪法之实行及修改。

《中华民国宪法》规定中华民国基于三民主义，为民有、民治、民享之民主共和国。这部宪法是以西方资本主义国家宪法为范本，参酌孙中山关于宪政的设计，又结合蒋介石本人的专制欲望而设计、制定出来的，因而这部宪法必然会打下三个方面的印记。

第一，孙中山宪政思想中有一个十分重要的原则，就是"主权在民"。符合这一思想的宪法应明确规定人民的自由权利，并直接加以保障，一般法律不得加以限制或剥夺。而《中华民国宪法》（下称蒋记宪法）则与此相反，它在罗列了人民一些自由以后，在第 23 条来了一个规定，即"以上各条列举之自由权利，除为防止妨碍他人自由，避免紧急危难，维持社会秩序，或增进社会秩序、或增进公共利益所必要者外，不得以法律限制之"，换句话来说，原文的含义实际上就是这样的：为防止妨碍他人自由，避免紧急危难，维持社会秩序，或公共利益，以上所列各条列举之自由权利，得以法律限制之。这一点和此前制定的《训政纲领》、《训政时期约法》如出一辙，都有违孙中山的"主权在民"原则，真正是"人民无权，政府有权"。

第二，在中央架构上，宪法规定：总统为国家元首，对外代表中华民国，不为政府首脑；总统缔约、宣战、媾和、宣布戒严、大赦、发布紧急命令，须经行政院会议议决，立法院通过或追认；总统依法公布法律命令，须经行政院长副署。行政院长由总统提名，经立法院同意任免；司法、考试两院院长由总统提名，经监察院同意任命；行政院对立法院负责，行政院有责任向立法院提出施政方针及施政报告，立法委员开会时，有权向行政院长质询；立法院对行政院的重要政策不赞成，可以决议移请行政院变更，行政院对立法院决议的有关各案可移请复议。可见，宪法确定的中央政治制度是国会制、责任内阁制，而不是孙中山在"五权宪法"中所规定的总统制，是对"五五宪草"总统制的否定。

但是，宪法又规定：总统统率全国陆海空军，行政院对立法院的决议要求复议，得经总统核可。这就有可能形成行政院首先对总统负责，受总统指挥的形势。立法院院长孙科曾承认："根据条文意义来讲，行政院长是有条件的对立法院负责，还不能称责任内阁制"，"行政院仍受总统指挥，也可以说这个制度是一种修正的总统制"。也就是说，蒋介石在中央政制上有所保留，说明他愿意放弃总统制。

第三，孙中山在《建国大纲》中提出过均权原则，即"凡事务有全国一致者，划归中央；有因地制宜之性质者，划归地方。不偏于中央集权或地方分权"①。但蒋记宪法违反孙中山制定的均权原则，实行中央集权。该宪法第10章是关于中央与地方权限之划分。从中可以看出，该宪法不是以地方分权为基础，而是以中央集权为出发点；不是将省能独立办理的事权划归于省，而是将中央集权的残余遗留给省，省只能拾中央的牙慧。不仅如此，宪法对未经硬性列举事权，遇有争议时，赋予立法院以片面解决之权，而从上述来看，立法院是听命于总统的，这样地方只有俯首服从总统的裁决。因此，蒋介石制定的《中华民国宪法》并未能体现孙中山的均权思想，是"地方无权，中央有权"。

---

① 《孙中山选集》，人民出版社，1981年，第603页。

作为"均权主义"的一个重要措施，孙中山十分重视地方自治，要求"将地方的事情，让本地自己自治，政府毫不干涉"，并把县确定为地方自治的基层单位。蒋介石把自治单位由县扩大到省，省能制定省自治法，但是又规定省自治法之制定，必须依据"省县自治通则"。而制定"省县自治通则"之大权，则属于中央，显然省自治法只是一个权限受到限制的普通法律。该宪法规定，省自治法不得与全国宪法抵触，省法规与国家法律相抵触者无效，而两者是否抵触，其解释、解决之权归中央，同时国家的法律何时制定没有规定，这样省自治法、省法规随时都有可能与国家法律抵触，其条文随时都有可能被中央宣布无效。很明显，宪法实际上取消了省的自治地位。

第四，关于国民大会的设计，孙中山是为了使享有四项政权的人民实现对拥有五项治权的政府的有效管理。关于其职权，孙中山在《建国大纲》中规定，"对于中央政府官员有选举权、有罢免权，对于中央法律有创制权、有复决权"。《中华民国宪法》虽然规定国民大会为"代表全国国民行使政权"的机关，有选举和罢免总统、副总统、修改宪法、复决立法院所提之宪法修正案等职权，但同时又规定：关于创制、复决之两权，除修改宪法与复决立法院所提之宪法修正案外，"仅全国有半数之县市行使创制、复决两权时，由国民政府制定办法并行使之"。这就是说国民大会仅能对立法院已制定的宪法修正案进行复决，其他一切法律决议，均可不受国民大会的牵制与监督。对于孙中山所说中央政府官员的选举与罢免，蒋记国民大会的权限仅及总统与副总统，而其他中央政府官员的选举与罢免则无权过问。如此下来，孙中山心目中的最高政权机关，在蒋介石那里仅变成了一个只能选举与罢免总统、副总统的表决机器。

1947年元旦，国民政府颁布《中华民国宪法》，宣布12月25日实施，即结束训政，开始宪政。蒋介石决定结束训政，开始宪政，从表面上看，是遵循孙中山有关宪政的程序论，实际上正如蒋介石的心腹分子吴铁城所总结的那样：在训政时期，国民党"从来重集权而轻民主，重人治而轻法治，重党部而轻党员"，"党政关系犯了莫大错误"，因此可以说"现在结束训政，不是训政成功而自然结束，乃训政失败不得不结束"。

4. 蒋介石所谓宪政的开始与结局

制宪国民大会通过《中华民国宪法》后，蒋介石决定对国民政府进行改组，以完成行宪准备工作。

1947年3月15日至24日，国民党在南京召开六届三中全会，确定今后的要务就是组织"过渡政府"，负责准备实施宪政，并宣称："国民政府改组完成之日，即为训政开始结束之时。"

如何改组政府？大会在决议案中露骨地声称：中国的党派虽多，但是除了国民党以外确实没有另外一个政党担负得起建设三民主义新中国的责任，甚至可以说，中国盛衰兴亡的关键，不操于任何一党，而操于本党之手。实际上就是说，中国无论是实行训政，还是实行宪政，都离不开国民党，其地位和作用是民社党、青年党这样一些小党不可同日而语的，暗示国民党在改组后的政府中要继续发挥领导作用。

六届三中全会还通过了《宪政实施准备案》，其主要内容有：

（一）自中华民国宪法公布之后，至依据宪法召集国民大会之日止，本党之政治设施，应以从速扩大政府基础，准备实施宪法为中心。

（二）国民政府扩大基础后，在三民主义原则指导下，依据宪法基本精神所为之各项设施，本党应予以全面之支持。

（三）本党与国内其他和平合法之政党，应切实合作，共同完成宪法实施之准备程序。

（四）国民政府应迅速依据宪法实施之准备程序，制颁各种相关法规，如期施行。

（五）依宪法之规定，分别拟定省县自治通则，加速推行地方自治，并于秩序安定之省区选定县份，实行县长民选。

（六）依宪法实行各种选举时，本党应与其他合法之政党相提挈，尽量协助确能代表人民利益之人士参加竞选，并力矫因选举而发生之弊端，以树立民主政治之楷模。

（七）国家法令有与宪法保障人民自由之规定相抵触者，应由政府迅速分别予以修正或废止①。

---

① 荣孟源编：《中国国民党历次代表大会及中央全会资料》（下），光明日报出版社，1985年，第1102页。

稍加分析，我们就不难发现国民党在改组国民政府中暗藏玄机。例如，第 1 条讲"扩大政府基础"，而不是真正的改组政府，言下之意就是要在保留现有国民党政权的前提下，再去吸收民社党、青年党及所谓的"社会贤达"参加国民政府，这与改组政府要求相差甚远，蒋介石在这里玩了"扩大"与"改组"的文字游戏。再者，第 2 条规定"改组"以后的国民政府的指导思想是"三民主义"，稍有知识的人就知道蒋介石的"三民主义"与孙中山的"三民主义"是有本质区别的；同时，把国民党的指导思想硬性规定为一个国家的指导思想，在理论上也是站不住脚的。因此，国民党不可能与其他政党真正做到切实合作，也不可能与其他政党互相提携，使其他政党顺利参加竞选。

　　与此同时，国民党与民社党、青年党及所谓的"社会贤达"加紧进行宪法实施准备程序的工作。1947 年 3 月中旬，宪政实施促进委员会成立，孙科任会长，曾琦、徐傅霖、莫德惠、张继任副会长，凡参加制宪国民大会的代表均为该会委员。3 月 30 日，国民政府立法院完成 10 种行宪法规的立法程序，包括《国民大会组织法》、《国民大会选举罢免法》、《总统副总统选举罢免法》。4 月 16 日，国民党、青年党及民社党制定国民政府施政方针，共 12 条，主要有：

　　（一）改组后之国民政府，以和平建国纲领为施政之准绳，由参加之各党派及社会贤达，共同负责完成宪法实施之准备。

　　（二）以"政治民主化"及"军队国家化"之原则为各党派合作之基础，在此共同认识下，力谋政治上之进步与国家之安定。

　　（三）根据宪法规定之精神，提前实行行政院负责制。

　　（四）行宪以前，行政院长之人选，国民政府主席提出任用之时，应先征求各党派之同意。

　　（五）对于各省行政，应本军民分治与因地制宜之原则，在法制与人事上，均作彻底之检讨与改革，使各省政府能充分发挥其效能。

　　（六）凡因训政需要而需设置法制与机关，在国民政府改组后，应予废止或裁撤。

　　（七）严格保障人民身体自由、言论出版自由、集会结社自由，严禁非法之逮捕与干涉，其因维持社会秩序，避免紧急危难而必须予以限制者，其法律应由国民政府委员会通过之。

（八）各省市县之参议会或临时参议会，尽量由各党派人士共同参加。各省地方政府亦应本唯才唯贤之旨，由各党派及无党派人士参加①。

但是，结合当时中国社会政治形势来看，这个施政纲领名曰三党施政纲领，实际上是国民党的施政纲领，因为无论是即将改组的国府委员会，还是即将改组的行政院，都被国民党所控制。国民政府主席、五院院长都是国民党党员，行政院除形同摆设的经济部、农林部外，都由国民党控制。所以，施政纲领对国民党没有约束作用，国民党可以依旧按照自己的意志，随意颁布限制人民自由的法令。

4月18日，国民政府公布国民政府委员会和五院院长名单，蒋介石任国民政府主席，孙科为副主席，行政院长张群，立法院长孙科，司法院长居正，监察院长于右任，考试院长戴传贤。国民政府委员共29人，其中国民党占17人，青年党4人，民社党4人，"社会贤达"4人。4月23日，蒋介石宣布国民政府委员会成立，并通过行政院政务委员会及各部会长官人选，还公布了施政纲领。政务委员共23人，其中国民党就占15人，青年党3人，民社党2人，无党派人士3人。行政院长由国民党张群担任，副院长是无党派人士王云五，17名部会长官大多由国民党人担任，青年党的左舜生任农林部长，李璜任经济部长。此外，国民党在立法院、监察院和国民参政会中，为青年党、民社党和无党派人士增补了33名立法委员，16名监察委员，33名参政员。

完成这样的"改组"后，行政院院长张群便在就职宣言中宣称，国民党业已结束训政。蒋介石宣布他的政府已经成为"多党政府"、"自由民主政府"、"介乎训政与宪政之间的政府"。国民党宣传部长彭学沛在同一天举行的记者招待会上则大肆吹嘘："一党专政已于今日结束，国民党已实践其还政于民的诺言"，"今日成立之多党过渡政府，今后将依宪法之精神，行使职权"。

但实际上，改组以后的国民政府并不是真正的"多党政府"。因为"多党"之中，既不包括占全国人口绝大多数的工农群众的真

---

① 《申报》，1947年4月17日。

正代表中国共产党，也不包括代表民族资产阶级和小资产阶级利益的真正的民主党派。所谓"多党"，实际上就是指青年党、民社党，外加国民党本身，同时，青年党和民社党是两个在政治上依附于国民党的小党，所以这个"多党"肯定是名不副实。

再者，蒋介石国民党称改组以后的国民政府是"介乎训政与宪政之间的政府"，说国民党一党专政已经结束，这也是欺人之谈。从国民政府的组成情况就可看出：国民政府委员 29 人中国民党就占去 17 人，国民政府主席和五院院长都是国民党党员。行政院 23 名政务委员，国民党就占去 15 人，国民党还占据重要部会长官之职。在国民政府中，国民党人数占优，而且占据最重要的职位，这不能说是结束了一党专政，只能说较此前的国民政府是由清一色的国民党党员组成有点变化。

更能说明问题的是，国民党中央与国民政府之间的法律规定。1947 年 4 月 17 日公布的《中华民国国民政府组织法》第 10 条规定："国民政府主席、副主席均由中国国民党中央执行委员会选任"；第 15 条规定："国民政府五院院长副院长，由国民政府主席任之。国民政府主席对中国国民党中央执行委员会负责，五院院长对国民政府主席负责。"这些规定实际上就是国民政府从主席到五院院长一律由国民党中央选任并对其负责，是完全服从国民党的。

总之，"改组"以后的国民政府并没有实现真正的改组，只能说是"扩大"的国民政府。在形式上，扩大以后的国民政府较此前的国民政府有一些进步；但是由此将其夸大为"多党政府"则是言过其实。

行宪国民大会原定在 1947 年 12 月 25 日《中华民国宪法》实施这一天召开。为达到国民党控制国民大会而又不致被指责为一党专政，确保民社党、青年党这两个小兄弟能按比例参加行宪国大，宣扬所谓的"多党政治"，蒋介石决定变通此前制定的国民大会选举法，所以，他在同年 9 月召开的六届四中全会上特别规定："党员参加选举必须由党提名，绝对禁止自由竞选，任何党员如不听命令，自由竞选，党部即开除其党籍"①，以控制选举。

---

① 荣孟源编：《中国国民党历次代表大会及中央全会资料》（下），光明日报出版社，1985 年，第 1179 页。

民社党、青年党乘机利用国民党的这种心理,抬高价码,青年党提出各种选举中,要求均需占五分之一,民社党要求国大代表400名,立法委员100名。国民党马上表示,民、青两党的要求"均难有绝对之保证",民、青两党则一致表示不妥协,甚至以不承认国民党公布的候选人名单相威胁。最后,国民党"为顾全宪政大局,均主张委曲求全,不使破裂",作了一些让步。

蒋介石控制选举的办法也引起了参选的国民党员的不满,还闹出了示威游行、抬棺赴会、绝食抗议等闹剧。国民政府只得将行宪国民大会延期至1948年3月29日召开。

1948年3月29日,"行宪国大"在一片吵闹声中开幕。蒋介石在开幕词中指出,这次大会的使命,"只是行使选举权,以完成中华民国政府的组织"①。

行宪国大的主要议题是选举总统和副总统,为此,国民党于4月4日至6日召开第六届中央临时全体会议,讨论总统、副总统候选人问题。会上,蒋介石出人意料地提出,"渠不拟参加大总统竞选,望本党同志慎重选择未来元首",但又提出选任总统的条件:(1)忠于宪法,努力推行宪政;(2)有民主精神;(3)有民族国家思想;(4)对中国文化历史有深刻认识。对于副总统,蒋介石提出可由"本党同志自由竞选",至于他自己,"愿担任政府中除正副总统外之任何职责",并表示,"愿负对于剿匪戡乱,保证实行宪政责任"。蒋介石的话令在场的国民党中央委员们面面相觑,不知所措。4月5日,国民党专门召开中常会研究。与三青团有关系的中常委贺衷寒、袁宇谦等人,都主张尊重蒋介石的意见,而张道藩、谷正纲和其他与CC有关系的常委则拥护蒋作为候选人。双方争论激烈,各不相让。张群突然站起来,道出了蒋介石不愿做总统的秘密,"并不是总裁不愿意当总统,而是根据宪法规定,总统是一位虚位元首,他不愿意处于有职无权的地位"②,还断定,如果想出一种办法,赋予总统一种特权,那么老蒋是会愿意当总统的。于是,中常会决定,赋予总统以紧急处置的权力。这样,蒋介石才同意出任总统候选人。

---

① 《中央日报》,1948年3月30日。
② 程思远:《政坛回忆》,广西人民出版社,1987年,第180页。

4月15日，行宪国民大会举行一读会，讨论修正宪法提案。其中重要提案有两项：一是莫德惠、谷正纲等721名国大代表提出的《请制订动员戡乱时期临时条款》，主张总统在戡乱时期，"为避免国家、人民遭遇紧急危难，或应付财政经济上重大变故，得经行政院会之决议，为紧急处分，不受宪法第39条、第43条所规定之程序限定"①。而《中华民国宪法》第39条、第43条的内容是：总统宣布戒严，但须经立法院之通过或追认，立法院认为必要时，决议移请总统解严；国家如遇紧急情况须紧急处理时，总统在立法院休会期间，可以经行政院会议决议，依紧急命令法发布紧急命令，但必须在命令发布后1个月内提交立法院追认，如果立法院不同意，该紧急命令立即失效。王世杰在作提案补充说明时认为，上述两条款，对"政府在变乱时期的权力，限制甚严"，不利于"戡平叛乱，挽救危局"。显然，这一提案意在扩大、加强总统权力。二是张知本等人的提案，要求国民大会职权增列创制、复决原则，复决有关人民权利义务之法律，还要求国民大会集会由6年一次改为2年一次，意在扩大国民大会的职权，是一个限制总统权力的提案。

对于修改宪法，在一读会召开之前的4月12日，蒋介石表示："宪法刚在实行，不应修改"。但是，在莫德惠、张知本两案提出后，又表示，"对于宪法问题，允宜依照本党既定之方针，除对于戡乱有关者可予以补充临时性条款外，均不修改为宜"②。支持加强总统权力的提案，反对扩大国民大会职权，限制总统权力的提案。这样在4月18日，国民大会迅速经过二读、三读程序，通过《中华民国宪法》增加《动员戡乱时期临时条款》。还规定"第一届国民大会应由总统至迟于1950年12月25日以前召集临时会议讨论有关修改宪法各案"③，就是说总统的这一特殊权力至少可以维持到1950年12月25日。会议否定了限制总统权力的张知本提案。

有此变通，蒋介石又表示愿意当总统。4月19日，国民大会举行总统选举，陪选的居正得269票，蒋介石以2430票当选为中

① 《中央日报》，1948年4月16日。
② 《申报》，1948年4月18日。
③ 秦孝仪主编：《中华民国重要史料初编》第7编《战后中国》（二），台北中央文物供应社，1981年，第833页。

华民国"行宪第一任总统"。

总统选举问题刚一解决，副总统选举又出现激烈争夺。根据国大公告，副总统候选人有6位，即孙科、李宗仁、于右任、程潜、莫德惠和徐傅霖。其中"社会贤达"莫德惠和民社党的徐傅霖只是陪衬，最有力的争夺者是国民党的李宗仁和孙科。蒋介石属意孙科，甚至公开出来为孙科撑腰、打气，并对李宗仁施加压力。李宗仁则自恃有桂系及美国的暗中支持，自认竞选副总统是理直气壮，拒不退让，并最终当选中华民国第一副总统。

5月1日，行宪国大闭幕。17日，孙科、陈立夫当选为立法院正副院长。20日，总统、副总统就职。5月下旬，组成了以翁文灏、顾孟余为正副院长的行政院，至此行宪的"多党政府"正式开张。

行宪政府的成立，标志蒋介石所标榜的"宪政"开始。蒋介石的宪政与训政相比较，确有一些不同之处：一是在立法依据上，训政时期是约法，宪政时期是宪法；二是在统治中心上，训政时期是以党训政，即国民党一党专政，宪政时期是"多党政府"；三是在五院政府官员的选任上，训政时期由国民党中央选任，宪政时期则由国民大会选举。此外，五院之间的关系也作了一些制约规定，如行政院对立法院负责，监察院权力的扩大。这一切都表明蒋介石的宪政较训政确有一些新气象。

但是上述变化只是表面的，而不是本质的，宪政时期的中央政权实质上仍是国民党的天下，蒋介石的独裁统治没有因宪政的开始而削弱，相反因多了一顶总统的黄袍而更加猖狂。正因为如此，所以蒋介石的所谓宪政必然会受到中国人民的唾弃。

就在行宪国民大会闭幕前一天，中国共产党就发出《纪念五一节口号》（即"五一口号"），提出了"打到南京去，活捉总统蒋介石"的口号，号召各民主党派、各人民团体、各社会贤达迅速召开政治协商会议，讨论并实现召集人民代表大会，成立民主联合政府。中共召开新政协的"五一口号"，立即得到各民主党派的积极响应。

蒋介石国民党在政治上陷入孤立的同时，在军事上也陷入前所未有的大溃败。经过两年的作战，到1948年秋，国民党总兵力约有365万左右，其中部署在一线的正规军约174万人，但这些兵力分别被解放军所牵制、压缩在东北、华北、西北、中原、华东各战场，留守后方的正规军仅 24 万，机动兵力少，且士气低落、军心不稳、战斗力弱。尤其是经过 1948 年 9 月到 1949 年 1 月展开的辽沈、淮海、平津三大战役，国民党军队又被歼灭 154 万，从而使国民党的基本主力部队被消灭殆尽，国民党在全国的失败已成定局。

蒋介石国民党在不利的形势下，又发动新的"和平攻势"，以图争取时间，重整旗鼓。1949 年元旦，蒋介石发表《新年文告》，表示愿意与共产党"商谈停止战事，恢复和谈的具体办法"，还表示"只要神圣的宪法不由我而违反，民主宪政不因此而破坏，中华民国的国体能够确保，中华民国的法统不致中断……则我个人无复他求"①。《中华民国宪法》是国民党为确立自己在中国的统治地位而制定的宪法，尽管它抄袭了西方民主的词句，较训政时期的约法，较"五五宪草"有一定的进步性，但它处处打上了国民党思想及蒋介石独裁思想的印记。同时，孙中山先生所创立的中华民国实际上已被蒋介石国民党破坏得面目全非，它不是孙中山为之浴血奋斗并努力实践的三民主义共和国。很显然，这种和谈是没有诚意的。1 月 14 日，毛泽东发表《关于时局的声明》，指出蒋介石提出的"保存伪宪法、伪法统和反动军队"等和谈条件，"是继续战争的条件"②，国民党蒋介石所提出的和谈建议是虚伪的。并提出和平谈判的八项条件，要求废除《中华民国宪法》。

国民党内一些人乘机对蒋介石落井下石，公然对其大加挞伐。19 日，国民政府行政院政务会议决议，"愿与共方先行无条件停战，并指定代表进行和平谈判"。社会舆论更是盛传"非蒋介石下野，则和谈不能进行"。时局至此，蒋介石深感无可奈何花落去，形势已经是无可挽回，乃决心"引退"。1 月 21 日，蒋介石发表"引退"声明。依据《中华民国宪法》第 49 条"总统因故不能视事时，由副总统代行其职权"的规定，从本月 21 日起，由李宗仁副总统代行总统职权。

1 月 22 日，李宗仁就任代总统，表示"决促和平实现"。但是李宗仁所面临的处境是："政治无法改革，军队无法调遣，人事无法整顿，军政费无从支付，经济完全崩溃，守江谋和的计划无法实

---

① 《李宗仁回忆录》（广西文史资料专辑）下，1980 年，第 915 页。
② 《毛泽东选集》（一卷本），人民出版社，1970 年，第 1280 页。

施。"蒋介石"引退"期间，虽不再以总统身份发号施令，但又公开"以党御政"。蒋介石直接控制的国民党中央执行委员会在广州制定"国体不容变更"，"宪法之修改必须依法定程序"等五项和谈原则，要代总统李宗仁执行。

正因为蒋介石下野后，继续"以党御政"，才导致国共和谈的彻底破裂。4月13日，国共和谈代表就中共首席代表周恩来提出的《国内和平协定草案》进行谈判。4月15日，中共代表团提出《国内和平协定》最后修正案，其中规定，废除南京国民政府与1946年11月召开的国民大会所通过的《中华民国宪法》，并在其废除后，中国国家及人民所应当遵循的根本法，应依照新的政治协商会议及民主联合政府的决议办理；还规定，废除南京国民党政府的一切法统。但是，南京方面的决定权不在代总统李宗仁手中，而在国民党总裁蒋介石手中。正由于蒋介石的作用，南京政府拒绝在规定的期限4月20日内签字，致使谈判破裂。李宗仁"决促和平"的希望化成了泡影。

此后不愿放弃独裁的蒋介石在1949年7月成立了一个以自己为主席、以李宗仁为副主席的"非常委员会"，代行中央政治委员会的职权，负对政权机构的"政治指导"责任，实际上就是恢复了训政时期"以党训政"的体制。"非常委员会"的成立是蒋介石从幕后回到前台的标志，同时表明蒋介石放弃行宪开始时作出的宪政时期"放弃党治"、"还政于民"的承诺，重新实行"以党训政"的方针。

尽管如此，蒋介石国民党在大陆的统治权还是逃不出垮台的命运。1949年9月中国人民政治协商会议通过的《共同纲领》规定："废除国民党反动政府一切压迫人民的法律、法令和司法制度，制定保护人民的法律、法令，建立人民司法制度。"从而，宣告由蒋介石国民党政府起草并制定的《中华民国宪法》命运的终结，也宣告蒋介石在大陆宪政实践的彻底终结。

蒋介石所推行的宪政如果从1947年1月1日算起，到其政权的垮台，前后只不过短短的一年半时间，而始终不愿放弃的训政持续的时间则长达18年之久。蒋介石在宪政实践中对孙中山的宪政思想是扬短避长，没有领会孙中山宪政思想的实质，也没有真正做到与时俱进，顺应世界民主的潮流，而一味搞专制政治，因而他所实行的宪政注定是短命的。

第七章　辛亥革命与中国政党政治

一　辛亥革命与中国政党政治的命运

1. 西方政党思想在中国的传播

政党是社会经济和阶级斗争发展到一定阶段的产物，在西方，资本主义的发展使资产阶级登上政治历史舞台，为适应其政治斗争的需要，便出现了政党。在中国，政党观念和政党制度，则是从西方输入的，鸦片战争后，先进的中国人为了救国救民，便向西方学习，学经济、学技术、学军事，也学政治。

19世纪七八十年代，洋务派中一些较早接触西方思想的人物，如容闳、郑观应、薛福成、马建忠、王韬、陈炽、何启等人，大都有过留学西方的经历，亲身体会了政党政治给西方资本主义各国社会发展带来的促进作用。因此，回国后，通过他们的奏折、日记、书信、译著、回忆录，把西方的政党思想介绍给中国人。

洋务派人物在大力推崇西方资产阶级民主精神，崇尚其议会制度时，对西方的政党政治进行了评介。郭嵩焘在介绍法国政党政治时说："法人君党凡三，民党亦三，议论视他国犹繁。"① 对这种党派对垒，放言时政的民主气氛加以赞扬。马建忠对西方的议院制有较多的了解，认为其弊端不容忽视，他曾批评过美国的议会制，但在批评中却较客观地介绍了美国议会中的政党政治。他说："美之

---

① 郭嵩焘：《致李傅相》，见《养知书屋文集》第12卷，光绪十八年湘阴郭氏刻本。

监国，由民自主，似乎公而无私矣，乃每逢选举之时，贿赂公行，更一监国，则更一番人物，凡所官者，皆其党羽，欲望其治得乎。"① 这里，马建忠批评了美国选举中"贿赂公行"的丑行及先后用其党羽的弊端，但也道出了美国议院中政党轮流执政的真实情景。

从郭嵩焘、马建忠等人的介绍看来，当时的洋务派人物对西方政党政治的认识还仅仅停留在表面上，并没有完全了解西方资产阶级政党观念和政党制度的真谛，因此，他们在传播西方政党思想时存在着极大的局限性。

甲午战争的失败宣告了洋务运动的彻底破产，此时，新兴的民族资产阶级已经产生，虽然其下层力量还十分薄弱，并不能形成一支独立的政治势力，但其上层却有了一定的基础。以康有为为代表的资产阶级上层人物极力主张提高资产阶级在国家社会生活中的地位，并要求封建统治者让出部分政治权力，实行君主立宪的议会制度，形成资产阶级维新派。

维新派人物为了实现其政治理想，对西方议会制政党政治做了大量宣传工作，使得西方政党观念进一步在中国传播。

首先，将西方近代政党与封建专制时代的朋党相区别。中国封建时代，不仅无政党可言，而且视"党"有营私之嫌，为危害朝廷之祸，正如严复所说："论语称君子不党，已以党义为非。屈原赋始用党人为指斥之辞，至东汉之季，乃有党祸。自是以后，唐之牛李，宋之蜀洛，明之东林，几代代有之，而与国家之存亡相终始。"② 这种"党"为"朋党"，与近代政党完全不同，梁启超说："政党者，以国家之目的而结合者也"，"朋党者，以个人之目的而结合者也"③。其主编《时务报》刊登的《政党论》一文说得更为明确："政党者欲把握国家权力，而遂其意志，故联合同人为一党也"；"朋党者，本小人之事，每以阴险为手段，在牵制君主之

① 马建忠：《上李伯相出洋工课书》，见《戊戌变法》第 1 册，上海人民出版社，1957 年，第 164 页。

② 严复：《论中国分党》，见《戊戌变法》第 3 册，上海人民出版社，1957年，第 75 页。

③ 梁启超：《敬告政党及政党员》，见《饮冰室合集》，文集之三十一，中华书局，1989 年，第 2～9 页。

肘，以营利于其间"①。维新派这些评介将近代西方政党与中国封建时代的朋党区别开来，不足的是，他们并没有说明近代政党与阶级的关系。列宁说："谁都知道，群众是划分为阶级的……在大多数情况下，至少在现代文明国家内，阶级通常是由政党来领导的。"② 因此，离开政党与阶级的关系来区别"政党"与"朋党"的本质差别，显然是极端片面的。

其次，说明政党与议会、立宪政治的关系。西方政党是伴随着议会制度、立宪政治的出现而产生的，维新派在介绍西方政党政治时，将其与议会、立宪政治紧紧联系在一起。《时务报》所刊《政党论》一文指出："政党之与立宪政治，犹如鸟有双翼。非有立宪之政，则政党不能兴；若立宪之政，无政党兴起，亦犹鸟之无翼耳。"③ 当时，《时务报》刊载了大量文章，介绍政党在议会中的活动，在议会中，政党推举总统或首相，由其组织政府，政府官员由该党成员担任，如果总统或首相下台，则其党徒俱退出政府，成为在野党。如"美国统领，定制四年一举。国有两党，一曰合众，一曰共和，各愿举其党人以任斯职"。在英国，"上戴万乘之君，下有二大政党，或进则群居政府，或退则伏在草野，一去一就，相与授受政权"④。这些都反映了西方议会中两党轮流执政的政党制度。

再次，介绍了西方社会中政党的地位与作用。维新派认为，政党对于国家、社会的作用极大，他们说："天下者，党派之天下也；国家者，党派之国家也。欧西各国政治，皆操之于政党。政党者，聚全国爱国之士，以参预一国之政；聚全国舌辩之士，以议论一国之政。"⑤ 认为"党也者，所以监督政治之得失，而保其主权，使昏君悍辟无所得而行其私，其关系于国家者尚矣"。因此，维新派公开呼吁，要挽救中国以未亡，"非立大党，实现政党政治不可"⑥。

---

① 《政党论》，载《时务报》，1896 年，第 17 册。

② 列宁：《共产主义运动中的"左派"幼稚病》，见《列宁全集》第 31 卷，人民出版社，1957 年，第 23 页。

③ 《政党论》，载《时务报》，1896 年，第 17 册。

④ 《政党论》，载《时务报》，1896 年，第 17 册。

⑤ 《政党说》，载《清议报》，1901 年，第 78 号。

⑥ 《论非立大党不足以救将亡之中国》，载《清议报》，1901 年，第 79 号。

除以上这些介绍外，维新派还在一系列文章中对西方政党产生的原因、政党的必备条件、组成要素、党内斗争、施政政策、党的领袖、党派竞争、争取民众等诸多有关政党问题进行了阐述。这些无疑扩大了西方政党思想在中国的传播。

　　但由于当时清政府实施党禁，千百年来关于"党"的陈旧观念的影响，使得中国人对政党的认识依旧十分肤浅、片面，不能直接接触到政党的实质。在实践中，维新派人士虽然成立了强学会、南学会、保国会等政治团体，但都犹抱琵琶半遮面，不敢将自己的组织公开称什么党。虽然如此，西方政党观念已经输入中国，正逐步为人们接受。

　　1901年9月的《辛丑条约》加剧了中国的困难局势，清政府已成为洋人的朝廷，但也加深了其政权的危机，为了挽救危局，清政府从1901年起陆续推行"新政"，1905年底派载泽、端方等五大臣往欧美日本各国"考察政治"，并于1906年9月宣布"预备仿行宪政"。

　　清政府"预备立宪"的表示，博得了民族资产阶级上层的热烈欢迎，他们在各地成立宪政会和立宪会，并对西方政党学说的学习、研究和评介表现了极大热情，甚至发出了"预备立宪宜先组织政党"的呼声①。

　　关于政党的地位与作用。立宪派的认识十分明确，他们认为，政党是国家的政治基础，国家要立宪，必须有政党。他们说："政党者，必有一政党之纲领主义，堂堂正正揭旗鼓以声于天下"，如掌握政权，"必一力坚持实行其所主张之主义，以定一国政治之方针"；如在野，则"事事攻击当局者，指其瑕而摘其疵，使政府常有所警惮而不敢纵恣"。这样，两党竞争，互相督责，更可以促使国家进步。"一政党虽操一国之政柄，以植其党势，而仍当先一国之大计，而不敢徒便一党之私图。此一国政治基础所由立，而国家所贵乎有政党也"②。立宪派还将政党政治与官僚政治进行了比较，认为官僚政治不如政党政治稳固，思想、步调不如政党政治整齐一致，而且，官僚政治只注意政治，不注意发展其他事业，对推动社

---

① 《论预备立宪宜先组织政党》，载《申报》，1906年9月7、14日。
② 《论政党与立宪政治之关系》，载《时报》，1907年3月1日—2日。

会进步所起的作用不如政党政治大。

关于政党与宪政的关系。立宪派认为，要实现宪政，必须成立政党，宪政能否实现，"则以中国能发生政党与否而决之"①。立宪派已看到，当时国民政治能力薄弱，无权利思想，不论政府如何昏庸腐败，皆听之任之，这种状况不改变，即使实行立宪，也徒具虚名。如何改变这种状况呢？他们大声呼吁："必先恃有先觉者以为之提倡，而后觉的国民乃始兴起。其培养此政治思想，网罗此先觉之士者，莫若政党。故政党者，实社会初开明之曙星，而立宪政治之先河也。"②

立宪派的宣传使得西方政党观念进一步影响到中国国民，也为后来中国资产阶级政党的建立奠定了思想基础。

2. 孙中山的政党政治思想

19 世纪末 20 世纪初，民族矛盾和阶级矛盾空前激化，以孙中山、黄兴为代表的资产阶级革命派开始走上了政治舞台，他们从戊戌维新的失败中认识到，要改变封建专制制度，靠自上而下的改革是行不通的，只有通过革命暴力的手段推翻君主制，实行民主立宪制度，建立共和制的资产阶级国家形式。这一时期，孙中山的政治理想是建立欧美式的资产阶级共和国。他提出："凡为国民皆平等以有参政权。大总统由国民公举。议会以国民公举之议员构成之。制定中华民国宪法，人人共守。敢有帝制自为者，天下共击之。"③孙中山虽然也看重人民的作用，但他所勾画出的人民参加政治生活的权利尚没超出资本主义代议制下的选举权的范围。

政党观是孙中山宪政思想的重要组成部分。为了抨击封建专制制度，孙中山一方面学习研究西方政党制度，一方面对这一政党政治进行宣传介绍。

孙中山开始知道近代政党是在澳门。1892 年，孙中山从香港西医书院毕业后，应澳门绅士何穗田等人的邀请，来到澳门，出任镜湖医院新设的西药局首任义务医席，这一时期，他接触到了澳门

---

① 《论政党与立宪政治之关系》，载《时报》，1907 年 3 月 1 日—2 日。

② 与之：《论中国现在之党派及将来之政党》，载《新民丛报》，1907 年，第 92 号。

③ 《孙中山全集》第 1 卷，中华书局，1981 年，第 297 页。

的政党，头脑中开始有了政党观念。后来，孙中山在《伦敦被难记》中回忆说："予在澳门，始知有一种政治运动，其宗旨在改造中国，故可名之曰少年中国党。其党有见于中国政体不合于时势之需，故欲以和平手段，渐进之方法请愿于朝廷，提倡行新政。……予当时不禁深表同情，而投身为彼党党员，盖自信固为国利民福计也。"①

后来，孙中山到了欧美各国，接触到更多的政党政治思想与现实，西方政党思想在他头脑中更加深刻。

关于政党的基本涵义。孙中山认为：政党，首先应该有一个为大家所一致同意的特殊主义，即有"政党之用意"，有"全党人之心事所定之方针"②，这就是党的政治纲领。政党的作用就是贯彻其政纲，为政纲而奋斗，以达到"为国家造幸福，为人民谋利乐"③ 的目的，促进国家利益与人民利益的实现。其次，政党应该是国家与社会的中心之所在，政党通过自己的发展，促进国家与社会的政治发展，经济发达，社会改良。孙中山指出，政党是"代议机关或政府之脑海"，即立宪国家的中心势力，在革命时期，政党"必须流血冒险，牺牲性命财产，才能做成革命之功"；而在革命成功后，在代议制政体下，政党则以合法的身份公开活动，以"和平方法逐渐促成社会之改良"④。

关于党员与政党的关系。孙中山认为，在代议制下的政党，党员与党是平等的关系，他强调，党员入党与退党，应遵循自愿自由的原则，不需用强硬的纪律来约束党员的言论与行为，人之入党，凭自己意愿，"全系自家心理上之采择，无利益可贪，无势力可畏，并无情面可徇的"。入党后的党员应是自由的，"今日赞成第一党之政策，即可入第一党，明日赞成第二党之政策，即可入第二党"，这都是十分正常的事，毫不为怪，代议制下的政党政治就是如此，党员朝秦暮楚，是"正当之事"，"并非于气节上有所损失"⑤。

① 《孙中山全集》第1卷，中华书局，1981年，第50页。
② 《孙中山全集》第3卷，中华书局，1984年，第43页。
③ 《孙中山全集》第3卷，中华书局，1984年，第36页。
④ 《孙中山全集》第3卷，中华书局，1984年，第35页。
⑤ 《孙中山全集》第3卷，中华书局，1984年，第36页。

关于党与党之间的相互关系。孙中山认为，在共和立宪政体下的各个政党，虽然政见不同，但均以国家为本位，以福国利民为目的，这是相同的。因此，这些政党既是"对党"，又是"良朋益友"，它们是在位党与在野党的关系，这种在位党与在野党之间，可以互相监督，互相竞争。因政见不同而引起的互相监督与竞争，就是党争，这是正常的政党关系。孙中山指出："谋以国家进步，国民幸福而生之主张，是谓党见；因此而生之竞争，是谓党争。"①这种党争是代议制下政党政治的正常体现，它不同于革命时代的异族之争，生死之争，流血之争，而是为了国家、社会进步之目的的文明之争，这种文明之争是公开的竞争，光明磊落的竞争，"政策之不能进行，必思以改良之；手段之不合国民要求，必思以变更之，务使有得胜之一日"，只有这样，"方能谋政党之进行，方能谋国家之发达"②。当然，孙中山特别反对为了少数人的利益及私人安乐而进行的私人竞争，意气竞争，也反对以不正当手段竞争，以卑劣行为进行竞争，他说："政党出与人争，有必具之要素；一党纲，一党员之行为正当。"③ 不正当竞争只能危害国家，祸及社会。

关于政党和政府的关系。这是孙中山政党思想的核心内容之一。这一时期，他主张政党内阁制，在他的文章、演说中论述很多，他十分明确地指出："总统制度为总统担负责任。不但有皇帝性质，其权力且在英、德诸立宪国皇帝之上。美国之所以采取总统制度，此因其政体有联邦性质，故不得不集权于总统，以谋行政统一。现就中国情形论之，以内阁制度为佳。"④ 政党内阁制度就是政党执政，孙中山认为，政党将自己的政见、政策宣示于国民与国会，"得国民赞成多数者为在位党，起而掌握政治之权，国民赞成少数者为在野党，居于监督之地位，研究政治之适当与否"⑤。政党成为在位党后，即由该党执掌政权，负完全责任。所组成之内阁，完全执行该政党的意见，将该党的政策贯彻于政府工作中。如

---

① 《孙中山全集》第 3 卷，中华书局，1984 年，第 64 页。
② 《孙中山全集》第 3 卷，中华书局，1984 年，第 37 页。
③ 《孙中山全集》第 3 卷，中华书局，1984 年，第 5 页。
④ 《孙中山全集》第 3 卷，中华书局，1984 年，第 44 页。
⑤ 《孙中山全集》第 3 卷，中华书局，1984 年，第 35 页。

果在野党得到多数国民之拥护，即可推倒在位党，起而掌握政权，变为在位党，而在位党则变为在野党。

孙中山主张两党政治，他说："政党之必有两党或数党互相监督、互相扶助。"① "甲党执政，乙党在野"，"轮流互易"②。为什么要两党轮流执政呢？孙中山认为："一党之精神才力，必有缺乏之时，而世界状态，变迁无常，不能以一种政策永久不变，必须两党在位、在野互相替代，国家之政治方能日有进步。"③

综上所述，孙中山的政党思想比起洋务派、维新派人物来说，更加详细、精当和深刻，理论形态也更加完备，但应该说，他的政党观不脱西方政党思想之窠臼，是奉英、美政党模式为典范的，而且对英美式政党模式的了解和认识还不全面、不科学，过多地相信西方资产阶级政党所标榜的"以国家为本位，以福国利民为目的"，以为这些政党真的就是全民利益的代表，而没有从阶级属性上去认识政党的性质，这就难免陷于天真与幼稚。

3. 同盟会——中国第一个资产阶级政党的成立

西方资产阶级政党观念和政党政治在中国的传播，从理论上讲已经较为全面深刻，但在实践上，由于清朝专制统治，直到19世纪末，中国并没有出现真正意义上的政党。

甲午战争后《马关条约》签订，加深了帝国主义瓜分中国的危机，这种危机刺激了中国社会各个阶层，广大人民发出了强烈的救亡呼声。伴随着中国民族资本主义的初步发展，民族资产阶级作为新的政治力量，开始登上政治舞台，而登上政治舞台的中国民族资产阶级，也开始了反对封建专制主义和帝国主义的一次又一次的政治演出，"中国反帝反封建的资产阶级民主革命，正规地说起来，是从孙中山先生开始的"④。以孙中山为代表的资产阶级、小资产阶级知识分子群，能够为资产阶级"提供他们恰恰缺少的东西，知识纲领、领导、组织"⑤。他们开始了组织资产阶级政党的实践

---

① 《孙中山全集》第 2 卷，中华书局，1982 年，第 408 页。
② 《孙中山全集》第 2 卷，中华书局，1982 年，第 63～64 页。
③ 《孙中山全集》第 3 卷，中华书局，1984 年，第 35 页。
④ 《毛泽东选集》第 2 卷，人民出版社，1991 年，第 563 页。
⑤ 《列宁全集》第 9 卷，人民出版社，1957 年，第 200 页。

活动。

1894 年 11 月 24 日，孙中山在檀香山联合华侨人士 20 多人，组成中国最早的资产阶级革命小团体——兴中会，会议通过章程 9 条，提出了"振兴中华，维持国体"的宗旨。1895 年 1 月，孙中山回到香港，和当地的社会团体辅仁文社合作，成立了兴中会总部，在所通过的修订后的《章程》中，公开揭露了清政府"乃以政治不修，纲维败坏，朝廷则鬻爵卖官，公行贿赂；官府则剥民刮地，暴过虎狼"①，这就旗帜鲜明地把斗争矛头指向了清王朝。在会员入会的誓词中提出了"驱除鞑虏，恢复中华，创立合众政府"的革命纲领，反映了兴中会反清革命，建立共和国的资产阶级性质。

兴中会虽然还具有某些会党的特征，但它却是中国资产阶级革命民主派的第一个革命团体，这个组织已经具备了资产阶级政党的一些基本属性，可以说是资产阶级政党的雏形。

与此同时，在全国各地出现了一些类似兴中会的革命团体，如湖南的华兴会，湖北的科学补习所、日知会，上海的光复会，江苏的励志学会，安徽的岳王会，江西的自强会等。这些团体虽具备了政党的一些属性，但都力量分散、单薄，不同程度地存在旧式会党的一些特点，远没有达到资产阶级政党的规模。随着革命形势的发展，为了实现共同的目标，有必要把这些小的革命团体联合起来，形成一个有坚强领导核心，有严密组织系统，有明确的政治纲领的统一的资产阶级革命政党。

当时，清末新政客观上推动了资本主义的发展，为立宪派和革命派的活动提供了条件，也促成了政党合法化的社会氛围与条件。正如周恩来所说："党派的存在与否，不取决于任何政党与个人的主观愿望，而是由客观的历史发展所决定的。"② 中国资产阶级革命派自兴中会成立以来，已有 10 年的革命实践，无论从阶级基础、思想基础，还是组织基础等方面，都已具备了建立革命政党的条件。

1905 年夏，孙中山从欧洲到达日本，此时，他深感各革命团体分散活动，力量孤单，已不能适应革命的需要。于是，孙中山在

---

① 《香港兴中会章程》，见《孙中山全集》第 1 卷，中华书局，1981 年，第 21 页。
② 《周恩来统一战线文选》，人民出版社，1984 年，第 347 页。

各革命团体领导人中间做了许多工作，宣传联合革命的重要，倡议联合兴中会、华兴会、光复会以及其他革命团体，成立一个全国规模的统一的革命组织，得到了各革命团体负责人的赞同。

7月30日，孙中山、黄兴、宋教仁等各团体负责人在日本东京召开筹备会议，讨论建立统一革命组织问题，孙中山提议统一组织名为中国革命同盟会，讨论结果，定名为中国同盟会，并以"驱除鞑虏，恢复中华，创立民国，平均地权"十六字为誓词。8月20日，中国同盟会在东京正式举行成立大会，通过章程草案，即现存的《中国同盟会总章》，选举孙中山为总理。

同盟会有严密的组织系统，它设总部于东京，按"三权分立"原则，设执事、评论、司法三部；国内分东、西、南、北、中5个支部，支部下按省设分会；海外华侨分南洋、欧洲、美洲、檀香山4个支部，支部下按国别、地区设立分会。

同盟会有比较完整的革命纲领。1905年10月，孙中山在《民报发刊词》中将十六字誓词归纳为"三民主义"。民族主义即"驱除鞑虏，恢复中华"，推翻满洲封建王朝统治，变半殖民地半封建的中国为民族独立的中国；民权主义即"建立民国"，推翻封建专制主义的统治，建立资产阶级的共和国；民生主义即"平均地权"，核定地价，遏制垄断，举社会革命、政治革命毕其功于一役。同盟会的纲领反映了当时中国社会的矛盾，并力图用革命的手段去解决。列宁曾经称赞说："孙中山纲领的每一行都渗透了战斗的、真诚的民主主义。它充分认识到'种族'革命的不足，丝毫没有对政治表示冷淡，甚至丝毫没有忽视政治自由或容许中国专制制度与中国'社会改革'、中国立宪改革等并存的思想。这是带有建立共和制度要求的完整的民主主义。它直接提出群众生活状况及群众的斗争问题，热烈地同情被剥削劳动者，相信他们是正义的和有力量的。"①

由于中国同盟会是一个全国规模的组织，它具有严密的组织系统，有比较完整的革命纲领，有自己的领袖及骨干，有自己制造舆论的机关刊物《民报》，这就使它与那种以地域性、封建性、松散性为特征的会党区别开来，成为中国资产阶级第一个比较完全意义

---

① 《列宁选集》第2卷，人民出版社，1972年，第424页。

上的统一的政党。

4. 政党林立——辛亥革命后的壮观景象

中国同盟会成立之后，以坚忍不拔的英雄气概，实践了武装斗争的方略，先后领导和发动了萍浏醴起义、黄冈起义、惠州七女湖起义、广州新军起义、黄花岗起义等多次反清起义，最后，终于导致武昌起义，一夜之间，武昌全城被控制在革命党人手中，起义取得胜利。随后，湖南、陕西、江西、山西、云南、浙江、江苏、贵州、安徽、广西、福建、广东等省和上海市宣布独立，响应武昌起义，在革命的洪流中，反动的清政府土崩瓦解。

辛亥革命推翻了两千多年的封建专制统治，建立了中华民国，是中国近代历史上第一次伟大的巨变。仅从政治上来看，其产生的影响也是巨大的。

美国学者拉帕隆巴依和韦纳谈到政党产生的条件时，认为社会出现较高程度的政治世俗化以及广泛的、多种多样的志愿组织网，是一个很重要的条件。应该说，辛亥革命后，在一定时期内造成了这种条件。

第一，政治世俗化，这是政党和政党活动产生发展的政治环境。

从思想层面上看，千百年来，老百姓已形成了政治是皇帝和朝廷官员的事，自己不所与闻的观念。统治阶级实行"宁可使由之，不可使知之"的专制统治，而清朝更是明令"军民一切利病，不许生员上书陈言，如有一言建白，以违制论，黜革治罪"；"生员不许纠党多人，立盟结社……所作文字，不许妄行刊刻，违者听提调官治罪"①。在这种政治环境下，各阶层人民根本无参与政治的想法。

辛亥革命推翻了封建专制统治，使得以竞争为本位的西方近代政治价值观念大量传入中国，政党与政党政治思想也比过去更加广泛地在中国传播。

同盟会主要领导人宋教仁在日本留学长达 6 年，接触了大量西方资产阶级政治学说，十分倾慕欧美的近代政治，尤其是英国的议会政治和政党内阁。辛亥革命后，他"漫卷诗书喜欲狂"，以为可

---

① 《清会典》，转引自柳诒徵：《中国文化史》下册，中国大百科全书出版社，1988 年，第 673 页。

以在中国实现西方政治制度了。于是，他大力宣传建立政党、实现政党政治的主张。宋教仁极力呼吁："以前是旧的破坏时期；现在，是新的建设时期。以前，对于敌人，是拿出铁血的精神，同他们奋斗；现在，对于政党，是拿出政治的见解，同他们奋斗。"① 他希望在全国建立众多政党，由政党提出政治见解，执掌政权，治理国家，主张"正式政府由政党组织，内阁实行负责任，凡总统命令，不特须阁员副署，并由内阁起草，使总统（立于）无责任之地位"②。如此，将中国政治纳入资产阶级政党政治的轨道。

改良主义派人物康有为、梁启超等也大力鼓吹政党政治，他们主张以英美为师，搞两党政党，提出"政党公例，以两大党对峙为原则"，中国虽经济落后，但政治上应效法英美，"宜有两党"③。前此，他们主办的《新民丛报》不断刊发文章，介绍西方政治学家的政党学说，介绍欧美和日本政党政治的现实，阐发两党政治的理论，提出要救国，就必须建立政党，推行政党政治。梁启超明确提出："共和国政治之运用，全赖政党。"④ 他撰写了《中国立国大方针》，详尽阐发了政党政治的优点，认为通过在朝在野政党的竞争，可以协调国会与政府的关系从而使政府行之有力；可以代表民意并使国会与内阁受到国民的监督；能选拔人才，等等。

当时各派人物都利用报纸杂志为政党政治大造舆论，如自由党的《民权报》、《自由日报》，中国社会党的《社会时报》、《人道周报》、《社会世界》，中华民国工党的《觉民报》，晦鸣学社的《晦鸣录》（又名《平民之声》），中华共和国研究会的《共和报》，神州女界共和协进社的《女子共和日报》等近100多家报刊刊登了大量文章，宣传政党政治，各派人物还举行演讲报告会等，竭力鼓吹政党政治，要求建立政党。

西方政党观念的进一步宣传，取得了很大的成效，产生了深刻的社会影响，参与政治、参加政党，成为时髦。

从政治环境上看，辛亥革命后，国家处于新旧政权更替之际，

---

① 蔡寄鸥：《鄂州血史》，龙门联合书店，1958年，第225页。
② 邹鲁：《中国国民党史稿》第1篇，中华书局，1960年，第130页。
③ 康有为：《中华救国论》，载《不忍》，1913年2月，第1册。
④ 《饮冰室合集》，文集之二十九，中华书局，1989年，第14页。

政治生活中出现一定的权力真空，南京临时政府颁布的《中华民国临时约法》，进一步以法律形式规定了人们结社组党、参与政治事务的自由和权利，这就造成了一种浓烈的民主氛围，人们可以自由参与政党，议论国家大事，形成与清朝专制统治不同的政治局面。

政治世俗化激起了人们的政治热情，尤其是民族资产阶级、上层小资产阶级及其知识分子积极参与政治、组建政党，试图涉足国家政权，干预政治利益的分配。

第二，辛亥革命前后各种社会政治团体的大量建立，是政党和政党活动产生的政治基础和组织基础。

戊戌变法前后，改良派和革命派为了斗争需要，就曾建立过强学会、保国会、兴中会、华兴会、光复会等政治团体；清政府预备立宪时期，对人民集会结社有所松动，认为其"讨论政学，研究事理，联合群策以成一体者，虽用意不同，所务各异，而但令宗旨无悖于治安，即法令可不加以禁遏"①。

1908 年，清政府正式颁布《结社集会律》，虽有许多限制，但毕竟在形式上承认了人民结社集会的一定权利，此后，各种社会政治团体在全国各地建立。武昌首义后，随着封建王朝大厦的坍塌，中国长期实行的党禁取消，人民破天荒地有了集会、结社、言论、出版的自由。政治团体如雨后春笋般建立，1911—1913 年两年间，新兴团体达 682 个②。这些团体的建立，不仅直接推动了中国社会政治发展的进程，而且为当时政党和政治活动奠定了重要的政治基础和组织基础。

正是由于政治世俗化和各种社会政治团体的大量建立，使得近代意义之政党在中国产生并在辛亥革命后大量建立起来，一时间，"集会结社，犹如疯狂，而政党之名，如春草怒生，为数几至近百"③。

革命前建立的政党主要有：中国同盟会，1905 年 8 月 20 日成立；帝国统一党，1903 年成立，定名为帝国宪政会，1910 年底改

---

① 《宪政编查馆拟定结社集会律折》(1908 年 3 月 11 日)，见中国第二历史档案馆编：《中华民国史档案资料汇编》第 1 辑，江苏人民出版社，1979 年，第 104 页。

② 张玉法：《民初政党的调查与分析》，见《中国近现代史论集》第 19 卷，台湾商务印书馆，1986 年，第 176～180 页。

③ 丁世峰：《民国一年来之政党》，载《国是》，1913 年 5 月，第 1 期。

为帝国统一党；政闻社，1907 年 10 月 17 日成立；预备立宪公会，1906 年 12 月 16 日成立；宪友会，1910 年 9 月 23 日成立；帝国宪政实进会，1911 年 8 月 9 日成立；辛亥俱乐部，1911 年 6 月成立；政学会，1911 年春成立。

辛亥革命后建立的政党主要有：中国社会党，1911 年 11 月成立；共和统一党，1911 年 11 月成立；民社，1912 年 1 月成立；共和促进会，1912 年 1 月成立；统一党，1912 年 1 月成立；国民协会，1912 年 1 月成立；国民党，1912 年 2 月成立；自由党，1912 年 2 月成立；共和实进会，1912 年 2 月成立；中华进步党，1912 年春成立；国民协进会，1912 年 3 月成立；国民共进会，1912 年 3 月成立；国民公党，1912 年 3 月成立；国民新政社与共和俱进会，1912 年春成立；民国公会，1912 年 4 月成立；统一共和党，1912 年 4 月成立；共和建设讨论会，1912 年 4 月成立。

各种政党纷纷建立，各种政纲、政见竞相宣示，据统计，当时政党政团数目高达 312 个①。可谓社团迭现，政党林立，蔚为大观。如此景象，似乎政党政治女神已悄然眷顾，民主政治的春天已姗然来临，中国社会充满无限希望。

5. 议会斗争的失败与政党政治的受挫

辛亥革命后，各个政党积极参与政治，广泛开展多方面活动，主要有：

第一，抓紧舆论宣传，进行政治动员。当时，各党派都建立了自己的机关刊物，作为舆论阵地，在这些刊物上发表文章，宣传政党政治，鼓吹民主、立宪精神，要求政党监督政府，参与政权，巩固共和基础，动员人们参加政党，发表政见，铲除民主政治的种种障碍，建立新的社会、新的国家。

第二，发展组织，壮大队伍。各党派利用当时政党观念为一般人所理解的大好时机，广泛开展组织工作，以壮大自己的实力。如同盟会在转入公开活动后，立即在各地扩展分支组织，使入会人数大量增加，一度高达 50 多万人②。共和党也不甘示弱，大力发展

---

① 邱钱牧主编：《中国政党史》，山西人民出版社，1991 年，第 7 页。
② 张玉法：《中国近现代史论集》第 19 卷，台湾商务印书馆，1986 年，第 281 页。

党员，据初步统计，下属支部 34 个，分部 293 个①。还有像民主党，通过合并扩充后，声势日渐浩大，"其支部之在各省者，所在多有。分部之在各府、州、县者，亦数十百起。近且日日扩张，鸣呼盛矣"②。组织的发展，为大批社会成员通过政党参与到社会政治生活中来创造了条件，产生了积极影响。

第三，参加议会活动，干预政府行为。各政党将参与议会选举，赢得议会多数作为其主要活动之一。采取什么模式呢？以孙中山、黄兴、宋教仁为代表的革命党人和以梁启超、康有为为代表的立宪党人都主张采取两党制，为了在政党林立的局面中造成两党对峙的态势，各政治势力都力联他党，展开激烈的角逐，经过小党的分化、瓦解、合并，到第一届国会召开前的 1912 年底，形成了国民党、共和党、民主党、统一党四大政党。1912 年 12 月中旬，拉开了国会选举的帷幕，各党为了赢得议会多数，利用各种手段，开展组织、宣传等各方面的工作，国民党获得巨大成功，在参众两院 870 个总议席中占据了 392 席，占 45％③。

国民党和一些政党还以议会为阵地，干预政府，为反对袁世凯专制独裁统治进行了一定努力。如袁世凯曾指责唐绍仪内阁政党气息太浓，提名陆征祥组织所谓"超然内阁"，国会中的国民党议员否决了陆对阁员的提名，并成功地使陆辞职。同时，国民党、进步党还在总统选举、宪法起草等问题上，都先后采取了反对袁世凯专制的行动。虽然实际效果总是以失败而告终，但毕竟对袁世凯有所限制。对此，袁世凯深有感触地说："以暴动手段夺取政权尚易应付，以合法手段取得政权，置总统于无权无勇之地，却厉害得多了。"④

应该说，民初国民党和一些政党追求资产阶级民主宪政、议

① 参见程为坤：《民初共和党的形成、组织及其派系》，载《近代史研究》，1986 年，第 3 期。

② 荣孟源等主编：《近代稗海》第 6 辑，四川人民出版社，1987 年，第 211 页。

③ 参见李剑农：《戊戌以后三十年中国政治史》，中华书局，1965 年，第 169 页。

④ 王涵：《试论宋教仁之死》，见《中国近代史百题》下，湖南人民出版社，1983 年，第 972 页。

会制度、政党政治，是资产阶级革命的根本政治目标，是符合当时社会发展趋势的。正如列宁所说："资产阶级的共和制、议会制和普选制，所有这一切，从世界社会发展来看，是一种巨大的进步。"①关键在于，辛亥革命只赶走了一个皇帝，并没有改变中国半殖民地半封建社会的性质，袁世凯实行的封建专制统治不需要依靠什么两党制或多党制，而是靠军队和枪杆子，虽然他也操纵、组织"拥袁反孙"的政党，却是利用民主作招牌，以达到加强反民主势力的一种恶劣的表演，而当政党政治威胁其统治时，袁世凯就凶相毕露了。

根据国会选举结果和政党内阁制的原则，国民党组阁已成定局。但袁世凯不甘心做无权无勇的总统，决心以铁血行为破坏政党政治，他三管齐下，一是派人刺杀宋教仁，使国民党丧失主心骨；二是加紧收买国民党党员，使其分化瓦解；三是推动其他政党合并成大党，以同国民党抗衡。

1913年3月20日，当四处鼓吹政党政治的宋教仁由上海启程返回北京时，在火车站遭袁世凯派人枪击身亡，宋教仁临死不忘政党政治，希望"总统开诚心，布公道，竭力保障民权，俾国会确立不拔之宪法，则仁虽死犹生"②。这位杰出的资产阶级政治家，为在中国推行资产阶级的政党政治而献出了宝贵的生命。随后，袁世凯以"托名政党为虎作伥"之罪名，下令剥夺国民党籍议员的资格，通缉国民党议员居正等人，逮捕杀害国民党议员多人，使国会因议员人数不足半数而无法开会，名存实亡。此时，统一党、共和党与民主党组合成进步党，以便取代国民党的地位。进步党想组阁但又怕步宋教仁后尘，因此实行妥协，同意先选总统后制定宪法，由熊希龄出面组织一个北洋军阀与进步党的混合内阁。在此情况下，袁世凯更加嚣张，下令武力讨伐南方国民党人，并于1914年初下令解散国会，这就彻底捣毁了政党政治的舞台。袁世凯的反动，击碎了中国资产阶级政治家们"政党政治"的幻梦，宋教仁的鲜血也为在民初喧闹一时的"政党政治"画上了句号。

---

① 《列宁选集》第4卷，人民出版社，1972年，第55页。
② 《宋教仁集》下册，中华书局，1981年，第496页。

民国初期出现的政党林立是一种非常独特的现象，虽然政党众多，且在政治舞台上匆匆表演，但中国并没有真正实现过政党政治，也无所谓两党制或者多党制，而只是中国资产阶级一厢情愿地学习西方政治制度的结果，是以悲剧性的失败而告终。中国政治之树为什么会结出如此难堪的苦果呢？究其原因，主要有：

第一，照搬西方政党政治模式，脱离了中国基本国情。西方政党政治的兴起与其制度的确立，是在资产阶级革命胜利，整个国家严重资本主义化之后。辛亥革命后，政权虽然易手，但并没有改变中国半殖民地半封建社会的性质，中国是帝国主义和封建军阀的天下而非政党的天下。所谓自由结社、合法反对、公平竞争、轮流执政等政党政治的原则，在当时的中国并不具备，虽然在形式上，民初各政党获得了较多的政治权利，但在关键的政权问题上，手执枪杆子的袁世凯是不会让步的。各政党不能认识到这一点，反而天真地表示："我们停止一切运动，来专注于选举运动。"[1] 对于装饰民主门面的一般选举运动，袁世凯可以容忍，甚至还可以赞扬几句，一旦危及其政权时，袁世凯马上兵戎相向，各政党的声势与力量也顷刻消失。因此，在当时中国国情下，如果政党要去搞所谓政党政治，要么成为独裁者欺骗民众的工具，要么成为独裁者刀俎下的鱼肉。

第二，政党政治活动加剧了民初各政党内耗，为袁世凯所利用。在西方政党政治中，各政党相互对垒，激烈竞争，互相攻讦，轮流执政，以推动政治的发展。为什么西方政党的这种竞争，能左右社会政治的发展呢？恩格斯曾经研究了美国两党制的状况后认为，是因为两党中的"政治家们"构成国民中一个更为特殊更富有权势的部分，在美国轮流执政的两大政党中的每一个政党都是由这样一些人操纵的，这些人能够左右政局，能够把政治变成一种生意，拿联邦国会和各州议会的议席来投机牟利。

在中国，辛亥革命后，资产阶级力量还不雄厚，各政党中的"政治家们"并没有构成国民中更为特殊更富有权势的部分，他们需要的是团结一致、以武力扫荡一切封建专制的基础，将政权从袁世凯手中夺过来。而照搬西方政党政治，使得各政党相互攻击，势

---

① 《宋教仁集》下册，中华书局，1981年，第456页。

成水火，削弱了资产阶级的力量，袁世凯趁此机会，觉得"以党杀党，可减少反响"①，于是也"参与"到政党政治中来，采取拉一派打一派的办法，暗中操纵，各个击破，到时全面镇压，实现复辟。正如当时一篇文章所描述的那样："今日之政党无论其为国民、进步，皆已处于完全失败之地，其独占胜利者，唯超然于政党之外，借行政机关之力之一人而已，其人唯何？则袁总统是矣。袁总统之独占胜利。非其本身之能力所致，乃各政党互相水火，特予袁总统操纵之机，而后至于此地。"②

总之，民初政党政治来也匆匆，去也匆匆，原因是多方面的，教训也是深刻的。一般看来，它似乎并没有留下什么值得珍视的东西，但当我们定格于这流星闪电般的一瞬，进行深层次思考时，就会发现，民初政党政治虽以失败而告终，却自有其特殊的意义，那就是，它反映了当时的社会，当时的人们企盼民主共和的总体发展趋势，它打下的是辛亥革命深深的烙印。

6. 议会党向革命党的转变

由于民初政党政治的失败，再加民初政党政治这个奥吉尼亚牛圈也确实不太干净，因此，"二次革命"失败后一段时间，中国政治的天地中可谓万籁俱寂，"政党之名，报章论坛，绝鲜有人称述"③。一些知名政治家如梁启超、章太炎等都先后宣布脱离政治，一般党人也销声匿迹，不再言党。那么，中国是否适合建立政党，能够容纳政党和政党制度呢？

孙中山总结了民初政党政治失败的教训，认为袁世凯的武力统治是封建专制，在此专制独裁下，是不可能搞什么政党政治的；同时他还认为，竞争性政党政治离心了党人的精神，涣散了党人的纪律，所以不能团结一致，应付袁世凯的武力镇压。他说，国民党"当时党员虽众，声势虽大，而内部分子意见分歧，步骤凌乱，既无团结自治之精神，复无奉令承教之美德，致党魁则等于傀儡，党员则有类散沙"④，因此，袁世凯能打败国民党，"非袁氏兵力之

①《北洋军阀史料选辑》（上），中国社会科学出版社，1984年，第191页。
②《国、进两党接近之可喜》，载《时报》，1913年7月12日。
③ 荣孟源等主编：《近代稗海》第6辑，四川人民出版社，1987年，第53页。
④《孙中山全集》第3卷，中华书局，1984年，第92页。

强，实同党人心之涣"①。

基于以上认识，孙中山得出结论：第一，中国还没有组织议会党，进行议会政治的条件，所组建的政党应"以扫除专制政治，建设完全民国为目的"②，即进行革命，重建民国；第二，所建政党为了进行革命，并取得胜利，必须严格纪律，服从党魁。

1914年7月8日，孙中山以坚持革命，创建新党的精神，在日本东京正式组建革命政党，命名为"中华革命党"，并当选为总理。发表宣言，通过新的党章。

中华革命党首先强调党的革命性，坚持以革命的手段扫除袁世凯的封建专制统治，恢复民主共和制度，重新缔造资产阶级民主共和国，将此作为其中心任务和奋斗目标。其党章规定，革命可分为军政、训政、宪政三个时期，"军政时期，以积极武力扫除一切障碍，而奠定民国基础。训政时期，以文明治理，督率军民，建设地方自治。宪政时期，使地方自治完备之后，方由国民选举代表，组织宪政委员会，创制宪法。宪法颁布之日，即为革命成功之时"③。三个时期，统称革命时期，"一切军国庶政，悉归本党党员负完全责任"④。

其次，中华革命党强调严格的纪律。《中华革命党总章》第七条、第十条及《约束党员规则四条》严格规定了党的纪律，限制党员的自由。孙中山要求凡参加中华革命党之党员，"必须以牺牲一己之生命自由权利，而图革命之成功为条件"⑤。要求党员不得以个人自由意志行动，加入其他党派团体；不得受外界之动摇，有违背党之行为；不得以个人名义发表违反党义之言论；不得以违反党义之言论行动煽惑本党同志等。

在组织制度上，中华革命党实行等级特权制和党魁独裁。等级

① 《中华革命党总章》，见《孙中山选集》，人民出版社，1981年，第109页。
② 《中华革命党总章》，见邹鲁：《中国国民党史稿》第1篇，中华书局，1960年，第161页。
③ 《中华革命党总章》，见邹鲁：《中国国民党史稿》第1篇，中华书局，1960年，第161~162页。
④ 《中华革命党总章》，见邹鲁：《中国国民党史稿》第1篇，中华书局，1960年，第161页。
⑤ 转引自王觉源：《中国党派史》，台北正中书局，1983年，第124页。

特权制即把党员分为三等：革命军起义之前入党的为首义党员；革命军起义后，革命政府成立前入党的为协助党员；革命政府成立后入党的为普通党员。不同等级的党员享有不同的政治权利，首义党员在革命成功后可得参政、执政之优先权利；协助党员享有选举权和被选举权；普通党员只有选举权。总理独裁制即总理可有政治、军事、组织之大权，从中央各部长到地方各支部长都由总理委任。党员入党，要立誓约，按手印，表示忠于总理等。

中华革命党的成立，说明以孙中山为代表的资产阶级革命派的政党观发生了巨大变化，即由过去的议会党向革命党发生转变。首先，孙中山称其党为"革命党"，并采用了武装斗争的形式，以"秘密团体"的方式出现，这与代议制政体下的国民党采取合法的公开的议会斗争形式截然不同。这种转变符合当时中国的客观实际，反映了孙中山等人在党派政治方面的现实主义态度。

同时，为了适应革命与战时的需要，严格了党规，整肃了党纪，这也是当时客观环境使然。但由此却产生了一些负面的东西，过度限制党员的民主权利，使之不能很好地动员和发动广大下层人员参与革命；过于强调服从，违背了党内平等的原则，挫伤了党员的个人积极性；实行"论资排辈"，立誓约，按指模，使革命党带上了会党色彩。这些都体现了阶级的局限性，在当时的情况下，孙中山在对学习西方政党政治失败后进行反思的基础上，仍然找不到正确道路，也不可能创造更加先进的政党模式，只好向传统回归，更多地采用中国传统会党的方法与手段，这不能不说是历史的遗憾。

但不管怎么说，从议会党向革命党的转变，是政党在中国发展的必然，它适应了中国国情，反映了当时中国社会、政治的需要，是值得肯定的。

二　中国共产党的产生与中国政党政治的刷新

1. 五四前后马克思主义政党思潮的时兴

就在孙中山组建中华革命党后不久，中国发生新文化运动，随后，俄国十月革命取得胜利，五四运动相继发生，新思想、新观念的思潮汹涌澎湃，拍打着中国思想界古老的堤岸。特别是马克思主义在中国得到广泛传播，科学社会主义逐渐成为中国进步思想界的主流，有人当时这样描述："一年来（指 1920 年——著者）社会主义的思潮，在中国可以算得风起云涌了，报章杂志上面，东也是研究马克思主义，西也是讨论鲍尔希维主义；这里是阐明社会主义的理论，那里是叙述劳动运动的历史，蓬蓬勃勃，一唱百和，社会主义在今日的中国，仿佛有'雄鸡一鸣天下晓'的情景。"①

随着马克思主义的广泛传播，马克思、恩格斯、列宁有关政党问题的研究和著述，也被介绍到中国，马克思主义政党思想令中国人耳目一新。马克思主义政党学说在中国思想界、政治界引起了强烈反响，旧的政党理念日益崩溃，新的政党思想如暗潮涌动，在马克思主义政党思想的指导下，中国的政党迎来了新的发展。

马克思主义政党思想在中国的广泛传播，给中国带来了全新的政党理念，十月革命中，俄国人民在列宁和布尔什维克党领导下成功的革命实践，更是令中国人欢呼不已。政党又成为人们谈论、向往的新事物。

伟大的民主主义革命家孙中山从十月革命的胜利中看到了光明和希望，他在给列宁和苏维埃政府的贺电中表示："中国革命党对于贵国革命党进行的艰苦斗争……十分钦佩，并愿中俄两党团结共同奋斗。"表明了他向苏俄学习的意愿。这时孙中山的政党观念也有了更新，在总结了革命一再失败的教训后，他认为中国不能搞多党制，应该由革命党一党负责到底，他说："革命军兴，革命党总不可以消……要以革命党为根本"，"成功之后仍绝对用党来维持"②。过去革命之所以失败，就是革命党人在胜利后大权旁落，让军阀官僚搞形式上的多党竞争而实质上的独裁专制，因此，"革命就是要将政治包揽在我们手里来作"③。基于这一认识，孙中山感到政党的重要，且认为政党除了搞革命，革命后还要搞政治、搞建设。于是，1919 年 10 月 10 日将中华革命党改名为中国国民党，之所以加以"中国"二字，是为了与 1912 年同盟会与四党合一的国民党相区别，体现其一党之纯洁。同时，在组织方面制定了新的

---

① 潘公展：《近代社会主义及其评批》，载《东方杂志》，1921 年，第 18 卷第 4 期。

② 《孙中山全集》第 5 卷，中华书局，1985 年，第 262～263 页。

③ 《孙中山全集》第 5 卷，中华书局，1985 年，第 400 页。

规章，使之从会党意识下解放出来，成为一个新的政党。

马克思主义政党学说在中国广泛传播最大的收获便是吸引了一批先进的知识分子，使他们树立了正确的政党观，不仅从思想上，而且从实践上致力于中国的政党运动，以建立中国无产阶级的先进政党。

中国早期马克思主义者一度也对西方政党制充满好感，但帝国主义第一次世界大战以及中国军阀统治的黑暗现实使得这种光环荡然消失，在接受马克思主义后，他们的政党价值取向也发生了深刻变化。具体说来，早期马克思主义者的政党思想主要表现在以下几个方面：

第一，肯定政党在近代社会中的作用。1921 年 3 月，李大钊发表《团体训练与革新的事业》，描述了西方政党制度的一般情况，指出："然证诸十九世纪以来，政党之发达，则人类组织能力进步，又极可惊。英美政治纯受政党支配，其政党都有极繁复之机关，极妙之组织。……他们团体生活之习惯，几若出自天性，由小扩大，所以议会、政党亦都行之若素。"① 肯定了政党是人类组织能力进步的表现。恽代英在加入少年中国学会时，与青年意大利党作了类比，他说："少年意大利党既已经救了意大利，少年中国学会一定可以救中华民国。"② 这就一方面肯定了青年意大利党在民族统一中的作用，同时希望少年中国学会能成为和青年意大利党一样的政党，以挽救国家的危亡。

在赞扬西方政党的同时，早期马克思主义者对中国政党在近代社会中的作用给予充分的肯定。毛泽东在《民众的大联合》一文中客观地评价了中国政党在辛亥革命中的作用，他说："……有革命党乃有号召海内外起兵排满的一举。辛亥革命，乃革命党和咨议局合演的一出'痛饮黄龙'。此后革命党组成了国民党，咨议局化成了进步党，是为吾中华民族有政党之始。"③ 李大钊较客观地评价了中国近代政党在各个历史时期所起的作用，他说："中国自满清道咸海禁大开之日，就有受些欧化洗礼的两个大党产生，一是同盟

---

① 《李大钊文集》（下），人民出版社，1984 年，第 442 页。
② 《恽代英文集》（上），人民出版社，1984 年，149 页。
③ 《"一大"前后》（一），人民出版社，1980 年，第 92 页。

会，一是强学会。强学会的成绩是戊戌变法，同盟会的功业是辛亥革命，他们都自有他们的价值。"① 李汉俊在回顾了民初政党的奋斗历程后，对其历史作用也予以肯定，他说："我们从前的进步党和国民党，都是我国最初的政党。他们的共同敌人是官僚武人，他们要实现他们的理想，他们要得到政权，都是要先推翻官僚武人才行的。"②

第二，揭示了政党与政治的关系。任何政党都必须参与政治，政党与政治紧密相联，早期马克思主义者十分明确地揭示了这种关系。1919 年 12 月 1 日，早期马克思主义者的思想阵地《新青年》就发表宣言指出："至于政党，我们也承认他是运用政治应有的方法；但对于一切拥护少数人私益或一阶级利益，眼中没有全社会幸福的政党，永远不忍加入。"③ 这就说明了政党在自己的活动中，所运用的是政治的方法，所进行的当然也就是政治。陈独秀进一步指出："既然有政治便不能无政党，政党只可以改造，要说政治可以绝对不要政党，这话此时没有根据。……政党是政治的母亲，政治是政党的产儿。"④ 这些思想实际反映了马克思主义的政党观，因为政党是代表阶级的，阶级斗争发展到一定阶段就变成政治斗争，这样，政党就必须代表其所属阶级参与到政治中来，政党既是近代社会政治发展的产物，同时又促进社会政治的进一步发展。

第三，提出建立新的无产阶级政党及建党的原则。早期马克思主义者基于民初竞争性政党政治的失败，认为要推动中国政治发展，必须建立新的政党，即无产阶级政党。李大钊当时明确指出："近二三年来，人民厌弃政党已达到极点，但是我们虽然厌弃政党，究竟也要有种团体以为替代，否则不能实行改革事业。"⑤ 要求建立新的政党以取代旧的政党。毛泽东也说："最近因政治的纷乱，外患的压迫，更加增了觉悟，于是竟有了大联合的动机。"⑥ 这就说明，随着国家内忧外患的加剧，建立联合体的新政党已是必然。

① 《李大钊文集》（下），人民出版社，1984 年，第 443 页。
② 《"一大"前后》（一），人民出版社，1980 年，第 118 页。
③ 《"一大"前后》（一），人民出版社，1980 年，第 62 页。
④ 《独秀文存》，安徽人民出版社，1987 年，第 621～622 页。
⑤ 《李大钊文集》（下），人民出版社，1984 年，第 443 页。
⑥ 《"一大"前后》（一），人民出版社，1980 年，第 93 页。

那么建立一个什么样的新的政党呢？陈独秀明确提出："只有以共产党代替（有产阶级）政党，才能有改造政治的希望。我以为共产党的基础建筑在无产阶级上面，在理论上自然要好过基础建筑在有产阶级上面用金力造成的政党。"① 李大钊也提出了新的政党不是政客组织的政党，不是中产阶级的政党，而是平民的劳动家的政党，表明了早期马克思主义者迫切希望建立无产阶级政党的热情。

中国的无产阶级政党按什么原则建立呢？早期马克思主义者接受了列宁的建党学说，并要求按列宁的思想组建中国无产阶级政党。关于党的指导思想，蔡和森指出："马克思的唯物史观，显然为无产阶级的思想。以唯物史观为人生哲学社会哲学的出发点"②，认为只有马克思主义指导社会革命，才能取得胜利。毛泽东赞成蔡和森的主张，表示"唯物史观是吾党哲学的根据"③。也就是说，以马克思主义作为党的指导思想。关于党的性质，早期马克思主义者一致认为，新的政党是无产阶级政党，蔡和森说，共产党"是革命运动的发动者、宣传者、先锋队、作战部"④。对这一说法，毛泽东深表赞成。关于党的纪律，蔡和森说："党的组织为集权的组织，党的纪律为铁的纪律，必如此才能养成少数极觉悟极有组织的分子，适应战争时代及担负偌大的改造事业。"党的最高机关为中央委员会，"无论报纸，议院，团体，以及各种运动绝对受中央委员会的指挥和监督，绝不准单独自由行动"⑤。这些论述表明了早期马克思主义者关于建立中国新政党的基本思想：一、中国革命的发展需要建立一个与之相适应的新的革命政党；二、新的政党是无产阶级性质，是中国革命的领导力量；三、新的政党必须以马克思主义为指导；四、新的政党必须有铁的组织纪律和强大的战斗力。

正是由于中国无产阶级不断成长壮大，马克思主义在中国广泛传播，而其无产阶级政党思想令中国人耳目一新，为中国先进分子所接受，中国共产党的成立完全具备了条件。1921 年 7 月 23 日，

---

① 《陈独秀著作选》第 2 卷，上海人民出版社，1993 年，第 289～290 页。

② 《新民学会文献汇编》，湖南人民出版社，1980 年，第 107 页。

③ 《新民学会文献汇编》，湖南人民出版社，1980 年，第 116 页。

④ 《新民学会文献汇编》，湖南人民出版社，1980 年，第 87 页。

⑤ 《新民学会文献汇编》，湖南人民出版社，1980 年，第 114 页。

各地共产主义小组派出代表，在上海召开中国共产党第一次全国代表大会，正式宣告中国共产党的成立。

中国共产党的成立是中国工人运动与马克思主义结合的产物，是中国近代社会经济、政治发展和思想演变的结果，却不是真正意义上政党政治的产物，因为自它成立之日起，到取得革命胜利之前，就没有享受过结社自由的民主权利。但中国共产党的成立，受到政党思想的影响，政党政治的推动，则是毫无疑问的，而且，它的成立，给中国政党政治带来了新的曙光，成为中国政党史上最具历史意义的伟大事件。

2. 中国共产党党派合作思想的确立

中国共产党作为无产阶级政党，其社会基础主要是工人阶级，而在当时中国的社会条件下，工人阶级人数十分有限，党成立前夕，全国产业工人仅为 200 万左右。很显然，要战胜阵营强大的敌人，必须团结各革命阶级，并与代表这些阶级的党派实行合作。

建党初期，中国共产党对党派合作还缺乏认识，主张"始终站在完全独立的立场上，只维护无产阶级的利益，不同其他党派建立任何关系"①。并认为南方国民党与北方的各党派是"一丘之貉"，都是"趁火打劫，植党营私，呼朋啸侣，招摇撞骗，捧大老之粗腿，谋自己之饭碗，既无政党之精神，亦无团体的组织"②。

此时，帝国主义加紧了对中国的争夺，1921 年 11 月至 1922 年 2 月召开的华盛顿会议，签订了所谓解决中国问题的《九国公约》，使得各帝国主义都享有"机会均等"的瓜分中国的权利。在帝国主义支持下，国内各军阀展开了更为激烈的争夺，加剧了国内混乱局面。

面对国家、民族严峻的局势，中国共产党开始冷静地认识中国社会，认为："就全国的形势看来，还是旧的势力占着优势"，"还是法国大革命以前的封建社会的状态"，因此，中国共产党要"努力研究中国的客观的实际情形，而求得一最合宜的实际的解决中国问题的方案"③。

---

① 《中共中央文件选集》第 1 册，中共中央党校出版社，1982 年，第 9 页。

② 《曙光》，1921 年 3 月，第 2 卷第 2 号。

③ 《先驱》，创刊号《发刊词》，1922 年 1 月 15 日。

就在中国共产党思考党派合作的时候，列宁提出了殖民地半殖民地的理论。其主要思想是，殖民地半殖民地人民在进行反对帝国主义和封建主义革命时，无产阶级及其政党不仅要同农民结成巩固的联盟，而且应当同资产阶级民主派建立联盟。但无产阶级必须无条件地保持自己的独立性，争取自己在整个运动中的领导权。正是在列宁理论的指导下，中国共产党开始认识到中国革命的性质、任务及所应采取的战略策略原则。

1922 年 6 月 15 日，中共中央发表了第一次《对于时局之主张》，指出："民主政治当然由民主派掌握政权，但所谓民主派掌握政权……乃是由一个能建设新的政治组织应付世界的新环境之民主党或宗旨相近的数个党派之联合，用革命的手段完全打倒非民主的反动派官僚军阀，来掌握政权的意思。"① 实现党派合作，以哪一个政党为主要合作对象呢？中国共产党选择了中国国民党，认为在中国现有各政党中，以孙中山为代表的中国国民党从辛亥革命以来，虽党派名称多次变化，但一直坚持革命斗争。屡败屡起，矢志不移，"只有国民党比较是革命的民主派，比较是真正的民主派"②。中共主要领导人陈独秀给魏金斯基的信中也表示："我们很希望孙文派之国民党能觉悟改造，能和我们携手。"③

7 月 16 日至 23 日，中国共产党在上海召开第二次全国代表大会，会议提出了彻底的民主革命纲领，并通过了《关于"民主的联合战线"的决议案》。这一决议案明确表达了中共关于党派合作的思想，主要内容为：

第一，中国在进行彻底的反帝反封建的民主革命中，"只有无产阶级的革命势力和民主主义的革命势力合作动作，才能使真正民主主义革命格外迅速成功"。

第二，无产阶级在民主革命中，必须联合"真正的民主派"，这个民主派的"党纲和政策必须不违背民主主义的原则，行动必须始终拥护民主主义与军阀奋斗"。

---

① 《中共党史参考资料》第 2 册，人民出版社，1979 年，第 404 页。
② 《先驱》，1922 年 6 月 20 日，第 9 号。
③ 《中共党史参考资料》第 16 辑，中共党史资料出版社，1985 年，第 222 页。

第三，无产阶级要联合民主派去完成民主革命的任务，但这种联合决不是投降与合并，要在自己阶级政党的旗帜下"独立做自己阶级的运动"。

第四，实行"民主的联合战线"的方法是，先邀请国民党开一联席会议，作为联合战线的基础，再联合国会中真正民主派的议员，结成"民主主义的左派联盟"，在这些原则基础上，建立"民主的联合战线"①。

根据中共二大确定的党派合作思想，党在各方面进行活动，以和国民党等其他民主派进行合作。关于合作的形式，中国共产党提出"对等联合"的办法；关于合作后的具体工作，中共领导人陈独秀提出了一些设想，他认为应以下四项程序进行：第一步组织国民军；第二步以国民军解决国内国外的一切压迫；第三步建设民主的全国统一政府；第四步采用国家社会主义开发实业②。

但当时以孙中山为首的国民党拒绝"对等联合"的方式，孙中山"只允许中共及青年团分子加入国民党，服从国民党，而不承认党外联合"的组织形式。在此情况下，中国共产党必须在革命实践中寻找一个能使国民党接受的党派合作形式，此时，共产国际代表马林提出了"党内合作"的形式，即中共党员和社会主义青年团员以个人身份加入国民党，同国民党实行党派合作。

对马林的建议，中共中央于 8 月 20 日至 30 日在杭州西湖召开会议，进行了热烈讨论，"从理论上事实上作过缜密的研究"③ 后，认为这种合作的形式也有合理的成分。首先，中国共产党刚成立，无论从党员数量或政治影响上都还有限，而国民党建党多年，革命多年，规模和影响都较大，同国民党实现"党内合作"后，中共可以在三民主义旗帜下公开或半公开地从事工农运动，发展和壮大革命力量；其次，国民党愿意联俄联共，这就使国共两党能够在同一革命旗帜下，同一革命组织中共同工作；再次，根据马克思主义革命的原则性与灵活性科学结合的理论，无产阶级应当充分利用一切

---

① 均见《中共中央文件选集》第 1 册，中共中央党校出版社，1982 年，第 37～39 页。

② 陈独秀：《造国论》，载《向导》，第 3 期。

③ 《北京代表李大钊意见书》，载《党史研究资料》，1980 年，第 6 期。

可以利用的条件为自己的革命任务服务。在孙中山拒绝"党外合作"形式的情况下，采取"党内合作"的形式便成为国共合作的惟一途径。于是中国共产党从革命大局出发，接受了"党内合作"的方式。

中国共产党在接受"党内合作"方式的同时，也向国民党提出了一些条件，即取消打手模及宣誓服从孙中山个人等原有的入党办法；根据革命的原则改组国民党。随后，中国共产党于1923年6月在广州召开第三次全国代表大会，正式形成决议：中国共产党同中国国民党实行党派合作，共产党员以个人身份加入国民党，帮助孙中山把国民党改组成民主革命联盟，同时保持共产党在组织上政治上的独立性。

中共三大最终确立了"党内合作"的形式，并提出了以国共合作为基础的党派合作的一系列政策，从而促进了在反帝反封建旗帜下党派合作的迅速形成。

3. 第一次国共合作——两党合作的最初探索

中国共产党确定"党内合作"方式后积极参与国民党的改组工作。如何改组国民党呢？中共一些主要领导人通过在报刊发表文章，或者向国民党领导人直接写信，或者与其直接交谈，发表自己的看法，提出自己的意见，以影响国民党的改组工作。

第一，关于革命动力，蔡和森在党的机关刊物《向导》上发表文章，对孙中山幻想依靠军阀力量而忽视民众力量的错误，提出善意的批评，建议孙中山吸取辛亥革命的教训，"大大宣传民众，大大结合民众，轰轰烈烈地继续做推倒军阀和国际帝国主义之压迫的革命……万万不宜苟且将就以上当"[1]。陈独秀也发表文章指出："要打倒军阀，散漫的各处争斗是不济事的"，"能够打倒军阀的，只有统一的国民运动"[2]。

第二，关于革命的对象，这是国民党改组的一个重要问题。孙中山过去对封建主义有所认识，但对帝国主义的认识并不十分清楚，中国共产党人对他予以诚恳帮助。陈独秀严肃指出："若不相信外国帝国主义者和中国军阀勾结为患，若还相信外国帝国主义者

---

① 蔡和森：《统一、借债与国民党》，载《向导》，第1期。
② 陈独秀：《统一的国民运动》，载《向导》，第20期。

现在痛恨中国军阀了，以后不援助曹吴了，那真昏蛋的程度还在曹吴之上。"① 中国共产党明确指出："现在中国军阀的内乱固然是和平统一与自由最大的障碍，而国际帝国主义的外患，在政治上，在经济上，更是箝制我们中华民族不能自由发展的恶魔。"② 旗帜鲜明地提出了反对封建军阀，反对帝国主义的口号。

第三，关于国民党的现状，中国共产党人也提出了切中要害的批评。1922 年 8 月，孙中山派王京歧赴法国筹建国民党旅欧支部，中共派周恩来协助王京歧工作，周恩来在国民党旅欧支部成立大会上发表演说，对国民党内存在的腐败现象毫不客气地提出批评。他说，国民党内有些入册而不尽义务的党员，专做不利于党的事，甚至勾结别有用心的党外人专做落井下石的可鄙之举，如果不改变状况，国民党是没有希望的。事实正如周恩来所说的那样，辛亥革命后，一批官僚政客混进了国民党，许多投机分子想凭借国民党这块招牌来谋个人的权势和私利，从而使国民党的纪律松弛，组织系统形同虚设。因此，中国共产党人要求国民党在改组时，下决心改变这种阻碍进步的腐败现象。

由于中国共产党的帮助，再加俄国十月革命和国内五四运动的影响，孙中山的思想发生重大变化。他经过认真总结和深刻反思，感到西方"民主政治"，"代议政体"存在很大局限性和虚伪性，他说："近世各国所谓民权制度，往往为资产阶级所专有，造成为压迫平民之工具。"③ 因此，他主张以俄为师，造成一最新式的共和国，就是"人民共治"，或叫"众民政治"，而要达此目的，就要依靠农工大众。同时，要革命成功，单靠国民党也不行，因为"本党分子此刻过于复杂，党内人格太不齐"④他欢迎与共产党合作，来改变国民党的现状，使国民党获得新生。

1924 年 1 月 20 日至 30 日，中国国民党第一次全国代表大会在广州举行，中国共产党人李大钊、谭平山、林祖涵、张国焘、瞿秋

---

① 陈独秀：《帝国主义的列强与军阀》，载《向导》，第 27 期。

② 《对时局的宣言》，载《向导》，第 1 期。

③ 《中国国民党历次代表大会及中央全会资料》（上），光明日报出版社，1985 年，第 17 页。

④ 《孙中山选集》下卷，人民出版社，1956 年，第 460 页。

白、毛泽东等 20 多人参加大会，并在会议中起了重要作用。大会审议并通过了《中国国民党第一次全国代表大会宣言》草案，孙中山在大会上重新解释三民主义，确立了联俄、联共、扶助农工的三大政策，选举了中国国民党中央执行委员会，共产党员李大钊、谭平山、于树德、毛泽东、林祖涵、瞿秋白等当选为中央执行委员或候补中央执行委员。

中国国民党第一次全国代表大会的召开，标志着第一次国共合作的正式形成，这是中国共产党实践民主革命纲领和党派合作思想的重大胜利，也是孙中山晚年推进中国革命的一大历史功绩，是辛亥革命精神的发扬。实行国共合作，既是国共两党反对帝国主义和封建军阀的共同需要，也是两党各自发展的需要。

第一次国共合作，开创了中国政党政治的新局面，这是一种东方式的政党政治的表现，它始终是体制外的东西，不是西方那种形成了制度的资产阶级政党政治。两个大党合作并团结小党，对中国政治产生了巨大影响。

首先，在党务方面，国共两党共同组成了国民党的中央领导机构和中央党部，共产党还直接领导和参与地方国民党部的筹建工作。1924 年 2 月 26 日，国民党上海执行部成立，共产党人毛泽东、恽代英、罗章龙、邓中夏、施存统等担任执行部秘书或干事；4 月 30 日，国民党北京执行部成立，李大钊、王法勤等领导执行部工作；4 月，国民党汉口执行部成立，共产党员李立三、项英、刘伯承等参与领导工作。同时，大量中国共产党人参与了国民党地方党部的筹建工作，取得很大成绩。

其次，在军事方面，国共两党合作创建了黄埔军校，共产党人周恩来、恽代英、萧楚女、熊雄、聂荣臻等到军校任职，做了大量工作；同时，还建立了国民革命军，平定了商团叛乱，开展了两次东征及南征，巩固了广东革命根据地。

第三，在工农运动方面，国共两党共同发动工人运动，组成了上海总工会，并推动五卅运动在全国范围的发展，共同组织省港大罢工和各地的工人运动，有力地推动了工人运动的高涨。同时，两党还合作开办农民运动讲习所，并推及湖南、湖北、江西等地，其势如暴风骤雨，迅猛异常。

第四，在政权建设方面，共产党加入了国民政府所属的各级政府，参与了国民政府在政治、经济、外交等各方面的工作，取得了极大的成果。

由于国共两党的合作与努力，自身力量也不断增强，1926 年初，国民党党员人数已达 50 万人，1927 年 4 月，共产党党员人数约 57900 人左右，说明两党均获得极大发展，在群众中的影响不断扩大。革命力量的迅速发展，引起帝国主义和封建军阀的恐慌，于是，吴佩孚、张作霖两大军阀在帝国主义指使下，联合进攻广州国民政府。在此情况下，广州国民政府决定出师北伐，把革命推向全国。

1926 年 6 月，国民政府任命蒋介石为北伐军总司令，7 月 1 日，颁布出师北伐动员令，9 日正式誓师北伐，国共两党发动人民，团结作战，极大地推动了大革命和北伐战争的进展。北伐军出师不到十个月，就歼灭了军阀吴佩孚和孙传芳的主力部队，把革命推进到长江流域，使革命势力席卷半个中国。

4. 党派合作的破裂及其教训

国共合作后，两党共同奋斗，使革命一度出现了欣欣向荣的景象，同时，也为两党自身发展创造了条件，特别是国民党，通过改造，使自己的面貌焕然一新，吸引了很多工人、农民和小资产阶级分子前来参加，这在一定程度上改变了国民党的阶级成分。但是，仍有不少地主，买办阶级、军阀、政客等方面的人物留在国民党内，这些人反对孙中山的三大政策，成为国民党内的右派。中国共产党代表了无产阶级和广大人民的利益，日益赢得人民的拥护和支持，同时，也受到右派的极端仇视，这些右派集结在一起，一次次掀起反共逆流。因此，在国共合作的统一战线内，随着全国革命形势的不断发展和共产党力量的不断壮大，共产党人和国民党右派的斗争越来越尖锐。

早在 1924 年 3 月，国民党右派刘成禺、冯自由等人就向孙中山写信或当面汇报，要求取消共产党的党团组织。6 月，邓泽如、张继等人联名向国民党中央执行委员会提出弹劾共产党的呈文。对这些右派的言行，孙中山"甚不悦"①，并予以痛斥，认为共产党党团不可能破坏国民党组织，要求国共团结一致，共同对敌。

---

① 张继：《回忆录》，《国史馆馆刊》，第 1 卷第 2 号。

孙中山逝世后，国民党内出现了以蒋介石、戴季陶为代表的新右派，新老右派遥相呼应，拼命同共产党争夺领导权，力图将中国共产党从革命政治舞台上排挤出去。

1925 年 4 月至 7 月，戴季陶连续发表了《民生哲学系统表说明》、《孙文主义之哲学基础》、《国民革命与中国国民党》等演讲、文章和小册子，攻击马克思主义，排斥共产党对革命的领导，鼓吹团体的"排拒性"，反对国共合作，这种反动的戴季陶主义成为国民党新右派的理论纲领。

在戴季陶主义出笼后不久，国民党老右派邹鲁、谢持等人于 1925 年 11 月在北京召开非法的国民党一届四中全会，通过《取消共产党员在国民党中之党籍》、《解雇鲍罗廷》等议案，结成反共的"西山会议派"。以蒋介石为代表的新右派则于 1926 年 3 月 20 日发动中山舰事件，逮捕并驱逐共产党人，包围苏联顾问团住宅和省港罢工委员会；随后又于 5 月 15 日，在国民党二届二中全会上提出反共的"整理党务案"，要求共产党员在国民党各级党部任执委的人数，不得超过全部执委的三分之一；共产党员不得任国民党中央各部的部长；加入国民党的共产党员名单须全部交出；共产国际对中国共产党的指示，以及共产党对国民党中共产党员的指示，须先交国共两党联席会议通过后才能发出等。显然，国民党新右派的行为，其主要"目的完全在压共产党"[1]，是蒋介石打击共产党，分裂国共合作的一个严重步骤。

当北伐军攻克上海和南京后，以蒋介石为代表的国民党新右派便加紧勾结国际帝国主义势力，策划反革命政变，而对上海第三次武装起义和工人运动的高涨感到痛恨和恐慌的大资产阶级，也把希望寄托在蒋介石身上。在帝国主义与大资产阶级支持下，蒋介石主持召开秘密会议，通过《处置各地共籍叛乱分子咨文》，决定清党反共。1927 年 4 月 12 日，蒋介石发动反革命政变，捕杀共产党人和工人领袖，查封工会组织和进步团体。15 日，蒋介石在南京召开会议，决定另组中央党部和国民政府，并于 18 日成立南京国民政府。随后，南京国民党中央党部正式成立"清党委员会"，统一主持全国清党事宜。在此情况下，武汉国民政府政治立场急速转向

---

① 《周恩来选集》上卷，人民出版社，1980 年，第 122 页。

右倾，汪精卫也策划了分共办法，并于 7 月 15 日正式召开分共会议，全面展开了清党活动。这样，轰轰烈烈的大革命惨痛失败，第一次国共合作全面破裂。

第一次国共合作的破裂断送了革命的大好形势，教训是极其深刻的。

第一，在新民主主义革命条件下，党派合作中，没有去争取无产阶级的领导权。中国共产党和国民党，是分别代表不同阶级利益的政党，中国共产党是无产阶级政党，而国民党在当时是一个成分复杂，包括工人、农民、小资产阶级、民族资产阶级的革命联盟，甚至还有地主阶级代表人物混杂其间，从国民党本身来说，总体上是代表地主资产阶级的政党，国共两党合作，是在反帝反封建这一大方向上的合作，而在阶级利益上，必然会发生矛盾和冲突，这是不能掩盖的。国共两党合作后进行的大革命是新民主主义革命，无产阶级必须在革命中充当领导阶级，这就决定了中国共产党必须坚持统一战线中的领导权，而共产党由于缺乏经验，没有认识到这一点，因此，没能维护统一战线的巩固和发展。

第二，中国共产党没能建立一支自己的武装力量。中国是一个半殖民地半封建的国家，人民没有民主自由，政党、政党政治没有形成制度，也没有用法律形式固定下来，始终是体制外的东西，党派合作也没有现成的法律、制度进行保护。因此，当两党合作时，一个党有军队，而另一个党没有军队，这种合作不会是平等的，一旦拥有武装力量的党要背叛合作时，另一个没有武装的党只能是"无可奈何花落去"。中国共产党在革命发展过程中，帮助国民党建立了军队，而不重视建立共产党领导和掌握的武装力量，正如后来中共中央总结的那样："中央甚至于没有想到扩充叶挺的共产主义师，没有企图由共产党员和青年团员组成特别军队，完全没曾坚决地实行武装工农和劳动群众军事化，没有想到动员共产党员，没有设法真正地把军官学校和军事政治学校抓到自己影响之下，同样也没有企图把零散的工人纠察队和农民自卫军统一起来，没有设法领导农民的武装斗争。"[①] 所以，当蒋介石、汪精卫发动"清党"、"分共"时，中国共产党无力制止这场反革命屠杀，国共合作也就

---

① 中共中央办公厅编：《六大以前》，人民出版社，1980 年，第 973 页。

不可避免地破裂。

第三，在党派合作中，中国共产党没能很好地根据中国实际情况，制定正确的政策和策略，去领导全党团结一致地进行斗争。第一次国共合作时期，中国共产党的政策与策略主要来自共产国际，而共产国际远离中国实际，提出了一些错误的政策和策略，中国共产党也没有能力发现并抵制共产国际的错误。再加上中共也处于幼年时期，在复杂的斗争中缺乏成熟的理论，不能正确应对，犯了一些错误，出现了"左"与右两方面的偏离。群众运动中"左"的表现直接加剧了武汉国民政府的财政经济危机，共产党也陷入相对孤立的境地。党的主要领导人陈独秀右倾思想的指导，使中国共产党在党派合作中采取了妥协退让政策，实际政治力量受到削弱。当蒋介石发动"四一二"政变后，革命只是局部遭到失败，如果中国共产党能够采取正确的反蒋政策，还有可能部分地挽回失败，当时在上海的周恩来等人向中央提出"迅速出师讨伐蒋介石"的意见书，指出如再不进攻，革命领导权"归之右派，是不仅使左派灰心，整个革命必根本失败无疑"[①]。但中共中央在这一问题上意见不一致，失去了挽救革命的大好时机。

三　中国政党政治的曲折发展

汪精卫"七一五"分共后，武汉国民政府、南京国民政府开始宁汉合流，同时，与总部设在上海的西山会议派分子也言归于好。1928年2月，国民党召开二届四中全会，使得国民党统治区在党、政、军方面实现统一。随后，国民党内四大军事势力蒋桂冯阎联合，再度北伐，很快占领北京、天津，不久，在东北的张学良宣布"易职"，归顺国民党。至此，国民党、南京国民政府在名义上统一了全国。

与广州国民政府、武汉国民政府相比较，南京国民政府的一个最大特点就是明显强化了"党治"原则，即"以党治国"。

"以党治国"本来是孙中山的思想，是孙中山在辛亥革命后，效法西方政党政治及向传统会党模式回归皆遭挫折的打击下，经过

---

① 《周恩来选集》上卷，人民出版社，1980年，第7页。

深思熟虑而借鉴苏俄经验而提出的。国民党执掌政权后，所推行的这种政党政治与孙中山的"以党治国"思想已相去甚远，从"以党治国"，"以党训政"走向"以党专政"，失去了其应有的价值与意义。

1. 民主党派的艰难产生

南京国民政府成立后，国民党推行一党专制政治，排除异己，诛杀共产党人，使白色恐怖遍布国内。在这种情况下，中国共产党没有被吓倒，没有放弃革命，坚决地领导了南昌起义及全国各地的武装起义，建立了人民军队，创建了革命根据地，并不断使自己的力量发展壮大，成为中国政治舞台上能与国民党抗衡的一大政党。中国共产党与国民党的对峙，为其他民主党派的产生与发展提供了政治空间，创造了政治环境。

同时，南京国民政府成立后所推行的一系列对内对外政策，不仅违背了广大民众的革命愿望，也违背了民族资产阶级和上层小资产阶级的意愿，势必引起这些阶级的不满。这样，在国民党内开始出现分化，同时在共产党与国民党之间，出现了反映民族资产阶级和上层小资产阶级利益、对国民党独裁专制不满的民主党派。主要有：

（1）中国国民党临时行动委员会的建立。蒋介石、汪精卫发动反共政变后，以宋庆龄、邓演达为代表的一部分人，继续高举孙中山的民主革命的大旗，形成国民党内的民主派。1927年10月，邓演达与宋庆龄、陈友仁等交换意见，一致认为，为了不中断中国革命，有必要成立一个临时性的革命领导机关——中国国民党临时行动委员会。11月，邓演达等人以中国国民党临时行动委员会名义发表《对中国及世界革命民众宣言》，宣言分析了大革命失败后中国革命的性质、动力、对象等基本问题，提出平民革命论，即由平民阶级进行反对帝国主义和封建主义的革命；分析了大革命失败后中国国民党的性质，认为国民党中央上层分子已成为旧势力的化身、军阀的工具、民众的仇敌；宣告了中国国民党临时行动委员会的成立。但该委员会没有正式办事机构和基层组织。宣言的发表一方面给蒋介石国民党以打击，同时给国内正在组织第三党的人以鼓舞。

1928年春，谭平山、章伯钧等人联合一些既反对蒋介石的独裁政权，又不同意共产党主张的国民党左派和从共产党内游离出来的分子，在上海组织了中华革命党，自称代表平民利益，既区别于国民党又不同于共产党，并与在国外的邓演达保持联系。

1930 年 8 月 9 日，回国后的邓演达在上海召开了十几个省区的代表参加的中华革命党全国干部会议，会议通过了邓演达起草的《中国国民党临时行动委员会政治主张》等文件，将该党的名称定为中国国民党临时行动委员会，选出中央干部会，邓演达被选为总干事。

中国国民党临时行动委员会的政治主张主要有：

第一，分析了中国社会的性质，认为中国社会是封建势力和帝国主义势力双重支配的前资本主义社会。

第二，分析了中国革命的性质，认为是具有民族、民权、民生三种革命性而以社会主义为归宿的革命，即"使中国民族完全解放，要使平民群众取得政权，要实现社会主义"①。

第三，提出了"平民政权"主张，所谓平民，即指工人、手工业者、自耕农、佃农、雇农及其他辅助社会生产的职业人员，由这些平民先组成职业团体的工会、农会等，由此来组织中央和地方政权，而且必须建立平民革命军，依靠武装力量去夺取政权。

国民党临时行动委员会不同意中国共产党的主张，他们错误地认为中国处于前资本主义社会，工人力量十分薄弱，因此，"中国共产党决不能解决中国革命问题"②。

从中国国民党临时行动委员会的政治主张可以看出，他们这个党在政治上反映了小资产阶级和资产阶级激进派的要求，堪称具有很大进步性的资产阶级、小资产阶级政党，在反帝反封建方面，忠于孙中山的三民主义精神，忠于辛亥革命精神，在反对蒋介石独裁专制方面，有其进步性。但中国国民党临时行动委员会幻想在国共两党以外寻找一条使中国摆脱半殖民地半封建社会的中国路线，这在理论上和实践上都是行不通的。

（2）中国致公党的建立。中国致公党是由洪门致公堂改组而来的。洪门本是明末清初抗清群众的封建性秘密组织。1904 年春，

---

① 于刚主编：《中国各民主党派》，中国文史出版社，1987 年，第 590 页。
② 《邓演达文集》，人民出版社，1981 年，第 164 页。

孙中山来到美国，为了同保皇党争夺群众，孙中山毅然加入致公堂，倡议并领导"堂务改革"，以革命精神刷新了洪门，把洪门带上了资产阶级民主革命道路。

1925 年 10 月 10 日，侨居美国、香港、澳门的洪门代表，在美国旧金山举行洪门恳亲大会，以洪门致公堂为基础，组织了中国致公党，这是第一个华侨政党，推举陈炯明为总理。由于致公党建立后，致公堂仍旧存在，堂党并存，组织混乱，再加所提"建国、建亚、建世"的三建口号与实际脱离，因此，致公党建立后一段时间内默默无闻，无所成就。

1931 年，中国致公党在香港召开第二届代表大会，来自美洲和其他地区的代表数十人出席了会议，司徒美堂、陈其尤等洪门领袖人物出席了大会。大会主要内容如下：

第一，谴责国民党蒋介石一党专制，要求还人民以民主，呼吁爱国华侨团结起来，进行争取民主自由的斗争。

第二，认为原有的组织形式已不符合形势的发展，决定存堂保党，堂党分开，以党领导堂。

第三，加强并改进组织，决定成立中央党部，以便更好地领导华侨的爱国斗争。

中国致公党第二届垦亲大会决定存堂保党，堂党分开，是一个巨大的进步，这使中国致公党在组织上进一步脱离封建形式，向现代政党方面发展。

（3）其他民主党派的建立。除了中国国民党临时行动委员会、中国致公党建立以外，这一时期，还有其他一些民主党派先后建立。

乡村建设派。乡建派前身为村治派，始于山东王鸿一北平创办之村治学刊，同时，梁漱溟在广东提倡乡治。1929 年，梁漱溟北上，接办村治学刊，使南北村治乡治合二为一。1930 年，山东乡村建设研究院成立，与各地乡建运动加强联系，扩充力量，并组织中国乡村建设学会，乡建派正式形成。乡建派领导人物为梁漱溟，他著有《乡村建设理论》等书，主张中国建设应自乡村入手。这成为乡建派的理论基础。

生产人民党。1933 年 11 月，在全国抗日反蒋高潮影响下，驻守在福建的国民党十九路军将领陈铭枢、蒋光鼐、蔡廷锴等人联合国民党内李济深等一部分势力，发动福建事变，公开与蒋介石决裂。随后，参加事变的领导人决定组织"生产人民党"，陈铭枢任总书记，并起草了党纲。十九路军中级以上军官大多参加了这个组织，一些脱离了国民党的分子，已解散的第三党人，少数共产党脱党分子以及马来亚、越南等地的华侨参加了该党。生产人民党形式上是一个统一的政党，实际上是一个有关党派和政治团体的混合体。

中国民权保障同盟。1932年12月正式成立，最高执行机构是临时全国执行委员会，宋庆龄为主席，蔡元培为副主席，杨杏佛为总干事。该同盟的宗旨在于营救一切爱国的政治犯，争取人民的言论、出版、集会、结社等自由。

中华民族革命同盟。福建人民政府失败后，李济深、陈铭枢等国民党人于1935年七八月间在香港成立中华民族革命同盟。其政治主张为"争取民族独立，树立人民政权"①。

中华职业教育社。成立于1917年，初为爱国教育团体。1931年"九一八"事变后逐渐演变为政治团体，参加抗日救亡和民主宪政运动。1932年2月，以"中国国难救济会"名义通电全国，抨击国民党顽固保守党治成见，提出废止一党专政，限期召开国民大会制定宪法等建议。主要领导人为黄炎培。

2. 中国共产党提出第二次国共合作——两党合作的再次探索

1931年"九一八"事变爆发，使中国国内的阶级关系发生根本变化，面对日本帝国主义的侵华暴行和大片国土的沦丧，全国人民无比愤慨，抗日高潮迅速掀起，在面临中华民族生死存亡的严峻形势下，国共两党都开始调整自己的政策。

1931年1月17日，中国共产党以中华苏维埃临时中央政府和工农红军革命军事委员会名义发布了《为反对日本帝国主义侵入华北愿在三条件下与全国各军队共同抗日宣言》，提出只要立即停止进攻苏维埃；保证民众的民主权利；武装民众保卫国家，中国工农红军愿与任何武装部队订立共同作战协定，一致抗日。这一宣言表达了中国共产党要求停止内战，合作抗日的真诚愿望，也标志着中

---

① 《中华民族革命同盟》，见《抗战中的中国政治》，上海人民出版社，1961年，第440页。

国共产党对国民党政策已开始转变。

1934年4月20日，中国共产党以"中国民族武装自卫委员会筹备会"名义，发表了《中国人民对日作战的基本纲领》，提出了著名的抗日救国六大纲领，这个文件最大的特点就是不再坚持推翻国民党是进行民族革命战争的先决条件，表明了中国共产党对国民党政策的新发展。

1935年8月1日，中国共产党发表了《为抗日救国告全体同胞书》，即著名的《八一宣言》，宣言要求与国民党及其他党派本着"兄弟阋于墙，外御其侮"的精神，抛弃过去的成见，真诚团结起来，一致抗日。提出"只要国民党军队停止进攻苏区行动，只要任何部队实行对日作战，不管过去和现在他们与红军之间任何旧仇宿怨，不管他们与红军之间在对内问题上有何分歧，红军不仅与之停止敌对行为，而且愿意与之亲密携手共同救国"，同时还要求建立"统一的国防政府"，"统一的抗日联军"，"组成统一的抗日联军司令部"，实行更有成效、更高级的联合①。

《八一宣言》的发表，表明中国共产党已突破了"左"倾关门主义的束缚和影响，标志着中共党派合作的策略路线已基本形成。

国民党方面，当时面对日本帝国主义的侵略和国内外舆论的批评，虽仍坚持"攘外必先安内"的政策，但对中共的政策也开始发生微妙变化。这种政策的变化，开始在很大程度上只是为了对苏交涉上作出一种姿态，因南京国民政府1932年与苏联恢复邦交关系后，中苏关系一直无多大进展，蒋介石十分着急，开始认识中苏问题不是单纯的外交问题，而是与中国内政有着非常密切的关系。苏联是共产党执政的国家，"如若企图与这样的国家订立联合战线，便不能将共产党看成罪大恶极的'赤匪'……如若依然还是现在的中国政府，现在的政治路线，现在的政治制度……这至多可以做到与苏俄恢复一般的外交关系，然而还是说不上与共产党的苏俄国家联合的"②。

基于这样的认识，蒋介石便开始用他一贯解决异己势力先军事后政治的恩威并重的策略，提出对共产党"先解决其武装，而后以

---

① 《六大以前》（上），人民出版社，1982年重印，第680～681页。

② 《国闻周报》，1932年2月1日，第9卷第6期。

政治方法解决党的问题"，其后，国民党重要领导人、国民政府立法院院长孙科于 1932 年 4 月 25 日发表谈话，宣称："如左派之共产党与右派之国家主义派……只要在法律范围内活动，则当许其结集政治团体，许其作政治竞争。"① 这是国民党方面缓解国共关系、松动一党专制政治的迹象。

此时，国内形势进一步发展，全国抗日救亡运动进入高潮，在此情况下，中国共产党于 1935 年 12 月 17 日在陕北瓦窑堡召开了中央政治局会议，通过了《中央关于目前政治形势和党的任务决议》。《决议》在分析了当时政治形势后，确立了党的策略路线，即组成最广泛的统一战线，以反对最主要的敌人——日本帝国主义。同时提出以国防政府、抗日联军作为抗日民族统一战线的最广泛和最高的组织形式，执行抗日救国十大纲领。《决议》将苏维埃共和国改为人民共和国，并调整了党的一系列政策，要求改变对富农的政策，保护民族资产阶级，保护国外华侨等。这些，为第二次国共合作的建立奠定了基础。

瓦窑堡会议后，中国共产党为实现国共合作做了大量工作，一方面给国民党重要领导人和知名人士写信，宣传解释中国共产党的党派合作主张，同时派出代表与国民党进行秘密谈判，取得重大进展。特别是 1936 年 12 月 12 日西安事变的发生，成为时局变换的转捩点。

西安事变后，国民党于 1935 年初召开五届三中全会，2 月，中国共产党致电中国国民党，提出 5 项要求和 4 项保证，即要求国民党停止内战，共同救国，改善人民生活等，并保证在此条件下，中共停止在全国范围内推翻国民党政权之武装暴动方针，停止没收地主土地之政策等②。中共中央的来电在国民党中央全会上激起了很大波澜，大多数真正的国民党人都表示欢迎共产党的保证和提议，要求对国民党过去的政策进行反省。这样，三中全会对共产党的政策总体上有了转变，其方法上已由原来的武力"围剿"改为"和平统一"，并相应提出了处理与共产党关系的"最低限度之办

---

① 《国闻周报》，1933 年 1 月 1 日，第 10 卷第 1 期。
② 《中共中央文件选集》第 10 册，中共中央党校出版社，1992 年，第 135 页。

法"，至此，国共合作的原则基本确定。

1937 年 7 月 7 日，日本帝国主义发动卢沟桥事变，抗日战争爆发，中国政治形势进入一个新阶段。7 月 8 日，中共中央发表《中国共产党为日军进攻卢沟桥通电》，呼吁"国共两党亲密合作抵抗日寇的新进攻!"[1] 7 月 15 日，又向国民党送交了《中国共产党为公布国共合作宣言》，提出国共合作三项基本政治纲领：争取中华民族之独立与解放；实现民权政治；实现中国人民之幸福与愉快的生活[2]。

随后，中国共产党派周恩来、秦邦宪、林伯渠为代表，在庐山和南京与国民党谈判，通过艰辛的努力和艰苦的谈判，终于扫除了实现国共两党合作的一切障碍。9 月 22 日，国民党中央通讯社正式发表了《中国共产党为公布国共合作宣言》，23 日，蒋介石发表了《对中国共产党宣言的谈话》，事实上承认了中国共产党在全国的合法地位，这就标志着第二次国共合作正式形成。

第二次国共合作是在新的历史条件下形成的，是以国共两党合作为主体，包括与各民主党派、爱国政治团体的合作，团结全国人民抗日的民族统一战线。它同大革命时期的国共合作，与西方国家如法国、西班牙等国的人民阵线相比，都有不同的特点，主要为以下几点：

第一，广泛的民族性和极大的不平衡性。这次党派合作是在日本帝国主义侵略中国，国家、民族处于极度危机状况下形成的，合作的基础就是爱国、抗日，因此，除极少数汉奸、卖国贼外，各阶级、各党派、各团体等，无不包括在统一战线之中。同时，各阶级、党派、团体的力量极不平衡，当时国民党拥有全国性政权及数百万军队，共产党经过长征，力量受到削弱，其他党派的力量更是微不足道，如第三党，当时不超过 100 名党员，国家主义派仅 500 人左右，国家社会党和政学派只有几十人。力量的不平衡就使得统一战线中的矛盾与斗争极其尖锐。

第二，有政权、有军队的合作。这是中国的特殊历史条件和社会条件造成的，国民党拥有全国性政权和数百万军队，中国共产党

---

① 《解放周刊》，1937 年 7 月 12 日，第 1 卷第 10 期。
② 《解放周刊》，1937 年 10 月 20 日，第 1 卷第 18 期。

也拥有边区政府和八路军、新四军，两党合作主要是军队合作，共同抗敌，而国民党顽固派则多次制造军事摩擦，加剧了统一战线内部的矛盾和斗争。

第三，没有双方均要遵守的共同纲领和固定的组织形式。由于国民党方面的反对和阻挠，国共两党没有达成一个双方承认和共同遵守的纲领，也没有形成固定的合作组织形式，始终处于一种不完善的遇事协商的局面，这种东方式的党派合作方式决定了统一战线内部争夺领导权斗争的不可避免性。

第四，处于既有利又极其复杂的国际环境中。各国人民赞助中国的抗日战争，当时的苏联诚挚地赞助中国抗战，英、美等国也在某种程度上帮助中国抗战，这都有利于党派合作共同抗战，但当时国际方面重视国民党方面，而轻视中国共产党及其领导的革命力量；同时，英、美等国在一定时期对日实行绥靖政策，助长了国民党内顽固派的对日妥协倾向，这对国共合作产生不利影响，也对中国人民的抗日战争不利。

虽然如此，国共合作毕竟建立起来了，它将对中国革命产生深刻的影响，将对打败日本帝国主义产生决定性的作用。

3. 民主党派政治热情的消长

抗战初期，由于国共合作的建立，在中国共产党和全国人民抗日的推动下，国民党在抗日方面一度比较努力，这就使得国共两党外的一些民主党派对国共合作共同御侮充满信心，对执政的国民党也十分信任。

中国国民党临时行动委员会自 1935 年 11 月 10 日在香港召开全国干部会议，宣布改名为"中华民族解放行动委员会"后，响应中共《八一宣言》，要求建立巩固的联合战线，组织统一的行动指导机关，一致进行对日作战。1937 年 6 月，中华民族解放行动委员会主要领导人彭泽民发表《致全国各界领袖书》，催促国民党当局"早定国是，予人民以共同努力之具体救亡方针"，提出"民主政治必须迅速确立"，"各政党必须平等合作"，"国民代表大会之召开应以民主主义为原则"等①。抗战爆发后，解放行动委员会采取

---

① 于刚主编：《中国各民主党派》，中国文史出版社，1987 年，第 289～290 页。

了同国民党合作的方式，承认国民党政府为"抗战政府"，承认蒋介石为"抗战领袖"，并通知全党开展一切抗日活动，投入到抗日第一线中去。随后，派干部到华北、华东、华南等地建立各种抗日组织，如"中华抗日同盟会"、"华北青年抗日会"等，并发动群众，建立"抗日游击纵队"、"民众抗日游击队"等，英勇抗击敌寇。解放行动委员会主要领导人黄琪翔在八一三淞沪抗战中，还担任了第八集团军副总司令，直接参与战役的指挥。

救国会提出发动民众抗战，拥护政府抗战。他们认为民众"是抗敌御侮最基本最伟大的力量，他们应该经过组织，而且应该获得最彻底的自由，才能够抒发其潜在的伟力，来拥护政府实施抗战的国策，以保证最后的胜利"①。救国会领导人之一的章乃器在被释放后不久，于1937年9月发表了《少号召多建议》，要求人们"多信托一些政府"，团结在政府周围进行抗日。

乡村建设派积极投入山东抗日斗争，其成员参与了共产党领导的游击战争，一些人还参加了八路军队伍。

中国致公党在抗战爆发后，或"踊跃回国服务"，或"倾家输将"以协助军饷②。此外，还培训、输送爱国青年回国参加抗日工作。

此时，大多数民主党派怀着一腔爱国热情，希望团结抗战，但对国民党的合作诚意估计偏高，希望过大，认为"国民党已经居于惟一领导抗日地位"，其他党派只能服从国民党的领导，而不能有自己组织的独立性，否则"即是要负破坏统一、分裂抗日战线和危害国家的责任"③。有的党派还提出，国民党以外的党派，要么"自愿解散组织"，要么不解散组织而"诚意支持国民党抗战，主张拥护国民党抗战政策"，只有这样，才能使中国"只有法律问题，没有党派问题"，政府可以"只问人才不问党派"④。

中华民族革命大同盟刚成立时，极力主张组织国防政府，成立

---

① 《全国各界救国会为保卫北方紧急宣言》（1937年7月10日），见周天度编：《救国会》，中国社会科学出版社，1981年，第347页。

② 《中国致公党第三次全国代表大会宣言》，载香港《公论》，1947年5月10日。

③ 包清岑编：《抗战文选》第2册，战时出版社，1938年。

④ 包清岑编：《抗战文选》第2册，战时出版社，1938年。

全国抗日联军，扩大民族反日战线①。抗战开始后，蒋介石表示抗日，中华民族大同盟发表宣言，号召盟员拥护政府领导，为了表示诚意，于1937年12月25日召开最高会议，宣布以促成抗日为主要目的的中华民族革命大同盟已大功告成，正式解散，其主要领导人李济深、陈铭枢等相继恢复国民党党籍。

各民主党派寄希望于国民党，是希望国民党能领导人民积极抗战，同时刷新政治，结束一党专政，给人民以真正的民主。中国共产党代表各党派的意愿，提出《抗日救国十大纲领》，要求召开真正人民代表的国民大会，通过真正的民主宪法，选举国防政府，决定抗日救国方针。1938年3月1日，中共中央发表《对国民党临时全国代表大会的提议》，要求结束一党专政的局面，指出："只许一党合法存在，同时不承认其他党派合法并存的办法"，"为事实所不许"，提出"建立一种包括各党派共同去参加的某种形式的民族革命联盟"，以此组织来"规划抗日救国大计，调解各党、各团体之间的关系"，并强调"健全民意机关的建立已经成为刻不容缓的当务之急"②。

迫于中国共产党、各民主党派及全国人民的压力，国民党也需要改善党派关系，遂于3月29日至4月1日在武汉召开的国民党临时全国代表大会上决定设立国民参政会，作为民意机关，邀请共产党和各民主党派参加。

国民参政会是国民党执政以来设立的第一个反映民意的机构，对此，中国共产党和各民主党派都表示欢迎，毛泽东等7位中共参政员发表"我们对于国民参政会的意见"一文，认为国民参政会的设立"表示着我国政治生活向着民主制度的一个进展"，希望在参政会内"与国民党和其他各党派以及无党派关系的国民参政员同志们，亲密携手和共同努力，以期友好和睦地商讨和决定一切有利于抗战必胜，建国必成的具体办法与实施方案。以便能够有效地打击与战胜日寇，并奠定使中华民国走向独立、自由、幸福的新国家的基础"③。中华民族解放行动委员会肯定国民参政会是"跟着民族

---

①　陈铭枢：《致蒋介石电》，载《救国时报》，1936年10月25日。
②　《中共党史参考资料》第4册，人民出版社，1979年，第26~27页。
③　《新华日报》，1938年7月5日。

主义的抗战展开而产生的政治改革的起点"①。其他一些民主党派也认为设立国民参政会表明中国"已经开始走向民主政治的道路"②。

1938年7月，第一届国民参政会第一次大会在武汉召开，中国共产党与各民主党派的参政员约130多人出席大会，并提出了《正式确定抗日各党派之合法地位》、《严令废止党部及各级政府压抑民众救亡运动》等议案，这些对改善国内政治状况，促进民主运动，发动人民抗战，产生了积极影响。

但国民党并不是想真正改变一党专政局面，当时，在全国抗日民主浪潮冲击下，虽然不得不停止对异党的镇压，放松对民主运动的限制，设立国民参政会，但在另一方面，使国民参政会流于形式，决议通过后并不付诸实施。同时，在政权方面，强化国民党一党对其垄断，从而使国民党独裁政体进一步发展。1938年3月国民党临时全国代表大会所通过的《改进党务并调整党政关系案》，决定确立"领袖制度"，并根据这一精神修改党章，增设"总裁"一章，使蒋介石在党内地位大增；同时决定成立"中统"、"军统"两大特务机构，以加强从党内到党外的严密控制。

1939年1月，国民党召开五届五中全会，决定建立战时体制，将原来所设置的常委会改为由蒋介石任委员长的国防最高委员会，规定国防最高委员会有统帅党政军各机关的权力，而委员长对党政军可用手令代替法令。这样，国民党便以战争为由，建立了党政军一元化的独裁政体，使国家统治权集中到前所未有的程度。

国民党的独裁行为使民主党派十分反感，他们对国民党政治上的幻想发生动摇，因此，斗争的目标也发生变化，向着根本解决国内政治问题的方向迈进，将斗争的矛头直接指向政权问题。

4. 中共推动下的民主宪政运动与中间党派的初步结合

国民党一党专政统治，使国内各党派之间的关系发生了新的变化，各小党派及中间派，对国民党大为失望。他们感到自己的政治

---

① 《我们对于抗战建国纲领的意见》，载《抗战行动（旬刊）》，1938年4月26日，第6期。

② 章伯钧：《对国民参政会的意见》，载《抗战行动（旬刊）》，1938年4月26日，第6期。

地位并没有得到改善，自下而上受到严重威胁，因此，再也不像抗战初期那样拥护国民党，转而与中国共产党联合起来，与国民党的专制独裁进行斗争，掀起了颇有声势的民主宪政运动。1939 年 9 月，国民参政会一届四次会议召开，中国共产党的参政员毛泽东、陈绍禹等在会上发表《我们对于过去参政会工作和目前时局的意见》，要求国民党"实现抗日民主，严惩对民众和青年的压迫行为，切实保障人民有言论、出版、集会、结社及武装抗战之权利"，并明确指出，要实现这一政治目标，国民党必须做到以下三条：第一，"明令保障各抗日党派之合法权利，认真取消防止异党活动办法"；第二，"严禁对共产党及其他抗日党派之歧视压迫行为，严禁因所谓党籍及思想问题而妨害到工、农、军、学、商各界人民及青年之职业及人权之保障，以便造成举国一致精诚团结现象"；第三，"在抗战工作中，广泛地容纳各党派人才参加，不以党派私见摒弃国家有用人才"[1]。

中华民族解放行动委员会的参政员章伯钧等人在会上提出了《请结束党治，立施宪政，以安定人心，发扬民力，而利抗战案》，指出"在现行党治之下，政府仅能对党负责，对全国国民几无责任之可言"，因此，要求国民党"以结束党治，立施宪政为第一要义"。如何实施宪政呢？章伯钧等人的议案提出：第一，由政府授权国民参政会本届大会，推选若干人组织宪法起草委员会，以制定一可使全国共同遵守之宪法；第二，在国民大会未召集之前，行政院暂时对国民参政会负责，省、县、市政府分别暂对各级民意机关负责；第三，于最短期内颁布宪法，结束党治，全国各党各派一律公开活动，平流并进，以杜纠纷，共维国命[2]。

另外，救国会的参政员王造时等人提出了《为加强精诚团结以增强抗战力量而保证最后胜利案》，中华职业教育社的参政员江恒源等提出了《为决定立国大计，解除根本纠纷，谨提具五项意见建议政府请示采纳施行案》等。这些提案内容虽各有不同，但中心问

---

① 毛泽东等：《我们对于过去参政会工作和目前时局的意见》，载《新华日报》，1937 年 9 月 9 日。

② 章伯钧等：《请结束党治，立施宪政，以安定人心，发扬民力，而利抗战案》，见《国民参政会纪实》（上卷），重庆出版社，1985 年，第 584～585 页。

题都是关于民主宪政的要求。围绕这些提案，以中国共产党和各民主党派的参政员为一方，以国民党的参政员为一方，发生了激烈争论，争论的核心是要不要民主宪政。由于中共与各民主党派通力合作，最后，国民参政会通过了《请政府明令定期召开国民大会制定宪法实施宪政案》，这一决议案的通过，揭开了民主宪政运动的序幕。

中国共产党是民主运动的推动者和领导者。国民参政会刚结束，中共中央于10月2日和12月1日两次向党内发出关于宪政运动的指示，肯定了国民参政会所通过的《请政府明令定期召开国民大会制定宪法实施宪政案》是一个进步的决议，要求各级党组织运用这一决议，积极参加民主宪政运动，以促进真正民选的全权的国民大会的召开，实施宪政。同时，在延安先后成立了"妇女宪政促进会"、"青年宪政促进会"、"商人宪政促进会"等。1940年2月20日，正式成立"延安各界宪政促进会"，毛泽东在大会上作了《新民主主义的宪政》的演说，指出新民主主义宪政"它不是旧的、过了时的、欧美式的资产阶级专政的所谓民主政治；同时，也还不是苏联式的、无产阶级专政的民主政治"，"就是几个革命阶级联合起来对于汉奸反动派的专政"①。毛泽东还被选为宪政促进会理事。

在重庆，中国共产党和各民主党派一道，开展各种活动，推动民主宪政运动的展开。1939年10月1日，国民参政员沈钧儒等发起举行"宪政问题座谈会"，中共参政员董必武、吴玉章等积极参加，并建议座谈会经常举行。此后，座谈会不定期举行，对推进宪政、制定宪草，抗战建国等问题进行广泛讨论，产生了相当影响。在各地，中国共产党积极参与各种民主宪政活动，与民主党派一起举行座谈会，发表关于民主宪政的文章和演讲，出版宪政专著，进行宪政宣传，使得民主宪政运动在全国蓬勃展开。

面对日益兴起的民主宪政运动，国民党一方面表示：宪政可以研究，最好由少数学者在房间里研究研究②；另一方面则采取各种办法限制，破坏民主宪政运动，迫害民主力量，试图将民主宪政运动压制下去。

---

① 《毛泽东选集》第2卷，人民出版社，1991年，第732～733页。
② 参见邹韬奋：《经历》，北京三联书店，1985年，第247页。

国民党压制民主宪政运动，迫害民主力量的行径，越来越引起各民主党派的不满与愤怒，开始由过去拥护国民党走上反对国民党顽固派的道路。如何与国民党顽固派斗争呢？各民主党派从过去的斗争实践认识到：自己人少，势孤力单，既无力促使国民党实施民主宪政，也不能在国共两党之间发挥调解作用，甚至本身的前途也岌岌可危，因此，必须联合起来，建立第三者性质的政党，以期在国共两党之间形成第三者的力量，在国内政治生活中发挥重要作用。

1939 年 11 月 23 日，国民参政会中的一些中间党派人士和部分民主人士，在重庆举行会议，参加会议的有：中国青年党左舜生、李璜、曾琦；国家社会党罗隆基（后退出）、胡石青；第三党章伯钧；救国会沈钧儒、邹韬奋、章乃器；中华职业教育社黄炎培、江恒源、冷遹；乡村建设派梁漱溟；无党派张澜、光升等，在会上成立了统一建国同志会，拟定了《统一建国同志会简章》和《信约》。其政治主张为：

第一，以三民主义为建国最高原则，以蒋介石为中华民国领袖；

第二，以建设完成革命，从进步达到平等，一切国内之暴力斗争及破坏行动无复必要，在所反对；

第三，于国人意志集中和统一上，求得国家进步统一；

第四，实施宪政，成立宪政政府；

第五，遵守宪法之党派，一律以平等地位公开存在；

第六，清明吏治，铲除贪污①。

在组织方面，规定由全体会议推选常务干事 5 人～7 人，办理该会日常事务，每半年改选 3 人～5 人，由常务干事公推一人为主席。

统一建国同志会建立后，国民党继续推行反共反民主的政策，1940 年 10 月，国民党顽固派在新疆逮捕了爱国民主人士杜重远；12 月，拘留了民主人士马寅初；不久，封闭了救国会在各地创办的生活书店 10 余处；1941 年初，国民党顽固派对中共新四军突然

---

① 中共中央党校编：《中国民主党派史文献选编》，中共中央党校，1985 年内部发行，第 110 页。

袭击，发动皖南事变，随后取消第二届国民参政会主席团中共代表及许多其他进步人士参政员的资格。在这种情况下，中国共产党坚决执行"发展进步势力，争取中间势力，孤立顽固势力"的方针，与国民党顽固派进行斗争。

处在这种内外形势紧迫关头的中间党派，深感过去统一建国同志会松散的联合，不足以应付这样严重的局势，必须团结起来，于是，第三党章伯钧、中华职业教育社黄炎培、乡村建设派梁漱溟、国社党张君劢、青年党左舜生等人多次秘密集会，决定将统一建国同志会改组成一个第三者性质的政治团体，定名为"中国民主政团同盟"，并进行了各方面的准备工作。1941年3月19日，中国民主政团同盟在重庆上清寺特园召开成立大会，会议通过了《中国民主政团同盟政纲》、《中国民主政团同盟简章》等文件，选举了中央领导机构，黄炎培、左舜生等为中央常务委员，推选黄炎培为中央常务委员会主席，不久，黄炎培辞去主席职务，由张澜担任主席。

中国民主政团同盟的政治纲领主要内容如下：

第一，实践民主精神，结束党治，在宪政实施以前，设置各党派国事协议机关；

第二，反对军队中之党团组织，反对以武力从事党争；

第三，保障人民生命财产及身体之自由，保护合法之言论、出版、集会、结社①。

中国民主政团同盟的成立，标志着中间党派的初步结合，是中间党派政治力量发展的一件大事，从此，在中国政治舞台上出现了一个介于国共两党之间的、影响和力量超过以往任何中间性政党的新的政党。它是民主运动的生力军，有利于民主势力，而不利于国民党顽固派。

5. **中国共产党政党思想的逐步成熟**

第二次国共合作，由于中国政治舞台上国民党和共产党两个大党的合作，直接影响了中国政党政治的格局。国民党由于与共产党合作，比较努力抗战，其内部加强了团结，在全国的影响和地位大为提高。共产党则发展更快，成为拥有120万党员，掌握120万军

① 于刚主编：《中国各民主党派》，中国文史出版社，1987年，第460页。

队，领导 1 亿多人口的大党。同时，在国共合作，致力于中国民族解放的大前提下，一些中间政党逐步趋向争取民主自由，反对专制独裁的斗争，成为新型党派。

国民党虽然与共产党合作，但总是要搞独裁专制，实行"一个主义，一个政党，一个领袖"的一党政治，这种一党政治，只承认自己一党合法，其他各党非法；只认一个人独裁，而否认广大人民的民主；只要自己一党的主义，而违背大多数人的思想。这种反社会，反民主，反人民的政治不仅为共产党所反对，为大多数民主党派所反对，也为全国人民所反对。中国共产党在与国民党合作中，坚持合作抗日，反对独裁专制；坚持团结大多数党派，反对一党专政，积累了丰富的经验，也使其政党思想逐步成熟。

首先，实现党派合作，建立广泛的民族革命统一战线，是中国共产党的基本策略任务。中国是一个半殖民地半封建的社会，受帝国主义侵略和封建主义压迫，这就给革命增加了困难，正如毛泽东所说："目前中国的和世界的反革命力量暂时还是大于革命力量"，同时，"中国政治经济发展的不平衡，产生了革命发展的不平衡"，这种严重情况就"要求我们适应情况，改变策略，改变我们调动队伍进行战斗的方式"，这种策略和方式，就是要求实现各党派的合作，"采取广泛的统一战线"①。

同时，由于中国社会的主要矛盾是帝国主义和中华民族的矛盾，中国的工人、农民和小资产阶级坚决反抗帝国主义，而且革命要求强烈，是中国共产党的基本依靠力量；民族资产阶级由于受外国资本和本国官僚军阀政府的压迫和排挤，在一定程度上能够参加反帝反封建的斗争；即使是买办大资产阶级，由于他们的各个集团是以不同帝国主义为背景的，在帝国主义之间矛盾尖锐化的时候，当革命的锋芒主要对着某一个帝国主义的时候，属于别的帝国主义系统的大资产阶级集团也可能在一定程度上和一定时期内参与到上述斗争中去。这一历史条件就决定了中国共产党可以和其他一些阶级及其政党合作，建立最广泛的统一战线。

其次，党派合作中应坚持独立自主的原则，无产阶级政党应坚持其领导权。中国共产党认为，"统一战线中的各党派实行互助互

---

① 《毛泽东选集》第 1 卷，人民出版社，1991 年，第 152~153 页。

让是必需的，但应该是积极的，不是消极的"，中国没有民主可言，政党政治是体制外的东西，"中国的情形是国民党剥夺各党派的平等权利，企图指挥各党听它一党的命令"，因此，"保存党派和阶级的独立性，保存统一战线中的独立自主；不是因合作和统一而牺牲党派和阶级的必要权利，而是相反，坚持党派和阶级的一定限度的权利；这才有利于合作，这才有所谓合作。否则就是将合作变成了混一，必然牺牲统一战线"①。

在党派合作中，无产阶级政党应坚持其领导权，这是由中国革命的性质和中国共产党的性质所决定的。毛泽东认为，无产阶级政党的领导权，主要是指"共产党对于全国人民的政治领导"，"对于全国各革命阶级的政治领导"②。要实现这一领导权，中国共产党必须做到：制定统一战线的正确的政治纲领，"作为全国人民一致行动的具体目标"③；对同盟者进行政治教育，在政治上把同盟者尽可能提高至当前革命纲领的水平；率领参与合作的各党派向着共同的敌人作坚决的斗争，并取得胜利；照顾所合作的各党派的利益，至少不损害其利益；不断加强无产阶级政党的自身建设，保持"思想的统一性，纪律的严格性"④。

再次，党派合作中，制定正确的政策和策略。革命政党和革命群众的实践总是同一定的政策相联系的。毛泽东说："政策是革命政党一切实际行动的出发点，并且表现于行动的过程和归宿。"⑤在党派合作中，中国共产党根据各个时期的具体情况，制定了一系列正确的政策和策略，以团结各党派，指导革命实践。抗日战争中，中国共产党针对党派合作中政治关系的变动，确定了"发展进步势力，争取中间势力，孤立顽固势力"的策略总方针，作为党在这一时期"对于国内各阶级相互关系的基本政策"⑥。

对于国民党顽固派，中国共产党认为，他们是大资产阶级英美派的代表，他们"一面和日本对立，一面又和共产党及其代表的广

---

① 《毛泽东选集》第2卷，人民出版社，1991年，第537~539页。
② 《毛泽东选集》第1卷，人民出版社，1991年，第263页。
③ 《毛泽东选集》第1卷，人民出版社，1991年，第262页。
④ 《毛泽东选集》第1卷，人民出版社，1991年，第263页。
⑤ 《毛泽东选集》第4卷，人民出版社，1991年，第1286页。
⑥ 《毛泽东选集》第2卷，人民出版社，1991年，第763页。

大人民对立"①，具有两面性，中国共产党采取了又联合又斗争，以斗争求团结的政策，即对他们的抗日、联共方面应当加以联合，对他们动摇、反共方面，必须进行斗争。只有这样，才能迫使其不敢公开破坏党派合作，从而有利于联合抗日。为了更好地执行这一政策，中国共产党还提出了"有理、有利、有节"的策略原则。有理，就是自卫原则，人不犯我，我不犯人，人若犯我，我必犯人；有利，就是胜利原则，不斗则已，斗则必胜；有节，就是休战原则，做到适可而止，以免完全破坏党派合作。

对于中间党派，中国共产党认为他们代表民族资产阶级及上层小资产阶级利益，是反封建民主革命的动力之一，他们"没有大资产阶级那么多的反动性和对抗性，并且基本上没有掌握过政权和武装力量。因此，我们同民族资产阶级基本上没有武装力量的联合和斗争，而主要是政治上的联合和斗争。斗争的主要手段是批评和教育，而批评也是为着教育和团结"②。中国共产党在同中间党派合作中采取了一系列正确政策：（1）充分尊重对方，在平等的基础上进行合作。中国共产党认为，各党派不论力量大小强弱，在政治地位上是平等的，合作中不能以大党身份轻视对方。（2）在独立的基础上进行合作，即在抗日和民主的共同旗帜下承认各党派可以拥有独立的信仰体系和政治主张。（3）真诚合作。中国共产党十分重视中间党派的作用，毛泽东说："共产党如果不争取中间阶级的群众，并按其情况使之各得其所，是不能解决中国问题的。"③ 因此，真诚与之合作，遇到重大问题与他们商讨，尊重他们的意见，帮助他们解决各方面困难，对他们的每一点进步给予鼓励，对其动摇态度则进行耐心的说服教育。

中国共产党政党思想的逐步成熟，不仅直接保证了整个抗日战争时期中国政党政治的正常发展，抗日民主运动的顺利进行，而且为抗战胜利后中国共产党同各民主党派之间的新型党派合作关系创造了有利的社会历史条件，奠定了思想理论基础。

---

① 《毛泽东选集》第 2 卷，人民出版社，1991 年，第 782 页。
② 李维汉：《统一战线与民族问题》，人民出版社，1981 年，第 392 页。
③ 《毛泽东选集》第 2 卷，人民出版社，1991 年，第 783 页。

四 中国共产党领导下的多党合作制的形成

1. 抗战的胜利与民主党派的勃兴

1945 年 8 月抗日战争胜利后，国内阶级关系发生了急剧变化，中国政党政治面临新的发展机遇。

抗战胜利后，应实行什么样的政党政治呢？还在 1945 年 4 月，毛泽东在中共七大会议上就提出废止国民党一党专政，"成立一个由国民党、共产党、民主同盟和无党派分子的代表人物组成的中央政府，发表一个民主的施政纲领"①。8 月 25 日，中共中央发表《对目前时局的宣言》，表示中共"愿意与中国国民党以及其他民主党派，努力求得协议，以期各项紧急问题得到迅速的解决，并长期团结一致，彻底实现孙中山先生的三民主义"②。也就是说，废止国民党一党专政，以孙中山三民主义为基础，形成各党派共同执政、参政、议政的多党合作的新型政党政治局面。中共这一主张强调各政党平等相处，共同合作，以发展中国政党政治。

中国共产党的主张得到了全国人民和各民主党派的热烈欢迎，中国民主同盟提出"民主统一，和平建国"的号召，要求召集各党派及无党派人士会议，以共商国是。中华民族解放行动委员会领袖章伯钧要求国民党应立即结束党治，提出"今后民主建国大业，任重道远，经纬万端，必须全民合作，党派团结"③。

结束国民党一党专政，实现各党派的平等合作，是中国政党政治发展的必然趋势。

以前，中国政治舞台上除了国民党、共产党外，其他各党都力量弱小，势力单薄，但经过抗日战争的八年洗礼，都逐步发展起来，如中国民主同盟，号称三党三派，到抗战胜利时党员已达3000 多人，且绝大多数是社会上有相当声望的知识分子。中华民族解放行动委员会及其他一些民主党派都有了相当大的发展。特别是中国共产党的力量得到空前壮大，成为一个大党。在这种情况下，国民党政府不得不在形式上承认各党派的法律地位，这是中国

---

① 《毛泽东选集》第 3 卷，人民出版社，1991 年，第 1067 页。
② 《中共党史参考资料》第 6 册，人民出版社，1979 年，第 1 页。
③ 《新华日报》，1945 年 9 月 14 日。

政党政治发展的一个极重要的成果，因为自民国初年有过竞争性政党政治短暂的蜜月后，具有一定社会基础的非政府党派从未获得过中国统治当局的法律承认。这一成果来之不易，正如周恩来所说："在这以前，蒋根本不承认各党派的地位，而此后却承认了，提高了各党派的地位。历史的发展是非常之快的，党派会议、联合政府都是中共提出的，各党派今天所以有地位，是共产党与人民的努力取得的。"① 正是由于各党派力量的壮大与地位的提高，使得人们对政党政治的期望也大为提高，要求参政议政，干预国事的愿望也强烈起来，一时间，旧的政党十分活跃，新的政党纷纷成立。

1945 年 10 月 1 日，中国民主同盟在重庆召开临时全国代表大会（即第一次全国代表大会），会议通过了《中国民主同盟临时全国代表大会政治报告》、《临时全国代表大会宣言》等文件，强调结束国民党"一党专政的党治"，"要把中国造成一个十足地道自由独立的民主国家"②。大会选出中央执行委员会，选举张澜为中央常务委员会主席，并决定出版中国民主同盟机关报《民主报》。

1945 年 12 月，中国民主建国会在重庆召开会议，宣告该党成立。该党主张"采取孙中山先生所定三民主义之重要进步部分，订入宪法，以确定全民共同保信之范围"，要求民主宪政，反对"军人武断政治与大官僚政客包办政治"，认为"民主政治之基本条件，为人民身体、信仰、言论、出版、集会、结社、通讯等之自由"等③。大会选举了领导机构，胡厥文、黄炎培、李烛尘等 11 人为常务理事，并决定创办《平民周刊》，作为机关刊物。

1945 年 12 月 30 日，中国民主促进会在上海科学院内召开第一次会员大会，宣告中国民主促进会正式成立。其政治主张为：发扬民主精神，促进民主政治的实现，要求国民党还权于民，实现言论、出版、集会、结社、人身的自由等。会议选举马叙伦、严景跃、林汉达等 11 人为理事。随后，第一届理事会举行会议，推举马叙伦、陈己生、王绍鳌为常务理事。

1946 年 5 月 4 日，九三学社在重庆召开成立大会，会议通过

---

① 《周恩来选集》上卷，人民出版社，1980 年，第 253 页。
② 《中国民主同盟历史文献》，文史资料出版社，1983 年，第 71 页。
③ 《民主建国会政纲》，载《平民周刊》，第 1、2、3 期合刊本，1946 年 1 月。

了社章、成立宣言等文件。基本政治主张为：促进政治民主之实现，争取人民之基本自由；从政治民主化，谋军队国家化；肃清贪污，反对官僚政治；学术思想之绝对自由等①。会议选举许德珩、潘菽等 16 人为理事，卢于道、何鲁等 8 人为监事。

此时，国民党内一些民主派也分裂出来，组建自己的政治团体。1945 年 10 月 28 日，中国国民党三民主义同志联合会在重庆上清寺特园举行第一次全体大会，宣告成立组织，会议讨论通过了《三民主义同志联合会政治主张》等文件，其政治主张为：国民党应自动结束党治，建立举国一致的联合政府，保障人民的民主自由等②。会议选举谭平山、陈铭枢等 17 人为中央临时干事会干事，谭平山等 9 人为常务干事。1946 年 3 月 12 日和 4 月 14 日，中国国民党民主促进会举行两次会议后，正式宣布成立，并发表了《中国民主促进会宣言》，其政纲与三民主义同志联合会大体相同，李济深为中央主席。

这些民主党派成立后，在中国共产党的支持和帮助下，积极要求民主，反对国民党一党专政，与其他民主党派一起，站在人民革命方面，发挥了重要作用。

2. 旧政协的召开——一个冬天的政党政治神话

国民党并没认识到战后政党力量与关系的新变化，仍顽固地坚持一党专政，企图发动内战消灭各党派和民主力量。但是，由于全国人民要求和平、民主的呼声一浪高过一浪，国民党本身也没有作好战争的准备。因此，蒋介石连续三次电邀毛泽东赴重庆进行和平谈判。

1945 年 8 月 28 日，毛泽东率中共代表团前往重庆，与蒋介石等国民党领导人进行了 43 天的艰苦谈判，于 10 月 10 日签订了《国共代表会谈纪要》（即"双十协定"）。重庆谈判虽然没有解决军队、政权问题，但却迫使国民党承认了共产党提出的"和平建国的基本方针"，同意"召开政治协商会议"，"邀集党派代表及社会贤达协商国是"③。

---

① 《新华日报》，1946 年 5 月 6 日。
② 《三民主义同志联合政治主张》，载《民联》，1946 年 3 月 5 日，第 4 期。
③ 《民国政府与中共代表会谈纪要》，载延安《解放日报》，1945 年 10 月 12 日。

《会谈纪要》公布后，全国人民都对此寄予无限希望，强烈要求尽快召开政治协商会议，实现国内和平，建设新中国。一些中间党派也希望召开政协会议，因为政协会议就是党派会议，一旦会议召开，他们就可以党派身份跻身于国家大事的决策者行列，中国政党政治就可以进入体制内了。因此，各中间党派大造舆论，要求国民政府按《会议纪要》办事，尽早召开政治协商会议，善良的人们真以为政党政治、和平民主的春天已近在咫尺。

国民党本来就不准备履行《会谈纪要》中的承诺，在纪要公布的第二天，蒋介石就向各战区国民党将领下达了内战密令，于是，国民党军队迅速向中国共产党领导的解放区发动进攻，一时间，硝烟再起，战火重燃。但此时，全国人民反内战的民主运动日渐高涨，马歇尔来华又带来了美国人不让打内战的信息，这使蒋介石认识到，发动全面的大规模内战的时机仍没有成熟。同时，蒋介石还从国内人民和各民主党派要求召开政协会议的热烈情绪中，感到大有文章可做，他认为如把这种情绪引导到反共方面，将有利于国民党在政协帷幕下，逐步造成所谓"宪政"名义下的一党专政，因此，国民党一反常态，决定召开政治协商会议。

中国共产党坚决支持政协会议的召开，但提出了"国民党军队立即停止向解放区进兵"的停战条件。在美国人马歇尔的调停下，国共双方于 1946 年 1 月 10 日签订了《停战协定》。当天，举国瞩目的政治协商会议在重庆国民政府礼堂隆重开幕。

会议期间，中国共产党与以民盟为代表的各民主党派结成了反内战反独裁的政治联盟，在有关重大问题上共同协商，相互支持，与国民党进行了针锋相对的斗争。主要是围绕政治民主化和军队国家化问题展开激烈的争论。

在政治民主化问题上，涉及四个重大问题：国民大会问题、施政纲领问题、制宪原则问题、改组政府问题。

关于国民大会问题，主要是代表问题。国民党坚持 1936 年在其一党主持下选举出来的 1200 名代表仍然有效，只是认为"其余名额可使之合理增加"。中国共产党则认为，过去的代表是国民党一手包办的，既不能代表民意，也不民主，要求重新选举。

重新选举代表，就是要求各党派平等竞争，民主竞选，以刷新中国政党政治，结束国民党一党专政的独裁政治。国民党坚持一党政治，为其专制行为辩护，其代表陈立夫说："有人批评国大选举法有指定代表为不民主，其实中国要进至民主，还要相当时间。"[1]陈立夫的发言当即受到中共和各民主党派代表的批评，他们认为，中国民主化进程固然要一定时间，但指定代表本身是不民主，也是不必要的。陈立夫则认为中国人没有竞选的习惯，因此需指定代表。陈立夫的诡辩实际是认为中国没有实行竞争性政党政治的条件，这就激起了中共和各民主党派的反对，中共代表陆定一当即反驳陈立夫："陈先生认为，中国人民中有不愿参加竞选的习惯，这在某些老先生中或有此事实，但数量很少，相反的，曾琦先生昨天就曾说，当时青年党是放弃竞选的。中共更是被迫无法参加竞选，如果中共有好环境，会不参加竞选吗？要说国情，国情主要的是在这里，许多政党都愿意竞选，满足这一点很重要。"[2]

通过代表的多次讨论，中共也作出一定让步，最后达成协议，同意国民党保留原来 1200 名代表，但国大代表名额增至 2050 人。同时规定，国民大会制定的宪法须有在会的四分之三的代表通过方能生效，这就基本打破了国民党企图一党包办国民大会的妄想。

关于施政纲领问题。中国共产党向大会提交了《和平建国纲领草案》，要求结束一党专政，各党派平等，长期合作，给人民以民主权利等一系列主张，受到各民主党派的赞成和拥护。但国民党却坚持一党专政政治，绝不作松动的表示，陈立夫大讲一党专政的优点，还美其名曰是学习苏联的办法，他振振有词地说："国民党以党治国是效法苏联，今天大家以多党制的理论来批评一党制，那是什么也不能解决的。"[3] 对此，中共代表陆定一即起反驳，他说："我们认为苏联的特点，是无权的工农知识分子有权，国民党学习这一制度，如能使无权的工农知识分子有权，那要不胜感激，而事实确是大家所共见的。"陆定一还强调，"苏联并不是一切事情由党派包办，而是由党领导人民工作，在中国则一党专政是行不通的，中国只应实行多党政治"[4]。

---

① 重庆《新华日报》，1946 年 1 月 19 日。

② 重庆《新华日报》，1946 年 1 月 19 日

③ 《政治协商会议纪实》（上卷），重庆出版社，1989 年，第 413 页。

④ 《政治协商会议纪实》（上卷），重庆出版社，1989 年，第 414～415 页。

中共代表的发言获得了多数代表的赞成，通过各派人士广泛发表意见，进行讨论，会议基本接受了中共提出的《和平建国纲领草案》。

关于制宪原则问题。国民党企图使 1936 年 5 月 5 日通过的维护其专制独裁统治的《五五宪法草案》作为宪政时期的根本大法，只是提出在技术方面"可以从长研究，补充修正"①。中国共产党和一些民主党派坚决不同意这种小修小改的办法，主张重制新宪法。中共代表吴玉章提出 5 条制宪原则：不能以普通法律限制宪法所规定的民权自由；中央、地方政制借鉴英、美民主国家的国会制度；省为自治单位，选省市长，制省宪；明确制定和平建国的国策②。

各中间党派也纷纷提出自己关于制宪的原则，以响应中共的主张，在多数代表的呼吁下，国民党被迫同意由政协会议组成宪草审议委员会，对《五五宪草》进行审议修改，并确定了国会制、内阁制、省自治的原则，实际上接受了中国共产党的制宪原则。

关于政府改组问题。国民党坚持一党专政的政府，中国共产党和各民主党派则要求在国民大会召开前改组国民政府，成立临时联合政府。经过激烈斗争，终于在改组政府问题上达成协议：国民政府委员会为最高国务机关；委员 40 人，半数为国民党员，但涉及施政纲领之变更须有三分之二委员通过；国府主席的否决权，必须得到五分之三以上委员的同意；国府委员会有对各部、会长官的任免权。

在军队国家化问题上，关键在于先实行政治民主化，后实行军队国家化，还是反之。中国共产党坚持前者，国民党则坚持后者，双方围绕这一问题，展开了激烈争论。通过谈判与斗争，国共双方基本达成协议，政协会议通过了《军事问题案》，规定建军原则为"军队属于国家，军队责任在于卫国爱民"；整军原则为"军党分立"，"军民分治"；还规定了"以政治军"的办法和"公平合理地整编全国军队"的原则。

1 月 31 日，政治协商会议闭幕，会议通过了关于政府组织、

---

① 重庆《中央日报》，1946 年 1 月 20 日。
② 重庆《新华日报》，1946 年 1 月 20 日。

国民大会、和平建国、军事问题、宪法草案等 5 项决议,确定了和平、民主、团结的方针,确定了政治民主化、军队国家化、党派平等合法等重要原则,确定了人民的各种民主权利等,这是一个重大胜利。全国人民都以极大的热情,翘首以待国民党当局,将纸上的协议变成实际的行动。

但国民党并不准备实现政协会议所通过的决议,它不允许民主议会和竞争政党的存在,而其本身也不能协调其与竞争政党的矛盾,它只相信武力,企图以武力消灭竞争政党,达到其一党专政的目的。

政协会议后,国民党出动警察、特务、军队,大肆迫害民主进步势力,先后制造了沧白堂事件、较场口事件、捣毁《新华日报》营业部和《民主报》报馆的事件等,随后,又召开国民党六届二中全会,第四届国民参政会第二次会议等,作出了违反政协决议的决议。1946 年 6 月 26 日,国民党军队大举向中原解放区发动进攻,悍然发动全面内战,将全国投入战争的腥风血雨中。

至此,由重庆谈判和政治协商会议所带来的关于在中国实现政党政治的希望,就像一个冬天的神话,倏然破灭了。

3. **两党合作的破裂及其教训**

全面内战爆发后,起初国民党军队一度得势,攻城夺地,连连得手。1946 年 10 月 11 日,国民党军队侵占了张家口,蒋介石利令智昏地认为"共军已崩溃",便于当天下午下令在南京召开所谓制宪的"国民大会"。根据各党派参加的政协会议规定,必须在全面停战的前提下,由各党派改组政府,随后由改组了的联合政府召开举国一致的国民大会,通过宪法,实施宪政;而国民党却破坏了它,在硝烟弥漫全国的形势下企图消灭竞争性政党的战争中召开国民大会,是不合法的。因此,共产党坚决不参加,中国民主同盟及其他一些民主党派也拒绝参加,但国民党仍决定单独召开"国民大会"。

1946 年 11 月 15 日,伪国大在南京开幕。中国共产党和各民主党派痛斥国民党当局的非法行为。16 日,周恩来在南京举行中外记者招待会,指出伪国大是国民党一党包办的,是违背政协决议和全国民意的,表示中国共产党坚决反对,决不承认,他说:"我们中国共产党愿同中国人民及一切真正为和平民主而努力的党派,为真和平真民主奋斗到底。"① 当伪国大通过的所谓宪法出笼后，立即遭到中国共产党和各民主党派的否定，认为这是一部"人民无权，政府有权；地方无权，中央有权；立法无权，总统有权"的伪宪法。由于中共和各民主党派的坚决斗争，致使伪国大和伪宪法名誉扫地，为中国人民所不承认，伪国大闭幕后不久，国统区就爆发了人民反对美蒋反动派的斗争。

与此同时，国民党军队在进攻解放区的战场上也开始遭遇失败，于是，蒋介石在 1947 年 1 月又导演一场"和平"攻势，要求与共产党和平谈判，对此，中国共产党提出两项最基本条件，即要求解散伪国大，废除伪宪法；恢复 1946 年 1 月 13 日停战时的军事位置。但遭国民党拒绝，随后，美国宣布退出国共之间的"调处"工作，更加公开地助蒋内战。

在此情况下，中国共产党仍希望通过最后机会，进行谈判，解决两党关系问题。中共中央指示京、沪、渝三个办事处："要准备撤退，但国民党不撵就坚决不走。"② 显示出中共维护国共合作的诚意。

但国民党将中共的让步认为是软弱可欺，决意要与中共破裂。1947 年 2 月 27 日深夜，国民党军警包围并搜查了中共驻渝联络处，横蛮要求中共人员及其眷属停止一切活动，于 3 月 5 日前一律撤离重庆③。28 日，国民党南京卫戍司令部、淞沪警备司令部分别致函中共南京办事处和上海办事处，污蔑中共所提和谈两项条件是"关闭和谈之门"，诽谤中共办事处人员"煽动风潮，组织暴动"，"散播谣言，鼓动变乱"，限其 3 月 5 日前全部撤离京、沪④。

对于国民党的无理决定，中共中央于 3 月 3 日发表声明说："中国共产党为了祖国的独立、和平、民主，始终委曲求全，在历次谈判中做到仁至义尽；甚至当蒋介石已经悍然不顾一切，一面召开伪国大，制成伪宪法，一面发动向延安的攻势之后，中共依然愿

---

① 李维汉：《回忆与研究》（下），中共党史资料出版社，1986 年，第 652 页。

② 转引自胡传章等：《董必武传记》，湖北人民出版社，1985 年，第 230 页。

③ 《国共谈判文献资料选辑（1945.8—1947.3）》，江苏人民出版社，1980 年，第 489 页。

④ 《国共谈判文献资料选辑（1945.8—1947.3）》，江苏人民出版社，1980 年，第 490～491 页。

意在恢复去年一月十三日军事位置与取消伪宪，恢复政协路线两个最低限度的条件下继续谈判，用和平方法解决国内重大问题。然而，蒋介石却横蛮地拒绝中共所提出的最合理的与最低限度的起码要求，在其自己的军事、政治、经济各方面近来遭逢严重的危机之后，竟然出此一着，强迫中共在各地担任谈判工作的全部代表与工作人员限期撤退，最后关死一切和平谈判之门，妄图内战到底，实现其武力消灭中共及全国民主势力阴谋。"声明最后指出："蒋介石这一荒谬步骤，如不立即改变和放弃，那真是他自己走到了绝路，一切后果应由他负责。"①

3月7日，中共驻南京代表团负责人董必武率领中共驻南京、上海办事处工作人员华岗、潘梓年、王炳南等74人离开南京返回延安。中共代表团撤离南京，标志着第二次国共合作正式破裂。

第二次国共合作的破裂留给我们很多思考，主要有：

第一，党派关系要服从国家民族的总体利益。党派关系或者政党政治是近代社会的产物，它之所以能够很快发展，是因为它与国家民族的总体利益是一致的，近代政党政治促进了各个国家民族的发展。第二次国共合作是在日本帝国主义侵略中国，民族危机加深的情况下形成的，顺应了国家民族的需要，所以得到发展。抗战胜利后，和平、民主是国家民族发展的需要，而国民党在美国人的支持下，悍然发动全面内战，破坏和平民主，违背了全国人民的意志。中国共产党坚决反对独裁、内战，因此，国共两党"在斗争的基本方针上是绝不会让步和变动的"②。这种基本方针的对立是两党破裂的内在原因。要维护党派合作，只有顺应历史潮流，彻底抛弃独裁、内战政策，建立联合政府，将中国建设成一个独立、自由、民主、富强的新国家。

第二，党派合作，要留有余地，不关闭谈判大门。党派合作中，总是会有矛盾存在，有时是尖锐对立的矛盾，如何解决矛盾呢？只有经过双方谈判，才能走出山重水复的困境，迎来柳暗花明的局面。抗战胜利后，中国共产党和国民党为解决双方分歧，也进

---

① 《中共中央文件选集》第13册，中共中央党校出版社，1992年，第605～606页。

② 《周恩来选集》上卷，人民出版社，1980年，第260页。

行过多次谈判，谈判中，共产党总是顾全大局，留有余地，即使在国民党发动战争，驱赶中共代表团的情况下，中共领导人之一的周恩来一面愤怒谴责"和谈大门为国民党政府当局一手关闭了"①，一面仍然表示：如果国民党在战争中打的一败涂地，请求谈判，那么中共肯定会回来的。相反，国民党却总是自己关闭谈判大门，把事情做绝，使得合作关系不得不最后破裂。

第三，党派合作必须争取有利的国际环境。国共合作虽然是中国国内的事情，但中国是世界的组成部分，所以国共关系常常是在国际大气候下发生的，国际形势和环境的变化，常常对国共关系产生重大影响。抗战胜利后，世界政治格局处于重新调整之中，开始，以苏联为首的世界和平势力不愿中国内战，甚至美、英等资本主义国家也不愿中国发生战争，正是在这种有利的国际环境下，国民党在战后才不敢贸然破裂国共合作。后来，美国从反苏反共需要出发，支持纵容国民党反共，国民党才有恃无恐，放弃谈判，发动战争，企图以武力消灭共产党和民主力量，最终使两党关系破裂。

当然，党派分裂也不全是坏事，它使政党的政治倾向更加鲜明，搞独裁内战的政党为人民所抛弃，坚持民主自由的政党为人民所拥护。中国共产党开始认识到，过去封建军阀搞独裁专制，视政党政治为玩物，肆意践踏，应该推翻；而一个政党如果在执掌政权后，一意孤行，坚持独裁专制，也必须推翻，正如毛泽东在评论国民党一党专政时所说："所谓国民党的一党专政，实际上是国民党内反人民集团的专政，它是中国民族团结的破坏者，是国民党战场抗日失败的负责者，是动员和统一中国人民抗日力量的根本障碍物。……这个反人民的专政，又是内战的祸胎，如不立即废止，内战惨祸又将降临。"② 只有在扫除这一专制独裁的一党专政后，中国才能发展有中国特色的真正的政党政治。

4. 国民党一党专政的反动

抗战的胜利本来为国民党重新树立权威提供了一个极好的机会，因为它毕竟以国民政府的地位进行抗战并取得了胜利。但国民党却一意孤行，坚持独裁内战的政策，不仅没能重新树立自己的权

---

① 《周恩来选集》上卷，人民出版社，1980年，第244页。
② 《毛泽东选集》第3卷，人民出版社，1991年，第1066～1067页。

威，反而随着反动政策的施行而民心丧尽。

第一，发动内战。抗战八年，全国人民受尽战争的苦难，都希望有一个安定环境、和平建国。但国民党却无视民意，在美国的支持下，大肆调遣军队，疯狂抢占军事要地，要求其军队"加紧作战，积极推进，勿稍松懈"，向各解放区发动进攻，至 1946 年 5 月，国民党军队先后侵占四平、长春、吉林等地，使东北内战严重升级。6 月中旬，当国民党完成全面内战的准备后，为了制造借口，向共产党蛮横地提出 5 项条件，要求人民军队退出下列各地："①陇海路以南的一切地区；②胶济路全线；③承德和承德以南一切地区；④东北的大部分；⑤1946 年 6 月 7 日后共产党在山东、山西两省从伪军手里解放的一切地区。"① 并威胁说，共产党如不退出上述地区，则国民政府不能考虑停战问题，企图将内战责任推到共产党身上。

中国共产党为了阻止国民党发动内战，于 21 日向国民党提出长期停战，恢复交通、整军复员、重开政协等四项建议，但为国民党所拒绝。显然，国民党是决心已下，一心要发动内战了。6 月 26 日，国民党军队大举进攻中原解放区，发动了全面内战；7 月至 9 月，国民党又组织大批军队向苏皖、山东、晋察冀、晋馁等解放区进攻；10 月，向东北各解放区发动进攻，并大军包围陕甘宁边区。全国再次陷入战争的炮火硝烟中。

第二，强化独裁专制。1947 年 1 月 1 日，国民政府正式颁布《中华民国宪法》，宣布于同年 12 月 15 日开始行宪。3 月 15 日，国民党召开六届三中全会称："国民政府改组之日，即为训政开始结束之时。由兹以至行宪之过渡期间，中国政治已不复为一党负责之政治，本党所处之地位及其对于政府之关系，自不同于往时。"② 装出要改变一党专政的姿态。但事实上，于三四月改组后的国民政府中，29 名政府委员，青年党、民社党、社会贤达为 12 席，国民党为 17 席，占 60％，而且，国民政府主席和五院院长均系国民党员。国民党一党专政在中央政权上的重要表现形态，就是政权由国

---

① 《第三次国内革命战争大事月表》，人民出版社，1991 年，第 21～22 页。

② 荣孟源主编：《中国国民党历次代表大会及中央全会资料》（下），光明日报出版社，1985 年，第 1091 页。

民党人把持，显然，改组后的国民政府，依然是国民党为主干并操有实权的一个政权。

1948年3月29日，国民党召开"行宪国大"，国民党人蒋介石当选为总统，李宗仁当选为副总统。根据《中华民国宪法》，总统被赋予7种对内对外的实际权力，即①外交权；②军队统率权；③戒严权；④任免权；⑤刑罚赦免权；⑥公布命令之权；⑦荣典授予权。此外，还授予总统三方面特权：①随意提任之权；②解决院与院之间争议的权利；③紧急命令权。由此可以看出，蒋介石作为总统，不仅有各国总统通制中的一般权力，而且有特殊权力，更有甚者，他还有超出宪法之外而用"临时条款"名义规定的无所不包的紧急处分权力，从而使他成为国民党统治区的最高专制统治者，所谓的《中华民国宪法》实际上强化了蒋介石的专制统治。

为了消灭共产党，镇压民主势力，1947年7月4日，改组后的国民政府通过了由蒋介石提出的《厉行全国总动员，以戡平共匪叛乱，扫除民主障碍，如期实施宪政，贯彻和平建国方针案》，为了保证"戡乱"方针的贯彻，国民党采取了一系列措施，强化其统治。政治上，强化特备警察机构，在各地方，实行保甲，组训民众，要求人必归户，户必归甲，把户口与自卫纳入保甲之中；经济上，对解放区实行经济封锁；军事上，撤裁绥靖、行辕等军事机构，成立"剿匪总司令部"。

第三，官僚资本巧取豪夺。抗战胜利后，国民党官僚资本通过"接收"沦陷区敌伪财产，不择手段地将本应属于人民的大量财富攫为己有，因当时新旧交替之时，社会秩序混乱不堪，既无章制，也无规则，所以，"接收"无异于"劫收"，国民党官僚、军官、警察等各类人物都纷纷投入这场大洗劫中，老百姓讥讽为"五子登科"（即金子、票子、房子、车子、女子）。

同时，国民党还获得美国的大量财政援助，据统计，抗战胜利后，国民党获得美国各种援助达47.09亿美元[1]。有了这样的基础，国民党官僚资本在行政权力的支持下，垄断原料，垄断商品市场，欺行霸市，投机倒把，大发横财，不断膨胀起来，而国内民族经济则一片萧条。

---

① 参见吴承明：《帝国主义在中国的投资》，人民出版社，1955年，第78页。

第四，镇压民主势力。国民党在发动全面内战的同时，在其统治区，出动大批军队、警察、特务等，对民主势力进行野蛮镇压。继制造较场口事件和沧白堂事件后，国民党特务于 1946 年 3 月在西安捣毁民盟西北总支部，杀害民盟成员王任律师；4 月 30 日又枪杀民盟西北总支部青年部长李敷仁；6 月 30 日，国民党军警在南京下关车站围殴赴南京请愿的上海人民和平请愿团多名代表，制造"下关惨案"；7 月，国民党特务暗杀民盟负责人李公朴、闻一多，制造了"李闻惨案"等。

1947 年 5 月，国民党军警镇压南京、上海等地大学生游行示威，制造"五二〇血案"；10 月 7 日，国民党宣布民盟是"中共之附庸"，当天，枪杀民盟中央常委兼西北总支部主任杜斌丞；27 日，国民党政府宣布民盟为"非法团体"，使民盟被迫宣布解散；11 日，国民党军警逮捕并处决了浙江大学学生自治会主席于子三。

1948 年初，国民党军警镇压上海申新棉纺九厂工人罢工，打死工人 3 名，重伤数十名，造成"申九惨案"；4 月，国民党军警又对上海发电厂工人罢工进行镇压，杀害工会常务理事王孝和。

国民党的反动，并没有吓倒中国共产党和各民主党派，也没有吓倒全国人民，相反，一场声势更加浩大的民主运动在全国蓬勃开展起来。

5. 中国共产党在民主党派中领导地位的确立

1947 年 6 月 30 日，人民解放军进入战略反攻后，形势发生急剧变化，到 1948 年，相继取得战略反攻和战略决战的伟大胜利，国民党在长江以北的力量丧失殆尽，其政权呈现土崩瓦解之势。中国政治进入一个新的发展时期。在这一重要的历史转折关头，各民主党派都面临重大的抉择。

在革命形势鼓舞下，民主党派的活动空前活跃。一些新的民主党派宣告成立，一些宣告解散的民主党派也恢复活动。1947 年，台湾"二二八"起义后，一些参加起义的革命者于 11 月 18 日召开会议，宣布成立台湾民主自治同盟。台盟的政治纲领为："打倒独裁政权，实行人民民主制度。"[①] 总部负责人为谢雪红。

11 月，冯玉祥联合在美国的国民党民主分子，成立了旅美中

---

① 《新台湾丛刊》，1947 年 12 月 1 日，第 3 辑。

国民主同盟，积极争取海外侨胞参加反蒋斗争。12月，三民主义同志联合会、国民党民主促进会等国民党内民主派在香港召开会议，正式成立国民党革命委员会，宣布反对蒋介石独裁政府，建立联合政府，开始进行统一的政治活动。

1948年1月，民盟中央在香港召开一届三中全会，表示"不能接受本盟总部于去年11月6日在南京反动独裁政府的劫持与威胁下，未经合法会议而发表的'辞职'，'解散总部'及'停止盟员活动'等声明"①。宣布恢复活动。与此同时，其他各民主党派都精神奋发，异常活跃，呈方兴未艾之势。

各民主党派积极参与反蒋政治斗争，支持工人和学生运动，在第二条战线上与中国共产党密切合作，发挥了自己的作用。

各民主党派与中共亲密合作，中国共产党对各民主党派也是以诚相待，爱护帮助。当国民党采取欺骗手段对待民主党派时，中共耐心地教育，说服，团结他们，帮助他们摆脱国民党的拉拢利诱；当各民主党派遭到暴力镇压与迫害时，中共挺身而出，站在斗争前列，想方设法保护他们，使他们避免遭受更大损失；当各民主党派碰到困难时，中共与他们一起同呼吸共命运，使他们顺利渡过难关。斗争的风风雨雨，使中国共产党与各民主党派建立了深厚的友谊，成为中国政党政治中的佳话，同时也使中共成为各民主党派的坚强后盾与值得信赖的依托。

这一时期，各民主党派政治活动的一大特点是：开始自觉接受中国共产党的领导，全面地巩固并发展同中国共产党的政治合作。

中国各民主党派由于其中小资产阶级的阶级性格，在过去的政治活动中，都能比较积极地参加民主革命，并同代表无产阶级利益的中国共产党实行政治联盟与合作，但只是站在第二者、第三者的立场上，同共产党合作，不愿承认共产党在政治上的领导地位。历史是各民主党派的最好老师，抗战胜利后，国民党蒋介石悍然挑起内战，迫害民主势力，非法取缔民盟这一严酷事实，宣告了第三条道路的破产。终于使一切真正希望推动中国民主化进程的政党派别认识到，只有中国共产党的政治选择才是惟一正确的。因此，他们同中国共产党之间的政治合作，也不应当照搬西方那种松散的、交

---

① 《中国民主同盟历史文献》，中国文史资料出版社，1983年，第363页。

易性的合作模式，而必须在承认共产党政治领导地位的基础上与之建立长期的有序的密切合作。

1948 年 1 月，民盟在其召开的三中全会上，就宣布民盟要"与中共携手合作"，摧毁国民党反动统治，建立民主联合政府。

1948 年 4 月 30 日，中国共产党发表纪念"五一"口号，提出召开各民主党派各人民团体和爱国分子的政治协商会议，立即得到各民主党派的积极响应，他们纷纷发表声明、宣言和文章，高度赞扬中共"五一"号召精神，表示坚决拥护；并阐明中间道路走不通，在革命与反革命之间，绝无中立徘徊之余地；同时，表示坚决拥护和接受中国共产党的领导。中国民主促进会明确指出："人民民主革命之彻底完成，必须无产阶级及其党领导。"[1] 中国致公党在其声明中说："中共在中国革命艰苦而长期的斗争中，贡献最大而又最英勇，为全国人民起了先导和模范作用，因此，这次新政协的召开，无疑我们得承认他是领导者和召集人。"[2] 1949 年 1 月，李济深、沈钧儒、马叙伦等著名民主人士代表各民主党派和无党派民主人士，联合发表《我们对于时局的意见》，表示"愿在中共领导下，献其绵薄，贯彻始终，以冀中国人民民主革命之迅速成功，独立、自由、和平、幸福的新中国之早日实现"[3]。1 月 27 日，中国国民党革命委员会发表《对于时局的声明》，指出根据孙中山先生三大政策之遗教和过去革命历次失败之教训，对于中国革命必须有一个正确认识，这就是：中国革命"必须在中国的无产阶级政党——中共领导下，才有不再中途夭折的保证"[4]。1 月 20 日，中国民主同盟发表《响应毛泽东主席八项和平主张》，表示拥护中国共产党的领导。与此同时，各民主党派先后修改党纲，在党纲中明确载入接受中国共产党领导的有关条文，将其作为党的基本政治原则确定下来。

---

① 于刚主编：《中国各民主党派》，中国文史资料出版社，1987 年，第 553 页。

② 于刚主编：《中国各民主党派》，中国文史资料出版社，1987 年，第 642 页。

③《中国民主同盟历史文献》，中国文史资料出版社，1983 年，第 505 页。

④《中国民主党派史文献选编》，中共中央党校，1985 年内部发行，第 86～87 页。

这一切说明各民主党派已由与中共合作上升到真诚地接受中国共产党的领导，也说明中国共产党对各民主党派的领导地位不是自封的，也不是强力推行的，而是以自己的先进性和不屈不挠的斗争赢得了各民主党派的尊敬和信赖，这种领导地位是历史形成的。

6. 新政协的召开——中国共产党领导下的多党合作制度的形成

中国共产党自 1948 年发出"五一"号召后，就开始为召开新政协进行各种准备。为了适应新的革命形势和新政协准备工作，中共中央于 1948 年 10 月将中央城市工作部改组为中央统战部，任命李维汉为部长、高文华为副部长，主管统战工作及筹备召开新政协的各项具体工作。

同时，中国共产党将与各民主党派的合作从思想上、理论上确定下来。早在 1935 年，毛泽东就明确认为，中国必须建立各党派各阶级的民主政体。抗战时期，毛泽东把这种政体概括为共产党领导下的各党派各阶级合作的统一战线政权，他说："我们主张统一战线政权，既不赞成别的党派的一党专政，也不赞成共产党的一党专政，而主张各党、各派、各界、各军的联合专政，这即是统一战线政权。"[①] 毛泽东认为，这种政权结构不仅兼顾了各阶级、各阶层的利益，而且便于对执政的共产党进行监督。随着客观条件的成熟和革命进程的深入，毛泽东的这一基本设想日渐丰富并现实性地提上议事日程，形成了"五一"宣言中召集政治协商会议，成立多党派民主联合政府的具体政策纲领。为了让这一政策纲领得到落实，毛泽东在中共七届二中全会上明确指出："在革命胜利后，迅速地恢复生产和发展生产，对付国外的帝国主义，使中国稳步地由农业国转变为工业国，把中国建设成一个伟大的社会主义国家，因为这样，我党同党外民主人士长期合作的政策，必须在思想上和工作上确定下来。"[②]

依据这一战略思想，中国共产党与各民主党派就召开新政协深入进行讨论，广泛交换意见，尊重他们的想法，吸收他们的建议。在充分讨论的基础上，中共中央代表高岗、李富春与各民主党派负

---

① 《毛泽东选集》第 2 卷，人民出版社，1991 年，第 760 页。
② 《毛泽东选集》第 4 卷，人民出版社，1991 年，第 1437 页。

责人沈钧儒、章伯钧等就《关于召开新的政治协商会议诸问题》达成了共同协议，一致主张彻底实现八项和平条件并在共产党领导下贯彻人民民主革命。1949 年 6 月 15 日，由中国共产党和各民主党派组成的新政协筹备会成立并召开第一次会议，通过了《新政协筹备会组织条例》和《关于召开新政协会议的单位及其代表名额的规定》，并选出以毛泽东为主任的新政协筹备会常务委员会，领导下设的六个小组进行建国的准备工作。30 日，毛泽东发表《论人民民主专政》，奠定了新中国国家制度的理论和政策基础。9 月 17 日，新政协筹备会召开第二次会议，决定将政治协商会议改名为中国人民政治协商会议，并通过了《中国人民政治协商会议组织法》等文件，基本完成了各项筹备工作。

1949 年 9 月 21 日，中国人民政治协商会议第一届全体会议召开，中国共产党、各民主党派、各人民团体、人民解放军、各地区、各民族及海外华侨等单位代表和来宾出席会议。毛泽东在开幕词中说："现在的中国人民政治协商会议是在完全新的基础上召开的，它具有代表全国人民的性质，它获得全国人民的信任和拥护。"①

在政治协商会议中，中国共产党和各民主党派进行充分的协商讨论，充分体现了共产党领导下多党合作的精神。9 月 27 日，大会通过了《中国人民政治协商会议共同纲领》，明确规定："由中国共产党、各民主党派、各人民团体、各地区、人民解放军、各少数民族、国外华侨及其他爱国民主分子的代表们所组成的中国人民政治协商会议，就是人民民主统一战线的组织形式。"② 大会还选举产生了第一届中国人民政治协商会议全国委员会，中央人民政府主席、副主席和政府委员，各民主党派的优秀人物被安排到中央政府部门担任重要职务。9 月 30 日，会议胜利闭幕。

中国人民政治协商会议的召开，使得在实际上已形成了一种适合中国国情的新的政党政治，即中国共产党领导下的多党合作和政治协商制度。1956 年，社会主义改造基本完成后，毛泽东提出了

---

① 《建国以来毛泽东文稿》第 1 册，中央文献出版社，1987 年，第 4～5 页。
② 杨建新：《五星红旗从这里升起》，中国文史资料出版社，1984 年，第479 页。

共产党和各民主党派"长期共存，互相监督"的方针，并列入党的
"八大"决议中，这标志着共产党领导下的多党合作作为一项基本
政治制度被确定，并且长期存在下来。

　　中国自辛亥革命后，在其历史发展进程中，经过竞争性政党制
度和一党独裁制，都为人民所否定，中国共产党发扬辛亥革命精
神，在领导人民革命中将马列主义政党思想与中国具体实际结合起
来，终于形成了适合中国国情的政党制度——共产党领导下的多党
合作制，这是历史的进步，是人民的选择。

　　中国共产党领导下的多党合作制的内容是：第一，共产党的领
导，这是多党合作的核心，是不可动摇的原则，当然这种领导不是
上下级之间的关系，是政治上、方向上的领导。正如周恩来所说：
"任何一个大党不应以绝对多数去压倒人家，而要容纳各方，以自
己的主张取得胜利。"① 第二，共产党与各民主党派长期合作，不
是权宜之计，不管遇到什么困难，共产党与各民主党派都"肝胆相
照，荣辱与共"，针对有些人认为民主党派已完成了历史使命，没
有存在的必要等想法，毛泽东说："究竟是一个党好，还是几个党
好？现在看来恐怕还是几个党好。不但过去如此，而且将来也可以
如此。"② 要求共产党与各民主党派"长期共存"。第三，参政议
政，政治协商。在决定国家和地方重大事务时，共产党和各民主党
派采取协商一致的原则，解决问题。第四，互相监督，共产党和各
民主党派互相监督，民主党派可以监督共产党，共产党也可以监督
民主党派，但主要是民主党派监督共产党。毛泽东说："这是因为
一个党同一个人一样，耳边很需要听到不同的声音。大家知道，主
要监督共产党的是劳动人民和党员群众。但是有了民主党派，对我
们更为有益。"③ 互相监督反映的是一种新型的政党关系。

　　这种全新的政党政治，是适合中国实际的政党政治，从政治学
的角度来看，现代政党是为组织政府而存在的团体，一党体系内的
政治结构，决定政策和政府工作人员人选是在一党内进行，不利于
吸收人才和新的社会力量，这是其一；其二，对政策体系的价值判

---

① 《周恩来选集》上卷，人民出版社，1980年，第252页。
② 《毛泽东选集》第5卷，人民出版社，1977年，第278页。
③ 《毛泽东选集》第5卷，人民出版社，1977年，第394～395页。

断主要是看其整体力量，共产党领导下的多党合作，既突出了先进政党——共产党的领导作用，又发挥了其他政党的作用，这种力量是单个党所不能比拟的；其三，政党政治的合理存在，能代表社会最广大人民的利益，共产党领导下的多党合作，既反映了工人、农民为主体的人民利益，又反映了各民主党派所代表的社会各层次的利益，因而最好地反映了共产党的先进性；其四，政党存在的合理性，必须有多种监督的渠道，共产党领导下的多党合作，发挥民主党派对共产党的监督作用，可以使共产党与时俱进，永远保持其先进性。中华人民共和国成立50多年的历史，证明共产党领导的多党合作这种政党制度是中国人民惟一正确的选择。

纵观辛亥革命以来中国近现代政党政治的历史，我们可以说，第一，西方资产阶级任何政党政治在中国都行不通；第二，中国只能实行中国共产党领导的多党合作和政治协商制度，这是历史的结论。

第八章　辛亥革命对中国外交的影响

一　建构平等国家关系的外交平台

社会革命的爆发和国家政权的更替、转移，往往是调整对外关系的一个契机。因而，当辛亥革命爆发中华民国建立后，中国外交及中外关系格局随之出现了深刻的变化。其变化之一，是以此为起点，中国开始逐步摆脱了晚清以来不平等条约体系的羁绊，重建了与邻国的睦邻友好关系，建构起了平等国家关系的外交平台。

1. 摆脱中外不平等条约的羁绊

鸦片战争以前，中国与西方国家之间的关系"大体上是一种平等的关系"[①]。但自 1840 年西方列强用武力打开中国大门，强加给中国种种不平等条约之后，中国与西方国家之间的关系就变得不平等了。在晚清时期，西方国家和日本强迫中国与之签订的不平等条约为 411 个[②]。其中，对中国伤害最大的条约有《南京条约》、《天津条约》、《北京条约》、《瑷珲条约》、《中俄勘分西北界约记》、《马关条约》、《辛丑条约》等。依据这些不平等条约，列强在中国攫取了包括勒索巨额赔款，割占中国领土，享有领事裁判权、协定关税、海关行政权、驻兵权、沿海和内河航行权、投资设厂权等数不

[①]　赵德馨等：《近代中西关系与中国社会》，湖北人民出版社，1993 年，第44 页。

[②]　据王铁崖编：《中外旧约章汇编》记载，近代中国与外国签订的条约为1182 个。根据近年来学术界对不平等条约的界定，属不平等条约者 745 个。其中，晚清时期 411 个，民国北京政府时期 243 个，南京国民政府时期 91 个。

清的政治、经济、文化特权。这种不平等的国家关系，给中国带来了无法估量的危害。因此，在不平等条约签订后，中国人民便为废除这些不平等条约进行了不懈的斗争，晚清政府也在一定程度上试图修改某些不平等条约。但在旧的国家关系、旧的国际关系格局的制约下，这些斗争和努力均没有取得应有的成效。修改、废除不平等条约的使命等待着新的国家政权来承担。

1911 年 10 月辛亥革命爆发，1912 年 1 月民国南京临时政府成立，这便成为了中国调整对外关系的宝贵契机。对于南京临时政府对待不平等条约的立场和政策，国内学术界多依据孙中山就任临时大总统时发布的对外宣言书中表示的"凡革命以前所有清政府与各国缔结之条约，民国均认为有效，至于条约期满而止"① 而予以负面评价，并把这一政策的原因归结为中国资产阶级的软弱性和妥协性。但是，只要我们考察南京临时政府成立之际特定的国内政治局面和国际关系，就不难理解南京临时政府采取上述立场和政策的无奈和原委了。就在孙中山发布《对外宣言书》不到半月，即 1912 年 1 月 12 日，南京临时政府外交部制订《中华民国对于租界应守之规则》时即指出："新政府兴，自当亟图挽救。惟现值军书旁午，不宜多起交涉，重大事件虽断不可退让，其余自应暂仍旧贯，留待后图，此亦不得不然之势也。"② 正是因为如此，章开沅、罗福惠主编的《辛亥革命与中国社会发展道路》一书认为：孙中山在《对外宣言书》中作出上述表示，"并不等于说明革命派没有反帝的目的，也不等于说明新政府打算永远让帝国主义保留在华特权"③。遗憾的是，历史没有给予南京临时政府"留待后图"的机会，随着民国南京临时政府迅即北迁，修约、废约的使命只能等待北京政府去作为了。

而对于民国北京政府的包括处理不平等条约在内的整个外交活

① 《对外宣言书》(1912 年 1 月 5 日)，见《孙中山全集》第 2 卷，中华书局，1982 年，第 10 页。

② 《云南军都督府关于中华民国对于租界应守之规则札》(1912 年 1 月 12 日)，见中国第二历史档案馆编：《中华民国史档案资料汇编》第二辑，江苏古籍出版社，1991 年，第 9～10 页。

③ 章开沅、罗福惠主编：《辛亥革命与中国社会发展道路》，湖北人民出版社，1994 年，第 18 页。

动，在很长一段时间里国内学术界更是予以负面评价，只是随着近年来民国史尤其是民国外交史研究的展开后，对于北京政府在处理不平等条约的评价才逐步接近公允。

民国北京政府在修约、废约中的第一个举措是修改进口税则。

1842 年《南京条约》和 1844 年《望厦条约》签订后，中国即丧失了关税自主权，钦定关税被改为协议关税。1858 年《天津条约》规定以"值百抽五"作为计算各种货物从量税率的统一标准。到 1902 年，晚清政府又同西方国家签订了《续修通商进口税则》，章程确认了中国海关税率为"值百抽五"。"值百抽五"本来就是西方国家强制给中国的不合理税率，但即便是这个税率在实际运作过程中都得不到保证。税则签订 10 年来，由于 10 年前各货运算的货价大大低于民国初年各种货价，如仍按旧货价运算，中国海关税率就不是"值百抽五"，而只有 2.66%[①]。为了扭转这种状况，并避免西方国家以"逾误期限"为由拒绝修约，北京政府及时于《续修通商进口税则》10 年期满之际的 1912 年 9 月 14 日，照会各国驻华公使，提出修改税则。虽然到 1912 年年底只有英、美两国照复北京政府外交部表示同意修改税则，随后又因 1914 年第一次世界大战爆发，各国忙于战争致修改税则交涉中断。但这一及时的交涉为日后的进一步外交交涉作了必要的铺垫。

1917 年 1 月，参战协约国多方面动员中国参战，北京政府把修改税则作为参战条件，希望协约国方面"允我酌加关税"[②]。3 月初，北京政府制订了《加入协约国条件节略》，要求协约国承认中国即时将进口关税率增至 7.5%。当中国于 1917 年 8 月 14 日宣布加入协约国参战后，1918 年 1 月在上海召开了修改现行税则会议。12 月 19 日，签订了《修改各国通商进口税则：善后章程》，实现了按现行货价"值百抽五"的目标。

民国北京政府修改关税税则的意义，不仅在于维持了中国海关税率"值百抽五"的原则，更重要的在于这是北京政府主动修约、废约，触动不平等条约体系的一次外交尝试。

---

① 程道德主编：《近代中国外交与国际法》，现代出版社，1993 年，第 116 页。

② 王芸生：《六十年来中国与日本》第 7 册，三联书店，1981 年，第 82 页。

如果说北京政府修改关税税则是修约、废约的一次外交尝试，那么，第一次世界大战后，北京政府依据相关国际法规，废除中德、中奥不平等条约和以外交途径废止中俄不平等条约，则是中国政府修约、废约迈出的第一步。

1861 年和 1869 年，晚清政府先后同普鲁士和奥匈签订了不平等的《通商条约》。随后，中德又于 1898 年签订了《胶澳租地合同》，德国获得了胶州湾的租借权。1917 年 8 月 14 日，中国政府加入英法协约国集团正式对德奥同盟国集团宣战。根据国际法规定，当签约两国进入战争状态后，双方签订的一切条约即应废止。所以，中德、中奥在战前所签订的不平等的《通商条约》以及中德《胶澳租地合同》当在废止范围之内。同时从国际法的角度看，这种废除只是战时的临时措施，需要战争状态结束签订新约后才能成为法律上的废止。为此，大战结束后的 1919 年 3 月 8 日，中国代表团向巴黎和会提交了《中国提出德奥和约中应列条件说帖》，要求德、奥"从前用威吓手段或用实在武力，而向中国获得之领土与权利产业，仍归还中国"①。经过中国代表的努力，和会最高会议认可不加修改的以中国原案为定案载入《对奥和约》，随着 9 月 10 日中国代表签署《对奥和约》，晚清遗留的中奥不平等条约正式废止。在对德和约上，由于和约修正案把德国在中国山东的所有特权转让给日本，中国代表团于 6 月 28 日拒签《对德和约》，废止中德不平等条约的努力未能在巴黎和会中实现。巴黎和会后，因受英、法挟制而陷入财政经济困境的德国政府急欲与各国通商，为此于 1920 年 3 月照会北京政府，期望恢复两国商业关系。经过一年多时间的谈判，1921 年 5 月 20 日签署《中德协约》。协约中，德国声明放弃在山东的一切权利，取消在华协定关税权、领事裁判权以及在北京使馆区享有的特权。至此，晚清遗留的中德不平等条约正式废止。

晚清时期，沙俄曾迫使中国签订了许多不平等条约。1917 年 11 月俄国十月革命爆发，革命的成功改变了俄国的国家政权和国家性质。由于国家政权性质的变化和国家利益的需要，新生的苏俄

---

① 王芸生：《六十年来中国与日本》第 2 册，三联书店，1980 年，第 88~89 页。

政府的对华政策发生了重大改变。1919 年 7 月 25 日，苏俄政府发表对华宣言（史称"苏联第一次对华宣言"），宣言宣布：俄国苏维埃政府废除旧俄时期"与中国……所缔结的一切秘密条约"，"把沙俄政府独自从中国人民那里掠夺的或与日本人、协约国共同掠夺的一切交还中国人民"，并就"签订的一切协定进行谈判"①。1920 年 9 月 27 日，苏俄政府第二次发表对华宣言（史称"苏联第二次对华宣言"），宣言宣布："我们坚决遵守 1919 年 7 月 25 日俄国苏维埃政府宣言所声明的各项原则，并根据这些原则缔结中俄友好协定"②。同时重申和发展了第一次对华宣言的原则，并且更加具体地提出废止旧俄时代不平等条约的八项建议。这是中国政府实现废除中俄不平等条约的一次绝佳机遇。遗憾的是，由于与苏俄谈判废除中俄不平等条约的前提是首先须承认苏俄政府为正式合法政府，而这样做必然得罪此刻尚不愿承认苏俄的西方各国，故北京政府未能对苏俄两次对华宣言作出答复。1923 年 9 月 2 日，苏俄代理外交人民委员加拉罕使华，4 日，加拉罕向报界发表声明，再次重申 1919 年和 1920 年两次对华宣言的原则和精神"仍然是我们对华关系的指导基础"，表示愿意实行"完全尊重主权，彻底放弃从别国人民那里夺得的一切领土和其他权益"③。对于苏俄上述表示，中国民众反响强烈，要求北京政府承认苏俄并与之落实苏俄三次对华宣言中的有关对华政策。同期，出现了西方国家同苏俄的建交热，解除了北京政府原有的顾虑和担心。在这种背景下，中俄两国终于 1923 年 9 月 14 日举行首次会议。随后，经过一系列的秘密交涉，于 1924 年 5 月 31 日正式签署了《中俄解决悬案大纲协定》。协定正文 15 条，附声明 7 份及《暂行管理中东铁路协定》11 条（统称《中苏协定》）。《中苏协定》的主要内容包括：（1）协定签字后两缔约国之间使领关系立即恢复，中国政府允许设法将前俄使领馆舍移

---

① 《俄罗斯苏维埃联邦社会主义共和国对中国人民和南北政府的宣言》（1919 年 7 月 25 日），见中国社会科学院近代史研究所编：《五四运动文选》，三联书店，1959 年，第 360 页。

② 《俄罗斯苏维埃社会主义共和国政府对中国政府的宣言》（1920 年 9 月 27 日），见中国社会科学院近代史研究所编：《五四运动文选》，三联书店，1959 年，第 367 页。

③ 《中国年鉴》，1924 年，第 865 页。

交苏联政府；（2）废除帝俄同中国或第三国订立的一切有损中国主权及利益的公约、条约、协定、议定书及合同；（3）重新划定彼此疆界，未划定前仍维持现有疆界；（4）苏联承认外蒙古为完全中华民国之一部分，及尊重在该领土内中国之主权；（5）苏联放弃帝俄在中国境内的一切租界，取消治外法权和领事裁判权；（6）苏联放弃庚子赔款的俄国部分；（7）苏联允诺由中国赎回中东铁路。《中苏协定》的签订，不仅标志晚清遗留的中俄不平等条约被废止，更为重要的是，中国政府以外交的方式打破了不平等条约的体系，为日后进一步以外交渠道彻底废除不平等条约奠定了基础。

南京国民政府成立后，进一步加紧推行以外交途径废除不平等条约的步伐，并取得瞩目的成果。

1927 年 6 月 2 日，南京国民政府外交部下令设立条约委员会，以规定废除不平等条约事宜。外交部令指出："查吾国八十年来，受列强之压迫，成立各种不平等条约，国体、国权两受损失，殊堪痛惜。先总理为谋国民之解放，固将不平等条约之废除定为本党之纲，国民政府自应竭其全力规划此事……有鉴于此，故特设条约委员会，网罗辟〔硕〕彦，从事于撤销旧约及更订新约之准备。"① 1928 年 6 月 15 日，南京国民政府在宣布北伐结束、统一告成的当天，发布废除旧约宣言，指出"中国八十余年间，备受不平等条约之束缚"，"当今中国统一告成之会，应进一步而遵正当之手续，实行重订新约，以副完成平等及相互尊重主权之宗旨"②。同日，南京国民政府外交部发布关于重订新约宣言，公布了重订新约的三项原则："（一）中华民国与各国间条约已届满期者，当然废除，另订新约。（二）其尚未满期者，国民政府应即以正当手续解除而重订之。（三）其旧约业已期满而新约尚未订定者，应由国民政府另订适应临时办法处理一切。"③ 接着，南京国民政府开始采取同各个相关国家分别谈判的策略，与之交涉改订通商条约及关税条约，废

---

① 《外交部关于设立条约委员会令》（1927 年 6 月 2 日），见《中华民国史档案资料汇编》第五辑第一编·外交（一），江苏古籍出版社，1994 年，第 7 页。

② 《国民政府废除旧约宣言》（1928 年 6 月 15 日），《中华民国史档案资料汇编》第五辑第一编·外交（一），江苏古籍出版社，1994 年，第 33 页。

③ 《外交部关于重订新约的宣言》（1928 年 6 月 15 日），《中华民国史档案资料汇编》第五辑第一编·外交（一），江苏古籍出版社，1994 年，第 34 页。

除领事裁判权，改组上海两租界法院，以及收回租界及租借地等方面问题。根据外交交涉的过程和结果来看，这次废约外交交涉主要涉及关税自主、撤废领事裁判权和收回租界及租借地等三个方面。

在关税自主交涉方面。当时与中国订有协定关税条约的国家有12个，即美、英、法、日、意、荷、比、葡、瑞（典）、挪、丹、西。其中，中国与比利时、西班牙、意大利、葡萄牙、丹麦、日本、法国的相关条约已届期满。在南京国民政府提出改订新约后，这些国家都明确承认中国关税自主。经过交涉，美国率先于1928年7月25日与中国政府签署《整理中美两国关税条约》，条约承认中国实现关税完全自主，同时规定两国"在彼此领土内享受之待遇，应与其他国家享受之待遇毫无区别"①。这样，就以法律形式肯定了中国关税自主权。中美关税条约的签订，为中国与其他各国签订关税条约提供了一种"标准格式"。按照这一格式，在随后不到两年时间里，南京国民政府先后同挪威（1928年11月10日）、比利时（1928年11月12日）、意大利（1928年11月27日）、丹麦（1928年12月12日）、瑞典（1928年12月20日）、法国（1928年12月22日）、西班牙（1928年12月27日）和日本（1930年5月6日）签订了新的关税协定。在这一过程中，中国又同德国于1928年8月17日签署了《中德关税条约》，补充了1921年《中德条约》。中国还与无约国波兰、希腊、捷克斯洛伐克等3国也签订了关税条约。至此，中国终于完成了废止自近代以来不平等关税条约的使命。

在领事裁判权交涉方面。从1843年到1918年的75年当中，中国被迫同18个国家签订了含领事裁判权条款的各种条约计有34个，在中国享有领事裁判权的国家有18个，即英、法、美、荷、挪、瑞士、比、意、丹、葡、西、秘、巴西、德、俄、奥、日本、墨西哥②。除德（1920年）、俄（1924年）、奥（1925年）三国在民国北京政府时代已因重订新约而取消外，其余均在南京国民政府的这次"改订新约"运动中进行交涉。这时，南京国民政府分别采取不同的步骤，先同在中国利益较小的一般国家，即比利时、西班

---

① 王铁崖：《中外旧约章汇编》第三册，三联书店，1962年，第629页。
② 程道德主编：《近代中国外交与国际法》，现代出版社，1993年，第8页。

牙、意大利、葡萄牙、丹麦等 5 国谈判。到 1928 年底，5 国同意取消领事裁判权，但规定须待华盛顿会议签字各国一律承认放弃时才能实行。随后，南京国民政府外交部于 1929 年 4 月 27 日照会英、美、法、荷、挪、巴等 6 个国家，要求撤废各国在华领事裁判权。6 国接收照会后，对中国政府的要求表示不满。其中，英、美、法采取不回复的做法予以抵制。鉴此，南京政府于 11 月 25 日电令驻美、驻英公使，请该两国政府派员来华商讨撤废领事裁判权的办法。并声明，如再延宕，中国政府将于 1930 年自行宣布撤废各国在华这一特权。12 月中旬，英、美分别向南京政府表示，同意 1930 年 1 月 1 日为"原则上"逐步废除领事裁判权的开始日期，不反对中国作"与此态度相符合的声明"。

鉴于英、美态度的转寰，中国政府没有以单方面发表声明形式宣布废止上述国家在华领事裁判权，而是从 1930 年 1 月中旬开始与英、美分别举行谈判。谈判中，英、美的基调是中国先行改良司法，然后才能废止领事裁判权。这样，废约谈判进展缓慢。至 1930 年 5 月 4 日，南京国民政府被迫公布《管辖在华外国人实施条约》，并定于 1932 年 1 月 1 日实施。不久，英、美同意恢复谈判，至 7 月获得初步协议。但当中英、中美尚未进入正式协定之前，爆发了"九一八"事变。南京国民政府顾虑如坚持废止领事裁判权，势必影响英、美对"九一八"事变的外交政策取向，遂将废止领事裁判权的议题搁置下来。

在收回租界及租借地交涉方面。从 1845 年至 1904 年的 60 年间，列强在中国的 16 个通商口岸内先后设立了 37 个租界和 5 块租借地。收回租界和租借地，是废除不平等条约的重要内容。民国历届政府曾为此作了不同程度的努力并取得一些成果，如第一次世界大战期间，收回了德国在天津、汉口的租界（1917 年 3 月 14 日）和奥地利在天津的租界（1917 年 8 月 14 日），《中苏协定》签订后，收回了俄国在中国的所有租界、租借地（1924 年 5 月 31 日），国民革命高潮中收回了英国在汉口、九江的租界（1927 年 2 月 19 日、20 日）等。在改订新约运动过程中，南京国民政府就遗留下来的一些问题作了进一步外交交涉，取得若干成果。1929 年 8 月 31 日，收回了比利时在天津的租界。10 月 31 日，收回了英国在镇江的租界。1930 年 4 月收回了英国在威海卫的租借地。9 月 17 日，收回了英国在厦门的租界等。

南京国民政府初建时期的"改订新约"运动，废止了不平等条约中列强在中国长期享受的一部分特权，在中国废约进程中具有十分重要的作用，故被南京国民政府誉为中国外交"新纪元"①。如果没有日本入侵，废约进程可能会顺当一些。遗憾的是，由于日本的入侵，中断了中国的废约进程，使之延宕至抗日战争时期。

1937 年 7 月 7 日，中国爆发抗日战争。随着战争的扩大和国际关系的变化，美国开始启动援华制日机制。鉴此，国民政府外交部长郭祺泰于 1941 年 4 月从英国启程取道美国返国之际，奉命与美国国务卿赫尔等商谈了废约事宜，赫尔表示于远东战争结束后放弃在华特殊利益②。5 月下旬，郭祺泰又致函赫尔，希望调整中美不平等条约，签订平等新约。赫尔随即复函表示："希望于和平状况恢复之后，迅速着手与中国政府用有秩序之谈判及协议之手续，以期废除上述之特殊性质之权利。"③ 7 月 4 日，英国驻华大使卡尔奉命致函郭祺泰作了类似的表示，声言："俟远东之和平恢复时，英国政府愿与中国政府商讨取消治外法权，交还租界，并根据平等互惠原则，修改条约。"④ 中美、中英上述外交交涉，为不久后废除英、美在华不平等条约铺平了道路。

1941 年 12 月 8 日，太平洋战争爆发，美、英等国与中国结为反法西斯战争的盟国。这样，反映旧时代国际关系的不平等条约，与战时国际关系已格格不入，并在法理上已经完全失去了存在的基础。国民政府即利用有利的国际形势对美、英发动废除不平等条约的舆论攻势。1942 年 4 月 19 日，宋美龄在美国《纽约时报》发表《如是我观》长篇讲演稿，讲演稿回顾了中国近代与列强打交道的历史，谴责了"一次一次令中国蒙羞受辱"的不平等条约，并特别

---

① 《国民政府废除旧约宣言》(1928 年 6 月 15 日)，《中华民国史档案资料汇编》第五辑第一编·外交（一），江苏古籍出版社，1994 年，第 33 页。

② 秦孝仪主编：《中华民国重要史料初编》第 3 编《对日抗战时期》，台北中央文物供应社，1981 年，第 708 页。

③ 《国务卿赫尔复函》(1941 年 5 月 26 日)，《中华民国史档案资料汇编》第五辑第二编·外交，江苏古籍出版社，1994 年，第 424 页。

④ 《卡尔致郭祺泰照会》(1941 年 7 月 4 日)，《中华民国史档案资料汇编》第五辑第二编·外交，江苏古籍出版社，1994 年，第 532 页。

谴责领事裁判权是"一种恶劣的司法制度",呼吁各有关国家尽早废除对华不平等条约。讲演稿引起美国舆论界强烈反响,普遍主张立即废除在华治外法权。4 月,美、英两国开始就战时废约进行商议。10 月 5 日,蒋介石提出要旨命陈布雷撰拟新闻稿,敦促美国"发挥其一贯对中国友善的精神,作一件能够转移世界视听,彰明盟国道义权威的大事"①。对此,美、英两国进行了认真的考虑,决定采取平行行动分别与中国谈判废约,并于 10 月 9 日向中国驻美大使魏道明、驻英大使顾维钧发出通知。随即,废除旧约、缔结新约的外交交涉正式启动。

10 月 24 日,赫尔向魏道明提出约稿②。30 日,国民政府外交部经详细研讨后,对美国所提约稿作了修改,将中美新约范围扩大为全面废除中美间的不平等条约。11 月 3 日,魏道明奉命将经外交部修改后的文件送交美方,美方同意以此作为双方交涉的基础。12 月 21 日,中美新约及换文定稿。1943 年 1 月 11 日,中美《关于取消美国在华治外法权及处理有关问题之条约》(简称《中美新约》)在华盛顿签字。

在中美启动废除旧约、缔结新约谈判的同时,中英废除旧约、缔结新约的谈判同步跟进。1942 年 10 月 30 日,英国驻华大使薛穆将英方新约草案面交中方,其内容几乎与 10 月 24 日美国向中方提出的约稿相同。11 月 1 日,国民政府外交部据此拟定了《中英新约草案初步审查意见书》。7 月,又拟定《第二次审查意见书》及《中英新约修正草案》。12 日起,中英开始谈判。1943 年 1 月 11 日即中美新约签字的同日,中英新约及换文在重庆签署。

中美、中英新约撤废的在华特权计 9 大类:(1)治外法权;

① 《总统蒋公大事长编》初稿第 5 卷(上),第 206~207 页,转引自石源华:《中华民国外交史》,上海人民出版社,1994 年,第 584 页。

② 约稿为八款,即:一、废止在华领事裁判权;二、废止《辛丑条约》规定的一切特权;三、上海厦门公共租界归还中国;四、美国政府及侨民在华业已取得的不动产不变;五、两国人民享有在对方国家旅行、居住及经商的权利,两国给予对方国人民关于法律手续、司法审判、各种租税及经营商业之待遇,不低于本国人民之待遇;六、两国领事官员享有现代国际惯例所给予的权利、特权与豁免;七、战后六个月内进行谈判,签订广泛的友好通商航海设领条约;八、条约的批准与生效。

（2）使馆界及驻兵区；（3）租界；（4）特别法庭；（5）外籍引水人特权；（6）军舰行驶之特权；（7）英籍海关总税务司之特权；（8）沿海贸易及内河航行权；（9）影响中国主权之其他问题。

中美、中英新约的签署，标志着中美、中英间建立了国际法意义上的平等互惠关系。同时，大大提高了中国的国际地位，增强了中国为自由平等与独立而奋斗的信心和意志。

在中美、中英新约的影响下，其他相关各国也相继宣布放弃在华特权，与中国签署平等互惠新约，这些国家包括巴西（1943 年 8 月 20 日）、比利时（1943 年 10 月 20 日）、挪威（1943 年 11 月 10 日）、加拿大（1944 年 4 月 14 日）、瑞典（1945 年 4 月 5 日）、荷兰（1945 年 5 月 29 日）、法国（1946 年 2 月 28 日）、瑞士（1946 年 4 月 13 日）、丹麦（1946 年 5 月 20 日）、葡萄牙（1947 年 4 月 1 日）等。至此，一个世纪以来作为中国对外关系基础的不平等条约体系终于崩溃，中国开始步入平等外交平台。

在肯定民国历届政府的废约外交时，也有的学者认为，从历史全过程来看，废约仍然存在一定的局限。其一，不平等条约废除主要集中在政治、军事方面的不平等关系，未能完全解决经济、文化领域列强依据不平等条约享有的特权。其二，在千辛万苦的废除实现后，又因中国政局的变演和国际关系的变化，南京国民政府在战后又签订了新的不平等条约，如 1946 年 11 月中美签订的《中美友好通商航海条约》等。

2. 重建与周边邻国的睦邻友好

因地缘政治的原因，周边关系历来是国际关系极为重要的部分，且任何国家的周边关系都不是永恒不变的，而是受国家疆域的变迁，国家政权的更替与对外政策的变化，以及地区或国际关系的变演等诸多因素的影响，始终处于一种动态的调整、变化之中。

中国是一个幅员辽阔且素以"礼仪之邦"著称的国家，它有着许多的邻国并在多数情况下能长期与之互为友好邻邦。在统一的多民族国家最后形成的清代初期，中国的版图东濒鄂霍次克海、日本海、东海、巴士海峡；南抵南海的曾母暗沙、喜马拉雅山；西跨葱岭、巴尔喀什湖北岸；北界阿尔泰河、萨彦岭、博木沙奈岭、额尔古纳河，再沿外兴安岭至塔善尔岛①。陆地面积1300多万平方公里②。此时中国的邻国中，隔海相望的（从北到南）依次为日本、琉球（今日本境内）、吕宋（今菲律宾境内）、苏禄（今菲律宾境内）、汶莱（今马来西亚境内），陆地接壤的（按逆时针方向）依次为朝鲜（今朝鲜和韩国）、俄罗斯、哈萨克（今哈萨克斯坦）、布鲁特（今乌兹别克斯坦、吉尔吉斯斯坦境内）、霍罕（今塔吉克斯坦）、拔达克山（今阿富汗境内）、爱乌罕（今阿富汗境内）、印度、廓尔喀（今尼泊尔）、哲孟雄（今锡金）、布噜克巴（今不丹）、缅甸、南掌（今老挝）、安南（今越南）等③。清代初期，中国与上述几乎所有邻国都建立并保持着睦邻友好的关系，并与其中大多数国家建立和维持着一种特殊的政治关系即宗藩关系。

宗藩关系又称藩属关系。这种关系的出现与维持，与中国以及中国周边国家、地区的封建政治发生、发展有关。在中国周代，即出现了"封建亲戚，以藩屏周"的政治格局。到秦代，则开始在边远地区实行"属邦"制度。至汉代，因避刘邦之讳而将"属邦"改为"属国"。此后，随着中华各民族的不断融合、中国疆域的拓展、中国周边国家、地区的政治变迁，以及中国与周边国家对外政策的调整、选择，逐渐形成了一种较为稳定的宗藩关系。在宗藩关系中，"宗"为宗主国；而"藩"又包括藩部和属国两部分。其中，藩部属中国的一部分，其行政系统属中国中央政府管辖；属国则为具有独立行政系统的国家，其领土不在中国的版图之内。宗藩关系主要是通过册封和朝贡的形式来认定的。根据相关史料和史书记载，在清代初期，与中国建立和保持从属关系的邻国分别有（按顺

---

① 参见伊桑阿等：《钦定大清会典章例（嘉庆朝）》卷七二六、七二七、七二八、七二九的"疆理"部分，台北文海出版社有限公司，1992年；顾颉刚、史念海：《中国疆域沿革史》的"清代疆域概述"部分及"清代图"，商务印书馆，1938年；谭其骧：《中国历史地图集·清时期》的"清时期全图（一）"，中国地图出版社，1987年。

② 刘宏煊：《中国疆域史》，武汉出版社，1995年，第282页。

③ 参见伊桑阿等：《钦定大清会典章例（嘉庆朝）》卷七二六、七二七、七二八、七二九的"疆理"部分，台北文海出版社有限公司，1992年；顾颉刚、史念海：《中国疆域沿革史》的"清代疆域概述"部分及"清代图"，商务印书馆，1938年；谭其骧：《中国历史地图集·清时期》的"清时期全图（一）"，中国地图出版社，1987年。

时针方向）朝鲜、琉球、苏禄、安南、南掌、暹罗、缅甸、哲孟雄、布噜克巴、廓尔喀、拔达克山、爱乌罕、霍罕、布鲁特、哈萨克等①，这样，宗藩关系便成为清初中国与周边邻国关系的主体。

由于各种各样的原因，学术界对宗藩关系的研究是不够充分的②，在这里，也无须对宗藩关系作系统的论述，而只是试图说明，当论及宗藩关系的特质时，既要认定它是不平等的国家关系，也要充分看到，在近代国家主权观念未出现之前，在这种以册封、朝贡为形式的国家关系的格局下，中国得到它的属国的极度尊敬，同时属国也享受到中国的相当程度的重视。比如，当属国求册封或遣使来中国时，中国均予以高规格政治接待。对求册封者，中国皇帝均举行仪式，加封属国国王王号，并赐以金印紫绶；当属国定期不定期向中国朝廷进贡时，中国朝廷均予属国以大量赐赠，且由于中国物产丰盈，中国朝廷的赐赠往往比属国的进贡要丰厚得多。因此，在这种特定的国家关系框架和格局下，中国与这些属国始终保持着传统的睦邻友好关系，并形成了"以中华文明为纽带的东方国际社会秩序"③。

在与属国保持传统睦邻友好关系的同时，清初时期还与宗藩

---

① 参见王云五：《清朝通典》卷九十七，商务印书馆，1935 年；伊桑阿等：《大清会典（康熙朝）》卷七十、七十二，《大清会典（雍正朝）》卷一四一、一四二、一四三，台北文海出版社有限公司，1992 年；赵尔巽等：《清史稿》第二十八册，中华书局，1976 年；萧一山：《清代通史》中卷，中华书局，1986 年，第 173～194 页。

② 关于宗藩关系的研究成果，多散见于一些论文和著作之中，如吴状达：《琉球与中国》，台北正中书局，1948 年；张政烺：《五千年来中朝友好关系》，三联书店，1951 年；吕毅：《中国和越南的历史关系》，《历史教学》，1951 年，第 2、3 期；董蔡时：《琉球与中国的历史关系》，《历史教学》，1955 年，第 4 期；刘彦：《中国外交史》第五章琉球之丧失、第六章安南之丧失、第七章缅甸之丧失、第八章中日战争，台北三民书局，1962 年；肖泉：《中国与缅甸的历史关系》，《暨南大学学报》，1980 年，第 2 期；袁大雍、范宏贵：《论中越宗藩关系与清朝保藩固边》，《广西师范大学学报》，1988 年，第 3 期；高伟浓：《走向近世的中国与"朝贡"国关系》，广东高等教育出版社，1993 年；谢俊美：《政治制度与近代中国》第十部分，"宗藩政治的互解及其对远东国际关系的影响"，上海人民出版社，1995 年；等。

③ 谢俊美：《政治制度与近代中国》，上海人民出版社，1995 年，第 204 页。

关系圈之外的邻国如俄罗斯、日本、印度等也保持着睦邻友好关系。其中，中国同俄国，在自 1689 年《尼布楚条约》签订到鸦片战争之前的近两百年时间内，"中俄两国大体上保持了平等对待，和平相处的关系"①。中国同日本，在日本明治维新之前，两国也基本保持着传统睦邻关系。中国和印度，虽受喜马拉雅山阻隔交往不多，但两个文明古国之间无任何利益冲突。遗憾的是，清初建立和维持的中国与周边邻国的睦邻友好关系，终在 19 世纪 40 年代之后就逐渐失去了。而究其根本的原因，在于资本主义列强对中国和中国周边邻国的侵略。

1840 年之后，列强通过一系列侵略战争，强迫中国清政府签订一系列不平等条约，获得了包括勒索巨额赔款、割占中国领土、设立租界、协定关税、海关行政管理权、在中国驻军权、治外法权、割占租借地、沿海及内河航行权在内的大量政治、经济特权，把主权独立的中国变成为它们的半殖民地，从而剥夺了中国在相邻属国中宗主国的最基本的条件，也剥夺了中国与宗藩关系圈之外邻国平等交往的条件。与侵略中国同步，列强又对中国相邻的属国发动了多次的侵略战争，把中国的相邻属国一一变为它们的殖民地或附属国，从而彻底地改变了中国周边的政治环境和国家关系。

由于日本的侵略，使中国同琉球的宗藩关系首先被破坏。1872 年，日本把琉球国王尚宁王绑架到东京，强迫其承认是日本的藩王，使琉球由中国的属国变成为中、日两国的属国。1875 年，光绪即位，日本禁止琉球向中国派庆贺使和朝贡，且禁用中国正朔，命改用明治年号。1879 年，改琉球为日本的冲绳县，正式吞并琉球。琉球的丧失，撕破了传统宗藩关系的藩篱，成为中国"所有朝贡的属国一个一个地相继被割去的一个序幕"②。果然，日本在破坏中国琉球的宗藩关系的同时，又染指中国属国中关系最亲密的国家——朝鲜。1875 年 9 月，日本制造江华岛事件。次年 2 月，强迫朝鲜签订《江华条约》，攫取了治外法权和领事裁判权，对中国

---

① 王绍坊：《中国外交史·鸦片战争至辛亥革命时期》，河南人民出版社，1988 年，第 18 页。

② 马士著，张汇文等译：《中华帝国对外关系史》第 2 卷，商务印书馆，1960 年，第 301 页。

的宗主权提出了挑战。1885 年，日本迫使中国清政府签订《天津会议专条》，进而取得了在朝鲜的驻兵权。1894 年 4 月，日本挑起甲午中日战争。次年，强迫中国清政府签订《马关条约》，条约规定："中国认明朝鲜国确为完全无缺之独立自主……该国向中国所修贡献典礼等，嗣后全行废绝"①，从而使中国丧失了对朝鲜的宗主权。1910 年，日本完全吞并朝鲜。至此，中国东面的 2 个属国均丧失于日本。

由于法国的侵略，中国同安南、暹罗、南掌等 3 国的宗藩关系被破坏。法国在 1858 年和 1873 年两次对安南战争后，于 1874 年迫使安南签订《法越和平联盟条约》。条约规定安南承认并接受法国的保护。1883 年和 1884 年，法国又迫使安南签订《顺化条约》和《巴德诺条约》，确认法国对安南的保护权和法属殖民地。就在安南的宗主权丧失过程中，暹罗、南掌和安南合并为"印度支那联邦"，由驻西贡的法国总督统辖管理。至此，中国南面的 3 个属国丧失于法国之手。

由于英国的侵略，中国同缅甸、廓尔喀、哲孟雄、布噜克巴、爱乌罕、拔达克山等 6 国间的宗藩关系也在同一时期被破坏。1757 年，英国征服印度后，立即借邻国之便向缅甸发动进攻。1862 年，下缅甸被纳入英属印度的控制之下。1886 年，上缅甸亦被合并到英属印度。同年 7 月，英国强迫中国清政府签订《缅甸条款》。条款规定："中国允英国在缅甸现时所秉一切政权，均听其便。"② 从而使中国对缅甸的宗主权被英国所取代。同期，英国于 1846 年控制廓尔喀，强占哲孟雄。并于 1890 年 1 月，迫使中国签订《印藏条约》。条约规定："哲孟雄由英国一国保护督理……其内政外交均应专由英国一国径办。"③ 18 世纪 80 年代英国侵入布噜克巴，又于 1910 年强迫布噜克巴签订条约，规定布噜克巴对外关系接受英国"指导"。此外，英国还在 19 世纪 30 年代入侵爱乌罕、拔达克山，获得对爱乌罕、拔达克山的保护权。至此，中国在西南部的 4 个属国和西部的 2 个属国的宗主权，均易位英国。

---

① 王铁崖编：《中外旧约章汇编》第一册，三联书店，1982 年，第 614 页。
② 王铁崖编：《中外旧约章汇编》第一册，三联书店，1982 年，第 485、552 页。
③ 王铁崖编：《中外旧约章汇编》第一册，三联书店，1982 年，第 485、552 页。

由于俄国的作用，中国同哈萨克、布鲁特、霍罕三国间的宗藩关系也在同一时期被破坏。16 世纪之后，俄国开始逐步向中亚细亚和西伯利亚拓展。在这一背景下，哈萨克于 19 世纪上半叶被俄国吞并。19 世纪 60 年代，布鲁特并入俄国。1876 年，霍罕并入俄国。至此，中国在西面的 3 个属国的宗主权也告丧失。

此外，由于美国在美西战争中的胜利，使西班牙自 1565 年即在菲律宾建立的殖民统治权于 1898 年易位美国。而印度尼西亚自 1596 年以来便一直是荷兰的殖民地。

这样，到 19 世纪末 20 世纪初，中国的周边政治环境和国家关系发生了巨大变化。期间，中国相邻的属国或被列强吞并，或成为列强的殖民地、附属国。而原宗藩关系圈之外的邻国日本、俄国则步入列强行列。至此，中国与周边邻国的传统睦邻友好关系随之而失去，取而代之的是咄咄逼人的列强的环列。正是因为如此，孙中山在 1894 年悲痛疾呼："方今强邻环列，虎视鹰瞵……蚕食鲸吞，已效尤于接踵；瓜分豆剖，实堪虑于目前。"①

辛亥革命是中国政治发展的重大转机，也是中国调整包括同周边国家关系在内整个中外关系的一次契机。随着两次世界大战的发生，整个国际关系及中国周边的政治环境发生了剧烈变化。尤其是 1949 年中华人民共和国的成立，迎来了中国周边关系的新时代。

第一次世界大战后，中国周边政治环境的变化主要集中在中国的北面和西北面。

俄国十月革命后，在俄国建立了俄罗斯苏维埃联邦共和国。旋即在 1920 年至 1926 年间，原被俄国吞并的哈萨克、乌兹别克、吉尔吉斯、塔吉克等相继成立自治共和国。随着俄罗斯同乌克兰、白俄罗斯等于 1922 年 12 月组成苏维埃社会主义共和国联盟（简称苏联）之后，哈萨克、乌兹别克、吉尔吉斯、塔吉克等自治共和国又相继加入苏联②。此外，1919 年，阿富汗摆脱英国控

---

① 《檀香山兴中会章程》（1894 年 11 月 24 日），见《孙中山全集》第 1 卷，中华书局，1981 年，第 19 页。

② 1989 年苏联解体，曾加入苏联的哈萨克、吉尔吉斯、乌兹别克、塔吉克等自治共和国分别于 1991 年 8 月至 12 月间独立为哈萨克斯坦、吉尔吉斯斯坦、乌兹别克斯坦、塔吉克斯坦。

制实现独立。

第二次世界大战前后，中国周边政治环境的变化则主要集中在中国的东面和东南面。

1937 年 7 月，日本发动全面侵华战争。1941 年 7 月，日本侵入法属印度支那南部。1941 年 12 月日军偷袭珍珠港后，紧接着向东南亚、西南太平洋各国和地区发动进攻。12 月 8 日侵入泰国，9 日侵入马来亚，10 日登陆菲律宾，19 日占领香港。至 1942 年 5 月，日军又先后侵占新加坡、印度尼西亚、缅甸、新几内亚和所罗门群岛，原美、英、荷、法 4 国的殖民地几乎全部落入日本之手。随着第二次世界大战的胜利进程，赢来了包括东南亚和南亚在内世界范围内的民族解放、民族独立运动的高潮。在这一背景下，1945 年 8 月 17 日，印度尼西亚独立。9 月 7 日，越南独立。10 月 12 日，老挝独立。同期，泰国摆脱日本控制。1946 年 1 月 5 日，蒙古独立。7 月 4 日，菲律宾独立。1947 年 8 月 14、15 日，印巴分治后巴基斯坦和印度相继独立。1948 年 1 月 4 日，缅甸独立。同月，马来亚成立联邦（1957 年 8 月 31 日独立）。8 月，朝鲜半岛南半部成立大韩民国。9 月，朝鲜半岛北半部成立朝鲜民主主义共和国。1953 年，柬埔寨独立，等等。

经过自 1840 年以来 110 年的剧烈变动之后，到 1949 年中华人民共和国成立之际，中国的版图缩小为东起乌苏里江、黄海、东海、巴士海峡；南抵南海的曾母暗沙、喜马拉雅山；西达帕米尔高原，北达阿尔泰山、蒙古高原、黑龙江。中国的疆域同清初相比，丢失了 340 多万平方公里，保住了 960 万平方公里的陆地和约 300 万平方公里的海洋[1]，中国陆上边界全长 22800 公里[2]，分别与朝鲜、越南、老挝、缅甸、不丹、锡金、尼泊尔、印度、巴基斯坦、阿富汗、苏联和蒙古等国毗邻；大陆海岸线总长 18000 多公里[3]，分别与韩国、日本、菲律宾、印度尼西亚、马来西亚等国隔海相望。

中华人民共和国成立之后，即奉行独立自主外交政策，既要捍

---

① 刘宏煊：《中国疆域史》，武汉出版社，1995 年，第 318 页。
② 李宝浚：《当代中国外交概论》，中国人民大学出版社，1999 年，第 50 页。
③ 李宝浚：《当代中国外交概论》，中国人民大学出版社，1999 年，第 50 页。

卫本国的独立，也尊重其他国家人民独立自主的神圣权利。同时，新生的中华人民共和国需要有一个长期稳定、和平的国际环境和宁静、祥和的周边环境。因此，发展与周边邻国的睦邻友好关系是中国必然的和惟一的选择。与此同时，中国的周边邻国中，有一些是社会制度、意识形态与中国相同的社会主义国家。有一些原来是殖民地或半殖民地，同中国有类似的苦难经历和相似的历史。因此，这些国家同样希望能与中国友好相处。这样，就为重建与周边国家睦邻友好的关系创造了条件。

在重建与周边国家睦邻友好关系过程中，中国相继采取了以下措施。

第一，相互承认、建立外交关系。

同周边国家相互承认、建立外交关系，是维护同周边国家正常关系和睦邻友好关系十分重要的政治条件。为此，中国在很短时间里就同大多数邻国获得相互承认，建立了外交关系。其间，不经谈判直接建交的社会主义邻国分别有苏联（1949年10月3日）、朝鲜（1949年10月6日）、蒙古（1950年7月3日）、越南（1951年1月8日）；经过谈判建交的民族主义国家分别有印度（1950年4月1日）、印度尼西亚（1950年4月）、缅甸（1950年6月8日）、巴基斯坦（1951年5月21日）、阿富汗（1955年1月20）、尼泊尔（1955年8月1日）等。

第二，和平、公正地解决边界、双重国籍等历史遗留问题。

由于历史原因，特别是殖民主义的统治和侵略，使得中国和一些邻国没有明确的边界。能否公平合理解决悬而未决的边界问题，直接关系到同邻国的关系。鉴此，中华人民共和国成立后，十分重视处理同邻国的边界问题，通过和平谈判，在平等、互利、公正的基础上，从1956年至1965年先后同大多数接壤的国家如缅甸（1961年10月13日）、尼泊尔（1963年1月20日）、蒙古（1964年6月30日）、巴基斯坦（1965年3月）、阿富汗（1965年3月24日）等国签订了边界条约或协定，妥善地解决了同这些国家存在的边界问题。

由于历史的原因，在世界许多国家和地区均侨居着大量华侨。根据中华人民共和国建立初期的估计，海外华侨约1200万人，其中，大部分集中在东南亚国家①，由于历史上一些华侨所在国同中国的国籍法立法原则不同，如中国采取血统原则，而一些华侨所在国采用出生地原则，这就造成了华侨的双重国籍问题。过去，中国同东南亚各国都处于殖民地半殖民地状况，华侨双重国籍还构不成一个外交问题。但随着中国和东南亚各国的相继独立，作为主权国家，便凸现怎样解决双重国籍者的法律地位问题。为解决好这一问题，中华人民共和国迅速制定了相关的政策，主张尽可能使华侨在侨居国生存，在自愿原则下，鼓励他们选择所在国国籍，为侨居国家服务。愿意保留中国国籍的，则中国保护他们的正当权利和利益，但不应参加侨居国的政治活动，要遵守所在国政府的法律、法令和社会习惯。本着这一政策，在 1955 年 4 月，中国和印度尼西亚合理地解决了华侨双重国籍问题。侨居印度尼西亚华侨双重国籍问题的解决，为解决中国同马来西亚、缅甸、新加坡等国家类似问题树立了良好的范例。

和平、公正地解决边界、双重国籍等历史遗留问题，为重建中国同周边邻国睦邻友好关系创造了重要条件。

第三，促进政治、经济、军事、文化等方面的交流与合作，筑建中国与周边邻国睦邻友好关系的基础。

睦邻友好邻国关系的建立、维护与巩固，总是以相应层次的交流与合作为纽带的。因此，中华人民共和国十分重视促进与周边邻国在政治、经济、军事、文化等各个方面各个层次的交流与合作。其中，通过与苏联 1950 年 2 月签订《中苏友好同盟互助条约》，推动中苏关系的全面发展，出现了持续几乎 20 世纪整个 50 年代的中苏友好的蜜月期。在与朝鲜、越南关系方面，在发展传统睦邻关系的过程中，不断增加政治、经济、军事等方面交流和合作的新内容。在朝鲜面临美国入侵时，中国义无反顾地应邀派遣志愿军赴朝，与朝鲜人民军共同抗击美国侵略。在越南抗击法国侵略战争过程中，中国则在外交、物资等方面给予越南及印度支那人民大量的援助。在与蒙古关系方面，中国尊重蒙古的独立主权，并与之发展

---

① 谢益显主编：《中国外交史·中华人民共和国时期》，河南人民出版社，1988 年，第 162 页。另据李宝浚：《当代中国外交概论》记载，在 20 世纪 50 年代中期，海外华侨约 1400 万人，70％集中在东南亚国家。

国家间的政治、经贸和文化的交流与合作。在与印度方面，中国一直把发展同印度的长期友好合作关系视为睦邻政策的重点之一，保持频繁的政治、经济、文化交流与合作，并由两国领导人于1954年共同缔造了处理国家关系、国际事务的和平共处五项原则。同时，中国还十分注重发展与缅甸、巴基斯坦、阿富汗、尼泊尔等国传统睦邻关系和改善同菲律宾、泰国等国的关系。

第四，注意未建交邻国的关系。

由于日本在美国的控制下采取追随美国敌视中国的政策，并于1952年4月同台湾当局缔结"和平条约"，导致中日之间未能建交。在这种状况下，中国政府一方面坚定反对日本政府追随美国敌视中国的政策，另一方面，鉴于日本是中国周边邻国链中的一个环节，中日敌视的存在使中国与周边邻国睦邻友好关系是不完整的。因此，中国政府捐弃前嫌，积极协助日侨归国，宽大处理日本战犯，在两国官方关系一时难有进展的情况下，努力开展民间交流和贸易往来，促进两国关系正常化。

中华人民共和国建国初期与周边国家睦邻友好关系的重建，为日后中国与周边国家睦邻友好关系的发展奠定了坚实的基础。经过20世纪60至90年代的调整，到20世纪末21世纪初，中国同周边国家的睦邻友好关系得到进一步的稳定和发展。在东面，在巩固和发展与朝鲜的传统友谊和友好合作关系的同时，1972年9月同日本建交，实现中日邦交正常化。1992年8月，同韩国建交，并与日本、韩国建立良好的经济关系。在南面，中华人民共和国在建国初期同东南亚国家间建立的睦邻友好关系，在上个世纪90年代进入全面发展时期，双边关系得到普遍改善和发展，双方经济关系日益紧密，1988年，中国与东盟九国的进出口总额为234.8亿美元[①]。同时，中国同巴基斯坦保持着政治、经济、军事、科研和文化关系的全面发展。同孟加拉、尼泊尔、不丹等保持友好关系。同印度的关系处在不断调整之中。在西面，中国分别于1992年1月同苏联解体后的独立国家哈萨克斯坦、乌兹别克斯坦、塔吉克斯坦、吉尔吉斯斯坦建立了外交关系，并迅速发展同这些国

---

① 李宝俊：《当代中国外交概论》，中国人民大学出版社，1999年，第182页。

家的经济、战略伙伴关系。并同阿富汗保持正常关系。在北面，中国同蒙古的政治、经济关系有了明显的发展，1998 年，两国贸易额为 2.43 亿美元①。中国同俄罗斯关系方面，中国率先承认了苏联解体后的俄罗斯联邦政府，并随即进入健康、稳定发展的轨道。总之，上个世纪 90 年代以来，中国的周边环境进入中华人民共和国建立以来和辛亥革命以来的最好时期。

二、外交体制的变革与转型

革命的本质是运用暴力摧毁旧的社会制度，建立新的社会制度。因而，当辛亥革命推翻清朝封建专制制度，建立民主共和制度的时候，伴随着国家制度和国家管理制度的根本变革，中国的外交体制也随之发生了由传统向现代的变革和转型，从事外交工作的外交人员也逐步完成了职业化的过程。

1. 外交体制的改革与转型

外交体制是指外交机构的设置和管理权限划分的制度。清末民初，是中国外交体制按照近代方法进行重大改革、由传统向现代转型的一个极为重要的时段。

鸦片战争前，清政府负责办理对外交涉事宜的机构主要是礼部和理藩院。其中，礼部掌理与属国的交往；理藩院则掌理与藩部的接触②。前来"求通互市"的西方国家的使臣，初始由礼部接待，后因这些国家的商人、传教士等在中国内地和沿海的不良行径引起中国的防范后，对外交涉事宜一律交由两广总督办理。这表明，鸦片战争前的中国早已有了在封建国家制度下，适应当时中外关系需要的传统外交体制。

鸦片战争后，列强被获准向通商各口派出领事官，并享有与地方官"或公文往来，或会晤会商"的权力。为了规范中外关系的新变化，清政府于 1844 年设置了五口通商大臣，负责办理各国通商善后事宜。第二次鸦片战争后，列强迫使清政府接受了遣使驻京，各国政府及外交使节可与内阁、军机处直接交往的要求。随即，先

---

① 李宝俊：《当代中国外交概论》，中国人民大学出版社，1999 年，第 187 页。

② 参见钱实甫：《清代的外交机关》，三联书店，1959 年，第 10 页。

是俄国遇有交涉事务不再通过理藩院直接照会军机处，并拒绝接受理藩院送交俄国萨那特衙门（即枢密院）的照会。接着，美、英、法等国也开始拒绝与礼部及沿海督抚接触，直接与军机处交涉。同时期，中国周边原有的藩属国也随着清朝的势衰，或被列强兼并，或沦为列强殖民地而中断与中国的交往，礼部和理藩院的传统职能大大弱化。面对传统的外交体制的被打破，清政府于1860年设立"抚夷局"作为与各国政府及外交使节交涉的办事处，仅运行一年。鉴此，1861年1月13日，时任与英、法议和的全权大臣恭亲王奕訢等联衔向咸丰帝奏请，改变清政府外交通商制度，"设立总理各国事务衙门"①。旋即，经王大臣会议通过，1月20日，咸丰帝颁布"上谕"，准"设立总理各国通商事务衙门"。1月26日，又依据奕訢要求去掉"通商"二字。至3月11日，总理各国事务衙门②正式设立。总理衙门的设立，标志着清政府的第一个专掌外交的机构正式出现。

总理衙门的组织形式、办事原则多取法于军机处。在隶属关系方面，总理衙门同军机处一样，直属皇帝，对皇帝负责。但由于军机处是中枢决策机构，总理衙门在对外交涉方面的决定和处理意见须同军机处保持一致。为此，总理衙门管理大臣一直由军机大臣兼管。在内部制度方面，总理衙门又不同于军机处，有自己的一套行政组织机构，实行分股设官，按科办事的制度。职官除了总理大臣、总理大臣上行走、总理大臣上学习行走外，还有总办、帮办、章京、供差等。内部机构设有英、法、俄、美、海防5个股和司务厅、清档房。其中，英国股掌理英国及奥地利、匈牙利事务，兼管与西方通商贸易及海关税务等事宜；法国股负责法国、荷兰、西班牙、巴西等国事务，以及保护教民、各处招工等事宜；俄国股除分管俄国、日本事务外，兼理陆路通商、边防疆界、外使觐见、外洋留学等事宜；美国股主持与美国、秘鲁、意大利、德国、瑞典、挪威、丹麦、葡萄牙、比利时等国交涉事务，兼管海外商埠和侨民事务；海防股则综理南北海防、长江水师、北洋海军、要塞炮台等。

① 《章程六条》，《筹办夷务始末·咸丰朝》八，中华书局，1979年，第2675页。

② 总理各国事务衙门简称总理衙门、总署、译署。

此外，总理衙门还负责出国使臣的派遣事务和兼管国文馆、总税务司署。

总理衙门管辖的范围和权限非常宽泛。在外交方面，包揽对外交涉；在财政经济方面，分户部之权，办理通商税务事务；在军事方面，兼掌兵部的采购战舰军械等事务；在司法方面，兼管中外案件交涉；在文教方面，掌外交人员的培养教育；此外，总理衙门还拥有直接或间接指挥地方各级涉及"洋务"事务的权力等等。

由于总理衙门的设立与中国社会半殖民地化的进程相一致，因而，过去多从它所伴随的社会形态背景这一角度予以负面的定性。但在客观上，总理衙门的设立毕竟使中国有了一个专掌外交的国家职能机关，使中国传统的外交体制向近代化走出了重要一步，并由此而引起了封建国家政治制度一系列重大变化，成为近代中国社会政治制度演变过程中的一个重要环节。

由于国际政治与中外关系的新变化，总理衙门在运作了40年之后于1901年改组为外务部。

总理衙门改组为外务部始于列强的强制。1900年12月22日，八国联军在向清政府提交的《和议大纲》提出："总理各国事务衙门必须革故更新，及诸国钦差大臣参见中国皇帝礼节，亦应一体更改，其如何变通之处，由诸大国约定，中国照允施行。"① 1901年4月，北京公使团领袖、西班牙驻华公使葛络干代表各国照会奕劻、李鸿章，"将总理各国事务衙门改组为外务部，冠于六部之首"。7月，清政府发布上谕："总理各国事务衙门著改为外务部，班列六部之前。"② 同年10月，《辛丑条约》签订，清政府正式宣布将总理衙门改为外务部，班列六部之首。列强强制清政府将总理衙门改组为外务部，无疑是要使中国按列强的外交规则更大限度地满足列强的利益需要。清政府毫无异意地迅速将总理衙门改组为外务部，除慑于列强的压力外，总理衙门在运作40年间所暴露出来的职能不专一、事权不统一、办事效率低下等原因，也是其重要的因素。

总理衙门改组为外务部后，其职官构成和内部制度也相应发生

---

① 王铁崖编：《中外旧约章汇编》第一册，三联书店，1962年，第981页。
② 王铁崖编：《中外旧约章汇编》第一册，三联书店，1962年，第981页。

了一些变化。外务部的职官，首为总理亲王，下面有会办大臣、帮办大臣兼尚书各1人，左、右侍郎各1人。各主要职官均由兼职改为专职。外务部的内部组织，分四司一厅五处，附设储才馆。四司是和会司、考工司、榷算司、庶务司。其中，和会司"专司各国使臣觐见、晤会、请赏宝星，奏派使臣，更换领事，文武学堂，本部员司升调，各项保奖"等；考工司"专司铁路、矿务、电线、机器、制造、军火、船政、聘用洋匠洋员、招工、出洋学生"等；榷算司"专司关税、商务、行船、华洋借款、财币、邮政、本部经费、使臣支销经费"等；庶务司"专司界务、防务、传教、游历、保护、恤赏、禁令、警巡、词讼"等；司务厅专掌来往文书及一切杂务；五处是俄、德、法、英、日本五处，分办各国交涉事务。储才馆则是专门培养外交人才的机构。

外务部的组织形式和六部相同，内容则与此前总理衙门近似，各司职掌，极为宽泛，凡带有"洋"关系的事务，均属外务部管辖。同样，由于外务部是在列强的强制下实现的，且职能与总理衙门近似，因此，过去多认定为是中国社会半殖民地化程度加深的标志。但也应该看到总理衙门的改组为外务部后，不仅把"衙门"这一封建制度下国家机关的名称改换成近代国家机关的名称，而且还使各主要职官由兼职改为专职，这就在一定程度上把中国的外交体制向近代化又推进了一步。

辛亥革命爆发后，中国的外交体制随着中国的国家制度、国家管理制度的根本变化而发生了重大变化。

1912年1月1日，中华民国南京临时政府成立，根据《修正中华民国临时政府组织大纲》规定，正式组成了中央行政各部。这时，外务部正式改为外交部并排序在陆军部、海军部、内务部之后和财政部、司法部、教育部、实业部、交通部之前。根据1月3日颁布的临时政府公报第二号规定，外交部的"管理事务"为"管理外国交涉及关于外人事务，并在外侨民事务，保护在外商业，监督外交官及领事"[1]。接着，1912年3月10日，经参议院通过的《中华民国临时约法》强调了国会在外交上的权力，规定临时大总统行

---

① 《中华民国临时政府中央行政各部及其权限》(1912年1月3日)，《中华民国史档案资料汇编》第二辑，江苏古籍出版社，1991年，第8页。

使"宣战媾和，缔结条约"、"任命国务员及外交大使公使"，"须参议院之同意"①。此外，国会两院的常任委员会中分别设有处理外交问题的机构。参议院设有外交股，置审查委员 11 人。众议院设有外交委员会，置外交委员 23 人。关于宣战媾和、缔约等外交案都必须经国务会议共同讨论决定，即实际的外交决策须由国务院作出等。外交部内部的职官设置、组织结构和职能也发生了变化。外交部设总长、次长各 1 人，书记 6 人、参事 4 人、司长 3 人，以及佥事、主事、录事、翻译、通事、工事等若干人。外交部设 3 个司，即外政司、通商司和庶务司。其中，外政司主要处理有关国际交涉事项及关于界务、铁路、矿务、电线等交涉事项；通商司主管有关保护在外侨民、通商行船等事项，以及税务、邮政、外债等交涉事项；庶务司主管办理国家及国际礼仪事项及接待外宾，监理外人传教，保护外人游历等事项。根据上述法规，南京临时政府时期，不仅是外交机构的名称确定为外交部，而且明确规定了外交决策和外交执行的权限，即外交部为国家外交事务的执行机构，而国会两院为外交决策机构，这就建构起了资产阶级民主制度的外交权力模式。此外，这一改变还使南京临时政府外交部彻底摆脱了清末总理衙门、外务部所包揽各种"洋务"的负担，与世界主要国家外交机构基本接轨。正是从这个意义上讲，南京临时政府时期外交体制的变化，是中国外交体制走向近代化的里程碑。

1912 年 4 月临时政府北迁。民国北京政府成立后，外交体制又出现了一些变化。其一，根据 1912 年 5 月临时大总统认可的国务院官制等八项修正案请议中规定，从 1913 年 12 月起，外交部的地位得以提升。在政府中央行政机构中，外交部升居行政各部首位，并且负有外交行政的实权。如遇内阁总理辞职，均由外交总长兼代。其二，按照新的外交组织法，进一步调整了外交部内部组织结构和职能。设置四司一厅，司厅下设科，四司一厅分别是外政司、通商司、编译司、庶务司、总务厅。其中，外政司掌理国际交涉、国书及国际礼仪事项，下设国界、词讼、条约、禁令四科。通

---

① 《中华民国临时约法》（1912 年 3 月 10 日），《中华民国史档案资料汇编》第二辑，江苏古籍出版社，1991 年，第 109 页。

| 562 | 辛亥革命与中国政治发展

商司掌理通商、税务、邮政、矿务、外债等交涉事项，下设商约、保惠、实业、榷算、商务五科。编译司掌理外交文件编纂，翻译各国文书等。庶务司掌理外人游历保护，本部及各使署经费等事项，下设教育、护照、出纳、法律四科。总务厅掌保管条约及驻在本国之各国外交官、领事馆、侨民叙勋事务。其三，全面调整外交部与驻外使领馆的关系，明确规定驻外使馆从属外交部管理，驻外使领馆工作人员一律经由外交部委任职业外交官充任，使领官经费开支必须编造预算，报部批准，按月汇拨。驻外使领馆定期向外交部汇报工作。其四，在地方涉外机构方面，改晚清交涉司为特派交涉员和交涉员，作为外交部的直属机关，与地方政府合作而不相统属，使外交事权更集中于中央。

民国北京政府外交体制的变化，是继南京临时政府时期外交体制变革的一种深化。曾见证这一时期历史的顾维钧回忆说："当我在1912年从美国回到中国的时候，中国的外交部正在开始按照现代的方式进行改革。"① 这些改革促进了外交体制进一步与西方国家接轨。

1927年4月，南京国民政府建立，外交体制出现新的变化。

第一，从外交部的组织结构来看，较之民国北京政府时期更为完善和强化。比如，经过几度修正的外交部组织法决定，外交部主管国际交涉、在外侨民、居留外人、中外商业等一切涉外事务。设部长1人，综理部务，监督所有职员及各机关，包括外交政策的制定、各国使节的接待及交涉、使领馆的指挥、中外文电的核发、经费的支配及审核等。设政务次长、常任次长（1931年改称常务次长）各1人，辅助部长处理部务。政务次长专管政治交涉事项，常任次长专管部内事务。设秘书4至6人，分掌部务会议，外交官会晤记录及其他交办事项。设参事2至4人，负责撰拟、审核、解释外交部的法规命令等。

外交部的基本组织单位是司。初设总务及一、二、三司，后改为总务、国际、亚洲、欧美、情报等司。1939年9月又改设东亚、西亚、欧洲、美洲、总务、条约、情报七司。各司依其性质大致可

---

① 中国社会科学院近代史研究所译：《顾维钧回忆录》第一分册，中华书局，1983年，附言第1页。

分为政务、事务及非政务3类。政务类包括东亚、西亚、欧洲、美洲4个司，按所辖区域划分，主管各该区域的政治、通商、经济财政、军事外交、本国侨民、在华居留民等事项。事务类机构是总务司，为外交部最大的部门，分设文书、典职、电报、交际、护照、出纳、庶务7科及会计室。非政务类机构包含情报司和条约司，主管情报的收集研究、联络交换和条约的撰拟、缔结、解释等。

1943年7月，外交部再次作调整，主要是分解了原总务司的部分职能，新设礼宾司、人事处。礼宾司掌管公关礼宾事务，人事处掌管本部人事。翌年又改会计室为会计处和增设机要室。

此外，外交部还一度设立了北平档案保管处、驻沪办事处、驻汉办事处等若干派设机构。外交部组织机构的完善和加强，使中国外交体制基本实现了国际的接轨。

第二，外交体制被"党国化"浸润。南京国民政府建立后，其外交体制如同整个政治体制一样，开始被"党国化"浸润。1927年4月至1928年10月，是"军政"时期的延续。在这一阶段，国家政治体制和外交体制基本沿袭广州、武汉国民政府时期，带有比较明显的军事和革命色彩，但已开始取消集体负责制。1928年10月至1948年5月，是南京国民政府"训政"时期。由于训政时期规定政权由国民党全国代表大会领导国民来行使，因此，其外交体制也纳入了党国体制之中。在这一时期，五院的外交职能仅是国民政府外交体制的外在表现，其核心机构仍是国民党中央政治会议。从政府外交政策的制定到具体运作都由国民党中央政治会议决定。尤其在抗日战争时期，由于蒋介石先后担任国防最高会议和国防最高委员会的主席和委员长，致使外交决策权完全落入蒋介石一人之手。1948年5月至南京国民政府覆灭这一时期，虽公布了《中华民国宪法》，表面上取消了国民党对于政府的"训政"，外交立法和外交行政的监督较前有一定的独立性，但由于国民政府的权力依然操纵在蒋介石之手，从而使得这种独立性实际上非常有限。

2. 外交官的职业化

清末民初外交人员的职业化是与外交体制改革同步的一个渐进过程。

19世纪后半叶，进入清政府外交圈的人员，或满族皇亲国戚，或满汉出身的封疆大吏和传统封建士大夫。其中，主掌清政府外交的则始终为满族皇亲国戚。据钱实甫所著《清代的外交机关》统计，从总理衙门成立的 1861 年到总理衙门改组为外务部的 1901 年的 40 年间，具有总署大臣级①的职官有 62 名，在 1901 年到辛亥革命爆发前夕的 10 年间，具有外务部大臣级的 3 名职官分别是王文韶、那桐、邹嘉来等②。其中真正主掌外交的是满族皇亲国戚。如在总理衙门成立之初，3 名管理大臣即是奕䜣（满人、道光帝第六子、恭亲王）、桂良（满人、奕䜣的岳父）、文祥（满人、道光进士）。随后，总理衙门的管理大臣又始终由奕䜣（1865 年 4 月至 1884 年 4 月、1894 年 9 月至 1898 年 5 月），奕劻（满人、庆亲王 1900 年 6 月至 1901 年 6 月）辗转衔接。总理衙门改组为外务部后 10 年间，外务部总理大臣则一直由奕劻担任。

对于清政府的外交用人，不能简单地认为是无知和狭隘。因为外交学的知识告诉我们："在选用外交人员，尤其是在选用职高位显或权重一时的外交人员时，一些实行君主政体的国家，大都会优先考虑王公贵族。这种情况，在近现代外交史上，都是非常普遍的。在实行君主专制的国家里，情况则更是如此。""在君主制国家里，尤其是在实行专制君主制的国家里，最高统治者通常最为信任的，就是与自己有着血缘关系与利害关系的王公贵族。"③

同样，对于清政府所选用的上述外交人员，也不能统统斥之为庸才。从特定的历史角度来看，上述人员中并非完全无所作为，他们中的一些人在外交决策方面并不乏一些正确的主张，在外交活动中曾有过一些精彩的活动片断。比如，恭亲王奕䜣最早上书奏请设立专门外交机构——总理各国事务衙门，成为中国近代新式外交的开拓者；郭嵩焘作为中国第一位驻外使节，在出使英、法期间，与英方交涉太古洋行趸船移泊案、厦门渔民被英商残害案、英轮撞沉华船赔偿案、英商虐待华工案，据理力争，取得一定成绩，并将出使经历著为《使西纪程》一书，建议中国学

---

① 包括总理大臣、总理大臣上行走，总理大臣上学习行走。
② 参见钱实甫：《清代的外交机关》所列"总署大臣表"、"外务部大臣表"，三联书店，1959 年，第 297～307 页。
③ 金正昆：《现代外交学概论》，中国人民大学出版社，1999 年，第 239 页。

习西方国家的治国之道；曾纪泽则在中俄伊犁交涉中虎口索食，索回已为崇厚割让的新疆伊犁；薛福成与英方谈判一年半，签订《续议滇缅界务商务条款》，索还滇缅边境大片国土；黄遵宪则在挽救琉球、保护在美华侨等外交活动中尽忠职守等等。

然而，我们还是不能不正视这样一个事实：整个晚清时期，中国的外交史是一部典型的丧权辱国的历史！这种状况的成因，最根本的在于资本主义列强的侵略、强迫，清政府的衰败、无能。同时，与弱国时代所造成的外交人员的缺陷、局限不无关系。

外交学知识告诉我们，外交人员必须具有良好的个人素质与职业道德。其中，个人素质涉及自身条件（国家、民族、宗教、党派、年龄、性别、健康、相貌）、交际能力和业务技能（口才、外语、精通文史、熟悉信贷）；职业道德是指外交人员从事外交工作时必须遵守的政治行为规范（忠于祖国、坚持原则、执行政策、保守机密）和业务规范[1]。"离开了其中的任何一点，在外交实践中便往往会使外交人员难当重任。"[2] 正是因为如此，各国外交人员中的绝大多数，都选用职业外交人员。所谓职业外交人员，则是指"选择外交岗位作为自己的工作职业，以外交工作为自己的毕生事业，并且在外交实践中通过了循序考核提升而担任各种外交职务的人"[3]。可是，晚清时期的中国外交人员却很难具备上述基本条件。其原因之一，是由于清政府同其他君主专制的国家一样，在选任外交人员时，是把"忠于他们的制度"作为其"必备的条件"[4] 的。因此，清政府的外交人员不能说不忠诚于国家，但是，其中的相当一部分人员或受"天朝上国"、封建士大夫"正朔"观念的影响，

---

① 关于外交人员的基本条件，美国人萨道义所著《外交实践指南》（中国人民外交学会编译室译，世界知识出版社，1962年）第九章"对外交官的建议"，第十二章"外交代表的选任"以及金正昆所著《现代外交学概论》（中国人民大学出版社，1999年）第八章"外交人员"等均作了比较详细的论述。这里仅摘其要点说明。

② 金正昆：《现代外交学概论》，中国人民大学出版社，1999年，第223～240页。

③ 金正昆：《现代外交学概论》，中国人民大学出版社，1999年，第223～240页。

④ 杨公：《外交理论与实践》，四川大学出版社，1992年，第167页。

在外交交涉中虚傲自大；或受制于弱国的国家地位，在外交交涉中尽现卑躬屈膝。其原因之二，是由于这些外交人员多来自于皇亲国戚、封疆大吏或封建士大夫，因而未能受过专门的外交理论和技能的训练，缺乏职业外交人员应有的素质和能力，造成在外交决策中的失误，外交活动中的无知和失着。对于这些外交人员的素质和能力，后人曾这样评价："名为外交官，而周围十丈使署以外无天地，左右数人唯诺请安通译以外无见闻，一递国书照例报销谢恩外无经济"①。这样，外交人员的职业化开始受到重视，并首先从外语等能力条件方面作出要求。

1906 年外务部制定的新的录用办法规定：外务部"嗣后需用人员，应先就兼习各国语言文字曾经出洋或在各省办理洋务者择优调取"。"就各国使馆，各省洋务局人员调取曾经留学欧美毕业，或精通外国文字、熟谙交涉、年富力强者到部行走"②；1907 年，外务部修改的出使章程规定，外交官将必须是"通晓外国语言文字及政治、法律、商务、理财等科研究有得人员"③。随着这些规定的制定和执行，一部分留学欧美归国人员及同文馆、储才馆毕业生开始进入外交圈。

但由于清政府外交整体水准和外交人事制度尚未发生根本变化，因此，这一时期外交人员的素质还没有出现整体性的提高，外交人员职业化有待于国家制度、国家管理制度及外交体制的根本变革。

辛亥革命爆发中华民国的成立，中国的国家制度、国家管理制度以及外交体制发生了根本的变革，从而带动了外交人事制度的变化和外交整体水准的提高。这时，外交人员的构成发生了重大变化。在外交圈内，尤其是在若干重要外交岗位上，开始出现一批职业外交官。这里，仅对南京临时政府时期和民国北京政府时期外交总长的任职时间及学历进行考察。详情见下表。

① 《二十世纪之中国》，见《辛亥革命前十年间时论选集》第 1 卷上册，北京三联书店，1960 年，第 68～69 页。

② 《外务部奏请调用人员办法并设立储才馆折》（光绪三十二年二月），载《东方杂志》，1906 年，第 8 期。

③ 《外务部奏议复出使法国大臣刘奏请变通出使章程折》（光绪三十三年），载《东方杂志》，1907 年，第 2 期。

民国初年历任外交部总长任职时间及学历背景

姓　名	任　职　时　间	学　历　背　景
王宠惠	1912.1—3	天津北洋大学堂毕业,后留学日本、欧美等国,获美国耶鲁大学法学博士学位
陆征祥	1912.3—9 1912.11—1913.9 1915.1—1916.5 1917.12—1920.2 1920.3—8	北京同文馆毕业
梁如浩	1912.9—11	早年留学美国
曹汝霖	1913.9(代) 1916.5—6	早年留学日本
孙宝琦	1913.9—1915.1	
唐绍仪	1916.6—9(未到任) 1924.11—1925.2	早年留学日本
陈锦涛	1916.10—11(兼)	早年留学美国,获哥伦比亚大学博士学位
夏诒霆	1916.10—11(代)	
伍廷芳	1916.11—1917.7	香港圣保罗书院毕业,后留学美国
汪大燮	1917.7—11	清末举人
陈　箓	1918.11—1920.2(代)	法国巴黎大学毕业
颜惠庆	1920.8—1922.7(署) 1926.3	上海同文馆毕业,后留学日本
沈瑞麟	1922.7—8(代) 1924.11—1925.2(代) 1925.2—12	清末举人
顾维钧	1922.8—11(署) 1923.4—1924.10(署) 1927.10—1927.6	早年留学美国,获法学博士学位
王正廷	1922.11—1923.1 1924.10—11 1925.12—1926.3	天津北洋大学堂肄业,后留学日本和美国
施肇基	1923.1—2	早年留学美国
胡惟德	1926.3—5	上海广方言馆毕业
黄　郛	1923.2—4(署)	早年留学日本

姓　名	任职时间	学历背景
蒋廷幹	1926.7—10(署)	早年留学美国
王荫泰	1927.6—1928	早年留学日本和法国

　　资料来源：中国第二历史档案馆馆藏资料，台湾"中央研究院"近代史研究所 1987 年出版《国民政府职官年表》，春秋出版社 1988 年出版《中华民国国民政府军政职官人物志》，石源华主编、上海古籍出版社出版《中华民国外交史辞典》等。

　　如果以上述 20 位外交总长同晚清时期主掌外交的总理衙门总署大臣、外务部总理大臣进行比较，无疑具有明显职业外交官的若干重要特点。

　　其一，经过晚清民族主义思潮尤其是辛亥革命的洗礼，以及中华民国这一现代民族国家的建立，使这一时期的外交官们的肩上没有了晚清时期外交官的屈辱，没有了沉重的历史包袱，而是普遍具有了强烈的民族民主意识和国家情感，这种意识和情感又使得他们把为新的国家利益效力作为己任，超然于党派和集团利益，从而具备了职业外交家所必备的政治条件和人品条件。正如顾维钧在回忆录里所述：这一时期，外交家们多意识到和接受这样一种理念："当办理重要交涉时，唯一影响你的考虑的应当是民族利益"，"如果是民族利益，那就是永恒的，不因时间、舆论或党派而改变"[1]。

　　其二，上述外交官中，绝大多数或有留洋求学、或有受过清末外交专门教育的经历。其中，留学日本、美国、法国者 14 人，清末同文馆、广方言馆毕业者 3 人。这一时期的外交官们除了具备外语条件外，还掌握了比较丰富的国际政治和外交知识，在知识构成上跨越了与西方外交界的鸿沟，"易于为国际外交界接受和尊重"[2]，便于"以西方的职业文官理念和世界观服务于中国的外交事业"[3]。

---

　　① 中国社会科学院近代史研究所译：《顾维钧回忆录》第一分册，中华书局，1983 年，第 397 页。

　　② 石源华：《重评民国时期的职业外交家群体》，见金光耀主编：《顾维钧与中国外交》，上海古籍出版社，2001 年，第 393 页。

　　③ 王立斌：《外交家的诞生：顾维钧与近代中国外交官文化的变迁》，见金光耀主编：《顾维钧与中国外交》，上海古籍出版社，2001 年，第 355 页。

其三，上述外交官中，在担任外交总长重任以前多有过外交活动的经历。还在陆征祥出任北京政府首任外交总长之时，即大胆宣布用人原则："没有受过外交专业训练"者，外交部"决不接受"①。此后，外交用人原则即被沿袭下来。上述外交官员，多有过外交活动的经历。除陆征祥本人在清末历任驻俄、法、奥、荷4国使馆翻译，出使荷兰、俄国大臣等职外，其他人也都有一定的外交活动经历。其中，伍廷芳曾任李鸿章幕僚，参与相关外交谈判等活动，1896年起先后任清政府驻美国、秘鲁、西班牙、墨西哥、古巴等国公使。唐绍仪曾于1882年赴朝鲜办理税务，1890年在山东办理外交、商务，1904年以全权大使职两度与英国交涉西藏问题。施肇基历任鄂省留美学生监督，外务部右、左丞，出使美国、墨西哥、秘鲁、古巴大臣等职。顾维钧1912年任大总统英文秘书、外交部参事，1915年任驻墨西哥公使，旋调任驻美国兼古巴公使等等。外交官们所具有的上述外交活动的经历使他们具有外交活动的经验。

综上所述，在南京临时政府尤其是民国北京政府时期，中国的外交官已基本实现了职业化的过程。为此，顾维钧在回忆录中指出："当我在1912年从美国回到中国的时候……外交官员也变成职业化了。"②

南京国民政府成立后，由于整个人事体制一度被"党国化"所浸润，即规定主管党员制，导致在选任主要外交官时，一度出现以党派利害为标准的政治性任命。但当南京国民政府认识到职业外交官的重要性后，又迅速地重新启用民国北京政府时期的一批职业外交官，从而使中国外交官职业化的过程得以延续。

三 国际参与及国际行为表现

对国际事务的参与及参与程度，是由一个国家在国际社会中的地位、对外政策以及国际关系的变化等诸多因素所决定的。前清时

---

① 中国社会科学院近代史研究所译：《顾维钧回忆录》第一分册，中华书局，1983年，第101页。

② 中国社会科学院近代史研究所译：《顾维钧回忆录》第一分册，中华书局，1983年，附言1页。

期，由于实行闭关政策，失去了参与国际事务的机遇。而晚清时期，则由于国家主权处于受控于列强的半殖民地状态，中国只能接受列强的安排，而无能力、无权力参与国际事务。辛亥革命爆发及中华民国建立，中国开始逐步被国际社会承认和接纳，中国得以在追求平等的国家地位的同时，开始以主权国家的身份参与国际事务，并在相关的国际体制中有所表现。这里仅以中国参与国际联盟和联合国这样两个最大的国际性组织为例，说明中国对国际事务的参与及其国际行为表现。

1. 民国北京政府参与国际联盟及在相关体制中的表现

由于国际联盟在"九一八"事变间不能有效制止日本对中国的侵略，随后又无力阻止第二次世界大战的爆发，其维护国际和平的功能、职能遭受重大挫败，其世界性组织的威信也遭受严重打击。因而长期以来，中国学者对国际联盟的评价不高，甚至是负面的。但是，如果从国际联盟所处的特定国际背景、变化的国际关系以及国际联盟的全部活动来看，对国际联盟的这种评价应该得到调整。这不仅是因为国际联盟毕竟是 20 世纪 20 至 40 年代间国际事务的重要舞台，而且至少是在 20 世纪 20 年代这样一个时段里，"尚能成功维持世界和平"①。正是基于这种考量，才论及北京政府对国际联盟的参与及在相关体制中的表现。

中国对国际联盟最早的关注，始于 1918 年 1 月 8 日美国总统威尔逊在国会演说中所提出的"欧战议和条件十四款"。"十四款"中的第十四款建议： "确定约章，组织国际联合会（General Association of Nations），其宗旨为各国交互保障其政治自由及土地统辖权。国无分大小，一律享受同等之利权。"② 由于美国特有的国际地位，使得威尔逊的这一建议一经提出，便使时任中国驻美公使的顾维钧敏锐地意识到，"这一动向对中国极为重要"，这是包括中国在内所有弱小国家争取平等国际地位、参与国际社会的希望。为此，他立即在使馆内"成立了一个小组来收集各种资料……以确

---

① 唐启华：《北京政府与国际联盟》，（台北）东大图书股份有限公司，1998年，第 349 页。

② 国际关系学院编：《现代国际关系参考资料》（一九一七——一九三二年），高等教育出版社，1958 年，第 188 页。

定中国应采取何种政策"①，并建议北京政府注意此世界组织②。

1919年1月18日，巴黎和会开幕，北京政府组团出席巴黎和会。近年来，已经澄清了中国代表团在和会期间为维护山东主权所作的艰苦的外交努力，但对于中国代表团成员在参与创建国际联盟及在相关体制中的表现则论及不多。

在美国总统威尔逊坚持下，创立国际联盟列为和会的首要目标之一。1月25日和会第二次全体大会即议决：国联盟约为和会不可分割的一部分，并设立"国际联盟委员会"（Commission of the League of Nations）负责起草国际联盟盟约。国际联盟委员会自2月3日起开会，到4月15日为止共开会15次，完成盟约草案。28日在和会大会中正式通过，成为和约首章。这里要说明的是，在整个盟约起草过程中，中国代表顾维钧全程参与，并提出许多中肯的建议。如在国际联盟委员会2月3日至13日讨论国际联盟行政院之组织时，草案原只拟由五大国代表组成，而小国代表则主张次要国在行政院亦应有代表。顾维钧发言赞成由大国5人，小国4人组成，最后即依此方案通过。又如在会议的第二阶段的三次会议中，顾维钧多次对"门罗主义"发言予以限制，防范日本利用此条宰制东亚，其部分意见被吸收到盟约条文中等等。正是由于顾维钧的上述作用、表现，不仅赢得了当时国际联盟委员会同仁的称许，而且为随后中国被选入国际联盟行政院四席非常任会员国之一创造了条件。为此，民国初年杰出外交家颜惠庆在其自传中称："顾维钧博士因参加国联约章起草委员会，我国代表团曾提出不少有关保障集体安全，维持国际公道，促进民主政治的原则，构织于约章之内。我国对于国际联合会（The League of Nations），所缔盟约二十六条之贡献，堪称伟大。"③

在巴黎和会完成了和约签字后的1920年1月10日，国际联盟

---

① 中国社会科学院近代史研究所译：《顾维钧回忆录》第一分册，中华书局，1983年，第162页。

② 收驻美顾公使八日电（1918年1月11日），《外交档案》03—37/2—（1），转引自唐启华：《北京政府与国际联盟的参与》，载金光耀主编：《顾维钧与中国外交》，上海古籍出版社，2001年，第88页。

③ 颜惠庆著，姚崧龄译：《颜惠庆自传》，（台北）传记文学出版社，1989年，第99页。

成立。虽因中国不接受和约第一五六、一五七、一五八条将原德国在山东的特权转让日本而拒签对德和约，但因中国于 1920 年 7 月 16 日签署对奥和约而正式入会，成为创始会员国之一。此外，正是由于包括中国代表团在巴黎和会期间的杰出表现，尤其是顾维钧在国际盟约起草过程中的极大贡献在内的多种因素的作用，在 1920 年 12 月国际联盟第一届大会召开时，中国被选入国际联盟行政院，成为行政院四席非常任会员国之一。由于"国际联盟是欧战之后……建立起来的最具代表性的国际组织"①，因而当时中国不仅成为这一组织的创建国之一，而且成为这一组织机构中非常任会员之一，这便相当程度地提升了中国的国际地位，并成为中国以主权国家加入国际社会的重要开端。这一点便如张勇进在论欧战后中国在国际体系中之地位时所指出的那样："当列强未准备给中国完全主权与完全国际地位时，它们接受中国在国际联盟的完全会员资格，并让中国于 1920 年 12 月被选为非常任行政院会员，这代表事实上承认中国是国际社会的完全一员了。"② 也如唐启华论及北京政府在国际联盟行政院的表现时所指出的："这已是中国参与国际事务，跻身国际事务最高殿堂的开端，其意义不可忽视。"③

由于中国在国际联盟第一届大会上即已当选为国际联盟行政院非常任会员，加上中国代表在国际联盟行政院工作的实绩，因此，继 1920 年—1921 年之后，中国又继续当选为 1921 年—1922 年、1922 年—1923 年及 1926 年—1928 年国际联盟行政院非常任会员。在当时国际联盟以欧洲为重心的情况下，中国能成功几度选入行政院实属不易。在 1920 年—1928 年的 8 年时间里，中国出席了国际联盟第一至第八届大会和国际联盟行政院第 12—27、第 42—50 次会议，其中，中国代表两次担任院会主席（第 14 次院会主席顾维钧、第 48 次院会主席陈箓）。

除参与国际联盟大会及国际联盟行政院工作外，中国代表还参

---

① 唐启华：《北京政府与国际联盟》，（台北）东大图书股份有限公司，1998年，第 6 页。

② 转引自唐启华：《北京政府与国际联盟》，（台北）东大图书股份有限公司，1998 年，第 178 页。

③ 唐启华：《北京政府与国际联盟》，（台北）东大图书股份有限公司，1998年，第 182 页。

与了国际联盟附设的多种专门委员会的工作。是时，国际联盟设有多种专门委员会，在 20 年代中期，计有经济财政委员会、交通运输技术顾问委员会、卫生委员会、智育互助委员会、禁运妇孺委员会、禁烟委员会、放奴委员会、军事顾问委员会、军事混合委员会、修改盟约委员会、编纂国际法典委员会、监察预算案委员会、建筑工程委员会等。在以上国际联盟附设的专门委员会中，与中国关系比较密切的首推禁烟委员会与编纂国际法委员会，其次为裁减军备各会议与智育互助委员会等。此外，国际法庭及国际劳工组织，虽非国际联盟内设立的机构，但与国际联盟关系密切，同属欧战后维护国际和平架构中重要的组织，可称为广义的国际联盟的一部分，中国对此机构也都有相当程度的参与。

无论是在国际联盟大会、国际联盟行政院，还是在国际联盟附设的多种专门委员会的工作中，中国代表都很投入，尤其是在顾维钧、陈箓任代表阶段，不仅工作努力，而且成绩显著。如在顾维钧任行政院十四届会议主席期间，即成功地调停、处理了上西里西亚德、波两国划界案，及萨尔地方政府组织案，既维持国际联盟原则信用，又使相争各大国政府均获满意。又如陈箓任行政院第四十八次会议主席期间，悉心调处立陶宛申诉波兰虐待波属韦立那地方立陶宛系弱小民族案，以及处理了匈牙利私运军火案等，也获得国际社会的赞誉。

遗憾的是，由于民初国内政争剧烈，削弱了中国在国际社会中的地位。同时，由于北京政府财政窘迫，从 1921 年开始连年拖欠会费①，这种情况的出现严重损害了北京政府的国际信誉。也正是由于上述原因，中国曾失去第四至第六届国际联盟行政院非常任会员资格。

2. 南京国民政府在创建联合国中的作用

第二次世界大战爆发后，国际联盟已名存实亡，随着大战导致

---

① 国际联盟摊费办法，最初是按会员国人口数多寡确定，中国与英、法等大国并列为一等国，承担会费为 523000 金法郎，合 100914.6 美金。1923 年起修正新法，依据人口与年度财政预算，自 1926 年起正式实施，中国仅次于英、法、意、日、印度，名列第六，承担会费为 1125730.12 金法郎，合 217213.39 美金。由于中国人口居世界第一，加上国力不逮及不平等条约约束，因此，上述两种摊费办法，对中国都是相当沉重、难以负担的。

的国际关系的剧烈变化和大战的胜利进程，反法西斯国家开始酝酿和组建新的国际组织，以取代国际联盟。

1941 年 8 月 14 日，美国总统罗斯福和英国首相丘吉尔发表了《美国总统和英国首相的联合宣言》（简称《大西洋宪章》），该文件提出了对德战争的目的，并初步构思了战后世界的基本结构，呼吁建立一个"永久性普遍安全制度"①。1942 年 1 月 1 日，中、美、苏、英、加、澳、印度等 26 个反法西斯盟国代表聚会美国首都华盛顿，一致赞同以《大西洋宪章》的宗旨和原则作为盟国的共同纲领，并签署了《联合国家宣言》。宣言强调必须维持战后秩序和国际和平，建立相应的国际体制，首次使用了"联合国家"（United Nations）这一名称。1943 年 10 月 19 日至 30 日，美、英、苏三国外长在莫斯科举行会议，就战后建立国际机构进行了磋商。期间，经过反复争执和讨论，于 26 日同意邀请中国方面参与。28 日，中国驻苏大使傅秉常取得了国民政府赋予的签字全权后参加会议。30 日，苏、英、美、中四国代表②正式签署了《普通安全宣言》。宣言的主要内容之一是正式确认建立一个普通性的国际组织，并对尽快建立这一组织承担了义务。应该说，这是中国有史以来平等地与世界大国一道共同讨论、决策重大的国际问题的第一次，这意味着中国国际地位的空前提高。

1943 年 11 月 22 日至 26 日，美、英、中在埃及首都开罗举行了三国首脑会议③。这是第二次世界大战期间举行的第一次，也是惟一的一次反法西斯主要国家首脑会晤。会议期间，罗斯福曾单独会见蒋介石进行了长时间的会谈，着重讨论了有关建立未来国际组织的问题。蒋介石表示，中国高兴参加四强的一切机构和参与制定决策。旋即，中国代表团成员王宠惠奉蒋介石的指令向罗斯福的特别助理霍普金斯正式递交照会，建议成立中、美、苏、英四国委员会，以负责新型国际组织的筹建事宜。12 月 1 日，中、美、英三

①　《国际条约集》(1934—1944)，世界知识出版社，1961 年，第 337 页。

②　苏、英、美、中四国代表分别是：苏联的 V·M 莫洛托夫、英国的安东尼·艾登、美国的科德尔·赫尔和中国的驻苏大使傅秉常。

③　美、英、中三国首脑分别是：美国总统罗斯福、英国首相丘吉尔、中国国民政府主席蒋介石。

国共同发表了《开罗宣言》。宣言明确阐述了对日战争的目的，并初步安排了战后远东问题。开罗会议的召开，进一步明确了建立新型国际组织的使命，以及初步确认了中国在这个国际组织的地位，标志着中国国际地位的进一步提高。

紧接开罗会议之后，苏、美、英三国首脑于 11 月 28 日至 12 月 1 日在伊朗首都德黑兰举行会议，进一步就战后问题进行了磋商。

开罗会议和德黑兰会议之后，中、美、苏、英四国积极采取措施，力争尽快把未来的新型国际组织由构想变为现实。为此，1944 年 8 月 21 日至 10 月 7 日，苏、英、美三国和中、英、美三国先后在华盛顿附近的敦巴顿橡树园举行会议。其中，苏、英、美三国会议讨论了战后所有重大问题，签署了《关于建立普遍性的国际组织的建议案》，建议将新的国际组织命名为"联合国"，确定该组织的主要机构有：全体会员国大会、安全理事会、秘书处和国际法院。规定维护世界和平与安全的主要权利归安理会，大国在安理会拥有永久性代表权和否决权，安理会的决议对所有会员国都有约束力，联合国大会的重要决议只要与会会员国三分之二的多数票就可以通过等，从而构成了后来《联合国宪章》的基本轮廓。只是在安理会的表决程序问题和创始会员国的资格问题上没有取得一致意见。随后召开的中、英、美三国会议则主要是由英、美向中国传达苏、美、英三国会议的决定，面对这种损伤中国大国地位的方式，中国代表只能忍辱。中国一方面表示同意美、英、苏提出的建议，另一方面提出 3 项极为合理的建议：(1) 调整或解决国际争端时，应规定对正义及国际法原则加以应有的注意；(2) 大会应具有进行调整与作出建议的任务，以发展并修改国际法上的规范与原则；(3) 经济暨社会理事会应有在教育以及其他一些文化问题上促进合作的特殊任务[①]。上述建议先后得到美、英、苏三国的同意，被补充进《关于建立普遍性的国际组织的建议案》。建议案于 1945 年 5 月 5 日作为四国一致同意的文件提交日后联合国创立会议审查。

敦巴顿橡树园会议后，美、英、苏继续就安理会表决程序问题

---

① ［苏］C·B·克里洛夫：《联合国史料》第 1 卷，中国人民大学出版社，1955 年，第 54 页。

进行磋商，并在 1945 年 2 月举行的雅尔塔会议上对此达成协议。这次会议确定，大国在实质问题上拥有否决权。这次大会还确定由美、英、苏、中、法五国作为发起、邀请国，于当年 4 月在美国旧金山举行联合国创立会议。

4 月 25 日，"联合国有关国际会议"（The United Nations Conference on International Organization）在旧金山开幕（史称联合国制宪会议或旧金山制宪会议）。参加会议的有 50 个国家的 282 名代表及大批随员。中国首席代表为行政院院长兼外交部长宋子文，成员有顾维钧、王宠惠、魏道明、胡适、吴贻芳、李璜、董必武、胡霖、王云五等共 10 人。6 月 10 日，宋子文因政务急需返国，顾维钧升任代理首席代表。

旧金山制宪会议持续两个月。各国代表在全体大会和委员会会议上对《敦巴顿橡树园建议案》、《雅尔塔协定》以及各国政府先后提出的种种修改案进行认真而详尽的讨论，终于草拟出由序言和 19 章 111 款条文组成的《联合国宪章》。宪章规定：联合国的宗旨是维护国际和平与安全，发展各国之间的友好关系，促进经济、社会、文化等方面的国际合作，成为协调各国行动的中心。宪章规定：为实现联合国的宗旨，联合国将信守下列原则：各会员国主权平等；履行宪章规定的义务；以和平方法解决国际争端；不得以不符合联合国宗旨的任何方式进行武力威胁或使用武力；各会员国对联合国依照宪章采取的任何行动应给予一切协助；联合国不得干涉本质上属于任何国家内部管辖的事项。应该说，"《联合国宪章》吸收了国际法和国际关系中一系列进步、民主、平等的原则，充分反映了饱经两次世界大战忧患的世界各国人民对于维护和平、反对侵略的向往，因而符合全世界人民的根本愿望"①。

为参加旧金山制宪会议，中国政府作了充分的准备。还在雅尔塔会议召开期间的 1945 年 2 月 5 日，外交部长宋子文便致电驻英大使顾维钧，要顾立即回国有要事商量。此时的顾维钧已猜想到可能要"让我为他出席成立联合国的旧金山会议做些

① 王杏芳主编：《中国与联合国——纪念联合国成立五十周年》，世界知识出版社，1996 年，第 17 页。

准备工作"①。2月13日，中国接到美国大使馆关于将在4月25日召开联合国制宪会议的通知。3月17日，外交部拟定出席旧金山会议的相关方案7件，并上呈军事委员会。这7件方案的主题及拟定者分别是：甲、草拟国际法院规格应行注意之要点（王化成）；乙、设立领土代管制度之原则（郭佳斌）；丙、对于区域组织问题之意见（张忠绂）；丁、我国所提已经美、英接受之三项建议编入宪章问题（王化成）；戊、对于我国所提而未经美、英接受各项建议之态度（胡世泽）；己、各国对于顿巴敦（敦巴顿）建议案之意见与我国应采之态度（条约司、徐淑希、刁顾问）；庚、解散国联之步骤（王化成）②。随后，中国派遣了上述极为干练的代表团出席旧金山制宪会议。

正是因为做了上述准备工作，因而中国代表团能在旧金山会议有所作为。5月2日，中、美、英、苏四国外长商讨联合国宪章草案的最后修改意见时，中国代表带着创建国际联盟时的丰富经验对草案提出数项修改：对非常任理事国的选举，应"注意公平之地域分配"；安理会处理纠纷时有权采用临时办法；安理会处理与非会员国有关纠纷时，应使该非会员国得以参加讨论；非会员国将争议提交大会或安理会后"有接受宪章所定和平解决争端之义务"③。这些修改意见都因与各国意见大多相近似而为英、美、苏所接受。又如在苏方提出会议重要文件均须另刊俄文本时，中国方面提出：英、法、俄、中及西班牙文为大会正式用语，如文件除英文外使用其他文字，则应以并用四国文字为宜。这一建议也被各方认可。此外，中国还对国际法庭、托管制度等问题提出若干建议。

6月26日，《联合国宪章》签字仪式正式举行。中国以抵抗侵略最先被特准为签署《联合国宪章》的第一个签字国。随后，50个国家的153名全权代表依次在宪章上签字。当晚，旧金山会议闭幕。10月24日，在中、美、英、苏、法及大多数签字国交存了批

---

① 中国社会科学院近代史研究所译：《顾维钧回忆录》第一分册，中华书局，1983年，第463页。

② 转引自李朝津：《顾维钧与旧金山会议》，见金光耀主编：《顾维钧与中国外交》，上海古籍出版社，2001年，第307页。

③ 海英译：《兰金回忆录》，上海人民出版社，1975年，第13页。

准书后，《联合国宪章》生效，至此，联合国正式成立。中国成为联合国的创始会员和安理会 5 个常任理事国之一。

1946 年 1 月 10 日至 14 日，第一届联合国大会在英国伦敦举行。大会依照《联合国宪章》的有关规定，正式建立联合国的组织机构。会议选举产生了安理会的 6 个非常任理事国，经社理事会的 18 个理事国，托管理事会的 4 个理事国和国际法院的 15 名法官。至此，联合国正式开始运转和工作。

根据联合国大会的规定，联合国使用的语言分为正式语言和工作语言两种。正式语言是指在联合国大会的重要文件中必须使用并且具有法律效力的语言。鉴于中国作为世界大国的国际地位和中国在联合国创建过程中所起的重要作用，中文与英文、法文、俄文、西班牙文、阿拉伯文一起被定为联合国的正式语言。这一决定，使具有 5000 年古老文明结晶的中文，首次在国际舞台上得到了应有的尊重。

3. 中华人民共和国积极、全面参与联合国体制

1949 年 10 月 1 日中华人民共和国成立后，即以 20 多年的努力，恢复了在联合国的合法席位，随后便以全新的姿态积极、广泛参与以联合国为中心的各项国际事务。

1949 年 10 月 1 日，中华人民共和国成立。从此，中华人民共和国政府便取代了南京国民政府成为代表全中国人民的惟一合法政府。按照国际法惯例，新旧中国虽然在社会制度上发生根本变化，但中国的主权、国家地位并没有改变。作为一个主权国家，中国的国际法主体资格应自然延续，中华人民共和国政府享有以中国国家的名义参加国际组织的权利，享有在联合国固有的合法地位及其他一切权利。但由于美国以种种借口不断对联合国施压，使新中国在联合国的合法席位被长期剥夺。为此，中国政府和人民为恢复在联合国的合法席位进行了长期斗争。

1949 年 9 月，中国人民政治协商会议通过决议，否认国民政府残余分子出席第四次联合国代表大会的资格。11 月 15 日，中国外交部长周恩来分别致电联合国秘书长赖伊和第四届联合国大会主席罗慕洛，明确指出："只有中华人民共和国中央人民政府才是代表中华人民共和国全体人民的惟一合法政府"，要求联合国立即取消"中国国民政府代表团"的资格。但由于受美国的影响，赖伊以

该电报"并非来自联合国会员国"为由，不在会员国中散发，只留在非政府和非会员国的表册中备查。而罗慕洛也表示，中国人民政府的要求必须经过联合国大会总务委员会审查后，才可以决定是否列入大会议程。1950 年 1 月 8 日，周恩来致电联合国，要求将国民政府驱逐出安理会，并由中央政府任命张闻天为驻联合国的首席代表，组成了 50 余人的代表团。为支持新中国提出的合理要求，1 月 10 日，苏联驻联合国代表马立克向安理会提交了一份支持中国立场的提案。提案表示，在中国国民政府被驱逐出安理会之前，苏联将不再参加安理会的工作。13 日，安理会对此案进行表决。同样，由于受美国的影响，该提案未被通过。接着，在 1950 年 9 月召开的第五届联合国大会期间，印度和苏联又提议立即接纳中华人民共和国驱逐中国国民政府的提案。结果，又在美国的作用下，大会以 33 票反对、16 票赞成，否决了上述提案。此后，随着朝鲜战争的爆发，美国即以所谓"中国侵略朝鲜"为借口，在从 1951 年到 1960 年的每届联合国大会上，都提议"延期讨论"中国代表权问题，致使恢复中国在联合国合法地位的问题被搁置下来。

1961 年第 16 届联合国大会召开时，中国代表权问题出现转机。9 月 17 日，新西兰代表首先提出把"中国代表权问题列入大会日程"。此后，苏联代表也提出将"恢复中华人民共和国代表权问题"列入大会日程。这两个要求均被大会采纳，从而突破了美国"延期讨论"的障碍。鉴此，美国改变手法，伙同其他 4 国提出"重要问题案"，即中华人民共和国代表权问题，必须由联大 2/3 多数同意才能作出决定。在美国游说下，最后大会通过了美国等 5 国的提案。在美国等 5 国"重要问题案"的制约下，尽管直到 1971 年之前的每届联合国大会讨论中国代表权问题上，赞成恢复中华人民共和国在联合国合法地位的票数均未达到 2/3，但赞成票却逐年增多。到 1970 年的第 25 届联合国大会上，阿尔巴尼亚等 18 个国家提出"恢复中国合法权利"的提案，表决结果为 51 票赞成，48 票反对。这第一次简单多数的获得，预示着离达到 2/3 的绝对多数票数已为期不远。

1971 年，第 26 届联合国大会召开。7 月 15 日，联合国大会采纳了阿尔巴尼亚等 18 国要求，将"恢复中华人民共和国合法席位"的提案列入大会议程。8 月中旬，美国常驻联合国代表表示，美国政府承认中华人民共和国在联合国应当拥有代表权，但"中华民国"的代表权也不应剥夺。即提出了双重代表权问题。8月20日，中国致函联合国："世界上根本不存在两个中国，只有一个中国，就是中华人民共和国。"9月25日，阿尔巴尼亚等23个国家提出恢复中华人民共和国的一切合法权利并成为安理会常任事理国，立即将中国国民政府从联合国的一切机构中驱逐出去为主要内容的提案。9月29日，在美国的操纵下，澳大利亚等22国提出驱逐"中华民国"也要作为"重要问题"的提案，被称为"逆重要问题案"。随后，澳大利亚等19国又提出一项提案，认为大会可以承认中华人民共和国的代表权，并作为安理会5个常任理事国之一，但同时保留"中华民国"的代表权。经过激烈的辩论后，10月25日，大会以59票反对、55票赞成、15票弃权，否决了"逆重要问题案"。接着大会又以76票赞成、35票反对、17票弃权的压倒多数通过了"恢复中华人民共和国在联合国一切合法权利和立即把国民党集团的代表从联合国及一切机构中驱逐出去"的第2758号决议。决议载明：考虑到，恢复中华人民共和国的合法权利对于维护《联合国宪章》和联合国组织根据宪章所必须从事的事业都是必不可少的。承认中华人民共和国政府的代表是中国在联合国组织的惟一合法代表。中华人民共和国是安全理事会5个常任理事国之一。决定：恢复中华人民共和国的一切权利，承认它的政府的代表为中国在联合国组织的惟一合法代表并立即把蒋介石的代表从它在联合国组织及其所属一切机构中所非法占据的席位上驱逐出去。

10月26日，中国外交部收到联合国秘书长吴丹发来的电报，通知第26届联大恢复了中华人民共和国的一切权利，欢迎中国正式派遣代表团出席第26届联合国大会。11月15日，以乔冠华为团长、黄华为副团长的中国代表团第一次出现在联合国会议大厅。以此为起点中国开始积极、广泛参与以联合国为中心的一切国际事务。

中国在恢复联合国合法席位之后，即遵循联合国宪章的宗旨和原则，参与维护世界和平。

1978年底，柬埔寨遭到外来侵略，中国同大多数国家一同谴责了这一行径。中国多次发表声明，全面解决柬埔寨问题需要结束外国的侵略并消除侵略造成的后果。随后，中国同其他4个常任理事国一起提出了全面政治解决柬埔寨问题一揽子方案，为尽早结束柬埔寨冲突铺设了和平道路。此后，安理会一致通过了 668 号决议，确认了 5 个常任理事国达成的框架文件。1981 年 12 月，中国第一次投票赞成增派联合国塞浦路斯维和部队。1986 年 6 月，应联合国副秘书长的邀请，中国派考察组赴中东实地考察了联合国维护和平行动的有关情况，作出了积极的评价。1988 年，中国正式要求成为了联合国特别维和委员会成员。1989 年 4 月，成为新成员后发表的第一份正式声明中，中国敦促国际社会给予联合国维和行动更有力的政治支持。1989 年 7 月，中国第一次决定选派 5 名军事观察员参加联合国中东停火监督组织，并派 20 位人员作为联合国过渡援助小组成员帮助监督纳米比亚独立进程。这是中国首次派人员参加联合国的维护和平行动。1990 年 8 月，海湾危机出现后，中国以严肃认真的态度积极参加了安理会关于海湾问题的磋商和审议，负责地履行了安理会常任理事国的职责。1991 年 1 月海湾战争爆发后，中国强烈呼吁有关各方采取最大限度的克制态度，支持国际社会为和平解决海湾危机所作出的各种努力，以防止战争升级和扩大。1992 年，中国向联合国柬埔寨临时权力机构派遣了 47 名军事观察员和 400 人的工程大队。

在逐步参与维和行动的同时，为促使联合国的维和行动以及预防性外交等相关领域的活动健康发展，中国多次阐明了维和行动的立场和主张。中国认为应该确定和遵守以下原则："遵循联合国宪章的宗旨和原则，特别是尊重国家主权和不干涉内政的原则"，"坚持以斡旋、调解、谈判等和平手段解决争端，不应该动辄采取强制性行动。即使是人道主义行动，也不应该诉诸军事手段"。"反对实行双重标准，不能把个别或少数国家的政策强加给联合国安理会。不能允许少数国家假联合国之名，行军事干涉之实。""采取维和行动，要遵循事先征得当事国的同意，严守中立，除自卫外不得使用武力等被历史证明是行之有效的一系列原则。""实事求是，量力而行，条件不成熟时不应该建立维和行动，更不应该使之成为冲突一方，偏离维和的根本方向。"[①]

---

① 《钱其琛在五十届联大发表讲话——就维护联合国宪章、维和行动原则、核不扩散、和平与发展等问题阐述中国政府立场》，《人民日报》，1995 年 9 月 28 日。

中国在恢复联合国合法席位尤其是改革开放以来，在更广阔的领域、更深的层次上参与了国际经济合作。

经济及社会理事会是联合国的六大主要机构之一①。中国在恢复联合国合法席位后，在经社理事会的合法权利也随即恢复。1971年11月，中国当选为经社理事会的理事国，此后一直连续当选。从1971年开始，中国除参加了理事会的历届年会外，又陆续参加了理事会下属和附属的经济组织和机构的活动。联合国亚洲及太平洋经济社会委员会（简称亚太经社会）是联合国经社理事会下设的5个区域社会经济委员会之一②，是联合国在亚太地区惟一的政府间综合性经济社会组织。从1973年起，中国每年都派出代表团出席年会，并陆续参加该委员会一切下属和附属机构的活动。1992年，承办了亚太经社会第48届年会。此外，从1979年开始，中国每年向亚太经社会提供捐款，用于亚太经社会同中国政府有关部门的合作活动。到1995年底，中国共捐款674万元人民币和179.8万美元③。

联合国贸易和发展会议（简称贸发会议）是联合国大会附属的经济机构。贸发会议主要是通过制定相关政策、原则来协调经贸关系，促进贸易增长与经济发展。自1972年5月中国与贸发会议建立关系后，即积极参加其各项活动。期间，中国派代表团出席了1972年5月以后的历届贸发大会和理事会会议，参与了一些重要的国际经济文件的制定和谈判工作，其中最重要的是参与了《各国经济权利与义务宪章》和《商品综合方案》两个文件的制定。中国还积极参加贸发会议召开的各种专业性会议和谈判会议，与发展中国家一道同发达国家谈判，达成了一些比较有利于发展中国家的国际协定和协议，如《国际多种方式联合公约》、《班轮公会行动守则》、《限制性商业惯例原则》等。此外，在债务问题上，中国同许多国家一道，努力迫使发达国家承诺减免最不发达国家的部分债务和同意延长对发展中国家的普惠制期限。

---

① 联合国六大主要机构是：联合国会员国代表大会、秘书处、安全理事会、经济及社会理事会、托管理事会、国际法庭。

② 联合国经社理事会下设的5个区域经济委员会是：亚太经社会、非洲经社会、西亚经社会、拉美经社会和欧洲经社会。

③ 李宝浚：《当代中国外交概论》，中国人民大学出版社，1999年，第246页。

联合国开发计划署是联合国大会的附属机构，主要是以提供技术与资金援助的方式，推动各国经济与社会持续发展，是联合国最大的多边技术援助机构。中国自 1972 年同开发计划署建立合作关系后，即积极参加其各项活动。期间，中国派代表团参加开发计划署举行的各种业务会议，并从 1975 年开始参与该署的决策与管理。中国还尽力向开发计划署捐款，利用部分捐款承办了联合国在华为发展中国家举办的各种参观、考察、专业培训、讨论会和讲习班等活动。还承办了各类援助发展中国家的小型项目，提供单项设备、派遣专家到其他发展中国家进行技术指导等等。与此同时，中国也接受了开发计划署提供的无偿技术援助，到 1992 年底，计划署援华资金达 4.32 亿美元（承诺额），完成执行额为 2.25 亿美元，安排项目近 300 个①。

国际货币基金组织和国际复兴开发银行（即世界银行）是联合国下属重要机构。国际货币基金组织的宗旨和主要任务是：稳定国际汇兑，消除妨碍世界贸易的外汇管制，向成员国提供短期贷款等。世界银行的宗旨和主要任务是：在不能按合理条件得到私人资本的条件下，向成员（尤其是发展中国家）政府或政府担保的私人企业提供长期贷款；与其他国际金融机构合作，开发成员国的生产资源。1980 年 4 月和 5 月，货币基金组织和世界银行相继恢复了中国在这两个机构中的合法地位。中国分别是货币基金组织和世界银行执行董事会 24 名董事之一。对华贷款是货币基金组织和世界银行同中国合作的主要内容。1981 年，中国根据本国的国际收支情况，接受了国际货币基金组织的两笔贷款，共 7.6 亿特别提款权（约合 9.6 亿美元）。1986 年，中国为弥补国际收支逆差，向国际货币基金组织借了 5.98 亿特别提款权（约 7.12 亿美元）。1990 年，中国使用货币基金组织贷款 3.3 亿特别提款权。到 1995 财政年度，世界银行对华贷款项目达 157 个，累计承诺金额 221.91 亿美元②。中国从联合国金融机构中获得的相当数量的优惠贷款，促

①　王杏芳主编：《中国与联合国——纪念联合国成立五十周年》，世界知识出版社，1996 年，第 259 页。

②　李宝俊：《当代中国外交概论》，中国人民大学出版社，1999 年，第 246～247 页。

进了中国经济的发展。

中国恢复联合国合法席位之后，还积极参与了教科文、人权等领域的多边外交活动。

联合国教科文组织是联合国教育、科技和文化组织的简称，是联合国的专门机构之一。教科文组织的宗旨和主要任务是：为会员国提供咨询并推动有关教育、科学、文化等方面的合作和交流。1971 年 10 月，教科文组织承认中华人民共和国代表在该组织中的合法地位。从 1972 年 10 月中国代表团出席教科文组织的第十七届大会开始，中国派代表出席了历届大会，并一直出任执行局委员。1974 年 3 月，中国向该组织派出了常驻代表团。1978 年以前，中国在教科文组织的工作主要是出席大会和执行局的会议。自 1978 年之后，开始参与该组织的业务活动。1978 年，中国同教科文组织的合作项目为 15 个，到 90 年代初合作项目近 300 个。1985 年，中国向该组织捐款 60 万美元。而在教科文组织的资助下，中国每年都派出大量的人员参加各种类型的培训班、研讨会，派出高教、普教、电化教育、生态、新闻等方面的人员出国进修。在教科文组织的资助下，中国也多次举行过国际研讨会、培训班，接待了不少外国专家来华讲学等等。

保障人的基本权利是国际社会的崇高事业，也是联合国的宗旨之一。联合国体制内涉及人权问题的机构分别是人权委员会、经社理事会和第三委员会。中国自 1971 年恢复联合国席位后，便开始参与联合国人权领域的活动。1979 年至 1981 年，中国连续 3 年以观察员身份出席人权委员会会议，1981 年当选该委员会成员国，1982 年首次作为正式成员参加了第 38 届人权委员会会议。此后，中国在历次经社理事会举行的选举中一直连选连任至今，并加入了8 个国际人权公约。中国在联合国人权领域的活动，注重阐明中国政府在人权问题上的立场和对各项人权问题的态度。对于联合人权机构审议某些国家内部发生的持续的、严重违反人权的问题，中国政府按照《联合国宪章》的宗旨和原则，根据不同情况，慎重决定自己的立场和投票态度。

此外，中国在恢复联合国席位之后，还积极参与了社会、环境、知识产权等领域的活动。

四　民众的外交关怀和外交参与

随着辛亥革命后中国民众的民族觉醒，国家外交便成为中国民众关注的热点之一。因而，在民国期间的几乎每次重要的对外交涉和外交活动中，都有了民众的关怀和参与。这种关怀和参与，直接或间接地影响着政府外交方针、政策的调整，影响着政府的外交活动过程及其结局，甚至影响着中外关系发展的方向和轨迹。

1. 反对划分山东战区　反对"二十一条"交涉

1914年7月28日第一次世界大战爆发后，西方列强先后卷入战争无暇东顾，日本立即乘机运用战争和外交两种途径在亚洲大陆、向中国推行扩张政策。8月23日，日本对德宣战，旋即以所谓"从中国排除德国的影响"为借口，出兵中国山东，并要求于8月6日已宣布中立的北京政府把山东境内黄河以南的地区划为中立外区域。在未得到北京政府认可的情况下，日军于9月2日在山东龙口及莱州附近地区登陆。鉴此，北京政府于9月3日发表声明："在龙口、莱州及胶州湾附近，各交战国必须行用之至少地点，本政府不负完全中立之责任。"[①] 声明既出，即表明北京政府在事实上承认了潍县车站以东地区为交战区。面对日本政府破坏中国中立、侵犯中国领土主权的行为和北京政府的软弱，山东各界发起组织了"东亚和平维持会"，选派代表赴北京请愿，反对划分山东战区，要求北京政府向日交涉撤退胶济路的日军。正是在包括山东各界及各地方团体强烈要求在内的各种因素的作用下，北京政府遂于10月1日声明取消山东战区，要求日军一律撤出。

日本占领山东胶州湾后，又于1915年1月8日派日本驻华公使日置益向北京政府递交了《对华交涉案》即"二十一条"，并要求中国"在极秘密的情况下进行谈判"[②]，"严格保守秘密"。北京政府在表面上赞同在秘密情况下谈判。但鉴于承诺是在威胁之下做

---

① 陶菊隐：《北洋军阀统治时期史话》第2册，三联书店，1985年，第48页。

② 曹汝霖：《曹汝霖一生之回忆》，（台北）传记文学出版社，1980年，第91页。

出的，中国没有义务遵守，遂暗中将情况泄露给欧美列强和新闻界①，以获得国际上外交方面的同情和新闻界的支持。这样，关于"二十一条"的消息首先出现在外国报端，随即从22日开始出现在中国报纸上。"二十一条"谈判一经曝光，立即引起中国民众极大的悲愤，并投身反对"二十一条"的运动。

首先得知"二十一条"消息的中国留日学生，于1月下旬冒雨在日本东京集会反对"二十一条"，电请北京政府坚决拒绝日本要求，旋即"大部分归国，发起反对运动"②。随后，国内民众即以各种形式坚决反对北京政府关于"二十一条"交涉。一时间，反对"二十一条"交涉的电报像雪片一样飞向北京政府外交部或大总统府。这里仅摘录来自各地商界的部分电报内容。2月6日，广州商务总会电："日本今忽无理要挟，促我灭亡，誓乞严词拒绝。"2月17日，上海洋货商业公会电："务乞据理交涉，誓勿承认。"2月20日，杭州商务、教育等会电："宁以身殉，不求苟安。"2月21日，湖南商会电："国权所在，万勿迁就。"2月22日，浙江绅民电："国民等忘身忧国，毁家纾难，义所当然。"2月24日，成都商会等电："严词拒绝，无稍迁就。"2月28日，宁波商务总会等电："坚持最后主义，严厉拒绝。"3月3日，南昌商务总会电："万望明白宣示，逐条拒驳。"3月16日，广西商会联合会电"绝无磋商余地"等等③。同期，各地民众或组织团体、或召开集会、或举行游行，坚决反对"二十一条"交涉。2月初，上海各界成立国民对日同志会，宣布结合群力，拥护国权，若遇国家外交受无理之胁迫，誓死救亡。3月18日，上海绅商学各界3万余人召开国民大会反对"二十一条"交涉。北京、汉口、广州、奉天、吉林等大城市的学生、市民纷纷举行集会游行，反对"二十一条"交涉。而北京、上海、汉口等大城市的商会、行业工会则发起了抵制日货运动，等等。中国民众对日本提出"二十一条"和中日"二十一

---

① 俞辛焞：《辛亥革命时期中日外交史》，天津人民出版社，2000年，第504页。

② ［日］实藤惠秀著，谭汝谦、林启彦译：《中国人留学日本史》，三联书店，1983年，第408页。

③ 黄纪莲编：《中日"二十一条"交涉史料全编》，安徽大学出版社，2001年，第267、254、269、264、261、265、262、263、271页。

条"交涉反应之强烈，正如李大钊在当时刊文中所指："噩耗既布，义电交驰。军士变色于疆场，学子愤慨于庠序，商贾喧噪于廛市，农民激怒于氓郊。"①

正是由于包括有中国民众强烈反对"二十一条"交涉在内的诸多因素的影响和作用，北京政府才没有一味迁就日本，而是在谈判过程中反复对款条提出修正案，并采取拖延办法等待国际社会作出有利于中国的反应。对此，袁世凯曾表白："凡属中国能够让步者，均已作了让步。但虑及中国主权和与其他外国条约之关系以及国内舆论沸腾等，终不能再作更多之让步。"② 这样，使日本不得不放弃"二十一条"最初提案中的某些部分。

遗憾的是，由于日本于 5 月 6 日向北京政府发出最后通牒，而北京政府没有强硬外交乃至战争的能力和勇气，终于 5 月 8 日深夜 11 时复文允诺了"二十一条"修正案。然而，即便如此，中国民众始终没有承认、接受"二十一条"。5 月 9 日各地报纸在刊载日本最后通牒的中文译文时，表示以 5 月 7 日为中国人民蒙受屈辱、永志难忘的纪念日，号召中国人民今后要卧薪尝胆，发愤自强，他日雪耻。京师商务总会号召全国各商会："日本利用欧洲多事之机，以吞并朝鲜相同之条件，迫我承认 5 月 7 日提出以武力威胁之最后通牒，强夺我生命财产，灭我国家，以供其贪欲……我国民蒙此奇耻大辱，尚有何面目存在于社会，此 5 月 7 日之耻，此生此世，我子我孙，永誓不忘。"③ 全国教育联合会规定各学校以每年 5 月 7 日为国耻日。

2. 迫使民国北京政府拒签和约

1918 年 11 月 11 日，第一次世界大战结束。1919 年 1 月 18 日，巴黎和会开幕。作为战胜国，中国政府派遣代表团出席了巴黎和会。中国民众对巴黎和会上中国外交予以极大的关注，对于和会

---

① 《敬告全国父老》（1915 年），见《李大钊选集》，人民出版社，1959 年，第 19 页。

② 转引自俞辛焞：《辛亥革命时期中日外交史》，天津人民出版社，2000 年，第 506 页。

③ 日本外务省编：《日本外交文书》，1910 年，第 3 册上卷，日本国际联合协会，1961 年，第 447 页。转引自俞辛焞：《辛亥革命时期中日外交史》，天津人民出版社，2000 年，第 528 页。

上中国外交的每一个进展都作出及时的反应。

当得知中国代表团出席巴黎和会的消息后，各地学生和全国各界团体力促北京政府通过和会捍卫领土主权完整："挽百十年国际上之失败"①，并促成北京政府从 2 月上旬开始即准备关于山东问题的说帖和决定将关于山东问题说帖及中日密约于 2 月 15 日下午递交和会②。

当中国代表团因山东问题在和会上与日本代表发生争执，日本驻华公使于 2 月初对北京政府外交部施压时，中国民众极其愤慨，全国各界、各团体纷纷发表通电，表示必须抗拒日本的干涉。有的致电北京政府："外使到部，无理要求，务请严词拒绝，以保主权，庶达国民公意。"③ "若日使再有恫吓行为，我工商当坚决对待之，请政府谢绝干涉，坚持到底。"④ 有的致电巴黎和会中国代表团说："青岛山东问题及废除未经正式国会通过之一切国际秘密条约，国民誓死力争，愿公等坚持到底，全国国民为公后盾。"⑤ 同时，学生界已开始行动起来。2 月 5 日夜，北京大学学生 2000 余人在法科开全体大会，推出干事 19 人，分头联合各校学生，电致巴黎专使，拒绝日本要求⑥。

当和会将战前德国在山东的权益裁决给日本并载入和约后，中国民众的悲愤情绪达到极点。4 月 20 日，10 万多山东民众在济南举行国民大会，表示了力争山东主权的决心。大会在致巴黎中国外交代表的电文中说："誓死力争，义无反顾。"⑦ 5 月 3 日，北京的学界、商界、政界乃至军界，都举行了各种形式的会议，讨论怎样抗议和会关于山东问题的无理决定，当日下午，北京一部分政界人士组织的国民外交协会召开全体职员会，作出下列决议："（一）五月七日在中央公园开国民大会，并分电各省各团体同日举行。（二）声明不承认二十一款，及英法意等与日本关于处分山东问题之密

① 《民国日报》（上海），1919 年 1 月 5 日。
② 《民国日报》（上海），1919 年 2 月 4 日。
③ 《民国日报》（上海），1919 年 2 月 5 日。
④ 吕伟俊主编：《民国山东史》，山东人民出版社，1995 年，第 118 页。
⑤ 《民国日报》（上海），1919 年 2 月 10 日。
⑥ 《每周评论》，1919 年 2 月 9 日，第 8 号。
⑦ 蔡晓舟、杨景工：《五四》，载《近代史资料》，1955 年，第 2 期。

约。(三)如和会中不得伸我国之主张,即请政府撤回专使。(四)向英美法意各使馆申述国民之意见。"① 尚未等到 5 月 7 日,一场以拒绝和会签约为主要目标的五四运动即在北京爆发并迅速波及全国各地。仅从 6 月 10 日到 6 月下旬,中国代表团本部先后收到团体或个人拍发拒签和约的电报即有 7000 余份②。与此同时,"在巴黎的中国政治领袖们、中国学生各组织,还有华侨代表,他们全都每日必须往中国代表团总部,不断要求代表团明确保证,不允保留即予拒签。他们还威胁道,如果代表团签字,他们将不择手段,加以制止"③。6 月 27 日晚,数名旅法华侨、留学生在巴黎医院花园拦住出席和会的中国代表团成员,质问为何赞成签约。其中有一名女学生从口袋内用手枪对准该成员,威逼其不得签约④。

反对和约签字运动的强大压力,坚定了巴黎和会中国代表团的外交抗争,迫使北京政府转变决定,明确指令中国代表团拒签和约。对于反对和约签字运动对中国代表团最后拒签和约的影响和作用,邓野撰文总结得好:"五四运动是一场空前规模的反帝爱国运动,各阶层人民大众空前地动员起来,强烈反对签约,这是北洋政府不敢训令签字的根本原因。这充分体现出在新民主主义革命爆发的高潮期间,人民群众的极大的历史主动性。没有五四运动,就不会有拒约的胜利。"⑤

3. 促成汉口、九江英租界的收回

1926 年 10 月,从广东出师北伐的国民革命军占领武汉。随着以"打倒列强、打倒军阀"为目标的北伐战争的迅猛进军,民众反帝运动得到空前高涨。11 月 26 日,武汉 15 万民众召开反英运动大会,提出"实行对英经济绝交",要求"政府立即收回妨害革命的租界"。

---

① 《五四爱国运动资料》,科学出版社,1979 年,第 550 页。
② 石源华:《中华民国外交史》,上海人民出版社,1994 年,第 167 页。
③ 中国社会科学院近代史研究所译:《顾维钧回忆录》第一分册,中华书局,1983 年,第 206~207 页。
④ 中国社会科学院近代史研究所译:《顾维钧回忆录》第一分册,中华书局,1983 年,第 206~207 页。
⑤ 邓野:《巴黎和会中国拒约问题研究》,载《中国社会科学》,1986 年,第 2 期。

1927 年 1 月 1 日至 3 日，武汉民众接连 3 天举行庆祝国民政府迁都武汉和北伐胜利大会，汉口英租界当局派出武装人员严重戒备。3 日，千余民众聚集在江汉关前广场上听中央军事政治学校学员演讲。英租界立即宣布戒严，并调集大批海军陆战队登岸，强行驱赶群众。期间，刺死宣传员 1 人，重伤 2 人，伤者数以百计①，制造了汉口"一三惨案"。群众怒不可遏，愈集愈众，部分群众越过租界的铁丝网路障，形势十分紧张。在此情况下，武汉国民政府外交部立即召见英国领事和英驻汉舰队司令，令英国水兵 24 小时内撤回舰上。

"一三惨案"发生时，正值中国国民党湖北省第四次代表大会和湖北省总工会第一次代表大会开会期间。这两个大会立即通过了对英的决议、通电和紧急通告，号召工人阶级和广大市民投入反帝斗争。4 日，武汉工农商学等各社会团体代表 500 余人举行联席会议，议决了处理惨案的 8 条意见，并派代表向武汉国民政府提出，请政府据此和英国领事交涉。这 8 条意见是：1. 立即向英国领事提出严重抗议；2. 英政府须负责赔偿此次同胞之损失；3. 英政府须立即将肇祸凶手交中国政府依法惩办；4. 英政府须立即撤退驻汉英舰及英租界之沙包电网等作战场；5. 英政府须向中国政府道歉；6. 英租界内华人须有集会、结社、游行、演讲之绝对自由；7. 英租界巡捕及义勇队，须一律解除武装；8. 英租界须由中国政府派军警管理。联席会议还决定如果 72 小时之内英领事无圆满答复，则要求政府自行实行下列 4 条：1. 立即收回英租界；2. 立即收回海关；3. 立即取消英轮内河航行权；4. 立即撤销英人领事裁判权②。

武汉国民政府接受了各界联席会议的要求，于 5 日建立"汉口英租界临时管理委员会"，由该委员会主持英租界一切公安市政事宜。这样，汉口英租界实际上已在武汉国民政府掌握之中。

---

① 该伤亡数字引自石源华：《中华民国外交史》，上海人民出版社，1994 年，第 306 页。另据袁继成、李开宇：《汉口各租界的收回》（《武汉文史资料》1990 年，第 3、4 辑合刊），记载为数十人受伤，3 人重伤，1 人生命垂危。

② 复旦大学历史系编：《中国近代对外关系资料选辑》第一分册下卷，上海人民出版社，1977 年，第 101~102 页。

正当汉口英租界被武汉国民政府接管之际，九江英租界又发生"一六惨案"。顷刻，数万名愤怒的九江民众冲破英租界设置的障碍物，占领了租界当局的有关机构，英领事逃往军舰。武汉国民政府得讯后，即刻派人赶达九江，于1月7日建立"九江市民对英行动委员会"。8日，国民革命军进驻九江英租界，与工人纠察队维持租界内秩序。10日，武汉国民政府正式成立"九江英租界临时管理委员会"，九江英租界也在实际上处于武汉国民政府掌握之中。

在全国民众运动的强大压力和汉口、九江英租界已为国民政府接管的既成事实下，英驻华公使派员到汉口与武汉国民政府就汉口、九江英租界问题进行谈判。同时，又调集6艘军舰抵达汉口和由3000人组成的军队进驻上海，企图以武力作为谈判的后盾，向武汉国民政府施压。鉴此，全国各地反英运动此起彼伏地更广泛展开。迫于武汉国民政府和中国民众的坚决态度，以及英国国内动荡的局面，1927年2月19日和20日，中英分别签订了《收回汉口英租界协定》和《收回九江英租界之协定》。至此，汉口、九江英租界正式收回。

汉口、九江英租界的收回，是武汉国民政府坚定实施"革命外交"政策与中国民众的直接参与的结果。期间，武汉国民政府与英方的交涉"是在中国民众爱国运动为后盾下进行的"[①]，"是中国人民反帝运动史上的创举"[②]。

4. 鞭策南京国民政府改变对日不抵抗政策

1931年9月18日，日本发动对中国东北的武装侵略，随即占领东北全境。1935年4月，日本又制造了华北事变，监控了整个华北。面对日本的入侵，南京国民政府出于其内战政策的需要，出于对国力的悲观判断，对日本的入侵采取了不抵抗政策。日本的入侵和国民政府的不抵抗政策，造成了中华民族自近代尤其是民国以来最新、最严重的危机。在这个危机面前，中国民众的民族主义和爱国主义激情，以无法压抑的力量骤然迸发，形成了一波又一波的

---

① 田子渝、黄华文：《湖北通史·民国卷》，华中师范大学出版社，1999年，第216页。

② 袁继成、李开宇：《汉口各租界的收回》，载武汉市政协文史资料委员会编：《武汉文史资料》，1990年，第3、4辑合刊。

抗日救亡运动的高潮。而这一波又一波的抗日救亡运动高潮，又成为鞭策南京国民政府改变对日不抵抗政策的重要原因之一。

"九一八"事变发生后，抗日救亡运动立即在全国范围内兴起。是时，有东北民众的反占领斗争，有各大城市工人的反日罢工，有青年学生的赴京请愿运动，有民族资产阶级的抗战呼吁。其中，直击南京国民政府对日不抵抗政策的运动形式，是全国一些大城市各界各团体的社会动员和青年学生的赴京请愿运动。

"九一八"事变后，全国许多大中城市相继召开了一系列抗日救国大会，进行了广泛的社会动员。1931 年 9 月 23 日，南京工、农、商、学、妇女各界各团体 10 余万人，在公共体育场举行了反日救国大会。大会通过了《告全国同胞书》以及《平息内争，一致抗日》等重要决议，决议在强烈谴责、抗议日本侵略的同时，首次鲜明地提出了"平息内争，一致抗日"的要求。9 月 26 日，上海各界民众万余人举行抗日救国大会，强烈要求南京国民政府对日宣战、武装民众、惩办失职失地官员。9 月 28 日，北平各界 250 多个团体 20 多万人召开抗日救国大会，要求南京国民政府对日宣战。这些活动，都直接要求国民政府改变对日不抵抗政策。

同时期，要求国民政府改变对日不抵抗政策的还有有声有色的学生请愿运动。1931 年 9 月 26 日，以刘旋天等 56 人组成的上海市 26 所大学的学生代表首赴南京，向国民政府请愿，提出 5 项要求：(1) 集中兵力，驱逐日军出境；(2) 惩办不力外交官；(3) 令张学良速争回被丧失土地，戴罪立功；(4) 发给枪械，武装全国学生；(5) 实行革命外交，不签订丧权辱国条约①。南京国民政府主席蒋介石被迫接见上海学生代表团，就学生代表的 5 项要求作出了敷衍性回答。随后，各地学生相继来到南京，至 9 月底，到达南京的学生有 3000 多人。迫于民众的抗日要求以及国民党内要求抗日人士的压力，蒋介石在 11 月中旬国民党第四次全国代表大会的报告中不得不表示："个人决心北上，竭尽职责，效命党国。"②蒋介石北上抗日的表态传出后，全国各地的学生不顾国民政府关于禁止学生来京请愿的规定，络绎不绝地前往南京，督促国民政府出兵抗战。

---

① 《大学代表请愿国府五点》，载《申报》，1931 年 9 月 27 日。
② 《中央日报》，1931 年 11 月 20 日。

至 11 月底，到达南京的学生达 2 万余人。由于国民政府不能履行北上抗日的承诺，并指责学生行动逾越常规，甚至押送学生示威团回原地，从而导致请愿运动转向大示威。面对失控的局面，南京政府竟然采取镇压行动，制造了 12 月 17 日的珍珠桥惨案。

珍珠桥惨案后，抗日救亡运动一时停息下来。但这一有声有色的抗日救亡运动使南京国民政府认识到了民众的力量。可以说，南京国民政府在随后爆发"一二八"事变之际所采取的"一面抵抗，一面交涉"的政策与"九一八"事变后抗日救亡运动的压力不无关系。

"华北事变"发生后，民族危机进一步加深，导致一度停息的抗日救亡运动以"一二九"运动的爆发为标志而再起。同"九一八"事变之后的抗日救亡运动相比较，华北事变后再发起的抗日救亡运动更加清晰和直接地打击了南京国民政府的对日不抵抗政策。

在"一二九"运动的动员期间，北平学生发出的"华北之大，已安放不下一张平静的书桌了"① 的悲愤呐喊，既是对日本制造华北事变，也是对南京国民政府继续实行妥协退让政策的谴责。接着，北平 15 所中学校学生自治会于 12 月 6 日发表《北平各校通电》，直接谴责了南京国民政府"九一八"事变以来的妥协政策，指出今日中国"唯有动员全国抵抗之一命"。在"一二九"运动的北平大游行中，示威学生第一次清晰地喊出了直接针对南京国民政府"攘外先安内"国策的"停止内战，一致抗日"的口号。在南京国民政府"冀察政务委员会"计划成立的 12 月 16 日，市民大会通过了"不承认冀察政务委员会"的决议案，并迫使"冀察政务委员会"延期成立。

同样，"华北事变"后的抗日救亡运动也在南京国民政府的破坏下再度停息下来。但它对于随后召开的国民党五全大会对日政策转趋强硬，乃至"卢沟桥事变"后南京国民政府走上抗日道路，无疑是起了重要的促进作用。

关于抗日救亡运动在迫使南京国民政府改变对日不抵抗政策上所起的作用问题，事发当时的中国共产党和后来学术界均给予了肯

---

① 《清华救国会一二九告全国民众书》，载《清华周刊》，第 45 卷第 8、9 期合刊，1931 年。

定。1936 年中国共产党作出的决议和指示即指出："一年来全中国抗日救亡运动的广大发展"，使"国民党南京政府有缩小以至结束其动摇地位，而转向参加抗日运动的可能"①。"南京政府正面对着这一迅速发展着的抗日运动，也被迫着很迟缓的与不坚定的改变着它过去对日退让的政策。"② 而后来的学者们在其论著和论文中也相继认定：迭起的抗日救亡运动"揭露了日本帝国主义侵略中国的阴谋，打击了国民党政府的妥协投降政策"③。"中国各阶级阶层人民日益强烈的抗日要求，对南京政府形成巨大的压力，这是迫使南京政府改变退让妥协政策的一个重要原因。"④

---

① 《中央关于抗日救亡运动形势与民主共和国的决议》（1936 年 9 月 17 日），见中央档案馆编：《中共中央文件选集》第十册，中共中央党校出版社，1985 年，第 98 页。

② 《中央关于西安事变及我们任务的指示》（1936 年 12 月 19 日），见中央档案馆编：《中共中央文件选集》第十册，中共中央党校出版社，1985 年，第 110 页。

③ 中共党史研究室：《中国共产党历史》上卷，人民出版社，1991 年，第 404 页。

④ 王付昌：《1935 年后南京政府对日态度转趋强硬原因探析》，载《广州师范学院学报》，1993 年，第 1 期。

第九章　辛亥革命与祖国统一大业

中国有两千多年分分合合历史的封建大一统在 1911 年辛亥革命中被彻底摧毁，经过短暂的民主政治试验后，以分割为特点、以武力为后盾的军阀统治漫延于全国……然而，辛亥革命的出发点是为争取祖国的富强与统一。立志革命的人们正是鉴于国家领土被西方列强瓜分割裂而不统一，国家主权被肢解侵占而不完整，中国经济遭受侵夺而日益羸弱，主政的清王朝不仅不能保护国家的领土、主权、经济不受损害，而且不能阻止领土、主权、社会经济继续被割裂、被侵夺的趋势，才决定用革命来改变民族正在分裂、灭亡的命运。

近代时期，民族自存与封建一统两种观念既互相支持，又互相矛盾——民族自存需要用一统政权强大内聚力的传统思想支撑，需要有一统政权聚合的国力、民力、民心作驭外之力，需要一统政权下集合的经济实力抵御外来侵略，发展民族经济。但在世界愈益走向一体的趋势下，在世界各民族各争生存和发展的环境下，中华民族的生存和发展又必须遵守其他各民族共同认同和接受的规则，必须接受在其他民族中已经发展了的先进生产力及先进文化思想，以中华文明高于其他民族，以中国为世界中心，以中华民族统驭四周"蛮夷"的一统观念就应该摒弃；不能顺应商品互通时代借商业获取经济利益以加强民族经济实力并强固民族自决力量的大一统制度下的封建生产方式就必须改变。固守旧观念、一心想维持封建大一统的满清朝廷，对必须改变内外政略的局势不能接受且拼死抵抗，而同为争生存但主张自我变革——学西方之长——以西方为矢等新观念已在近代中国生成和发展，形成新旧思想的矛盾和愈趋尖锐的斗争。故自鸦片战争后，中国兴起的民族斗争已有两重内容，一是对外来侵略国家的不满，一是对统治中国的满清的不满，因为有对外的内容，更加强了对内的意识，且对外的民族思想不如对内那样明显，封建一统裂变的因子便膨胀于封建体制之内。

封建一统最后的裂变表现为因某个事件而突然发生，实际却是长期潜伏的分裂因子遇到合适因素突发的结果。

从追求统一的革命引致不统一的混乱过程又最终达到统一的历史演进来看，革命与统一的关系是辩证的，革命既是破坏一统的工具，又是重新统一的契机。革命前，国家是统一的，但那是封建的统一，更确切地说是被封建制度严酷束缚的一统状态，封建的一统不能带动中国适应时势而发展，相反在阻止着中国的进步和发展，致使中国更加沦落、更加分裂。虽然那个统一的政权也曾实行过一定程度的改革，并曾一度实行过推行政治民主的立宪，但因把持政权的满洲贵族对自己利益过于强烈的保护意识及经几千年而形成的晚清政治体制与改革因子的不相容，使近代所有的改良或改革都成为昙花一现的应付之举，不仅成效不大而且愈加暴露了专制统治体制的腐败和无能，愈加增添人们对封建政府的失望与背离情绪，也愈加坚定了革命派打破此专制统治的决心。当开明的封建官员拿西方科技文化来改造中国落后的生产技术时，当有识之士用西方的君主立宪方案来改革中国的政治模式时，当志士们决意用"破坏"的手段推翻专制王朝而进行革命时，封建一统局面的裂变便逐步加深加快，尤其是民主革命风潮的形成，使勉强支撑的封建一统制度在连动不息的、致命的打击下加速分化并终于坍塌。

封建一统局面裂变的过程，正是近代中国争取政治民主化、经济自由化、文化多元化、地方（或少数民族）自治化的过程。中国两千多年政治大一统所形成的专制政治、权力所有制经济、排他性的主流文化、中央集权体制，已经走到尽头，到了"合久必分"的时候。

以建立民主政治为指向的辛亥革命，在催促封建一统死亡的同时，为深处灾难之中的中华民族树立起新的统一目标——国家富强，民族独立，人民自由的近代统一。正是这一目标，集合了国内各种社会进步力量，也召唤了深受西方资本主义奴役、剥削的广大海外侨民及已沦入日本奴役之下的台湾同胞。华侨因不堪海外深受歧视和压迫的生活而踊跃投入能振兴民族的革命事业，被日本奴役的台胞则由这个革命看到了重新回归祖国的希望，抱定回归祖国的信念，将抗日复国斗争与辛亥革命紧紧联系在了一起。

一 封建一统的裂变与近代统一的艰难追求

1. 封建一统裂变的必然趋势

晚清中国最大的特点之一，是国土扩充至极大的程度，最大的变化之一，却是国家因遭受灾难而愈益分裂。虽然分裂与统一是中国历史上曾重复出演的戏剧，但至清代时期，这同一主题的历史戏剧已有了大不同于以前的内容。晚清大一统的分裂是由以反满族统治为形式的争取中华民族独立生存和政治民主的斗争所构成。

以少数民族入主中原把持中央政权的清朝政府，自康熙时起，为维持政权长久和稳固计，接受汉族文明，开通以科举为途径的笼络文人之路，并用专科取士的形式起用汉族文人名士参与政权，与此同时，辅以严厉的文化高压政策，限制人们思想和言论，双管齐下的策略打破了中原尤其是南方一带以"文人气质"聚合的民族反抗斗争，造成了清代稳定、繁荣的统治局面，其中的玄机即是利用汉族士子的思想和能力而不使其握有重要权力。清咸丰以前，汉人几乎从无任军政要职者即是明证。这种牢牢把持中央政权，不允汉族插手要害部门的做法不能不为表象繁荣、巩固的清朝统治埋下政权分裂的伏线。

清朝政治制度因袭自秦朝建立以后不断发展而成的明朝制度，为示公平，从内阁大学士到中央六部官员乃至中央其他机构官员，皆由满汉人员分任，尚似公平实则满族揽权的中央官制对全国各地的统治，并不能收指臂之效。清朝地方官制又极不统一：在本部十八省中，直隶、四川两省单设总督，不设巡抚，山东、山西、河南三省各有巡抚，不另设总督，其余各省既有管辖二省或三省的总督，又均设有专辖一省的巡抚。有总督巡抚同辖各省，所有对外公事，多须会衔，故常因意见不合发生周折，另有少数地方长官又可直接对皇帝提呈奏本，不与其他中央机关发生关系，所以常发生各地自行其是导致中央部门无法控制的局面。此皆因封建政府与人民的关系，历来只限于征税纳税，很少发生其他关系，所以朝廷期望于地方长官者，亦仅在维持治安，征收钱税而已。另外中国领土广大，交通不便，中央鞭长莫及，常予地方长官以自由裁量之权，这样清朝廷虽采用中央集权制，却是无法有效统治的。

而且正是在清朝统治期间，中国由从无对外邦交变为与外国频繁发生关系。鸦片战争发生后，清政府与英人订城下之盟，割香港，赔巨款，开五口通商，并承认外国人在中国的权利……不仅使中国内部更显出不统一之状，也使中国陷于受外国民族压迫的地位。长期隐伏的民族观念，在西方国家施加的民族压迫之下复又滋长起来。受西方侵略而起的民族观念，因为无从并无力对外宣泄，转而重新揭开了满汉民族之间仇恨的旧伤。

清代一统分裂迹象的公然表现，发生于 19 世纪中叶的太平天国起义，当时以传播宗教为形式的"拜上帝教"活动，很快发展成与清朝廷中央相对立的起义斗争，遭遇清军多面围击的起义民众在由广西往北方进发期间散发的"讨胡"檄文中，明指清朝中央政府为"胡虏"，鼓吹摆脱胡虏统治，实行汉民族革命。

> 夫中国首也，胡虏足也，中国神州也，胡虏妖人也。……奈何足反加首，妖人反盗神州，驱我中国悉变妖魔……夫中国有中国之形象，今满洲悉令削发，拖一长尾于后，是使中国之人变为禽兽也。中国有中国之衣冠，今满洲另置顶戴，胡衣猴冠，坏先代之服冕，是使中国之人忘其根本也。中国有中国之人伦，前伪妖康熙，暗令鞑子一人管十家，淫乱中国之女子，是欲中国之人尽为胡种也。中国有中国之配偶，今满洲妖魔悉收中国之美姬，为奴为妾，三千粉黛，皆为羯狗所污，百万红颜，竟与骚狐同寝……中国有中国之制度，今满洲造为妖魔条律，使我中国之人，无能脱其网罗，无所措其手足，是尽中国之男儿而胁制之也。中国有中国之言语，今满洲造为京腔，更中国音，是欲以胡言胡语惑中国也。……满洲之众不过十数万，而我中国之众不下五千余万，以五千余万之众，受制于十万，亦孔之丑也。[1]

与当权的清朝政府对抗的口号虽然不一定为世代俯首听命的民众所接受，但起义的太平天国确以上述口号鼓动或连带了两湖三江数百万中下层民众参与到该队伍中，并使该运动延续达十多年之

---

[1] 罗尔纲编：《太平天国文选》，上海人民出版社，1956 年，第 77 页。

久。更值得注意的是，在此时段，还有起自淮河流域、蔓延皖、豫、苏、鲁、鄂、陕、晋、冀诸省的捻军活动，起自贵州的苗民回民起义及活跃于滇、陕、甘、宁、青、新诸省的回民动乱，时间集中，范围包括全国、目标一致的各地农民起义，对清王朝统治造成了伤筋动骨之创，使一向稳坐一统宝座的清王朝顿显衰朽之态，裂变之兆。

这场来势猛烈但主要起于社会下层的变乱，在当时有三种可能的走向：一是各起义分支及与之对立的武装各自独立而成立封建小国；二是各起义分支及镇压起义的汉人军队分别自主，相互讧斗，外国侵略者乘机入主瓜分；三是清政府运用所有可用的力量压平各种乱源，稳固统治。但在利用一切可用的力量时不可避免地要权力外放，让参与镇压起义的武装势力享有一定的政府权力。

衰朽的清政府在这一次重大内乱中，幸运地得到被许以实权的汉族地方官员的有力援助，并一定程度地得到在华外国力量的支持，晚清历史演出的是上述三种可能中的最后一种形式。裂变虽发生了，但选择的是动荡最小，裂变程度最低，影响最少的一种形式。

但无论如何，已经发生了的裂变不再有弥合的可能，动荡小，程度低，影响少只是受制于形式，并不能改变裂变这一大的趋向。此次动荡之后，清朝的中央集权状况实际上已不再可能恢复如前，朝廷形式上虽仍总揽一切大权，各省督抚已利用镇压太平天国时开始的权力下放，悄然成为集军、政、财、刑大权于一身的地方实力派。加上列强势力的干预和扶植，地方势力更得以进一步发展。此后的洋务活动及由此活动而引发的一系列变动都在维护、修补旧有政权的同时，愈益发展着与中央一统制度相悖的地方各自为政的因子，与封建一统观念相对立的近代民族思想也于此中得以逐渐滋长——已经走进世界的中国，不能不将自己的国度放在世界民族之林里来进行参照，不能不依照新的形势来寻找生存之路。

近代中国的另一次大裂变是1900年八国联军进入中国北方，清政府与联军对峙时发生的南、北政治分野。不同于起于下层社会的太平天国运动，这次分野发生在社会的中上层。当时清朝廷在北方利用义和团进行排拒西方势力的战争，宣示"与其苟且图存，贻羞万古，孰若大张挞伐，一决雌雄！"试图倾尽全国之力与已经在华取得相当势力的西方列强一搏，重新回复至旧有的一统状态。时在长江以南的督抚们对朝廷所为大不以为然，两广总督李鸿章首先对宣战诏旨表示"此乱命也，粤不奉诏"①，随后，偕江督刘坤一、鄂督张之洞、川督奎俊、闽督许应骙、福州将军善联、巡视长江李秉衡、苏抚鹿传霖、皖抚王之春、鄂抚于荫霖、湘抚俞廉三、粤抚德寿合奏：乱民不可用，邪术不可信，兵衅不可开。鲁、粤、江、鄂四督抚袁世凯、李鸿章、刘坤一、张之洞并应英国之约，与之签署不参与战事的"东南互保"，东南不少地方实力派如盛宣怀、张謇、沈瑜庆、沈曾植、余联沅等为"互保"事宜四处奔走联络。"互保章程"订立后，参与的省份更是扩及长江中下游数省、两广、闽浙及山东……

　　与此同时，活跃于南方的知识分子表达了与朝廷完全不一致的看法：中国欲自强，指望杀几个洋人，烧几件洋物是不行的，"必我之内政修，民志孚，实有其自强之本，而后可以胜敌，可以救国"②；滞留在南方的维新派人士认定朝廷已腐朽不堪，力谋以武力推翻不堪救助之政府，救光绪帝出厄境以组"君主立宪"新政府；南方各界还在上海张园召开"国会"，会长容闳宣称："有鉴于端王、荣禄、刚毅之顽固守旧，煽动义和团以败国事也，决定不承认满洲政府有统治清国之权"③；首举革命大旗的孙中山正积极筹划广州起义，并试图以香港总督为中介，说服李鸿章，拥南方自立，脱离清朝廷统治④。时人曾表示惊诧："向者两国失和，势不两立，自上而下，自近而远，莫不同仇敌忾……未尝以南北而殊，以朝野而异，今也事起于北方，而无涉于南省。"⑤

　　地方督抚联络一气，形成规模地置朝廷宣战诏令于不顾的情状，确是前所未有的事情，它表明满清统治集团在对内对外的政治态度上已发生明显的分野，集中于南方的一部分官员及士绅对朝廷

　　① 胡寄尘：《清季野史》，岳麓书社，1985年，第36页。
　　② 中国近代史资料丛刊《义和团》第4册，上海人民出版社，1957年，第184页。
　　③ 冯自由：《革命逸史》第6集，中华书局，1981年，第20页。
　　④ 胡寄尘：《清季野史》，岳麓书社，1985年，第33页。
　　⑤ 中国近代史资料丛刊《义和团》第4册，上海人民出版社，1957年，第187页。

的颠预之态、逆时之举已极度不满、不屑，他们以手头所拥有的军、财实权，仗南方遍地反朝廷之风气，第一次勇敢而策略地走向逆反。

从社会下层的动乱发展至社会中上层的逆反，是大一统封建王朝末运来临的征兆，虽然清政府预感到朝运危迫而选择了"新政"改革和"立宪"预备，但清王朝太爱权利，太怕失去一统天下的心态及组织"皇族内阁"的不智行为，使它最终尽失人心。一直对朝廷抱有希望的梁启超也断言："十年来之中国，若支破屋于淖泽之上，非大乱后不能大治。"①

武昌起义炮声轰响时，因利益相左，此前为"革命"抑或"立宪"与革命派互不相容、争执不休的立宪派立即自觉甚或踊跃地参与了"倒满"、"建民国"的革命，成为革命期间异常活跃的力量，朝廷任用的各级地方官员遭遇起义时亦非逃即反，少有人为旧政府拼命抵抗，甚至最早向各省宣告独立于清政府建立省革命政府的不是长期从事革命的同盟会成员，而是效命于前清的军队官员。满清封建王朝的裂变危机已不同于60年前，再没有曾国藩、胡林翼那样挟命救朝廷的命官，见不到太平天国时期那样为守城死节的将士了。

我们可以从黎元洪写给海军提督萨镇冰的亲笔信中了解朝廷官员也倒朝廷的心态，他在信中写道：义声一起，"兵丁各自为战，虽无指挥，亦各奋力突进。汉族同胞，徒手助战，持刀协击损毁铁轨者，指不胜屈，甚有妇孺馈送面包茶水入阵……此次武昌之举，洪已审定确实，非如他项革命可比，以数小时之间，居然恢复武汉三镇"。起义如此迅速取胜，是"万众一心，同仇敌忾"的结果，可知满清气运已衰，非我辈人力所能救，请不必再为救清廷而与民军为敌②。

正是鉴于各界人士包括曾热切期待朝廷的立宪派、为朝廷任用的官员及政府花钱培训的军队皆参与革命，朝廷完全失其所恃，偶

---

① 梁启超：《新中国建设问题》，见《饮冰室合集》，文集之二十七，中华书局，1988年，第27页。

② 参见贺觉非、冯天瑜：《辛亥武昌首义史》，湖北人民出版社，1985年，第320页。

发的反清起义却顺利获取胜利的情形，有人认为满清王朝不是被革命打倒，而是自倒的①。

应该说，中国大一统的封建专制制度经由两千多年不断完善至巩固的顶端，已没有新的路径可走，一统的大清王朝也已由盛世走到裂变的边缘，而自19世纪中叶以来，欧美资本主义迅速扩展至全球的大势，给中华民族的生存、发展造成极大的压力，满清王朝既已走向末路，又无能应对民族生存危机，只能在日益丧失统治基础，丧失生存机遇的情况下走向王朝命运及专制制度的终结，辛亥革命为满清专制统治的最终断裂敲响了丧钟。

2. 近代中国重新统一的困境

辛亥革命的两难就在于改变专制制度与维护国家统一的兼顾。按民族主义的观念，中国应该保存清王朝中央大一统的疆域和方式，作为新的统一的基础。但是，保存旧有的中央统治，与革命摧毁封建专制、建立民主政治的宗旨不相符合，也不利于"民治"精神的实践。而且在革命前的十几年里，中国内政改革已经形成了各地自治的风潮，地方士绅主持地方政务并参与中央政务的欲望和实践已经有了开端和相当发展。同时，以"反满"为号召的革命也是以地方"反正"的形式来进行鼓动和开展的。事实上，辛亥革命在推翻清王朝统治的同时，已经打断了中央与各省、各地间统治的链条，改变了旧制度下的约束和规定（如本省人不能在本省任督抚的规定），皇权被推翻后所造成的权力真空为脱离朝廷而独立的各省、各地的自立、自治打开了方便之门。所以与辛亥革命同时发生的，是地方势力的蜂拥而起、中央政府的统治虚空。

地方势力的尾大不掉，是晚清政治的一个突出特点。辛亥革命时期，地方实力派为了保护自己的利益，纷纷转变态度，走进革命阵营，宣布独立，成立都督府，从封建的封疆大吏摇身变为革命将领。在革命派联邦制思想宣传下，地方都督堂而皇之地掌握了管理地方的实权。地方势力的膨胀，使得国家的经济、军事重心都转移到了地方，中央政府不仅无力约束，反要受地方政府截留税收、

---

① 梁启超说："民军所以获意外大捷，非尽我所能自为也，而实缘敌之太不竞。质言之，则非我能亡前清而前清实自亡也。"《中国立国大方针》，见《饮冰室合集》，文集之二十七，中华书局，1988年，第76页。

索要军费之扰。这些都使革命后新建立的中央政府陷入重重困难之境，国家统一实难实现。

在辛亥革命发生的这一年，边疆民族中也开始发生分裂主义思想和运动。这一年的11月8日（旧历十月十日），清王朝库伦办事大臣三多，接到哲布尊丹巴呼图克图宣布外蒙古独立的通告："我蒙古自康熙年间，隶入版图，所受历朝恩遇，不为不厚。……今内地各省，既皆相继独立，脱离满洲。我蒙古为保护土地宗教起见，亦应宣布独立，以期完全。……库伦地方，已无需用中国官吏之处，自应全数驱逐，以杜后患。"[①] 紧接着，新疆、西藏也相继发生类似的分裂思想和运动。梁启超在1911年10月～11月间撰写《新中国建设之问题》时曾预见：蒙古、新疆和西藏地区有人会以清王朝覆亡为借口，提出脱离中国的要求，"蒙、回、藏之内附，前此由于服本朝之声威，今兹仍训于本朝之名公，皇统既易，是否尚能维系，若其不能，中国有无危险?"而且"诸藩疆与本部之关系，平昔本已阂隔，尔来强邻介煽，久已生心外向，今若非别有道以维系之，则惟有俟戡乱之后，陈兵镇抚。窃恐此愿未偿而物已非我有矣"[②]。事情果如梁氏所料，边疆民族分裂运动在内地起义发生，满清统治倾倒时，受英、俄等国的挑唆，借口保护土地、宗教之名，接连宣布以分裂为实质的"独立"。

摧毁旧制度的革命使久已习惯、彼此关联的统治方式破碎于一旦，又没有立即拿出制约各方力量的新规范，一时间造成国内上下关系的散乱和分裂是必然的和不可避免的，只要能按新的观念迅速建立起新的政权，重新调整和理顺中央与地方、中原与边疆的关系，依靠新政权的强大力量，依靠民主政府制定的为大多数人接受的政策，虽仍不免会有相当时间的磨合，不难再度实现全国各地区包括少数民族居住的边疆在内的统一。

但是，参与革命的各界人士同举着"倒满"、"建立民国"旗帜，对建立怎样的民国却并没有认同的明确方案，又都想在新建政权中发生影响，这就使新建的共和政权存有许多变数。起义的突

---

① 傅启学：《六十年来的外蒙古》，台湾商务印书馆，1961年，第29页。
② 梁启超：《新中国建设问题》，见《饮冰室合集》，文集之二十七，中华书局，1988年，第46、34页。

发、意外获胜及战场形势的千变万化，使"倒清"后建立政权的工作不断发生着戏剧性的变幻。因起义初期同盟会领导人物的缺位，召开于汉口租界的各省都督代表会议作出的"虚总统之位以待袁世凯来归"的决定，已初步规定了这场革命的取向——尽早结束革命，维持现有秩序，以"倒满"为目的的人是各据一方的"由革命所发生的新军人，或者满清投降革命党的旧军人"，这些人是"想用那处地盘做根本再行扩充"，"以为自己一时的力量不能统一中国，又不愿意别人来统一中国"，便拿赞成民国做门面，静待观变①。所以起义后形势已非常复杂。匆忙从国外赶回的孙中山被推到"临时大总统"的位置上，只是因为他倡导的"反满革命"口号被普遍接受和运用，同时，袁世凯玩弄"策略"，紧接着在上海和南京的选举中发生"黄正黎副"与"黎正黄副"的易位，则显露了各省代表对"革命"主角不同的认定。这些信息表明，"倒满"和"建立民国"虽是确定的，但举什么人为新政权的首领，建立怎样的民国，以什么方式走上民国轨道，在革命阵营中存有分歧。革命派以外的各种社会力量参与起义的行动，只是承认了革命派武力反满的方式和建立民国的主张，并不意味着也赞成革命派"三民主义"的建国方案。

虽没有发生全国规模的战争和大范围的武装对抗，辛亥革命毕竟是以武装起义的形式向专制统治宣战的，是"靠兵力之成功，而非党员之成功"②，而革命派并没有掌握使革命成功之最重要的因素③。

时任广东都督的胡汉民曾忧心于这种局势，建议从海外回国的孙中山先留在广东建立基地，争取用北洋军尚不能南下的几个月时

---

① 胡汉民编：《总理全集》，上海书店据民智书局 1930 年版影印，著述，第 238 页。

② 胡汉民编：《总理全集》，上海书店据民智书局 1930 年版影印，演讲，第 321 页。

③ 各地起义队伍多是新军或会党，甚且多由地方士绅、新军官员组织和领导，这是学界共认的。另据张国淦所著《北洋述闻》（上海书店，1998 年，第 44 页）所载，孙中山于 1912 年 8 月底被邀进京参加袁世凯为其所设的欢迎宴会时，北洋一般军官便在宴会上吵嚷："共和是北洋之功"，同盟会是"暴徒乱闹"、"孙中山一点力量也没有，是大话，是孙大炮，大骗子"。闻此言，孙中山未作任何表态。

间整军练兵，对袁氏的北洋势力形成威慑，北洋"势力未扫除，即革命无由彻底，革命无一种威力以巩固政权，则破坏建设，两无可言"，只有"以实力廓清强敌，乃真成南北统一之局"。胡氏还认为，辛亥革命是靠众心倾向而成目前形势，如果革命党不出以重兵，不在革命中表现"实力"和"威力"，给敌军以致命一击，谈不上完全推翻专制政府，即使建立了新政权也不能巩固。

但孙中山所想与他不同，孙中山回答道：

"以形势论，沪宁在前方，不以身当其冲，而退就粤中，以修战备，此为避难就易，四方同志正引领属望，至此其谓我何？我恃人心，敌恃兵力，既如所云，何故不善用所长，而用我所短？鄂既稍萌歧趋，宁复有内部之纠纷，以之委敌，所谓赵举而秦强，形势益失，我举兵以图恢复，岂云得计？朱明末局，正坐东南不守，而粤桂遂不能支，何能蹈此覆辙？革命军骤起，有不可阻挡之势，列强仓猝，无以为计，故只得守其向来局外中立之惯例，不事干涉，然若我方形势顿挫，则此事正未可深恃；戈登，白齐文之于太平天国，此等手段正多，胡可不虑？谓袁世凯不可信，诚然；但我因而利用之，使推翻二百六十余年贵族专制之满洲，则贤于用兵十万，纵其欲继满洲以为恶，而其基础已远不如，覆之自易，故今日可先成一圆满之段落。"①

孙中山是想把握局势、占据权力促专制速亡，表现了因应形势、取长避短的灵活，也显露了急于取胜的心态，同时鉴于实力不足作了让权力与袁氏，袁氏不良再行二次革命的准备。三个月后，大总统权位便按当时社会主流的愿望，从孙中山之手让渡到成功地劝退了清王朝的袁世凯之手。革命派不掌握政权，就丧失了使中国走入民主轨道的主动权。不仅无法实施孙中山设计的三期政治（即军法之治、约法之治、宪法之治），为袁氏政府设计的"内阁制"能否实施亦毫无保证。而建立以"三民主义"为内容的"民治"政治是自同盟会建立以来革命派一直追求的目标，也是孙中山让权的前提，既无法主动操持，又无法切实控制，袁氏政府能否实施民主政治就成了革命后中国能否和平、安宁并重新统一的关键因素，换

---

① 胡汉民：《胡汉民自传》，传记文学出版社，1987年，第61页。

句话说，它也是可能引发再次革命，再次破坏，再次陷入分裂的伏线。但是，即使是革命派执掌的南京临时政府也不曾顺利地实施过三权分立的民主政治。1912年初就职大总统的孙中山，立即在同志们的协助下构建起民主政治的体系：总统、内阁、代理国会的参议院及代替宪法的《临时约法》，颁布开放党禁、报禁，剪辫、放足的政令，予人民以主人地位……西方社会的民主政治形式一一被搬用到中国社会中，中国瞬间由专制进入历史上最民主、最自由的时段。自由集结的政党林立，自由主办的报刊猛增。

行动的目的可以预期，行动产生的客观结果却并不一定与预期相同。当这些民主的社会生活形式猛然出现在中国之后，初建的共和政权却并不能在这种民主自由的状态下有效行使中央统治，反处处受着这自由民主的掣肘。时任总统秘书的胡汉民描述其情景道：参议院议员以同盟会占大多，顾狃于三权分立之说，好持异议。新政府财政困难，日谋借债，俄债千万，几有成议，为参议院所拒否。……先生主张厉行征发，而克强难之。定都南京之议，参议院不同意，谓不足以控制东北。盖太炎、钝初反对最力，以为迁都南京，即放弃满蒙。而党人所办之各报，乃毛举细事，以讥刺党中领袖，谓之"新官儿"[1]。

拟用"总统制"统驭全权的孙中山，在以同盟会为主的临时政府里也难以有效地实施统治，除留于纸面的政策、命令外，其他需付诸实际的行动如北伐、借款、定都、让权等，无一不因各方掣肘而难以如愿，"没有做到很多治国的事情"[2]。可见，中国在由专制政体进入民主政治的初期，即使曾大力鼓吹过西方民主政治的革命派，也不具有在中国正常实施西式民主政治的知识和能力。

"民治"社会本是中国传统政治中所缺失的，是从西方引入的社会机制，非但一般民众对"民治"完全陌生，即使实际参与了共和政府运作的总统、各部官员及议员们，对"民治"也并不十分熟悉。移植生存于西方的社会机制用于中国这样传统社会的民主建设，一般说来，需要有较长时期的实验和调适，不可一蹴而就，而

---

① 胡汉民：《胡汉民自传》，传记文学出版社，1987年，第67页。

② 胡汉民编：《总理全集》，上海书店据民智书局1930年版影印，演讲，第300页。

且在实验和调适期间，为适应本土的需要很可能发生形式上的改变甚或另创过渡形式。当时的中国正如梁启超所说，"一方面缠缚于历史上传统之惰力，一方面震荡于今世界涌到之新潮"①，而就整体中国人而言，缠缚于历史传统惰力者多，受今世界涌到之新潮震荡者少，因而基本上还不具备实行西式民主的思想基础、心理准备、人才储备及行政条件。在没有"民治"基础，又带有历史传统缠缚的社会中，猛然实行西式民主，没有不遭受挫折的道理。这便是辛亥革命后在民主政治制度下重建统一所面临的困境。

在中国仓促建立的三权分立政权，因缺失司法独立，实际上成了总统、总理和国会的三权对立。也许是出于专制政治长期压抑的反弹，民初参与政治的人们表现出了过度的参与热情和冲动，常以偏激和固执的态度表达政治意愿，国会与政府间，不同政党间"各自之利害情感杂然互殊，往往苦于无调剂之术，故会议之不能得良果"②。国会"八百圆颅，攒动如蚁，汹汹扰扰，莫知所事"，因意见不一互不相让而至"两旬不能举一议长，百日不能定一院法"，致使开国会有如"村妪骂邻，顽童闹学"③。只学习西方民主各抒政见、相互制约的形式，但缺乏西方民主以国家利益为重的观念及不同派别相互妥协、合作的习惯和精神，这种不中不西的民主制度中又掺杂了太多的个人义气、偏激情绪、党派之争和以人论政的成分，不仅造成中央政权不稳，也很快失去民众的信任。受这种民主制度掣肘的民国政府无法正常行政，无力臂指地方，无能威慑边疆，当然也就无从实现国家的重新统一。

袁世凯逾越《临时约法》而走出集权第一步时，中国的民主制度的确还处于不成熟、不规范时期，的确有依国情而作调整的需要，但袁氏出自其专制本性，以强权逾法，先开有法不依之恶端，随后又用培植御用政党、操纵武装力量以集权，使用残酷手段打压反对派等恶劣手段，激怒反对派，逼使国民党再行革命，导致国内

---

① 梁启超：《袁世凯之解剖》，见《饮冰室合集》，文集之三十四，中华书局，1988年，第12页。

② 胡汉民编：《总理全集》，上海书店据民智书局1930年版影印，文电，第87页。

③ 梁启超：《国会之自杀》，见《饮冰室合集》，文集之三十，中华书局，1988年，第13页。

不同政治势力复又处于严重对立的状态。借镇压"二次革命"实现了国内暂时、表象的统一后，袁氏更无限张大其政治野心，在集权的路上越行越远，直至破坏已经建立的民主制度，打断已经开始的民主政治进程。这些作为无疑加剧了国家统一的困境。更为严重的是，继袁氏而起的北洋势力，循其轨道，演其手法，甚至依据自己势力的需要非法解散国会，制造无法律根据之新国会，将民国社会政治推到了徒有共和之名而具有专制之实的境地，使国家政治乱无已时。

辛亥革命后所实行的民主制度是已被西方国家实行了几百年的制度。这种制度在西方是随其社会内部矛盾的摩擦、斗争、妥协而逐渐形成和完善的。中国因痛恨专制统治，崇尚民主政治而追求西方普遍采用的民主制度时，不仅受到西方多种思想的影响，而且有多种方案可供采择，采用哪种方式有争论，尝试一种方案出现问题时又有争论，争论复争论中，被所有人所熟悉的旧式制度不免会被人们重新想起，甚至有人生出怀念之情，或复旧之举。这是新旧制度替代时期通常可能出现的情况，也是致使特殊时段社会动荡不安的因素所在。

辛亥革命既已开启了中国由封建社会向现代社会转型的进程，既已将"民治"社会提升为祖国重新统一的前提，这种统一便必待人民普遍具有民主观念和自治能力之后，必待确富实力，确系众望，确为民信的民主政府建立之后才有望实现。辛亥革命时的中国显然没有，而且短时间内也不可能达到这种程度，实现祖国统一大业便不是指日可待而是有待时日的事情。在社会转型的初期——专制与"民治"的中间时段，既缺乏能制约社会政治的大众民主观念，也没有产生足以影响政治的社会经济力量，由少数社会精英进行的西式民主的尝试，又因条件和形势的不成熟及与中国实际国情的隔膜，不适用于革命后亟待建立稳定、秩序的政治统治需要，反而导致政府人员的频繁更换、政治局势的不停动荡，更增加了广大民众对民主政治的疑惑。少数强势人物如袁世凯之流便得以操纵政党和军队，造成党徒纵横、军人蛮横的现象及恃强凌弱、无视法纪的恶劣风气弥漫。

辛亥革命后中国社会这种愈加分裂，愈加黑暗的情状，让人们感叹"共和不如专制"，这其实是当时建设新制度条件尚不成熟的必然代价。列宁说："变革可能已经成熟，而完成变革的革命者可能还没有充分的力量来实现这个变革，在这种情仅下，社会就会继续腐烂下去，有时能达几十年之久。"① 民国初年的情形正是这样。革命无疑带来了历史的进步，但痛苦和灾难也始终随行。近代中国重新统一的困境在此，近代中国重新统一的希望则在此过程完结之时。

二 孙中山国家统一思想的生成及特点

辛亥革命是中国近现代史上的一个分水岭，它因打破了绵延几千年的封建专制制度，建立起现代形式的资产阶级共和国，而使中国进入一个新的历史时期；它又因打碎封建大一统的社会结构后，未能迅速构建新的现代统一的国家，而使中国开始了长达几十年的混战和分裂状况。从这个意义上可以说，辛亥革命开始之日，亦即重建现代统一国家道路的探索、尝试之时。作为辛亥革命开创者的孙中山，其革命生涯始终与国家统一这一主题相伴。革命前，打破满清专制统治、阻止列强瓜分，追求独立统一的近代民主中国的建立，是其屡挫不辍的目标；革命后，抵制倒行逆施的复辟行径、与违宪乱政的军阀政府相抗，坚持以现代民主政治制度来重新统一祖国，是他至死不渝的事业。祖国统一既是他发起革命的初衷，又是他在革命后矢志追求的目的。

在创建南京临时政府时，孙中山深切感受到全国人民"热望祖国成为强大统一之中国"的迫切要求，宣布新成立的共和国"当成为统一独立与兴盛之国家"，其对内施政方针是要实现"民族统一，领土统一，军政统一，内治统一，财政统一的国家"②，坚决反对任何分裂中国的图谋。辛亥革命失败后，针对军阀割据的局势，孙中山更表示要"竭志尽诚，以救民国，破除障碍，促成统一"。孙中山认为中国必须统一而不能分裂的原因有三：一是中国"在历史上向来都是统一的，不是分裂的"③，这一点已牢牢地印在我国民众的历史意识之中，才使我们能作为一个国家而被保存下来。二是

---

① 《列宁全集》第 9 卷，人民出版社，1987 年，第 353 页。
② 《孙中山全集》第 2 卷，中华书局，1982 年，第 27 页。
③ 《孙中山全集》第 9 卷，中华书局，1986 年，第 304 页。

"'统一'是全体国民的希望", "是全国人民现在的心理"①, 不论南方革命党还是北方军队、学生和一般有觉悟的人民, 都有着这一愿望。实现国家统一已是全国人民要做的大事。三是国家统一是实现民主政治, 社会经济发展的基础, "统一而后一切兴革乃有可言"②, 只有国家的统一和民族的团结, 才能使中国变成很强盛的文明国家。孙中山认为近代中国搞分裂的都是一些野心家, 他们依恃帝国主义的支持以出让中国利益换取各自政权的存在, 他们是"想把各省的地方自己去割据"③。而四分五裂, 只能使中国积贫积弱, 永远处在落后的任人宰割的境地, 因而他决意与军阀战, 与帝国主义战, 为中国的统一大业而战。

然而在辛亥革命后相当长时间里直至孙中山先生身殁, 国家统一始终未能成为现实, 实现国家统一几至成为孙中山先生终身未遂的遗愿。治、乱相循是国家、社会发展过程中不可避免的现象, 尤其是当一个民族由前现代向现代社会转型的过程中, 纷乱和不统一的状况更是必经的阶段。作为辛亥革命的领袖人物, 孙中山在崇高的爱国主义旗帜下, 坚决反对分裂, 维护祖国统一, 其追求现代国家统一的思想和历程, 是对转型时期国家统一大业所作探索的重要内容, 是他给当今社会留下的遗训和至为宝贵的思想财富。

1. 孙中山国家统一思想的生成与演进

孙中山 19 世纪 60 年代出生时, 中国已开始丧失独立国地位, 成了列强的俎上肉。生活在经历过炮火的广东、童年便开始上山砍柴、塘边捞草, 稍长又随外祖父驾船出海捕鱼取蚝的孙中山④, 对半殖民地中国民众的苦痛生活可谓感同身受。与海外有较多交往的沿海农村的生活实状及较内地更多的见识, 又使他对封建社会的现状生出种种不解、疑问和不满。11 岁时, 还在乡塾读"四书""五经"的孙中山被未曾得见的邻镇某牧师收藏的一张世界地图所吸引, 开始对历史、地理、政治诸科寄以莫大兴趣, 并生出"中国而

---

① 《孙中山全集》第 11 卷, 中华书局, 1986 年, 第 373 页。

② 《孙中山全集》第 7 卷, 中华书局, 1985 年, 第 51 页。

③ 《孙中山全集》第 2 卷, 中华书局, 1982 年, 第 27 页。

④ 杨连逢：《中山先生青少年时代的生活片断》, 见尚明轩、王学庄、陈崧编：《孙中山生平事业追忆录》, 人民出版社, 1986 年, 第 14 页。

外，当有更广大之世界与新异之事存焉"① 的念头，藏身翠亨村的太平天国老兵冯爽观在其祖宅门前大榕树下所讲的洪秀全、杨秀清的故事，让孙中山对抗清英雄生出羡慕之意，不仅在与童伴游戏"打仗"时自当洪秀全，而且深为洪秀全未能灭了满清而遗憾。促使孙中山开始认真思考中国与海外世界的不同，起自于他童年在家乡所目睹的一次海盗事件。那次事件发生时，年幼的孙中山没有如全村人那样躲避他处，而是走向发事地点，亲眼看到海盗在光天化日之下砸抢一个华商的住宅并将该户贵重财物装船运走，还亲耳听闻到受害侨商的悲痛哀诉："许多年来我冒着生命的危险，在洋人的地方做苦工积聚了许多金钱为我家族和乡村的利益的，现在都被强盗抢去了，我倘使留在洋人的地方，那边有真实的首领，有法律的保护；而此地在中国只有禁令而没有保护的。"此事让孙中山非常震惊，他不禁思索："为什么中国没有洋人这样的法律？为什么这个华侨，冒了生命的危险挣到诚实的金钱，洋人允许他带回来的，在中国竟得不到法律的保护？"②

13 岁便开始的海外生活经历，让孙中山有了中外不同生活对比的真切感触，从闭塞山村走出的他"始见轮舟之奇，沧海之阔，自是有慕西学之心，穷天地之想"③。檀香山意奥兰尼学校里五年系统的西方教育、夏威夷民众反对美国殖民侵略的民族斗争的熏陶及此后广州、香港两地辗转求学的历程，都是使他心智大开，民族主义和民主主义意识益形增长的原因。西方政治民主制度的感染，国内外不同生活的对比，是他改革中国，使中国成为西方强国那样独立自主国家的念头产生的源头，而其国家统一思想是中华民族不能独立自主而为列强肢解瓜分情形下的诉求，是生成于争取民族独立自主之内的愿望。

1887 年，20 岁出头的孙中山进入香港西医书院，开始了为期 5 年的医学学习，此间，初具民族、民主思想的孙中山结识了会党

---

① 王俯民：《孙中山详传》，转引自茅家琦等：《孙中山评传》，南京大学出版社，2001 年，第 49 页。

② 陈锡祺主编：《孙中山年谱长编》上册，中华书局，1991 年，第 19～20 页。

③ 《孙中山全集》第 1 卷，中华书局，1981 年，第 47 页。

人士郑士良，又与有志青年陈少白、尤烈、杨鹤龄成为朋友。他们经常相互宣泄、彼此激励，都有着一展政治抱负的热情，在一起"所谈者莫不为革命之言论，所怀者莫不为革命之思想，所研究者莫不为革命之问题"①。广州、香港两地的生活经历让孙中山深刻感受了英国统治与清朝政府统治的区别所在，尤其是香港殖民政府维持社会秩序与推行社会福利的能力，促使孙中山思考着：何以英、美政府能够与人民很好地相处，而清政府却与民众严重对立②。

此时正在香港西医书院任教的教师、雅丽士医院的创办人、香港著名绅士何启，对孙中山的思想也发生着重要影响。习医之余，对西方政治、经济、军事等书籍的广泛涉猎，使孙中山在政治倾向上接受了何启的改良主义，并于 1890 年和 1892 年先后撰写出表达革新政治，改良社会以达国富民强目的的《致郑藻如书》和《农功》。因对政治事务关心的愈益热烈，孙中山逐渐感到"医术救人，所济有限，其他慈善亦然。若夫最大权力者，无如政治"③，隐然已有专务政治以践抱负之意。1892 年毕业于西医书院后，孙中山开始借行医于澳门、广州之机宣传自己的政治主张，稍后，干脆闭门撰出《上李鸿章书》，并弃医抛业北上投书。此举，奠定了孙中山职业革命道路的基础。

《上李鸿章书》是孙中山早期政治主张的集中表达，我们可从中看到此时的孙中山正为"国家兴亡，匹夫有责"的豪情激励着，为"民为邦本，本固邦宁"的思想鼓舞着，为发展教育，发展实业的方案兴奋着，为以李鸿章为首的汉族官吏提倡，全国景从，国家由此日日改良、日日进步的景象支撑着……总之，他憧憬李鸿章接受他上书中的主张，并接受具有满腔报国热情的年轻的他，使其从此有施展政治抱负的机会，国家从此有改变被欺压瓜分的命运，独立自主，走向富国强民之路的可能。

---

① 胡汉民编：《总理全集》，上海书店据民智书局 1930 年版影印，自传，第 2 页。

② 迟景德：《国父少年时代与檀岛环境——中国现代史专题研究报告》（六），转引自吴相湘：《孙逸仙先生传》，远东图书公司，1984 年，第 33 页。

③ 《孙中山全集》第 2 卷，中华书局，1982 年，第 359 页。

但是他恰恰未料到上书会遭遇闭门羹。这通常被学者们认为是孙中山改弦易张，选择以武装斗争方式拯救中国的原因。孙中山开始的政治愿望的确是进行一场"既有权贵的威望，又有合法的标记"的"由权贵倡导的温和的改良"[1]，上书失败打破了他全部的设想后，他能立即意识到儒士们循规蹈矩不断要求的老路不能再走而应另寻途径，确是孙中山不同于国内其他志士之处，当然这取决于他特殊的海外生活经历，有熟悉的华侨群和海外基地等条件，但更重要的还是当时那个令有识之士都感到屈辱、恐慌、时不我待、须奋起直追的时代所迫。年轻气盛的孙中山作出了以新的手段去改革中国社会的选择。这一选择不仅影响了孙中山的一生，也影响了中国社会发展的进程。

上书失败后的孙中山由上海经日本直达檀香山时，中国败于日本的消息正传播海内外，深感倭奴步步进逼和清朝政府腐败无能的孙中山以列强"蚕食鲸吞，已效尤于接踵，瓜分豆剖，实堪虑于目前"的警句，团集起劳作于檀香山的华族群众，发起了第一个资产阶级革命团体——兴中会，示该会宗旨为"振兴中华，维持国体"、"申民志，扶国宗"，开始张出的便是反对侵略、维护民族利益的旗帜，标明了他革命的起点和国家统一思想的基础。稍后在香港兴中会章程序言中，又特别强调了外来侵略的危险及朝廷的软弱和腐败，分析了国家贫弱的原因在于"众心不一，只图目前之私，不顾长久大局"。提出"联结四方贤才志士，切实讲求当今富国强兵之学，化民成俗之经"，更显企望民族统一之情结。该章程在甲午惨败，举国悲痛之时，将中国的脆弱和不堪一击的原因，直接归于清朝政府的无能，其中的寓意是：既然清朝政府无力承担"富国强兵"的重任，那就只有"驱逐鞑虏"，推翻现存的政治统治。"驱逐鞑虏"口号顺理提出，是孙中山立志以革命手段排除旧有统治的阻碍、重建统一的新中华思想的最初表现。

但是，檀香山和香港两个章程中都没有明确表述兴中会究竟要争取什么样的政治成果，所谓"创立合众政府"当时也只是秘密誓词的一部分，并未写入章程，更无详细内涵。当时，孙中山及兴中

---

① ［美］史扶邻：《孙中山与中国革命的起源》，中国社会科学出版社，1981年，第24页。

会的参与者正为中国被愈益侵蚀，日益羸弱的严重现实所笼罩，主要注意的是中国遭外国侵略及腐败政府无能以救的现实，初起的革命团体尚未找到明确方向，1895年的广州起义就是这个情状的真实写照。

1895年3月16日，《马关条约》签订前一个月左右开始筹备的广州起义，一方面由孙中山等人在积极布置针对清朝统治的武装起事，一方面又由何启负责宣传着有关主张。何启通过《德西臣报》和《士篾西报》描述起义目的，是建立一个君主立宪政体的新政府，该政府除有皇帝外另有总理和内阁，并分全国为四个行政区，实行地方自治，区级及下属议会，均通过选举逐级产生，直到选出国会。地方官吏由人民推荐、皇帝委任，各级议会代表和官员都须经过考试①。从这个宣传中，人们可以得到一些民主政治的感觉，但并不能得出反对满清专制政府的结论。而且参与广州起义的，有孙中山这样受过西方教育的现代人士，也有朱五之类带有浓厚封建色彩的会党分子及何启、刘学询一类君主主义者，他们中间的一部分人在图谋用最朴实的方式——武装起义表达对政府、对社会现实的不满，另有人则想借此争得自己政治主张的实践机会。不同意向的共同合作透露出甲午战争之后人们广泛觉醒，急于改变时局的共同倾向。从孙中山、杨衢云等人设想的"合众政府"及两人之间发生的总统谁属的争执来看，其起义目标显然与何启所宣传的政体模式不尽一致。这场最早的与会党人士、改良人士联手从事的武装革命，虽是初涉革命的孙中山在目标不明确，思想不清晰，实力不具备时的草率表现，但却不能说不是他为了民族独立、国家富强而付出的行动。此时的孙中山除会党外尚未能获得其他社会力量对他武装反抗现政府举动的支持，所以他不排斥与各阶层力量联合，目标没有长远的认识和规划，也没有足够的准备和力量，只有借助一切可以用的力量以图一举，是孙中山初创革命时的弱点，但所为与其"申民志，扶国宗"、"振兴中华，维持国体"的宗旨并不相悖。

正是这场尚未发动即遭清廷破坏的起义以及中日战争以《马关

---

① ［美］史扶邻：《孙中山与中国革命的起源》，中国社会科学出版社，1981年，第65页。

条约》告结束的现实，让孙中山对中国问题的思考愈趋激进，遭通缉而从此流亡海外的孙中山，被迫更多地感受了欧美社会的政治生活，更多地阅读了西方政治思想典籍，也更深刻地感受了落后的中国在世界各国中的地位，了解了不统一的国家将要遭遇的命运。这一切让孙中山坚定了在中国必须进行一次革命的认识，使他感到建立一个统一的强大的民族国家的迫切需要。与此同时，对残酷镇压革命，驱逐革命志士的清朝政府，孙中山也愈加痛恨和不信任，认为"目前中国的制度以及现今的政府绝不可能有什么改善，也决不会搞什么改革，只能加以推翻，无法进行改良"，要改变中国的现状"惟有此迅雷不及掩耳之革命之一法"①。从此，"排满"开始成为孙中山革命的重心。

2. 孙中山国家统一思想的特点与变化

孙中山对国家统一的追求与其革命生涯始终相伴，亦与其革命思想相生相长。在辛亥革命前后几十年的时间里，孙中山一直关注着国家统一问题，连续思考着国家统一的方案，基本形成了一套国家统一的思想观念。其中，有对中国国情的关照，也表现了因应形势不断修正的灵活，还有社会转型初期混乱局势的针对性对策。总之，他的国家统一思想随着国家统一形势的需要发展着，变化着，总体上尚属变动不居的探索。在他瑕玉兼有的统一思想中，透露着强烈的爱国热情、不倦的探索精神。总括孙中山的国家统一思想观念，有如下一些特点：

（1）以革命为手段，以共和为目标

不忍于中华民族被列强"瓜分豆剖"，痛心于中国受不思改革的满洲贵族统治而日趋落后，孙中山立志从"排满革命"入手以解救为列强"蚕食鲸吞"的国家。孙中山的国家统一思想由此与改革中国半殖民地命运、改革中国封建专制制度、改变中国受满洲贵族统治联系在一起，即与革命联在一起。在他的观念中，革命即能制止列强分裂，革命即能恢复汉民族独立地位，革命即能统一中华民族于共和民主政治之下。因此，革命成为他追求国家统一的手段。早在辛亥革命发生前16年，孙中山就开始了他暴力革命的活动，并以武昌起义前十次武装起义对满清贵族的无道统治予以打击。辛

---

① 《孙中山全集》第 1 卷，中华书局，1981 年，第 86、173 页。

亥革命后，鉴于中央政府违背法律，解散国会，滥行无道的行径，孙中山以"二次革命"、"护国"、"护法"为旗帜，与军阀政府对抗，继续革命直至身殁。革命几成孙中山终身从事并为之付出全部的事业。

孙中山开始行暴力革命时很为人侧目，他不仅因此而被清政府驱赶、通缉，还被国人传说为乱臣贼子、汪洋大盗。在孤独地摸索了五六年后的 20 世纪初，为清政府极端不智行为震惊的国人才开始同情于他的所为，此后，国内渐行渐高的爱国风潮及不断激进的思想宣传，促使一批学子、儒士走近倡导革命的孙中山，并初步形成目标一致的革命团体。

然而，直至辛亥革命发生前，主张改革中国社会的各派人物一直在进行着"革命"、"立宪"的争论。争论中，立宪派对革命条件不成熟的分析可谓恰如其情，对革命将导致"流血、内乱"的预测亦不无道理。但为立宪派有意忽略的另一面——清政府不配承担立宪，亦不会承担其任的事实，不仅为革命派所把握，而且为历史所证实。革命派不是靠声音强大，理论正确压倒了立宪派，使"革命"终成现实，而是清政府太腐败，时势太紧迫，让历史最终选择了革命。历史的最终选择与孙中山最早选择的吻合，使孙中山被认定为革命的先行者。

革命会导致内乱，还将引来分裂，这是反对派当初最为响亮的理由。企望国家统一的孙中山为什么不以此为惧，认定要以革命手段谋求统一呢？多年后，孙中山在与日本神户新闻记者的一次谈话中有过如此解说：中国如不能脱离奴隶的地位，即使是统一的，"于中国前途只有害而无利"。他举英国占香港一例说：

> 香港的海军当局计划香港的防守事宜。想要香港对面的九龙地方，又看到北京政府很软弱，很容易欺负，可以多要求，所以向中国政府提出来。不只是要求十几方里，而是要中国割两百多方里，当时北京的统一政府，非常的怕外国人，当然是听外国人的话，准英国的要求。于是香港政府便派兵进九龙，接受领土。本地的土人，一遇到英国兵，便和他们开战并打败他们，（英国人）于是向中国政府交涉，中国政府便打一个电报到两广总督，要他执行。两广总督得到了北京统一政府的命令，当然是严厉执行，便马上派五千兵，去打

退本地的人民。①

孙中山认为：这样的统一政府，是听外国主人话的政府，对本国人杀人放火也会做，虽然名义上是统一的，对中国人民却有害而无利，中国人"又何贵乎这种统一政府"。表明孙中山选择从破坏入手以追求国家统一的原因：宁愿提升民族地位后在内外关系上重新整合，重新面对，不愿在软弱无能的政府统治下做双重奴隶，一点点被出让与列强。由此，我们可以看出孙中山的革命有这样两个指向：

其一，推翻满清贵族的统治，打破封建大一统的模式，恢复汉民族的自立的局面。因为被"瓜分之原因，由中国之不能自立也……不能自立之原因，由于满洲人秉政"②，要免除被瓜分的危险，"非倒满洲政府，别无挽救之法也"③。

其二，革命后建立一个崭新的中华民国，一个现代的统一的国家。"驱除鞑虏"的革命不是要建洪秀全那样与清朝对峙的偏安朝廷，而是要建使汉民族及其他各少数民族"许为同等之国民"，享有同等权力的现代统一的国家。

这样，孙中山在选择以革命为手段的同时，还选择了以共和为目的。

为什么要选择共和为革命的目标？这首先是因为孙中山坚信共和制度能够有效地避免中国的内乱，是保证革命后国家重新统一的最佳方式。孙中山认为，历史上每经一次变乱，必然会出现"地方豪杰互争雄长，亘数十年不能统一"的局面。究其原因在于"举事者无共和之思想。而为之盟主者亦绝无共和宪法之发布也"④。他认为中国正处"万国眈眈虎视的时候，如果革命家自己相争，四分五裂，岂不就是自己亡其国……所以我们要由平民革命，建国民政府"⑤。共和政府不仅可以保证各地方利益不受侵犯，由此避免争

---

① 胡汉民编：《总理全集》，上海书店据民智书局 1930 年版影印，谈话，第612 页。

② 汪精卫：《驳革命可以召瓜分说》，见《辛亥革命前十年间时论选集》第 2卷上册，北京三联书店，1978 年，第 456 页。

③ 《孙中山全集》第 1 卷，中华书局，1981 年，第 226 页。

④ 《孙中山全集》第 1 卷，中华书局，1981 年，第 173 页。

⑤ 胡汉民编：《总理全集》，上海书店据民智书局 1930 年版影印，谈话，第612 页；演讲，第 74 页。

战而达成国家统一，还可以"保其独立及领土完全"①。其次，建立共和制度是时代发展的需求，是历史进步的潮流，处世界潮流之中的中国应"取法乎上"，不能再落后于时代。再次，孙中山认为中国人民本就具有共和制度的传统，"共和者，我国治世之神髓，先哲之遗业也"②。中国上古的三代之治，就是共和思想的最好体现。基于此三点认识，在比较了各国民主政治之后，孙中山认为美国的共和制度最优越，最适合于中国所用，于是坚定了在推翻满清后，建立美国式共和制度的决心："非改建共和，不足以言救国，非推翻清室，不足以建共和。"③

孙中山设计的共和国，既是改造中国的新制度，又是革命后统一中国的最佳方案。他认为共和制度可以促进国家统一，国家的统一又是共和制度完善与发展的保证。因为共和政体可以避免国内争战而使统一顺利实现，国家统一了，国内局势安定了，共和政府才能顺利施政，共和制度才能最终确立。显然在他看来，国家的统一与共和制度的建立是相辅相成、相互促进的关系。

以革命为手段，以共和为目的而求国家统一的思想，包括了破坏与建设两个阶段，前者的任务在于排满，后者在于创造共和，两者是有机的结合，"革命党宗旨不专在排满，当与废除专制创造共和并行不悖"④，"如果仅有破坏而无建设……犹不得为革命也"⑤。

出自追求共和的迫切愿望，首义后匆忙回国的孙中山在革命尚处在前景未卜时，仓促地组建了共和政府，意在以既成事实削弱专制基础，即使共和基础不稳而需再战也在所不惜；当袁世凯逼清廷逊位成功后，他将临时政府总统的权位让给袁世凯，以为只要清政权不再统治中国，国内不再争战而实现南北统一，让权给旧官僚也行。但是牺牲权力并没能换来共和、统一，当袁世凯背离共和国，将民国带入专制老路后，孙中山又重举旗帜，再度革命。这仍是由

① 《孙中山全集》第1卷，中华书局，1981年，第561页。
② 《孙中山全集》第1卷，中华书局，1981年，第172页。
③ 《孙中山全集》第5卷，中华书局，1985年，第462页。
④ 郝盛潮主编：《孙中山全集补编》，上海人民出版社，1994年，第27页。
⑤ 汪东：《论支那立宪必先以革命》，见《辛亥革命前十年间时论选集》第2卷上册，北京三联书店，1978年，第132页。

于他对共和目标不弃不舍的追求。

史实告诉我们，孙中山设计的"共和、统一"的框架，对当时中国社会而言尚有不可企及的距离。建立"共和"制度是先进的中国人向西方探求救国真理的尝试，它在中国这样古老的专制国家里缺乏实施的基础。除中国民智太低，没有民主意识以外，那些参加革命的人所热衷的也只是"排满"的民族革命，对于政治革命皆无更深的了解。孙中山希望在这样基础上将西方经过几百年才发展成熟的民主共和制度在中国全盘学来，显然不太现实。正如吴相湘先生所说："所谓民主共和仅仅为名义而已，实质民众无人知晓。"[1]各方势力抱着对民主共和、自由平等不同的理解参与革命，革命后所建立的共和政府便不免会陷入思想上的混乱，不仅达不到统一，而且会给少数野心家提供可乘之机。

因革命未能求得真共和，孙中山从1913年至1925年始终处在为重建共和而再革命的斗争中：当袁世凯背离约法、滥行权力，并残杀组建反对党的党魁时，孙中山坚决主张用武力与袁氏政府一拼；当袁世凯将总统权力扩充到与专制皇帝一般，乃至要恢复帝制时，孙中山以"欲求达共和之目的，倒袁为必经之路"[2]为旗号，为护国运动高声呐喊；当段祺瑞专制作风愈演愈烈，拒不恢复国会和约法时，孙中山认为段氏"假共和之面孔，行真专制之手段也"[3]，提出为挽救共和，挽救民国"惟有两途：其一，维持原状，即恢复合法国会，其二，则重新开始革命以求根本改革"[4]，由此开始了长达几年的"护法斗争"。

孙中山也说过："革命的事情是万不得已才用，不可频频伤国民的元气"[5]，那为什么辛亥革命后还要继续使用革命手段呢？是因为辛亥革命破坏专制政治不彻底，"吾人虽革去满洲皇统，而尚留陈腐之官僚统系未予扫除"，"吾人所已破坏者一专制政治，而今

---

① 吴湘相：《孙中山先生传》，远东图书公司，1982年，第1015页。
② 《孙中山全集》第3卷，中华书局，1984年，第289页。
③ 《孙中山全集》第4卷，中华书局，1985年，第114页。
④ 胡汉民编：《总理全集》，上海书店据民智书局1930年版影印，演讲，第181页。
⑤ 胡汉民编：《总理全集》，上海书店据民智书局1930年版影印，演讲，第75页。

有三专制政治起而代之"①。辛亥革命后，行专制政治的"官僚武人，都把政府霸占住了，政府不在人民之手，完全在武人官僚之手，所以如果不继续奋斗，以前的奋斗就要亡于满清武人官僚之手"，为了不丧失前次革命成果，"惟有重新革命"②。另外，官僚武人当政，不仅集权，而且乱政，"大武人要作皇帝，小武人当然可以称霸，以后中国的乱事，当更没有止境"③。这些军阀又都依靠外国势力发展自己，最终仍是要走到卖国、分裂的路上去。因此军阀当政的国家，"尚不得谓国家之统一"④，真要统一"还是要军阀绝种"，须以革命党的力量去扫除一切军阀势力。

辛亥革命后的继续革命始终围绕着维护共和成果：恢复国会和约法，亦即建立真正民主政治制度下的国家统一。孙中山一再强调"约法与国会，共和国之命脉也"⑤，只有国会和约法存在，才有国家统一可言，只有真正的"共和巩固，民国统一"，才能达到"永无僭乱"⑥ 之国家统一。

孙中山始终不断、矢志终身的革命，都是出自对共和制度的绝对信仰。他对国家的热爱，对统一的渴望都具体化为对共和的追求，而不容任何反对或歪曲共和的丑行存在。正如他自己所言："唯余酷爱之共和，不但须有共和之名，且须有共和之实。……余酷爱如生命者，名实相符之共和。余自信为中国最爱和平之一个，唯余所酷爱之和平非一时的乃永久的。除去一切共和之障碍及为乱之种子，使国家大法得能确定……永久的和平之基础方能确定。"⑦

（2）主张"单一国体"下的地方自治

孙中山早年在香港的学习和生活经历给他留下深刻印象：脱离

---

① 胡汉民编：《总理全集》，上海书店据民智书局1930年版影印，演讲，第183页。

② 胡汉民编：《总理全集》，上海书店据民智书局1930年版影印，演讲，第293页。

③ 胡汉民编：《总理全集》，上海书店据民智书局1930年版影印，演讲，第530页。

④ 胡汉民编：《总理全集》，上海书店据民智书局1930年版影印，宣言，第43页。

⑤ 《孙中山全集》第2卷，中华书局，1982年，第381页。

⑥ 《孙中山全集》第3卷，中华书局，1984年，第95页。

⑦ 《孙中山全集》第4卷，中华书局，1985年，第265页。

了清朝统治后，地方的改革和建设便可以顺利而且迅速，所以地方自治及联邦制在他心里成为理想的制度。1895年初次武装起义时，何启为起义后设计的（肯定也是孙中山所接受的）正是一个实行地方自治的制度。

1897年，孙中山在横滨初晤宫崎寅藏等人时，第一次清楚地表达了以联邦制建立新式国家的思想：

> 观支那古来之历史，凡国经一次之扰乱，地方豪杰互争雄长，亘数十年不能统一，无辜之民为之受祸者不知几许。……今欲求避祸之道，惟有行此迅雷不及掩耳之革命之一法；而与革命同行者，又必在使英雄各充其野心。充其野心之方法，唯作联邦共和之名下，其夙著声望者使为一部之长，以尽其材，然后建中央政府以贺［驾］驭之，而作联邦之枢纽。方今公理大明，吾既实行此主义，必不致如前此野蛮割据之纷扰，绵延数纪，而枭雄有非分之希望，以乘机窃发，殃及无辜。此所谓共和政治有命革［革命］之便利者也。①

1900年，北京政府乱成一团并出逃时，孙中山等兴中会党人希图说服已宣布《东南互保章程》，背离朝廷对外宣战旨令的南方督抚，在南京或者汉口设立新的首都，并在企图劝李鸿章独立的《平治章程》中提出带有联邦思想的政治主张：

> ……于都内立一中央政府，以总其成，于各省立一自治政府，以资分理。……所有该省之一切政治、征收、正供，皆有全权自理，不受中央政府遥制。惟于年中所入之款，按额拨解中央政府，以为清洋债、供军饷及宫中府中费用。省内之民兵队及警察部，俱归自治政府节制，以本省人为本省官，然必由省议会内公举。②

获知辛亥武昌首义成功的消息后立即取道法国东归的孙中山，在巴黎回答新闻记者关于未来新建中国的构想时也明确告之：中国同欧洲面积相仿，不适合中央集权，所以打算依照美国的形式实行联邦制③。及至当选临时大总统后，在就职宣言中，孙中山还说：

---

① 《孙中山全集》第1卷，中华书局，1981年，第173页。
② 《孙中山全集》第1卷，中华书局，1981年，第193页。
③ 吴传国：《国父"省地位"主张之研究》，正中书局，1989年，第75页。

"……武昌首义，十数行省先后独立，所谓独立，对于清廷为脱离，对于各省为联合……国家幅员辽阔，各省自有其风气所宜，前此清廷强以中央集权之法行之，遂其伪立宪之术，今者各省联合，互谋自治，此后行政期于中央政府与各省之关系，调剂得宜。"①

在清朝政府大一统专制统治下，各地自主的革新及各种新思想的发育都因受专制主义压制而不能发展，一些群众运动也主要发生于各地方，譬如收回利权运动、铁路风潮等，都是各地方与清中央利益冲突的结果。革命前，各种民主主义的宣传及革命起义也是以省为中心，而带有明显的地域性。孙中山认为："国家之治，原因于地方"，"地方自治之制既日发达，则一省之政治遂于此进步，推之国家亦然，如此做去，将来中国能日致强盛"②。所以，辛亥革命前及至革命成功后的一段时间里，孙中山等革命党人一直都致力于地方革命，希望通过一省的独立来鼓舞、带动全国革命，达到群起响应的效果。联邦制思想就是在这种条件下产生的。究其联邦制思想产生的根源，有美国革命经验的影响，有为避免国内各方势力互相争斗的主观愿望；同时也是当时思想风行的结果（晚清无论是立宪派或革命派都有此主张）。

武昌首义后，全国80％以上的行省立即脱离中央而独立，但其行动并不是出于统一的革命规划，而是各自响应各组政府，造成地方势力膨胀，社会混乱、动荡的局面。尽管临时政府很快建立，但混乱局面并没能立即得到治理。民国建立后，国人期望于国家的不只在于行民主共和，更冀望能免遭列强瓜分，建立富强独立的民族国家。尤其是当时蒙古、西藏在外国插手下意欲独立，更让国人觉得非有一个强有力的中央政府不可。因而民国建立后不久，孙中山联邦制思想便开始发生松动。1912年同盟会改组为国民党的宣言中，明确主张要"保持政治统一，将以建单一之国，行集权之制"③，并且肯定地认为"吾国今日当采单一国制已无研究之余

---

① 《孙中山全集》第2卷，中华书局，1982年，第2页。

② 胡汉民编：《总理全集》，上海书店据民智书局1930年版影印，演讲，第149页。

③ 《孙中山全集》第2卷，中华书局，1982年，第399页。

地"，"宪法亦必采用单一国制自不待言"①。

从历史的观察来看，孙中山观点的改变有以下原因：

其一，辛亥革命后的实际情形是：（孙、袁任总统均是一样）各省都督握有不可忽视的力量，组织上，"中央行政，不及于各省，各部亦备员而已"②；财政上，中央政府向各省哀告求助者多，各省向中央请示支援者少③；行使权力则中央受制于各省者多，而各省听从中央者少④。这些都与争取国家独立统一的革命初衷，与革命后建立统一的国家政权的设计不相一致，也不符合孙中山在任临时大总统时强调的"民族统一、领土统一、军政统一、内治统一、财政统一"的理想。亲身感受了省区尾大不掉，俨然如一独立小国，中央完全无法臂指地方的实情后，孙中山不再主张联邦制而趋向单一制国家。

其二，临时政府北迁后，孙中山游历了国内许多地方，受到各地民众的欢迎和景仰，孙中山从中感觉到新建的民国已得到国人的普遍认同，应孚众望成为统一有序的民主国家。他向党人表达其理由时说："中国自广州至满洲，自上海西迄国界，确为同一国家，同一民族。此种事实……国人本其智力与热忱，已完全了解此种意义。现在余游历北部之观察，更给余以铁证，确知此种见解之正确无讹"⑤，因而冀求扫除统一障碍，建立能凝聚全体民众的单一制民国。

中国历来有追求统一的传统，封建社会实行统一惟一的办法，就是将一切政务完全收归中央管理，中央完全控制地方，甚至认为集权就是统一，分权就是分裂。袁世凯在民初修改约法而集权的做法就是步此后尘，暴露出他尚摆脱不了传统"大一统"观念的影响。

孙中山为免国家遭受割裂的命运，主张行单一国制也是出自国家统一观念，但它是不排斥地方自治的统一，是以地方自治为基础

---

① 罗家伦：《国父年谱》增订本上册，中国国民党党委员会1969年，第797页。

② 胡汉民：《胡汉民自传》，传记文学出版社，1987年，第65页。

③ 黄远庸：《远生遗著》上册，台北文星书店，1962年，第316页。

④ 崔书琴：《三民主义新论》，台北商务印书馆，1972年，第20页。

⑤ 崔书琴：《三民主义新论》，台北商务印书馆，1972年，第211页。

的统一，是"使国家统一与省自治各遂其发达而不相妨碍"①的统一，因而是不同于封建专制集权的现代的国家统一思想。

袁世凯图行帝制而死后，留存的军阀为祸更烈，北京政府逐渐演变为某一派军阀的传声筒，中国政治几乎陷于无政府状态。人们在求助于中央政府，中央政府命不出都门，呼吁地方官吏，地方官吏自身难保的情形下，各地开始谋"省自治"，并兴起"联省"运动。联治运动的出现，是中央与省之间关系不协调的结果，也是民初民主运动的一种病态。孙中山对这种病态的运动持不赞成态度。他认为联治是伪自治，惟有除去军阀障碍才能行真自治，而联治是在毫无民主政治基础的情况下，想由省宪而联国，由分权而联治，最终是不可能成功的。孙中山严正地指出：中国自秦朝以来，就是一个统一的国家，"这一点已牢牢地印在我国的历史意识之中，正是这种意识才使我们作为一个国家而被保存下来……而联邦制则必将削弱这种意识"②。而且此时的联治"不是有利中国的，是有利于个人的"③。在对"联治"运动的批评中，孙中山表达了如下几点思想：

第一，无国家的独立、统一和自由，便无"省自治"可言。

联省自治派认为中国不统一之乱象是军阀政府权力过重所致，所以主张分其权于各省，让各省自治。孙中山认为这样会更乱，"吾人不谋所以毁灭大军阀之暴力，使不得挟持中央政府以为恶，乃反欲藉各省小军阀之势力以谋削弱中央政府之权能，推其结果，不过分裂中国，使小军阀各占一省，自谋利益，以与挟持中央政府之大军阀相安于无事而已，何自治之足云"。他指出"真正的自治，必待中国全体独立之后，始能有成，中国全国尚未获得自由而欲一部分先能获得自由，岂可能耶"。并特别强调"自由之中国以内始能有自由之省，一省以内所有问题惟有于全国之规模中始能解决，则各省真正自治之实现必在全国国民革命胜利之后"④。孙中山还

---

① 胡汉民编：《总理全集》，上海书店据民智书局1930年版影印，宣言，第63页。

② 《孙中山全集》第9卷，中华书局，1986年，第364页。

③ 《孙中山全集》第6卷，中华书局，1985年，第529页。

④ 胡汉民编：《总理全集》，上海书店据民智书局1930年版影印，宣言，第43页。

针对清末以来一直存在的各省权力过大的情况说:"要中国成统一国家,就要打破各省的界限",此时搞"联省自治"就是搞割据,是"把一个国家弄到四分五裂"①。

第二,"县自治"是摆脱"官治"实现"民治"的最佳方案。

孙中山反对联省自治,但并不反对地方自治,他明确地说:"我所主张的地方自治,是在兵事完结之后,把全国一千六百多县都划分开,将地方上的事情让本地方人民自己去治,政府毫不干涉"②,由此标明县自治的思想。所谓县自治,即是"省隶属中央,县由县民组织,中央与省政府,为人民公仆"③,孙中山说,这样才能保证中央政府对地方行之有效的管理,防止地方分裂。地方"联治",不是为了发展民主,而是为了扩大自己势力,建立地方专制以与中央专制相抗,所以"只能官治,不能达自治"④。他还认为"民治""不宜以广漠之省境施行之",如以省为自治单位,"仍不啻集权于一省"⑤,只有以县为基础实施自治,才能使人民自动参与,有了人民自动参与的基层组织,便能构成国家统一的坚实基础。

第三,中国应按自己的国情来确定国家统一的方法。

联邦制观念初起时就以美国为模式,后来"联治"派为反对单一国制主张也一再以美国的成功经验为词。孙中山认为这种观点的错误在于:解决中国的问题时,不从根本上比较中美两国的不同情况,"只就美国富强的结果而论",以为中国所希望的,不过是国家富强,而忽略了中国急需的国家统一问题。孙中山指出,按"联治"派的观点去做"就是将本来统一的中国,变成二十几个独立的单位,如一百年以前的美国十几个独立邦一样,然后再联合起来",这是极端谬误的。他说,中国眼前一时的不统一"是由于武人的割据",这与美国统一前的情况完全不一样,我们求国家统一要做的

---

① 胡汉民编:《总理全集》,上海书店据民智书局 1930 年版影印,演讲,第284 页。

② 胡汉民编:《总理全集》,上海书店据民智书局 1930 年版影印,演讲,第299 页。

③ 《孙中山全集》第 6 卷,中华书局,1985 年,第 594 页。

④ 《孙中山全集》第 6 卷,中华书局,1985 年,第 657 页。

⑤ 《孙中山全集》第 3 卷,中华书局,1984 年,第 320 页。

工作是铲除这种割据，"不应该把各省再来分开"，如果一味仿照美国去搞联邦，提倡"联省"，而不去铲除这种割据，那就是"为武人割据作护符"①，就是要把中国搞到分裂的路上去。

孙中山在反对"联治"时系统地表达了自己提倡单一国制下的地方自治和以"县自治"为基础实现"民治"的思想，这些显然不同于此前"省自治"、"联邦制"的主张，是他鉴于民初政治混乱风气败坏的现实，为维护国家统一，制止国家纷乱，防止武人专权和地方割据而采取的应对措施。因为孙中山有过观点上的转变，民国时期直到当今，在"省自治"问题上一直发生着争论。我们认为孙中山单一国制的思想，有其实事求是、与时俱进的特色，也基本符合民国初年国家统一大业的实际需要。它的依据是两个因素：其一，孙中山所指责的地方军阀利用省自治以行割据之现象确实存在；其二，中国当时尚受着列强窥伺的严重威胁。

但这并不等于说"联治"思想就没有它值得肯定的地方。孙中山批评"联治派"时称其为"我国一般文人志士"，此即认可他们为爱国者和为国奋斗者。在中国进行重大转型时，提出各种不同建国方案的人们都是出自爱国热忱，都是为了实现国家统一的大目标。不同观点始终争论不能达成一致的原因，主要在于民主政治体制的确立需要藉助广泛的智慧，需要有相当长的验证时期，尤其在中国这样的国度，新的民主政体更需要在各种冲击之下经受检验，只有等到为大家所尊重、所接受后，始能稳定。而民国时期的始终争论，客观上起到了促进各种思想观念进一步发展的效果。正是在与"联治"思想的争论中，孙中山又发展出"均权制"思想，即中央与地方均权，想用均权来表示程度较低的分权或集权，从而避免单一制的专断和联邦制的离析。

孙中山单一国制下地方自治的统一主张，既有利用历史传承的一统习惯维系全国统一的一面，又有以真正"民治"基础上的地方自治来均衡地方与中央关系，防止分权、集权之弊的一面，这在地方势力膨胀、西方势力虎视眈眈的当时情势下，确有维护统一，调和关系的可行之处。即使对今天的中国统一问题，也不乏值得借鉴

---

① 胡汉民编：《总理全集》，上海书店据民智书局1930年版影印，著述，第140页。

的思想内容。

（3）"反满兴汉"、"五族共和"、"民族同化"的演进

"民族统一"在孙中山任民国临时大总统时被排列在将要实行的领土、军政、内治、财政等五大统一之首。这是孙中山准确认识中国国情，把握中国社会发展需要而提出的统一观念，一个多民族的国家在社会转型过程中重新统一时，民族统一确是应予首要关注的内容。

但孙中山对中华民族的认识，始终不曾摆脱汉民族优等的情结，辛亥革命的开端就立基于"恢复中华"，即争取汉民族的振兴。在辛亥革命的过程中，孙中山逐渐感受到各少数民族在反满革命中的作用，也认识到了多民族的团结对完成国家统一的重要意义，在民国建立初期将民族主义和民族统一具化为"五族共和"。尔后，鉴于边疆地区在列强唆使下频生纷乱，并听任帝国主义国家的分裂活动，又以少数民族无能力自主为由，提出以汉民族同化各少数民族，以抵制列强的瓜分企图进而实现中华民国统一的主张，此即"民族同化"思想。

从 1893 年孙中山首次提出"驱除鞑虏，恢复华夏"的口号，到辛亥革命成功，孙中山的民族主义都以"反满兴汉"为主要内涵。当时孙中山及其革命党人都为中国日渐贫弱的现状而痛心，但都将其原因归结为"政府无振作也"，"追原祸首，其咎在满人"①。所以，他们认为拯救中国必须进行反满革命。当时的反满革命又以兴汉为目的，即为了实现汉族独立与统一，确立汉人主政。在孙中山看来，只有恢复汉人主政，才算是中国，"我们汉人有政权才是有国，假如政权被不同种族的人所把持，那就虽是有国，却已经不是我们汉人的国了"②。从这一时期孙中山的言行中我们可以看到，孙中山倡导的民族主义，是要推翻满洲政府，还汉族主权的民族主义，他所要建立的国家，是以汉人主宰下的民族共存与发展的国家。而这时的民族统一即汉民族为主的民族统一。

---

① 中共中央党校中共党史教研室编：《三民主义历史文献选编》，中共中央党校出版社，1987 年，第 124 页。

② 中共中央党校中共党史教研室编：《三民主义历史文献选编》，中共中央党校出版社，1987 年，第 124 页。

辛亥革命后，帝国主义列强侵略中国的态势并没有立即改观，国内除汉民族外，其他少数民族也未真正摆脱被压迫、被歧视的地位，中华民族对外仍存在一个独立的问题，对内仍存在一个统一的问题。此时孙中山一方面认为推翻清朝政府即意味着民族主义已完成，不再将民族主义举为旗帜，一方面仍思考和研究着民族统一的问题，就是在民国成立之年，他提出了以"民族统一"为首的五大统一，而且提出了处理国内民族关系的"五族共和"原则："国家之本，在于人民，合汉、满、蒙、回、藏诸地为一国，即合汉、满、蒙、回、藏诸族为一人，是曰民族之统一。"① "民国合五族而成，凡五族之人，皆如兄弟，合心合力，以为民国之前途着想尽力。"② 颁布《临时约法》时又专条载明："中华民国人民一律平等，无种族、阶级、宗教之区别"，即不分汉、满、蒙、回、藏，各族人民皆得享共和之权利，亦当尽共和之义务。

实际上，革命前国内外宣传刊物中过激的排满、仇满宣传已经引起孙中山对民族主义内涵的反思，他意识到不能以一次民族革命导引起另一个民族矛盾和憎恨，因而曾明白地批评并纠正过一味排满的观点：民族革命"并不是恨满洲人"，并不是一"遇着不同种族的人，便要排斥他"③，主张将当政的满洲贵族与一般满族人民区分开来，反对单一的种族复仇思想。与此同时，各少数民族包括满族中一些爱国志士积极参加革命组织和从事革命活动的事实，也使孙中山感觉到，辛亥革命应是包括各少数民族在内同争民族独立解放的事业。武昌起义各省独立时，满、蒙、回、藏、壮、苗、土家、维吾尔、哈萨克等各族人民无不踊跃参与，在事实上使辛亥革命成为多民族共同反对封建专制的革命斗争。这促使孙中山认识到：在清政府统治下的中国，受压迫、受歧视的不仅仅是汉族，还有其他少数民族，"汉满蒙回藏五大族中，满族独占优胜之地位，握无上之权力，以压制其他四族。满洲为主人，而他四族皆奴隶，

---

① 胡汉民编：《总理全集》，上海书店据民智书局1930年版影印，宣言，第6页。

② 《孙中山全集》第3卷，中华书局，1984年，第41页。

③ 中共中央党校中共党史教研室编：《三民主义历史文献选编》，中共中央党校出版社，1987年，第50页。

其种族不平等，达于极点。种族不平等，自然政治亦不能平等，是以有革命"。"革命之功用，在使不平等归于平等。"① 显然这已将民族主义内涵扩大到包括汉、满、蒙、回、藏五族，而不再是只要求"恢复华夏"，争取汉民族主政的民族主义了。"五族共和"所以被鲜明地提出。

建国初期，"五族共和"是一个极具现实针对性的提法，因为革命初胜时，巩固新生政权，加强边防，维护国家统一已成必须应对的任务。梁启超在建国前曾预言，臣服于满清政权的边疆少数民族地区，将乘满清政权覆灭之机发生动乱。孙中山对此也有所提防，他深知帝国主义"莫不以开疆辟土为心"②，而其入侵我国总是以边疆地区为下手之处，"日人驻兵于南满，俄人驻兵于蒙古，英人驻兵于西藏，法人驻兵于滇黔，日思瓜分"，已成事实，乘机作乱的可能随时存在。居住于边疆的多是些少数民族，他们以前已为这些地方的开发有过巨大付出，革命后边疆地区的安宁、稳固，国家统一的最终实现也须仰赖于他们，此时采取正确措施处理好汉族与边疆地区少数民族的关系尤为重要。孙中山此时强调民族大联合和"五族共和"是非常切合时势需要的，只有提倡民族大联合，才能依靠周边少数民族共同抵御列强，才能有效地巩固边防，维护祖国统一。1912年2月，孙中山以大总统名义通电蒙古额尔沁亲王说："俄人野心勃勃，乘机待发，蒙古情形，尤为艰险，非群策群力，奚以图存。"他要求蒙古亲王将此声明通告蒙古同胞，使蒙汉团结一致，"戮力一心，共图大计"③。可以从中见到"五族共和"、"民族联合"之意向和力量。

"五族共和"并不是孙中山首先提出，而是孙中山为调和矛盾所接受的一个口号。孙中山回国组建政权时，国内已有众多力量因参与反清革命而形成为新的群体，这个混杂的群体中有人名主革命实主立宪，有人则仍希望另立君主当国，他们并不同意孙中山建立民国的观念，因而暗地里诋毁革命党组建政府的活动，甚至煽动满

---

① 《孙中山全集》第2卷，中华书局，1982年，第492~493页。

② 《孙中山全集》第1卷，中华书局，1981年，第260页。

③ 中国社会科学院近代史资料编辑组编：《辛亥革命资料》，中国社会科学出版社，1981年，第30页。

族与汉族的矛盾，也就在此时，有人提出了不同于三民主义的"五族共和"。面对着推倒满清政权的"众人"，未能切实领导首义斗争的孙中山不仅放弃了"政权由革命党独揽"的打算，而且力行退让政策，因确感"五族共和"比汉人一族主宰要进步而接受，并将其发展成新的民族统一观念，公开主张五族平等地"取得国家参政权"①。

"五族共和"视其他四个民族与汉族平等的做法无疑是一个进步，但将平等局限于五族之内，仍是一种对其他少数民族平等的忽略，因而它并不能真正调动起国内各民族对资产阶级民主政治的真心向往和追求，也不能成为中国民族统一正确的思想政策，因此，它被否决和更改在所难免。

民国政权被北洋势力把持以后，面对边疆危机不断，国内争战不休，初生的民国处于愈益分裂的状态，孙中山痛感"把所有世袭的官僚，顽固的旧党和复辟的宗社党都凑合一起"的所谓"五族共和"② 之错谬，尤其是俄国在蒙古，英国在西藏的步步紧逼，让孙中山感到：少数民族边疆没有汉族文化的影响，离开与内地的密切联系，缺少汉族势力的帮助是万不能抵御列强的侵夺的，因而迫切地希望将中国各民族能"融成一个中华民族"。他说："五族共和者，直欺人之语，盖藏蒙满皆无自卫能力"③，"中国五族的人，藏族不过四五百万人，蒙古不过百万，满人只数百万，回教虽众，大多数都是汉人，讲到五族的地位，满洲是处于日本的势力范围之内，蒙古自来是俄国的范围，西藏几乎成了英国的囊中物，由此可见他们都没有自卫的能力，我们汉族应该要帮助他们才是"。要讲民族主义，就"必要满、蒙、回、藏都同化于我们汉族，成一个大民族主义国家"。他说，美利坚民族就是几国人"都合一炉而冶之"，成了一个民族，所以才有今日"光华灿烂的美国"。所以"不能笼统讲五族的民族主义，应该讲汉族的民族主义"。最好"拿汉

---

① 《孙中山全集》第 2 卷，中华书局，1982 年，第 430 页。

② 胡汉民编：《总理全集》，上海书店据民智书局 1930 年版影印，演讲，第204 页。

③ 胡汉民编：《总理全集》，上海书店据民智书局 1930 年版影印，演讲，第260 页。

族来做中心，使满蒙回藏四族都来同化于我们"，"使五族同化成一个中华民族，组织成一个民族的国家"①。这是他首次明确提出组成完全的民族国家，正式以"民族同化"思想取代了"五族共和"。

从以上孙中山关于以汉族同化各少数民族的说法，我们感觉得到，他仍含有汉族优越的成分，但他的同化主张总的说来是建立在民族平等的基础上。首先，孙中山主张在尊重各民族意愿的前提下实行以汉族为主导的自然同化，即在承认诸民族"平等处于中国之人"，"中国境内各族一律平等"②的前提下，通过语言、文字以及各种文化的潜移默化使落后文明向先进文明靠拢，并不是要实行强硬的政策逼使各民族同化于汉族，这根本不同于帝俄的"俄罗斯化"和德国的"日尔曼化"。其次，同化的目的是为融合成中华民族，不是要使汉族对少数民族在文化上实行征服。孙中山认为汉族由于文化先进于少数民族，所以主张以汉族为中心来同化各少数民族，但他又主张"汉族当牺牲其血统、历史与夫自尊自大之名称，而与满、蒙、回、藏之人民相见于诚，合为一炉而冶之"③，"举汉、满等名称尽废之，努力于文化及精神的调洽，建设一大中华民族"④。

孙中山认为国家是由"土地、人民、主权三大要素组成的"⑤，而人民是属于某个特定民族的，因而国家是民族的国家，两者是统一而不是对立的。对于国家来讲，独立自主是最基本的原则，对于民族来说，独立自主是最基本的自由。因此，民族的独立统一便与国家的独立统一紧密联系。孙中山追求民族独立统一的过程，也是他追求国家独立统一的过程。

民族的独立，只有在摆脱了帝国主义的干涉以后才能成功，"五族共和"所以很快被放弃，除了其提法欠科学以外，当时没有明确地反对帝国主义干涉，没能摆脱帝国主义的盘据与纠缠，也是

---

① 胡汉民编：《总理全集》，上海书店据民智书局1930年版影印，演讲，第205页。

② 《孙中山全集》第9卷，中华书局，1986年，第119页。

③ 《孙中山全集》第5卷，中华书局，1985年，第187页。

④ 陈旭麓、郝盛潮等主编：《孙中山集外集》，上海人民出版社，1990年，第29页。

⑤ 《孙中山全集》第11卷，中华书局，1986年，第44页。

其中的主要原因。民族同化的提出缘于帝国主义所制造的民族危机不断加深，而其目的就是要形成一个强大的中华民族，以实现民族统一进而实现国家统一的理想。

（4）和平与武力两手兼用

建立兴中会，立志革命之初，孙中山就认准武力是推翻清王朝、求得民族独立解放和新统一的有力手段，"和平之法无可复施"①，所以不断组织武装起义，率领同志作过多次流血斗争，直至民国建立。此后，因民国中央政府被北洋势力窃据并扭曲为专制工具，孙中山又主武力斗争，相继组织了二次革命、护法斗争，参与了护国战争。所以一再以武力相抗，是因为他对占据要津的统治集团为一己之利损国害民直到国破民亡的后果有清醒的估计，对其反动、残忍的本性有深刻的认识，知道不以武力便不能制服，无由推翻，亦无从达到走向共和的目的。然只有过读书、行医经历且与下层民众有密切接触的孙中山，既未曾入行伍又未曾操兵械，只是个不具有握武力取天下之实力，却不乏待人以怀柔心肠的文人，一旦有和平解决国是的可能，他总会灵活地抓住机会谋求和平。他曾先后提出并尝试过南北和议、北伐、裁兵、废约、开国民大会等和平的或武力的统一方案，其中有的失败，有的他未能看到最后结果。但和平与武力两手兼用无疑是他国家统一思想中的又一特色。

孙中山谋求国家统一时之反复变换方式，有些是因事先缺乏预料不能不有所变更，有些是出自多变的现实情况所作的应变，这是由中国在转型时期情况的复杂多变所导致的。孙中山在革命初胜担任临时政府总统时，面对的是立宪派及各地方势力把握了社会局面，临时政府不仅无能统驭全局，甚且不借助其他势力不能完成"倒清"任务的情形，这种出乎他预料的形势使他不能不改变武力北伐计划，按社会主流的意图，接受袁氏"劝退"清朝后以民国首领身份实行南北统一的方案；临时政府北迁后，孙中山本想以在野身份以合法方式督促袁氏政府建立民主政治，并以铁路建设为自身事业，却不料袁氏图谋不轨，践踏《约法》，残杀国民党魁，只得为维护革命成果抵制反动行为走上武力抗袁的道路……必须退让则

---

① 《孙中山全集》第1卷，中华书局，1981年，第52页。

退让，可以和谈则和谈，遭遇反动则毫不犹豫地使用武力，是孙中山在民国时期的基本做法，是孙中山务实、灵活和不乏策略的表现。但无论用何方式，其"民治的统一"目的不变。在长期的实践和不断总结中，孙中山形成了自己和平或武力统一的原则：以南北和议为基础实现和平统一；以革命派为主导力量实现武力统一。所坚持者：实行和平统一时，必须以接受南方革命派的基本主张为前提，因为"君主专制之气在北，共和立宪之风在南"①，不以南方主张为统一的主导思想，就不能实现"民治的统一"；实行武力统一，则必恃南方革命武装以进行，因为"南方之力统一北方，自然无分裂之忧"②，而北洋政府实是"破坏和平之蟊贼"③，决不能让军阀以反动武装制造黑暗的统一。

谋求国家统一时，孙中山还有一个坚守不变的原则，即反对任何外来干涉。当日本政府乘"南北和议"发生分歧而插手，要求南方多让步时，孙中山明确表示"南北和议……恐为强有力者所制，是为所虑"④，主张"仿辛亥前例，双方各派同数代表，委以全权，定期开会，一切政治法律问题，不难据理判断，依法解决"⑤。反对日本人对中国的事情、中国人自己的和议指手画脚，从中干涉，表达了国事自决的正气。

同时兼用和平或武力两种统一方式，又是孙中山站在不同角度，为不同利益着想的结果。孙中山深切地感受到：和平统一是民众的要求，为"顺乎民意"，他时常寻求和平统一途径，特别是当他看到辛亥革命之后，连年战争所造成的"民政之不修，财力之支绌，风俗之淫靡，赌博之纵恣，掳人于郭内而不能禁，杀人于通衢而不能救，行旅相戒，动罹祸患"⑥的社会现实，感觉到"人民对连续不断的纷争和内战早已厌倦并深恶痛绝"，"坚决要求停止这些战争，使中国成为一个统一完整的国家"⑦后，出于对饱受战乱之

---

① 《孙中山全集》第 4 卷，中华书局，1985 年，第 125 页。
② 《孙中山全集》第 4 卷，中华书局，1985 年，第 127 页。
③ 《孙中山全集》第 7 卷，中华书局，1985 年，第 247 页。
④ 《孙中山全集》第 4 卷，中华书局，1985 年，第 257 页。
⑤ 《孙中山全集》第 4 卷，中华书局，1985 年，第 518 页。
⑥ 《孙中山全集》第 4 卷，中华书局，1985 年，第 479 页。
⑦ 《孙中山全集》第 5 卷，中华书局，1985 年，第 527 页。

苦的国家和人民的深深同情，他不能不倾听并接受和平统一的呼声和主张，时常思考和平统一的方案。即使在武力统一的准备中，也从不放弃和平统一的可能。1921年国民党在广州建立了革命政府并打算武力北伐时，孙中山仍发表《和平统一宣言》，表示"当竭尽心力以敦促和平统一之进行，并务以求达护法事业之圆满结束"①；1925年，国民党在南方部署的北伐已初具基础，孙中山亲至韶关督战时，冯玉祥发动北京政变并电邀孙中山北上商讨国家统一大计，顾念民众利益的孙中山立即抓住这和平统一的时机，放下一切，力排众议，毅然北上。并以"召集国民会议，以谋中国之统一与建设"相号召。

武力统一是民国时期孙中山从来不曾放弃的方式，因晚清政府极端腐败的性质及近代中国过于黑暗的政治统治，让孙中山很清醒地意识到，武力是创立新的国家统一的必须的形式，他曾明言：武力统一是"自己的本意"②。所以辛亥革命前，他将大部分时间用于武装斗争的准备和实践，北洋势力占据民国政权后，他明确表示"欲统一中国之现状势不能不藉武力，武力统一乃我辈热心者也，即言论或妥协统一，恰如沙上楼阁，行即崩溃，复陷于四分五裂之状也"③。尤其当北洋势力为集团利益大行卖国求荣政策时，孙中山更加肯定地认为"非以武力声罪致讨，歼灭群逆，不足清乱源，定大局"④，为此，他进行过多次武力北伐的策划和准备，并为之付出大量的心血和精力。

顾念民众的需求和利益而谋求和平统一，鉴于北洋政府的恶劣而不放弃武力讨伐，随时准备兼用两手的孙中山，却始终没能以此完成国家统一，反而陷入更深的困境：他为实现和平统一积极奔走呼喊，屡遭军阀的恶劣行径阻断，他针对军阀专制而主张武力讨伐，又因没有真正听命于自己的军队，只有依赖一个地方的军阀去打占据中央的军阀，这使孙中山长时间处于和平统一无法进行，武力统一又无实力支撑的两难境地。屡遭挫折的孙中山最后认识到

① 《孙中山全集》第7卷，中华书局，1985年，第49页。
② 郝盛潮主编：《孙中山全集补编》，上海人民出版社，1994年，第259页。
③ 《孙中山全集》第7卷，中华书局，1985年，第533页。
④ 《孙中山全集》第4卷，中华书局，1985年，第102页。

"借人之力……终不可靠也"，因为这些被借用的军人"不是为主义而战争，是为个人升官发财而战争"①，所以决心改组国民党，使每个党员都"将革命事业作为本人的终身事业"；要建立属于国民党的军队，使每个战士都能"为主义而奋斗，为主义而牺牲"②，只有如此，才能使"武力与国民相结合"，"使武力为国民之武力"③，才能战胜北洋势力及国内一切军阀势力，赢得国内统一。这一思想决策，孙中山没能在身前实现，是由其追随者在他身后付诸实践并取得成功的。

（5）以列强、军阀为斗争对象

"反满"的辛亥革命是从痛恨列强瓜分中国开始的，孙中山曾明白指斥列强对中国的侵略是，在经济上"使中国永远成为工业落后的牺牲品"④，在政治上"是无异毁破人之家室，离散人之母，不独有伤天和，实大拂乎支那人之性"⑤。但武昌起义前后相当长一段时间里从未见过公开宣传反帝的字眼，能见到的倒是对列强在华利益维护，对列强债主地位认可的声音。这是因为孙中山自忖没有反帝的力量，害怕遭列强干涉，而且还崇信"弱肉强食"的进化论，相信"国必自倒而人后倒之"，所以认定救国必先"排满"。从辛亥革命前大量爱国宣传及革命活动来看，"排满"的辛亥革命蕴含着反帝的内容是肯定的，但当时的孙中山因对西方政治理论的崇信及对西方强大势力的惧怕两种心理，不仅不以西方列强为革命对象，甚且指望他们能给予反满革命以支持，不仅认为不必用革命、暴力方式去与列强相对抗，甚且以为只需去掉封建的清朝政府，改造中国为资本主义式的现代国家，帝国主义列强自然就不再侵略中国而会视中国为平等伙伴。这当然是孙中山等人对资本主义以强势压弱势的不平等"公理"的本质，还没有能力或者说还没有胆量认

---

① 胡汉民编：《总理全集》，上海书店据民智书局 1930 年版影印，演讲，第 319 页。

② 胡汉民编：《总理全集》，上海书店据民智书局 1930 年版影印，演讲，第 320 页。

③ 胡汉民编：《总理全集》，上海书店据民智书局 1930 年版影印，宣言，第 65 页。

④ 《孙中山全集》第 1 卷，中华书局，1981 年，第 322 页。

⑤ 《孙中山全集》第 1 卷，中华书局，1981 年，第 223 页。

识的结果。

　　孙中山及以他为首的革命党没能在革命纲领、革命宣传中恰当地处理中国社会发展与帝国主义侵略的关系，是武昌首义胜利后种种料想不到的困难发生的原因之一。而建立民国后，专心于民主政治建设的孙中山，为争取西方国家的政治和财政支持，继续采取对外亲和甚至是妥协的态度，又是临时政府北迁后民主政治出现众多变数的原因之一。"革命政府""不得已而与反革命的专制阶级妥协，实间接与帝国主义相调和，为革命第一次失败之根源"①。没有明确地将帝国主义侵略列为中国革命的目标之一，无疑是辛亥革命的一大缺陷。

　　孙中山直到袁氏政府集权并准备称帝以后，才清楚地认识到帝国主义操纵军阀势力，以控制中国、破坏中国革命的本质及军阀依靠帝国主义争抢地盘发展势力的劣行。1915年3月，他向国内人民揭露日本正在利用第一次世界大战的国际形势及与袁氏政府的亲密关系加紧侵华的图谋，指出中国如果再退让"则将来欧洲战事完结之后，列强相继而来，效尤日本，则中国瓜分之惨祸立至"②。表明他已开始视帝国主义与国内军阀为中国国土分裂的罪魁，意识到巩固和发展新生的共和制度必须反对帝国主义侵略。但此时他主要还是反对与袁氏政府相勾结的帝国主义国家，是因反专制的袁氏政府而关照到其所依靠的日本帝国主义。

　　1919年在以抵制中日之间所订"二十一条"为主要内容的五四运动的激励下，孙中山抛弃了曾一贯主张的联日政策，但又表露了亲欧美倾向：认为美国主持人道，法国尊重主权，英国主持公理③，仍指望在大国帮助下废止不平等条约。哪知华盛顿会议中，西方列强均坚持条约特权，力倡"共管中国"，接着又用"关余问题"与南方政府为难，暴露出帝国主义的真实面目，孙中山对西方列强所抱有的希望和幻想全部化为乌有，此时才真正明了"帝国主

　　① 胡汉民编：《总理全集》，上海书店据民智书局1930年版影印，宣言，第40页。

　　② 郝盛潮主编：《孙中山全集补编》，上海人民出版社，1994年，第163页。

　　③ 《孙中山全集》第6卷，中华书局，1985年，第516页。

义不仅是中国达到民族独立的主要障碍，同时又是反革命势力最强大的部分"①。

在国民党第一次代表大会的宣言中，孙中山第一次大胆、清晰地陈述：中国作为一个半殖民地，同二十几个国家签订了不平等条约，"中国就是有二十几位主人"的国家，帝国主义"只知道掠夺中国权利，并不为中国尽些微义务"②，并且通过各种不平等条约，控制中国的政治和经济命脉，所以受二十几个主人控制的中国从来未实现过国家统一。中国"十三年来之战祸，直接受自军阀，间接受自帝国主义"③。帝国主义还不断制造边疆危机，恶化少数民族的生存环境，加剧国内民族问题，因而实现国家的统一"尤在推翻帝国主义"④。孙中山不仅由此分析直接得出帝国主义的统治是中国社会进步的阻碍，实现国家统一必须推翻帝国主义的结论，还主张实行解除中国所受种种压迫的"废约"运动。

孙中山对军阀的认识到袁氏死后是看得更清楚了。当段祺瑞出兵反对张勋复辟时，他就指出段氏"今日反对复辟是假的，争后来之势力是真的"⑤，待段氏、冯氏内部起讧，国内各地争战纷起时，孙中山便直指：此风气败坏，国内纷乱是"武人与官僚的罪"，他并认为：这是辛亥革命没有彻底铲除封建陈土的缘故：中国的武人是满清时代陈土之一种；中国的政客也是满清陈土之一种，我们须先搬去这些陈土，才能立起统一一国家的基础来⑥。他认为只要中国"政权仍掌握在封建军阀手里"⑦，就不能说完成了革命，不能说达成了统一。因为封建军阀为了维护自己的利益，"莫不与列强之帝国主义发生关系"⑧，寻求支持，而帝国主义皆竭力与中国军阀相勾结"以为反动"。每一个在中国捣乱的外国人就是一个皇帝，这

---

① 《孙中山全集》第 11 卷，中华书局，1986 年，第 40 页。
② 《孙中山全集》第 7 卷，中华书局，1985 年，第 33 页。
③ 《孙中山全集》第 11 卷，中华书局，1986 年，第 76 页。
④ 《孙中山全集》第 11 卷，中华书局，1986 年，第 294 页。
⑤ 《孙中山全集》第 4 卷，中华书局，1985 年，第 113 页。
⑥ 胡汉民编：《总理全集》，上海书店据民智书局 1930 年版影印，演讲，第179 页。
⑦ 《孙中山全集》第 5 卷，中华书局，1985 年，第 285 页。
⑧ 《孙中山全集》第 9 卷，中华书局，1986 年，第 115 页。

一个皇帝就很可以利用一个大武人来听他的话，所以中国要解决的是两个问题：第一就是打破军阀，第二就是打破援助军阀的帝国主义。打破了这两个东西，中国才可以和平统一①。帝国主义与军阀便明确地被作为国家统一必须打倒的对象。

反帝思想的明确使孙中山三民主义中民族主义思想有了新的内容，因此反帝思想的形成和完善是与新三民主义的酝酿成熟同步，并成为其中的重要组成部分。"民族主义对于任何阶级，其意义皆不外免除帝国主义之侵略"，"民族解放之斗争……其目标皆不外反帝国主义而已"②。

孙中山为了实现中华民族的真正独立，将反帝国主义侵略和反封建军阀专制联系在一起，明确提出反帝反军阀的口号，不仅抓住了当时社会的主要矛盾，修正了辛亥革命时期反帝思想的缺失，而且再次起到了广泛的社会动员作用，它不仅对资产阶级各阶层、各行业人士起到鼓动作用，还吸引了社会各市民阶层及广大的工农群众。1924 年后，国内广大民众随着北伐的进行踊跃地投入到反对军阀、争取祖国统一的斗争中，革命又重现高潮。

三　辛亥革命与孙中山是全球华人团结的纽带

近代时期，身处海外的华侨因有切身的国内外生活经历和政治生活体验，他们中间有些人与国内先进人士差不多同时甚或更早一些意识到：中国必须进行国是改革才能彻底改变被侵略、受掠夺的地位。孤悬海外，受人歧视、剥削、压榨且毫无指望毫无依靠的生活，让众多为生计而奔波于海外的华侨特别感叹自己国家的落后，特别痛恨清朝政府的腐朽，也特别希望来一场改变国家命运同时改变自己命运的革命。以"驱除鞑虏，恢复中华，创立民国"为旗帜的辛亥革命让他们看到了这个希望，他们闻讯便动，不论职业、地位、贫富，大都踊跃地投入这场预期能使国家独立、富裕、统一、强大的革命中，有人为此倾尽全部财产，有人付出年轻的生命。争

①　胡汉民编：《总理全集》，上海书店据民智书局 1930 年版影印，演讲，第531 页。

②　《孙中山全集》第 9 卷，中华书局，1986 年，第 119 页。

取民族解放和国家独立、富强、统一的辛亥革命由此成为凝结全球华人的纽带，这是辛亥革命史的一大亮点，也是辛亥革命在争取祖国统一的努力中留下的难忘一页。

1. 海外华侨——辛亥革命的起点和主干

学界一般都指认 1894 年建立的以"驱除鞑虏，恢复中华，创立合众政府"为宗旨的革命团体"兴中会"是孙中山倡导民主革命的开端，亦是辛亥革命的发端，而"兴中会"建立于海外的檀香山，并以华侨为基本力量，甚至创建者孙中山也可以算作是华侨之一分子。

当时孙中山在国内上书李鸿章未成，又闻《马关条约》签订，醒悟到"和平之法，无可复施"，"不得不稍易以强迫"①，便"欲纠合海外华侨以收臂助"，"乃赴檀岛、美洲创立兴中会"，"得邓荫南与胞兄德彰二人愿倾家相助，及其他亲支数十人之赞同"②。为了对腐朽的清政府予以打击，孙中山召集邓荫南、宋居仁等二十余人组成"檀香山华侨兵操队"，聘请丹麦教师一人，每星期进行两次军事训练，准备在国内发动武装起义。在 1895 年的首次武装起义中，檀香山华侨邓荫南、宋居仁、夏百子、侯艾泉、陈南、李杞等兴中会会员陆续回国参加，起义资金则来自孙眉贱价出售牲畜、邓荫南变卖商店和农场所入③。

除美洲檀香山外，1895 年 11 月日本横滨华侨成立了兴中会分会，冯镜如任会长；1896 年，美国旧金山华侨的秘密组织"致公堂"亦开始接受兴中会的革命影响；1902 年，越南河内侨商黄隆生、杨寿彭、甄吉亭等人组建兴中会分会，团结起越南华侨支持革命；1905 年前后，新加坡、马来西亚、印度尼西亚等南洋各地也相继组建支持革命的组织……在联结国内各革命团体的同盟会成立之前，主要的革命团体兴中会的基本力量是华侨。据张玉法在《清季的革命团体》中统计，有姓名可查的 352 名兴中会员中，华侨和在侨居地入会者占 70%④。由此看来，辛亥革命最早的起点是在海外，最早立志并投身革命的主干力量也是华侨。孙中山后来也总结

① 《孙中山全集》第 1 卷，中华书局，1981 年，第 52 页。
② 《孙中山选集》，人民出版社，1981 年，第 193 页。
③ 冯自由：《中华革命运动 26 年组织史》，商务印书馆，1948 年，第 16 页。
④ 张玉法：《清季的革命团体》，台北近代史所专刊，1975 年，第 188～199 页。

说："华侨的思想，开通较早，明白本党的主义在先，所以他们革命也是在先。"①

（1）悲苦经历与对祖国的期待

身在海外的华侨为何对国内的反封建革命那样热心，并先于国内组建团体，为其出钱出力？这与他们无法改变的身心及他们在海内外的悲苦经历密切相关。

近代以前，中国没有过大规模出国现象，清朝早、中期对中国民众出境及外国游民入境都照例禁止。《大清律例》规定："凡无文私渡关津者杖八十，若关不由门，津不由度（别从间道）而越者杖九十。"边省民人越境，商人私入生番地，违禁下海，私渡台湾，近移海岛居住等皆在禁令之中②。对从海外归来的华民也是清朝政府特别防范的对象。清朝早、中期对华侨的总体管理方法是：明令回国；行文下令番国押解华侨回国；禁止华侨在国外聚居；听任外国殖民统治者迫害华侨③。

鸦片战争后，西方殖民主义者在南洋、美洲等地进行开发，急需大量劳力，来中国招募华工，并向一贯实行海禁政策的清政府施压，高度禁忌中外交流的清政府抵不住外国资本主义的高压，被迫放松海禁政策，于是，出国人员逐年增加。至辛亥革命时期，据中外一些学者估计：1902 年－1908 年海外华侨人数已达七百万至九百万④。形成如此多出国人员的原因有如下三点：

近代以降，在列强侵略下，中国社会经济濒于破产，加以封建剥削更加残酷，人民谋生困难，闽、粤等省有大批穷苦民众因而背井离乡，到国外找生路。

当时，东南亚、美洲、非洲大部分地区正待开发，皆缺乏劳力，殖民主义者瞄准中国充足的劳动力，百般拐骗，甚至强迫华人到国外充当劳力（猪仔），19 世纪中期后大批出国者中即有大量这样被拐卖到国外充劳力的。

---

① 《孙中山选集》，人民出版社，1981 年，第 459 页。

② 转引自毛起雄：《我国古代侨务立法初探》，载《华侨华人历史研究》，1997 年，第 4 期。

③ 转引自毛起雄：《我国古代侨务立法初探》，载《华侨华人历史研究》，1997 年，第 4 期。

④ 洪丝丝：《辛亥革命与华侨》，人民出版社，1982 年，第 2 页。

明末清初一些人为逃避国内政治灾祸而到海外，如明亡后，反清人士外逃，太平天国起义、捻军起义及少数民族反清斗争失败后，幸存的起义者大量外逃。

由以上三者看，近代时期出国的人，多是些饱含辛酸、苦难者。他们中很多人在殖民主义者经营的各类事业中从事劳动，对当地的开发起了很大作用。前马来西亚半岛海峡殖民地总督曾有过客观的评说："……开始作锡矿之工作者，首推华侨。彼等继续努力之结果，世界用锡之大额，皆由半岛供给。彼等之才能与劳力，造成今日之马来半岛。……英人初经营半岛时，着手建筑铁路，及其他公共工程，皆成于华侨之手。至于开矿事业，纯由华侨导其先路，投身蛮荒，冒万死，清森林，辟道路，每有牺牲其生命者。此外，如煤工、伐木工、木匠、泥水匠者尚多……英政府所收十分之九，皆出华侨之手。"① 婆罗洲英属殖民地沙捞越王查理·乌拉勿格克说："苟无中国移民，我们将一事无成。"② 西班牙人莫牙在谈到菲律宾的开发时也说："凡一市镇之成立，必不能缺中国人。彼等既系各种事业之经营者，且工作勤苦，而工资低廉。"③ 美国学者莱丹说：19世纪60年代以后，"加里佛尼亚的迅速发展，没有中国劳工是不可能的"④。

为侨居国的经济文化事业作出过巨大贡献的海外华侨，却常常受到殖民主义者的残酷虐待和迫害：南洋荷属华侨工人被拐骗出洋后，"……立据三年为期，入园后，不准自由出入，虽父兄子弟，不能晤面。加以克扣工资，盘剥重利，华人吞声忍气，呼吁无门"⑤；"华民侨居英属新加坡各地者约计一二十万人……赤身检疫独施之华人"；澳洲"凡属有利可终之事，皆禁遏华民营业"；英属非洲殖民地，华侨"只能与驴马同履车道"⑥。即使是华侨中的富

---

① 转引自李长傅：《南洋华侨史》，上海书店，1991年，第48页。

② 转引自李长傅：《南洋华侨史》，上海书店，1991年，第65页。

③ 转引自李长傅：《南洋华侨史》，上海书店，1991年，第70页。

④ 莱丹：《美国外资政策史》，转引自孙健：《华侨与辛亥革命》，《历史研究》，1978年，第4期。

⑤ 《清史稿》，邦交志，七，中华书局，1977年。

⑥ 王彦威纂辑：《清季外交史料》第202卷，北京书目文献出版社，1987年，第10、8、9页。

有者，也难免遭受盘剥和歧视：华侨在马来亚经营锡矿，其产品"价值悉听命于洋行"；华侨投资种植经济作物，出售时皆受洋商"抑勒"，"暗中损害实非浅鲜"①。

此外，散居海外的华侨还受着法律上的不平等待遇，并不时遭受侨居国的排华袭击。美国自 1879 年颁布第一个排华法令之后，到 1903 年止由国会通过的排华法令已达 15 个之多（各州立法未计），有拒绝中国劳工入境、审理诉讼案件时华人不准保释、非以劳工谋生的留居华侨一旦陷入贫困沦为劳工即驱逐出境等②。随美国之后，加拿大、澳大利亚、拉美各国、东南亚的荷兰和西班牙殖民政府亦相继效尤，纷纷出台排华法案，甚至少数后进国家也在实际行动上排华，有些地区还发展到袭击、殴打、枪杀华人。华人在海外的悲惨遭遇无处诉说，无处求助，清政府从根本上歧视侨民，将他们贬为"弃民"，即使顾及脸面而向侨民居住国提出抗议，也因国势衰微而无人理睬。新加坡的黄乃裳等人"谈及移民国外之痛苦经验，每觉有如美国之黑奴"③。

在海外遭受深重苦难的华侨回国后还要遭受另一层苦痛，即得不到自己祖国的理解和体恤，相反遭本国政府歧视和诬蔑。出使英、法、美、比四国大臣薛福成曾描述华侨的痛楚道："挟赀回国之人，有指为逋盗者，有斥为通番者，有谓为偷运军火接济海盗者，有谓其贩卖猪仔勾结洋匪者，有强取其箱箧行瓜分者……有伪造积年契券藉索逋欠者。海外羁氓孤行孑立，一遭诬陷，控诉无门。"④ 本为逃避苦难，结果又入火坑，这是近代时期众多海外华侨的生活境况。受帝国主义、殖民主义者的百般奴役欺凌，又得不到祖国的关怀、爱护，反受种种迫害，这双重的悲苦，使广大华侨既愤恨帝国主义、殖民主义的残酷，又痛恨国内封建政府的落后和无情。他们热切地希望祖国能够独立、民主、自由和富强，希望有一个关心华侨疾苦、能保护海外华人正当权益和利益的良好政府。

---

① 薛福成："请豁除旧禁招徕华民疏"（光绪十九年五月十六日），见《庸庵全集·出使奏疏》卷下，上海醉六堂光绪二十三年石印本。

② 杨国标等：《美国华侨史》，广东高等教育出版社，1989 年，第 251～254 页。

③ 刘子政：《黄乃裳与新神州》，新加坡南洋学会，1979 年，第 93 页。

④ 《东方杂志》，1907 年，第 1 期。

清政府显然不能胜任这样的责任，而孙中山正是面对华侨这样的一种要求，提出"驱除鞑虏，恢复中华，创立合众政府"的主张，因此，华侨的爱国感情被引向这样一个方面：通过推翻腐败专制的清政府，建立一个新的国家，从而使华侨在海外可以因为国家的强大而得到经济与政治利益的保障，同时，他们在祖国的亲人也可以改变其境遇。

（2）辛亥革命宗旨与华侨愿望的应合

辛亥革命"救国救民"的意旨与华侨要求救助自己的需求，与其爱国爱乡的情感，与他们想使自己国内亲人生活得更好、自己能在海外挺起腰板做人的愿望，与他们长期争取与强国、大国的移民那样受人尊重、有自己正当的地位和待遇的努力相一致，所以特别能够感召和凝聚海外的华侨群体。

海外华侨在得不到来自祖国的关爱和保护的情形下，曾以各种互助方式来对付他们所面临的逆境，维护他们在海外的生存，有着"联卫共济，手足互助，患难相顾"之类堂规的堂口是他们最愿意加入的团体。在美洲华侨中，特别是小商小贩及劳动民众加入各种洪门堂口的很多。据一些资料统计，1907年美洲华侨272829人[①]，名列"洪门"会籍者"殆占旅美华侨全部人数十之七、八"，"凡有华人足迹者，莫不有之"[②]，洪门几成为华侨维护其利益，温暖其心灵的地方，是他们在互相帮扶下适应新的生活空间，同时在新的环境中保存共同的文化认同的基地。海外的洪门组织门户繁多，各有香规、仪式，但同源于明末清初的秘密会党，共奉"反清复明"宗旨，将宗旨或刻于香炉，或写于腰牌，或立为誓言。长期以来在华侨中发展着的这种对中国文化本能的依恋，正是他们民族主义情感得以产生的原因，"驱除鞑虏，恢复中华"的口号，建立强大、富强国家的宗旨，正是与海外华侨民族情感的契合点，因而对海外华侨有着非常的感召力。

最先被感召的海外华侨是那些处于社会下层的工农劳动者，他们在海外工作得最辛苦，生活得最艰难，但有时连生命都得不到保

---

① 《东方杂志》，1907年，第10期。

② 冯自由：《华侨革命开国史》，见《华侨与辛亥革命》，中国社会科学出版社，1981年，第42页。

障，改变自己命运的要求非常迫切。推翻清朝政府、改变中国遭受列强奴役状态的辛亥革命，与华侨所痛恨的目标——腐朽无能的清政府、欺侮海外华人的帝国主义相一致，与他们急于争取自己在海外生活的正当权利，争取自己在海外地位改变的期待相符合，所以虽然这些人力财力不充，却是"出资勇而挚者"①。以卖豆芽为生的西贡华人黄景南，"念祖国凋残，愤清政窳败，辄猝思竭虑以图救医"，并"倾其一生之蓄积数千元，尽献之军用"②；挑水华工关唐，每担水只赚一文钱，也毫不吝惜地将半生之血汗结晶三千元全部捐给革命③；还有一个以洗衣为业的华侨工人，听说孙中山在美洲活动，遂将自己的全部积蓄装在一个麻袋里专程送到孙中山所住旅舍④。这些事实生动地表明，生活在社会底层的海外华人最能接受国内民主革命思想的感染，对祖国兴盛抱有最强烈的愿望，有着赤诚的爱国之情。

华侨中小资产阶级基本上是小商小贩，因在当地饱受歧视和迫害，其所经营的工商业往往遭遇种种限制、排斥、打击，生命财产亦常受侵害，加以清政府腐败而无所依靠，他们很容易理解接受推翻清政府，建立民主国家的辛亥革命并对革命予以支持和赞助，其中也有为此而倾家荡产者。占人数很少的华侨资产阶级上层，大都与侨居地殖民当局和国内清朝封建势力有着密切联系，这些人对捐资革命持冷漠态度，所谓"拥赀累数百万以上"而"肯拔其一毛者如凤毛麟角"，有人"语筹饷，则以近状窘，不肯应"，更有甚者"且出恶语"⑤，但他们中间也不乏富于民族意识者，尤其是当其切身利益受到帝国主义和清朝统治的损害，意识到祖国的命运直接影响海外华侨在国外的地位和处境时，其爱国热情立即会迸发出来，同情和支持革命。如苏门答腊的华侨大资本家张榕轩、张耀轩兄弟，曾几次担任荷兰殖民政府的甲必丹和腰玛⑥，又以十万两白银

---

① 《孙中山选集》，人民出版社，1981年，第180页。

② 《孙中山选集》，人民出版社，1981年，第180页。

③ 《华侨问题资料》，厦门大学南洋研究所，1978年印，第5页。

④ 张维持：《孙中山与美国华侨》，《中山大学学报》，1974年，第4期。

⑤ 邹鲁：《广州三月二十九革命史》，商务印书馆，1939年，第9～10页。

⑥ "甲必丹"、"腰玛"是殖民政府给华人的官衔，用来笼络一部分华侨上层，以实现对当地居民的间接统治。

在清政府内捐得四品京堂虚衔和候补观察闲职。但因一次外出办理商务，遭遇德国客轮拒绝华人购买官舱票的待遇，其民族自尊被严重刺激，由此醒悟个人的资财和地位无法改变自己所归属的国家和民族的国际地位，四面融通，财富满仓的任何个人也无法不随他所隶籍之祖国而定其国民身份。感叹和愤懑之下，张氏兄弟与张弼士三人，集资办起华人轮船公司，并以牙还牙地定出商船"一律不给德国佬卖票"的规定①。1903年－1906年，张氏在国内投资第一条华侨修建的铁路——潮汕铁路，是想单以华侨的力量来彰显民族自尊。可是，1911年清政府以"铁路国有"之名，把铁路出卖给列强，公布以六成付款收回股权为国有，遭到清政府剥夺的张氏兄弟又由此认清了个人事业的发展与国家民主革命进程命运与共的关系，武昌起义后，张耀轩以本人名义将一向只投了赢利事业的资金拿出一大笔捐给了孙中山，民国成立后，孙中山特地为张耀轩亲笔题赠了"博爱"大字斗方一幅，以鼓励其襄助革命的义举②。

始终不丢不弃的恋乡情结也是海外华侨支持辛亥革命的一个重要原因。华侨恋乡的最典型的做法是视家乡为自己托付遗骨之处，即虽身处海外，一定要让自己的遗骨身后归乡。广东一些地方的老一辈华侨都有葬骸骨于故乡的愿望。侨居新西兰的番禺、花县华侨中建有取名"昌善堂"的组织，是专门从事安葬当地侨胞的团体，并每十年一次按侨胞生前遗愿，起运老侨骨骸回原籍再行安葬③。可见，外侨"尚多不脱故乡庐墓思想"④。爱乡其实是爱国的具化表现，对能托付身后遗骨的地方，对自己选择的长眠之处，华侨能不怀有深厚的感情，能不竭尽自己全副力量促其发展，盼其兴旺？清政府曾借华侨的恋乡之情对其施压，清朝钦差大臣梁诚在美国张贴布告表示：要对革命党人在国内的亲属抄家灭族；清朝驻檀香山领事也曾几次请两广总督查抄海外华侨革

---

① 洪丝丝等：《辛亥革命与华侨》，人民出版社，1982年，第56页。

② 《广东文史资料》第28辑，广东人民出版社，1980年，第67、71、75页。

③ 《广东文史资料》第23辑，广东人民出版社，1978年，第183页。

④ 冯自由：《华侨革命开国史》，见《华侨与辛亥革命》，中国社会科学出版社，1981年，第21页。

命者在原籍的家产；仰光《光华日报》主笔居正等还差点被押解回国处刑①。这说明华侨的爱国、革命已对清政府构成威胁，引起政府的忌恨，也说明华侨在国外进行革命活动同样冒着身家性命危险。更为典型的事例是，当同盟会内部盛行以暗杀手段对付清朝上层时，旧金山华侨邝佐治也于1910年11月独身行刺赴美考察海军的载洵，被捕受审时，坦言此行是为救国，死不后悔。海外华人的爱国热情和勇敢精神不亚于国内从事斗争的志士们。

生活在国外、切实接触了西方社会发展情况的华侨，比较清楚中外经济发展的状况，了解帝国主义将本国经济的发展建立在侵略、掠夺别国经济的基础上的实情，所以特别痛恨帝国主义对中国的侵略和掠夺，也很容易接受民主革命思想。早在1897年，马来西亚就有十八位华侨青年被日本侵略中国的行径所激怒，在东甲成立"救国十八友"，立志救国；1901年新加坡侨商陈楚楠、张永福、林义顺等鉴于国势危急而组织"小桃园"，准备应祖国之需而作策应，当1903年得知上海发生"苏报案"，即以"小桃园俱乐部"名义致电上海英领事，请求给予章、邹二人以人身保护，不要引渡给清政府②。这是东南亚华侨公开反对清廷旨意的果敢行动，表现了华侨中蕴有的爱国热情与正义感。

华侨中工商业家很多是从工人和小商贩出身的，与国内封建势力联系较少，他们比国内资产阶级容易向往民主革命，也比国内资产阶级容易同情革命。尤其是当孙中山提出建立民主的"合众政府"时，让他们有了一种新的憧憬，感到了一种希望，因涉足海外，对中外不同政治制度有切身体验和比较，华侨非常向往祖国能如西方列国一样强大，能如西方列国一样民主、开化。美洲旧金山华侨，曾参与主办《美洲少年》的温雄飞回忆说：他们这一帮年轻人，当时对国内革命活动非常关心，常读"提倡革命的书籍"，并以中文报上所刊登的国内消息及港沪报的议论作为谈话资料。1905年同盟会成立的消息传到美国华侨中后，他们又开始热心于读《民报》，被孙中山在上面揭示的三民主义所鼓舞，"民族、民权两个主张令我意惬，民生主义尤令我神往"，从此"对于革命的见解和信

---

① 洪丝丝等：《辛亥革命与华侨》，人民出版社，1982年，第56、18页。
② 杜永镇：《辛亥革命时期的华侨》，中国华侨出版社，1991年，第88页。

仰有着进一步深刻的认识",谈论革命也更加兴高采烈,"得意忘形时,恨不得同盟会有专人来到美国宣传革命",且非常痛惜当时没有同盟会成员到那里去团聚他们①。可见,有些海外华人对国内民主革命的企盼和追求是发自于内在的主动。

在海外宽松的政治控制状态下生活,华侨们从事革命的环境比国内相对要自由得多,清朝政府无法像控制国内民众那样控制海外华侨的思想和举动。辛亥革命前,因顾忌华侨革命思想普遍发展,清政府曾派杨士琦假名抚慰到各处侦察,刚至马来半岛,杨氏便受到当地华侨陈文褒斥责:满奴来何为?岂吸四万万内地国民之脂膏犹不足,而必及此背井离乡骨肉艰难困苦之华侨耶?若云抚慰,内地国民,日加残虐,何有华侨?华侨回国日在刀俎,何有外洋?司马昭之心,路人皆见,满奴来何为?速返,勿污乃公刃②!陈文褒的性格和处事方法在华侨中当属于个别,但他所反映出的情绪在华侨中具有代表性。从其对清政府不屑和痛恨的直白中,可窥华侨中呼应、赞助国内革命的巨大潜力。正如孙中山在《伦敦蒙难记》中所说:"予生平每经一地,如日本,如火纳鲁鲁,如美利坚,与华侨相晋接,觉其中之聪明而有识者,殆无一不抱之志愿,深望母国能革除专制,而创行代议政体也。"③

2. 孙中山的华侨观念对海外华人所起的凝聚作用

孙中山革命的目标是在国内,但他所依靠的力量中很重要的一部分则在海外,海外华人不仅可以为革命提供人力、物力和财力的支持,有时还能成为革命舆论的宣传基地。孙中山在深切了解华侨的处境和需要,预测到华侨对革命的向往、华侨对革命的重要性的基础上形成了他正确的华侨观念。正是孙中山正确的华侨观念及其在华侨中开展的富有成效的宣传组织工作,使祖国大陆的民族、民主革命赢得了广大华侨的认同与支持。而这一切又与孙中山特殊的身世,不避艰难的意志,灵活机智的工作方法密切相关。

出生于侨乡,又有少年时代赴海外华侨群体中生活的经历,孙

---

① 《广东文史资料》第25辑,广东人民出版社,1979年,第18~19页。

② 洪丝丝等:《辛亥革命与华侨》,人民出版社,1982年,第24页。

③ 胡汉民编:《总理全集》,上海书店据民智书局1930年版影印,著述,第874页。

中山对"侨胞直接间接所受政治上之痛苦，罔不洞知"，因而在立志民主革命的同时，他也将解救海外华侨，改变华侨在海外地位的使命担负在肩："每思专制推翻，民治发达之后，稍尽保护之责，藉纾痛苦之情，耿耿此心，无时或息。"① 他对华侨在海外的不平等待遇和遭遇有亲身体验，所以对华侨寄予了深深的同情，他希望能改善华侨的政治地位，使华侨无论在哪里都能堂堂正正，挺直脊梁做人，使他们有一个强大的靠山。他也看到了华侨中所蕴藏的巨大力量，看到了只有把华侨的力量与推翻清朝专制统治，建立资产阶级民主共和国的斗争相联系，才能使革命的队伍壮大，革命的物力、财力充实，革命才有望取得成功。同时，也只有这样才能解决海外华侨正当权利得不到保障的苦痛，给华侨创造一个光明的前景。这便是孙中山的华侨观。为启迪海外华侨的革命觉悟、鼓舞华侨的革命志气、争取华侨对革命的援助，孙中山曾在各国华侨中进行大量、艰苦的宣传、动员和走访。总计孙中山在其革命生涯中到新加坡、日本各 11 次；到马来亚、越南、美、英、法各 5 次；到檀香山 4 次；到比利时 3 次；到暹罗（今泰国）、加拿大各 2 次；到德国、锡兰各 1 次。在华侨中讲演达 70 次，专门文章十余篇，其他口头谈话、通信和有关批示之多难以数计，可以说，在中国近代的政治家中，以对华侨的重视及与华侨关系的密切而论，无人能出孙中山先生之右。

在海外团聚华人的最佳办法当属组织团体，组建团体和政党也是孙中山整个革命生涯中从事联络华侨所做最重要的工作。除最早产生于华侨之中的兴中会外，他还曾以艰苦的努力改造华侨群体中的旧有组织"洪门"，利用这个基础扎实的旧有团体聚集散居于美洲各地的华人于"驱逐鞑虏，恢复中华"的大旗之下。这个工作是在美洲洪门大佬黄三德和洪门英文书记唐昌的协助下完成的，最后成功地将美洲洪门统一为致公堂，并制订新章，提出了"联合大群，团集大力，以图光复祖国，拯救同胞"② 的口号，使洪门宗旨与民主革命宗旨趋于一致。在黄三德的陪同下，孙中山游历了美洲一百多个城市，以洪门成员的身份向派系林立的洪门信徒宣传民主

---

① 《孙中山全集》第 5 卷，中华书局，1985 年，第 543 页。
② 《孙中山全集》第 1 卷，中华书局，1981 年，第 261、543 页。

革命思想，将他们凝聚为民主革命的外围团体。

同盟会在东京成立后，孙中山先生积极开展海外华侨的加入组织工作，到武昌起义之前，同盟会菲律宾、越南、缅甸、暹罗、新加坡、马来亚、荷属印尼、帝汶、夏威夷、加拿大、美国、墨西哥、古巴、秘鲁、新西兰和欧洲共有总会、分会近 80 个，有姓名者 600 余人，会员约 3000 余人①。"凡华侨所到之地，几莫不有同盟会员之足迹。"②

1912 年 8 月，同盟会改组为国民党，海外亦随之改名，"二次革命"失败后，国内再无国民党党部，党员也无法立足，而海外党部仍存立，且仍用原名，美国境内分部有 49 个，墨西哥、加拿大、古巴以及中南美洲各国也都还有国民党分部。

1914 年 6 月，孙中山在东京组织中华革命党，制定《中华革命党海外支部通则》，规定"海外支部由各埠斟酌该地侨胞情形设立"。根据华侨"对于本党之态度"、"在该埠之农工商矿各事业"、"在该埠之总人数"、"在该埠所创立之教育机关及公共事业"等情况，中华革命党在东南亚、印度、澳洲、南非和日本等地建立了支部、分部共 126 个。1919 年 10 月，中华革命党再改名为中国国民党时，仍然制定有海外总支部通则和支部通则，强调调查各区域内之华侨、侨商的各种情形，规定海外党员与国内党员有同样的权利和义务。1924 年 1 月中国国民党召开第一次全国代表大会时，出席代表共 165 人，海外代表有 39 人，所占比例达 23.6%。到孙中山逝世的 1925 年，中国国民党在海外有总支部 10 个，支部 61 个，分部 324 个，区分部 264 个，党员 43966 人③。

出外寻找生计的华侨大多没受过多少教育，因而思想闭塞不知革命为何物，或出于生计只顾眼前利益，思想趋于保守，要动员他们理解和支持革命必须经过艰苦的宣传动员工作，深知侨情的孙中山对此有充分的思想准备。1896 年初到美国旧金山、纽约的孙中山在"沿途所过多处，或留数日，或十数日，所至皆说以祖国危

---

① 冯自由：《革命逸史》第 4 集，中华书局，1981 年，第 149～173 页。

② 冯自由：《中华民国开国前革命史》第 2 册，中国文化服务社，1944 年，第 42 页。

③ 李为麟：《华侨革命史》下册，台北正中书局，1988 年，第 335～379 页。

亡，清政腐败，非从民族根本改革无以救亡，而改革之任人人有责，然而劝者谆谆，听者终归藐藐，其欢迎革命主义者，每埠不过数人或十余人而已"。次年到日本，"其风气之锢塞、闻革命而生畏者，则与他处华侨无异"①。孙中山不以为意，仍不停地宣传，以坚韧不拔的布道精神去启迪华侨的民族感，唤醒华侨的革命热情。1910 年孙中山来到美国芝加哥宣传时，甚至有商店侨胞，眼看到孙中山等人走来，立即关起店门，给孙中山一个闭门羹，有人还对其言："我是不听你的'车大炮'的"，孙中山对此只是"诚恳地笑笑、点点头，朝另一家商店走去"。他"抱着宗教家传教的热忱毅力"，几乎按家按户地去找人谈说革命的道理，不断地宣传。由说服一二人而至百数十人，以积土为丘的方式在华侨中散播革命思想②。不畏艰难，不惧误解，不究个人得失，孙中山最终成功地以个人的人格力量和伟大的革命事业的力量感染了华侨群。

在华侨中进行宣传时，孙中山很注意技巧，如到檀香山之前，他先发电报给香山老乡卢信，让卢信"不用同盟会的名义组织欢迎，只用香山同乡出头，带动华侨去迎接，并用华侨的名义请孙先生演讲。在檀香山的华侨，香山籍最多，香山人一出动，华侨就去了六成以上"。孙中山则因应实际情况，用香山话演讲满汉对立的事实以及必须反对满清的道理，使听众既感亲切，又受感动。再如，动员华侨革命者写作宣传作品时，孙中山指导道："写给华侨看的文章不必多谈理论，只谈满清侵略我们、压迫我们的事实就行了，华侨程度浅，多谈理论是没有什么用的。"③ 这些技巧的使用是其宣传工作颇具成效的原因。

孙中山等人对华侨进行的宣传工作主要有以下几种形式：

一是传送和散播有关历史书籍和革命作品。前者如《原君》、《黄书》、《明季实录》、《扬州十日记》、《太平天国战史》等，后者如《革命军》、《警世钟》、《革命箴言》、《猛回头》、《黄帝魂》、《瓜

---

① 冯自由：《华侨革命开国史》，见《华侨与辛亥革命》，中国社会科学出版社，1981 年，第 5、7 页。

② 《广东文史资料》第 25 辑，广东人民出版社，1979 年，第 60～68 页。

③ 温雄飞：《回忆辛亥前中国同盟会在美成立的过程》，见《华侨与辛亥革命》，中国社会科学出版社，1981 年，第 233、237 页。

分惨祸预言记》等，利用报刊、书籍大造革命舆论，传播革命思想。据华侨温雄飞说，他当时就编写了不少《扬州十日》、《文字狱》、《焚书》等书，"这些事，原来华侨都不大知道，经过编写发表，很多人都知道了，对满清统治者更为愤恨"①。1903 年前后，孙中山组织在日本、新加坡、美洲大陆等地华侨革命者印制《革命军》数十万册，分发给当地华侨，"邹容《革命军》一书传到外洋，争相购阅，一时人心奋起，舆论沸腾，华侨有志之士，知非追随中山先生，不足以救祖国之危亡，于是华侨之革命思想日炽"②。

二是针对华侨创办报刊，或支持协助华侨自己办报刊。兴中会时期，海外宣传爱国革命的报刊共有 11 种，同盟会时期增至 41 种，除了在日本主要是留学生和革命党人所办之外，其他地方多为华侨和革命者合力主办。闻名的有：《中国日报》、《图南日报》、《中兴日报》、《星洲晨报》、《光华报》、《华暹新报》、《檀山新报》、《大同日报》、《少年中国晨报》③ 等。

三是兴办学校。同盟会时期，华侨和革命党人共同办过一批学校，有些地方除办学外，还办有"阅书报社"，以方便华侨阅读书报，并为华侨提供活动场所。如曼谷的"振光阅书报社"就曾联系了万余华侨。

这些工作所起凝聚华侨的作用表现在：通过共同拥有的历史记忆来唤起和重组海外华人对祖国的认同；用帝国主义侵略的实例来凸显被欺凌的共同感受，从而强化对民族、国家的认同；通过宣传革命目标，让人们展望未来，从而聚集人们对民族独立，国家富强，人民幸福的新中国的共同向往。

孙中山及其同志所做这些宣传组织工作，直接影响到华侨社会的发展，这表现在华侨中民族主义观念取代了先前狭隘的宗乡观念，华侨不再只是关心身边的生活，而是更关注国家和民族的命运，华侨社会有了空前的团结，出现了跨行业、跨地域、跨血亲的组织和各类支持祖国革命和建设事业的行动。华侨对国内的

---

① 温雄飞：《回忆辛亥前中国同盟会在美成立的过程》，见《华侨与辛亥革命》，中国社会科学出版社，1981 年，第 241 页。

② 《开国前美洲华侨革命史略》，载《建国月刊》，第 6 卷第 4、5 合期。

③ 冯自由：《革命逸史》第 3 集，中华书局，1981 年，第 137～147 页。

这些爱国举动，随时间的推移逐渐成为了一种优良的传统，这不仅对国内各类事业的发展产生了积极影响，而且使华侨在国内民众中的形象更加丰满和可敬。

在晚清政府统治下受歧视，被误解，游离于祖国的命运之外的华侨，因接受民主革命思想而了解到自身命运与祖国命运相连的道理，通过支持和参与辛亥革命，体会到了自己对祖国的价值，这使华侨对祖国有了愈益浓厚的亲和感、依靠感。

革命的成功和南京临时政府的成立，让海外华侨顿觉扬眉吐气，他们为祖国的进步所振奋，对祖国前途、命运的关心更是达到高峰，各地华侨都自发地聚集庆祝。荷印爪哇泗水埠的华侨在庆祝时，遭到当地殖民者依旧例为词的干涉，民国国旗被扯碎，人员被抓走，为祖国革命胜利所激励的华人不再妥协、退让，而以"全体罢市"示威，并电报国内呼吁支持，孙中山为首的政府立即进行交涉，国内三十个团体亦"发起对荷外交后援团"，迫使荷政府"电爪哇总督力从温和主义"，当地殖民政府只得放弃所谓"旧例"，以不再禁止升旗，释放抓捕人员息事①。这让侨胞初次体会到了祖国的温暖和依靠祖国的意义。荷印侨胞曹运郎等立即呈请国内初建的民主政府下令禁止贩卖"猪仔"并保护华侨，孙中山得知后立即表示："民国既成"，"何忍侨民向隅，不为援手？"即"令外交部禁绝贩卖猪仔、保护华侨"。临时政府对华侨的关爱，使广大华侨更加热爱新生共和国，更主动帮助孙中山解决建立革命政权面临的种种困难，他们纷纷打电报支持孙中山"早日北伐，直捣燕京"，表示"建设共和……万民有赖"。他们了解当时政府最需要的是资金，美洲华侨在贺电中告慰说："闻公被选为中华民国大总统，阖境华侨欢极，庆国得人，齐祝万岁。款继发。"马来亚霹雳华侨、爪哇华侨均边发贺电边汇巨款，爱国侨领陈嘉庚以个人名义汇给孙中山五万元。孙中山当时激动地说，海外华侨"捐助军饷者，络绎不绝，共和前途，实嘉赖之"②。在物资和精神的支援之外，华侨还踊跃予以人力支援：美洲芝加哥华侨在武昌起义成功后自发购买六架柯

---

① 洪丝丝等：《辛亥革命与华侨》，人民出版社，1982年，第48页。

② 许师慎：《国父当选临时大总统实录》，转引自洪丝丝等：《辛亥革命与华侨》，人民出版社，1982年，第48、49页。

缔司式飞机组成飞机队回国，准备参加国内的革命战争，海外华人中的科技人员此时也纷纷回国准备参加祖国建设，曾当过"猪仔"的飞机制造师冯如就是在1911年带着自己造的飞机回到祖国的①。"我海外同志，昔与文艰苦相共，或输财以充军实，或奋袂而杀国贼，其对革命之奋斗，历十余年如一日，故革命史上，无不有华侨二字，以长留于国人之脑海。"②这是孙中山对海外华侨自始至终参与和支持辛亥革命的评价，也是全球华人在孙中山正确的华侨观念及艰辛的华侨工作下团聚到了辛亥革命旗帜之下的实证。

3. 辛亥革命唤起的侨胞对祖国的绵绵之情

辛亥革命、孙中山联结起全球华人的作用不只是表现为华侨对辛亥革命的支持和援助，也不止于海外华人拥护新共和国并参与了民国时期反独裁、反专制的长期斗争，更为重要的还在于，从国内民主革命开始之日起，海外华侨便持续不断地关心着祖国政治民主建设和经济事业发展，密切注视并关心着国内亲人们的政治和物质生活，并为之尽心尽力。

早在辛亥革命发生时，爪哇《汉文新报》就鉴于侨商屡遭其他民族排挤，而国内推翻封建制度后发展资本主义的环境渐趋成熟，号召富商巨贾把投资经营事业转回国内，并希望新政权给他们投资提供方便，提出"华侨的发展在国内，而国内的进步靠华侨"的口号。孙中山在发动华侨捐助革命时也考虑到了华侨将来的事业发展，曾提出"凡捐助款者，计期必厚利偿还，从丰报酬，其助饷尤巨者，并于国中开浚各种利源时优给以权利"③。1912年南京临时政府甫经成立，马来亚华侨吴世荣等人便在孙中山支持下组织了"华侨联合会"，其章程总纲道："本会对于祖国，则代表华侨，协助实业、政治之进行，对待华侨，则联络各界，力谋发展之方法。"孙中山也立即支持吴世荣和另一归侨庄希泉到南洋募集股金300多万元，与上海银行家沈缦云共同组建"中华实业会"，以推动华侨投资和参加国内的实业建设。1916年，孙中山提出在上海建立华侨会馆，"为侨胞与内地交际之机关，凡工商事业，借此地以为调

---

① 洪丝丝等：《辛亥革命与华侨》，人民出版社，1982年，第68页。
② 《孙中山全集》第6卷，中华书局，1985年，第52页。
③ 《孙中山全集》第1卷，中华书局，1981年，第347页。

查联络之所……俾华侨归国，有所问津，务使达合华侨之财之智以兴发祖国利源之目的"。同时对于贫苦无业的归侨，亦"须妥筹安插。现欲择内地矿山之尤者一二区，先筹开办，并于长江一带择地开垦"，使祖国对华侨"不至仍前放弃，被人蹂躏"①。他深信华侨"皆有意为故乡进步发展出资出力"，从前或因政府举措不当，或因"官吏多抑勒归国华侨，以致闻风却步"，民国政府"能对归国华侨竭力保护，助其振兴实业，则必联袂归来"。对一般侨工孙中山亦寄予希望，他认为侨工在外曾"感受世界最新之潮流，又得练习最新之科学工业常识"，故"他日此十万侨胞联袂是来，为宗邦效力，则祖国前途之发展，民权之进步，又岂有限量"②。卸临时大总统之任后，孙中山仍将华侨捐于革命事业未归还之款耿耿于怀，先后向袁世凯政府、黎元洪政府提出按事先约定之额归还此捐款的要求，均因政府资金紧缺未能如愿。孙中山对华侨投资事业的鼓励和关心及新建立的民国政府对海外华人回国投资所予以的新政策，引起华侨对祖国建设事业的极大兴趣和热情，从 1912 年到 1927 年，华侨在国内投资企业达 6000 余家，有机器制造、交通运输、商业贸易、房地产、金融业等多种行业。较著名者，郭乐、郭泉兄弟投资 600 万银元于 1921 年在上海创办的永安纺织印染公司，是民族纺织业中仅次于申新系统的资本集团；由简照南、简玉阶兄弟于 1916 年在上海设立的南洋兄弟烟草分公司（总公司 1906 年设于香港），是民族资本中最大的卷烟企业。在商业服务业方面，马应彪在上海办的先施公司（总公司 1914 年设于香港），前述永安集团 1916 年在上海办的永安公司，刘锡基 1926 年投资 320 万银元在上海办的新新百货公司，当时在国内外都属于第一流的商业企业。据林金枝调查分析，二三十年代上海的华侨投资占民族资本的 10%；而在侨乡福建、广东两省，所占比例就更大。福建全省在 20 世纪 30 年代工业资本共为 1300 万元，"仅华侨投资的厦门电灯、自来水、电话，罐头厂和福州造纸厂的资本额就达 500 万元"；而厦门的工业"约 90% 以上的厂家是华侨投资或与华侨资本有关"。侨乡闽南、潮汕四邑、梅县以及海南岛东部一带的公路"约有 50—70%

---

① 《孙中山全集》第 3 卷，中华书局，1984 年，第 413 页。
② 《孙中山全集》第 5 卷，中华书局，1985 年，第 47、45 页。

是华侨投资的"。厦门、广州、汕头、江门等城市的电灯、自来水、电话、房地产、进口贸易等，华侨是主要经营者。金融业方面，华侨在广东办有工商、广东、东亚、华商、国民商业储蓄等银行，在福建办有华侨、中兴、商业、集友等银行，在上海办有中南银行①。

华侨对祖国的深厚情感还突出表现为救助国内重大灾荒和在国内举办公益事业。从清末时起，海外华侨每遇国内较重灾荒，均踊跃赈济，一百多年来，捐款救灾几成为华侨为祖国亲人分忧的一个惯常做法。华侨还普遍热心在家乡修桥筑路、开办医院和学校，或为社会公益事业出资。在这项事业上，最突出的是陈嘉庚。他从1912年开办集美小学起，陆续办了中学、师范、水产、商业、农林、国学等专科学校，形成国内外知名的"集美学村"。1919年又开始筹办厦门大学，安排资金，资助岭南大学（后改为中山大学）和暨南大学。是辛亥革命时期对国内文化事业所作资助最多的爱国华侨。华侨资本家简照南也曾分别给复旦、南开、武昌、暨南等大学捐过款，并曾担负资送45名青年出国留学4年的全部费用。另一位华侨商人胡文虎则在二三十年代每年拿出利润的25％以上，兴办社会福利公益和教育事业。改革开放后，华侨资助家乡办学、办企业之举更是举不胜举。

这些举动凸显了辛亥革命前后华侨对祖国情感的愈益深厚，这是在辛亥革命事业的吸引、孙中山个人魅力的感召下，华侨内蕴的祖国传统认同和骨肉相连情感更加勃发的表征。1922年加拿大侨报《醒华日报》在发刊词中提出了与当时国内人民愿望完全一致的口号："排斥军阀武力主义"，"反对帝国（主义）兼并政策"，"发扬民权自治精神，中华民国不仅徒有共和之名，并将有共和之实"，其"实业、教育、建国方略，得以次第实行，以利吾国，以福吾民"②。1928年4月，印尼华侨成立《荷属东印度中华会》，其章程规定的宗旨之一是"保持和巩固同祖国——中国的亲属关系"③。

---

① 参见林金枝：《近代华侨资本国内企业的历史及其作用》，见郑民、梁初鸣编：《华侨华人史研究集》（一），海洋出版社，1989年，第286～303页。

② 李为麟：《华侨革命史》下册，台北正中书局，1988年，第395页。

③ 周南京：《印度尼西亚华人同化问题初探》，见梁初鸣、郑民编：《华侨华人史研究集》（二），海洋出版社，1989年，第297页。

可见，视祖国的事业为自己的事业，不断增进和发展与祖国的关系已是海外华人生活的重要内容。华侨对祖国的深切关爱不仅在辛亥革命时期、民国时期有连续表现，而且至今仍发挥着积极作用。

四　辛亥革命、孙中山与两岸关系

近代中国屈辱历史中最令人哀恸的一页是台湾在甲午战争后落入日本侵略者之手。当时情牵台胞的国内志士聚京呼喊"拒约"保台，心系大陆的台湾民众更是聚哭于市，誓不愿为倭奴。中国各阶层人士均在此时痛觉祖国观念而启改革振兴之念，革命先行者孙中山以此为契机，在甲午战争后4个月，首创了"兴中会"，并于《马关条约》订立，台湾被迫割让予日本后的6个月零9天，毅然发动第一次广州起义，也就是在台湾被日本武力全部占领后的第5天。孙中山在檀香山提出过"恢复台湾，巩固中华"，从此复兴台湾一直是他的革命政策之一。台湾去国，成为国内志士谋求祖国统一、富强，兴起革命运动的一大动因。实现祖国统一，是中华民族的根本利益所在，也是孙中山先生为之奋斗一生的事业。

日本占据台湾后，台湾民众"血浓于水"的故国之思和爱国之情便始终源源不绝地以各种方式表现着：曾主张台湾独立抗日的丘逢甲，在"台湾民主国"抗日失败内渡后，设"岭东同文学堂"于汕头，借教学启发学生的民族观念与自由思想，给书房取名为"念台"，为儿子取字也为"念台"，还在诗作里寄托不忘收复台湾之志："亲友如相问，吾庐榜'念台'。全输非定局，已溺有燃灰。弃地原非策，呼天倘见哀。十年如未死，卷土定重来。"① 许南英、施士浩、林献堂、林幼春、洪弃生等人在台湾各地设立诗社，或借以怀念故国，凭吊山河，或用以记史、言志，保存故国文化；爱国史家连横，则以多年心血相继著述了具有保存民族精神、弘扬民族志节内涵的《台湾通史》、《台湾诗乘》、《台湾语典》……② 与此同时，大陆同胞也始终以不同方式与台胞交流着血缘亲情，由孙中山首举大旗的辛亥革命，是19世纪末20世纪初牵动两岸民众命运、

---

① 吴相湘：《闻一多七子之歌台湾篇》，《传记文学》，1997年，第71卷，第90页。

② 陈三井：《国民革命与台湾》，近代中国出版社，1980年，第18页。

前途的最为重要的事件。当其时日，大陆的"反满"与台湾的"抗日"同时被纳入"民族革命"的大旗之下，中国民主革命的进行成为两岸民众的共同事业，革命成功已成为两岸民众的共同期待。

1. 辛亥革命与抗日复国斗争的相互支持

辛亥革命时期两岸民众交流的主要特色是：内地革命志士利用台湾有利的地理优势和人才优势作为依托，策划和发展革命运动，而台湾则在大陆革命思想的鼓舞和影响下，利用祖国腹地作为后方基地持续不断地开展抗日复国运动。两岸民众互为依靠、相互支持、共同作战的历史充分展现了两岸同呼吸、共患难，命运与共的血肉关系，共同的斗争也强化了两岸民众的民族认同感，加深了兄弟情谊，增强了中华民族的凝聚力。

孙中山初倡"驱除鞑虏"、"建立合众政府"的革命时，国内不仅反动势力异常强大，而且接受革命思想的人特别少。除清政府在国内绝不予以丝毫活动的余地外，举国舆论亦莫不视孙中山等人"为乱臣贼子、大逆不道，诅咒谩骂之声，不绝于耳"①，这使近代中国最早的革命不得不立足于海外，并活动于满清王朝有效统治地之外。孙中山先在檀香山、香港创建兴中会，接着在日本横滨设立第一个分会，其第二个分会就建在台北，时间大约在1897年冬天。据陈少白后来的口述追忆，兴中会台湾分会是由他根据国父的意志而创办的，他于广州起义失败后退避到台北谋生时，就有意"要把那里的中国人联络起来"共同革命。到台后他依靠在台北的兴中会老同志杨心如，结识了良德洋行的少东吴文秀、商人越满朝、容淇年等人，又与台湾总督府的新任民政长官后藤新平建立起联系，在这些人的赞助下以杨心如的住宅作为会所建立了兴中会台湾分会。台湾分会是中国革命先行者们首次在台湾建立的据点，也是台湾同胞与祖国革命运动发生联系的开始。该会在成立的第二年（1898年）便为革命募得经费二三千元②。

1900年，愤于清廷愈益败落及至倒行逆施，孙中山准备发动惠州起义以开创新局面，台北在此时又一次被革命者们选为惠州起义的行动指挥站。选定台北为指挥起义的据点，除了它地近中国大

---

① 《孙中山全集》第6卷，中华书局，1985年，第235页。
② 陈三井：《国民革命与台湾》，近代中国出版社，1980年，第8页。

陆，与厦门一水之隔，接济和内渡均很方便，并且先期建有革命组织，具备了一定的革命基础外，还因为台湾民政长官后腾新平是陈少白的旧友，有支持中国革命之意。痛恨当局的排斥，又苦于大陆民众的不理解，孙中山在从事民主革命时一直注重外国力量的支持和帮助，并在争取帮助时特具策略的灵活性。他历来坚信"可以适当地利用别人来达到自己的爱国目的"①，惠州起义对日本提供军火支持的依赖是他早期使用这一策略的尝试之一。作为起义直接策划和指挥者，孙中山抱着从台湾总督、民政长官那里获取援助的希望，1900年9月28日抵达基隆，在台北新起町（今长沙街）建立起义指挥部筹措军械，指挥起义，并经常与兴中会台湾分会同志接触。当时《台湾日日新报》刊载革命活动的报道说：惠州起义的首领是孙逸仙。不料正值起义的关键时刻，日方军火运输发生差误，日本内阁也突然改组，入相的伊藤博文反对日本台湾当局对孙中山革命起义予以支持，孙中山只得解散缺乏军械的所属部队，徐图后举。为指挥惠州起义第一次到台的孙中山，在台岛停留了42天，其间，他为拯救灾难的中国而奔走，为台湾人民谋求回归之路的举动，在台湾人民心中留下了不可磨灭的烙印。

历经十年的磨练和等待后，兴中会终于在1905年8月与国内的华兴会等革命团体联为一体，共组中国第一个革命政党——同盟会。同盟会汇聚了海内外要求革新中国的华人力量，明确了倾覆满清王朝，建立民主国家的革命目标，它使祖国大陆革命有了思想和组织上的指导中心，也给已被割裂10年的台胞带来了新希望：因为只有推翻专制统治的革命的成功才能使中国富强；只有中国富强，台湾才可以重新回到祖国怀抱。同盟会从开始建立起便关注着台湾的前途，打算尽快在台湾建立分会。1909年，福建籍同盟会员王兆培来到台北，在台北医学校修习医学的同时秘密在师友同学中寻找革命的伙伴，以期尽快在台北建立中国同盟会的组织。他很快就用同盟会纲领和思想感染了台南籍同学翁俊明，并于同年5月1日接纳服膺革命宗旨的翁俊明加入同盟会②。当年9月，中国同

---

① 陈三井：《国民革命与台湾》，近代中国出版社，1980年，第10页。
② 史扶邻：《孙中山与中国革命的起源》，中国社会科学出版社，1981年，第5页。

盟会设在漳州的机关部正式任命翁俊明为交通员，负责发展台湾的会务，同时宣告了台湾同盟会的成立。在王兆培、翁俊明的审慎推动下，同盟会在台湾的组织逐渐发展，由台北医学校扩及台湾国语学校及农事试验场，两年以后会员增到 30 多人。台湾同盟会员还另建"复元会"，会员们经常密聚一处，讨论政局，研究如何光复台湾。

中国民主革命兴起的前十年间，辛亥革命志士频繁出入台湾，视台湾为革命基地的原因，除了台湾与大陆有深厚的历史联系，有地理位置上的特殊优势，又不在满清政权的严酷统治之内，能予志士们比较宽松的活动环境外，更重要的原因是：孤悬海外、在日本铁蹄奴役之下的台湾和台民，在革命先行者们眼里，仍是祖国、乡民之一部分，流离异国他乡的华人尚且可以聚集共谋，国土、乡民又何妨引为基地和同志？先行者们相信主要由大陆迁徙而去的台岛人民对中华民族的振兴有强烈的认同和参与愿望，日本在台残酷的殖民统治与满清在大陆的颟顸治理让两岸人民有遭受异族蹂躏的同感，因而祖国独立、民主、富强、统一的目标既寄托着大陆人民推翻封建统治建立民主国家的渴望，也寄托着台湾同胞摆脱日本殖民统治回到祖国怀抱的渴望。正是共同的政治向往使两岸志士不受空间的限制，也不受不同的政治生态的阻隔始终联手奋斗。

情同于此，我们才好理解在后来长期的革命斗争中，台胞们一直关心、关注革命进程，或出钱资助，或出谋划策，甚或直接参加大陆革命的诸种行动。1911 年林时爽等 19 名同志困于经费，无法由日赴粤参加黄花岗起义，台湾同盟会会员林徽阁立即捐出日币三千元，作为革命党人旅费和购买军械之用，使革命志士如愿赶至广州参加起义①。而此次起义中，据确切的史料记载，有两名台籍志士许赞元和罗福星直接参与了该次战斗，两位志士英勇赴义的举动已留载于史籍。台胞踊跃参与大陆革命并不惜流血舍命，源于台岛民众对大陆革命胜利后援助台湾的深切寄托：祖国兴则台湾兴，祖国强盛台湾才可回归。在台湾志士中间，还曾经形成"祖国派"，即坚信祖国革命成功是台湾获得抗日斗争胜利的前提，支持祖国的辛亥革命就是进行台湾复国斗争的一部分。

---

① 陈三井：《国民革命与台湾》，近代中国出版社，1980 年，第 25 页。

最能表现出两岸民众情牵一处的事件，当属由武昌起义引发的全国革命。当两岸民众翘首以盼的时刻到来时，台湾同胞与大陆人同样兴奋，莫不希望亲自到大陆效力。当年 10 月 19 日，澎湖渔民张吉辅就首驾危舟，突破日军游弋的耳目，渡海投效大陆革命。其后，不少台籍同胞也偷渡到大陆，集聚于福建省驻军孙道仁麾下。福建省在台、澎各地爱国志士的协助谋略下，于阴历 9 月 11 日光复。台湾一般老百姓获悉武昌起义推翻清朝统治的消息后，也无不欢欣鼓舞，奔走相告。著名台湾爱国学者陈文彬教授曾说，当时上海发行了对开的和四开大的孙中山、黄兴等人的画像和武昌起义的图片，在台湾和乡村都很畅销，时年 8 岁的他就曾在家里看到这样一张彩色图，母亲告诉他："唐山起革命，清朝已经倒了，咱祖国没皇帝了，是个共和国了。"并给他讲了孙中山的故事。他说："这在我幼小心灵中留下了很深的印象，直到半个世纪后还能明显地回忆起来。"① 台湾文化协会领导人王万得先生也说：当时台湾社会各阶层人民，连一般家庭妇女和小孩都知道辛亥革命了，人们把这个重大事件概括成三句话："唐山发生了革命，'漩桶'已经退位，孙逸仙做了大总统。""漩桶"在台湾是"尿桶"的土语，台湾人故意把"宣统"读成"漩桶"，以表示对清朝统治者的痛恨和蔑视。他还说，台湾的中文私塾学生很喜欢念上海新出版的《新三字经》，这书开头四句是："我中华，民主国，黄龙旗，变五色。"② 这些事例足以证明，辛亥革命胜利是台湾与大陆人民的共同期盼，两岸民众心想一事，情牵一处。

与台湾被割占几乎同时兴起的辛亥革命运动，使台湾人民在最初的抗日斗争惨遭失败后能马上获得来自大陆的"与异族斗争"的精神支撑，这是台湾第一阶段抗日斗争能一直持续到 1902 年的重要原因③。而从 1907 年至 1915 年台湾第二阶段抗日斗争高潮的出

① 徐萌山：《辛亥革命与台湾》，见《辛亥革命在各地》，中国文史出版社，1991 年，第 434 页。

② 徐萌山：《辛亥革命与台湾》，见《辛亥革命在各地》，中国文史出版社，1991 年，第 434 页。

③ 戚其章在《甲午战争与孙中山革命思想的形成》一文中分析结论：种种事实表明，孙中山的革命应该是从 1895 年香港成立兴中会总部时开始的，该文载《社会科学战线》，1994 年，第 4 期。

现则更是直接受辛亥革命运动影响的结果。因而，台湾人民在辛亥革命前后此起彼伏的抗日复国斗争与大陆的民主革命有着密切关联，是两岸斗争命运与共的突出表现。据台湾学者陈三井在《国民革命与台湾》一书中考究，辛亥革命前后，发生在台湾的抗日复国运动，计北部有 33 次，中部有 26 次，南部有 43 次，为此赴难同胞共计约有 65 万人之多。这些斗争虽然形式、规模、影响各不相同，但始终贯穿一条主线，即台湾是中国领土，台湾同胞是中华民族的成员。《马关条约》是强加于中国人民头上的不平等条约，割台违背了中华民族的根本意愿。这就是作为以自己国家、民族、文化为认同对象的民族主义，即反对台湾与祖国分离，以中国为认同、归属的团体精神及感情。

计台湾第二阶段抗日复国斗争具有代表性的事件有：1907 年发生于台湾新竹的"北埔事件"；1912 年发生在台湾南投的"林圯埔事件"；1913 年发生在台中的"罗福星革命"及 1914 年台湾地区最惨烈的抗日运动"余清芳事件"等。这些大都发生在辛亥革命前后的抗日复国斗争，从起义目标上讲，都是为了"驱逐日寇，收复台湾"；从革命手段上讲，都沿袭了大陆革命之暴力方式；从义军的口号与宗旨上看，大都打着"恢复中华"大旗，与大陆"反满"的旗号遥相呼应；从组织上看，其中有一些是直接在同盟会的领导与策划下进行的。虽然这些抗日运动是局部的，目标只限于抗日，但因清王朝和日本都是民主革命的对象，台湾的抗日与大陆的反满总目标一致，因而这些斗争都与大陆辛亥革命有着直接或者间接的联系，它们既是辛亥革命的重要组成部分，也起着配合辛亥革命的积极作用。诚如有的学者所说："台湾是我国受辛亥革命影响非常深刻的地区"，它表现在：孙中山把台湾作为反封建斗争的海外基地之一，台湾反日斗争亦成为中国民族民主革命的重要组成部分，台湾有识之士始终把台湾前途命运与祖国的前途命运联系在一起。由于辛亥革命，台湾和大陆被紧紧地联系在了一起[1]。

从台湾长期的抗日斗争史中我们还可以看到，早在大陆民主革命运动以台湾为基地发展势力以前，台湾的抗日复国斗争就先以祖国大陆为其复国运动失利时的避风港和再次斗争的基地了。此风最

---

[1]　刘智伦：《辛亥革命对台湾历史的影响》，载《台声》，2001 年，第 10 期。

早开始于丘逢甲从事"台湾民主国"斗争失败，被迫内渡到大陆避险时，此后，与日对峙的台民，凡遇斗争失利，大多选择悄然内渡，借祖国大陆以躲避日本统治者的屠杀和残害。回到祖国的台湾人士，大都以大陆为积蓄力量，宣传革命的基地，寻找并等待回台亲自参加斗争的机会。如台湾人士罗俊，于日本占领台湾后被迫隐居大陆天柱岩，却始终不忘复兴台湾的事业，到辛亥革命成功时，他立即与台南人陈全发探讨台湾革命事宜，并于1911年12月，邀约同志6人，潜回台湾，参加了余清芳起义①；台湾民主人士翁俊明，在台湾沦陷期间，因经常痛诋日人的苛暴政治，引起日本当局的忌恨，为避无辜加害，他只得迁居厦门。此后便依恃大陆从事与日本殖民统治当局周旋的革命活动，并终身向往着大陆统一台湾的成功②。

我们由此可以断言，辛亥革命是寄托着两岸民众共同期望的革命，它波及了海峡两岸，对两岸的历史进程均有着重大影响。而且正是辛亥革命，使台湾在被割裂的情况下仍保持了同大陆的广泛联系。因而，辛亥革命是当时两岸关系得以继续的重要纽带。

2. 辛亥革命所谋祖国统一中的台湾情结

孙中山首创兴中会时曾明言，筹谋该会是鉴于国家衰败，外侵日迫，朝廷腐败，致使"堂堂华夏，不齿于列邦"，广袤国土被列强肢解，而且特别强调"强邻环列，虎视鹰瞵"、"瓜分豆剖，实堪虑于目前"，其抵制帝国主义侵略，维护祖国统一，使祖国民众"免奴隶于他族"的志向溢于言表。以孙中山为首的中国革命志士们维护国土统一，使中华民族"免奴隶于他族"的志向是否包括已割让给日本的台湾？我们的答案是肯定的。

目前，因在孙中山的演讲或言论里关于收回台湾的公开主张不多见，有人据此认为孙中山因笃信国际法，信赖西方国家（包括日本等国）与中国的友好关系，这种结论是值得商榷的。在孙中山从事民主革命的时代，所面临的敌人异常强大，国内有满清

---

① 林衡道口述，洪锦福整理：《台湾一百名人传》，台湾正中书局，1984年，第383页。

② 林衡道口述，洪锦福整理：《台湾一百名人传》，台湾正中书局，1984年，第396页。

腐朽统治，国际上有诸列强侵略，反帝、反封是革命的两大任务，但是要同时完成这两大任务不仅十分困难，而且对当时的中国民主革命派而言也是不可能的。而两大敌人之间有着错综复杂的矛盾，只有善于运用这些矛盾，为革命创造一切有利的条件者才算得上是英明的革命家。孙中山当时就是利用日本与清政府之间的矛盾来发展自己的势力，借助日本在台湾的统治及日本某些人士为革命派提供的帮助来进行以反清为首要任务的民主革命的。他那时认为：只要中国实现了民主，推翻了专制，世界发达国家包括日本，就不会像对待清政府统治的中国那样对待民主中国了，中国被欺侮的历史就会结束。虽然这是他对帝国主义列强的一厢情愿，并且最终让他失望，但当时的孙中山对此笃信不疑，因而将"排满"确立为革命的首要目标，这便是他不曾公开提出反日和收回台湾的原因。但他对台湾民众处境的同情，对台湾同胞抗日斗争的深切关注始终如一，这突出地表现在他的国家观念里包含着台湾这块神圣的领土，他的情感深处紧紧牵挂着仍受日本殖民统治的台湾同胞。总的说来，他在台湾问题上采取了灵活的策略，其终极目的是要实现包括台湾在内的一切国土归还中国的祖国统一。

孙中山在民国建立后，曾几次到过台湾。一次是在 1913 年 8 月 5 日 "二次革命" 失败之后，据台北县议员陈仪芬回忆，孙中山此次到台，曾居住在台北市石桥子头陈高兰家，四次与她父亲和伯父商议复国事情。其间，孙中山接人待物和蔼可亲，民主风度浓厚，深得同志欢心[1]。再次到达台湾则是在辞去护法军政府大元帅职以后的 1918 年 6 月 7 日，孙中山由广东、汕头经由台北东渡日本时，船在基隆靠岸，孙中山很想与台湾同胞见面，发表自己的政见，但因统治台湾的日本当局害怕孙中山的民主革命思想影响了台湾民众，对孙中山采取严密防范以阻挠他与台胞接触。据随行的戴季陶说，孙中山这次到台湾，就是 "想和台湾同胞见面，发表他的意见，宣布他的主张，唤起民族意识，鼓励爱国精神"[2]。

从孙中山辛亥革命后的几次台湾之行，我们可以看出，孙中山

---

① 陈三井：《国民革命与台湾》，近代中国出版社，1980 年，第 11 页。

② 陈三井：《国民革命与台湾》，近代中国出版社，1980 年，第 11 页。

在大陆为争取真正民主共和国制度奋斗不止的同时，仍"念念不忘台湾同胞，关心注意台湾同胞的革命事业"①，一直都想向台湾民众宣传他的思想、主张，让台湾民众了解大陆的现状，理解和支持他的祖国统一观念。可见，台湾同胞在他的观念中明明白白就是中华民族的一部分，真真切切就是他事业的同志。

孙中山对日本统治下的台湾问题的解决，仅有的一次明确表示是在他逝世之前。戴季陶在1926年的一次演讲时说："总理逝世前，我在北京侍疾，总理谈到了日本有关的二、三重要事项，总理说：'我们对日本应该主张的问题……一是废除日本和中国所缔造的一切不平等条约，二是使台湾和高丽最低限度的获得自治。'这是中山先生逝世前对台湾的遗言，他是临死不曾或忘被压迫统治的台湾同胞的。"② 孙中山在从事民主革命事业的整个过程中，限于客观条件，不能将台湾收回到祖国的怀抱，有他不能为之的苦衷，他临死还念念不忘台湾同胞，将对台事的期寄托付给后辈，即足以说明他的国家观念中包含台湾，也足以证实他主张收回台湾的强烈愿望。

台湾同胞对大陆民主革命的认同并自觉将台湾地区反殖民统治的斗争与大陆革命相配合的意识，突出地表现为辛亥革命胜利后在台湾发动的一连串抗日斗争。1911年—1915年间发生于台湾地区的九次较大规模的抗日斗争，是在1902年以后台湾抗日斗争一直处于沉寂状态下的突起，且都以"驱逐日寇，收复台湾"为旗帜，这显然是台湾同胞在辛亥革命胜利的鼓舞和影响下"祖国意识"、"民族自觉"高涨的结果，是受大陆同胞斗争胜利的激励，欲借机反抗日本殖民主义统治，争取中国民族、民主革命连续胜利的行动。其中"罗福星革命"是直接受大陆革命党指使和关注的一次行动。早于1906年在厦门加入同盟会的罗福星，受同盟会指派曾在爪哇、巴达维亚、新加坡等地做过大量组织华侨参加革命的工作，1911年3月又从南洋回国参加过黄花岗起义，中华民国建立后的1912年，他接受孙中山等人的指示回台组织抗日复国运动。他在苗栗、台北等地秘密发展革命组织，进行军事编制，动员了台北、

---

① 庄政：《国父与台湾》，载台湾《中央日报》，1980年3月17日。

② 陈三井：《国民革命与台湾》，近代中国出版社，1980年，第12页。

桃园、彰化、台南、基隆等地台胞，以"驱逐日人，光复台湾"为号召，准备武装抗日。在罗福星发展组织、准备起义期间，黄兴曾先后两次派人到台湾了解他的活动进行情况①，正因有大陆同志的精神支持和具体指导，罗福星革命虽经数次挫败，仍再败再起，但罗福星本人及该次运动的主要负责人不幸于1913年底因故全部被残酷杀害，这次与大陆辛亥革命直接发生关联的台湾革命运动才不得不告中止。

在孙中山、黄兴等人直接关注和策动下进行的"罗福星革命"，直接目标就是抗日复国。所谓"复国"当然是指让台湾领土由日本殖民地复回为中国领土，让台湾同胞回到祖国的怀抱。因而，罗福星革命实际上是辛亥革命争取民族独立的一部分。因此，辛亥革命的祖国统一观念中包含台湾，应是确凿无疑的，只是这一信念受客观条件限制既无法明确提出，且未能在短时间内实现而已。

对孙中山领导的辛亥革命所谋祖国统一观念中的台湾情结，当时的台湾同胞是刻骨铭心的。革命的罗福星在就义前曾书写标示"中华民国孙逸仙救"的《祝我民国词》，词曰：

> 中土如斯更富强，华封共祝著边疆；
>
> 民情四海皆兄弟，国体苞桑气运昌。
>
> 孙真国手著先唐，逸乐丰神久既彰；
>
> 仙客早传灵妙药，救人于病身相当！②

此词每句的第一个字连起来即为"中华民国孙逸仙救"，直呼孙中山为全中国包括台湾在内的革命事业的领袖。

孙中山逝世时，北京大学的台湾籍学生洪炎秋、苏芗雨等人以台湾学生会的名义书写出祭吊孙中山的挽联："三百万台湾刚醒同胞，微先生何人领导？四十年祖国未竟事业，舍我辈其谁分担。"明确地将台湾回归祖国的斗争归为孙中山领导的事业之中，视孙中山为两岸统一大业的领袖③。上海的台湾同胞在孙中山逝世后第二天发给台湾民报的《哀悼中山先生》通讯中表示："中山先生虽死，

---

① 徐萌山：《辛亥革命与台湾》，见《辛亥革命在各地》，中国文史出版社，1991年，第432页。

② 陈三井：《国民革命与台湾》，近代中国出版社，1980年，第26页。

③ 李云汉：《国民革命与台湾光复图辑》，载《近代中国》，第19期。

中山主义决不死；中山先生虽亡，民众运动决不失败。"① 视台湾摆脱日本殖民统治的斗争为孙中山先生领导的革命未竟事业。在台北，爱国同胞冲破日本当局的阻挠，于 1925 年 3 月 24 日在台湾文化协会的文化讲座内召开追悼会。当天正下着大雨，只能容纳 3000 人的会场竟到了 5000 多人，许多人在场外冒着大雨向孙中山默哀。追悼会上由张我军撰写并朗读的悼词不仅表达了台湾同胞的共同心声，而且表达了台湾将继承孙中山未竟事业努力于摆脱日本对台湾控制的斗争的心愿。悼词说：我们所敬爱的大伟人呀，你已和我们永别了么？四万万的国民，此刻为了你的死哭丧了脸了！消息传来，我岛人五内俱崩，如失了魂魄一样。……中国的同胞哟，你们要坚守这位已不在了的导师的遗训：革命尚未成功，同志仍须努力哪。先生的肉体虽和我们长别了，然而先生的精神，先生的主义永远留着，在人类的心血中活现，先生的事业必永远留着在世界上灿烂②！第二年，台湾又举行了更大规模的孙中山逝世周年纪念大会，著名爱国政治活动家蒋渭水先生在宣读孙中山先生的遗愿时连呼："和平，奋斗，救中国。"这都表明了辛亥革命、孙中山对台湾同胞的深刻影响及台湾同胞对中山先生的极度崇敬、对回归大陆的殷切企盼。

3. "辛亥革命史"研究与当今两岸关系

辛亥革命时期两岸民众形成的命运与共的血肉关系此后一直持续发展着，19 世纪 20 年代，台湾留学大陆的青年及留驻大陆的台湾籍知识分子在大陆组建了数个以抗日复国、民主建国为目标的团体，继续依托大陆为基地，从事着使台湾回归祖国的斗争。抗日战争爆发后，台湾有志之士更是极尽全力投入与大陆同胞目标一致的反击日寇侵略的斗争之中，直到 1945 年战胜日本，台湾同胞以孩子盼归家的心情投入祖国母亲的怀抱。但因国共两党的政治分歧和国民党政权的退居台湾，台海两岸再次形成分离状态，而且由于国内、国际各种复杂因素的影响，两岸统一大业延宕至今。

从 20 世纪 80 年代起，中国政府为解决已延宕了几十年的两岸统一问题，提出了和平统一的方针和"一国两制"的科学构想，并

---

① 李云汉：《国民革命与台湾光复图辑》，载《近代中国》，第 19 期。
② 李云汉：《国民革命与台湾光复图辑》，载《近代中国》，第 19 期。

采取了一系列积极的措施推动两岸关系发展。自1987年底两岸隔绝状态打破后，台湾、大陆间在探亲、旅游、投资、间接贸易、通邮、通航等方面都已取得相当进展。尤其是1993年成功举行了"汪辜会谈"并签署了几项涉及保护两岸同胞正当权益的协议。1998年10月，"海协"和"海基"两会领导人在上海会晤后，两岸已正式开启了政治对话。

但两岸关系中仍面临着严重困难，台湾方面认为大陆提出的"一国两制"方案是在以中央政府姿态看待台湾为一地方政府，未将台湾与大陆放在一个平等的基础上对话，因而不愿接受。并且台湾自认政治民主已超出大陆，要求北京先行放弃"四个坚持"。

我们认为，台湾与大陆现存的政治体制及两岸民众所熟悉的政治文化确有差异，但政治文化是附属于一定政治系统的，大陆人民长期在社会主义政治系统中生活所养成的政治观念是客观存在的现实，与台湾民众在特定的政治生活中形成的政治文化观念是客观存在一样，两岸在这一问题上，应当采取的正确态度是承认它们的存在，并且互相予以尊重，"只有尊重历史，尊重现实，尊重广大人民的意愿，才有利于两岸更深一层的交流和沟通"[1]。台湾学者邵宗海也说：要求北京放弃"四个坚持""等于就是要求北京立刻抛弃所有权力来源的依据"，理论上，改革与变化应是渐进的，不可能仅由单纯的喊话而立竿见影[2]。实际上，中国政府提出的"一国两制"方式，本身就体现着允许海峡两岸两种社会制度同时存在的内涵。中国政府认为："互不强加于对方，最能体现两岸同胞的意愿，这本身就是民主的。"[3]

面对两岸在中国统一问题上还存有分歧，而祖国统一大业不能无限拖延下去的现实，寻求渐进而有弹性的处理手段，阶段性推进两岸统一大业已显得非常需要。眼下推进两岸交流的最佳方式就是求同存异，抛开意识形态挂帅寻求统一目标的方式，先从最具认同

① 陈孔立：《两岸交流中的政治文化问题》，载《台湾研究集刊》，1993年，第2期。

② 邵宗海：《孙中山先生与两岸关系的共识》，见《孙逸仙与中国现代化》论文集，第37页（1992年内部发行）。

③ 国务院台湾事务办公室、国务院新闻办公室：《一个中国的原则与台湾问题》，载《统一论坛杂志》，2000年，第1期。

点处入手，在既有交流基础下先追求双方的共识话题和互利措施，开通使双方增进了解的渠道，只有加大、加深了解才能在互相了解的基础上逐渐建立信任和尊重，使祖国统一的局势趋于成熟。

目前，除经济、贸易和探亲为两岸共同关心外，文化交流应该是最能找到共同点的交流了。因为同生于中国国土，同受中国传统文化熏染的两岸人民很容易在文化、学术交流中获得一致的认知，生发相同的情感。而在两岸的文化和学术交流中，辛亥革命史又居于一个非常特殊、重要的地位。

由于两岸人民曾共同经历了辛亥革命，直到今天都视辛亥革命为中国现代社会发展的起点，都视辛亥革命为珍贵的历史教育材料，都尊崇孙中山为中国革命的领袖，这就使辛亥革命历史能成为两岸的共同议题，能激起两岸对该段历史研究的彼此关注，能成为沟通两岸学者、文人及社会各界人士最直接的途径。

早在1982年，两岸交流尚未正式进行之前，华中师范大学教授章开沅先生就在赴美参加亚洲学会年会期间与台湾"中央研究院"近代史所研究员张玉法先生就辛亥革命性质问题展开辩论，并由此引起台湾地区辛亥革命史研究界对大陆史学研究的注意。张玉法教授2001年在来大陆武昌参加辛亥革命九十周年国际学术讨论会时提交的一篇论文中这样评述：台湾辛亥革命研究工作在1950年—1980年间，偏重于史实的重建，甚少论及辛亥革命的性质。1982年"中央研究院"近代史研究所研究员张玉法与华中师范大学教授章开沅在美国亚洲学会年会中辩论辛亥革命究为全民革命抑为资产阶级革命以后，始引起台湾学术界讨论辛亥革命性质的兴趣，同时台湾学者也开始对中国大陆地区的辛亥革命史学加以介绍。在1982年两岸学者对辛亥革命的性质提出论辩以后……大陆学者对辛亥革命的解释引起了一些研究兴趣，台湾便有学者开始研究大陆学者的观点。如1987年李文师撰成硕士论文"论中共对辛亥革命的评价"，介绍了大陆学者是以阶级分析法来研究辛亥革命的；又有1992年毛知砺发表《资产阶级民主革命意义的初探——大陆历史学界对辛亥革命的定义与解释》[①]。显见辛亥革命

---

① 张玉法：《台湾地区学者对辛亥革命的研究（1950－2000）》，见《辛亥革命与20世纪的中国》，中央文献出版社，2002年，第2260页。

学术交流早在两岸没有形成正式交流之前就已因这段历史本身深受两岸关注而先行起着沟通两岸的作用。

由于两岸学术界、文化界及社会各界对辛亥革命史实、人物、意义以及辛亥革命的伟绩和遗留任务等方面的评价有极大的共识，尤其是孙中山在辛亥革命中的巨大作用，同受两岸学界、研究界及社会各界的高度评价，这使辛亥革命学术交流在两岸关系遭遇困境时能成为永不中断的连线。

中国大陆高度评价辛亥革命为"20世纪最伟大的三次变革之一"，是现代中国迄今所取得巨大发展的第一步，一直将其作为大、中、小学教学的重要内容之一。大陆学术界对辛亥革命史的研究自20世纪50年代以后，尤其是70年代以后持续发展不辍，已取得相当丰厚的成果。国民党统治下的台湾，也同样重视辛亥革命在历史中的地位，曾在相当长的一段时间里，把孙中山思想作为一种"意识形态"用政权力量加以维护，在各级各类学校内开设孙中山思想的专门课程，"在台湾多数中国人的意识形态，也已难脱三民主义的范畴"①。台湾学术界对孙中山思想的研究卓著成效，已相继出版了孙中山哲学、伦理、经济、军事、教育思想甚至管理思想等方面的专门论著。台湾学术界曾在政府支持下多次组织过大型的孙中山学术国际研讨会，20世纪90年代初与香港、大陆联手举办的"孙中山与廿一世纪国际学术研讨会"在香港、台北和北京三地召开了系列学术会议，对推进两岸关系促进祖国统一起了很好作用。该会主办者之一台湾师范大学三民主义研究所所长赵玲玲还表示："要从真理上更进一步地研究孙逸仙思想的时代性；要从学术上更进一步地研究孙逸仙思想的实用性；要从方法上更进步地研究孙逸仙思想的实践性；要从价值上更进一步地研究孙逸仙思想的前瞻性。"② 诚如台湾学者邵宗海所说：两岸所具最大的共识，便是对孙中山先生及其思想的推崇。虽然两岸对中山先生在历史上定位有其称呼上的差异，但在精神与内涵上则并无太大实质分别。在台

---

① 邵宗海：《孙中山先生与两岸关系的共识》，见《孙逸仙与中国现代化》论文集，第37页（1992年内部发行）。

② 赵玲玲：《孙逸仙与中国现代化》论文集，序、闭幕词（1992年内部发行）。

北，因孙中山是中华民国创建者，所以一直被尊称为"国父"，而在北京，中山先生则被尊为伟大的革命家，其意涵倾向于"称誉"，两岸是一致的。他因而建议：既然两岸均对中山先生同步之赞赏与肯定，那么中山先生之人格及其思想，也可被认定为两岸共识交谈的起步，待两岸共识累积越多之时，两岸之无形差距才会益发拉近①。这种说法，我们是接受并赞赏的。显然，作为一个历史人物，孙中山及其思想已经成为一种历史传统文化，深深地扎根在两岸民众的心中，成为联结两岸文化交流的重要媒介。

由于两岸都共认辛亥革命在中国社会发展进程中的意义，都愿承担辛亥革命的未竟事业，台湾当局长期将孙中山的未竟事业作为国民党的奋斗目标，大陆共产党政权也认定孙中山的"三大政策"为中国社会前途指定了方向，因而两岸当局都能继承辛亥革命时期维护民族利益，保全两岸同胞的切身利益的好传统，制定合乎时代潮流的一些措施。如辛亥革命胜利后保护华侨的政策，一直被两岸官方继承并发扬；辛亥革命时期海峡两岸同胞被视作一家的做法，至今还影响着两岸的领导决策：大陆明确在法律中规定，"台胞在内地享有完全的诉讼权利，涉及台湾同胞的刑事诉讼和商事仲裁与一般的内地民刑和商事仲裁等视；把台胞依台湾的有关规定取得的权利及承担的义务当作法定事实，在审判中适当采认；台湾法院做出的民事判决，均可以在内地加以承认和执行；台湾地区的律师可以来大陆代理诉讼事件"②。

同样，台湾国民党政府也早在1987年就曾制定有利于两岸同胞关系正常交往，有利于两岸共同发展的对大陆政策：1987年台湾制定的对大陆政策中有，帮助大陆"全面发展民营经济"，"改善大陆同胞生活"，"支援大陆同胞争取升学就业机会均等"，"大陆同胞申请来台为直系血亲及配偶探病、奔丧者，得予个案处理"③。辛亥革命的积极影响，是两岸领导层自觉制定出积极政策的重要因

---

① 邵宗海：《孙中山先生与两岸关系的共识》，见《孙逸仙与中国现代化》论文集，第37页（1992年内部发行）。

② 范中信：《一个中国原则的法律意义》，载《统一论坛杂志》，2000年，第3期。

③ 参见《中国国民党现阶段大陆政策》，载《台湾研究参考》，1988年。

素之一，这对于两岸关系的正常化起到重大的推动作用。

　　辛亥革命时期，两岸由于共同的民族利益，民族情感曾有过强烈的心理共振，有过不分彼此互相支持，命运与共的斗争经历，有过不为社会性质、政治格局差异所阻的彼此依托，互为掩护，共同支撑中国民主革命事业的历史传统，这也为当今两岸的辛亥革命学术交流提供了基础和经验。研究"三民主义"的赵玲玲博士在1992年的学术会议上说：台湾"富而不强"，大陆"强而不富"，所以从今后未来着想，两岸必须充分交流，互通有无，才能"既富且强"。十年后的今天，大陆已经富起来了，想必赵博士对今天的两岸关系当有更乐观的推测。当年她还建议：学术文化交流应放在第一位，在学术交流过程中，对政治问题最好先避开，以免横生枝节，影响进度①。的确，自20世纪90年代以来，两岸在多次的辛亥革命学术交流和磋商后，已转变了开始时各自坚守其政治文化标准，以意识形态为学术辩论之阵地的做法，在许多有争议的问题上已能做到保留分歧地互容，对由于不同的政治文化所形成的不同的研究方法，彼此也可以做到"了解的同情"。这是学者们在交流中彼此理解从而逐渐趋向一致的结果，也是辛亥革命时期两岸互信互援历史传统的继续。可以说，辛亥革命学术交流已开启了抛弃意识形态挂帅寻求统一目标的交流方式，已构成继辛亥革命时期之后，沟通两岸关系的新的桥梁。

　　从某种意义上说，一直以来两岸民众和政府所向往、努力的仍是辛亥革命求民族独立、民主政治、民生幸福而未竟的事业，国民党政府在台湾所作的富有成效的尝试与大陆政府几经挫折后提出的"建设有中国特色社会主义"模式同属辛亥革命时期就期望的建设现代中国的继续。孙中山说过，"大凡一种思想，不能说是好或不好，只看他是否合我们用不合我们用，如果合我们用便是好，不合我们用，便是不好"②。台湾中央大学教授冯扈祥据此判断："中山先生如果再世，必定不会落入简单的二分法中……而能以是否合乎中国所用为检验标准。"他还认为邓小平提出的"有中国特色的社

---

　　① 赵玲玲：《孙逸仙与中国现代化》论文集，序、闭幕词（1992年内部发行）。

　　② 胡汉民编：《总理全集》，上海书店据民智书局1930年版影印，第39页。

会主义"与中山先生所主张的"均富"的民生主义是相通的，其特色就在：有资本主义求富之长而无其贫富悬殊之短；有社会主义求均之长而无其生产力不彰之短。这条路是最为稳当有效之路，"所以深值海峡两岸共同深入体认，并共同加以弘扬光大"[①]。

由此看来，辛亥革命历史研究和学术交流在两岸学者中多么能够趋向共识，在两岸关系上多么具有促成一致的内在力量。

在文化的诸层面中，学术研究是最为鲜明的精英文化，具有对大众文化的导向功能，更具有对政治文化的渗透功能。我们相信，辛亥革命学术研究的长兴不衰和频繁交流，必将对两岸的大众文化和政治文化产生深远影响，必将对台海两岸关系发生重要作用。

4."两岸对话"的结构分析及发展策略

目前，台湾和大陆的两岸关系具体表现为"两岸对话"形式。"两岸对话"首先是一个政治概念，同时又是包含两岸亲缘关系、民族认同、贸易往来、文化交流等因素在内的宽泛概念，它既是经济、政治问题，又是文化问题，甚至还是一个国际问题。其实所谓"两岸对话"即是自1949年以来，针对两岸分裂的现实，海内外各界人士为促成两岸关系缓和，围绕中国统一大业所进行的各种交流与磋商活动。两岸对话的进行，必然要依据一定的媒介，针对当今两岸对话的现状，我们可将其媒介分成核心、中间和外围三个层次及八个主要因素，对这些层次及因素的具体剖析及其对它们各自地位、作用、关系的认识将有助于我们构建发展两岸关系的策略。

(1) 两岸对话"三层次八因素"结构剖析

作为两岸对话因素中最稳定成分——核心层：同种血缘的固定性与民族心理共振。两岸的血缘关系渊源于两岸的地缘关系。根据地质学家们的研究表明，远在两亿多年前，台湾就因造山运动的作用，由海底褶曲隆起而成为一个海岛。后来，台湾一直在不停地变化，有时成为海岛，像现在的情形一样，和大陆分开，有时却是与大陆相连着，即台湾海峡的水全部退出去，海峡露出水面。地质学家们还通过科学的推断证明，约在一百万年前，台湾和大陆的确是相连的。这就是说，台湾、澎湖与大陆曾经连成一片，台湾本来就

① 冯崑祥：《中山先生民族主义特色》，见《孙逸仙与中国现代化》论文集，第102页（1992年内部发行）。

是大陆的一部分。甚至有科学家预测，到地球上的第五次冰期来临，极地冰原扩大，海水量减少时，台湾和大陆就又会联系在一起①。地缘关系上的切近性，才使得两岸早期的人种迁移成为可能，并直接导致两岸人种的近似性的结果，以至延续至今。

两岸对话诸因素中最稳定的成分，即两岸因同种同源所带来的同种血缘的固定性，及两岸由相同历史渊源所导致的共同的民族心理倾向。血缘关系是通过基因遗传作用代代相传，任何时候都无法改变的，这一点可以从台湾的人口构成中看出来。据 20 世纪 90 年代的统计，台湾共有人口约 2100 万，汉族占 98.3％，其中大陆籍有 400 万②，他们都是大陆汉族血统。连横著《台湾通史》曰："台湾之人，中国之人也，而又闽粤之族也。"一语点出了台湾与大陆在血缘上的密切联系。据史书记载，在荷兰、西班牙窃据台湾之前，汉人已经在台湾从事渔业、土产品交易，相当活跃。据荷兰东印度总督的报告，当时台湾的汉族人为 10000 人至 11000 人，到荷据末年已经达到 25000 壮丁。大陆汉族大规模地向台湾移民开始于明末清初③。

共同民族心理是一个人出生后，受到一定社会关系的影响，逐渐形成对自己的民族、国家特有的向心力和心理共振，它往往在人的潜意识里发生作用。正如台湾亲民党领袖林洋港所说："除了百分之二台湾原住民外，其他都是汉族，论起血缘、文化、语言、宗教信仰，都是一样同源同根。不同的只是来台时间的早晚而已。"④地缘联系和共同心理倾向两个因素处于两岸对话的内层，我们把它称为两岸对话的核心层因素。

作为两岸对话因素中的既成事实——中间层：历史法定事实与传统文化联结。历史是一连串自古以来由于地理位置、人文环境而塑造出来的事实，历史是人类无法摆脱的过去，也是一个民族文化得以延续的根基。正如南民所说："台湾无论如何，终究是个必须

---

① 陈三井：《国民革命与台湾》，近代中国出版社，1980 年，第 4 页。
② 刘家荣：《两岸交流中的政治文化问题》，《台湾研究集刊》，1993 年，第 2 期。
③ 陈三井：《国民革命与台湾》，近代中国出版社，1980 年，第 4 页。
④ 林洋港：《我为什么主张统一》，载《统一论坛》，2001 年，第 5 期。

和中国拴联在一起的问题。"① 对话的中间媒介则是由于历史已经形成的既成法定事实。依据史书记载，早在公元230年，当时的吴王就亲自派卫温到达台湾，开始经营台湾事务。在元代还专门设立了澎湖巡检司，开始管理台湾。到了清朝，1685年设立台湾府，1885年正式设立台湾行省。可见台湾与大陆的联系随着历史的演进而越来越密切，其战略地位也越来越重要。尽管台湾被日本霸占50年，但1945年又回到了祖国的怀抱。在《开罗宣言》、《波茨坦公告》等国际文件中都曾明确规定台湾属于中国领土，这些法定事实在客观上把大陆和台岛的命运联系在一起，证实两岸有着共同的历史。按照台湾学者的说法，台湾的文明史总计300年，即南方荒岛之先史时代；颜（思齐）郑（成功）开拓时代；西（西班牙）荷（荷兰）窃据时代：西班牙占领台湾16年（1626—1642），荷兰占领台湾38年（1624—1661）；明郑统治时代，历时22年（1661—1683）；满清统治时代，凡212年（1683—1895）；日本殖民地时代（1895—1945）；台湾光复时代57年（1945年至今）②。自1626年以来的历史可以看出，台湾虽然曾经历多个异族的统治，但其历史上的大多数时间里都是中国人在统治（占67％），而荷兰、西班牙、日本的统治时间在台湾历史上所占的时间还是很短的（只占33％），因为明郑、满清、台湾光复的时间里，尽管台湾被不同的民族统治，却都是中华民族的一部分，即中国人在治理台湾。

文化是与历史相伴相随的，历史的形成过程也就是文化的积淀过程。两岸传统文化的通融之处更是显而易见，中国传统文化的主要特质，如以"三纲五常"为核心的宗法伦理观念，以道德与政治一元论为基础的德治主义，建立在"家国共构"基础上的家与国的观念，尚调和、主平衡的中庸之道与中和思想，法古思想和恒久意识，建立在家长制基础之上的大众政治文化等，这"种种传统政治文化的具体表现，仍然不同程度地存在于当前两岸的政治文化之中"③，现为两岸民众共同的风俗习惯、宗教信仰和共同的文化审美对象等。这种文化的通融是两岸得以进行对话的重要媒介。历史

① 南民：《国民党无望论》，台湾文艺出版社，1987年，第124页。
② 高贤治：《台湾三百年史》，台湾众文图书公司，1978年。
③ 《台湾民众对统一的心态》，载《台湾研究集刊》，1994年，第4期。

事实和文化纽结是比较稳定的因素，在两岸对话诸因素中处于中间层。

作为两岸对话的现实表象——外围层：经贸、政治、文化交流与探亲。作为两岸对话的外在表现形式，经贸、政治、文化交流与探亲活动是最为活跃也是最为普遍的因素。可以说，两岸对话的外在形式既是两岸对话的主要方式，又是两岸对话的主要目标。之所以要进行两岸对话，其目的正是为了实现两岸的经贸繁荣、政治和谐、文化交融和探亲自由；反过来，经贸、政治、文化、探亲等活动的深度发展又可有效地推动两岸交流深入开展。但是，经贸、政治和文化交流也是容易变化的因素，他们可能因某些情况的变化而中断，因而具有不稳定性。如两岸在敌对状态时，相互间的经贸往来就几乎中断。外围层诸因素还受着国际势力的制约，有时国际势力起推动两岸对话的作用，有时又起阻碍对话的作用，这也是致使外围层诸因素具有不稳定性的重要原因。

马克思主义的基本观点就是"经济决定政治"，两岸的经贸交流对发展两岸政治关系有着至关重要的作用。根据统计，1978年—1999年底，到大陆从事探亲、旅游、交流的台胞有1600万人次；两岸间接贸易额超过1600亿美元，台商在大陆投资的协议资金额以及实际到位金额分别超过了440亿美元和240亿美元[1]。另外，大陆一直是台湾获得贸易顺差的主要来源地，如1994年到1996年的三年中，台湾分别从大陆获得118.4亿、116.86亿、113.8亿美元的巨额顺差[2]。

在两岸交流的上述三个层次中，核心层处于最稳定的地位，中间层处于相对稳定的地位，外围层则处于相对不稳定的地位。这三者是相互联系，相互作用的。核心层、中间层因素越稳定，越能为两岸外围层交流创造良好的条件；反之，如果核心层、中间层因素趋于弱化，则势必会给外围层交流带来危机。另一方面，外围层交流越发达越深入，就越能稳固核心层和中间层诸因素的地位；反之，外围层交流越欠缺越肤浅，时间一长，就势必会影响到核心

---

[1]　李家泉：《一个中国原则与台湾问题》，载《统一论坛》，2000年，第1期。

[2]　李建敏：《加入WTO对两岸经贸关系的影响》，载《海峡两岸》，2001年，第10期。

层、中间层的稳定性。这就是两岸对话各因素之间的本质联系和基本规律。

（2）两岸对话现状的解读

从 1949 年至今，海峡两岸已有 50 多年处于分裂状态中，当前两岸对话的现状虽已发生了重大变化，有了可观的进展，但也出现不少令人忧心的问题。我们可以依据上述两岸对话的逻辑结构来解读当前两岸对话的现状：

从核心层、中间层来说：台独势力竭力"模糊"或"淡化"核心层对话，阻挠中间层对话。

李登辉当政以来，台湾政治格局发生了显著变化，原来力主统一并主政的国民党日渐衰微，在 2000 年的"总统"选举中输给民进党。由于民进党 1986 年以前是一个主张"台独"的非法政党，且当政后仍然没有放弃"台独"主张，所以，当前的两岸对话呈现出非常复杂的局面，两岸对话原来固有的核心层、中间层对话模式现在受到严峻挑战：岛内的分裂势力正掀起一股"文化台独"的暗流，给两岸对话蒙上一层浓重阴影。所谓文化台独，就是分裂势力企图割断台湾与祖国的文化联系，进而改变台湾民众的国家认同，影响台湾民众对统一、独立的选择心态。其表现形式有："企图从历史的角度否定中国文化在台湾的地位。为此，他们重新解释台湾文化与中国传统文化的关系，并虚构出一种独立的'台湾文化'。"为了减少中国历史、文化对台湾民众的影响，岛内分裂势力还企图通过修改考试科目的方式降低祖国历史、文化的地位。他们甚至企图在文化上制造台湾与祖国大陆的差异与区分，企图造成"台湾是台湾，中国是中国"的假象[1]。文化认同是民族认同、国家认同的基础，"文化台独"冲击着岛内民众文化认同，必然会影响台湾民众的国家认同和对统一、独立进行选择时的心态。此外，在台湾民众中也存在一些因与大陆多年隔膜而产生的认识误区。据多年来的民意调查，台湾有很大一部分人主张两岸"维持现状"，这一普遍心理也给祖国统一带来不利影响。张广敏先生分析产生这种现象的原因，主要是：国家意识迷失，价值观念变异，自我感觉良好，倚

---

① 刘必松：《文化台独及其危害》，载《台声》，2001 年，第 4 期。

美心理严重①。可见，台湾民众对两岸对话的心态也是很复杂的。

从外围层来说，两岸对话的进行非常活跃，这表现为两岸的经济贸易、政治对话、学术交流以及探亲活动等蓬勃发展。台湾的林洋港指出，"从经济方面来讲，台湾现在对大陆市场的依存度一年比一年提高，目前岛内对大陆有二百亿美元的国际贸易顺差，而在大陆以外，包括美、日其他国家却是一百亿美元左右的逆差……没有对大陆的顺差，那我们的国际贸易收支就赤字了。所以，我们对大陆的依存度是很高的"②。2001 年，北京申办 2008 年奥运会，台湾官方也予以"乐观其成"的态度，台湾民间更是直接支持大陆举办奥运会。大陆曾公开表示，如果台湾当局承认"一个中国"的原则，可以考虑两岸合办部分奥运项目③。种种迹象表明，在冷战结束后，两岸对话大有越来越活跃的趋势，这一历史的趋势是任何力量都阻挡不了的。中国已经加入 WTO 一年多时间，可以预见，在今后一段时间里，两岸的经贸往来将更加频繁，文化、人员往来也将更加活跃。

但我们也看得出，两岸关系微妙且有潜在危机。20 世纪 90 年代后期，双方似乎处于一种暗潮汹涌的宁静状态，不时有小事件发生。从 1995 年李登辉到美国进行"私人"访问后，两岸关系骤然遇冷，陈水扁主政又加剧了两岸关系的恶化，再加上美国不时地想拿台湾问题做文章，两岸关系一直处于扑朔迷离之状。

（3）两岸对话中的策略应对

两岸对话的现状很复杂，无论是核心层、中间层对话，还是外围层对话都面临着严峻的局面，这要求我们必须对以往两岸对话的政策作出重新调整。

首先，高扬传统文化旗帜，以外围层对话"拉动"核心层、中间层对话。当前便可以举办加入 WTO 和 2008 年奥运会为契机，来增加台海两岸的民族共荣感，扩大两岸外围层的对话，并由此"拉动"核心层、中间层的对话。我们要公开揭露台湾当局在台湾民众中"淡化"、"弱化"或者"虚化"祖国传统文化的现象，我们

---

① 张光敏：《"维持现状"的心理分析》，载《统一论坛》，2000 年，第 5 期。
② 林洋港：《我为什么主张统一》，载《统一论坛》，2001 年，第 5 期。
③ 李家泉：《北京主办奥运与两岸关系》，载《统一论坛》，2001 年，第 4 期。

更应该做的则是大力宣传祖国传统文化，宣传以孙中山和辛亥革命为代表的优秀的近代文化，不断加强两岸辛亥革命史研究的学术交流和学术互访，通过这些文化活动使两岸学者、民众追寻共同的认知。大陆可以在广东、武昌、南京、上海、北京、湖南等凡有辛亥革命遗址、遗物的地方，设立辛亥革命展览处，将近代革命遗址、遗物及各类档案资料这些最能唤起历史追忆，最能凸显历史认同，最能表达历史情感的实物向台湾及海外学者、民众开放，或以旅游区域形式，或以文化交流的形式，让所有的中华儿女切实感受大陆有悠长的历史源流，深厚的文化蕴积，悠久的奋斗历史，优良的发展基础。她不仅孕育、滋养了中华民族，而且是我们这个伟大民族走向现代、奔向未来的强大基地，让两岸及全球华人都牢记和呼应祖国的历史文化，共同弘扬近代以来革命烈士为争取国家民主、祖国统一而前赴后继的优秀历史传统。只有在心理上有了理性的民族和国家认同，才会在行动上支持祖国统一。高扬传统文化的目的就是要使两岸达成共识：只有中华民族在世界民族之林站立了、强大了，大陆、台湾才有进一步发展的机遇，只有中华民族自身能团结一致，共同奋斗，两岸共同企望的政治民主化，经济现代化，国家综合实力迅速发展的目标才有望实现。总之，作为国家主体的大陆一定要高扬传统文化和优良的近代文化，以外围层对话为契机，不遗余力地推动两岸核心层、中间层对话的持续进行。

其次，创设"'一国两制'的台湾模式"统一中国。我们已经按邓小平同志的思路，用"一国两制"解决了百年未决的香港问题及时代更久远的澳门问题，现在很自然地也会用"一国两制"来设想和讨论两岸统一的问题。但由于台湾当局的误导，台湾民众对"一国两制"不甚了解，甚至曲解其涵义或视为恐惧之物。实际上，"一国两制"是两岸人民共同经历的历史中早已有过的制度，只是在不同历史条件下所表现的形式有所不同而已，并不是令人生疏，不可理解的事物。萧劲光将军曾在 20 世纪 80 年代谈及："邓小平提出的'一国两制'是一个重要的战略思想"，但并不是首创，我们中国有过这个制度。共产党"1930 年 6 月成立的鄂豫皖特区苏维埃政府，可以说是当时中国实际上存在的一国两制。1931 年11 月成立的中华苏维埃共和国临时中央政府，更是在中国大地上建造一个国家两个制度的先例"。另外，延安时期，国民党与共产党的两种制度"就并存于陕甘宁边区"。当时"周恩来副主席代表共产党与蒋介石在庐山会谈时就提出了特区的观念,毛泽东也提出了同一国土可并存两种制度的思想,为蒋介石所同意。中华民国对共产党和红军及革命根据地实行了'一国两制',我是亲历者"①。我们不仅有国、共两党几度合作的历史可供借鉴,也有"一国两制"的先例可供参考,定然可在历史的、制度先例的基础上创设新的适合两岸统一需求的"一国两制"方案。

李家泉先生有这样一个口号:"以一国两制的台湾模式来统一中国",他认为:"有'一国两制'的香港模式,体现在《香港基本法》中,有'一国两制'的澳门模式,体现在《澳门基本法》中,在两岸统一的过程中,我们应创设出'一国两制'的台湾模式,将它体现在未来两岸共同制定的《台湾基本法》中。"② 这个模式应遵循"一个中国"的原则,采取和平统一方式;这个模式必须充分发扬民主,广泛征求两岸各界人士意见;这个模式是两岸代表的平等协商。我们以为,这个口号关照了台海两岸走向统一所面临的现实和台湾目下的社情和民情,将两岸统一进程的思路更加明确化,具体化了。这是更具灵活性的策略思想,势必成为推动两岸对话的有力工具,是值得提倡和宣传的口号。因此,用创设"一国两制"的台湾模式为旗帜,是当前推进两岸对话发展切实可行的策略。

---

① 梁立真:《萧劲光大将谈一国两制》,载《党史博览》,2003年,第9期。
② 李家泉:《一个中国原则与台湾问题》,载《统一论坛》,2000年,第1期。

后　　记

　　1911 年举世瞩目的辛亥革命爆发，迄今已整整 100 周年了。这场革命爆发的时间尽管距今已愈来愈遥远，但其重要意义与历史地位不仅未因此而被人们忽略，相反还越来越受到重视。百年以来，辛亥革命对中国近现代历史的发展演变，乃至在亚洲与整个世界所产生的重要影响，一直受到广泛的关注，海内外学界对辛亥革命的研究也可谓硕果累累。但在百年之后，以"百年"之眼光对辛亥革命重新加以审视和探讨，当会在原有研究的基础上获取许多新的认识，取得更多新成果。

　　华中师范大学中国近代史研究所（原名历史研究所），是我国恢复学位制度后的首批中国近现代史专业博士学位授权点和国家级重点学科，也是教育部人文社会科学重点研究基地。多年以来，研究所在首任所长、著名历史学家章开沅先生（现为本所名誉所长）的率领下，在辛亥革命史研究方面取得了一系列突出成果，荣获多项国家级与省部级优秀科研成果奖，受到国内外近代史学界的高度重视与好评，由此成为国内外公认的辛亥革命史研究重镇之一。2009 年，研究所又承担了教育部哲学社会科学研究重大项目"辛亥革命的百年记忆与诠释"和湖北省人文社会科学专项重大项目"辛亥革命史事长编"的研究任务，此外还承担了多项有关辛亥革命的省部级课题。

　　为了纪念辛亥革命 100 周年，在华中师范大学出版社的大力支持下，研究所与出版社通力合作，决定倾全力推出这套 30 种的大型"辛亥革命百年纪念文库"。文库所收之书籍主要分为两大系列，一为学术研究系列，包括新出版的学术著作和部分以前出版经修订的专著，还有曾任研究所所长的刘望龄教授的 80 万字遗稿《辛亥首义与时论思潮详录》；二为人物文集系列，包括新编和原已出版的两类。由于操作方面的困难，本研究所研究人员主持编写的近 500 万字的《辛亥革命史事长编》，章开沅先生主持修订的三卷本《辛亥革命史》，以及另外几本相关学术著作，均未收录在本文库之内，而是由其他出版社出版。因此，这套文库虽然已达 30 余册，但仍不能体现近 30 年来研究所在辛亥革命史研究方面的全部成果。

尽管如此，"辛亥革命百年纪念文库"的出版仍十分不易，除研究所全体研究人员以及特邀之校外学者全力以赴的共同努力之外，还得到了华中师范大学出版社以及其他各方面的大力支持与合作，否则在时间如此紧张的情况下，将很难完成这一艰巨的任务。

"辛亥革命百年纪念文库"能够得以出版，应该感谢教育部社会科学司的鼎力支持与鼓励。2009 年，研究所全体研究人员经数次开会讨论之后，确定以"辛亥革命的百年记忆与诠释"为题，撰写一部多卷本学术著作，作为向纪念辛亥革命 100 周年的学术献礼。当年 11 月，我赴京参加社会科学司组织的全国高等学校人文社会科学重点研究基地主任会议，专门向张东刚副司长介绍这一研究计划，希望得到社会科学司的支持，张东刚副司长对该选题当即给予充分肯定。不久之后，"辛亥革命的百年记忆与诠释"被列为教育部哲学社会科学研究重大委托项目。除此之外，张东刚副司长当时还建议我们在辛亥革命百年纪念之际，将正在编撰的系列新著与资料，与先前已出版但受到国内外近代史学界关注的重要著作与史料书籍修订之后，汇集在一起共同出版，此乃出版"辛亥革命百年纪念文库"的最早动议。

随后，我将这一计划向章开沅先生作了汇报，他认为这是一个很好的设想，于是即与华中师范大学出版社社长范军先生商议出版事宜。我校出版社的范军社长和段维总编辑都是颇具学术眼光的出版人，多年来一直十分支持研究所辛亥革命研究著述的出版。此次虽在出版社进行改制面临较大经济压力的情况下，两位出版社领导仍是一拍即合，决定克服重重困难承担出版"辛亥革命百年纪念文库"的任务。在确定出版这套文库而进入实际操作阶段之后，其间还曾出现过一些先前未曾预料到的变故，几乎使早先设想的计划难以按时全部完成。此时，依然是范军社长与段维总编辑勇于担当，严定友副总编辑、冯会平主任以及出版社全体编辑共同努力，才使原定计划得以继续实施。因此，华中师范大学出版社对于这套文库的顺利出版，发挥了至关重要的作用。

作为"首义之区"的辛亥革命史研究，湖北省和武汉市政府也一直给予了支持和帮助。在纪念辛亥革命100周年到来之际，省市领导当然会更加重视。尤其是湖北省常务副省长李宪生先生，对我们研究所有关辛亥革命的研究计划与"辛亥革命百年纪念文库"的出版尤其关注。研究所向湖北省政府专题报告研究设想与文库的出版计划，得到了省政府的大力支持和经费上的宝贵资助。

此外，国家新闻出版总署也对这套文库的出版给予了大力支持。2010年，经过专家评审通过，"辛亥革命百年纪念文库"学术研究系列列入了国家出版基金资助项目。由此不仅提高了文库的出版档次，也在一定程度上缓解了出版社面临的经济压力。

这套文库最终能够顺利出版，使我近两年始终处于不安状态的一颗心得以平安踏实下来。两年来，由于在实际操作过程中不断有这样或那样的问题出现，有的问题甚至非常棘手，一度使人丧失了信心，所以我一直都担心这套文库不能如期顺利出版。个人为之付出的心血尚不足道，更为担心的是有负于历史和时代赋予的使命，对不起我所在的研究所多年来在国内外享有的辛亥革命史研究重镇的声誉。现在，这套文库虽然仍存在着诸多不足之处，但终于顺利出版了，值得庆贺。在此需要感谢的单位与个人太多，难以一一列举，只能一并致以最诚挚的谢意。

最后，还有几个具体问题需要说明。

第一，收入该文库的部分早期出版的学术著作，现虽经修订补充，但由于当时在注释的完整性要求上，与现今相比较并不十分严格，甚至可以说不完全合乎学术规范。对于这种情况，各书作者尽量进行了补充，力图按照现在的规范要求，使注释达到完整的程度，但因客观条件所限，仍有少数注释没有达到这一要求，敬请读者谅解。

第二，现在重新修订出版的学术著作中，有些作者对相关问题的认识和结论已有所变化，有的甚至存在着较大的差别，但大多对此并没有作明显的改动。这一方面是因为时间紧张来不及作更多的修改，另一方面从中可以看出作者从事相关学术探索的发展历程，甚至能够在一定程度上从某个侧面具体地体现辛亥革命史研究不断深入和不断进步。

第三，各书所收录的时人文章、演说词、诗词等各类文字作品，都具有史料性质与价值，其中也难免带有那个时代的烙印与痕迹，用字用词习惯、数字用法与现今的著录和编校规范（如2010年出版的《现代汉语词典》第5版、1995年颁布的国家标准《出版物上数字用法的规定》等）有些不同，有的甚至存在某些"政治性"的问题，但为了尊重历史原貌，保持史料的完整性，便于学术研究，一般都未予以删改，请读者和研究者阅读和使用时注意鉴别。

第四，需要特别说明一点，所谓辛亥人物也并非局限于革命志士，而是包含更为广泛的范围。对于那些中间流派的甚至是旧营垒人物的诗文，只要是在历史上产生过较大影响，或者对于史事与社会情况记载较为翔实而确有参考价值者，也在这套丛书收容之列。因为革命运动决非是革命党人的孤立行动，它是在错综复杂的社会关系与各种矛盾中产生与发展起来的，所以也有必要研究其他各种营垒与各种类型的人物，才能对辛亥时期的历史获致更为全面而深刻的理解。

朱　英

2011 年 5 月 16 日于武昌